FormularBibliothek Zivilprozess

herausgegeben von

Dr. Ludwig Kroiß,
Vorsitzender Richter am Landgericht

FormularBibliothek Zivilprozess

Sachenrecht
Erbrecht

Sachenrecht
Artur Teichmann, Rechtsanwalt, Mannheim
Dr. Helmut Peter Kahlert, Rechtsanwalt und Notar, Hamm
Dr. Lorenz Bülow, Notar, Immenstadt i. Allgäu

Erbrecht
Dr. Ludwig Kroiß, Vorsitzender Richter am Landgericht

Die Deutsche Bibliothek – CIP-Einheitsaufnahme

Die Deutsche Bibliothek verzeichnet diese Publikation in
der Deutschen Nationalbibliografie; detaillierte bibliografische
Daten sind im Internet über http://dnb.ddb.de abrufbar.

FormularBibliothek Zivilprozess
ISBN 3-8329-1098-0

Einzelband **Sachenrecht | Erbrecht**
ISBN 3-8329-1320-3

Hinweis:
Die Muster der FormularBibliothek Zivilprozess sollen dem Benutzer als
Beispiele und Arbeitshilfen für die Erstellung eigener Schriftsätze dienen.
Sie wurden mit größter Sorgfalt von den Autoren erstellt. Gleichwohl bitten
Autoren und Verlag um Verständnis dafür, dass sie keinerlei Haftung für die
Vollständigkeit und Richtigkeit der Muster übernehmen.

1. Auflage 2005
© Nomos Verlagsgesellschaft, Baden-Baden 2005. Printed in Germany. Alle
Rechte, auch die des Nachdrucks von Auszügen, der fotomechanischen Wie-
dergabe und der Übersetzung, vorbehalten.

FormularBibliothek Zivilprozess

Teil 1: **Sachenrecht** Seite 5
Artur Teichmann, Rechtsanwalt
Dr. Helmut-Peter Kahlert, Rechtsanwalt und Notar
Dr. Lorenz Bülow, Notar

Teil 2: **Erbrecht** Seite 217
Dr. Ludwig Kroiß, Richter am Landgericht

Inhalt

Verweise erfolgen auf Randnummern

§ 1 Herausgabe nach § 985 BGB	1
A. Vorprozessuale Situation	1
I. Beratungssituation	1
1. Schadensumfang	4
a) Erheblicher Schaden	4
Muster: Gewillkürte Prozessstandschaftsvereinbarung	8
b) Geringer Schaden	9
aa) Schreiben an D	10
Muster: Schreiben an den (unrechtmäßigen) Besitzer	12
Muster: Gesprächsnotiz des Sekretariats	14
bb) Vereinbarung eines Besprechungstermins	15
Muster: Treuhänderische Hinterlegung eines Geldbetrages	16
cc) Zahlung unter Vorbehalt	18
dd) Kauf oder Anmietung von Ersatzsachen	19
Muster: Ankündigung, Schadensersatz bei Nichtherausgabe	20
2. Insolvenz des Dritten	21
Muster: Klageantrag bei Insolvenz des Besitzers	22
3. Vorbereitung der gerichtlichen Auseinandersetzung	24
a) Liste der herauszugebenden Sachen, Höhe des Streitwertes	24
b) Einholung von Informationen	26
aa) Handelsregisterauskunft	27
Muster: Einholung einer Auskunft aus dem Handelsregister	29
bb) Gewerberegisterauskunft	30
Muster: Einholung einer Auskunft aus dem Gewerberegister	32
cc) Einwohnermeldeamtsanfrage	33
Muster: Einwohnermeldeamtsanfrage	34
4. Lösungen im Verhandlungsweg	35
5. Selbsthilfe des Mandanten	37
6. Anwalts- und Gerichtsgebühren	39
Muster: Wertgebührenhinweis	43
II. Anspruchsgrundlage § 985 BGB	45
1. Ziel des Anspruchs	45
2. Anspruchsvoraussetzungen	47
3. Anspruchsberechtigte (Aktivlegitimation)	48
a) Alleineigentümer	49
b) Miteigentümer	50
c) Gesamthandseigentümer (Miteigentümer zur gesamten Hand)	53
d) Pfandgläubiger	54
e) Nießbraucher	56
f) Leasinggeber	57
g) Treuhänder	59
h) Sicherungseigentümer	60
i) Anwartschaftsberechtigte	62
4. Darlegungs- und Beweislast des Eigentümers (Klägers)	64
a) Erwerbsgrund	64
b) Rechtsvermutung	66
aa) Abhandenkommen, § 1006 Abs. 1 Satz 2 BGB	67
bb) Vermutung nur für den Eigenbesitzer	68
cc) Kein Eigentumserwerb des Besitzers	69
c) Einschränkungen der Vermutungswirkung	70
aa) Fremdbesitzer	70
bb) Tatsächliche Gewalt über die Sache vor dem Erwerb	71

d) Zugeständnis des Eigentums.................... 72
e) Einzelfälle............... 73
aa) Schenkung............. 73
bb) Fehlender Besitz des Eigentümers............ 74
cc) Eheleute................ 75
dd) Deutsche Bundesbahn 76
f) Zeitpunkt............... 77
5. Anspruchsverpflichtete (Passivlegitimation) 79
a) Unmittelbarer alleiniger Besitzer................. 80
b) Mittelbarer Besitzer..... 82
aa) Abtretung gemäß § 870 BGB.................... 83
bb) Herausgabe des unmittelbaren Besitzes 84
c) Mitbesitz 89
aa) Einfacher (schlichter) Mitbesitz................... 90
bb) Qualifizierter Mitbesitz (Gesamthandsbesitz).... 91
d) Eigenbesitz – Fremdbesitz 94
aa) Eigenbesitzer 95
bb) Fremdbesitzer.......... 96
cc) Rechtsfolgen............ 98
e) Besitzdiener............. 99
f) Gesamthandsgemeinschaften 101
aa) Juristische Personen (z.B. AG, GmbH, eingetragene Genossenschaft, KGaA, Verein nach BGB-Vorschriften) 102
bb) Personenhandelsgesellschaften (OHG, KG) und nicht rechtsfähige Vereine 103
cc) BGB-Gesellschaft........ 104
Muster: Klagerubrum gegen eine BGB-Gesellschaft.................. 106
dd) Erbengemeinschaft 107
6. Beweislast 108
a) Zeitpunkt der Klageerhebung..................... 108
b) Besitzdiener............. 109
c) Vermutungswirkung 110

d) Besitzverlust nach Rechtshängigkeit 111
e) Beweisaufnahme bei streitiger Unmöglichkeit 113
7. Kein Recht zum Besitz...... 114
a) Dingliche (absolute) Besitzrechte............. 118
aa) Nießbrauch, § 1036 Abs. 1 BGB.................... 119
bb) Pfandrechte, §§ 1204, 1205 BGB.................... 119
cc) Wohnungsrecht, § 1093 BGB.................... 121
dd) Dauerwohn- und Dauernutzungsrecht, § 31 WEG. 121
ee) Erbbaurecht, § 11 Abs. 1 ErbbauVO 121
ff) Überbau, § 912 BGB...... 121
gg) Nachlassverwalter, § 1985 BGB.................... 122
hh) Testamentsvollstrecker, § 2205 BGB 122
ii) Insolvenzverwalter, §§ 80, 148 Abs. 1 InsO 122
b) Relative Besitzrechte (aus einem eigenen schuldrechtlichen Rechtsverhältnis zum Eigentümer, § 986 Abs. 1 Satz 1, 1. Alt. BGB) .. 122
aa) Kaufvertrag, § 433 BGB – Das Besitzrecht endet erst, wenn der Käufer nach § 449 Abs. 2 BGB zurücktritt.................... 123
bb) Miete, § 535 BGB......... 123
cc) Pacht, §§ 581 Abs. 2, 535 BGB.................... 123
dd) Leihe, § 598 BGB......... 123
ee) Werkvertrag, § 631 BGB 123
ff) Verwahrung, § 688 BGB 123
gg) Leasing................. 123
hh) Ehegatten............... 123
ii) Zurückbehaltungsrechte 124
c) Besitzberechtigung (aus einem Schuldverhältnis gegenüber einem Dritten, § 986 Abs. 1 Satz 2 BGB) .. 127
d) Besitzberechtigung gegenüber dem Rechts-

nachfolger aus einem
Rechtsverhältnis mit dem
Rechtsvorgänger, § 986
Abs. 2 BGB............ 129
e) Sonstige gesetzliche
Besitzrechte............ 132
aa) Berechtigte GoA, §§ 677ff.
BGB.................... 132
bb) Öffentliches Recht....... 132
f) Anwartschaftsrecht...... 133
g) Treu und Glauben,
§ 242 BGB............... 136
h) Beweislast............... 137
aa) Bestehen des Rechtes zum
Besitz................. 137
bb) Zeitpunkt............... 138
cc) Nießbrauch (§ 1065 BGB)
und Pfandrecht
(§ 1227 BGB)............. 139
dd) Keine Geltung des § 1006
BGB................... 140
8. Gegenstand der Herausgabe 141
a) Individuelle Sache....... 141
b) Sachgesamtheiten....... 144
9. Inhalt der Herausgabe..... 145
10. Kosten der Herausgabe..... 146
11. Ort der Herausgabe........ 147
a) Gutgläubiger unverklag-
ter Besitzer.............. 148
b) Bösgläubiger verklagter
Besitzer................. 149
c) Deliktischer Besitzer,
§ 992 BGB............... 150
12. Verjährung................ 151
13. Verhältnis von § 985 BGB zu
anderen Normen........... 152
a) Dingliche Herausgabeansprüche, §§ 861, 1007 BGB 153
b) Gesetzliche Schuldver-
hältnisse (§§ 812ff., 823ff.
BGB i.V.m. §§ 249 Abs. 1,
681, 667 BGB)........... 154
c) Vertragliche Ansprüche
auf Rückgabe (z.B. §§ 346,
546, 604, 695, 667 BGB).. 155
d) Andere Rechtsnormen... 156
aa) Unmöglichkeit,
§ 275 BGB............... 156

bb) Schadensersatz, §§ 280,
283 BGB................. 157
cc) Schadensersatz nach
§§ 280 Abs. 1, Absatz 3
i.V.m. 281 BGB............ 161
dd) Herausgabe des Ersatzes,
§ 285 BGB................ 163
ee) Schuldnerverzug, §§ 280
Abs. 2, 286ff. BGB......... 166
ff) Gläubigerverzug, §§ 293ff.
BGB..................... 168
gg) Hinterlegung, §§ 372ff.
BGB..................... 169
hh) Aufrechnung, §§ 387ff.
BGB..................... 171
ii) Erlass, § 397 BGB......... 173
jj) Verzicht (gesetzlich nicht
geregelt)................. 175
kk) Rechtsfolgen des
Schadensersatzes, §§ 249-
254 BGB................. 176
ll) Verstoß gegen Gesetze
oder die guten Sitten,
§ 817 Satz 2 BGB.......... 178
mm) Treu und Glauben,
§ 242 BGB................ 179
nn) Zusendung unbestellter
Leistungen, § 241a BGB   180
oo) Ehegatten, Lebenspartner, § 1361 BGB, §§ 13,14,17
LPartG................... 181
B. Prozess..................... 183
I. Prozesssituation............. 183
II. Prozessuale Grundlagen...... 184
1. Zuständigkeit des anzurufenden Gerichts............ 184
a) Örtlich................... 184
b) Sachlich................. 185
c) Besonderheiten.......... 186
aa) Rechtsweg............... 186
bb) Zwangsvollstreckung..... 187
cc) Herausgabe unter Ehe-
gatten................... 188
2. Klageantrag................ 190
a) Bezeichnung der Parteien,
insbesondere des Beklag-
ten..................... 190
aa) Natürliche Personen...... 191

bb) Personenhandelsgesellschaften (OHG, KG)...... 192
cc) Juristische Personen..... 193
dd) BGB-Gesellschaft........ 194
ee) Klage gegen unbekannt . 195
Muster: Rubrum der Klage
  gegen unbekannt.......... 196
b) Bezeichnung der Sache.. 198
aa) Einzelne Sache 198
Muster: Bezeichnung einer
  Sache im Klageantrag 199
Muster: Klageantrag unter
  Beifügung einer Zeichnung 202
Muster: Klageantrag unter
  Beifügung einer CD-ROM .. 204
bb) Sachgesamtheiten 205
cc) Verbundene Sachen..... 207
dd) Zubehör 208
ee) Geld 209
c) Formulierung des
  Antrages................ 210
3. Verbindung der Klagen auf
  Herausgabe und Schadensersatz..................... 211
a) Allgemeines 211
b) Echte Eventualklage..... 214
Muster: Antrag auf Herausgabe, hilfsweise Schadensersatz 215
c) Unechte Eventualklage.. 217
d) Umstellung der Klage
  gemäß § 264 Nr. 3 ZPO... 218
Muster: Umstellung einer
  Klage von Herausgabe auf
  Schadensersatz 219
4. Veränderungen nach Rechtshängigkeit 220
a) Veräußerung der Sache
  durch den Berechtigten . 220
aa) Gesetzliche Prozessstandschaft.................... 221
bb) Gewillkürte Prozessstandschaft.................... 222
cc) Fehlende Prozessfüh-
  rungsbefugnis 223
dd) Wirkungen des Urteils 223
b) Veräußerung der Sache
  durch den Besitzer 224
aa) Keine Reaktion 225

bb) Erledigung gemäß
  § 91a ZPO 227
cc) Umstellung des Klageantrages................... 228
5. Beweismittel 229
6. Rechtskraft 230
a) Objektive Rechtskraftwirkung 230
aa) Entscheidung über den
  Antrag aus § 985 BGB.... 230
bb) Entscheidung über die Folgeansprüche aus §§ 987ff.
  BGB..................... 231
cc) Entscheidung über
  weitere Ansprüche 232
dd) Entscheidung über das
  Eigentumsrecht 233
b) Subjektive Rechtskraftwirkung 234
7. Einstweilige Verfügung 237
a) Herausgabe an einen
  Sequester (amtlicher
  Verwahrer) 238
b) Herausgabe an den
  Gläubiger 240
c) Antragstellung und
  Begründung............. 241
aa) Herausgabe an einen
  Sequester 241
bb) Herausgabe an den Gläubiger 241
III. Muster zur Herausgabeklage . 241
1. Herausgabeklage nach
  § 985 BGB 241
Muster: Herausgabeklage.. 242
2. *Muster:* Einstweilige Verfü-
  gung, Herausgabe an den
  Antragsteller 243
3. Einstweilige Verfügung,
  Herausgabe an einen
  Sequester (amtlichen
  Verwahrer) 244
Muster: Herausgabeantrag
  bei einer einstweiligen Ver-
  fügung an einen Sequester. 245
C. Zwangsvollstreckung 246
I. Beratungssituation........... 246
Muster: Anschreiben des
  Anwalts zur Vermeidung der

Durchführung der Zwangsvollstreckung	247
II. Vollstreckungsrechtliche Grundlagen	248
1. Titel	248
2. Antrag	249
3. Schutzvorschriften	250
a) Betreten der Wohnung	250
b) Unpfändbarkeitsbestimmungen	251
4. Durchführung der Vollstreckung	252
a) Gewahrsam des Schuldners	253
b) Gewahrsam eines Dritten	254
c) Nichtvorfinden der Sache	256
5. Rechtsbehelfe	257
III. Vollstreckung eines Urteils	258
Muster: Auftrag zur Durchführung der Zwangsvollstreckung	258
IV. Vollstreckung einer einstweiligen Verfügung	259
§ 2 Klage auf Herausgabe mit Fristsetzung und Schadensersatz	**267**
A. Vorprozessuale Situation	267
I. Beratungssituation	267
1. Beiseiteschaffen der Sache	267
2. Streitiger Besitz	268
3. Folgen für den Kläger	269
II. Prozessuale Grundlagen	272
1. Zulässigkeit einer kombinierten Antragstellung	272
2. Materiellrechtliche Voraussetzungen	275
a) Eigentümer-Besitzer-Verhältnis	275
b) Anspruchsgrundlage für die Fristsetzung	276
B. Prozess	278
1. Prozessrechtliche Voraussetzungen	278
a) Örtliche Zuständigkeit	278
b) Sachliche Zuständigkeit	279
c) Besonderheiten	280
aa) Streitige Unmöglichkeit	280
bb) Anspruchshäufung, § 260 ZPO	282
cc) Bestimmtheit des Antrages auf Schadensersatz, § 253 Abs. 2 Nr. 2 ZPO	283
dd) Antrag auf Fristbestimmung im Urteil, § 255 ZPO	285
ee) Besorgnis der nicht rechtzeitigen Leistung, § 259 ZPO	288
2. *Muster:* Herausgabeklage	289
Muster: Herausgabeklage	290
§ 3 Herausgabe nach § 861 BGB	**291**
A. Vorprozessuale Situation	291
I. Beratungssituation	291
II. Anspruchsgrundlage, § 861 BGB	292
1. Ziel des Anspruchs	292
2. Voraussetzungen	293
a) Anspruchsteller (Aktivlegitimation)	293
b) Anspruchsgegner	294
c) Verletzungshandlung	298
d) Kein Ausschluss	299
e) Einreden des Anspruchsgegners	304
3. Beweislast für den Anspruch aus § 861 BGB	305
a) Kläger	305
b) Beklagte	305
c) Kläger und Beklagter	306
4. Inhalt des Anspruchs	307
5. Verjährung	308
6. Verhältnis zu anderen Normen	309
a) Ansprüche aus dem allgemeinen Schuldrecht	310
b) Herausgabeansprüche	311
c) Bereicherungsansprüche	312
d) Schadensersatzansprüche	313
B. Prozess	314
I. Prozesssituation	314
II. Prozessuale Grundlagen	315
1. Zuständigkeit des anzurufenden Gerichts	315
a) Örtliche Zuständigkeit	315
b) Sachliche Zuständigkeit	316
c) Besonderheiten	317
2. Klageantrag	318

3. Veränderungen nach
Rechtshängigkeit 319
   a) Freiwillige Weitergabe des
   Besitzes 320
      aa) Vollständiger Besitz-
      verlust des Beklagten 320
      bb) Mittelbarer Besitz des
      Beklagten 321
   b) Unfreiwillige Besitzauf-
   gabe 322
4. Veränderungen vor Rechts-
hängigkeit 323
5. Besonderheiten 324
   a) Auskunftsanspruch 324
   b) Petitorische Widerklage . 325
      aa) Klageverfahren 325
      bb) Einstweilige Verfügung 329
6. Einstweilige Verfügung 330
7. Zwangsvollstreckung 331
III. Muster zum Anspruch auf
Herausgabe nach § 861 BGB . . 332
   1. *Muster:* Antrag auf
   Herausgabe 332
   2. *Muster:* Antrag auf Herausgabe mit Fristsetzung und
   Schadensersatz 333
   3. *Muster:* Antrag auf Erlass
   einer einstweiligen
   Verfügung 335

**§ 4 Anspruch wegen Besitzstörung,
§ 862 BGB** 336
A. Vorprozessuale Situation 336
   I. Beratungssituation 336
   II. Anspruchsgrundlage,
   § 862 BGB 338
      1. Beseitigungsanspruch,
      § 862 Abs. 1 Satz 1 BGB 339
      2. Unterlassungsanspruch,
      § 862 Abs. 1 Satz 2 BGB 341
      3. Anspruchsberechtigter 342
      4. Besonderheit 343
      5. Anspruchsgegner 344
      6. Ausschluss des Anspruchs . 345
         a) Ausschluss nach
         § 862 Abs. 2 BGB 346
         b) Ausschluss nach
         § 864 BGB 348

   c) Einwendungen,
   Konkurrenzen 349
      aa) Keine petitorischen Ein-
      wände 349
      bb) Verjährung 350
      cc) Konkurrenzen 351
      dd) Mitverschulden nach
      § 254 BGB   352
   7. Beweislast 353
      a) Kläger 353
      b) Beklagte 356
B. Prozess 357
   I. Prozesssituation 357
   II. Prozessuale Grundlagen 358
      1. Zuständigkeit des anzuru-
      fenden Gerichts 358
         a) Örtliche Zuständigkeit . . . 358
         b) Sachliche Zuständigkeit . . 359
      2. Klageantrag 360
      3. Wegfall der Störung 362
      4. Einstweilige Verfügung 363
      5. Zwangsvollstreckung 364
   III. *Muster:* Klage zur Durchset-
   zung des Anspruchs wegen
   Besitzstörung, § 862 BGB 366

§ 5 Klage aus § 1007 BGB 367
A. Vorprozessuale Situation 367
   I. Beratungssituation 367
   II. Anspruchsgrundlage 371
      1. Ziel des Anspruchs 371
      2. Voraussetzungen 373
         a) Gemeinsame Vorauset-
         zungen 374
            aa) Bewegliche Sache 374
            bb) Früherer Besitz des
            Anspruchstellers 376
            cc) Gutgläubigkeit des
            früheren Besitzers 377
            dd) Keine Besitzaufgabe des
            früheren Besitzers 378
            ee) Kein Besitzrecht des
            Anspruchsgegners 379
            ff) Gegenwärtiger Besitz des
            Anspruchsgegners 382
         b) Zusätzliche Voraussetzun-
         gen für § 1007 Abs. 1 BGB 383
         c) Zusätzliche Voraussetzun-
         gen für § 1007 Abs. 2 BGB 384

aa) Kein Eigentum des
  jetzigen Besitzers 387
bb) Keine Anwendung auf
  Geld und Inhaberpapiere
  und nach h.M. auch
  blanko indossierte Orderpapiere 388
3. Weitere Ansprüche 390
  a) Herausgabe und Ersatz
    von Nutzungen,
    §§ 987, 988 BGB 391
  b) Schadensersatz 392
  c) Aufwendungsersatz 394
4. Abtretbarkeit, Erlass 395
5. Verjährung 396
6. Insolvenz 397
7. Einzelvollstreckung 398
8. Konkurrenzen 399
9. Rechtskraft 400
10. Beweislast 404
  a) Kläger für § 1007 Abs. 1
    BGB 404
  b) Beklagte für § 1007 Abs. 1
    BGB 405
    aa) Besitzrechtseinwand 405
    bb) Kein Recht zum Besitz 406
    cc) Einwände aus § 1007
      Abs. 3 BGB 407
    dd) Geltendmachung eines
      „besseren Besitzrechts" .. 409
  c) Kläger für § 1007 Abs. 2
    BGB 410
  d) Beklagte für § 1007 Abs. 2
    BGB 411
  e) Ausschlussgründe 414
  f) Beweislastverteilung für
    § 1007 Abs. 3 Satz 2 BGB.. 415
11. Graphische Übersichten 416
B. Prozess 418
  I. Prozesssituation 418
  II. Prozessuale Grundlagen 419
    1. Zuständigkeit des anzuru-
      fenden Gerichts 420
    2. Klageantrag 421
    3. Veränderungen nach
      Rechtshängigkeit 422
      a) Freiwillige Weitergabe des
        Besitzes 423
        aa) Vollständiger Besitzver-
          lust des Beklagten 423
        bb) Mittelbarer Besitz des
          Beklagten 424
      b) Unfreiwillige Besitzauf-
        gabe 425
    4. Veränderungen vor Rechts-
      hängigkeit 426
    5. Einstweilige Verfügung 427
    6. Zwangsvollstreckung 428
  III. *Muster:* Klage aus § 1007 BGB 429
§ 6 Klage aus § 1004 BGB 431
A. Vorprozessuale Situation 431
  I. Beratungssituation 431
  II. Anspruchsgrundlage
    § 1004 BGB 434
    1. Anspruchsberechtigter
      (Aktivlegitimation) 439
      a) Alleineigentümer 439
      b) Miteigentümer 440
      c) Anwartschafts-
        berechtigter 441
      d) Sonstige Anspruchsbe-
        rechtigte 442
    2. Anspruchsgegner
      (Passivlegitimation) 443
      a) Handlungsstörer 445
      b) Zustandsstörer 448
      c) Arten der Störungen 451
        aa) Naturkräfte 456
        bb) Bestreiten des Eigentums 457
        cc) Ideelle (ästhetische)
          Einwirkungen 458
        dd) Benutzung fremden
          Eigentums ohne körperli-
          che Einwirkung 459
        ee) Negative Einwirkungen   460
      d) Mehrere Störer 461
      e) Rechtsnachfolger 463
      f) Derelikton 466
      g) Insolvenz 467
    3. Beseitigungsanspruch,
      § 1004 Abs. 1 Satz 1 BGB 468
      a) Eigentumsbeeinträchti-
        gung 469
      b) Abgrenzung zum Scha-
        densersatz 470

- c) Fortdauer (Gegenwärtigkeit) der Beeinträchtigung.................. 473
- d) Zurechenbarkeit......... 475
- e) Rechtswidrigkeit / Verschulden 476
- f) Grenzen der Beseitigungspflicht 477
  - aa) Verhältnismäßigkeitsprinzip 477
  - bb) Mitverursachung, § 254 BGB 479
  - cc) Unmöglichkeit der Beseitigung 480
- g) Kosten der Beseitigung.. 481
- 4. Unterlassungsanspruch, § 1004 Abs. 2 Satz 2 BGB ... 482
  - a) Wiederholungsgefahr ... 483
  - b) Erstbegehungsgefahr ... 485
  - c) Inhalt des Unterlassungsanspruchs 487
- 5. Duldungspflicht, § 1004 Abs. 2 BGB.......... 488
- 6. Verwirkung................ 490
- 7. Verjährung 491
  - a) Beseitigungsanspruch, § 1004 Abs. 1 Satz 1 BGB.. 491
  - b) Unterlassungsanspruch, § 1004 Abs. 1 Satz 2 BGB . 492
  - c) Rechtsnachfolge 493
- 8. Konkurrenzen 494
  - a) Vorschriften des allgemeinen Schuldrechts........ 494
  - b) Deliktsrecht, § 823 BGB .. 496
  - c) Besitzstörung, § 862 BGB 498
  - d) Ansprüche wegen Gefahr drohender Anlagen, drohender Gebäudeeinsturz, Vertiefung und Überhang, §§ 907-910 BGB 499
  - e) Herausgabeanspruch, § 985 BGB............... 500
- 9. Beweislast 501
  - a) Kläger 501
  - aa) Eigentum 502
  - bb) Gegenwärtigkeit der Beeinträchtigung / Unterlassung 503
  - cc) Handlungs- oder Zustandsstörer 507
  - b) Beklagte 509
  - aa) Unmöglichkeit der Beseitigung 509
  - bb) Unverhältnismäßig hohe Aufwendungen.......... 510
  - cc) Mitverursachung 511
  - dd) Wiederholungsgefahr ... 512
  - ee) Erstbegehungsgefahr.... 513
  - ff) Mittelbarer Störer 514
  - gg) Duldungspflicht 515
- B. Prozess 517
  - I. Prozesssituation 517
  - II. Prozessuale Grundlagen...... 519
    - 1. Rechtsweg................. 519
    - 2. Zuständigkeit des anzurufenden Gerichts............ 521
      - a) Örtliche Zuständigkeit ... 521
      - b) Sachliche Zuständigkeit.. 522
    - 3. Klageantrag 523
      - a) Beseitigungsanspruch ... 524
      - *Muster:* Bestimmtheitserfordernis erfüllender Antrag / Tenor 527
      - b) Unterlassungsanspruch . 529
      - *Muster:* Genaue Bezeichnung der zu unterlassenden Beeinträchtigung im Antrag / Tenor 530
    - 4. Klageänderung 532
    - 5. Rechtsnachfolge 534
      - a) Kläger („Gestörter") 534
      - b) Beklagte („Störer")....... 536
    - 6. Urheberbenennung bei Eigentumsbeeinträchtigung, §§ 77 i.V.m. 76 ZPO ... 537
    - 7. Erledigung der Hauptsache 539
    - 8. Rechtskraft 540
    - 9. Einstweilige Verfügung 541
    - 10. Insolvenz 542
      - a) Des Eigentümers („des Gestörten")........ 542
      - b) Des Störers.............. 543
      - aa) Handlungsstörer 544
      - bb) Zustandsstörer 545
  - III. *Muster:* Klage aus § 1004 BGB 546
  - IV. Zwangsvollstreckung......... 547

1. Beseitigungsanspruch
   (§ 1004 Abs. 1 Satz 1 BGB) ... 547
2. Unterlassungsanspruch
   (§ 1004 Abs. 1 Satz 2 BGB) ... 548

§ 7 Grundstücksrecht 549
A. Der Prozess im Grundstücksrecht 549
B. Vertragsgegenstand 551
   I. Erbbaurecht 555
   II. Erwerb von Miteigentum 556
   III. Fehlerhafte Bezeichnung 557
C. Beteiligte des Rechtsgeschäftes . 558
   I. Juristische Personen 559
   II. Bevollmächtigung 563
D. Formbedürftigkeit 567
E. Irrtumsanfechtung nach
   § 119 BGB 577
F. Unwirksamkeit von Verträgen ... 581
   I. Missverhältnis von Leistung
      und Gegenleistung 581
   II. Einrede des nicht erfüllten
      Vertrages 588
G. Gewährleistungsausschluss nach
   neuem Recht 595
   I. Haftungsausschluss 595
   II. Unwirksamkeit eines
      Haftungsausschlusses 605
H. Materielles Grundstücksrecht ... 608
   I. Anspruch auf Lastenfreistel-
      lung 614
   II. Kaufpreisanspruch 616
   III. Gewährleistungsansprüche ... 617
   IV. Schadensersatzanspruch 618
      1. Großer Schadensersatzan-
         spruch 620
      2. Rechte des Käufers 622
      3. Störung der Geschäfts-
         grundlage 624
   V. Rechte in Abteilung II des
      Grundbuchs 629
      1. *Muster:* Klage auf Unterlas-
         sung von Nutzungen 632
      2. *Muster:* Replik im Verfahren
         auf Unterlassung von Nut-
         zungen 634
      3. Erläuterungen 635
      4. Verpfändung des Anspruchs
         auf Eigentumsverschaffung

(§§ 1273 Abs. 1, 1274 I, 398,
1280 BGB, §§ 13, 19, 29 GBO) 638
5. Pfändung im Wege der
   Zwangsvollstreckung
   (§§ 829, 846 ff., 857 Abs. 2
   ZPO) 645
   Muster: Pfändung des
   Anspruchs auf Eigentumsverschaffung   646
6. Pfändung in Notaranderkonto (§§ 804 Abs. 3, 829
   Abs. 3, 845 ZPO) 648
7. (Ver-)Pfändung eines BGB-
   Gesellschaftsanteils (§§ 718,
   1274 Abs. 2 BGB;
   §§ 829 ff., 859 Abs. 1 ZPO) ... 652
   Muster: Formulierung für
   Antrag auf Eintragung einer
   Verfügungsbeschränkung
   beim Grundbuchamt 654
8. Gerichtliches Verfügungsverbot (§§ 135, 136, 892 Abs. 1
   S. 2 BGB; §§ 938 Abs. 2, 941
   ZPO; §§ 10 Abs. 1 b, Abs. 4 a, 5,
   11 Abs. 6 GBV) 656
   Muster: Antrag auf Grundbuchberichtigung mithilfe
   einer einstweiligen Verfügung 659
9. Pfändung des Wohnungs-
   rechts (§§ 1092 Abs. 1 S. 1
   BGB, §§ 851, 857 Abs. 3 ZPO) 664
   Muster: Antrag auf Pfändung des Wohnungsrechts . 665
10. Rechtshängigkeitsvermerk
    (§ 325 II ZPO, §§ 892, 899
    BGB, §§ 10, 11 GBV) 666
    Muster: Antrag auf Eintra-
    gung eines Rechtshängig-
    keitsvermerks 670
VI. Rechte in Abteilung III des
    Grundbuchs 672
    1. Zwangshypothek
       (auch: Zwangssicherungs-
       hypothek) 676
    2. *Muster:* Antrag auf Eintra-
       gung einer Zwangssiche-
       rungshypothek 680

1 Inhalt

3. Arresthypothek (§§ 929 ff. ZPO, § 310 ZPO) 685
4. *Muster:* Antrag auf Eintragung einer Arresthypothek   686
5. Vormerkung für Hypotheken (§§ 883, 885 BGB, §§ 935 ff. ZPO, §§ 13, 18, 19, 25, 29 GBO) 686
   Muster: Antrag auf Umschreibung der Vormerkung in Hypothek 691
6. Pfändung einer Buchhypothek oder Buchgrundschuld (Überweisung zur Einziehung; §§ 828, 829, 830, 835, 857 ZPO; §§ 13, 39 GBO; §§ 11, 17 GBV) 694
   Muster: Antrag auf Grundbuchberichtigung 699
7. Pfändung einer Briefhypothek oder -grundschuld bei Überweisung an Zahlungs Statt (§§ 828, 829, 830, 835, 837 ZPO; §§ 13, 26 Abs. 2, 30, 39 Abs. 2, 56 ff. GBO; §§ 11, 17, 47 ff. GBV) 700
   Muster: Antrag auf Eintragung von Pfändung und Überweisung an Zahlungs Statt 706
8. Pfändung eines Miterbenanteils (§§ 829 ff., 859 Abs. 2 ZPO, §§ 2032 ff. BGB; § 22 GBO; § 10 Abs. 1 b, 2 – 4, 5 a, § 11 Abs. 6 GBV) 707
   Muster: Antrag auf Berichtigung des Grundbuchs durch Eintragung der Miterben . . 709
I. Prozess. 710
   I. Prozesssituation 710
      1. Beweisfragen. 710
         a) Beweiserleichterung 710
         b) Rentabilitätsvermutung . 713
         c) Verletzung von Aufklärungspflichten 714
         d) Rückabwicklung über Bereicherungsrecht 715
      2. Verfahrensrechtliches 718
         a) Beweisfragen 718
         b) Nachweisdispens 720

   Muster: Nachweisdispens 723
   II. Klageverfahren. 724
      a) Leistungsklage 724
      b) Zug- um Zug-Leistung . . . 727
      Muster: Klageantrag auf Eigentumsübertragung Zug um Zug gegen Zahlung. 731
      Muster: Klageantrag auf Zahlung Zug um Zug gegen Abtretung von Rückzahlungsansprüchen 733
      c) Feststellungsklage. 734
      d) Rechtskraftwirkung. 735
      e) Beispiele für Leistungsklagen 736
J. Muster 739
   I. *Muster:* Antrag auf Erlass einer einstweiligen Verfügung zur vorläufigen Sicherung eines Vermächtnisses 739
   II. *Muster:* Klage auf Verschaffung von Eigentum am Grundstück (Durchsetzung eines Vermächtnisses). 740
   III. *Muster:* Auflassungsbeurkundung sowie Eintragungsantrag des Vermächtnisnehmers bei gleichzeitiger Vorlage eines rechtskräftigen Urteils auf Auflassung durch die Erben 742
   IV. *Muster:* Auflassungsbeurkundung sowie Eintragungsantrag des Vermächtnisnehmers vorbehaltlich im Prozesswege durchzusetzender Genehmigung des Erben 743
   V. *Muster:* Aufhebung eines Kaufvertrages. 744
      1. Klage auf künftige Leistung 745
      2. Erfüllungsklage und behördliche Genehmigung. 747
      3. Unterwerfungserklärung, § 794 ZPO. 750
      4. Forderungsauswechslung . . 752
   VI. Antrag auf Erteilung einer vollstreckbaren Ausfertigung des Kaufvertrages. 753

Muster: Antrag auf Erteilung einer vollstreckbaren Ausfertigung der Kaufvertragsurkunde **754**
- VII. Vollstreckungsabwehrklage .. **755**
  1. *Muster:* Vollstreckungsabwehrklage **756**
  2. Antrag auf einstweilige Einstellung der Zwangsvollstreckung. **757**

  Muster: Antrag auf einstweilige Einstellung der Zwangsvollstreckung.............. **759**
  3. *Muster:* Überlassungsvertrag betreffend ein Miethaus unter Vorbehalt eines Wohnungsrechts in einer Wohnung und gegen Zahlung einer dauernden Last (im Wege vorweggenommener Erbfolge) **760**

Musterverzeichnis

	Rn.
§ 1 Herausgabe nach § 985 BGB	1
1 Gewillkürte Prozessstandschaftsvereinbarung	8
2 Schreiben an den (unrechtmäßigen) Besitzer	12
3 Gesprächsnotiz des Sekretariats	14
4 Treuhänderische Hinterlegung eines Geldbetrages	16
5 Ankündigung, Schadensersatz bei Nichtherausgabe	20
6 Klageantrag bei Insolvenz des Besitzers	22
7 Einholung einer Auskunft aus dem Handelsregister	29
8 Einholung einer Auskunft aus dem Gewerberegister	32
9 Einwohnermeldeamtsanfrage	34
10 Wertgebührenhinweis	43
11 Klagerubrum gegen eine BGB-Gesellschaft	106
12 Rubrum der Klage gegen unbekannt	196
13 Bezeichnung einer Sache im Klageantrag	199
14 Klageantrag unter Beifügung einer Zeichnung	202
15 Klageantrag unter Beifügung einer CD-ROM	204
16 Antrag auf Herausgabe, hilfsweise Schadensersatz	215
17 Umstellung einer Klage von Herausgabe auf Schadensersatz	219
18 Herausgabeklage	242
19 Einstweilige Verfügung, Herausgabe an den Antragsteller	243
20 Herausgabeantrag bei einer einstweiligen Verfügung an einen Sequester	245
21 Anschreiben des Anwalts zur Vermeidung der Durchführung der Zwangsvollstreckung	247
22 Auftrag zur Durchführung der Zwangsvollstreckung	258
§ 2 Klage auf Herausgabe mit Fristsetzung und Schadensersatz	267
23 Herausgabeklage	290

§ 3 Herausgabe nach § 861 BGB — 291

24 Antrag auf Herausgabe — 332

25 Antrag auf Herausgabe mit Fristsetzung und Schadensersatz — 333

26 Antrag auf Erlass einer einstweiligen Verfügung — 335

§ 4 Anspruch wegen Besitzstörung, § 862 BGB — 336

27 Klage zur Durchsetzung des Anspruchs wegen Besitzstörung, § 862 BGB — 366

§ 5 Klage aus § 1007 BGB — 367

28 Klage aus § 1007 BGB — 429

§ 6 Klage aus § 1004 BGB — 431

29 Bestimmtheitserfordernis erfüllender Antrag / Tenor — 527

30 Genaue Bezeichnung der zu unterlassenden Beeinträchtigung im Antrag / Tenor — 530

31 Klage aus § 1004 BGB — 546

§ 7 Grundstücksrecht — 549

32 Klage auf Unterlassung von Nutzungen — 632

33 Replik im Verfahren auf Unterlassung von Nutzungen — 634

34 Pfändung des Anspruchs auf Eigentumsverschaffung — 646

35 Formulierung für Antrag auf Eintragung einer Verfügungsbeschränkung beim Grundbuchamt — 654

36 Antrag auf Grundbuchberichtigung mithilfe einer einstweiligen Verfügung — 659

37 Antrag auf Pfändung des Wohnungsrechts — 665

38 Antrag auf Eintragung eines Rechtshängigkeitsvermerks — 670

39 Antrag auf Eintragung einer Zwangssicherungshypothek — 680

40 Antrag auf Eintragung einer Arresthypothek — 685

41 Antrag auf Umschreibung der Vormerkung in Hypothek — 691

42 Antrag auf Grundbuchberichtigung — 699

43 Antrag auf Eintragung von Pfändung und Überweisung an Zahlungs Statt — 706

44 Antrag auf Berichtigung des Grundbuchs durch Eintragung der Miterben — 709

45 Nachweisdispens — 723

1 Musterverzeichnis

46	Klageantrag auf Eigentumsübertragung Zug um Zug gegen Zahlung	731
47	Klageantrag auf Zahlung Zug um Zug gegen Abtretung von Rückzahlungsansprüchen	733
48	Antrag auf Erlass einer einstweiligen Verfügung zur vorläufigen Sicherung eines Vermächtnisses	739
49	Klage auf Verschaffung von Eigentum am Grundstück (Durchsetzung eines Vermächtnisses)	740
50	Auflassungsbeurkundung sowie Eintragungsantrag des Vermächtnisnehmers bei gleichzeitiger Vorlage eines rechtskräftigen Urteils auf Auflassung durch die Erben	742
51	Auflassungsbeurkundung sowie Eintragungsantrag des Vermächtnisnehmers vorbehaltlich im Prozesswege durchzusetzender Genehmigung des Erben	743
52	Aufhebung eines Kaufvertrages	744
53	Antrag auf Erteilung einer vollstreckbaren Ausfertigung der Kaufvertragsurkunde	754
54	Vollstreckungsabwehrklage	756
55	Antrag auf einstweilige Einstellung der Zwangsvollstreckung	759
56	Überlassungsvertrag betreffend ein Mietshaus unter Vorbehalt eines Wohnungsrechts in einer Wohnung und gegen Zahlung einer dauernden Last (im Wege vorweggenommener Erbfolge)	760

Literatur:

Kommentare: Augustin/Kregel/Pikart, Das Bürgerliche Gesetzbuch mit besonderer Berücksichtigung der Rechtsprechung des Reichsgerichts und des Bundesgerichtshofes (RGRK), Band III, §§ 854-1011, 12. Auflage 1979; Bamberger/Roth, Kommentar zum Bürgerlichen Gesetzbuch, Band 2: §§ 611-1296, ErbbauVO, WEG, 2004; Baumbach/Lauterbach/Albers/Hartmann, Zivilprozessordnung, 63. Auflage 2005; Erman, Handkommentar zum Bürgerlichen Gesetzbuch Band 2: §§ 854-2385, EGBGB, ErbbauVO, HausratsVO, LPartG, ProdHaftG, VAHRG, WEG 11. Auflage 2004; Jauernig Bürgerliches Gesetzbuch, Kommentar, 11. Auflage 2004; Kübler/Prütting, InsO – Kommentar zur Insolvenzordnung Loseblattwerk; Landmann/Rohmer, Gewerbeordnung, Loseblatt-Kommentar; Lüke/Wax, Münchener Kommentar zur Zivilprozeßordnung, Band 1: §§ 1-354, 2. Auflage 2000; Lüke/Wax, Münchner Kommentar zur Zivilprozeßordnung Band 3: §§ 803-1066, EGZPO, GVG, EGGVG, internationales Zivilprozessrecht, 2. Auflage 2001; Musielak, Kommentar zur Zivilprozessordnung, 4. Auflage 2005; Palandt, Bürgerliches Gesetzbuch, 64. Auflage 2005; Rebmann/Säcker/Rixecker, Münchener Kommentar zum Bürgerlichen Gesetzbuch, Band 6: Sachenrecht §§ 854-1296, 4. Auflage 2004; Schmidt, Münchener Kommentar zum Handelsgesetzbuch Band 1: §§ 1-104, 1996; Schulze, Bürgerliches Gesetzbuch, Handkommentar 3. Auflage 2003; Schuschke/Walker, Vollstreckung und Vorläufiger Rechtsschutz Band II, §§ 916-945 ZPO, 3. Auflage 2005; Soergel/Siebert/Mühl, Bürgerliches Gesetzbuch mit Einführungsgesetz und Nebengesetzen, Band 6: Sachenrecht (§§ 854-1296) BGB, WEG, Erbbau VO, SchiffsG, 12. Auflage 1990; Staudinger, Julius von Kommentar zum Bürgerlichen Gesetzbuch Buch 3: Sachenrecht, §§ 985 – 1011 Neubearbeitung 1999; Stein/Jonas, Kommentar zur Zivilprozessordnung, 22. Auflage 2004; Thomas/Putzo, Zivilprozessordnung, 26. Auflage 2004; Wieczorek/Schütze, Zivilprozeßordnung und Nebengesetze, Großkommentar 3. Auflage 1994; Zimmermann, Zivilprozeßordnung, 6. Auflage 2002; Zöller, Zivilprozessordnung, 25. Auflage 2005.

Monographien: Baumgärtel/Laumen, Handbuch der Beweislast im Privatrecht, Band 2: BGB Sachen-, Familien- und Erbrecht, Recht der EG, UN-Kaufrecht, 2. Auflage 1999; Baur/Stürner, Sachenrecht, 17. Auflage 1999; Haft/Schlieffen, Handbuch Mediation München 2002; Keidel/Krafka/Willer, Registerrecht, 6. Auflage 2003; Medicus, Bürgerliches Recht, 20. Auflage 2004; Müller, Sachenrecht 4. Auflage 1997; Obermüller/Hess, InsO – Eine systematische Darstellung des neuen Insolvenzrechts, 4. Auflage 2003; Rosenberg/Schwab/Gottwald, Zivilprozessrecht, 16. Auflage 2004; Schellhammer, Zivilprozess, 11. Auflage 2004; Schreiber, Sachenrecht, 4. Auflage 2003; Vieweg/Werner, Sachenrecht, 2003; Westermann/Westermann, Sachenrecht, 7. Auflage 1998; Wieling, Sachenrecht, 4. Auflage 2001; Wolf, Sachenrecht, 20. Auflage 2004

Aufsätze: Amend, Aktuelles und Historisches zur richterlichen Anerkennung des possessorischen Besitzschutzes – BGH, NJW 1999, 425, JuS 2001, 124 ff.; Berg, Ansprüche aus dem Eigentümer-Besitzer-Verhältnis, JuS 1971, 522 ff.; Brudermüller, Die Zuweisung der Ehewohnung an einen Ehegatten, FamRZ 1987, 379 ff.; Kemke, Die Gesellschaft bürgerlichen Rechts im Prozess – Parteibezeichnung und die Kostendrittwiderklage gegen die Gesellschafter, NJW 2002, 2218 ff.; Olshausen, Rechtskraftwirkung von Urteilen über Gegenforderungen bei der Forderungszession, JZ 1976, 85 ff.;

1

Prölss, Der Einwand der „unclean hands" im Bürgerlichen Recht sowie im Wettbewerbs- und Warenzeichenrecht, ZHR 132, 35 ff.; Raiser, Die Subsidiarität der Vindikation und ihre Nebenfolgen, JZ 1961, 529 ff.; Schmidt, Die BGB-Außengesellschaft: rechts- und parteifähig – Besprechung des Grundlagenurteils II ZR 331/00 vom 29.01.2001, NJW 2001, 993 ff.; Schmidt, Unterlassungsanspruch, Unterlassungsklage und deliktischer Ersatzanspruch im Konkurs, ZZP 90 (1977), 38 ff.; Schur, Schadensersatz nach rechtskräftiger Verurteilung zur Leistung, NJW 2002, 2518 ff.; Wenzel, Der Störer und seine verschuldensunabhängige Haftung im Nachbarrecht, NJW 2005, 241 ff.; Wertenbruch, Die Parteifähigkeit der GbR – Die Änderung für die Gerichts- und Vollstreckungspraxis, NJW 2002, 324 ff.

§ 1 Herausgabe nach § 985 BGB

A. Vorprozessuale Situation

I. Beratungssituation

Im klassischen Herausgabefall wird Mandant M darlegen, dass eine ihm gehörende Sache vom Dritten D nicht herausgegeben wird, wobei die Nichtherausgabe auf vielfältigen Lebenssituationen beruhen kann. So kann es sein, dass D Gegenansprüche behauptet, die auf einer angeblichen Nichterfüllung vertraglicher Pflichten beruhen (z.B. Zahlung des Mietzinses) oder darauf, dass ein Schaden behauptet wird und D sich deshalb berechtigt sieht, die bei ihm befindlichen Sachen nicht herauszugeben.

Beispiel 1:
M lagert aufgrund eines Mietvertrages Sachen bei D und bezahlt den fälligen Mietzins nicht. D entfernt kurzer Hand die Sachen vom gemieteten Lager und kündigt an, die Sachen nur herauszugeben, wenn der Mietzins bezahlt wird.

Beispiel 2:
D behauptet, M habe einen Schaden an seinem Fahrzeug verursacht und gibt deshalb die von M gelagerten Sachen nicht heraus, bis der Schaden beglichen ist. Beim Beratungsgespräch wird zunächst nach dem möglichen **Schadensumfang** und der damit regelmäßig einhergehenden **Dringlichkeit** zu fragen sein.

1. Schadensumfang

a) Erheblicher Schaden

Annahme bei Beispiel 1: M betreibt eine Gerüstbaufirma und hat den Auftrag angenommen, in 3 Tagen beim Kunden K ein Gerüst aufzustellen. Für den Fall der verzögerten Aufstellung des Gerüstes haben M und K die Zahlung einer Vertragsstrafe von 15.000 Euro vereinbart. In diesem Fall ist schnelles Handeln erforderlich und neben außergerichtlichen Einigungsversuchen (vgl. Rn. 9) die Möglichkeit einer einstweiligen Verfügung mit dem Mandanten zu erörtern.

Dabei muss mit dem Mandanten geklärt werden, ob ein Vorgehen nach sogenannten **possessorischen**[1] oder nach **petitorischen** Ansprüchen in Betracht kommt. Die Klärung dieser Frage hat erhebliche Auswirkungen: Bei den possessorischen Ansprüchen geht es „nur" um die Wiederherstellung der richtigen Besitzposition (sogenannte **Schutz- und Friedensfunktion des Besitzes**). Einwendungen kann Besitzer K nur mit der Begründung herleiten, sein Handeln erfülle nicht den Tatbestand einer verbotenen Eigenmacht (§ 863 BGB), weil z.B. Rechtfertigungsgründe vorliegen. Andere Einwendungen sind ausgeschlossen, insbesondere dass eigene Ansprüche (z.B. ein Recht zum Besitz

---

[1] Possessorische Ansprüche werden ausschließlich aus dem Besitz und damit aus einem tatsächlichen Verhältnis (§ 854 Abs. 1 BGB) abgeleitet und bestehen unabhängig davon, ob der Anspruchsteller ein Recht zum Besitz geltend machen kann. Auch ein Dieb kann sich deshalb grundsätzlich auf possessorische Ansprüche berufen.

§ 1 Herausgabe nach § 985 BGB

nach § 986 BGB oder **Zurückbehaltungsrechte** nach §§ 273, 1000 BGB) gegenüber M bestehen sollen. Der Vorteil liegt weiter darin, dass M nur seinen **Besitz** darlegen und beweisen muss, jedoch **nicht** sein **Eigentum**.

6 Bei **petitorischen** Ansprüchen aus § 985 BGB geht es um das Eigentumsrecht des M gegen den Besitzer. M muss hier sein Eigentum und den Besitz des D darlegen und D kann sich unter Umständen auf ein Recht zum Besitz aus § 986 BGB berufen. All dies stellt gegenüber dem Anspruch aus § 861 BGB eine Erschwernis dar. Der Anwalt sollte deshalb klären, ob hinsichtlich sämtlicher Sachen, die D nicht herausgibt, das Eigentums- und das Besitzrecht dargelegt und bewiesen werden kann. Je nach dem ergibt sich, wie gegenüber D vorzugehen ist.

7 Auf diese Prüfung ist äußerste Sorgfalt zu verwenden. Es kommt regelmäßig vor, dass M sein Eigentumsrecht nur schwer nachweisen kann oder nicht sämtliche Sachen, deren Herausgabe D verweigert, im Eigentum von M stehen, sondern von anderen geliehen oder ihm sonst zur Benutzung überlassen worden sind. Wenn M somit sein Eigentum nicht oder nur unter erschwerten Umständen nachweisen kann, kommt z.B. ein Vorgehen nach § 861 BGB in Betracht, weil er damit die **alte Besitzlage** wieder herstellen kann, ohne dass es auf das Eigentumsrecht ankommt. Es wäre aber auch möglich, dass M im Wege der sogenannten **gewillkürten Prozessstandschaft**[2] hinsichtlich der nicht in seinem Eigentum stehenden Sachen für den Eigentümer tätig wird. In diesem Fall müsste mit dem Eigentümer sofort Kontakt aufgenommen und geklärt werden, ob eine entsprechende **Prozessstandschaftsvereinbarung**[3] unterzeichnet wird.

8 Muster: Gewillkürte Prozessstandschaftsvereinbarung

Prozessstandschaftsvereinbarung

1 Wir/Ich habe(n) bei Herrn/Frau ▬▬/der Firma ▬▬ eine Steinschneidemaschine [genaue Bezeichnung der Sache, damit klar ist, worauf sich die Vereinbarung bezieht] am ▬▬ gekauft, die uns am ▬▬ übereignet worden ist [Darlegung des Erwerbstatbestandes durch den Eigentümer]. Im Rahmen eines Vertrages mit ▬▬ [Name des jetzigen Klägers] haben wir diesem die Maschine zur Durchführung eines am ▬▬ erteilten Auftrages zur alleinigen und ausschließlichen Benutzung mit der Verpflichtung überlassen, uns diese nach Durchführung des Auftrages wieder zurückzugeben [Darlegung durch den Eigentümer, warum die Maschine sich nunmehr beim Kläger befindet und der Eigentümer dadurch sein Eigentum nicht verloren hat]. Nunmehr befindet sich unsere Steinschneidemaschine bei ▬▬ [Name des künftigen Beklagten], ohne dass wir dies gestattet haben [Klarstellung, dass der Eigentümer mit dem Besitzerwechsel nicht einverstanden ist].

---

2 Palandt/Bassenge, § 985 BGB Rn. 1.
3 Zu den Voraussetzungen der gewillkürten Prozessstandschaft: Zimmermann, § 51 ZPO Rn. 17 ff. Darzulegen ist die Ermächtigung (hier durch die Vereinbarung) und ein eigenes rechtliches Interesse des Klägers an der Durchsetzung eines fremden Rechtes (hier Durchführung eines Auftrages). Ausreichend ist insoweit eine größere „Sachnähe". Zu der prozessual wichtigen Frage, ob der Rechtsträger Zeuge sein kann (was zu bejahen ist, aber bei der Beweiswürdigung zu berücksichtigen ist), ders. unter Rn. 21.

A. Vorprozessuale Situation

Hiermit bevollmächtigen wir Sie, für uns die Herausgabe der Steinschneidemaschine gegenüber ■■■ [Name des Beklagten] gerichtlich geltend zu machen. Für die Prozessstandschaftsvereinbarung gelten folgende Bedingungen:[4]
- Es ist Herausgabe der Steinschneidemaschine an Sie [Name des Klägers] zu beantragen [alternativ: an den Eigentümer, was hier nicht sinnvoll wäre, wenn der Auftrag des Eigentümers noch durchzuführen ist]
- Kosten dürfen uns durch das Gerichtsverfahren nicht entstehen [dies wird der Eigentümer regelmäßig verlangen, da er damit argumentieren wird, es sei Sache des Klägers, die Sache wieder zu besorgen]
- [ggf. ■■■]

■■■, den ■■■

b) Geringer Schaden

Besteht mehr Zeit, weil die Verweigerung der Herausgabe zu einem „überschaubaren" Schaden führt, können außergerichtlich verschiedene Lösungsversuche unternommen werden. Ob und gegebenenfalls in welchem Umfang die nachfolgenden Überlegungen auch bei 1 a) in Betracht kommen, wird eine Frage des Einzelfalls sein.

aa) Schreiben an D: D ist unter Schilderung des Sachverhaltes zur Herausgabe der (genau zu bezeichnenden) Sachen aufzufordern. Dabei ist darauf hinzuweisen, dass (so wird es im Regelfall sein) ein Schaden durch die Nichtherausgabe entsteht und aus diesem Grunde ein kurzfristiges persönliches Gespräch angeregt wird, in dem für die Angelegenheit eine Lösung gesucht werden soll.

In der Praxis hat es sich bewährt, in einem solchen Schreiben nur „anzudeuten", welche Rechtsauffassung der Mandant einnimmt, gegebenenfalls sollten auch solche „Andeutungen" unterlassen werden. Werden nämlich massive Vorwürfe wegen der Nichtherausgabe erhoben, ist regelmäßig der Boden für ein streitschlichtendes Gespräch entzogen.

Muster: Schreiben an den (unrechtmäßigen) Besitzer

■■■ [Anrede],

ich zeige an, dass mich die Firma/Herr ■■■ beauftragt hat, für Sie/Ihn anwaltlich tätig zu werden.

Meine Mandantschaft hat mich darüber informiert, dass es unterschiedliche Auffassungen über die Herausgabe von diversen Gegenständen gibt (vergleiche die als Anlage beigefügte Liste).

Im Rahmen einer kurzfristigen Einigung möchte ich anregen, zu einem persönlichen Gespräch zusammenzukommen.

---

[4] Die Erteilung einer gewillkürten Prozessstandschaft richtet sich nach materiellem Recht und damit nach dem bürgerlichen Recht, vgl. Musielak, § 51 ZPO Rn. 26; Stein/Jonas/Bork, vor § 50 ZPO Rn. 60; Zöller/Vollkommer, vor § 50 Rn. 45. Die Ermächtigung kann deshalb auch bedingt oder widerruflich erteilt werden, vgl. hierzu Wieczorek/Schütze-Hausmann, vor § 50 ZPO Rn. 72; Stein/Jonas/Bork, vor § 50 ZPO Rn. 60.

Ich rufe Sie morgen an, um mit Ihnen abzustimmen, ob dies auch mit Ihren Vorstellungen übereinstimmt.

Mit freundlichen Grüßen

Rechtsanwalt

13 Es ist ausreichend, ein solches Schreiben mit einfachem Brief (vorab per Telefax) abzusenden. Da im Gerichtsverfahren allein ein Telefaxprotokoll nicht ausreicht,[5] um einen Zugang bei D nachzuweisen, sollte das Sekretariat des beratenden Rechtsanwaltes bei D anrufen und nachfragen, ob das Telefax eingegangen. Vom Sekretariat sollte eine Aktennotiz über das Gespräch erstellt und zur Akte genommen werden, damit im Falle des gerichtlichen Verfahrens der Nachweis geführt werden kann, dass ein Herausgabeverlangen bereits vorgerichtlich Gegenstand der Diskussion mit D war.

14 Muster: Gesprächsnotiz des Sekretariats

Am ▪▪▪ habe ich ▪▪▪ [Name der Sekretärin bzw. des Anrufers] bei ▪▪▪ [Name des D] und dort mit ▪▪▪ [Name der Gesprächsperson] telefoniert. Diese bestätigte mir, dass beiliegendes Schreiben vom ▪▪▪ mit ▪▪▪ [Anzahl der Seiten] dort gut lesbar eingegangen ist.

▪▪▪, den ▪▪▪

Unterschrift

15 *bb) Vereinbarung eines Besprechungstermins:* Im Anschuss an das vorherige Schreiben sollte sich der Anwalt zeitnah mit D telefonisch in Verbindung setzen und einen Besprechungstermin vereinbaren. Auch bei diesem Telefonat sollten keinesfalls die unterschiedlichen rechtlichen und tatsächlichen Standpunkte erörtert werden, sondern die emotionale Situation erfasst und mit dem Gesprächspartner das Ziel der streitschlichtenden Besprechung erörtert werden. Lösungsansätze, wie z.B. die Hinterlegung eines Geldbetrages, können dabei durchaus erörtert werden. Ob eine solche Hinterlegung treuhänderisch bei einem Notar oder bei einem der beratenden Anwälte[6] in Betracht kommt, sollte dann während dem persönlichen Gespräch ausgelotet werden.

16 Muster: Treuhänderische Hinterlegung eines Geldbetrages

Der Unterzeichner erklärt sich hiermit einverstanden, treuhänderisch EUR ▪▪▪ von Herrn ▪▪▪ [Name des früheren Besitzers] entgegen zu nehmen. Die Entgegennahme erfolgt

---

5 Dadurch wird die Kostenfolge eines sofortigen Anerkenntnisses (§ 93 ZPO) vermieden bzw. der Streit darüber, ob eine vorsätzliche unerlaubte Handlung vorlag, die eine Aufforderung entbehrlich macht, vgl. Stein/Jonas/Bork, § 93 ZPO Rn. 22. Insoweit empfiehlt es sich immer, vor Erhebung der Klage klarzustellen, dass Herausgabe verlangt wird; der Zeitpunkt hierfür, wird sich aus dem Verlauf der Vergleichsgespräche ergeben.

6 Die treuhänderische Hinterlegung bei einem Anwalt erfolgt im Regelfall schneller, als bei Einschaltung eines Notars, weil die Erteilung und Abwicklung des Treuhandauftrages kurzfristig zwischen den Anwälten abgestimmt werden kann. In der Praxis wird der Anwalt, der sich zur Durchführung des Treuhandauftrages bereits erklärt hat, auch keine gesonderten Kosten erheben.

durch Einzahlung auf das Treuhandkonto des Unterzeichners und wird zu den Bedingungen verzinst, die von der ▬▬▬ [Benennung der Bank] für die Anlegung von ▬▬▬ [z.B. Tagegeld] angeboten werden. Durch die treuhänderische Zahlung wird erreicht, dass D folgende Gegenstände ▬▬▬ am ▬▬▬ an ▬▬▬ [Name des früheren Besitzers] herausgibt. Dagegen darf die Auskehrung des Geldes an D erst erfolgen, wenn geklärt ist ▬▬▬ [hier ist anzugeben, was einer Klärung zugeführt werden soll, z.B. ob der Anspruch des D wegen Zahlung des Mietzinses für die Monate Januar bis März 2004 berechtigt ist]. Die Klärung dieser Frage gilt als erfolgt, wenn ▬▬▬ [es sollte hier angegeben werden, wann dies der Fall ist, z.B. durch rechtskräftiges Urteil, Einigung der Parteien bis zu einem bestimmten Datum oder Schiedsspruch eines Notars usw.].

Mannheim, den ▬▬▬

Unterschrift

Der Anwalt sollte auf jeden Fall den bei ihm eingehenden Betrag getrennt von seinen das Tagesgeschäft betreffenden Geschäftskonten halten und auf einem eigens für solche Vorgänge gesondert eröffneten oder bestehenden Treuhandkonto hinterlegen.

cc) Zahlung unter Vorbehalt: Lässt sich D auf die unter vorstehend aa) und bb) dargestellten Überlegungen nicht ein bzw. führt ein persönliches Gespräch zu keinem annehmbaren Ergebnis, ist zu überlegen, ob die angebliche Forderung des D unter **Vorbehalt** erfüllt und M Zug um Zug gegen Herausgabe der Sachen **direkt** an D zahlt. Dies wird von der Höhe der Forderung des D abhängen und von dem zu erwartenden Schaden. Wenn eine solche Zahlung in Betracht kommt, sollte sowohl in einem **Begleitschreiben**, als auch auf einem **Überweisungsträger** deutlich gemacht werden, dass die Zahlung nur unter dem Vorbehalt der berechtigten Geltendmachung der Forderung des D erfolgt und zunächst den Zweck erfüllt, die Herausgabe der Sachen zu erreichen. Mit M kann dann nach erfolgter Zahlung und Herausgabe der Sachen geprüft werden, ob und in welcher Höhe eine Rückzahlung des unter Vorbehalt gezahlten Geldes in Betracht kommt.

dd) Kauf oder Anmietung von Ersatzsachen: Es könnte von M in Betracht gezogen werden, Ersatzsachen zu kaufen oder zu mieten. Im Falle eines Kaufes müsste sich M allerdings im Schadensersatzprozess gegen D anrechnen lassen, dass er nunmehr neue Sachen bzw. höherwertigere Sachen im Vergleich zu den Sachen erworben hat, die sich bei D befinden (Abzug „alt für neu").[7] Der Schadensersatzanspruch ergibt sich hier aus § 823 Abs. 1 i.V.m. §§ 249 ff. BGB. Eine Androhung oder Fristsetzung ist nicht erforderlich. Es empfiehlt sich allerdings im Schreiben an D folgendes aufzunehmen:

---

7 Der Grund ist darin zu sehen, dass die durch die §§ 249 ff. BGB vorgesehene Naturalrestitution über den effektiv verursachten Schaden hinausgeht und deshalb der Differenzbetrag zu ersetzen ist, was praktisch regelmäßig beim Ersatz einer gebrauchten durch eine neue Sache der Fall sein wird. Hinsichtlich der Höhe des Abzuges kommt es darauf an, ob es einen Markt für die gebrauchte Sache gibt und somit ein Marktpreis gebildet werden kann, in Betracht kommt auch die Heranziehung der voraussichtlichen Dauer der Nutzung mit einem entsprechenden prozentualen Abschlag, ansonsten wird nach § 287 ZPO geschätzt. Vgl. MüKo-Oetker, § 249 BGB Rn. 333-335.

§ 1 Herausgabe nach § 985 BGB

20 Muster: Ankündigung, Schadensersatz bei Nichtherausgabe

■■■ sollten Sie die Sachen nicht bis zum ■■■ an meinen Mandanten herausgeben, lehnt dieser es ab, die Sachen zu einem späteren Zeitpunkt zurückzunehmen. Es kommt statt dessen in Betracht, dass er neue Sachen erwerben oder anmieten wird und den daraus entstehenden Schaden Zug um Zug gegen Übereignung der bei Ihnen befindlichen Sachen gegen Sie als Verursacher geltend machen kann.[8]

2. Insolvenz des Dritten

21 M kann als Eigentümer in der Insolvenz des D die Herausgabe seines Eigentums verlangen (§ 985 BGB). Ohne Bedeutung ist, welchen Besitz D erlangt hat (z.B. Eigen-, Fremd-, mittelbaren oder unmittelbaren Besitz). Dies ergibt sich daraus, dass aus der **Insolvenzmasse** solche Gegenstände ausgesondert werden, die aufgrund eines dinglichen oder persönlichen Rechts nicht dem Schuldner gehören. In diesen Fällen gelten die Gesetze außerhalb der Insolvenzordnung (§ 47 InsO).[9] Im gerichtlichen Verfahren ist darauf zu achten, dass nach Eröffnung des Insolvenzverfahrens der Insolvenzverwalter als **Partei kraft Amtes** zu verklagen ist:

22 Muster: Klageantrag bei Insolvenz des Besitzers

■■■ Herrn X/Y als Insolvenzverwalter über das Vermögen der/des ■■■

23 Bei einem laufenden **Schiedsgerichtsverfahren** (§§ 1042ff. ZPO) führt die Eröffnung des Insolvenzverfahrens nicht zu einer **Unterbrechung** des Verfahrens gemäß § 240 ZPO[10] und das Rubrum ist entsprechend zu berichtigen.

3. Vorbereitung der gerichtlichen Auseinandersetzung

a) Liste der herauszugebenden Sachen, Höhe des Streitwertes

24 Die Sachen, die im gerichtlichen Verfahren heraus verlangt werden sollen, müssen so genau bezeichnet werden, dass der **Klageantrag** bestimmt genug ist (§ 253 Abs. 2 Nr. 2 ZPO). Nur dann können diese in der Vollstreckung von einem Gerichtsvollzieher eindeutig identifiziert werden.

25 Für die Bestimmung des aktuellen **Zeitwertes** können als Indizien die steuerlichen Afa-Tabellen herangezogen werden. Scheidet dies aus, ist im Wege der **Schätzung** vorzugehen und der aktuelle Wert aus dem Neupreis und dem Verhältnis der Nutzungsdauer der Sache zu bilden (z.B. Heranziehung von Mietpreisen, falls ein entsprechender

---

8 Bis zum 01.01.2002 konnte nach § 286 Abs. 2 BGB a.F. bei Interessenwegfall auch Schadensersatz wegen Nichterfüllung geltend gemacht werden. Nunmehr ist das nach § 281 Abs. 1 BGB i.V.m. Abs. 2 BGB möglich. Vgl. im einzelnen das Verhältnis von § 985 BGB zu § 281 BGB bei Rn. 161, 162.
9 Obermüller/Hess, Rn. 379f.; MüKoInsO-Ganter, § 47 InsO Rn. 37; Palandt/Bassenge, § 985 BGB Rn. 1.
10 MüKoZPO-Feiber, § 240 ZPO Rn. 3: Eine Unterbrechung des Schiedsgerichtsverfahren findet nur statt, wenn die Parteien sich hierüber verständigt haben oder die Schiedsordnung des angerufenen Gerichts eine entsprechende Verfahrensregel vorsieht, was regelmäßig nicht der Fall sein wird.

Markt existiert). Der aktuelle Zeitwert (Verkehrswert) bestimmt somit, welches Gericht sachlich zuständig für die Herausgabeklage ist (vgl. §§ 6 ff. ZPO).

b) Einholung von Informationen

Für eine erfolgreiche Herausgabeklage ist die zu verklagende Partei **genau** zu bezeichnen. Wird die Partei falsch oder ungenau bezeichnet, kann dies zur Folge haben, dass die Klage oder ein Antrag auf Erlass einer einstweiligen Verfügung nicht **zugestellt** werden kann. Die Verantwortung, dass die Partei exakt bezeichnet wird, liegt ausschließlich beim Kläger bzw. Antragsteller.[11]

aa) Handelsregisterauskunft: Informationen über eine Partei, bei der es sich z. B. um eine Aktiengesellschaft (AG), Gesellschaft mit beschränkter Haftung (GmbH), Personenhandelsgesellschaft oder einen Einzelkaufmann handelt, können auf zuverlässige Weise dem **Handelsregister** entnommen werden (z.B. Firma, Sitz, Vertretungsregelung). Das Handelsregister gibt auch Auskunft über die **Adresse** (§ 24 HRV), wobei die Lage der Geschäftsräume mit Straße und Hausnummer sich **nicht** aus dem **Handelsregisterauszug** ergibt (dort ist nur der Sitz vermerkt), sondern aus der Anmeldung (§ 34 HRV). Die Anschrift kann aber ebenfalls durch Einsichtnahme in das Handelsregister festgestellt werden.[12]

Das Einsichtsrecht in das Handelsregister besteht für jedermann, ohne dass es eines **berechtigten oder sonstigen Interesses** bedarf, § 9 Abs. 1 HGB.

Muster: Einholung einer Auskunft aus dem Handelsregister

An das Amtsgericht

Registergericht

■■■ [Ort][13]

Hiermit beantrage ich einen beglaubigten/unbeglaubigten [für die Feststellung der genauen Firmenbezeichnung und der Vertretungsregelung sollte m.E. ein unbeglaubigter Auszug reichen, der auch kostengünstiger ist] chronologischen[14] Auszug aus dem Handelsregister für

---

11 MüKoZPO-Lüke, § 253 ZPO Rn. 45.
12 Keidel/Krafka/Willer, Registerrecht, Rn. 48 ff., 82.
13 Die Zuständigkeit der Amtsgerichte ergibt sich aus § 125 FGG i.V.m. § 8 HGB. Die örtliche Zuständigkeit ist gemäß § 7 FGG ausschließlich und hängt von verschiedenen Faktoren ab, die sich aus dem Gesetz ergeben: Einzelkaufmann (§ 29 HGB, Handelsniederlassung), juristischen Personen (§ 33 HGB, Ort der Hauptniederlassung), Handelsgesellschaften und Versicherungsverein auf Gegenseitigkeit (Sitz, §§ 106 Abs. 1, 161 Abs. 2 HGB, §§ 5, 278 Abs. 3 AktG, §§ 4a, 7 Abs. 1 GmbHG, 30 VAG). Zur Zuständigkeit von Zweigniederlassungen vgl. §§ 13, 13c HGB.
14 Es wird empfohlen, einen „chronologischen" Auszug aus dem Handelsregister anzufordern, damit die Entwicklung der Gesellschaft nachvollzogen werden kann. Gelegentlich trifft man auf Handelsregister, bei denen die Auszüge nur noch den aktuellen „punktuellen" Stand der Firmenverhältnisse wiedergibt. Durch die Beantragung des „chronologischen" Auszuges wird dies vermieden.

die Firma / Herrn / Frau ▪▪▪ zu HRA / HRB[15] [falls die Nummer verfügbar ist].

Weiterhin beantrage ich die Lage der Geschäftsräume samt Straße und Hausnummer mitzuteilen (§ 24 HRV).

[Ggf., falls es sich z.B. um eine Gesellschaft mit beschränkter Haftung handelt:] Schließlich wird beantragt, die Gesellschafterliste gemäß § 40 GmbHG für die [z.B. letzten 3 Jahren oder die aktuelle Liste] vorzulegen.[16]

Für die entstehenden Gebühren erkläre ich mich persönlich haftbar.

Ort, Datum

Unterschrift

30 **bb) Gewerberegisterauskunft**: Eine weitere Möglichkeit besteht durch Einholung einer **Auskunft aus dem Gewerberegister**, weil es regelmäßig vorkommt, dass Gewerbetreibende nicht im Handelsregister stehen, weil sie nicht unter § 1 HGB fallen (also keine Kaufleute kraft Gesetzes sind) und von der Möglichkeit des § 2 HGB, sich freiwillig in das Handelsregister eintragen zu lassen, keinen Gebrauch gemacht haben, gleichwohl aber ein Gewerbe betreiben.[17]

31 Beispiel:
Vater V managt und trainiert seine Tochter T beim Start in eine professionelle Tenniskarriere. Es sollen in den nächsten 2-3 Jahren nur kleinere Turniere gespielt werden. In diesem Fall ist V derzeit weder Kaufmann nach § 1 HGB noch nach § 2 HGB, er kann dennoch ein Gewerbe anmelden.

32 Muster: Einholung einer Auskunft aus dem Gewerberegister

An das

Gewerbeamt der Stadt ▪▪▪

Betreff: Auskunft aus dem Gewerberegister

Hier: Gewerbeamtsanfrage bezüglich ▪▪▪ [Bezeichnung des Gewerbes, z.B. „Serve and Volley", Inhaber, Adresse]

▪▪▪ [Anrede],

---

15 Das Handelsregister wird nach der Handelsregisterverordnung (HRV) geführt und besteht aus den zwei Abteilungen A und B, die getrennt geführt werden. In Abteilung A werden eingetragen die Einzelkaufleute, Juristische Personen nach § 33 HGB, Offene Handelsgesellschaften, Kommanditgesellschaften und die Europäischen Interessenvereinigungen (EWIV). Abteilung B beinhaltet die Aktiengesellschaften, Kommanditgesellschaften auf Aktien, Gesellschaften mit beschränkter Haftung und Versicherungsvereine auf Gegenseitigkeit. Für eine Kommanditgesellschaft mit beschränkter Haftung werden deshalb zwei Auszüge aus dem Handelsregister benötigt, einmal für die Kommanditgesellschaft (Abteilung A) und zum anderen für die Komplementär-GmbH (Abteilung B).
16 Falls die Gesellschafterliste fehlerhaft ist, normiert § 40 Abs. 2 GmbHG eine Schadensersatzpflicht des Geschäftsführers. § 40 Abs. 2 GmbHG ist damit ein Schutzgesetz i.S.v. § 823 Abs. 2 BGB.
17 Vgl. zum Gewerbebegriff: MüKoHGB-Schmidt, § 1 HGB Rn. 4 ff., 23 ff.

gegen das im Betreff genannte Gewerbe liegt uns die Beauftragung vor, zivilrechtliche Ansprüche geltend zu machen. Aufgrund eines am ▬▬▬ geschlossenen Vertrages (Anlage) steht dem von uns vertretenen ▬▬▬ noch eine Forderung für geleistete Tennis-Trainingsstunden in Höhe von EUR ▬▬▬ zu (Anlage), die bisher nicht beglichen worden ist.[18]

Bitte teilen Sie uns folgendes mit:

Ist „Serve and Volley" unter der vorgenannten Anschrift ansässig?

Unter welcher Rechtsform wird „Serve and Volley" betrieben?

Sollte „Serve and Volley" unter einer Firma (§ 17 HGB) tätig werden, bitte ich um deren Mitteilung und um die Bekanntgabe der Vor- und Zunamen der Gesellschafter bzw. der Inhaber.

[▬▬▬]

Für die in Betracht kommenden Kosten dieser Anfrage erkläre ich mich persönlich haftbar und bitte mir diese aufzugeben.

Mit freundlichen Grüßen

Rechtsanwalt

cc) Einwohnermeldeamtsanfrage:[19] Bei einer natürlichen Person, die nicht im kaufmännischen oder gewerblichen Bereich tätig ist, bleibt als Informationsquelle die Anfrage beim Einwohnermeldeamt (EMA-Anfrage). 33

---

18 Auskünfte aus dem Gewerberegister erstrecken sich gemäß § 14 Abs. 8 Satz 1 GewO zunächst nur auf drei Grunddaten, d.h. den Namen, betriebliche Anschrift und die angezeigte Tätigkeit. Die Auskunft darf erteilt werden, wenn der Antragsteller ein berechtigtes Interesse an der Kenntnis der Daten glaubhaft macht. Berechtigt ist jedes wirtschaftliche und ideelle Interesse, das auf sachlichen Erwägungen beruht und mit der Rechtsordnung im Einklang steht, „reine Neugier" rechtfertigt die Übermittlung der Daten aber nicht, vgl. Landmann/Rohmer/Marcks, § 14 GewO Rn. 84. Glaubhaftmachen ist weniger als Nachweis führen, allerdings reicht eine schlichte Erklärung nicht aus. Deshalb empfiehlt es sich, den Sachverhalt in Kurzform darzustellen und ggf. Unterlagen beizufügen. Die Praxis verfährt oftmals wenig streng: Es reicht in der Regel aus, wenn der Anwalt erklärt, dass z.B. ein zivilrechtlicher Anspruch geltend gemacht werden soll. Die Übermittlung weiterer Daten aus der Gewerbeanzeige ist nur zulässig, wenn ein rechtliches Interesse an der Kenntnis der zu übermittelnden Daten glaubhaft gemacht wird, § 14 Abs. 8 Satz 2 GewO. Das rechtliche Interesse kann durch die Vorlage von Vertragsunterlagen, Rechnungen, Schuldtiteln, Vollstreckungstiteln usw. erfolgen. Schließlich darf kein Grund bestehen, der die Annahme begründet, dass schutzwürdige Interessen des Gewerbetreibenden überwiegen. Da die Gewerbeanzeigen kein öffentliches Register sind, besteht kein Rechtsanspruch auf die Mitteilung der in der Anzeige enthaltenen Daten. Die Auskunftserteilung steht vielmehr im Ermessen der Behörde, vgl. Landmann/Rohmer/Marcks, § 14 GewO Rn. 84 am Ende. Zu beachten ist, dass die Auskunft aus dem Gewerberegister nicht zu verwechseln ist, mit der Auskunft aus dem Gewerbezentralregister (§§ 149ff. GewO), hierzu Landmann/Rohmer/Marcks, vor § 149 GewO.
19 Gemäß § 21 Melderechtsrahmengesetz (MRRG) darf die Meldebehörde nur Auskunft über Vor- und Familiennamen, akademische Grade und Anschriften einzelner bestimmter Einwohner übermitteln (einfache Melderegisterauskunft). Wird ein berechtigtes Interesse glaubhaft gemacht, kann Auskunft über zusätzliche Daten erteilt werden, § 21 Abs. 2 MRRG: Tag und Ort der Geburt, frühere Vor- und Familiennamen, Familienstand, Staatsangehörigkeit, frühere Anschriften, Tag des Ein- und Auszugs, gesetzliche Vertreter, Sterbetag und -ort.

34 Muster: Einwohnermeldeamtsanfrage

An das

Einwohnermeldeamt der Stadt ▄▄▄

Betreff: Auskunft aus dem Melderegister

Hier: Herr/Frau ▄▄▄, Geburtsdatum ▄▄▄, bisher bekannte Anschrift ▄▄▄

▄▄▄ [Anrede],

bitte teilen Sie uns mit, wo Herr/Frau ▄▄▄ nunmehr gemeldet ist. Verschiedene Briefe, die wir an die uns bisher bekannte Anschrift gesandt haben, sind uns von der Deutschen Post mit dem Vermerk zurückgesandt worden: „unbekannt".

Für die Kosten dieser Anfrage erkläre ich mich persönlich haftbar und bitte mir diese, zusammen mit der Auskunft, aufzugeben.

Mit freundlichen Grüßen

▄▄▄

Rechtsanwalt

4. Lösungen im Verhandlungsweg

35 Es wird im Einzelfall mit dem Mandanten abzustimmen sein, ob und in welchem Umfang außergerichtliche Lösungsmöglichkeiten in Betracht gezogen werden sollen; auch sollte der dafür zur Verfügung stehende Zeitraum festgelegt werden, damit ein „Hin- und Herschreiben" von vornherein unterbunden wird (oder nur mit Zustimmung des Mandanten fortgesetzt wird). Im Grundsatz sollte sich der beratende Rechtsanwalt eine eigene Einschätzung darüber verschaffen, ob es sogenannte **Ausschlusskriterien** gibt, die entweder auf Seiten des Mandanten oder des Dritten eine Einigung ausschließen. Dabei wird zu klären sein, ob sich die Parteien **subjektiv** einigen möchten und ob **objektiv** eine Einigung sinnvoll möglich ist. Ob beide Seiten bereit sind, für einen Vergleichsabschluss in bestimmten Punkten nachzugeben, zeigt sich in kurzer Zeit. Aus objektiver Sicht dürfte im Regelfall eine Einigung möglich sein, da es selten um die Beurteilung schwieriger Rechtsfragen geht, wie zum Beispiel bei der Wirksamkeit von Allgemeinen Geschäftsbedingungen oder die Wiederherstellung des guten Rufes eines Unternehmens, was im Verhandlungswege kaum geklärt werden kann.[20]

36 Sollte es zu einem persönlichen Besprechungstermin kommen, kann es angeraten sein, den Termin ohne den Mandanten wahrzunehmen: Dies verhindert emotionale Auseinandersetzungen zwischen den Parteien und kann dazu beitragen, von D weitere Informationen zur Abrundung des eigenen Bildes zu erhalten, die von D in Anwesenheit des Mandanten möglicherweise zurückgehalten werden. Auch der Ort des Zusammentreffens sollte kein Hindernis sein. Lange Diskussionen darüber, an welchem Ort das Treffen stattfinden sollte, sind zu vermeiden. Im tatsächlichen Vorteil ist zunächst

---

20 Haft/Schlieffen, Handbuch Mediation, § 38 Rn. 40 ff.

D, da sich bei ihm die Sachen befinden, weshalb der Vertreter des Eigentümers bzw. früheren Besitzers die gebotene Flexibilität an den Tag legen sollte.

5. Selbsthilfe des Mandanten

Auch sollte die gelegentlich anzutreffende Ungeduld und die damit einhergehende Überlegung des Mandaten bedacht werden, die Sache „auf eigene Faust" herauszuholen, um dann abzuwarten, ob der „unberechtigte Besitzer" von sich aus gerichtlich tätig wird. Faktisch kann der Mandant durch ein solches Vorgehen durchaus zum Erfolg kommen. Als anwaltlicher Berater ist der Mandant aber darauf hinzuweisen, dass die eigenmächtige Wegnahme der Sache beim unrechtmäßigen Besitzer eine **verbotene Eigenmacht** nach § 858 BGB darstellt und auch strafrechtliche Folgen auslösen kann, zum Beispiel §§ 123, 240 StGB.[21]

Auch der unrechtmäßige Besitzer hat jedenfalls die **Gewaltrechte** des § 859 BGB, weshalb Strafanzeigen wegen Körperverletzung (§§ 223 ff. StGB) schnell Hand in Hand gehen können. Hinzu kommt letztlich, dass auch der unrechtmäßige Besitzer die **Besitzschutzrechte** der §§ 861 ff. BGB geltend machen kann.[22]

6. Anwalts- und Gerichtsgebühren

Für die Anwalts- und Gerichtsgebühren ist der sogenannte Gegenstands- bzw. Streitwert entscheidend.

Nach § 6 ZPO ist der Wert der Sache maßgebend, womit der **Verkehrswert** gemeint ist. Verkehrswert ist der Wert, der sich bei einer Veräußerung der Sache an Dritte erzielen lässt.[23]

Die Bestimmung des Gegenstands- bzw. Streitwertes hat direkte Auswirkungen auf die anfallenden Kosten. Es ist deshalb entsprechend sorgfältig zu prüfen, welcher Verkehrswert einer Sache bzw. bei mehreren Sachen jeder einzelnen zukommt. In geeigneten Fällen ist der steuerliche Berater der Gesellschaft zu befragen.

Der Mandant ist seit der Neuregelung der Bundesrechtsanwaltsordnung gemäß § 49 b Abs. 5 BRAO darüber zu **belehren,**[24] dass nach dem Gegenstandswert abgerechnet wird. Dies ist zur späteren Vermeidung von Diskussionen schriftlich festzuhalten.

---

21 Staudinger-Gursky, § 985 BGB Rn. 117.
22 Sollte der unrechtmäßige Besitzer nach §§ 861 ff. BGB vorgehen, um die frühere Besitzlage wiederherzustellen, kann der Eigentümer aber nach h.M. eine sog. petitorische Widerklage erheben. Vgl. hierzu die Ausführungen unter Rn. 325–328.
23 MüKoZPO-Schwerdtfeger, § 6 ZPO Rn. 10.
24 Ein Verstoß gegen § 49 b Abs. 5 BRAGO ist kein Verstoß gegen § 134 BGB, da es um ein gesetzliches Gebot und nicht um ein gesetzliches Verbot geht. Erfolgt keine Belehrung, kann sich daraus für den Auftraggeber aber ein Anspruch auf Schadensersatz ergeben. Dann muss der Auftraggeber darlegen, dass bei richtiger Belehrung durch den Anwalt geringere Gebühren angefallen wären. Ein Anscheinsbeweis wird hierfür kaum anzunehmen sein, somit käme es für einen Haftungsprozess darauf an, wie das Gericht hätte entscheiden müssen. Ein Verstoß gegen § 49 b Abs. 5 BRAO wird deshalb für die Praxis von geringer Bedeutung sein, vgl. Hartmann: Hinweispflicht des Anwalts bezüglich Wertgebühren, NJW 2004, 2485 ff.

43 Muster: Wertgebührenhinweis

Wertgebührenhinweis gemäß § 49 b Abs. 5 BRAO

Herr/Frau Rechtsanwalt/in hat ▬▬▬ [Name des Mandanten] in der Angelegenheit ▬▬▬ [genaue Bezeichnung der Beauftragung, die erfolgen soll] darüber unterrichtet, dass sich die anfallenden Gebühren nach dem Gegenstandswert berechnen.

Ort, Datum

Unterschrift des Mandanten

44 Letztlich ist aus beratender Sicht zu überlegen, ob eine Übernahme des Mandats ohne Honorarvereinbarung überhaupt wirtschaftlich sinnvoll ist. Auch das wird von unterschiedlichen Kriterien abhängen. Sind die benötigten Unterlagen und Nachweise für die Bearbeitung verhältnismäßig einfach zu beschaffen und ist der Mandant in der Lage, benötigte Informationen schnell und zuverlässig (z.B. durch schriftliche Stellungnahmen) vorzulegen, wird gegebenenfalls der Gegenstands-/Streitwert ausreichend sein. Hat sich aber bei der Zusammenarbeit mit dem Mandanten in der Vergangenheit ergeben, dass Informationen und Unterlagen nur schleppend bzw. unzureichend beigebracht werden, wird eine Übernahme des Mandats auf Grundlage einer Honorarvereinbarung angezeigt sein.

II. Anspruchsgrundlage § 985 BGB

1. Ziel des Anspruchs

45 Die Norm des § 985 BGB ist Ausfluss der Befugnis des Eigentümers mit der Sache nach Belieben zu verfahren, § 903 BGB. Damit ist es auch in das Belieben des Eigentümers gestellt, wer die Sache besitzt und damit die tatsächliche Sachherrschaft im Sinne des § 854 Abs. 1 BGB ausüben soll. Durch § 985 BGB kann der (nichtbesitzende) Eigentümer vom (besitzenden) Nichteigentümer die Herausgabe der (beweglichen oder unbeweglichen) Sache verlangen.

46 Der Anspruch auf Herausgabe aus § 985 BGB ist als unmittelbarer Ausschluss von § 903 BGB untrennbar mit dem Eigentum verbunden und kann nach § 398 BGB nicht ohne das Eigentum **abgetreten** werden.[25] Eigentum und Herausgabeanspruch müssen somit „zusammenbleiben". Dies ergibt sich aus der Funktion des Eigentumsrechts, das sonst gegenüber einem unrechtmäßigen Besitzer nicht geschützt werden kann und damit letztlich wertlos wäre.[26] Gleiches gilt deshalb für einen **Verzicht** oder einen **Erlassvertrag** bezüglich der Herausgabe der Sache. Der Eigentümer kann allerdings einen anderen **ermächtigen** (§ 362 Abs. 1 BGB, § 185 Abs. 1 BGB), den Anspruch geltend zu machen. **Außergerichtlich** wird das unter dem Begriff „**Ausübungsermächti-**

---

[25] MüKo-Medicus, vor § 985 BGB Rn. 5; Staudinger-Gursky, § 985 BGB Rn. 3; Palandt/Bassenge, § 985 BGB Rn. 1.
[26] Schreiber, Sachenrecht, Rn. 203.

gung" zusammengefasst.²⁷ In prozessualer Hinsicht handelt es sich um die sogenannte **gewillkürte Prozessstandschaft**. Je nach Inhalt der Ermächtigung kann er als **gewillkürter Prozessstandschafter** Leistung an sich selbst oder an den Eigentümer verlangen.²⁸

2. Anspruchsvoraussetzungen

Aus den §§ 985 BGB und 986 BGB ergibt sich, dass der Anspruch aus § 985 BGB erfolgreich durchgesetzt werden kann, wenn nachfolgende Voraussetzungen vorliegen: Der Kläger muss für die **Aktivlegitimation** sein Eigentum an der Sache nachweisen und dem Beklagten für dessen **Passivlegitimation** den Besitz an der Sache, wobei es auf die Besitzart nicht ankommt. Schließlich darf der Beklagte dem Eigentümer gegenüber nicht zum Besitz an der Sache berechtigt sein und ihm auch aus sonstigen Gründen kein Recht zustehen, die Sache zurückzuhalten.

47

3. Anspruchsberechtigte (Aktivlegitimation)

Der Kläger muss Eigentümer der herausverlangten Sache sein.²⁹ Der Anspruch kann also immer nur vom Eigentümer geltend gemacht werden. Dabei kommt es auf das Eigentum im Sinne des Privatrechts an und nicht auf steuerliche Betrachtungen.³⁰ Als Gläubiger kommen in Betracht:

48

a) Alleineigentümer

Beim Alleineigentum steht nur einer Person das Recht zu, mit der Sache nach Belieben zu verfahren (§ 903 BGB). Nur diese eine Person kann den Herausgabeanspruch geltend machen.

49

b) Miteigentümer

Beim Miteigentum steht das Eigentum an der Sache mehreren zu, die eine Gemeinschaft bilden. Man unterscheidet **Miteigentum nach Bruchteilen** und **Miteigentum zur gesamten Hand** (sog. **Gesamthandsgemeinschaften**, dazu näher nachstehend unter cc). Beim Miteigentum nach Bruchteilen gelten die §§ 741 ff. BGB sowie die Sonderregelungen der §§ 1008 ff. BGB. Jeder Miteigentümer kann über seinen Anteil frei verfügen, **ohne** dass es der Zustimmung der anderen Miteigentümer bedarf (Eigentum zu ideellen Bruchteilen). Jedem Miteigentümer steht somit ein bestimmter Bruchteil als **selbstständiges dingliches Recht** zu, das dieser auch alleine geltend machen kann: Bei der Geltendmachung des Miteigentumsrechts ist zu unterscheiden, ob der Miteigentümer gegen **andere Miteigentümer** oder aber gegen **Dritte** seinen Herausgabeanspruch geltend macht:³¹

50

---

27 BGH WM 1964, 426, 427; Baur/Stürner, § 11 Rn. 44. Der Eigentümer kann somit auch außergerichtlich einen anderen ermächtigen, den Herausgabeanspruch im eigenen Namen geltend zu machen: A vereinbart mit B, dass er seinen Personal Computer zunächst für drei Monate ausleihen kann. Als es zur Übergabe kommen soll, stellt sich heraus, dass sich der Personal Computer bei C befindet. Zwar kann A ohne gleichzeitige Eigentumsübertragung nicht isoliert den Herausgabeanspruch gegenüber C abtreten, er kann aber B ermächtigen, im eigenen Namen den Herausgabeanspruch bei C geltend zu machen, vgl. Staudinger-Gursky, § 985 BGB Rn. 3; Palandt/Bassenge, § 985 BGB Rn. 1.
28 Palandt/Heinrichs, § 398 BGB Rn. 29.
29 Palandt/Bassenge, § 985 BGB Rn. 4.
30 MüKo-Medicus, § 985 BGB Rn. 3; Bamberger/Roth-Fritzsche, § 985 BGB Rn. 5; Vieweg/Werner, Sachenrecht, § 7 Rn. 7.
31 Bamberger/Roth-Fritzsche, § 985 BGB Rn. 5.

§ 1 Herausgabe nach § 985 BGB

51 Gegenüber **Dritten** kann der Miteigentümer unabhängig von den anderen Miteigentümern klagen und den Herausgabeanspruch geltend machen. Der Anspruch ist jedoch auf Herausgabe der Sache an **alle** Miteigentümer gerichtet (§§ 1011, 432 BGB).[32] In Betracht kommt auch die Hinterlegung für alle Miteigentümer oder die Übertragung des Mitbesitzes an alle Miteigentümer.[33]

52 Gegen andere Miteigentümer kann **nur** auf die Einräumung des Mitbesitzes geklagt werden. Im Hinblick auf das gemeinschaftliche Eigentum gilt dies auch für den einzelnen Wohnungseigentümer gemäß § 13 Abs. 2 WEG. Beim Sondereigentum gelten keine Besonderheiten, da der Wohnungseigentümer hier die Stellung eines Alleineigentümers hat.[34]

c) Gesamthandseigentümer (Miteigentümer zur gesamten Hand)

53 Das Eigentum an einer Sache steht hier mehreren Personen gemeinschaftlich in der Weise zu, dass die Anteile des Einzelnen **zugunsten der Gesamtheit gebunden** sind. Über die Sachen können Verfügungen nur durch die Gemeinschaft als solche, nicht aber durch einzelne Gesamthandseigentümer erfolgen. Es besteht für die Beteiligten **kein** ideeller bzw. realer Anteil am Eigentum. Das bürgerliche Gesetzbuch kennt als Gesamthandsgemeinschaften die §§ 705 ff. BGB (BGB-Gesellschaft), § 1421 BGB (eheliche Gütergemeinschaft), § 2030 BGB (Erbengemeinschaft), im Handelsrecht die Gesamtvertretung der OHG nach § 125 HGB und die Kommanditgesellschaft, §§ 161 Abs. 2, 170 HGB. Das bedeutet für gesamthänderisch gebundenes Eigentum, dass die Herausgabe nur **gemeinschaftlich** (also **durch alle**) und an die Gemeinschaft (also **an alle**) verlangt werden kann. Eine Ausnahme gilt dann, wenn nach Maßgabe der geltenden materiellen Vertretungsvorschriften einem oder mehreren Vertretungsmacht für alle eingeräumt worden ist. Das muss dann im Prozess dargelegt werden.

d) Pfandgläubiger

54 Ein Pfandrecht dient zur Sicherung einer Forderung und entsteht gemäß §§ 1204, 1205 BGB dadurch, dass dem Gläubiger eine bewegliche Sache (§ 90 BGB) übergeben wird und Einigkeit darüber besteht, dass der Gläubiger berechtigt ist, unter bestimmten Voraussetzungen die „Befriedigung" aus der Sache zu suchen. Das Pfandrecht ist somit ein **dingliches Recht**, das der Sicherung einer Forderung an einer beweglichen Sache dient.[35]

55 Gemäß § 1227 BGB sind dem Pfandgläubiger die gleichen Schutzrechte (§§ 985, 812, 823 BGB) wie dem Eigentümer zugewiesen.[36] Der Pfandgläubiger ist somit berechtigt, von jedem Besitzer die Herausgabe der Pfandsache zu verlangen.

---

[32] Soergel-Mühl, § 985 BGB Rn. 9; Staudinger-Gursky, § 985 BGB Rn. 29; Westermann, § 29 II 1 c.
[33] MüKo-Medicus, § 985 BGB Rn. 5.
[34] Staudinger-Gursky, § 985 BGB Rn. 29; MüKo-Medicus, § 985 BGB Rn. 5.
[35] MüKo-Damrau, § 1204 BGB Rn. 1.
[36] MüKo-Damrau, § 1227 BGB Rn. 1, 6.

A. Vorprozessuale Situation

e) Nießbraucher

Durch den Nießbrauch wird gemäß § 1030 BGB das unübertragbare dingliche Recht für einen „Nießbraucher" begründet, Nutzungen aus einer Sache zu ziehen. Dabei können einzelne Nutzungen aus dem Nießbrauch ausgeschlossen werden (§ 1030 Abs. 2 BGB). Der Nießbrauch an einer einzelnen Sache wird kaum begründet werden, sondern eher an Sachgesamtheiten (z.B. Unternehmen, Erbschaft, Gesellschaftsanteil). Der Nießbrauch wird oft zur Regelung der vorweggenommenen Erbfolge, Altersversorgung oder der gewollten Einkunftsverlagerung vom Eigentümer auf den Nießbraucher angewandt.[37]

f) Leasinggeber

Der Leasingbegriff lässt sich folgendermaßen beschreiben: Der Leasingnehmer sucht sich bei einem Leasinggeber eine Sache aus und beide schließen einen Vertrag über die Mietzeit an der Sache. Der Leasingnehmer zahlt hierfür ein monatliches Entgelt an den Leasinggeber. Dieser kauft sodann die Sache bei einem Dritten und zahlt seinem Verkäufer den Kaufpreis. An diesem Vertrag ist der Leasingnehmer nicht beteiligt. Anschließend übergibt der Leasinggeber dem Leasingnehmer die Sache zur Nutzung während der Mietzeit.

Damit bleibt der Leasinggeber in rechtlicher und wirtschaftlicher Hinsicht Eigentümer. Allerdings nimmt das Steuerrecht in § 39 Abs. 2 Nr. 1 AO eine andere Bewertung vor: Danach ist **wirtschaftlicher Eigentümer** der **Leasingnehmer**, dem das geleaste Wirtschaftsgut zugerechnet wird. Für die Anwendung der zivilrechtlichen Schutzvorschriften (§§ 985, 861 BGB) kommt es darauf allerdings **nicht** an.[38]

g) Treuhänder

Das Treuhandeigentum entsteht durch eine Vereinbarung (**Treuhandverhältnis**) zwischen dem **Treugeber** und dem **Treuhänder**. Im Innenverhältnis ist der Treuhänder den vereinbarten Beschränkungen unterworfen, im Außenverhältnis tritt jedoch nur er als Eigentümer auf. Selbst eine vom Treuhänder vorgenommene Verfügung ist wirksam (§ 137 BGB) und verpflichtet bei Missbrauch den Treuhänder gegebenenfalls zum Schadensersatz gegenüber dem Treugeber.[39] Auch ein Treuhänder hat somit die **volle Rechtsstellung eines Eigentümers** und kann die Schutzrechte, die sich aus dem Eigentum ergeben, geltend machen.

h) Sicherungseigentümer

Beim Sicherungseigentum übereignet der Schuldner eine ihm gehörende bewegliche Sache dem Gläubiger, um eine ihm gegenüber bestehende Forderung zu sichern. Die Übergabe der Sache erfolgt allerdings dadurch, dass diese gemäß § 930 BGB durch Vereinbarung eines **Besitzmittlungsverhältnisses** ersetzt wird. Damit verbleibt dem Schuldner die Sache zur weiteren Nutzung.[40]

---

37 MüKo-Pohlmann, § 1030 BGB Rn. 3, vor § 1030 BGB Rn. 11 ff.
38 MüKo-Medicus, § 985 BGB Rn. 3.
39 BGH WM 1999, 23 f.: Es liegt keine Verfügung eines Nichtberechtigten i.S.v. § 816 Abs. 1 BGB vor.
40 Bauer/Stürner, § 57 Rn. 1 ff.

61 Damit sind Sicherungseigentümer nach § 985 BGB vollwertige Eigentümer und Anspruchsberechtigte im Sinne der Vorschrift. Dass sie wirtschaftlich im Sinne des Steuerrechts nicht als Eigentümer behandelt werden, ist zivilrechtlich ohne Bedeutung.

i) Anwartschaftsberechtigte

62 Beim Vorbehaltsverkauf erfolgt die Übertragung des Eigentums unter der Bedingung der vollständigen Kaufpreiszahlung des Vorbehaltskäufers an den Vorbehaltsverkäufer. Beim Vorbehaltskäufer entsteht ein sogenanntes **Anwartschaftsrecht**, das von der h.M. als ein dem Eigentum wesensgleiches Recht angesehen wird. Deshalb billigt die wohl h.M. dem **Anwartschaftsberechtigten** analog § 985 BGB den Herausgabeanspruch gegen Dritte zu.[41] Es kommt hinzu, dass der Vorbehaltsverkäufer zwar noch Eigentümer ist, aber analog § 986 Abs. 1 Satz 2 BGB Herausgabe nur an den ihm gegenüber zum Besitz berechtigten Vorbehaltskäufer verlangen kann.[42] Im Verhältnis **zueinander** (Vorbehaltsverkäufer und Vorbehaltskäufer) entscheidet die vertragliche Ausgestaltung, welche Rechte bestehen: Dem Vorbehalts**käufer** (Anwartschaftsberechtigter) steht gegenüber dem Vorbehalts**ver**käufer der Anspruch aus § 985 BGB **nicht** zu. Dieser verbleibt zwar beim Vorbehalts**ver**käufer, dem Vorbehalts**käufer** steht ihm gegenüber aber ein Recht zum Besitz im Sinne des § 986 Abs. 1 BGB zu (aufgrund eines Kaufvertrages).

63 Eine andere Auffassung zieht die Analogie zu § 985 BGB in Zweifel: Der Anwartschaftsberechtigte sei über die §§ 861, 1007 BGB hinreichend geschützt, auch hinsichtlich der Nebenfolgen reiche der Schutz gemäß § 1007 Abs. 3 Satz 2 BGB aus.[43]

4. Darlegungs- und Beweislast des Eigentümers (Klägers)

a) Erwerbsgrund

64 Der Kläger muss die Tatbestandmerkmale irgendeiner der unter Ziffer 2 dargestellten Möglichkeiten darlegen und auch beweisen.[44] Es ist deshalb z.B. **nicht ausreichend**, wenn sich der Kläger in der Klage einfach nur als Eigentümer bezeichnet. Die Tatsachen für den Erwerbsgrund, also sämtliche Umstände, auf welche Weise er sein Eigentum erworben hat, müssen ausgeführt werden.[45] Trägt der Kläger diese Tatsachen im gerichtlichen Verfahren **nicht oder unzureichend** vor, ist sein Anspruch nicht genügend bestimmt und somit **unschlüssig**.[46]

65 Hat der Kläger derivativ (also nicht direkt vom Hersteller) erworben, muss er auch das Eigentum seines **Vormannes** und unter Umständen sogar das aller Personen der „Vormännerkette" bis zurück zu einem originären Erwerb nachweisen. Ein solcher Nach-

---

41 Soergel-Mühl, § 929 BGB Rn. 79; Staudinger-Gursky, Vorbem. zu §§ 985-1007 BGB Rn. 6; Palandt/Bassenge, § 929 BGB Rn. 43; Bauer/Stürner, § 59 Rn. 3.
42 Erman-Ebbing, § 985 BGB Rn. 8.
43 MüKo-Medicus, § 985 BGB Rn. 4; Staudinger-Gursky, § 986 BGB Rn. 13; Bamberger/Roth-Fritzsche, § 985 BGB Rn. 7.
44 Palandt/Bassenge, § 985 BGB Rn. 18.
45 MüKo-Medicus, § 985 BGB Rn. 60; Staudinger-Gursky, § 985 BGB Rn. 36; mit dem Eigentumsverlust erlischt der Anspruch aus § 985 BGB, vgl. Palandt/Bassenge, § 985 BGB Rn. 4.
46 BGH LM § 985 BGB Nr. 1.

weis ist unter Umständen teuflisch schwer zu führen (probatio diabolica).[47] Der Kläger kann sich aber auf die nachstehend ausgeführten Rechtsvermutungen berufen.

b) Rechtsvermutung

Dem Kläger steht für bewegliche Sachen die Rechtsvermutung des § 1006 Abs. 1 Satz 1 BGB zur Seite.[48] Dabei sieht sich der Kläger allerdings damit konfrontiert, dass der jetzige (wenn auch aus seiner Sicht unrechtmäßige) Besitzer für sich ebenfalls die Vermutung des § 1006 Abs. 1 Satz 1 BGB streiten lassen kann. Der Anspruchsberechtigte kann sich jedoch auf ein „besseres Besitzrecht" berufen, § 1006 Abs. 2 BGB, wenn er die Tatsachen darlegen kann, an die die Vermutung des § 1006 BGB anknüpft: 66

aa) Abhandenkommen, § 1006 Abs. 1 Satz 2 BGB: Der Kläger muss darlegen, dass ihm die Sache gestohlen worden, verloren gegangen oder sonst abhanden gekommen ist (§ 1006 Abs. 1 Satz 2 BGB).[49] Dann hat er die Vermutung des § 1006 Abs. 1 Satz 1 BGB, die für den jetzigen (unrechtmäßigen) Besitzer spricht, widerlegt. Eine Ausnahme gilt für Geld oder Inhaberpapiere (§ 1006 Abs. 1 Satz 2 BGB am Ende). 67

bb) Vermutung nur für den Eigenbesitzer: Die Vermutung des § 1006 Abs. 1 BGB greift nur zugunsten des Besitzers, der bei Erlangung des Besitzes **Eigenbesitzer**[50] war. Kann der Kläger widerlegen oder steht fest, dass der (unrechtmäßige) Besitzer zunächst Fremdbesitzer (z.B. Verwahrer, Entleiher) war, greift § 1006 BGB nicht zu seinen Gunsten ein. 68

cc) Kein Eigentumserwerb des Besitzers: Der Kläger muss somit darlegen, dass die Erlangung des Besitzes durch den unrechtmäßigen Besitzer einen Eigentumserwerb **nicht** zur Folge hatte. 69

c) Einschränkungen der Vermutungswirkung

aa) Fremdbesitzer: Im Falle des Fremdbesitzes gilt Folgendes: Lässt sich der Fremdbesitz des jetzigen Besitzers darlegen, greift § 1006 BGB nicht ein. Behauptet der jetzige Besitzer nunmehr, er sei **später** Eigentümer geworden, muss er diesen Eigentumsübergang darlegen. Jedenfalls greift die Vermutung des § 1006 BGB zu seinen Gunsten **nicht** ein. In diesem Fall wird die **Fortdauer** des **Fremdbesitzes vermutet**.[51] Gemäß § 1006 Abs. 3 BGB gilt die Vermutung auch für den **mittelbaren Besitzer**. 70

bb) Tatsächliche Gewalt über die Sache vor dem Erwerb: Hat der jetzige Besitzer vor dem behaupteten Erwerb als Eigenbesitzer die tatsächliche Gewalt über die Sache ausgeübt und ist streitig, ob er dies als Fremdbesitzer getan hat, hat er zu beweisen, dass kein Fremdbesitz, sondern Besitzdienerschaft vorlag.[52] 71

---

47 BGH LM § 985 BGB Rn. 1; Staudinger-Gursky, § 985 BGB Rn. 36.
48 Palandt/Bassenge, § 985 BGB Rn. 18.
49 Palandt/Bassenge, § 985 BGB Rn. 18.
50 Vergleiche zum Begriff Rn. 94, 95.
51 OGHZ 1, 285 (NJW 1949, 143); BGH LM Nr. 2 zu § 1006 BGB; BGH WM 1964, 788; BGH WM 1968, 406.
52 BGH LM Nr. 2 zu § 1006 BGB.

d) Zugeständnis des Eigentums

72 Räumt der Besitzer ein, dass der Kläger Eigentümer ist, ist kein weiterer Vortrag hinsichtlich des Eigentums erforderlich. Allerdings liegt in einem solchen „Zugeständnis" kein „Geständnis" im Sinne des § 288 ZPO vor, da sich dieses nur auf Tatsachen bezieht.[53] Wenn der Beklagte später sein Zugeständnis **bestreitet**, muss er darlegen, dass der Kläger nicht der Eigentümer ist.[54] Dieser Gedanke lässt sich aus § 290 ZPO entnehmen, der sich direkt aber nur auf Tatsachen und nicht auf Rechtsbegriffe bezieht.

e) Einzelfälle

73 *aa) Schenkung:* Wendet der jetzige Besitzer ein, ihm sei die Sache geschenkt worden, kann sich der jetzige Besitzer auf § 1006 Abs. 1 BGB berufen. Der Kläger muss dann darlegen, dass eine Schenkung nicht vorliegt, sondern z.B. eine Verwahrung oder Leihe.

74 *bb) Fehlender Besitz des Eigentümers:* Gleiches wie unter aa) trifft den Kläger im Falle des § 931 BGB, bei dem er zwar Eigentümer geworden ist, die Übergabe aber durch die Abtretung des Herausgabeanspruches **ersetzt** worden ist. Im Fall des § 931 BGB hatte der Eigentümer somit nie Besitz, sondern gegen den Besitzer nur einen Anspruch darauf, den Besitz von diesem zu erhalten. Damit kann der Anspruchsberechtigte einen früheren Besitz nicht nachweisen. Er muss deshalb den Eigentumserwerb genaustens darlegen, z.B. durch Vorlage des Veräußerungsvertrages: Er muss darlegen, dass ihm die Sache nach §§ 929ff. BGB zu Eigentum übertragen worden ist. Schließlich muss der Kläger in diesem Fall die für den jetzigen Besitzer sprechende Vermutung des § 1006 Abs. 1 Satz 1 BGB ausräumen.[55] Dies wird ihm dadurch gelingen, dass er sich von seinem Vordermann (z.B. seinem Verkäufer) bestätigen lässt, dass er dem jetzigen Besitzer die Sache nicht zu Eigentum übergeben hat, sondern z.B. lediglich zur Nutzung als Entleiher oder zur Verwahrung.

75 *cc) Eheleute:* Zur Darlegungs- und Beweislast bei Eheleuten vgl. die Kommentierung von Staudinger-Gursky, § 985 BGB Rn. 38.

76 *dd) Deutsche Bundesbahn:* Vgl. hierzu Soergel-Mühl, § 985 BGB Rn. 25, 5, b.

f) Zeitpunkt

77 Der Anspruchsberechtigte muss sein Eigentum zum Zeitpunkt der **Rechtshängigkeit** der Klage darlegen.[56] Veräußert er **nach** Rechtshängigkeit die Sache, hat dies auf den Prozess gemäß § 265 Abs. 2 Satz 1 ZPO keinen Einfluss, allerdings muss er seinen Klageantrag umstellen: Er muss nunmehr Herausgabe an den Erwerber verlangen. Erfolgt die Umstellung nicht, wird die Klage wegen fehlender Sachbefugnis (**Aktivlegitimation**) abgewiesen.[57]

---

[53] MüKoZPO-Prütting, § 288 ZPO Rn. 15; a.A. Staudinger-Gursky, § 985 BGB Rn. 39, der bereits unter die Tatsachen im Sinne des § 288 ZPO auch „einfache" Rechtsbegriffe wie das Eigentum zählt.
[54] RGZ 58, 54; Planck/Brodmann, § 985 BGB Anm. 1a; RGRK-Pikart, § 985 BGB Rn. 70; Staudinger-Gursky, § 985 BGB Rn. 39.
[55] Staudinger-Gursky, § 985 BGB Rn. 36; Planck/Brodmann, § 985 BGB Anm. 1a.
[56] MüKo-Medicus, § 985 BGB Rn. 60.
[57] BGH NJW 1986, 3206, 3207; Staudinger-Gursky, § 985 BGB Rn. 35 m.w.N.

Eine andere Möglichkeit wäre, dass der Erwerber den Kläger zur weiteren Prozessführung ermächtigt (sogenannte **gewillkürte Prozessstandschaft**). 78

5. Anspruchsverpflichtete (Passivlegitimation)

Der Beklagte muss Besitzer der herauszuverlangenden Sache sein. Jeder Besitzer ist im **Umfang seiner Besitzposition** passivlegitimiert.[58] 79

a) Unmittelbarer alleiniger Besitzer

Als unmittelbarer Besitzer wird derjenige bezeichnet, der die unmittelbare (alleinige) tatsächliche Gewalt über eine Sache erlangt hat, § 854 Abs. 1 BGB. Der Kläger kann vom unmittelbaren Besitzer die Herausgabe der Sache an sich selbst verlangen. Eine Ausnahme ergibt sich nur, wenn die Voraussetzungen des § 986 Abs. 1 Satz 2 BGB eingreifen. Dort ist der Fall beschrieben, dass der unmittelbare Besitzer sein Recht zum Besitz nicht von dem mittelbaren Besitzer, von dem er seinen unmittelbaren Besitz erhalten hat, ableiten kann: Der Eigentümer hatte dem mittelbaren Besitzer nämlich zur Überlassung des unmittelbaren Besitzes an einen anderen nicht ermächtigt. 80

Beispiel: Eigentümer E hat Besitzer B sein Notebook für drei Monate geliehen. Anschließend verleiht B das Notebook an C weiter, obwohl er dazu vom Eigentümer nicht befugt war. In diesem Fall kann E gegen C zwar auf Herausgabe klagen, allerdings grundsätzlich nur an B, der im Sinne des § 986 Abs. 1 Satz 2 BGB als „mittelbarer Besitzer" bezeichnet wird. Eine Herausgabeklage an sich selbst kommt nur dann in Betracht, wenn der mittelbare Besitzer B nicht bereit ist, den Besitz wieder zu übernehmen, oder den Besitz nicht übernehmen kann. Vor Erhebung der Klage muss sich also Eigentümer E darüber Klarheit verschaffen, wie sich der mittelbare Besitzer verhalten wird. 81

b) Mittelbarer Besitzer

Mittelbarer Besitzer ist, wer einem unmittelbaren Besitzer aufgrund eines Rechtsverhältnisses gestattet, den Besitz auf begrenzte Zeit auszuüben (z.B. Nießbraucher, Pfandgläubiger, Pächter, Mieter, Verwahrer, § 868 BGB).[59] Der mittelbare Besitz ist somit durch eine „vergeistigte Sachherrschaft" gekennzeichnet, weil aufgrund des Rechtsverhältnisses wenigstens „mittelbar" ein gewisser Einfluss auf die Sache ausgeübt werden kann: Aufgrund des Rechtsverhältnisses steht dem mittelbaren Besitzer ein Herausgabeanspruch gemäß der getroffenen Vereinbarung zu. Der mittelbare Besitz kann in verschiedenen Stufen auftreten, vgl. §§ 868, 871 BGB. 82

aa) Abtretung gemäß § 870 BGB: Ist der Besitzer nur mittelbar im Besitz der Sache (ein Dritter hat den unmittelbaren Besitz), kann der Eigentümer auf jeden Fall verlangen, dass der mittelbare Besitzer gemäß § 870 BGB seinen mittelbaren Besitz durch Abtretung des Herausgabeanspruches an den Eigentümer abtritt. 83

---

58 Palandt/Bassenge, § 985 BGB Rn. 7.
59 Zu den Voraussetzungen des mittelbaren Besitzes im einzelnen: Baur/Stürner, § 7 B III, Rn. 36 ff.

§ 1 Herausgabe nach § 985 BGB

84 **bb) Herausgabe des unmittelbaren Besitzes:** Streitig ist, ob der Eigentümer darüber hinaus von dem mittelbaren Besitzer wahlweise **auch** die Verschaffung des **unmittelbaren** Besitzes verlangen kann.

85 Der Streit besteht darin, dass dem **mittelbaren Besitzer** eigentlich die Herausgabe des unmittelbaren Besitzes rechtlich nicht möglich ist, da er über den unmittelbaren Besitz nicht verfügt. § 985 BGB wird teilweise als reiner Anspruch auf Herausgabe der Sache verstanden und nicht als Anspruch auf Verschaffung des unmittelbaren Besitzes zur Herausgabe an den Eigentümer. Das sei vom Gesetzgeber nicht gewollt.[60]

86 Dagegen werden von der h.M. **prozessökonomische Gründe** geltend gemacht: Der Eigentümer habe ein **Wahlrecht**, ob er den unmittelbaren oder den mittelbaren Besitz herausverlange.[61] Für den Eigentümer besteht das Risiko, dass der unmittelbare Besitzer die Sache an den mittelbaren Besitzer herausgibt. Hat aber der Eigentümer nur einen Titel auf Abtretung des Herausgabeanspruchs gegen den mittelbaren Besitzer, müsste er nochmals klagen, obwohl der mittelbare Besitzer nunmehr sogar den unmittelbaren Besitz erlangt hat und die Sache herausgeben könnte. Auf Herausgabe der Sache gegen den mittelbaren Besitzer hat der Eigentümer aber keinen Titel. Dies liegt in vollstreckungsrechtlicher Hinsicht daran, dass die Abtretung des Herausgabeanspruchs gemäß § 894 ZPO vollstreckt wird und mit einem solchen Titel keine Herausgabe nach §§ 883, 885 ZPO vollstreckt werden kann. Wird dagegen auch gegen den mittelbaren Besitzer auf Herausgabe geklagt, ergibt sich folgender Vorteil:
- Den Anspruch des mittelbaren Besitzers auf Herausgabe gegen den unmittelbaren Besitzer kann sich der Kläger nach § 886 ZPO überweisen lassen und dann gegen den unmittelbaren Besitzer vollstrecken.
- Ist die Sache vom unmittelbaren Besitzer an den mittelbaren Besitzer zurückgegeben worden, so dass dieser nunmehr unmittelbarer Besitzer ist, kann der Eigentümer nach §§ 883, 885 ZPO vollstrecken und der Gerichtsvollzieher kann die Sache wegnehmen.
- Hinzu kommt, dass der Eigentümer häufig den unmittelbaren Besitzer nicht kennen wird, so dass ein Vorgehen gegen den mittelbaren Besitzer einfacher und praktikabler ist.

87 Bis zur Schuldrechtsreform am 01.01.2002 wurde dieser herrschenden Meinung entgegengehalten, über den § 283 a.F. BGB käme es zu einer Schadensersatzhaftung ohne Verschulden, was den §§ 989 ff. BGB widerspreche. Die Rechtsprechung hat dies aufgegriffen und einen Herausgabeanspruch gegen den **mittelbaren Besitzer** abgelehnt, wenn dieser außer Stande war, die Sache vom **unmittelbaren Besitzer** zurückzuverlangen und er dieses Unvermögen zur Rückgabe gegenüber dem Eigentümer im Sinne der §§ 989 ff. BGB nicht zu vertreten hatte. Damit wurde dem Wertungswiderspruch zu dem Haftungssystem der §§ 989 ff. BGB Rechnung getragen.

---

60 Baur/Stürner, § 11 Rn. 41.
61 BGH NJW 2002, 1574; OLG Koblenz OLGR 1998, 498; Palandt/Bassenge, § 985 BGB Rn. 11.

A. Vorprozessuale Situation

Seit dem 01.01.2002 ist § 283 a.F. BGB gestrichen und das Problem erledigt. Nunmehr wird diese Frage durch die §§ 280, 281 BGB erfasst.[62] Der Eigentümer kann dem Besitzer nach § 281 Abs. 1 BGB eine Frist setzen (Ausnahmen in § 281 Abs. 2 BGB). Läuft die Frist ergebnislos ab, kommt Schadensersatz statt der Leistung gemäß §§ 280 Abs. 2, 281 BGB in Betracht. Das Verschulden wird gemäß dem Wortlaut des § 280 Abs. 1 Satz 2 BGB vermutet (vgl. Wortlaut: „Dies gilt nicht, wenn …"). Erhebt der Besitzer den Einwand, er habe die Unmöglichkeit der Herausgabe nicht zu vertreten, wird er damit nicht mehr gehört, da ein rechtskräftiges Urteil auf Herausgabe vorliegt. Auch nach dem 01.01.2002 kann der Besitzer aber geltend machen, er habe die Unmöglichkeit zur Herausgabe oder eine Verzögerung aus Umständen nicht zu vertreten, die erst **nach** dem rechtskräftigen Urteil eingetreten sind.[63] Im Ergebnis ist festzuhalten, dass auch der **mittelbare Besitzer** zur Herausgabe des **unmittelbaren Besitzes** verklagt werden kann.[64]

88

c) Mitbesitz

Beim Mitbesitz haben mehrere Personen gleichzeitig Besitz an derselben Sache oder an Teilen einer Sache (sog. **Teilmitbesitzer**).[65] Beim Mitbesitzer ist zu unterscheiden zwischen **einfachem und qualifiziertem Mitbesitz**:

89

aa) Einfacher (schlichter) Mitbesitz: Hier kann jeder Mitbesitzer die Sachherrschaft selbst ausüben. Die anderen Mitbesitzer benötigt er dazu nicht.[66] Jeder Mitbesitzer schuldet deshalb die Herausgabe **seines Anteils**.[67] Ist der Eigentümer bereits Mitbesitzer, reicht die Aufgabe des Mitbesitzes aus.[68]

90

bb) Qualifizierter Mitbesitz (Gesamthandsbesitz): Beim qualifizierten Mitbesitz ist jeder Mitbesitzer zur Ausübung seines Besitzes nur dann in der Lage, wenn die anderen Mitbesitzer mitwirken.[69]
Beispiel: Das Notebook lässt sich nur mit zwei verschiedenen Codewörtern in Betrieb nehmen.

91

Es wird vertreten, dass es sich um eine **unteilbare Leistung** im Sinne von § 431 BGB handle und folglich eine Gesamtschuld vorliege. Dies würde bedeuten, dass von jedem der qualifizierten Mitbesitzer die Herausgabe der Sache verlangt werden könnte. Dass dies nicht richtig sein kann, liegt auf der Hand, wie das aufgeführte Beispiel belegt. Wie soll z.B. A ohne Mitwirkung des B das Codewort in Erfahrung bringen?

92

Auch beim qualifizierten Mitbesitz liegen deshalb einzelne Leistungen vor und somit eine **gemeinschaftliche Schuld**.[70] Deshalb kann A z.B. auch nur sein Codewort heraus-

93

---

62 Palandt/Bassenge, § 985 BGB Rn. 11.
63 Schur, NJW 2002, 2519.
64 MüKo-Medicus, § 985 BGB Rn. 11 am Ende; Palandt/Bassenge, § 985 BGB Rn. 11.
65 Wolf, Sachenrecht, Rn. 154.
66 MüKo-Joost, § 866 BGB Rn. 9; Palandt/Bassenge, § 866 BGB Rn. 2.
67 MüKo-Medicus, § 985 BGB Rn. 12; Bamberger/Roth-Fritzsche, § 985 BGB Rn. 21.
68 Staudinger-Gursky, § 985 BGB Rn. 61.
69 Soergel-Stadler, § 866 BGB Rn. 2.
70 Palandt/Heinrichs vor § 420 BGB Rn. 7ff.

geben oder, wenn zwei Schlüssel für die Entfernung eines Schlosses notwendig sind, nur die Herausgabe seines Schlüssels.[71]

d) Eigenbesitz – Fremdbesitz

94 Der Besitz kann auch nach Art der Willensrichtung ausgeübt werden, nämlich als Eigen- und Fremdbesitz.

95 *aa) Eigenbesitzer:* Darunter wird derjenige verstanden, der kraft seiner Willensrichtung „eine Sache als ihm gehörig besitzt" (vgl. § 872 BGB), wobei unerheblich ist, ob einem solchen Besitz ein Besitzrecht zugrunde liegt.
Beispiel: Auch der Dieb ist Eigenbesitzer, da es ausschließlich auf die Willensrichtung ankommt.

96 *bb) Fremdbesitzer:* Das ist derjenige, der nicht Eigenbesitzer ist, also die Sache in **Anerkennung des fremden Eigentums besitzt**. Es genügt der Wille, die Sache für einen anderen zu beherrschen.

97 Beispiel:
So erkennt z.B. der Sicherungsgeber nach einer erfolgten Sicherungsübereignung an, dass der Sicherungsnehmer der „besser zum Besitz Berechtigte ist" und beherrscht als unmittelbaren Besitzer für diesen.

98 *cc) Rechtsfolgen:* Die Unterscheidung von Eigen- und Fremdbesitz spielt zwar im Rahmen der Eigentumsvermutung eine Rolle: § 1006 BGB gilt nur für den Eigenbesitzer einer beweglichen Sache.[72] Auch für die Erwerbstatbestände der §§ 900, 927, 937, 955 BGB und 958 BGB ist **Eigenbesitz** erforderlich. Im Rahmen des Herausgabeanspruchs nach § 985 BGB ist die Unterscheidung **bedeutungslos**. Der Anspruch kann sich gegen **beide Besitzer** richten.[73]

e) Besitzdiener

99 Im Rahmen der sozialen Verhältnisse gibt es Personen, die zwar tatsächlich eine Sachherrschaft im Sinne des § 854 Abs. 1 BGB ausüben, denen aber die Besitzerqualität in § 855 BGB abgesprochen wird. Es handelt sich um sogenannte Besitzdiener.
Beispiel: Die Reinemachefrau hat nach den sozialen Anschauungen des täglichen Lebens keinen Besitz an den Sachen in der Wohnung, selbst wenn der Wohnungsinhaber verreist ist. Gleiches gilt für Angestellte an der Betriebs- und Geschäftsausstattung.

100 Konsequenz dieser Einordnung des Besitzdieners ist, dass dieser nicht Anspruchsgegner sein kann, weil er keinen Besitz ausübt.[74] Das Urteil wirkt aber gegen den Besitzdiener, das heißt, dieser muss die Sache herausgeben.[75]

---

71 MüKo-Medicus, § 985 BGB Rn. 12; Bamberger/Roth-Fritzsche, § 985 BGB Rn. 21.
72 Bauer/Stürner, § 8 Rn. 93.
73 MüKo-Medicus, § 985 BGB Rn. 9; Bauer/Stürner, § 11 Rn. 24.
74 Bauer/Stürner § 7 Rn. 61 ff.; Staudinger-Gursky, § 985 BGB Rn. 53; Palandt/Bassenge, § 985 BGB Rn. 19.
75 MüKo-Medicus, § 985 BGB Rn. 9.

f) Gesamthandsgemeinschaften

Ob diese „als solche" Besitzer von Sachen sein können, lässt sich nicht einheitlich beantworten:

aa) Juristische Personen (z.B. AG, GmbH, eingetragene Genossenschaft, KGaA, Verein nach BGB-Vorschriften): Bereits nach den gesetzlichen Vorschriften werden juristische Personen den natürlichen Personen gleichgestellt, d.h. sie können als eigene Rechtssubjekte Rechte und Pflichten begründen und damit auch Besitzer einer Sache sein.[76] Die Organe üben dabei die tatsächliche Sachherrschaft für die Gesellschaft aus, sog. Organbesitz.[77] Besitzer ist aber nur die Gesellschaft, das Organ ist weder Besitzmittler noch Besitzdiener.[78]

bb) Personenhandelsgesellschaften (OHG, KG) und nicht rechtsfähige Vereine: Hier ist aufgrund der gesetzlichen Regelungen anerkannt, dass diese verklagt werden können, also parteifähig sind und selbst Besitzer von Sachen sein können.[79] Für die OHG ist dies in § 124 Abs. 1 HGB geregelt, für die KG in §§ 161 Abs. 2 i.V.m. 124 Abs.1 HGB, für den nicht rechtsfähigen Verein in § 50 Abs. 2 ZPO. Ob daneben die Gesellschafter mit zu verklagen sind, ist streitig.[80]

cc) BGB-Gesellschaft: Ob die BGB-Gesellschaft als „Gesellschaft" Besitz haben kann, ist streitig. Durch das Grundsatzurteil des BGH zur Rechtsfähigkeit der BGB-Gesellschaft[81] vom 29.01.2001 ist die Parteifähigkeit für BGB-Gesellschaften anerkannt, soweit es sich um Außengesellschaften handelt. In diesem Fall begründen sie durch Teilnahme am Rechtsverkehr eigene Rechte und Pflichten. Damit ist zumindest eine Gleichstellung zur OHG und KG erfolgt, so dass auch der BGB-Gesellschaft als solcher die Rechtsfähigkeit zuzuerkennen ist.[82] Der Besitz wird auch bei den BGB-Außengesellschaften durch ihre Organe ausgeübt, weshalb die BGB-Außengesellschaft im Prozess passiv legitimiert ist. Man wird allerdings als Kläger vor die Problematik gestellt, dass die BGB-Gesellschaft nicht im Handelsregister eingetragen ist, oft nicht als beklagte Partei ausreichend genau bezeichnet werden kann, wenn unklar bleibt, unter welcher Bezeichnung die Gesellschaft nach außen auftritt. Fehlt es an der genauen Parteibezeichnung, kann es Probleme bei der Zustellung oder Klage oder bei der Vollstreckung geben, vgl. § 736 ZPO. Da aber auch nicht bekannt ist, ob und gegebenenfalls

---

76 BGH NJW 1971, 1358.
77 MüKo-Joost, § 854 BGB Rn. 17.
78 MüKo-Joost, § 854 BGB Rn. 18, 19 ff.
79 BGHZ 86, 340, 344; BGH JZ 1968, 69; MüKo-Joost, § 854 BGB Rn. 23 m.w.N.; Palandt/Bassenge § 854 BGB Rn. 15.
80 MüKo-Medicus, § 985 BGB Rn. 14; Zimmermann, § 50 ZPO Rn. 10, 11; BGHZ 62, 133.
81 BGHZ 146, 341 ff.; NJW 2001, 993 ff. – Der BGH hat damit der Realität im Wirtschaftsleben Rechnung getragen. Auch die BGB-Gesellschaft tritt regelmäßig wie eine Handelsgesellschaft auf und besitzt Gesamthandsvermögen. Der Gesetzgeber hat für die Insolvenzfähigkeit diesem Umstand Rechnung getragen und die BGB-Gesellschaft als solche als insolvenzfähig i.S.v. § 11 Abs. 2 Nr. 1 InsO anerkannt: BGH NJW 2002, 1207; BGH NJW 2003, 2984.
82 Karsten Schmidt, NJW 2001, 993, 1002; Palandt/Bassenge, § 854 BGB Rn. 14; Wertenbruch, NJW 2002, 324; Anm. Kemke, NJW 2002, 2218.

§ 1 Herausgabe nach § 985 BGB

welches Gesellschaftsvermögen vorhanden ist, sollten die einzelnen Gesellschafter immer mit verklagt werden, falls die Namen bekannt sind.[83]

105 Ist allerdings bekannt, unter welcher Bezeichnung die BGB-Gesellschaft nach außen auftritt, kann sie unter dieser Bezeichnung verklagt werden. Allerdings muss der gesetzliche Vertreter angegeben werden, das sind aber im Zweifel alle Gesellschafter, §§ 709, 714 BGB. Das bedeutet, dass letztlich doch wieder sämtliche Gesellschafter zu benennen wären. Durch das Urteil des BGH ergibt sich aber eine Erleichterung: Kann die BGB-Gesellschaft (als solche) als Partei bezeichnet und (zumindest) ein Gesellschafter als zur Vertretung der Gesellschaft berufener Vertreter benannt werden, muss der Kläger **nicht** mehr die Namen aller Gesellschafter in Erfahrung bringen: Ein Gesellschafterwechsel ist dann **kein Wechsel der Partei** und mit der Zustellung der Klage an einen von mehreren geschäftsführenden Gesellschaftern ist die Klage ordnungsgemäß zugestellt, § 170 Abs. 2 ZPO. Der entsprechende Gesellschafter ist ausdrücklich als der zur Vertretung berechtigte geschäftsführende Gesellschafter **zu bezeichnen**.

106 Muster: Klagerubrum gegen eine BGB-Gesellschaft

Klage

des Herrn/Frau ∎∎∎

gegen

die Bauprojekt Friedrichplatz GbR,[84] Adresse ∎∎∎, vertreten durch den geschäftsführenden Gesellschafter ∎∎∎[85]

107 *dd) Erbengemeinschaft*: Hier besteht Mitbesitz aller Miterben (§ 857 BGB). Ob die Erben als Gesamtschuldner haften oder jeder nur seinen Teilbesitz herausgeben muss, ist streitig.[86]

---

83 Zimmermann, § 50 ZPO Rn. 14.
84 Die BGB-Gesellschaft kann keinen Namen i.S.d. § 17 HGB führen, wenn sie nicht gemäß §§ 2, 105 Abs. 2 HGB in das Handelsregister eingetragen und damit zur Offenen Handelsgesellschaft (OHG) geworden ist. Ihr kommt somit keine Firmenrechtsfähigkeit nach § 6 HGB zu. Für die Namensbildung einer BGB-Gesellschaft gibt es keine gesetzlichen Regelungen, weshalb die Namensbildung auch nicht an die Grundsätze des Firmenrechts gebunden ist. Es darf allerdings keine Verwechslungsgefahr mit existierenden kaufmännischen Unternehmen bestehen. Anerkannt ist, dass die BGB-Gesellschaft unter einem schlagwortartigen Gesamtnamen am Rechtsverkehr teilnehmen kann. Der Namensschutz für die BGB-Außengesellschaft erfolgt über das Namensrecht gemäß § 12 BGB, wird der Namen als Unternehmenskennzeichen benutzt (§ 5 Abs. 2 MarkenG), besteht Schutz nach § 15 MarkenG. Enthält der Name einen deutlichen Hinweis auf die Rechtsform „GbR", können sowohl die Namen der Gesellschafter als auch ein Sachbestandteil enthalten sein, z.B. Arbeitsgemeinschaft, Konsortium Vgl. MüKo-Ulmer, § 705 BGB Rn. 270f.; Bamberger/Roth-Timm/Schöne, § 705 BGB Rn. 148.
85 Wegen § 736 ZPO sollte gleichwohl während des Prozesses versucht werden, die Namen sämtlicher Gesellschafter in Erfahrung zu bringen. Die h.M. versteht § 736 ZPO in der Weise, dass mit einem Urteil gegen die GbR nicht nur in das Gesellschaftsvermögen vollstreckt werden kann, sondern auch gegen die Gesellschafter persönlich. Dazu ist es aber erforderlich, dass der Titel auch gegen alle Gesellschafter „einzeln" gerichtet ist: Zöller-Stöber, § 736 ZPO Rn. 3; Baumbach/Lauterbach-Hartmann, § 736 ZPO Rn. 2; BGH NJW 2001, 1060.
86 MüKo-Medicus, § 985 BGB Rn. 15; Staudinger-Gursky, § 985 BGB Rn. 63.

6. Beweislast

a) Zeitpunkt der Klageerhebung

Der Kläger muss den Besitz des Beklagten beweisen, nach h.M. zum Zeitpunkt der Klageerhebung.[87] Es kommt damit auf die Rechtshängigkeit der Klage und somit auf den Zeitpunkt der **Zustellung der Klageschrift** an.[88] Der Kläger muss dazu vortragen, dass der Beklagte die tatsächliche Sachherrschaft im Sinne des § 854 Abs. 1 BGB ausübt.

108

b) Besitzdiener

Beruft sich der Beklagte darauf, er sei nur Besitzdiener, hat er dies zu beweisen.[89]

109

c) Vermutungswirkung

Nach herrschender Meinung kommt dem Kläger hier eine Vermutungswirkung zu Gute. Es wird vermutet, dass der vom Kläger zu einem früheren Zeitpunkt nachgewiesene Besitz des Beklagten noch weiter fortdauert. Das ist in **freier Beweiswürdigung** durch das Gericht festzustellen. **Indizien** können sein, dass der Beklagte auf einen substantiierten Klagevortrag einfach behauptet, keinen Besitz mehr an der Sache zu haben und keine weiteren Angaben hinsichtlich eines Besitzverlustes macht. Der Kläger kann dann nur über § 445 ZPO Parteivernehmung beantragen und versuchen, die Umstände für den angeblichen Besitzverlust zu widerlegen.[90]

110

d) Besitzverlust nach Rechtshängigkeit

Tritt auf Seiten des Beklagten ein Besitzverlust im Sinne des § 265 Abs. 2 ZPO durch Veräußerung ein, hat dies auf die Passivlegitimation des Beklagten keinen Einfluss. Er bleibt weiterhin passivlegitimiert.[91] Tritt der Besitzverlust nach Rechtshängigkeit aus anderen Gründen, als nach § 265 ZPO ein, trägt der Beklagte nach h.M. hierfür die Beweislast.[92]

111

Teilweise wird vertreten, der Kläger müsse unabhängig vom Zeitpunkt der Rechtshängigkeit, also bis zum Schluss der mündlichen Verhandlung beweisen, dass der Beklagte der Besitzer sei.[93]

112

e) Beweisaufnahme bei streitiger Unmöglichkeit

Ist streitig, ob der Besitzverlust tatsächlich eingetreten ist, und räumt der Beklagte das Vertretenmüssen für den Besitzverlust ein, ist hierüber nach h.M. keine Beweisaufnahme durchzuführen.[94]

113

---

87 Palandt/Bassenge, § 985 BGB Rn. 18.
88 Bamberger/Roth-Fritzsche, § 985 BGB Rn. 4; MüKo-Medicus, § 985 BGB Rn. 60; Staudinger-Gursky, § 985 BGB Rn. 54; BGH WM 1982, 749, 750; Zimmermann, § 253 ZPO Rn. 1.
89 Ermann-Ebbing, § 985 BGB Rn. 40.
90 Baumgärtel/Laumen, § 854 BGB Rn. 2 m.w.N.; OLG Düsseldorf, OLGR 93, 154.
91 Zimmermann, § 265 ZPO Rn. 16; Palandt/Bassenge, § 985 BGB Rn. 8.
92 Baumgärtel/Laumen, § 985 BGB Rn. 14; Bamberger/Roth-Fritzsche, § 985 BGB Rn. 41.
93 Baumgärtel/Laumen, § 985 BGB Rn. 14.
94 Vgl. hierzu Rn. 280, 281.

7. Kein Recht zum Besitz

114 Der oben unter II. angesprochene Grundsatz, dass der Eigentümer mit einer Sache nach Belieben verfahren kann, steht gemäß § 903 Satz 1 BGB unter dem Vorbehalt der Rechte Dritter. Dieser Vorbehalt verwirklicht sich in § 986 BGB. Der Herausgabeanspruch aus § 985 BGB kann beim Bestehen fremder Besitzrechte ausgeschlossen werden, weil sich der Anspruch nur gegen einen unrechtmäßigen Besitzer richtet. Dabei regelt § 986 BGB folgende Fälle:

- Eigenes Recht zum Besitz, § 986 Abs. 1 Satz 1, 1. Alt. BGB („… wenn **er** … dem Eigentümer gegenüber …"), wobei ein eigenes Recht zum Besitz dinglicher oder schuldrechtlicher Natur sein kann.
- Abgeleitetes Recht zum Besitz, § 986 Abs. 1 Satz 1, 2. Alt. BGB („ … oder der **mittelbare Besitzer** dem Eigentümer gegenüber …"), wonach sich der Besitzer auf ein Besitzrecht berufen kann, wenn der mittelbare Besitzer, von dem er sein Besitzrecht ableitet, dem Eigentümer gegenüber zum Besitz berechtigt ist.
- Drittwirkendes Besitzrecht, § 986 Abs. 2 BGB („… kann dem **neuen** Eigentümer … **entgegensetzen** …")

115 Dabei ist § 986 BGB **nicht** abschließend.[95] Auch die gesetzlichen Zurückbehaltungsrechte (§§ 273, 1000 BGB, 369 HGB) begründen nach h.M. ein Recht zum Besitz.[96]

116 Trotz des Wortlautes in § 986 Abs. 1 BGB („kann … verweigern") handelt es sich nach h.M. um eine **Einwendung**, die im Prozess von Amts wegen zu beachten ist.[97] Aufgrund der kraft Gesetzes in § 139 ZPO normierten Hinweispflicht, kommt dem Streit nur noch bei Erlass eines Versäumnisurteils Bedeutung zu. So kann ein Versäumnisurteil nicht erlassen werden, wenn der Kläger selbst Tatsachen vorträgt, die auf einen rechtmäßigen Besitz des Beklagten hinweisen. Der Kläger sollte deshalb jeglichen Vortrag vermeiden, der sich mit einem (vermeintlichen) Recht zum Besitz des Beklagten auseinandersetzt.

117 Ein Recht zum Besitz kann sich folglich ergeben aus:

a) Dingliche (absolute) Besitzrechte[98]

118 Dingliche Besitzrechte wirken gegenüber jedermann und können auch dem Eigentümer entgegengehalten werden, sog. absolute Rechte, z.B.

aa) Nießbrauch, § 1036 Abs. 1 BGB

119 *bb) Pfandrechte, §§ 1204, 1205 BGB:* Es wird bei den Pfandrechten zwischen vertraglichen und gesetzlichen Pfandrechten unterschieden. Vertragliche Pfandrechte entstehen durch einen Verpfändungsvertrag (§§ 1204, 1205 BGB). Ein gutgläubiger Erwerb ist möglich. Bei den gesetzlichen Pfandrechten, z.B. des Vermieters (§ 562 BGB), Verpäch-

---

[95] MüKo-Medicus, § 986 BGB Rn. 2.
[96] Ermann-Ebbing, § 986 BGB Rn. 17, der die h.M. kritisiert, vgl. Rn. 18 und 19.
[97] Palandt/Bassenge, § 986 BGB Rn. 1; Ermann-Ebbing, § 986 BGB Rn. 41; BGHZ 82, 13, 18; Bauer/Stürner § 11 B I 1, Rn. 26; Vieweg/Werner, § 7, 2. Rn. 14.
[98] Palandt/Bassenge, § 986 BGB Rn. 2.

ters (§§ 581 Abs. 2 i.V.m. 562 BGB) oder **Werkunternehmers** (§ 647 BGB), scheidet ein gutgläubiger Erwerb aus.

Im Bereich des Handelsrechts können der **Kommissionär** (§§ 397, 404 HGB), **Spediteur** (§§ 464, 442 Abs. 1 Satz 1, 441 Abs. 3 HGB), **Frachtführer** (§ 441 HGB) und der **Lagerhalter** (§ 475 b HGB) auch gutgläubig ein Pfandrecht erwerben.

cc) Wohnungsrecht, § 1093 BGB

dd) Dauerwohn- und Dauernutzungsrecht, § 31 WEG

ee) Erbbaurecht, § 11 Abs. 1 ErbbauVO

ff) Überbau, § 912 BGB[99]: Daneben kann sich ein dingliches Besitzrecht auch **kraft Amtes** ergeben und zwar für den

gg) Nachlassverwalter, § 1985 BGB

hh) Testamentsvollstrecker, § 2205 BGB

ii) Insolvenzverwalter, §§ 80, 148 Abs. 1 InsO[100]

b) Relative Besitzrechte[101] (aus einem eigenen schuldrechtlichen Rechtsverhältnis zum Eigentümer, § 986 Abs. 1 Satz 1, 1. Alt. BGB)

Beispiele:

aa) Kaufvertrag, § 433 BGB[102] – Das Besitzrecht endet erst, wenn der Käufer nach § 449 Abs. 2 BGB zurücktritt.

bb) Miete, § 535 BGB

cc) Pacht, §§ 581 Abs. 2, 535 BGB

dd) Leihe, § 598 BGB

ee) Werkvertrag, § 631 BGB

ff) Verwahrung, § 688 BGB

gg) Leasing

hh) Ehegatten: Im Bereich des Familienrechts besteht ein Mitbesitzrecht des Ehegatten an Haushaltsgegenständen des anderen Ehegatten (§§ 1422 Satz 1, 1487 Abs. 1 BGB) und an der Wohnung.[103]

ii) Zurückbehaltungsrechte: allgemeine schuldrechtliche Zurückbehaltungsrechte nach § 273 BGB, das sachenrechtliche Zurückbehaltungsrecht nach §§ 1000, 994 BGB und

---

99 BGHZ 27, 204.
100 Palandt/Bassenge, § 986 BGB Rn. 5.
101 Palandt/Bassenge, § 986 BGB Rn. 2.
102 BGHZ 10, 69.
103 Erman-Ebbing, § 986 BGB Rn. 13.

das kaufmännische Zurückbehaltungsrecht nach § 369 HGB.[104] Das kaufmännische Zurückbehaltungsrecht kann nur eingreifen, wenn beide Parteien Kaufleute sind.

125 Streitig ist, ob das Zurückbehaltungsrecht ein Besitzrecht im Sinne des § 986 BGB begründet. Die h.M. in der Literatur[105] sieht im Zurückbehaltungsrecht ein **selbständiges Gegenrecht**, das **kein** Recht zum Besitz einräumt. Der Herausgabeanspruch aus § 985 BGB bleibe davon unberührt, er könne allerdings nicht durchgesetzt werden, es handle sich um eine Einrede, die geltend gemacht werden müsse.

126 Der **BGH** sieht **dagegen** im Zurückbehaltungsrecht **ein Recht zum Besitz** im Sinne des § 986 BGB, wobei er aber das Zurückbehaltungsrecht nur berücksichtigt, wenn der Beklagte es geltend macht.[106] In der Praxis wirkt sich das auf das Ergebnis nicht aus. Die Auffassung des BGH, wonach ein Recht zum Besitz vorliegt, und die Auffassung in der Literatur, die ein selbständiges Gegenrecht annimmt, führen jeweils zu einer Verurteilung „Zug um Zug".

c) Besitzberechtigung (aus einem Schuldverhältnis gegenüber einem Dritten, § 986 Abs. 1 Satz 2 BGB)

127 Aus den §§ 185 und 986 Abs. 1 Satz 2 BGB lässt sich folgender Gedanke ableiten: Ist es einem anderen vom **Berechtigten** (z.B. Eigentümer) **gestattet** worden, die Sache an einen Dritten weiterzugeben, ist auch der **Dritte** gegenüber dem Eigentümer **als Berechtigter** anzusehen. So ergibt sich aus § 986 Abs. 1 BGB z.B. der Fall, dass der Eigentümer einer Wohnung diese an einen Mieter vermietet und dieser Mieter die Wohnung an einen Dritten weiter- oder untervermietet. Hat der Eigentümer dem Mieter die Weitervermietung gestattet, hat auch der Dritte gegenüber dem Eigentümer das Recht zur Besitzüberlassung, obwohl er mit diesem in keinem direkten Rechtsverhältnis steht. Vielmehr liegt hier eine **berechtigte Besitzerkette**[107] vor, die bis zum Eigentümer reicht. Diese Art der Besitzberechtigung des unmittelbaren Besitzers gegenüber dem Eigentümer setzt somit voraus, dass ein
- gültiges Vertragsverhältnis zwischen Eigentümer und seinem Mieter vorliegt,
- weiterhin ein gültiges Vertragsverhältnis besteht zwischen dem Mieter und dem Dritten, der unmittelbarer Besitzer der Sache wird, und
- die Weitergabe der Sache an den Dritten im Verhältnis des Mieters zum Eigentümer zulässig war.

128 Daraus folgt die Regelung des § 986 Abs. 1 Satz 2 BGB:[108] Hat zwar im obigen Beispiel der Mieter (mittelbarer Besitzer) ein Recht zum Besitz gegenüber dem Eigentümer, war er aber nicht zur Weitergabe an den Dritten (unmittelbaren Besitzer) befugt, kann der Eigentümer nur Herausgabe an den mittelbaren Besitzer verlangen. Die Herausgabe an sich selbst ist nur möglich, wenn der mittelbare Besitzer nicht in der Lage oder nicht bereit ist, den Besitz zu übernehmen.

---

104 BGHZ 64, 122, 125; BGH NJW 1995, 2627, 2628.
105 Wieling, Sachenrecht, § 12 I 3a; Palandt/Bassenge, § 986 BGB Rn. 4.
106 MüKo-Medicus, § 986 BGB Rn. 17; BGH NJW-RR 1986, 282; NJW 1995, 2628; BGHZ 64, 122.
107 Palandt/Bassenge, § 986 BGB Rn. 6.
108 Palandt/Bassenge, § 986 BGB Rn. 7.

d) Besitzberechtigung gegenüber dem Rechtsnachfolger aus einem Rechtsverhältnis mit dem Rechtsvorgänger, § 986 Abs. 2 BGB

Die Besonderheit des § 986 Abs. 2 BGB liegt darin begründet, das der Eigentümer keinen **unmittelbaren Besitz** erworben hat. Stattdessen wird im Rahmen der Eigentumsübertragung nach §§ 929ff. BGB die Übergabe des Besitzes gemäß § 931 BGB durch die Abtretung des Herausgabeanspruchs ersetzt. Hierdurch wird in § 986 Abs. 2 BGB der Rechtsgedanke der §§ 404, 566 BGB weitergeführt: Eine Verschlechterung der Position des unmittelbaren Besitzers soll verhindert werden, wenn Eigentum an einen Rechtsnachfolger übertragen wird.

Folge ist, dass der unmittelbare Besitzer **alle Einwendungen**, die gegenüber dem **bisherigen** Eigentümer bestanden, auch gegenüber dem **neuen** Eigentümer geltend machen kann. Steht z.B. dem unmittelbaren Besitzer ein Zurückbehaltungsrecht gegenüber dem bisherigen Eigentümer zu, kann der unmittelbare Besitzer es auch gegenüber dem neuen Eigentümer geltend machen.[109]

Allgemein anerkannt ist, dass § 986 Abs. 2 BGB **analog** angewendet wird, wenn ein mittelbar besitzender Eigentümer nach § 930 BGB veräußert hat, da die Interessenlage nahezu identisch ist.[110] Hier kommt es zu der Konstellation des **mittelbaren Besitzes erster und zweiter Stufe**. Beispiel: Eigentümer E hat seinen PC dem B verliehen. E verkauft anschließend den PC an C und ersetzt die Übergabe nach § 930 BGB durch ein Besitzmittlungsverhältnis. E ist mittelbarer Besitzer der **ersten Stufe**, C mittelbarer Besitzer der **zweiten Stufe**. Auch hier kann B die sich aus dem Leihverhältnis zwischen E und B ergebenden Besitzrechte dem C entgegenhalten.

e) Sonstige gesetzliche Besitzrechte

aa) Berechtigte GoA, §§ 677ff. BGB

bb) Öffentliches Recht: Besitzeinweisung §§ 117 Abs. 6, 72 Abs. 2, 116 Abs. 1, 77 Abs. 3 BauGB, 18f Abs. 4 BFStrG, § 66 FlurbG; Beschlagnahme §§ 94ff. StPO.

f) Anwartschaftsrecht

Streitig ist, ob das Anwartschaftsrecht beim Vorbehaltskauf ein **dingliches** Besitzrecht gewährt.

Die h.M. (Rechtsprechung und Teile der Literatur) lehnen ein **dingliches** Besitzrecht ab.[111] Dabei wird auf Folgendes abgestellt: Der Eigentümer hat sich das Eigentum bis zur Zahlung des gesamten Kaufpreises vorbehalten und ist in seinem Eigentum zu schützen. Die rechtlichen Beziehungen zwischen dem Vorbehaltsverkäufer und dem Vorbehaltskäufer ergeben sich aus dem Kaufvertrag. Aus diesem Kaufvertrag folgt dann ein **schuldrechtliches Recht** zum Besitz.[112] Überträgt der Vorbehaltskäufer mit Einverständnis des Vorbehaltsverkäufers zulässigerweise den Besitz an einen Dritten,

---

109 BGHZ 64, 125f.; von Olshausen, JZ 1976, 85; Palandt/Bassenge, § 986 BGB Rn. 8.
110 BGHZ 111, 142; Palandt/Bassenge, § 986 BGB Rn. 8.
111 BGHZ 10, 69, 72; BGHZ 34, 191 (197); Staudinger-Gursky, § 986 BGB Rn. 13.
112 Bamberger/Roth-Fritzsche, § 986 BGB Rn. 12.

steht diesem ein abgeleitetes Recht zum Besitz aus § 986 Abs. 1 Satz 1, 2. Alt. BGB zu. War die Weitergabe des Besitzes nicht gestattet, hat der neue Besitzer kein Recht zum Besitz. Fehlt ein solches schuldrechtliches Band, gibt die Gegenansicht dem Anwartschaftsberechtigten ein dingliches Besitzrecht, weil das Anwartschaftsrecht dem Vollrechtseigentum angenähert sei und der gutgläubige Erwerb des Anwartschaftsrechtes nur dann Sinn mache, wenn der Anwartschaftsberechtigte gegenüber dem Eigentümer dinglich zum Besitz berechtigt sei.[113]

135 Das Problem wird somit nur relevant, wenn ein Anwartschaftsrecht von einem Nichtberechtigten erworben wird. Denn ein **schuldrechtliches** Anwartschaftsrecht besteht allemal. Die Rechtsprechung und Teile der Lehre führen zu Recht an, dass der Vorbehaltsverkäufer nach wie vor Eigentümer ist und deshalb die Sachen vom Vorbehaltskäufer herausverlangen kann, solange die Bedingung (z.B. vollständige Kaufpreiszahlung) noch nicht herbeigeführt worden ist. Der einzige Sinn des Anwartschaftsrechts besteht nämlich darin, Eigentum zu verschaffen. Das lässt sich aber auch erreichen, wenn der Vorbehaltskäufer keinen Besitz mehr hat, da die Übergabe i.S.d. § 929 BGB bereits erfolgt ist. Ein **dingliches** Anwartschaftsrecht wird deshalb **nicht** benötigt. Soweit das im Einzelfall unbillig wäre, weil z.B. von 10 Ratenzahlungen bereits 9 erfüllt worden sind und somit der Eigentumsübergang unmittelbar bevorsteht, lässt sich über § 242 BGB argumentieren.[114]

g) Treu und Glauben, § 242 BGB

136 Ob die Grundsätze von Treu und Glauben ein Besitzrecht begründen können, ist mit Zurückhaltung zu beantworten. Es kann Fälle geben, bei denen dem Herausgabeanspruch aus § 242 BGB der Arglisteinwand entgegengehalten werden kann,[115] etwa bei „Verwirkung" oder wenn der Besitzer die Sache wieder zurückverlangen kann.

h) Beweislast

137 *aa) Bestehen des Rechtes zum Besitz:* Der Besitzer hat zu beweisen, dass ihm ein Besitzrecht zusteht. Beruft sich der Beklagte darauf, dass er sein Besitzrecht von einem Dritten ableitet, muss er beweisen, dass auch der Dritte ein Besitzrecht gegenüber dem Eigentümer hat, beziehungsweise eine Überlassungsbefugnis des Dritten an ihn besteht.[116]

138 *bb) Zeitpunkt:* Für den Zeitpunkt der **letzten mündlichen Verhandlung** muss das Besitzrecht nachgewiesen werden, wobei für dessen Fortdauer eine tatsächliche Vermutung besteht.[117] Diese Vermutung kann der Kläger durch Gegenbeweis widerlegen.

---

113 Baur/Stürner, § 59 Rn. 47; Palandt/Bassenge, § 929 BGB Rn. 41.
114 MüKo-Medicus, § 986 BGB Rn. 9.
115 MüKo-Medicus, § 986 BGB Rn. 2 und § 985 BGB Rn. 46.
116 MüKo-Medicus, § 986 BGB Rn. 28; Baumgärtel/Laumen, § 986 BGB Rn. 3; Bamberger/Roth-Fritzsche, § 986 BGB Rn. 26.
117 Palandt/Bassenge, § 986 BGB Rn. 2; Baumgärtel/Laumen, § 986 BGB Rn. 2; MüKo-Medicus, § 986 BGB Rn. 28.

cc) Nießbrauch (§ 1065 BGB) und Pfandrecht (§ 1227 BGB): Hier kommt dem Besitzer die Vermutung des § 1006 Abs. 1 BGB zugute,[118] für den Besitzmittler eines Dritten greift § 1006 Abs. 3 BGB ein.

dd) Keine Geltung des § 1006 BGB: § 1006 BGB findet keine Anwendung bei schuldrechtlichen Ansprüchen.[119]

8. Gegenstand der Herausgabe

a) Individuelle Sache

Im Klageantrag ist die (bewegliche oder unbewegliche) Sache so genau zu beschreiben, dass sie in der Vollstreckung vom Gerichtsvollzieher aus den anderen Sachen des Beklagten „**individualisiert**" werden kann. Deshalb ist sie im Klageantrag gemäß § 253 Abs. 2 Nr. 2 ZPO bestimmt zu bezeichnen.[120] Lässt sich die Sache nicht in ausreichendem Umfang umgangssprachlich (mit Worten) beschreiben, kommt auch in Betracht, die Sache durch eine Zeichnung oder ein Foto zu individualisieren. Zeichnung und Foto sind dann dem Tenor hinzuzufügen.

Ob das Individualisierungserfordernis auch bei der sogenannten **Geldwertvindikation** erforderlich ist, ist streitig.[121] Die h.M. lehnt aber eine Geldwertvindikation zu Recht ab, selbst dann, wenn der Wert noch vorhanden ist (z.B. Umtausch eines Geldscheins in andere Geldscheine).[122]

Das Problem taucht dann auf, wenn Geld gewechselt oder auf ein Konto eingezahlt wird oder wenn das Eigentum z.B. nach §§ 935, 947, 948 BGB verloren geht. In diesen Fällen hat der (frühere) Eigentümer lediglich **schuldrechtliche** Ansprüche aus dem Bereicherungsrecht, §§ 816, 951, 812 BGB. Begründet wird dies damit, dass sonst in der Insolvenz der Geld(wert)eigentümer gegenüber dem Sacheigentümer bevorzugt würde: Ein solcher **schuldrechtlicher** Anspruch führt **nicht** zu dem Recht der Aussonderung gemäß § 47 InsO und nach § 48 InsO ergibt sich, dass eine allgemeine Geldwertvindikation nicht zur Ersatzaussonderung berechtigt.

b) Sachgesamtheiten

Eine Verurteilung unter einer **Sammelbezeichnung**, z.B. „der Beklagte wird verurteilt, sämtliche Sachen aus der Lieferung der Firma X an den Kläger herauszugeben", ist nicht möglich. Ein Herausgabeanspruch besteht nur für jede einzelne Sache, die entsprechend dem unter a) Gesagten zu individualisieren ist.[123]

9. Inhalt der Herausgabe

Die Sache ist an den Eigentümer herauszugeben. Herausgabe ist nicht nur die Duldung der Wegnahme wie z.B. bei §§ 539 Abs. 2, 867, 997 und 1005 BGB,[124] sondern auch

---

118 Baumgärtel/Laumen, § 986 BGB Rn. 4.
119 Baumgärtel/Laumen, § 986 BGB Rn. 4, 5.
120 MüKo-Medicus, § 985 BGB Rn. 17, 58.
121 MüKo-Medicus, § 985 BGB Rn. 18, 19; Ermann-Ebbing, § 985 BGB Rn. 3 m.w.N.
122 Palandt/Bassenge, § 985 BGB Rn. 10.
123 MüKo-Medicus, § 985 BGB Rn. 18, 19; Ermann-Ebbing, § 985 BGB Rn. 4.
124 Westermann-Gursky, § 30 III; Palandt/Bassenge, § 985 BGB Rn. 10.

Teichmann

„Auskehrung" des vorhandenen Besitzes. Der Besitzer muss die Sache bereitstellen und in dem Zustand herausgeben, in dem sie sich befindet und dafür Sorge tragen, dass der Eigentümer unmittelbarer Besitzer der Sache wird[125] (Ausnahme § 986 Abs. 1 Satz 2 BGB). Besteht neben dem dinglichen Herausgabeanspruch zugleich ein schuldrechtlicher „Rückgabeanspruch", kann sich der Inhalt des Anspruchs entsprechend den schuldrechtlichen Vorschriften (vgl. §§ 539 Abs. 2, 258 BGB)[126] oder aufgrund von Parteivereinbarungen ändern.

10. Kosten der Herausgabe

146 Der Besitzer trägt die Kosten der Herausgabe, d.h. er muss die Sache auf seine Kosten für den Eigentümer **bereitstellen**.[127] Dagegen trägt der Eigentümer die weiteren Kosten.[128]

11. Ort der Herausgabe

147 Die Herausgabe ist eine Holschuld, auf die grundsätzlich § 269 BGB Anwendung findet.[129] Es ist aber nach dem Grad der Kenntnis des Besitzers zu differenzieren:[130]

a) Gutgläubiger unverklagter Besitzer

148 Es greift § 269 BGB ein, die Herausgabe erfolgt an dem Ort, an dem sie sich **bei** Rechtshängigkeit bzw. Eintritt der Bösgläubigkeit befindet.[131]

b) Bösgläubiger verklagter Besitzer

149 In diesem Fall muss der Besitzer die Sachen an den Ort (zurück)bringen, wo sie sich **vor** der Haftungsverschärfung, also vor Eintritt der Bösgläubigkeit oder der Rechtshängigkeit befand.[132] Die Herausgabe bezieht sich immer **nur auf die Sache selbst**[133] und nicht auf Surrogate. Ist die Sache beschädigt, besteht neben der Herausgabe die Möglichkeit, Schadensersatz gemäß § 989, 990 BGB geltend zu machen. Dieser kann z.B. im Wege objektiver Klagehäufung nach § 260 ZPO geltend gemacht werden.

c) Deliktischer Besitzer, § 992 BGB

150 Der deliktische Besitzer muss die Sache am **Ort der Besitzerlangung** herausgeben.

12. Verjährung

151 Der Herausgabeanspruch verjährt nach § 197 Abs. 1 Nr. 1 BGB in dreißig Jahren. Die Verjährung beginnt gemäß § 200 BGB mit der Entstehung des Anspruchs.[134] Im Falle der **Ersitzung** nach § 937 BGB kann der Anspruch auf Herausgabe aber nach zehn Jahren verjährt sein.

---

125 Westermann-Gursky, § 30 III 1; Wieling, I § 12 I 2 a; Palandt/Bassenge, § 985 BGB Rn. 10.
126 MüKo-Medicus, § 985 BGB Rn. 20.
127 BGHZ 104, 304, 306 = NJW 1988, 3264; Ermann-Ebbing, § 985 BGB Rn. 24; MüKo-Medicus, § 985 BGB Rn. 22; Palandt/Bassenge, § 985 BGB Rn. 12.
128 Palandt/Bassenge, § 985 BGB Rn. 12.
129 Palandt/Bassenge, § 985 BGB Rn. 12.
130 Bamberger/Roth-Fritzsche, § 985 BGB Rn. 26; Erman-Ebbing, § 985 BGB Rn. 23.
131 Palandt/Bassenge, § 986 BGB Rn. 12.
132 Palandt/Bassenge, § 986 BGB Rn. 12.
133 Palandt/Bassenge, § 985 BGB Rn. 10.
134 Palandt/Bassenge, § 985 BGB Rn. 13.

13. Verhältnis von § 985 BGB zu anderen Normen

Da sich Herausgabe- bzw. Rückgabeansprüche nicht nur aus § 985 BGB ergeben können, ist die Frage zu beantworten, ob diese anderen Ansprüche zusätzlich und somit neben § 985 BGB bestehen oder, ob § 985 BGB diese Ansprüche verdrängt: 152

a) Dingliche Herausgabeansprüche, §§ 861, 1007 BGB

Die besitzrechtlichen Herausgabeansprüche sind **neben** § 985 BGB anwendbar.[135] 153

b) Gesetzliche Schuldverhältnisse (§§ 812 ff., 823 ff. BGB i.V.m. §§ 249 Abs. 1, 681, 667 BGB)

Auch die schuldrechtlichen (gesetzlichen) Herausgabeansprüche sind neben § 985 BGB anwendbar. 154

c) Vertragliche Ansprüche auf Rückgabe (z.B. §§ 346, 546, 604, 695, 667 BGB)

Die Rückgabe einer vermieteten Sache kann z.B. sowohl auf § 985 BGB als auch auf § 546 BGB oder z.B. bei der Leihe neben § 985 BGB auch auf § 604 BGB gestützt werden. Dies entspricht der h.M.[136] Teilweise wird vertreten, vertragliche Rückgabeansprüche seien vorrangig (Vorrang des Vertragsverhältnisses). Da solche vertraglichen Ansprüche aber im Rahmen des § 986 BGB geltend gemacht werden können, besteht kein ersichtlicher Grund, § 985 BGB dahinter zurücktreten zu lassen.[137] 155

d) Andere Rechtsnormen

aa) Unmöglichkeit, § 275 BGB: Für die Anwendung des § 275 Abs. 1 bis 3 BGB besteht kein Bedürfnis, weil nach § 985 BGB die Herausgabe nur von einem Besitzer verlangt werden kann. Kann der Kläger den Besitz des Beklagten nicht nachweisen oder entfällt dieser aus irgendeinem Grund, mangelt es bereits an der Grundlage, den Anspruch aus § 985 BGB geltend machen zu können, zumindest bis zum Zeitpunkt der Rechtshängigkeit nach § 265 ZPO.[138] Dagegen wird § 275 BGB Anwendung finden können, wenn der Besitz vorhanden ist, aber aus anderen Gründen nicht herausgegeben werden kann, z.B. bei einem behördlichen Verbot.[139] 156

bb) Schadensersatz, §§ 280, 283 BGB: Nach h.M. greift hier die Sonderregelung des Eigentümer-Besitzer-Verhältnisses (EBV) nach §§ 989 ff. BGB ein, weil dort abschließend die Haftung für eine Verschlechterung, Beschädigung oder Wertminderung der Sache geregelt ist. 157

Die Spezialgesetzlichkeit ergibt sich aus Folgendem: Bei den §§ 280 ff. BGB hat zunächst der Schuldner eine Leistung zu erbringen, um dem Erfüllungsanspruch des Gläubigers nachzukommen. Im Falle der Nichterfüllung kann der Gläubiger Schadensersatz verlangen (z.B. §§ 437 Nr. 3, 280 ff. BGB). 158

---

[135] MüKo-Medicus, § 985 BGB Rn. 28.
[136] BGH NJW 85, 141; MüKo-Medicus, § 985 BGB Rn. 29; Palandt/Bassenge, § 985 BGB Rn. 2.
[137] MüKo-Medicus, § 985 BGB Rn. 30; a.A. Raiser, JZ 1961, 529 ff.; BGHZ 85, 11, 13 = NJW 1982, 2304.
[138] MüKo-Medicus, § 985 BGB Rn. 35; Bamberger/Roth-Fritzsche, § 985 BGB Rn. 27; Vieweg/Werner, § 7 Rn. 35.
[139] MüKo-Medicus, § 985 BGB Rn. 35.

§ 1 Herausgabe nach § 985 BGB

159 Bei der Herausgabe und einem damit verbundenen Schadensersatz geht es darum, den unberechtigten Besitz beim Beklagten zu beenden und gegebenenfalls Schadensersatz zu verlangen. Hierzu ist in §§ 989, 990 BGB eine Sonderregelung getroffen und zwar für den bösgläubigen und verklagten Besitzer. Während es bei §§ 280 ff. BGB um die Alternative zwischen Erfüllung und Schadensersatz geht, greifen die §§ 989, 990 BGB ohnehin ein, wenn der Besitzer die Sache nicht herausgibt.

160 Soweit es aber **nicht** um die Verschlechterung, Beschädigung oder Wertminderung der Sache selbst geht, etwa bei der Verletzung von **Aufklärungs-, Mitteilungs- und Fürsorgepflichten**, ist § 280 Abs. 1 BGB **neben** den §§ 989 ff. BGB anwendbar.[140] So kann es dadurch zum Schaden kommen, dass der Schuldner die Krankheit des herauszugebenden Tieres verschweigt (Ansteckung anderer gesunder Tiere). Hier kann der Eigentümer nach § 280 Abs. 1 BGB Schadensersatz neben der Leistung für den erlittenen Mangelfolgeschaden verlangen. Einer Fristsetzung bedarf es hier nicht. Diese wäre auch sinnlos, da die Verletzung der anderen Rechtsgüter bereits eingetreten ist.

161 *cc) Schadensersatz nach §§ 280 Abs. 1, Absatz 3 i.V.m. 281 BGB:* Schadensersatz statt der Leistung kann verlangt werden, soweit kein Wertungswiderspruch zum Haftungssystem der §§ 989 ff. BGB auftritt und somit den Besitzer ein Verschulden an der Unmöglichkeit der Herausgabe trifft.[141] Der Eigentümer kann also eine Frist zur Herausgabe setzen und nach dessen fruchtlosem Ablauf Schadensersatz statt der Leistung verlangen. Vgl. die Ausführungen zum Anspruch auf Herausgabe gegenüber dem mittelbaren Besitzer die Rn. 84 ff.).

162 Nach § 286 BGB a.F. konnte bei Interessenwegfall Schadensersatz wegen Nichterfüllung verlangt werden. Die Norm des § 286 Abs. 2 BGB a.F. fand im Rahmen des § 990 Abs. 2 BGB Anwendung. Mit der Schuldrechtsreform ist § 286 Abs. 2 BGB entfallen und in § 281 BGB aufgegangen. Demnach ist anzunehmen, dass die Möglichkeit des § 286 Abs. 2 BGB a.F. nach wie vor besteht, jetzt über § 281 Abs. 1 Satz 1 i.V.m. Abs. 2 BGB.[142] Die Begründung ergibt sich aus Folgendem: Anerkannt ist, dass Schadensersatz verlangt werden kann, wenn im Rahmen eines Urteils eine gesetzte Frist zur Herausgabe fruchtlos verstrichen ist, sog. **unechte Eventualklage**.[143] Auch der dinglich Berechtigte muss aber außergerichtlich die gleichen Möglichkeiten haben, wie ein schuldrechtlich Berechtigter, da er andernfalls schlechter gestellt wäre, wofür aber kein Grund ersichtlich ist.[144] Dabei ist § 281 Abs. 4 BGB zu beachten, wonach der Gläubiger verpflichtet ist, die Sache an den Schuldner Zug um Zug zu übereignen (analog § 255 ZPO).[145] Außerdem müssen die Voraussetzungen des § 990 Abs. 2 BGB vorliegen, d.h. der Schuldner muss unredlich (verklagt oder bösgläubig) gewesen sein.[146]

---

140 Bamberger/Roth-Fritzsche, § 985 BGB Rn. 32.
141 Palandt/Bassenge, § 985 BGB Rn. 15 und 16.
142 Bamberger/Roth-Fritzsche, § 990 BGB Rn. 42.
143 Vgl. hierzu Rn. 217.
144 Bamberger/Roth-Fritzsche, § 985 BGB Rn. 29.
145 Bamberger/Roth-Fritzsche, § 985 BGB Rn. 29.
146 MüKo-Medicus, § 990 BGB Rn. 20, der weiter darauf hinweist, dass sich aus § 286 Abs. 4 BGB für den Schuldner die Möglichkeit ergibt, seine Haftung abzuwenden, wenn ihm der Nachweis gelingt, ihn treffe kein Verschulden daran, die Sache zeitweilig nicht herausgeben zu können.

dd) Herausgabe des Ersatzes, § 285 BGB: Eine Anwendung des § 285 BGB scheidet im Rahmen des § 985 BGB aus.[147] Die Argumentation lehnt sich an das unter bb) Gesagte an. Aus dem Schuldverhältnis ergibt sich die Pflicht zur Erfüllung der versprochenen Leistung und damit zur Durchführung des Vertrages. Wird z.B. die Lieferung der verkauften Sache unmöglich, kann der Gläubiger nach § 326 Abs. 3 BGB den Ersatzanspruch nach § 285 BGB verlangen, bleibt aber zur Gegenleistung (z.B. Zahlung des Kaufpreises) verpflichtet. Ein solches Verhältnis von Leistung und Gegenleistung existiert bei § 985 BGB von vornherein nicht. Geht der Besitz bei dem Besitzer verloren, erlischt grundsätzlich der Anspruch.

163

Schließlich käme es zu einer Besserstellung des Eigentümers: Verkauft der bisherige unrechtmäßige Besitzer die Sache an einen Dritten, könnte der Eigentümer nach § 285 BGB den Veräußerungserlös herausverlangen und aus § 985 BGB gegen den jetzigen Besitzer vorgehen, wenn die Veräußerung unwirksam war. War die Veräußerung dagegen wirksam, was durch eine Genehmigung durch § 185 BGB herbeigeführt werden kann, ist dieser Fall in § 816 Abs. 1 BGB abschließend geregelt.[148]

164

Dagegen würde der unrechtmäßige Besitzer erheblich benachteiligt: Er wäre nach § 285 BGB zur Herausgabe des Erlöses gegenüber dem Gläubiger verpflichtet und er wäre aber auch dem Erwerber nach § 311a Abs. 2 BGB zum Schadensersatz verpflichtet, da der Erwerber die Sache an den Gläubiger herausgeben muss, wenn er nicht gutgläubig erworben haben sollte.

165

ee) Schuldnerverzug, §§ 280 Abs. 2, 286 ff. BGB: Die Vorschriften über den Schuldnerverzug sind mit der Einschränkung anwendbar, die sich aus § 990 Abs. 2 BGB ergibt.[149] Danach haftet nur der bösgläubige Besitzer für den Verzugsschaden nach §§ 280, 286 BGB. Neben der Bösgläubigkeit ist nach § 286 Abs. 1 BGB grundsätzlich eine Mahnung (zu den Ausnahmen vgl. § 286 Abs. 2 BGB) erforderlich.

166

Das bedeutet für den **redlichen** Besitzer, dass eine Haftung wegen eines Verzugsschadens selbst dann entfällt, wenn er verklagt worden ist.

167

ff) Gläubigerverzug, §§ 293 ff. BGB: Die Vorschriften über den Gläubigerverzug sind anwendbar, weil sich in den §§ 987 ff. BGB keine speziellen Regelungen oder Einschränkungen finden (wie z.B. für den Schuldnerverzug in § 990 Abs. 2 BGB), die den Besitzer benachteiligen könnten.[150] Gläubigerverzug tritt ohne Verschulden ein und somit unabhängig davon, warum der Eigentümer an der Abholung der Sache verhindert war oder auch dann, wenn er die Abholung der Sache wegen einer Beschädigung verweigert bzw. keinen Verwendungsersatz leisten möchte.[151] Als Rechtsfolge ergibt sich der Haftungsausschluss für leichte Fahrlässigkeit, weil der Schuldner als unrecht-

168

---

147 Palandt/Bassenge, § 985 BGB Rn. 15.
148 Bamberger/Roth-Fritzsche, § 985 BGB Rn. 28; Medicus, Bürgerliches Recht, Rn. 598 m.w.N.
149 Medicus, Bürgerliches Recht, § 19 Rn. 449; MüKo-Medicus, § 985 BGB Rn. 41; Staudinger-Gursky, § 985 BGB Rn. 11 m.w.N.; BGH NJW 1964, 2415; Palandt/Bassenge, § 985 BGB Rn. 14.
150 Staudinger-Gursky, § 985 BGB Rn. 10; Bamberger/Roth-Fritzsche, § 985 BGB Rn. 31; MüKo-Medicus, § 985 BGB Rn. 43; Palandt/Bassenge, § 985 BGB Rn. 14.
151 Wie Fußnote 150.

mäßiger Besitzer während des Verzugs des Eigentümers nur Vorsatz und grobe Fahrlässigkeit zu vertreten hat (§ 300 Abs. 1 BGB). Ebenso braucht der Besitzer Nutzungen während des Gläubigerverzugs nur herauszugeben, wenn er tatsächlich welche gezogen hat, § 302 BGB.[152]

169 *gg) Hinterlegung, §§ 372ff. BGB:* Die §§ 372ff. BGB sind auf den Herausgabeanspruch anwendbar. Auch der Besitzer, der zur Herausgabe verpflichtet ist, kann sich durch Hinterlegung von seiner Pflicht zur Herausgabe befreien, wenn die Voraussetzungen des § 372 BGB vorliegen.[153] Eignen sich die Sachen z.B. wegen ihrer Größe nicht zur Hinterlegung, gelten die §§ 383ff. BGB. So kann der Herausgabeschuldner unter den Voraussetzungen des § 383 BGB die Sache öffentlich versteigern lassen und den Erlös hinterlegen.

170 Das Handelsgesetzbuch (HGB) gibt nach § 373 HGB erweiterte Hinterlegungsmöglichkeiten: Beim Handelskauf kann der Besitzer im Falle des Annahmeverzuges des Eigentümers die Sache in einem öffentlichen Lagerhaus oder in sonst sicherer Weise hinterlegen.

171 *hh) Aufrechnung, §§ 387ff. BGB:* Grundsätzlich finden die §§ 387ff. BGB keine Anwendung, weil die gesetzlichen Voraussetzungen nicht vorliegen.[154] Für die Aufrechnungslage ist eine sog. Gleichartigkeit der Forderungen erforderlich. Die Aufrechnung ist daher nur bei Geld- und Gattungsschulden über vertretbare Sachen (§ 91 BGB) möglich. Dagegen ist der Herausgabeanspruch immer darauf gerichtet, eine ganz bestimmte Sache herauszugeben, die in dieser Form kein weiteres Mal existiert; folglich liegt keine Gleichartigkeit vor.

172 Eine Ausnahme ergibt sich, wenn man nach Treu und Glauben bei der Herausgabe von Geldscheinen oder Münzen davon ausgeht, darin liege ein Forderungswert und damit ein Geldwert, der dann zur Gleichartigkeit führen könnte.[155]

173 *ii) Erlass, § 397 BGB:* Allgemein folgt aus einem Erlass ein Erlöschen der Leistungspflicht des Schuldners und zwar durch einen Vertrag zwischen Schuldner und Gläubiger, § 397 Abs. 1 BGB.

174 Allerdings kann der Eigentümer im Falle des § 985 BGB dem Besitzer **nicht** den Herausgabeanspruch **erlassen**, weil dadurch sein Eigentumsrecht wertlos wäre. Mit einem Eigentum, das er nicht mehr in Besitz bekommen kann, wenn es ihm der Besitzer nicht freiwillig überlässt, kann er nichts anfangen. Ebenso wie es nicht möglich ist, den Herausgabeanspruch isoliert vom Eigentum abzutreten, ist es nicht möglich, einen Erlass **isoliert** vom Eigentum zu vereinbaren.[156] Sollte ein „Erlass" des Herausgabeanspruchs zwischen Eigentümer und Besitzer vereinbart worden sein, wäre zu prüfen, ob damit

---

152 Bamberger/Roth-Fritzsche, § 985 BGB Rn. 31; MüKo-Medicus, § 985 BGB Rn. 44.
153 Staudinger-Gursky, § 985 BGB Rn. 6; Müller, § 3 Rn. 451.
154 Staudinger-Gursky, § 985 BGB Rn. 6; Müller, § 3 Rn. 452.
155 Müller, § 3 Rn. 452.
156 Staudinger-Gursky, § 985 BGB Rn. 4; Palandt/Bassenge, § 985 BGB Rn. 1.

nicht eine Aufgabe des Eigentums (§ 959 BGB) oder gar eine Übertragung des Eigentums gemeint war (§ 929 Satz 2 BGB).

jj) Verzicht (gesetzlich nicht geregelt): Verzicht bedeutet, dass durch eine einseitige Erklärung ein Recht aufgegeben wird, ein Vertrag (wie beim Erlass) ist nicht erforderlich. Aus den gleichen Erwägungen wie unter ii) ist auch ein isolierter Verzicht auf den Herausgabeanspruch nicht möglich.[157] 175

kk) Rechtsfolgen des Schadensersatzes, §§ 249-254 BGB: Der Anspruch auf Herausgabe nach § 985 BGB ist seiner Natur nach auf Auskehrung der herauszugebenden Sache gerichtet. Surrogate irgendwelcher Art scheiden aus. Deshalb kann der Eigentümer keine Entschädigung in Geld nach § 251 Abs. 1 BGB verlangen, wenn die Herausgabe („Herstellung") nicht möglich ist. Dem Eigentümer bleibt für einen Ersatzanspruch nur das Regelungssystem der §§ 987ff. BGB.[158] Ebenso greift § 251 Abs. 2 BGB nicht. Dem Besitzer ist es verwehrt, den Herausgabeanspruch damit abzuwehren, den Eigentümer in Geld zu entschädigen, falls die Herausgabe „unverhältnismäßige" Aufwendungen erfordern würde.[159] 176

Der Besitzer kann sich deshalb gegenüber dem Eigentümer auch **nicht** darauf berufen, diesen treffe am Eigentumsverlust ein Mitverschulden gemäß **§ 254 BGB**.[160] Auch eine solche Argumentation würde eine Durchsetzung des Eigentumsrechts verhindern und damit der Regelung des § 985 BGB zuwiderlaufen.[161] 177

ll) Verstoß gegen Gesetze oder die guten Sitten, § 817 Satz 2 BGB: Hier geht es um die Frage, ob der Anspruch auf Herausgabe nach den gesetzlichen Wertungen bei einer nichtigen dinglichen Übereignung (§§ 134, 138 BGB) scheitern kann. Nach h.M. ist § 817 Satz 2 BGB nur auf bereicherungsrechtliche Ansprüche anwendbar und nicht auf einen Herausgabeanspruch nach § 985 BGB.[162] Teilweise wird eine Anwendung nach Treu und Glauben befürwortet.[163] Zumindest beim Mietwucher soll für die Mietzeit der Mieter § 817 Satz 2 BGB entgegenhalten können.[164] 178

mm) Treu und Glauben, § 242 BGB: Die h.M. wendet § 242 BGB als Grundprinzip der Rechtsordnung auch auf den Herausgabeanspruch mit der gebotenen Zurückhaltung an.[165] Gegenüber dem Herausgabeanspruch aus § 985 BGB kann der Besitzer dem Eigentümer aus § 242 BGB z.B. entgegenhalten: 179
- Rechtsmissbrauch[166]

---

157 Palandt/Bassenge, § 985 BGB Rn. 1.
158 MüKo-Medicus, § 985 BGB Rn. 45; Müller, § 3 Rn. 455a; Palandt/Bassenge, § 985 BGB Rn. 1.
159 Wie Fußnote 158.
160 Palandt/Bassenge, § 985 BGB Rn. 13.
161 Bamberger/Roth-Fritzsche § 985 BGB Rn. 33.
162 BGHZ 63, 365; BGH WM 1983, 393f.; BGH NJW 1992, 310, 311; zum Meinungsstand: Staudinger-Gursky, § 985 BGB Rn. 108, 113.
163 Prölss, ZHR 132, 54.
164 Müller, § 3 Rn. 450a.
165 MüKo-Medicus, § 985 BGB Rn. 46; Müller, Rn. 448ff.
166 Staudinger-Gursky, § 985 BGB Rn. 94ff. m.w.N.; Bamberger/Roth-Fritzsche, § 985 BGB Rn. 36; BGH JZ 1980, 767; BGHZ 47, 189.

§ 1 Herausgabe nach § 985 BGB

- Arglist[167]
- Auskunftspflicht[168]

180 **nn) Zusendung unbestellter Leistungen, § 241a BGB:** Bei der Zusendung unbesteller Sachen nach § 241a BGB hat der Eigentümer keinen Anspruch auf Herausgabe.[169] Der Gesetzgeber hat aus Gründen des Verbraucherschutzes den vollständigen Ausschluss von gesetzlichen und vertraglichen Ansprüchen des Unternehmers gegenüber dem Verbraucher festgeschrieben.[170] Wird das sich aus § 241a BGB ergebende Besitzrecht aber auf einen andere Person übertragen, steht dem Eigentümer das Recht auf Herausgabe nach § 985 BGB zu.[171]

181 **oo) Ehegatten, Lebenspartner, § 1361a BGB, §§ 13,14,17 LPartG:** Im Verhältnis zu § 985 BGB sind die §§ 1361a und 1361b BGB Spezialregelungen, die § 985 BGB verdrängen.[172]

182 Tabellarisch lässt sich folgende Übersicht aufstellen:

Rechtsnorm	Anwendbar neben § 985 BGB	Anmerkungen
1. §§ 861, 1007 BGB	Ja	Es handelt sich um **dingliche** Ansprüche des früheren Besitzers bei Entzug des Besitzes durch verbotene Eigenmacht (§§ 861, 869, 858 BGB) oder der frühere Besitzer hat ein „besseres Besitzrecht" (§ 1007 BGB), es besteht Anspruchskonkurrenz.
2. §§ 812ff., 823ff. BGB i.V.m. 249, 681, 667 BGB	Ja	Es handelt sich um **schuldrechtliche** Ansprüche: Herausgabe ist auch zu leisten bei unberechtigter (§§ 684 Satz 1, 818f. BGB) GoA oder angemaßter Eigengeschäftsführung (§§ 687 Abs. 2, 681 Satz 2, 667 BGB). Es besteht Anspruchskonkurrenz.
3. §§ 346, 546 (581 Abs. 2, 589 Abs. 1, 596), 604 Abs. 1 und Absatz 3, 695, 667 BGB	Ja	Es handelt sich um **vertragliche** Ansprüche: Herausgabe bei Beendigung des Vertrages durch Zeitablauf oder Kündigung oder nach Beendigung z.B. eines Miet- oder Pachtverhältnisses aufgrund der genannten gesetzlichen Normen. Es besteht Anspruchskonkurrenz.
4. § 275 BGB	Nein	

---

167 BGHZ 10, 69.
168 OLG Hamm, NJW 1993, 2623 (danach soll dem Eigentümer gegenüber dem ehemaligen Besitzer ein Anspruch auf Auskunft zustehen, wem er die Sache weitergegeben hat, damit der Eigentümer gegen den jetzigen Besitzer vorgehen kann).
169 Palandt/Heinrichs, § 241a BGB Rn. 4.
170 Jauernig-Mansel, § 241a BGB Rn. 5: MüKo-Medicus, § 986 BGB Rn. 24.
171 Erman-Ebbing, § 986 BGB Rn. 20.
172 Palandt/Bassenge, § 985 BGB Rn. 3.

Rechtsnorm	Anwendbar neben § 985 BGB	Anmerkungen
5. §§ 280, 283 BGB	Nein	Ausnahmsweise aber doch anwendbar, wenn Mitteilungs- und Fürsorgepflichten verletzt werden.
6. §§ 280 Abs. 1, Abs. 3, 281 BGB	Ja	Aber es darf kein Wertungswiderspruch zu §§ 989 ff. BGB entstehen.
7. § 285 BGB	Nein	
8. §§ 280 Abs. 2, 286 ff. BGB	Ja	Einschränkungen ergeben sich aus §§ 990 Abs. 2 BGB.
9. §§ 293 ff. BGB	Ja	
10. §§ 372 ff. BGB	Ja	Erweiterte Hinterlegungsmöglichkeiten ergeben sich nach dem HGB.
11. §§ 387 ff. BGB	Nein	Ausnahmen, wenn man die Geldwertvindikation mit einer Mindermeinung anerkennt.
12. § 397 BGB	Nein	Das Eigentum wäre wertlos.
13. Verzicht	Nein	Das Eigentum wäre wertlos.
14. §§ 249-254 BGB	Nein	§ 985 BGB gewährt keine Ersetzungsbefugnis.
15. § 817 Satz 2 BGB	Nein	
16. § 242 BGB	Ja	Aber Anwendung zurückhaltend.
17. § 241a BGB	Nein	Anspruch auf Herausgabe scheitert, da der Beklagte ein Recht zum Besitz hat.

B. Prozess

I. Prozesssituation

Ob der Herausgabeanspruch gerichtlich geltend zu machen ist, richtet sich danach, ob der (unrechtmäßige) Besitzer sich weigert, die Sache in der vom Eigentümer gewünschten Art und Weise herauszugeben.

II. Prozessuale Grundlagen

1. Zuständigkeit des anzurufenden Gerichts

a) Örtlich

Für die Herausgabe beweglicher Sachen gelten zunächst die allgemeinen Grundsätze über den Gerichtsstand, §§ 13-19a ZPO. Es kommt somit darauf an, wo der Beklagte seinen **Wohnsitz** hat.[173] Klage kann aber auch im **besonderen Gerichtsstand** des Gegen-

---

[173] MüKo-Medicus, § 985 BGB Rn. 56; Staudinger-Gursky, § 985 BGB Rn. 124; Bamberger/Roth-Fritzsche, § 985 BGB Rn. 45.

§ 1 Herausgabe nach § 985 BGB

standes (Streitobjektes) gemäß § 23 Satz 1, 2. Alt. ZPO erhoben werden. Danach ist auch das Gericht örtlich zuständig, in dessen Bezirk sich der mit der Klage herausverlangte Gegenstand befindet.[174] Weiter in Betracht kommt § 28 ZPO, der eine Erleichterung der Rechtsverfolgung im Gerichtsstand der Erbschaft ermöglicht und der auch bei Herausgabeansprüchen aus § 985 BGB zur Anwendung kommt. Dagegen findet § 27 ZPO (Besonderer Gerichtsstand der Erbschaft) auf § 985 BGB keine Anwendung.[175] Schließlich kann unter den Voraussetzungen des § 38 ZPO auch der Gerichtsstand zwischen den Parteien vereinbart werden.

b) Sachlich

185 Diese richtet sich nach der **Höhe des Streitwertes**, § 23 Nr. 1 GVG i.V.m. § 6 ZPO. Entscheidend ist der Verkehrswert der Sache.[176] Es kommt somit darauf an, welcher Betrag sich bei der Veräußerung der Sache erzielen lässt. Ein vereinbarter Kaufpreis muss nicht mit dem Verkehrswert übereinstimmen und kann höher oder niedriger sein als dieser; der Kaufpreis hat aber Indizfunktion für die Bestimmung des **Verkehrswertes**.[177] Unerheblich ist

- der steuerliche Wertansatz wie der Einheits- oder Buchwert und
- ob der Kläger Herausgabe an sich selbst oder an einen Dritten verlangt[178]
- Besonderheiten können sich aus dem Mietrecht gemäß § 23 Nr. 2a GVG ergeben. Bei einer Räumung der Miet- oder Pachtsache richtet sich der Streitwert nach § 16 Abs. 2 GKG, es verbleibt aber i.V.m. § 29a ZPO auf jeden Fall bei der Zuständigkeit des Amtsgerichts.[179]

c) Besonderheiten

186 *aa) Rechtsweg:* Welcher Rechtsweg einzuschlagen ist, kann problematisch sein, wenn Herausgabe gegenüber einem Hoheitsträger verlangt wird oder von einem Dritten, der von diesem sein Recht zum Besitz ableitet.[180] Besonderheiten kann es auch bezüglich der Herausgabe von Sache in den neuen Bundesländern im Zusammenhang mit dem Recht der DDR geben.[181]

187 *bb) Zwangsvollstreckung:* Wird gegen den Besitzer aufgrund eines Titels bereits vollstreckt (laufende Zwangsvollstreckung), kann der Berechtigte nicht nach § 985 BGB vorgehen. Er muss sich stattdessen auf die Rechtsbehelfe verweisen lassen, die im Vollstreckungsrecht vorgesehen sind: Erinnerung, § 766 ZPO und Drittwiderspruchsklage, § 771 ZPO.[182]

---

174 Staudinger-Gursky, § 985 BGB Rn. 124; MüKo-Medicus, § 985 BGB Rn. 56.
175 MüKoZPO-Patzina, § 27 ZPO Rn. 8.
176 Einhellige Meinung: z.B. KG, MDR 1954, 488; OLG Koblenz, Rpfleger 1956, 147; BGH NJW-RR 1991, 1210.
177 MüKoZPO-Schwerdtfeger, § 6 ZPO Rn. 10.
178 OLG Hamburg, Rpfleger 1958, 307; OLG Bamberg, JurBüro 1979, 438.
179 MüKo-Medicus, § 985 BGB Rn. 57; Staudinger-Gursky, § 985 BGB Rn. 125.
180 MüKo-Medicus, § 985 BGB Rn. 51; Staudinger-Gursky, § 985 BGB Rn. 118.
181 MüKo-Medicus, § 985 BGB Rn. 51; ausführlich: Staudinger-Gursky, § 985 BGB Rn. 119-123; Bamberger/Roth/Fritzsche, § 985 BGB Rn. 43, 61.
182 MüKo-Medicus, § 985 BGB Rn. 52.

cc) Herausgabe unter Ehegatten: Leben die Ehegatten getrennt, kann nach § 1361a Abs. 1 Satz 1 BGB jeder von ihnen die ihm gehörenden Haushaltsgegenstände von dem anderen Ehegatten herausverlangen. Zuständig sind die Familiengerichte nach §§ 18a, 11 HausratsVO i.V.m. § 23b Abs. 1 Nr. 8 GVG, § 621 Nr. 7 ZPO.

188

Bezüglich der Herausgabe der Ehewohnung[183] sind nach den vorgenannten Bestimmungen ebenfalls die Familiengerichte zuständig.[184] Aus dem in § 1361b BGB normierten Überlassungsanspruch eines Ehegatten kann sich dessen Recht zum Besitz i.S.v. § 986 BGB ergeben.[185] Die Familiengerichte sind während des laufenden Scheidungsverfahrens gemäß § 11 Abs. 1 HausratsVO, § 23b Abs. 1 Nr. 8 GVG, § 621 Nr. 8 ZPO **ausschließlich** zuständig.

189

2. Klageantrag

a) Bezeichnung der Parteien, insbesondere des Beklagten

Nach § 253 Abs. 2 Nr. 1 ZPO muss die Klageschrift die Bezeichnung der Parteien enthalten. Das bedeutet, dass die Bezeichnung so genau sein muss, dass für jeden Dritten die Identität der Parteien erkennbar ist.[186]

190

aa) Natürliche Personen: Bei natürlichen Personen sollte angegeben werden: Name, Vorname, Beruf, Ort, Straße und Hausnummer, vgl. §§ 253 Abs. 4, 130 Nr. 1 ZPO.

191

bb) Personenhandelsgesellschaften (OHG, KG): Es genügt die Angabe der Firma, da die Gesellschaften „als solche" rechtsfähig sind, selbst als Partei an einem Prozess teilzunehmen, §§ 124 Abs. 1, 161 Abs. 2 HGB. Die Nennung der gesetzlichen Vertreter ist nur eine Ordnungsvorschrift, §§ 253 Abs. 4, 130 Nr. 1 ZPO, so dass eine Klage ohne Nennung der gesetzlichen Vertreter zulässig bleibt. Die Benennung muss aber nachgeholt werden.[187]

192

cc) Juristische Personen: Auch diese können als solche verklagt werden, § 50 Abs. 1 ZPO.[188] Hinsichtlich der Nennung der gesetzlichen Vertreter gilt das unter bb) Ausgeführte.

193

dd) BGB-Gesellschaft: Es sind die Gesellschafter aufzuführen, die die tatsächliche Sachherrschaft an der Sache haben (vgl. oben unter II. 4. f cc). Geht man mit dem BGH für die BGB-Außengesellschaft aber davon aus, dass auch die GbR parteifähig ist, genügt die Angabe des Namens der GbR, mit dem diese im Rechtsverkehr auftritt (zum Vorgehen in der Praxis, vgl. Rn. 104–106).

194

ee) Klage gegen unbekannt[189]: Diese Situation kann z.B. auftreten, wenn es um die Herausgabe von Wohneigentum bei Hausbesetzungen geht und die Namen der Haus-

195

---

183 § 1361b BGB verdrängt dabei als lex specialis die Norm des § 985 BGB, vgl. MüKo-Wacker, § 1361b BGB Rn. 3.
184 Staudinger-Gursky, § 985 BGB Rn. 24.
185 Brudermüller, FamRZ 1987, 109f.; BGH NJW 1978, 1529, 1530.
186 Zimmermann, § 253 ZPO Rn. 4.
187 BGHZ 32, 114, 118 = NJW 1969, 1006.
188 Zimmermann, § 50 ZPO Rn. 8.
189 MüKoZPO-Lüke, § 253 ZPO Rn. 54; Staudinger-Gursky, § 985 BGB Rn. 129; Bamberger/Roth-Fritzsche, § 985 BGB Rn. 46 am Ende.

besetzer nicht bekannt sind. Es wird als zulässig angesehen, die Personen nach Zahl, Tätigkeitsbereich und Aufenthaltsort zu benennen, jedenfalls müssen sich die so benannten Personen „von anderen Personen" unterscheiden lassen.

196 Muster: Rubrum der Klage gegen unbekannt

■■■ gegen

derzeit 15 unbekannte Personen, davon 7 männlich, 8 weiblich, die sich gegenwärtig in der ■■■-Straße in ■■■ im dortigen vierstöckigen Wohnhaus aufhalten und von denen die 8 weiblichen Personen im zweiten Stock eine Verpflegungsstelle eingerichtet haben und die 7 männlichen Personen sich innerhalb der mit einem roten Band gekennzeichneten Umzäunung aufhalten und so anderen Personen den Zugang zu dem Wohnhaus verwehren.

197 Lässt sich die Partei zumindest nicht auf diese Weise identifizieren, ist die Parteibezeichnung unzulässig.[190] Es verbleibt der Weg über eine Strafanzeige, um dann im Wege der Akteneinsicht Kenntnis von der Identität der Hausbesetzer zu erlangen (vgl. § 185 Nr. 3 RiStBV, § 147 Abs. 1 StPO).

b) Bezeichnung der Sache

198 *aa) Einzelne Sache:* Die herauszuverlangende Sache muss gemäß § 253 Abs. 2 Nr. 2 ZPO in der Weise bezeichnet werden, dass der Gerichtsvollzieher anhand des gerichtlichen Tenors die Sache beim Schuldner einwandfrei identifizieren kann.[191] Es muss deshalb eine bestimmte bewegliche körperliche Sache (§ 90 BGB) oder eine bestimmte Menge solcher Sachen benannt werden. Die Bezeichnung „PKW", „Notebook" oder „Hausrat" genügt nicht.[192] Die Sache (**Stückschuld**) muss deshalb in den **Einzelheiten** beschrieben werden, wobei die Angaben von **Besonderheiten** nützlich sind.

199 Muster: Bezeichnung einer Sache im Klageantrag

■■■ das Notebook, Marke EDELL, Farbe Metallic, Größe 17 Zoll, mit der auf der Unterseite des Gerätes eingravierten Code-Nr. 32007 DELTA, an den Kläger herauszugeben.

200 In gleicher Weise eignen sich sonstige Besonderheiten, die eine Individualisierung ermöglichen, z.B. Beschädigungen, besondere Farblackierungen, ausgewechselte Originale gegen Ersatzteile anderer Hersteller usw. Es empfiehlt sich, bei der Beschreibung vom Allgemeinen zum Besonderen vorzugehen:

---

190 Wie Fußnote 189.
191 Staudinger-Gursky, § 985 BGB Rn. 74; MüKo-Medicus, § 985 BGB Rn. 58; Bamberger/Roth-Fritzsche, § 985 BGB Rn. 46; Palandt/Bassenge, § 985 BGB Rn. 17.
192 Von diesem Grundsatz wird in der Insolvenzordnung abgewichen: Der Eröffnungsbeschluss des Insolvenzgerichts stellt einen Herausgabetitel gegen den Schuldner hinsichtlich der Insolvenzmasse dar. Hier ist es ausreichend, wenn der Titel als Herausgabe auf das „zur Insolvenz gehörende Vermögen" gerichtet ist. Vgl. hierzu Kübler/Prütting/Holzer § 148 InsO Rn. 15.

Allgemein wäre z.B. die Bezeichnung als Notebook oder als Personal Computer (Desktop) oder als Fahrzeug und dann sollte sich die weitere Beschreibung immer mehr zum konkreten Gegenstand verdichten. Kann die Sache auf diese Weise nicht beschreiben werden, weil sie ein umgangssprachlich nicht zu erfassendes Erscheinungsbild aufweist, sind dem Antrag **Bilder** oder möglichst genaue **Zeichnungen** beizulegen. Sind keine Originalbilder vorhanden, kommt die Vorlage von **Vergleichsbildern** in Betracht, anhand derer dann die abweichende Individualität der herauszuverlangenden Sache beschrieben werden kann. Es ist zu beachten, dass es ausreichen muss, die Sache in der Weise zu beschreiben, dass die Parteien wissen, welche Sache herausverlangt wird.[193]

Muster: Klageantrag unter Beifügung einer Zeichnung

Der Beklagte wird verurteilt, an den Kläger die Schöpfung 6 magische Kugeln, deren Anordnung in der beigefügten Zeichnung dargestellt und die zum Gegenstand des Tenors zu machen ist, herauszugeben.

Man wird aber auch weitergehen können, da heutzutage die meisten Gegenstände digitalisiert werden. Auch der Verweis auf eine mit der Klage eingereiche CD-Rom oder eine Diskette, die entsprechend mit dem Aktenzeichen des Gerichts zu kennzeichnen ist, kann dem Tenor beigefügt werden. Auch in der Vollstreckung sollte das keine Schwierigkeiten bereiten, da die Gerichtsvollzieher über entsprechende Personal Computer verfügen, mit deren Hilfe sie den herauszuverlangenden Gegenstand vor der Vollstreckung betrachten können. Somit kann auch beantragt werden:

Muster: Klageantrag unter Beifügung einer CD-ROM

Der Beklagte wird verurteilt, an den Kläger die Schöpfung 6 magische Kugeln, deren Anordnung in vier Aufzeichnungen auf der beigefügten CD-Rom, versehen mit dem Aktenzeichen des erkennenden Gerichts, dort unter der Bezeichnung „Magie" festgehalten ist, herauszugeben. Die CD-Rom ist Gegenstand des Tenors.

bb) Sachgesamtheiten: Die Herausgabe einer Sachgesamtheit ist rechtlich nicht möglich und scheitert an dem Bestimmtheitsgebot des § 253 Abs. 2 Nr. 2 ZPO. So wäre folgender Antrag **unzulässig**:

„Der Beklagte wird verurteilt, an den Kläger sämtliche Baumaterialien, die am 12.01.2004 auf dem Grundstück ■■■ gelagert wurden, herauszugeben."

Bei einem solchen Antrag wäre nicht klar, welche Baumaterialien in welcher Anzahl am 12.01.2004 auf dem Grundstück gelagert waren. Auch materiellrechtlich könnte keine Übereignung nach §§ 929ff. BGB erfolgen, da ein Verstoß gegen den im Sachrecht geltenden **Bestimmtheitsgrundsatz** vorliegen würde. Der Kläger muss sich in einem solchen Fall der Mühe unterziehen und die am 12.01.2004 gelagerten Sachen **einzeln** aufführen, da er andernfalls Gefahr läuft, einen **unzulässigen Antrag** zu stellen.

---

193 Staudinger-Gursky, § 985 BGB Rn. 74 am Ende.

Eine **Sachgesamtheit** kann somit nur im **Einzelfall** herausverlangt werden, wenn mit dem Sammelbegriff bereits klar ist, welche einzelnen Sachen gemeint sind.[194] Das dürfte der Fall sein, wenn sich z.B. eine Sache als **Einheit** präsentiert: Die Herausgabe einer Bibliothek, Bett- und Tischwäsche, Geschirr und Besteck unter Angabe des Aufbewahrungsortes.[195] Ausreichend ist auch die Bezeichnung **beschränkter Gattungsschulden (Vorratsschuld)**, z.B. 3 Pferde der Rasse „Iron" aus dem Bestand des dem Schuldner gehörenden Gestüts. Kommt der Kläger bei der Individualisierung der Sache in Schwierigkeiten, könnten ihm die §§ 809-811 BGB weiterhelfen. Der Kläger kann außerhalb eines anhängigen Prozesses z.B. Klage gegen den Besitzer auf Vorlage der Gegenstände erheben[196] und diese anschließend individuell beschreiben.

207 *cc) Verbundene Sachen:* Auch Sachen, die **nicht wesentlicher Bestandteil** oder **Scheinbestandteil** sind (§§ 93, 94 BGB), können herausverlangt werden.[197]

208 *dd) Zubehör:* Zubehör gemäß §§ 926, 1031, 1096, 1120 ff. BGB braucht **nicht gesondert** herausverlangt werden, sondern gehört zur Herausgabe der Hauptsache.[198]

209 *ee) Geld:* Geldmünzen oder Geldscheine können nur dann herausverlangt werden, wenn sie als solche noch konkret zur Verfügung stehen. Dies wird nur dann der Fall sein, wenn diese gesondert aufbewahrt werden (z.B. gestohlene Münzen/Scheine als „Beute" oder als Sammlerstücke aufbewahrte Münzen/Scheine). Dagegen entfällt die sog. **Geldwertvindikation** schon deshalb, weil eine Bestimmung gemäß § 253 Abs. 2 Nr. 2 ZPO nicht möglich ist (*vgl. zur Geldwertvindikation Rn. 142, 143*).

c) Formulierung des Antrages

210 Der Antrag des Klägers muss auf „**Herausgabe der Sache**" lauten.[199] Die Formulierung auf „Rückgabe der Sache" kann zu der Annahme verleiten, dass es sich um eine **Bringschuld** handeln würde, wohingegen anerkannt ist, dass es sich bei der Herausgabe um eine **Holschuld** handelt (vgl. hierzu *§ 1 A II 10.*).

3. Verbindung der Klagen auf Herausgabe und Schadensersatz

a) Allgemeines

211 Der Anspruch aus § 985 BGB ist nur darauf gerichtet, die Sache vom Besitzer herauszuverlangen. Das schließt aus, dass gleichzeitig mit der Herausgabe der Wert der Sache wegen Unmöglichkeit der Herausgabe geltend gemacht wird. Es liegt **keine Wahlschuld** vor.[200] Somit wäre es **unzulässig** zu beantragen:

„Der Beklagte wird verurteilt, an den Kläger die Sache [genaue Bezeichnung] herauszugeben oder Schadensersatz in Höhe von EUR ■■■ zu zahlen."

---

194 Staudinger-Gursky, § 985 BGB Rn. 75 am Ende.
195 MüKoZPO-Lüke, § 253 ZPO Rn. 145.
196 BGH NJW 1989, 226.
197 Staudinger-Gursky, § 985 BGB Rn. 76 m.w.N.
198 Staudinger-Gursky, § 985 BGB Rn. 77.
199 Erman-Ebbing, § 985 BGB Rn. 33.
200 Staudinger-Gursky, § 985 BGB Rn. 71 a; Bamberger/Roth-Fritzsche, § 985 BGB Rn. 47; Erman-Ebbing, § 985 BGB Rn. 33; Palandt/Bassenge, § 985 BGB Rn. 15.

Unzulässig wäre auch das Verlangen auf Herausgabe mit gleichzeitiger **Abwendungsbefugnis**:[201]

„Der Beklagte wird verurteilt, an den Kläger EUR ▬▬▬ zu zahlen. Dem Beklagten wird die Befugnis eingeräumt, den Schadensersatz durch Herausgabe der Sache abzuwenden."

Unproblematisch könnte aber die Herausgabeklage kombiniert werden mit dem Antrag, den Schaden zu ersetzen, der wegen der verzögerten Herausgabe oder wegen einer Verschlechterung der Sache entstanden ist. Hier stehen die Herausgabe und der Schaden „nebeneinander" und schließen sich nicht aus.[202]

b) Echte Eventualklage

Der Kläger kann aber beantragen, den Berechtigten zur Herausgabe zu verurteilen und für den Fall, dass dies nicht möglich ist, **hilfsweise** Schadensersatz verlangen. Im Prozess muss dann festgestellt werden, ob die Herausgabe der Sache unmöglich ist.[203]

Muster: Antrag auf Herausgabe, hilfsweise Schadensersatz

Der Beklagte wird verurteilt, dem Kläger das Notebook [genaue Bezeichnung] herauszugeben, hilfsweise EUR ▬▬▬ Schadensersatz zu zahlen nebst ▬▬▬ % Zinsen über dem Basiszinssatz seit dem ▬▬▬.

Der Anspruch setzt im materiellen Recht voraus, dass die Voraussetzungen der §§ 989, 990 BGB erfüllt sind.

c) Unechte Eventualklage

Nach h.M. ist es unter den Voraussetzungen der §§ 259, 255 ZPO zulässig, zu beantragen, den Beklagten zur Herausgabe zu verurteilen und damit verbunden, ihm für die Herausgabe eine Frist zu setzen. Für den Fall, dass die Frist zur Herausgabe fruchtlos verstreicht, ist es weiter zulässig, **sogleich** in den Tenor aufzunehmen, den Beklagten zur Zahlungen von Schadensersatz zu verurteilen. Der Vorteil gegenüber der echten Eventualklage liegt darin, dass der Gerichtsvollzieher nach den Sachen beim Schuldner suchen kann, da im Tenor die Verurteilung enthalten ist, dass die Sache an den Kläger herauszugeben ist. Zu den Voraussetzungen im Einzelnen und der Antragstellung, vgl. im Einzelnen unter § 2.

d) Umstellung der Klage gemäß § 264 Nr. 3 ZPO

Stellt sich im laufenden Gerichtsverfahren heraus, dass der Beklagte den Besitz vor oder nach Rechtshängigkeit der Klage verloren hat, kann der Kläger seinen Klageantrag gemäß § 264 Nr. 3 ZPO umstellen und Schadensersatz geltend machen.[204] Der Kläger kann also wie folgt vorgehen:

---

201 RGRK/Pikart, § 985 BGB Rn. 76 f.; Soergel/Mühl, § 985 BGB Rn. 19.
202 Vergleiche hierzu § 2.
203 Bamberger/Roth-Fritzsche, § 985 BGB Rn. 47 m.w.N.; MüKo-Medicus, § 985 BGB Rn. 59 am Ende.
204 Staudinger-Gursky, § 985 BGB Rn. 132; Erman-Ebbing, § 985 BGB Rn. 33; MüKo-Medicus, § 985 BGB Rn. 59.

§ 1 Herausgabe nach § 985 BGB

Muster: Umstellung einer Klage von Herausgabe auf Schadensersatz

■■■ hat sich durch den Vortrag des Beklagten/die Beweisaufnahme ergeben, dass der Beklagte zur Herausgabe des Notebooks nicht mehr in der Lage ist, weil [Begründung einfügen]. Der mit der Klageschrift vom ■■■ gestellte Antrag auf Herausgabe wird nunmehr unter Bezugnahme auf § 264 Nr. 3 ZPO wie folgt umgestellt:

Der Beklagte wird verurteilt, an den Kläger EUR ■■■, nebst ■■■ % Zinsen über dem Basiszinssatz zu bezahlen.

4. Veränderungen nach Rechtshängigkeit

a) Veräußerung der Sache durch den Berechtigten

Veräußert der Berechtigte, d.h. der Eigentümer oder der Nichteigentümer, der mit Zustimmung des Eigentümers handelt, oder eine Person kraft Amtes wie der Testamentsvollstrecker oder der Insolvenzverwalter gilt folgendes:

aa) Gesetzliche Prozessstandschaft: Die klageweise Geltendmachung schließt das Recht des Berechtigten nicht aus, die Sache zu verkaufen und das Eigentum gemäß §§ 929, 931 BGB an einen Dritten zu übertragen, § 265 Abs. 1 ZPO.[205] Auf den weiteren Ablauf des Prozesses hat dies keinen Einfluss, obwohl der Kläger eigentlich nicht mehr aktivlegitimiert ist, da er nach materiellen Recht kein Eigentum mehr an der Sache hat. Die gesetzliche Regelung sieht vielmehr vor, dass der Kläger den Prozess als **gesetzlicher Prozessstandschafter** im eigenen Namen fortführt, § 265 Abs. 2 ZPO. Allerdings nimmt die h.M. an, dass der bisherige Eigentümer auf die Veränderungen der materiellen Rechtslage damit reagieren muss, seinen **Antrag** auf Herausgabe an den Rechtsnachfolger **umzustellen.**[206] Erfolgt keine Umstellung des Antrages, wird die Klage abgewiesen werden, sog. Relevanztheorie.[207] Das Ergebnis der h.M. ist richtig, da der Rechtsnachfolger gemäß § 265 Abs. 2 Satz 2 ZPO **keine eigene** Möglichkeit hat, den Prozess anstelle des bisherigen Klägers aufzunehmen. Dies ist nur möglich, wenn der Gegner zustimmt. Da § 265 Abs. 2 ZPO somit am Bestand des laufenden Prozesses festhalten will, ist es konsequent, Veränderungen der materiellen Rechtslage auch gegenüber dem Gericht anzuzeigen und den Antrag entsprechend umzustellen. Die Gegenansicht[208] beruft sich auf den Wortlaut des § 265 Abs. 2 Satz 1 ZPO („hat ... keinen Einfluss") und hält eine Antragsänderung nicht für erforderlich. Damit würde aber sehenden Auges ein materiellrechtlich unrichtiges Urteil erlassen.

bb) Gewillkürte Prozessstandschaft: Der Rechtsnachfolger hat auch die Möglichkeit, den bisherigen Eigentümer zur **weiteren Prozessführung** ausdrücklich zu **ermächtigen.**[209] Der Kläger tut gut daran, sich eine solche ausdrücklich Erklärung des neuen

---

205 Palandt/Bassenge, § 985 BGB Rn. 5.
206 Zöller-Greger, § 265 ZPO Rn. 6a; Zimmermann, § 265 ZPO Rn. 10.
207 BGH NJW 1986, 3207; Palandt/Bassenge, § 985 BGB Rn. 5.
208 Rosenberg/Schwab/Gottwald, § 103 IV 2.
209 Voraussetzung ist neben der Ermächtigung des Rechtsnachfolgers, dass der Prozessstandschafter ein rechtliches Interesse geltend machen kann, BGH NJW-RR 1986, 158.

Eigentümers geben zulassen und ihn auch aktiv in die Prozessführung einzubinden. Dies ist deshalb geboten, damit gegenüber dem Kläger nicht der Vorwurf erhoben werden kann, er habe den Prozess nicht ordnungsgemäß geführt und deshalb die Klageabweisung verursacht und verschuldet. Der Kläger (und bisher Berechtigte) kann nach § 265 Abs. 2 Satz 1 ZPO alle Prozesshandlungen vornehmen.[210] Das Verschuldenserfordernis für die Geltendmachung von Schadensersatz durch den neuen Eigentümer i.S.d. § 280 Abs. 1 Satz 2 BGB sollte aber entkräftet werden können, wenn der Prozessstandschafter in einem möglichen Schadensersatzprozess des neuen Eigentümers vortragen kann, mit diesem das prozessuale Vorgehen und den Sachvortrag im Einzelnen besprochen zu haben; ggf. sollte auch die Vereinbarung einer Haftungsfreistellung in Betracht gezogen werden.

cc) Fehlende Prozessführungsbefugnis: Dem Kläger kann nach der Übertragung des Eigentums nach §§ 929, 931 BGB allerdings dann die fehlende Prozessführungsbefugnis entgegengehalten werden, wenn das Urteil gemäß §§ 265 Abs. 3, 325 Abs. 2 ZPO nicht gegen einen **Rechtsnachfolger** wirken würde. Das ist dann der Fall, wenn der Rechtsnachfolger die im Streit befangene Sache nach den Vorschriften des materiellen Rechts **gutgläubig** bezüglich der Rechtshängigkeit vom früheren Eigentümer erworben hat.[211] Die Klage des Klägers ist dann als unbegründet abzuweisen, wenn der Rechtsnachfolger aus eigenem Recht nunmehr auch selbst gegen den Besitzer klagen könnte.[212]

dd) Wirkungen des Urteils
- Obsiegen: Ein obsiegendes Urteil wirkt für den Rechtsnachfolger, er kann den Titel gemäß §§ 727, 731 ZPO umschreiben lassen oder der frühere Eigentümer vollstreckt selbst aus dem Urteil (für den Rechtsnachfolger).
- Klagabweisendes Urteil: Wird die Herausgabeklage abgewiesen, wird davon der Rechtsnachfolger grundsätzlich in gleicher Weise betroffen, die materielle Rechtskraft stünde seiner Klage entgegen, §§ 322, 325 Abs. 1 ZPO (Ausnahme bei Gutgläubigkeit, § 325 Abs. 2 ZPO).

b) Veräußerung der Sache durch den Besitzer

Der Kläger hat verschiedene Möglichkeiten:

aa) Keine Reaktion: Der Kläger braucht auf diese Situation nicht zu reagieren und kann seinen Antrag unverändert lassen.[213] Im Fall des Obsiegens kann der Kläger gegen den Beklagten mit Erfolg vollstrecken, wenn dieser sich wieder den Besitz der Sache verschafft oder, wenn das Urteil auch gegen den Rechtsnachfolger wirkt (§ 325 Abs. 1 ZPO), den Titel gemäß §§ 727, 731 ZPO umschreiben lassen.[214] Wirkt das

---
210 Zöller-Greger, § 265 ZPO Rn. 6.
211 Zöller-Greger, § 265 ZPO Rn. 9; Zimmermann, § 265 ZPO Rn. 14; Staudinger-Gursky, § 985 BGB Rn. 35.
212 Zimmermann, § 265 ZPO Rn. 13.
213 Staudinger-Gursky, § 985 BGB Rn. 49; Bamberger/Roth-Fritzsche, § 985 BGB Rn. 48; Zöller-Greger, § 265 ZPO Rn. 6b.
214 Palandt/Bassenge, § 985 BGB Rn. 8a).

Urteil wegen § 325 Abs. 2 ZPO **nicht** gegen den Rechtsnachfolger, kann der Eigentümer gegen den Rechtsnachfolger klagen, die Rechtskraft eines Urteils zwischen dem Kläger und dem bisherigen Besitzer stünde dem nicht entgegen.

226 Im Falle der Klageabweisung wirkt das Urteil für den Rechtsnachfolger, § 325 Abs. 1 ZPO.

227 *bb) Erledigung gemäß § 91a ZPO:* Der Kläger könnte den Rechtsstreit auch für erledigt erklären, wenn der Beklagte zustimmt. Das könnte für den Kläger den Vorteil mit sich bringen, aus der vom Gericht zu begründenden Kostenentscheidung zu entnehmen, welche Erfolgsaussichten seine Klage nach bisheriger Sach- und Rechtslage aufweist. Ob dazu auch eine Beweisaufnahme durchzuführen ist, ist streitig.[215] Anschließend kann der Kläger gegen den jetzigen Besitzer Klage auf Herausgabe erheben.

228 *cc) Umstellung des Klageantrages:* In Betracht kommt die Umstellung des Klageantrages an die veränderte Situation und die Geltendmachung von Schadensersatz wegen Unmöglichkeit der Herausgabe nach § 989 BGB oder gemäß §§ 285, 816 BGB das Erlangte herauszuverlangen.[216]

5. Beweismittel

229 Für die Herausgabeklage gelten die allgemeinen Beweisgrundsätze. Wie die Parteien richtig Beweis antreten, hängt vom gewählten Beweismittel ab und den entsprechenden Bestimmungen der Zivilprozessordnung:
- Augenschein, §§ 371 ff. ZPO
- Zeugen, §§ 373 ff. ZPO
- Sachverständige, §§ 403, 404 ZPO
- Urkunden, §§ 420-432 ZPO
- Parteivernehmung, §§ 445, 447 ZPO
- Das Gericht kann allerdings auch **von Amts wegen** Beweis erheben, wenn eine Partei keinen Beweis antritt, vgl. §§ 142-144, 273 Abs. 2 Nr. 2, Nr. 5, 287 Abs. 1 Satz 3, 448 ZPO.

6. Rechtskraft

a) Objektive Rechtskraftwirkung

230 *aa) Entscheidung über den Antrag aus § 985 BGB:* Mit dem Urteil auf Herausgabe nach § 985 BGB wird grundsätzlich **nur** über diesen Anspruch entschieden und zwar darüber, ob er besteht oder nicht.[217]

---

215 Zöller-Greger, § 91a ZPO Rn. 26 m.w.N.
216 Palandt/Bassenge, § 985 BGB Rn. 6.
217 Bamberger/Roth-Fritzsche, § 985 BGB Rn. 49; Erman-Ebbing, § 985 BGB Rn. 41; Staudinger-Gursky, § 985 BGB Rn. 134; MüKo-Medicus, § 985 BGB Rn. 61.

bb) Entscheidung über die Folgeansprüche aus §§ 987ff. BGB: Allerdings werden von der Rechtskraft auch die Nebenansprüche (positiv und negativ) aus den §§ 987ff. BGB erfasst, da diese von der Entscheidung über den Anspruch aus § 985 BGB abhängen.[218] In zeitlicher Hinsicht ist zu beachten, dass die Wirkung natürlich **nur** bis zum Schluss der **letzten mündlichen Verhandlung** reichen kann und anschließende Änderungen nicht erfasst werden. Ebenso werden Nutzungen nicht erfasst, die vor Rechtshängigkeit entstanden sind.[219]

cc) Entscheidung über weitere Ansprüche: Weiterhin wird von einem Urteil aus § 985 BGB auch ein Beseitigungsanspruch aus § 1004 BGB nicht erfasst.[220] Schließlich werden konkurrierende Herausgabeansprüche, die neben § 985 BGB anwendbar sind, aber im Prozess nicht geltend gemacht wurden, nicht von der Rechtskraft erfasst (z.B. §§ 604, 812 BGB).[221]

dd) Entscheidung über das Eigentumsrecht: Eine Feststellung des Eigentums ist mit einer stattgebenden Klage aus § 985 BGB **nicht** verbunden.[222] Bei Vorliegen der Voraussetzungen der §§ 260, 256 ZPO kann deshalb **neben** der Herausgabe auch die Feststellung des Eigentums geltend gemacht werden.[223] Ein Vortrag zum Feststellungsinteresse entfällt gemäß § 256 Abs. 2 ZPO, wenn der Beklagte das Eigentum des Klägers bestreitet. Der Kläger kann dann seinen Klageantrag erweitern (sog. Inzidentfeststellungklage).

b) Subjektive Rechtskraftwirkung

Gemäß § 325 Abs. 1 ZPO wirkt das Urteil **stets** für die Rechtsnachfolger der Parteien,[224] gegen sie gemäß § 325 Abs. 2 ZPO nur bei deren Bösgläubigkeit bezüglich des Eigentums und der Rechtshängigkeit.[225] Der Titel kann gemäß § 727 ZPO umgeschrieben werden.

Gegen **Mit**eigentümer entfaltet die Rechtskraft keine Wirkung.[226]

Auch steht einer Klageabweisung gegen den unmittelbaren Besitzer gegen ihn als **mittelbaren** Besitzer (auf Abtretung des Herausgabeanspruchs) die Rechtskraft **nicht** entgegen.[227]

---

218 BGH NJW 1985, 1553 m.w.N.; BGH NJW 1998, 1709, 1710; BGH NJW 1981, 1517.
219 BGH NJW 1985, 1553; Staudinger-Gursky, § 985 BGB Rn. 136; BGH NJW 1983, 164, 165.
220 BGHZ 28, 153, 157 = NJW 1958, 1969; Palandt/Bassenge, § 985 BGB Rn. 20.
221 Staudinger-Gursky, § 985 BGB Rn. 135.
222 Staudinger-Gursky, § 985 BGB Rn. 134; Bamberger/Roth-Fritzsche, § 985 BGB Rn. 49; MüKo-Medicus, § 985 BGB Rn. 61.
223 Palandt/Bassenge, § 985 BGB Rn. 20.
224 Palandt/Bassenge, § 985 BGB Rn. 21.
225 Erman-Ebbing, § 985 BGB Rn. 42 m.w.N.; Bamberger/Roth-Fritzsche, § 985 BGB Rn. 50; Staudinger-Gursky, § 985 BGB Rn. 138.
226 RGZ 119, 163, 168f.
227 BGHZ 2, 164, 171; Palandt/Bassenge, § 985 BGB Rn. 21.

7. Einstweilige Verfügung

237 Eine einstweilige Verfügung ist auch bei einem Herausgabeanspruch **möglich**.[228]

a) Herausgabe an einen Sequester (amtlicher Verwahrer)

238 Bei der einstweiligen Verfügung in Form der Sicherungsverfügung (§ 935 ZPO) ist neben einem **Verfügungsanspruch** ein **Verfügungsgrund** erforderlich („Veränderung des bestehenden Zustandes"). Der Herausgabeanspruch kann gefährdet werden, wenn eine Veräußerung, Belastung (z.B. Verpfändung), Zerstörung oder Beschädigung der Sache zu erwarten ist, aber auch schon durch die weitere Benutzung der Sache.[229]

239 Wie der Anspruch aber **gesichert** werden soll, entscheidet das Gericht nach seinem **Ermessen**, § 938 Abs. 1 ZPO. Dabei ist zu berücksichtigen, dass mit der einstweiligen Verfügung der Anspruch auf Herausgabe nicht erfüllt werden soll. Deshalb wird das Gericht anordnen, dass die Sache an einen Dritten herausgegeben wird. Im Regelfall wird das ein Gerichtsvollzieher als Sequester sein (§ 938 Abs. 2 ZPO).[230]

b) Herausgabe an den Gläubiger

240 Eine Herausgabe an den Gläubiger **scheidet grundsätzlich aus**, weil das der **Vorwegnahme der Hauptsache** und damit einer **Erfüllung** des Anspruchs auf Herausgabe gleichkäme. Selbst bei Fällen, in denen der Besitz für den Gläubiger existenznotwendig und er auf den unmittelbaren Besitz angewiesen ist, reagiert die Rechtsprechung zurückhaltend.[231] Allerdings gibt es hiervon Ausnahmen, wie § 940a ZPO zeigt, der sich allerdings (neben einer konkreten Gefahr für Leib oder Leben) auf die Räumung von Wohnraum nach **verbotener Eigenmacht** bezieht. Daraus wird von der h.M. abgeleitet, das derjenige, der den Besitz einer Sache durch verbotene Eigenmacht an sich gebracht hat, diesen auch **direkt** an den Gläubiger herauszugeben hat, da nur auf diese Weise der Rechtsfrieden wiederhergestellt werden kann.[232] Das bedeutet, dass der Kläger darum bemüht sein muss, die Klage neben § 985 BGB oder § 1007 BGB auch auf § 861 BGB zu stützen, da nach § 863 BGB gegenüber einem possessorischen Anspruch nur geltend gemacht werden kann, dass die Störung im Besitz **keine** verbotene Eigenmacht darstelle.

---

228 Staudinger-Gursky, § 985 BGB Rn. 144; MüKo-Medicus, § 986 BGB Rn. 63; Bamberger/Roth-Fritzsche, § 985 BGB Rn. 52, Schellhammer, ZPO, § 41, 2.
229 OLG Düsseldorf MDR 1984, 411; OLG Köln ZIP 88, 411.
230 OLG Koblenz ZIP 81, 912; OLG München MDR 1984, 62; Palandt/Bassenge, § 985 BGB Rn. 17.
231 Der Gläubiger muss in solchen Fällen aufzeigen, dass bei ihm „alles still steht", wenn er nicht in den Besitz der Sache kommt, z.B. der Arbeitnehmer erhält seine Arbeitspapiere nicht und kann deshalb keine andere Arbeitsstelle antreten oder der Architekt, der auf seinem Personal Computer eine eigens für ein bestimmtes Projekt entwickelte Software aufgespielt hat, die er sich nicht kurzfristig besorgen kann, weil der Quellcode nicht zur Verfügung steht oder der Firmeninhaber benötigt den Pkw für den Einsatz seiner Außendienstmitarbeiter und es steht für diesen kein Pkw zur Verfügung, wobei auch keine Anmietung eines Ersatzfahrzeuges in Betracht kommt. Vgl. Schuschke/Walker, ZPO, Vorbem. zu § 935 ZPO Rn. 19.
232 OLG Düsseldorf MDR 1971, 1011; OLG Frankfurt FamRZ 1979, 516.

c) Antragstellung und Begründung

aa) Herausgabe an einen Sequester[233]

bb) Herausgabe an den Gläubiger[234]

III. Muster zur Herausgabeklage

1. Herausgabeklage nach § 985 BGB

Für den Normalfall einer Herausgabeklage ergibt sich somit aus Sicht des Klägers vereinfacht folgendes:

Voraussetzungen	Beweislast	Bemerkungen
1. Eigentum des Klägers	Kläger	Bei derivativem Erwerb ist dazu auch der Nachweis des Eigentums des Vormannes erforderlich, aber Erleichterungen gemäß § 1006 BGB.
2. Besitz des Beklagten	Kläger	Jede Art von Besitz ist ausreichend.
3. Kein Recht des Beklagten zum Besitz	Beklagte	Auch für das Vorhandensein von Zurückbehaltungsrechten ist der Beklagte beweispflichtig. Unter Umständen kommt es zu einer Verurteilung „Zug um Zug".

Muster: Herausgabeklage

An das

■■■ Gericht[235]

Klage

der/die ■■■

Kläger/in

Prozessbevollmächtigte ■■■

gegen ■■■

Beklagte/r

wegen: Herausgabe einer Sache[236]

vorläufiger Streitwert: ■■■

---

233 Vgl. hierzu § 1 Rn. 244.
234 Vgl. hierzu § 1 Rn. 243.
235 Vgl. zur Zuständigkeit des Gerichts oben § 1 B. II. 1.
236 Ob eine solche „Kurzbezeichnung" gewählt wird, ist reine Geschmacksfrage. Es empfiehlt sich eine solche Angabe, damit für das Gericht auf einen Blick „schlagwortartig" zu erkennen ist, worum es in der Klage geht (z.B. wegen Räumung und Herausgabe einer Wohnung oder wegen Forderung und Schadensersatz oder wegen Abgabe einer Willenserklärung usw.).

§ 1 Herausgabe nach § 985 BGB

Namens und in Vollmacht[237] der Klägerin erheben wir Klage und b e a n t r a g e n:

Der Beklagte wird verurteilt, das Notebook, Marke EDELL, Inspiron 510, Farbe Metallic, Größe 17 Zoll, mit der auf der Unterseite des Gerätes eingravierten Code-Nummer: DELTA 32007, herauszugeben.[238]

Zur

B e g r ü n d u n g

tragen wir vor:

Der Kläger macht einen Anspruch auf Herausgabe seines Eigentums gegenüber dem besitzenden Beklagten geltend.[239]

Im Einzelnen:

Der Kläger hat das im Klageantrag bezeichnete, von der Firma EDELL hergestellte Notebook gemäß Vertrag[240] vom ▬▬▬ käuflich erworben.

Beweis: Kaufvertrag vom ▬▬▬

Anlage 1

Gemäß Lieferschein vom ▬▬▬ schickte die Firma EDELL dem Kläger das Notebook 10 Tage nach Abschluss des Kaufvertrages vereinbarungsgemäß zu.[241]

Beweis: Lieferschein der Firma EDELL vom ▬▬▬

Anlage 2

Der Kläger nahm das Notebook am ▬▬▬ in Empfang und ist damit Eigentümer des Notebooks geworden.[242]

---

237 Mit dieser Formulierung wird klargestellt, dass der beauftragte Rechtsanwalt nicht im eigenen Namen, sondern im Namen eines Dritten (Mandanten) handelt und für ihn diese Klage erhebt. Teilweise wird in der Praxis eine solche Formulierung aber auch als unnötige Formalie angesehen, da sich aus dem Sachvortrag ohnehin ergebe, dass der Anwalt nicht für sich selbst, sondern für seinen Mandanten Klage erhoben hat. Die sog. Prozessvollmacht gemäß § 80 Abs. 1 ZPO muss nicht mit der Klage vorgelegt werden, da das Gericht den Mangel der Vollmacht von Amts wegen nur berücksichtigt, wenn als Bevollmächtigter kein Rechtsanwalt auftritt, § 88 Abs. 2 ZPO.
238 Der herausverlangte Gegenstand muss so genau wie möglich bezeichnet werden, vgl. § 253 Abs. 2 Nr. 2 ZPO.
239 Auch dieser Satz ist Geschmacksfrage und wiederholt etwas ausführlicher die obige Kurzbezeichnung: „wegen Herausgabe" vor der eigentlichen Begründung.
240 Nunmehr ist darzulegen, wie der Kläger sein Eigentum erworben hat. Hier wurde die klassische Darlegungsform gewählt und zunächst kurz das schuldrechtliche Verpflichtungsgeschäft dargestellt und anschließend der eigentliche Eigentumserwerb gemäß § 929 BGB.
241 Hier wurde die Einigung des § 929 BGB dadurch erreicht, dass in der Zusendung des Notebooks konkludent das Angebot zur Übertragung des Eigentums enthalten ist, der Kläger durch die Entgegennahme des Notebooks angenommen hat. Insoweit ist durch den Vortrag der gesamte Eigentums-Erwerbstatbestand des § 929 BGB dargelegt: Einigung zwischen dem Eigentümer EDELL und dem Antragsteller, Übergabe des Notebooks (§ 854 Abs. 1 BGB), Einigsein im Zeitpunkt der Übergabe und Berechtigung des Eigentümers EDELL.
242 Eine solche Aussage sollte in der Klage getroffen werden. Dies setzt aber voraus, dass zuvor die Tatsachen für einen Eigentumserwerbstatbestand des Klägers vorgetragen werden, z.B. §§ 929 ff., 946 ff. BGB.

Anschließend fragte der Beklagte den Kläger, ob er ihm das Notebook für 14 Tage leihen könne, da er eine Tabelle über die Ein- und Ausgabensituation seiner Firma ▬▬▬ zusammenstelle müsse. Da der Kläger vor Antritt eines Urlaubes stand, war er damit einverstanden und übergab dem Beklagten für den Zeitraum von 14 Tagen das Notebook am ▬▬▬.

Beweis: Herr/Frau ▬▬▬ [ladungsfähige Anschrift], als Zeugen

Der Beklagte ist nach wie vor im Besitz des Notebooks.[243]

Der Kläger forderte den Beklagten nach Ablauf der Leihzeit[244] am ▬▬▬ auf, das Notebook herauszugeben.[245]

Beweis: Schreiben des Klägers vom ▬▬▬

Anlage 3

Der Beklagte ist dieser Aufforderung nicht nachgekommen, Klage ist somit geboten.

▬▬▬

Rechtsanwalt

2. Muster: Einstweilige Verfügung, Herausgabe an den Antragsteller

An das ▬▬▬ Gericht

Antrag auf Erlass einer einstweiligen Verfügung

der/die ▬▬▬

Antragsteller/in -[246]

Verfahrensbevollmächtigte ▬▬▬[247]

gegen ▬▬▬

Antragsgegner/in

---

243 Der weitere Vortrag dient zur Darlegung, wie der Beklagte in den Besitz des Notebooks kam. Hier ist darauf zu achten, jeden Vortrag zu vermeiden, der – fälschlicherweise – dazu Veranlassung geben könnte, der Beklagte hätte das Notebook zu Eigentum erworben oder ein Recht zum Besitz i.S.d. § 986 BGB. Im Falle der Säumnis könnte das Gericht sich sonst veranlasst sehen, den Antrag auf Erlass eines Säumnisurteils abzulehnen. Zur Schlüssigkeit gehört auch der Vortrag, dass der Beklagte nach wie vor im Besitz der Sache ist. Sollte der Beklagte seinen Besitz verloren haben, wird er dies vortragen. Erst dann kann der Kläger reagieren und gegebenenfalls seinen Herausgabeantrag umstellen.
244 Das Muster sieht eine Leihe vor, bei der nach Ablauf der „bestimmten Zeit" die Sache an den Entleiher zurückzugeben ist, § 604 Abs. 1 BGB. Diese schuldrechtliche Rückgabepflicht aus § 604 BGB korrespondiert hier mit dem Anspruch aus § 985 BGB, was aber unproblematisch ist, da zwischen beiden Ansprüche echte Anspruchskonkurrenz besteht. Vgl. hierzu Rn. 155.
245 Die Darlegungen sollen die Kostenfolge eines sofortigen Anerkenntnisses vermeiden, § 93 ZPO.
246 Die Bezeichnung lautet hier „Antragsteller" bzw. „Antragstellerin" und nicht „Kläger" bzw. „Klägerin", da es sich nur um ein summarisches Erkenntnisverfahren handelt, das grundsätzlich nur der Sicherung, aber nicht der Erfüllung von Ansprüchen dient.
247 Die Bezeichnung lautet hier „Verfahrensbevollmächtigte/r", nicht „Prozessbevollmächtigte/r".

§ 1 Herausgabe nach § 985 BGB

wegen: Herausgabe einer Sache[248]

Namens und in Vollmacht[249] des Antragstellers beantragen wir den Erlass folgender einstweiliger Verfügung:

Der Antragsgegner wird verurteilt, das Notebook, Marke EDELL, Inspiron 510, Farbe Metallic, Größe 17 Zoll, mit der auf der Unterseite des Gerätes eingravierten Code-Nummer: DELTA 32007, an den Antragsteller herauszugeben.[250]

Zur

B e g r ü n d u n g

tragen wir vor:

Der Antragsteller macht einen Anspruch auf Herausgabe seines Eigentums gegenüber dem besitzenden Antragsgegner geltend.[251]

Im Einzelnen:

I. Verfügungsanspruch[252]

Der Antragssteller hat das im Klageantrag bezeichnete, von der Firma EDELL hergestellte Notebook gemäß Vertrag[253] vom ■■■ käuflich erworben.

Glaubhaftmachung:
1. Eidesstattliche Versicherung des Antragstellers vom ■■■

Anlage 1
2. Kaufvertrag vom ■■■

Anlage 2

Gemäß Lieferschein vom ■■■ schickte die Firma EDELL dem Kläger das Notebook 10 Tage nach Abschluss des Kaufvertrages vereinbarungsgemäß zu.[254]

---

248 Ob eine solche „Kurzbezeichnung" gewählt wird, ist reine Geschmacksfrage. Es empfiehlt sich eine solche Angabe, damit für das Gericht auf einen Blick „schlagwortartig" zu erkennen ist, worum es in der Klage geht (z.B. wegen Räumung und Herausgabe einer Wohnung oder wegen Forderung und Schadensersatz oder wegen Abgabe einer Willenserklärung usw.).

249 Mit dieser Formulierung wird klargestellt, dass der beauftragte Rechtsanwalt nicht im eigenen Namen, sondern im Namen eines Dritten (Mandanten) handelt und für ihn diese Klage erhebt. Teilweise wird in der Praxis eine solche Formulierung aber auch als unnötige Formalie angesehen, da sich aus dem Sachvortrag ohnehin ergebe, dass der Anwalt nicht für sich selbst, sondern für seinen Mandanten den Antrag auf Erlass einer einstweiligen Verfügung erhoben hat.

250 Der herausverlangte Gegenstand muss so genau wie möglich bezeichnet werden, vgl. § 253 Abs. 2 Nr. 2 ZPO.

251 Auch dieser Satz ist Geschmacksfrage und wiederholt etwas ausführlicher die obige Kurzbezeichnung: „wegen Herausgabe" vor der eigentlichen Begründung.

252 Der materiellrechtliche Anspruch aus § 985 BGB ist darzustellen.

253 Nunmehr ist darzulegen, wie der Antragsteller sein Eigentum erworben hat. Hier wurde die klassische Darlegungsform gewählt und zunächst kurz das schuldrechtliche Verpflichtungsgeschäft dargestellt und anschließend der eigentliche Eigentumserwerb gemäß § 929 BGB.

254 Hier wurde die Einigung des § 929 BGB dadurch erreicht, dass in der Zusendung des Notebooks konkludent das Angebot zur Übertragung des Eigentums enthalten ist, das der Kläger durch die Entgegennahme des Notebooks angenommen hat. Insoweit ist durch den Vortrag der gesamte Eigentums-Erwerbstatbestand des § 929 BGB dargelegt: Einigung zwischen dem Eigentümer EDELL und dem Antragsteller, Übergabe des Notebooks (§ 854 Abs. 1 BGB), Einigsein im Zeitpunkt der Übergabe und Berechtigung des Eigentümers EDELL.

Glaubhaftmachung: Lieferschein der Firma EDELL vom ■■■

Anlage 3

Der Kläger nahm das Notebook am ■■■ in Empfang und ist damit Eigentümer des Notebooks geworden.[255]

Glaubhaftmachung: Eidesstattliche Versicherung des Antragsteller vom ■■■, bereits vorgelegt als Anlage 1

Anschließend fragte Herr ■■■ den Antragsteller, ob er ihm das Notebook für 14 Tage leihen könne, da er eine Tabelle über die Ein- und Ausgabensituation seiner Firma ■■■ zusammenstelle müsse. Da der Antragsteller vor Antritt eines Urlaubes stand, war er damit einverstanden und übergab Herrn ■■■ für den Zeitraum von 14 Tagen das Notebook am ■■■.

Glaubhaftmachung: wie vor

Dieser gab das Notebook dann an den Antragsgegner weiter, ohne dass ihm dies vom Antragsteller gestattet worden war.

Glaubhaftmachung: wie vor

Der Antragsteller forderte Herrn ■■■ nach Ablauf der Leihzeit am ■■■ auf, das Notebook herauszugeben.

Glaubhaftmachung: wie vor

Herr ■■■ reagierte darauf nicht.

Herr ■■■ hat erhebliche Schulden bei dem Antragsgegner und hat diesem angeboten, mit den Schulden das im Antrag bezeichnete Notebook zu verrechnen. Der Antragsgegner ist dazu bereit und hat deshalb das Notebook übernommen. Der Antragsteller kennt den Antragsgegner und hat bei einem Besuch in dessen Wohnung zufällig sein Notebook bei ihm gesehen. Eine Herausgabe des Notebooks an den Antragsteller lehnte der Antragsgegner ab.[256, 257]

Der Antragsgegner ist nach wie vor im Besitz des Notebooks.[258]

Glaubhaftmachung: wie vor.

II. Verfügungsgrund[259]

---

[255] Eine solche Aussage sollte in der Antragsschrift getroffen werden. Sie setzt voraus, dass zuvor die Tatsachen für einen Eigentumserwerbstatbestand des Antragstellers vorgetragen werden, z.B. §§ 929ff., 946ff. BGB.

[256] Der Vortrag dient zur Darlegung, wie der Antragsgegner in den Besitz des Notebooks kam. Hier ist darauf zu achten, jeden Vortrag zu vermeiden, der – fälschlicherweise – dazu Veranlassung gebeten könnte, der Antragsgegner hätte das Notebook zu Eigentum erworben oder ein Recht zum Besitz i.S.d. § 986 BGB. Zur Schlüssigkeit gehört auch der Vortrag, dass der Antragsgegner nach wie vor im Besitz der Sache ist.

[257] Das Muster sieht eine Leihe vor, bei der nach Ablauf der „bestimmten Zeit" die Sache an den Entleiher zurückzugeben ist, § 604 Abs. 1 BGB. Diese schuldrechtliche Rückgabepflicht aus § 604 BGB korrespondiert hier mit dem Anspruch aus § 985 BGB, was aber unproblematisch ist, da zwischen beiden Ansprüche echte Anspruchskonkurrenz besteht. Vgl. hierzu Rn. 155.

[258] Die Darlegungen sollen die Kostenfolge eines sofortigen Anerkenntnisses vermeiden, § 93 ZPO.

[259] Der Antragsteller muss die Umstände vortragen, die aus Sicht eines objektiven Betrachters die Besorgnis begründen, dass der Anspruch aus § 985 BGB entweder vereitelt oder wesentlich erschwert wird, § 935 ZPO.

§ 1 Herausgabe nach § 985 BGB

Der Antragsteller konnte dem Antragsgegner anhand der Codenummer des Notebooks darlegen, dass es sich tatsächlich um sein Notebook handelt. Der Antragsgegner will aber dennoch das Notebook in den nächsten Tagen über die Internetbörse „E-Bay" versteigern lassen und mit dem Erlös die Schulden des Herrn ▬▬▬ verrechnen.

Glaubhaftmachung: wie vor

Da nicht bekannt ist, wer das Notebook ersteigern wird bzw. zu befürchten ist, dass das Notebook auch von einem Ausländer ersteigert und somit in das Ausland verbracht werden könnte, ist die Durchsetzung des Anspruchs des Antragsteller, sein Eigentum jemals wiederzuerhalten, nahezu unmöglich bzw. wesentlich erschwert, da der Ersteigerer sich durch die Besitzlage des Antragsgegners in gutem Glauben befindet, §§ 932, 1006 Abs. 1 BGB.

Der Erlass einer einstweiligen Verfügung, die aufgrund der Dringlichkeit ohne mündliche Verhandlung erfolgen sollte, ist somit geboten.[260]

Rechtsanwalt

3. Einstweilige Verfügung, Herausgabe an einen Sequester (amtlichen Verwahrer)

244 Kommt von vornherein nur die Herausgabe an einen Sequester in Betracht, wäre wie folgt zu beantragen:

245 Muster: Herausgabeantrag bei einer einstweiligen Verfügung an einen Sequester

▬▬▬ beantragen wir den Erlass folgender einstweiligen Verfügung:

Der Antragsgegner wird verurteilt, das Notebook, Marke EDELL, Inspiron 510, Farbe Metallic, Größe 17 Zoll, mit der auf der Unterseite des Gerätes eingravierten Code-Nummer: DELTA 32007, an den zuständigen Gerichtsvollzieher herauszugeben.[261]

C. Zwangsvollstreckung

I. Beratungssituation

246 Liegt ein Gerichtsurteil vor, ist zu entscheiden, ob sofort der Gerichtsvollzieher beauftragt wird oder ob der Schuldner angeschrieben und zur freiwilligen Herausgabe aufgefordert werden soll. Ein solches Anschreiben ist aber nicht zwingend notwendig. Es kommt darauf an, ob die Einschätzung dahin geht, der Schuldner werde sich nunmehr dem Druck der bevorstehenden Vollstreckung beugen und zur Herausgabe bereit sein. Da die Vollstreckung aufgrund der „notorischen Überlastung" der Gerichtsvollzieher längere Zeit in Anspruch nehmen kann, vergibt sich der Gläubiger nichts, wenn er mit

---

260 Die drohende Veräußerung ist als Verfügungsgrund anerkannt, ebenso die bevorstehende Zerstörung oder Weiterverarbeitung, auch Hinweise darauf, dass die Sache weggeschafft werden soll, vgl. MüKoZPO-Heinze, § 935 ZPO Rn. 22.
261 Notwendig ist diese Art der Antragstellung allerdings nicht, da das Gericht im eigenen Ermessen entscheidet, ob es bei einer stattgebenden Entscheidung die Herausgabe an den Antragsteller oder einen Sequester anordnet. Das verstößt nicht gegen § 308 Abs. 1 ZPO, da das Gericht einen Antrag auf Herausgabe an den Antragsteller nur unterschreiten würde, wenn es die Anordnung trifft, dass an einen Sequester herauszugeben ist, vgl. Thomas/Putzo, § 938 ZPO Rn. 2f.

kurzer Fristsetzung dem Schuldner eine letzte Chance einträumt, die Herausgabe freiwillig vorzunehmen.

Muster: Anschreiben des Anwalts zur Vermeidung der Durchführung der Zwangsvollstreckung

Betreff: Herausgabe des Notebooks, Marke EDELL, Inspiron 510, Farbe Metallic, Größe 17 Zoll, mit der auf der Unterseite des Gerätes eingravierten Code-Nummer: DELTA 32007

Hier: Urteil des ■■■ Gerichts vom ■■■

■■■ [Anrede],

mit dem vorgenannten Urteil hat das ■■■ Gericht am ■■■ entschieden, dass die im Betreff genannte Sache an meinen Mandanten herauszugeben ist.

Ich bitte dem Urteil nachzukommen und setze Frist zur Erfüllung der Herausgabe bis zum ■■■.

Nachstehend teile ich Ihnen drei Termine mit, an denen mein Mandant [oder die Angabe einer beauftragten Person] die Sache bei Ihnen abholen kann.

■■■

Ich wäre Ihnen deshalb für die kurzfristige Bekanntgabe des Abholtermins, die gerne auch telefonisch erfolgen kann, verbunden.

Ich bitte Folgendes zu beachten: Sollte die Herausgabe nicht bis zum vorgenannten Termin des ■■■ möglich gewesen sein, sehe ich nur noch die Möglichkeit, die Zwangsvollstreckung einzuleiten, wodurch weitere Kosten für Sie entstehen.

Mit freundlichen Grüßen

■■■

Rechtsanwalt[262]

II. Vollstreckungsrechtliche Grundlagen

1. Titel

Der Titel muss auf Herausgabe (oder z.B. auf Zurückbringung, Rückgabe, Übergabe) lauten. Es gelten für die Vollstreckung der Herausgabe einer beweglichen Sache die §§ 883 und 884 ZPO. Wichtig ist, dass sich aus dem Titel die körperliche Übergabe[263]

---

[262] Wenn man sich zu einem „Aufforderungsschreiben" (z.B. per Einschreiben/Rückschein oder per Boten) entschließt, sollte es frei von „harten Worten" sein, da als Ziel erreicht werden soll, dass der Schuldner kurzfristig einen Abholtermin benennt und somit die Einschaltung eines Gerichtsvollziehers nicht erforderlich ist. Verstreicht allerdings die Frist fruchtlos, ist sofort die Vollstreckung einzuleiten. Dazu sollte der Anwalt feststellen, welcher Gerichtsvollzieher zuständig ist, damit dieser direkt mit der Vollstreckung beauftragt werden kann. Eine telefonische Kontaktaufnahme mit dem Gerichtsvollzieher wird zudem die Information bringen, wann die Vollstreckung zeitlich durchgeführt werden kann.

[263] Damit keine Zeit verloren geht, empfiehlt es sich bei Sachen, die nicht einfach vom Gerichtsvollzieher mitgenommen werden können, somit also ein Spediteur zu beauftragen ist, bereits im Auftrag zur Durchführung der Zwangsvollstreckung die Kostenübernahme zu erklären. Dies sollte mit dem Hinweis verbunden werden, man werde sich mit dem Gerichtsvollzieher telefonisch über die Höhe der voraussichtlich anfallenden Kosten abstimmen. Dadurch kann verhindert werden, dass der Gerichtsvollzieher zunächst in einer Zwischenverfügung mitteilt, dass er die Vollstreckung erst durchführen kann, wenn der Kostenvorschuss bei ihm eingegangen ist.

Teichmann

einer beweglichen Sache ergibt. § 883 ZPO gilt auch für die Hinterlegung der beweglichen Sache oder für eine Besichtigung oder Einsichtnahme gemäß §§ 809, 810 BGB.[264]

2. Antrag

249 Der Gerichtsvollzieher ist vom Gläubiger mit der Vollstreckung zu beauftragen (§§ 753ff. ZPO, 179 Nr. 4, 5 GVGA). Es müssen die allgemeinen Vollstreckungsvoraussetzungen vorliegen.[265]

3. Schutzvorschriften

a) Betreten der Wohnung

250 Nach h.M. darf der Gerichtsvollzieher die Wohnung des Schuldners nicht betreten, wenn keine Gefahr in Verzug ist (hierzu § 758a Abs. 1 Satz 2 ZPO) und somit keine Gewalt anwenden, §§ 758, 759 ZPO. Gibt der Schuldner die Sache nicht freiwillig an den Gerichtsvollzieher heraus, schließt der Titel nicht die Möglichkeit ein, die Wohnung des Schuldners zu betreten. Es ist deshalb für die Durchsuchung der Wohnung des Schuldners ein richterlicher Durchsuchungsbeschluss notwendig.[266]

b) Unpfändbarkeitsbestimmungen

251 Die **Pfändungsschutzvorschriften** der §§ 811, 812 ZPO kommen **nicht** zur Anwendung,[267] da diese nur bei der Pfändung von **Geldforderungen** gelten. Die Vorschriften sind auch nicht analog anzuwenden, weil bei einer konkreten Herausgabevollstreckung bezüglich der im Tenor genannten Sache nicht wie bei einer Geldforderung auf das sonstige Vermögen des Schuldners zugegriffen werden soll, wo dieser aus sozialen Gründen zu schützen ist.

4. Durchführung der Vollstreckung[268]

252 Bei der Durchführung der Vollstreckung ist zu unterscheiden, in wessen Gewahrsam sich die Sache befindet:

a) Gewahrsam des Schuldners

253 Befindet sich die Sache im Alleingewahrsam des Schuldners, nimmt der Gerichtsvollzieher ihm die Sache weg und händigt sie dem Gläubiger aus (§ 883 Abs. 1 ZPO).

---

264 Vgl. hierzu Rn. 206.
265 Zu den allgemeinen Vollstreckungsvoraussetzungen vgl. Zöller-Stöber, vor § 704 ZPO Rn. 14-17.
266 Zöller-Stöber, § 758a ZPO Rn. 6. Eine Ausnahme ergibt sich nur nach § 758a Abs. 1 Satz 2 ZPO; Baumbach/Lauterbach-Hartmann, § 758a ZPO Rn. 6.
267 Baumbach/Lauterbach-Hartmann, ZPO, § 883 ZPO Rn. 10.
268 Muss die Sache an den Gläubiger auch übereignet werden, erfolgt die Einigung nach § 929 BGB dadurch, dass mit der Rechtskraft des Urteils die Einigungserklärung des Schuldners als abgegeben gilt, § 894 ZPO. Die Annahmeerklärung des Gläubigers kann ausdrücklich oder schlüssig erfolgen. Die weiter erforderliche Übergabe im Sinne des § 929 BGB wird durch die Wegnahme der Sache durch den Gerichtsvollzieher ersetzt, § 897 ZPO.

b) Gewahrsam eines Dritten

Ist dieser zur Herausgabe bereit, vollstreckt der Gerichtsvollzieher auch hier gemäß § 883 ZPO i.V.m. § 809 ZPO analog. Gibt der Dritte die Sache nicht heraus, kann der Gläubiger aber den Anspruch des Schuldners, den dieser auf Herausgabe gegen den Dritten hat, nach §§ 829, 835 ZPO pfänden und sich zur Einziehung überweisen lassen (§ 886 ZPO).[269]

254

Sobald die Sache dem Gläubiger übergeben worden ist, ist die Zwangsvollstreckung beendet und der Titel an den Schuldner herauszugeben.[270]

255

c) Nichtvorfinden der Sache

Kann der Gerichtsvollzieher die Sache beim Schuldner nicht finden, muss der Schuldner auf Antrag des Gläubigers zu Protokoll an Eides Statt versichern, dass er die Sache nicht im Besitz hat und ihm auch unbekannt ist, wo sich die Sache befindet (§§ 899, 883 Abs. 2 ZPO, 185 GVGA). Zuständig ist der Gerichtsvollzieher. Gemäß § 883 Abs. 4 ZPO erfolgt die Abnahme der Versicherung gemäß §§ 478-480, 483 ZPO.

256

5. Rechtsbehelfe

Als Rechtsbehelfe kommen die Erinnerung (§ 766 Abs. 1 und Abs. 2 ZPO) in Betracht, ein Dritter kann auch Drittwiderspruchsklage (§ 771 ZPO) erheben.[271]

257

III. Vollstreckung eines Urteils

Muster: Auftrag zur Durchführung der Zwangsvollstreckung

258

Herrn / Frau Gerichtsvollzieher ■■■[272]

Betreff: Auftrag bei Herrn / Frau ■■■ die Zwangsvollstreckung wegen der Herausgabe eines Notebooks durchzuführen.

■■■ [Anrede],

---

269 Eine Vollstreckung auf Herausgabe eines Kindes erfolgt nach § 33 FGG und nicht nach den Vorschriften der ZPO: Baumbach / Lauterbach-Hartmann, § 883 ZPO Rn. 18; Palandt / Diederichsen, § 1632 BGB Rn. 8.
270 MüKoZPO-Schilken, § 883 ZPO Rn. 10.
271 Baumbach-Lauterbach-Hartmann, § 766 ZPO Rn. 21.
272 Der für den zuständigen Bezirk zuständige Gerichtsvollzieher lässt sich beim zuständigen Amtsgericht erfragen, ebenso dessen telefonische Erreichbarkeit. Der Antrag, die Zwangsvollstreckung durchzuführen, kann auch unmittelbar beim Gerichtsvollzieher gestellt werden, § 62 GVGA. Es empfiehlt sich, nach Beauftragung mit dem Gerichtsvollzieher Kontakt aufzunehmen, um eine zeitliche Einschätzung zu erhalten, wann mit der Vollstreckung gerechnet werden kann. Diese Information ist für den Mandanten von Bedeutung, da er oft nicht einschätzen kann, welche Zeitspanne er unter Umständen einkalkulieren muss, bis ihm tatsächlich die Sache wieder zur Verfügung steht. Darüber hinaus lassen sich durch den telefonischen Kontakt mit dem Gerichtsvollzieher gegebenenfalls Einzelheiten über den Schuldner erlangen, der beim Gerichtsvollzieher oftmals bereits bekannt ist. Gemäß § 753 Abs. 2 ZPO kann aber der Gläubiger wegen der Erteilung des Auftrages zur Zwangsvollstreckung auch die Mitwirkung der Geschäftsstelle des Amtsgerichts in Anspruch nehmen (§ 753 Abs. 2 ZPO), die dann den zuständigen Gerichtsvollzieher im Namen des Gläubigers beauftragt, die Zwangsvollstreckung durchzuführen.

wie sich aus beiliegendem vollstreckbaren Titel des ▬▬ Gerichts ergibt, ist Herr/Frau ▬▬ zur Herausgabe eines Notebooks verurteilt worden. Ich erteile den Auftrag, den Titel an Herrn/Frau ▬▬ zuzustellen[273] und die Zwangsvollstreckung durchzuführen: Dem Schuldner ist das Notebook wegzunehmen und an mich auszuhändigen.

Weiterhin erteile ich den Auftrag, die Zwangsvollstreckung auch wegen der vom Gericht ebenfalls festgesetzten Kosten gemäß Kostenfestsetzungsbeschluss vom ▬▬ und der durch diesen Antrag entstehenden Vollstreckungskosten im Wege der Sachpfändung durchzuführen. Die Beträge sind in der beigefügten Forderungsübersicht aufgeführt.[274]

Sollte die Sache beim Schuldner nicht gefunden werden, beantrage ich, dass der Schuldner zu Protokoll an Eides Statt erklärt, dass er die Sache nicht in Besitz hat und ihm auch unbekannt ist, wo sich die Sache befindet (§ 883 Abs. 4 i.V.m. §§ 478 bis 480, 483 ZPO).

Sollte der Schuldner eine Durchsuchung seiner Räumlichkeiten nicht gestatten, bitte ich, dem Schuldner gemäß § 807 Abs. 1 Nr. 3 ZPO die eidesstattliche Versicherung abzunehmen.[275]

Sollte der Schuldner auch dazu nicht bereit sein, bitte ich um Rückgabe der Vollstreckungsunterlagen unter Beifügung des Protokolls damit von hier aus ggf. Antrag auf richterliche Durchsuchungsanordnung für die Schuldnerwohnung gestellt werden kann.[276]

Rechtsanwalt

Anlagen:

Urteil des ▬▬ (im Original)

Kostenfestsetzungsbeschluss des ▬▬ (im Original)

Forderungsaufstellung

IV. Vollstreckung einer einstweiligen Verfügung

259 Hat der Gläubiger mit einem Antrag auf Erlass einer einstweiligen Verfügung Erfolg gehabt, ist schnelles Reagieren erforderlich.

260 Grundsätzlich erfolgt die Vollziehung einer einstweiligen Verfügung nach den §§ 936, 929, 883 ZPO dadurch, dass der beauftragte Gerichtsvollzieher dem Schuldner die

---

273 Die allgemeinen Vollstreckungsvoraussetzungen (Titel, Klausel, Zustellung) gemäß § 750 ZPO müssen vorliegen.
274 Liegt noch kein Kostenfestsetzungsbeschluss vor, kann dieser zu späterer Zeit vollstreckt werden. Bei dieser Vollstreckung handelt es sich um eine Vollstreckung wegen einer Geldforderung, bei der vom Gerichtsvollzieher die §§ 811, 812 ZPO zu beachten sind.
275 Die Abnahme der eidesstattlichen Versicherung erfolgt seit 1999 direkt durch den Gerichtsvollzieher, § 899 Abs. 1 ZPO.
276 Es könnte auch in Betracht gezogen werden, mit dem Antrag auf Vollstreckung gemäß § 883 ZPO gleichzeitig den Antrag auf Durchsuchungsanordnung dem Gerichtsvollzieher zuzuleiten, damit dieser den Antrag mit den Vollstreckungsunterlagen bei Gericht einreicht. Das Muster sieht davon aus folgendem Grund ab: Der Gläubiger bzw. dessen Anwalt sollte sich nicht darauf verlassen, ob und ggf. wann der Gerichtsvollzieher die Unterlagen dem Amtsgericht zuleitet. Durch die Rücksendung der Vollstreckungsunterlagen behält er den weiteren Gang des Verfahrens in Händen.

Sache wegnimmt. Allerdings ist die Vollziehung der einstweiligen Verfügung auf **einen Monat** befristet, §§ 929 Abs. 2, 936 ZPO.[277] Das bedeutet, dass nach Ablauf der Frist die einstweilige Verfügung **nicht** mehr vollzogen werden kann,[278] sondern der Titel „verfällt". Wird dennoch nach Ablauf der Monatsfrist vollzogen, kann dagegen gemäß § 766 ZPO mit der Erinnerung vorgegangen werden.[279]

Die Monatsfrist beginnt mit der Zustellung des Beschlusses an den Gläubiger. Dieser muss dann den Titel im **Parteibetrieb** zustellen (§§ 191 ff. ZPO). Nach h.M. soll eine Amtszustellung **nicht** ausreichen, weil dadurch nicht deutlich gemacht werde, ob der Gläubiger auch tatsächlich den Willen zum Vollzug der einstweiligen Verfügung habe[280] und zur Übernahme des Risikos bereit sei, wenn sich die einstweilige Verfügung als unberechtigt erweisen sollte (§ 945 ZPO).

Nach h.M. ist es für die Wahrung der Vollzugsfrist ausreichend, wenn die Zustellung erfolgt ist, mit der Vollstreckung muss noch nicht begonnen worden sein.[281] Die wohl h.M. verlangt aber weiter, dass beim zuständigen Vollstreckungsorgan innerhalb der Monatsfrist bereits der **Antrag** auf Durchführung der Zwangsvollstreckung gestellt sein muss.[282]

Im Vergleich zu der Vollstreckung eines **Urteils** auf Herausgabe, ergeben sich, abgesehen von der Einhaltung der Monatsfrist, somit keine Besonderheiten: Nach Zustellung der einstweiligen Verfügung nimmt der beauftragte Gerichtsvollzieher dem Schuldner die Sache weg.

---

277 Der Gläubiger kann allerdings auch schon vor Zustellung der einstweiligen Verfügung vollstrecken, §§ 929 Abs. 3 Satz 1, 936 ZPO und somit den Schuldner überraschen. Allerdings muss der Gläubiger dann die Zustellung der einstweiligen Verfügung innerhalb einer Woche nachholen, §§ 929 Abs. 3 Satz 2, 936 ZPO. Wird dies versäumt, ist die Vollstreckung unwirksam, vgl. BGHZ 112, 356; Thomas / Putzo, § 929 ZPO Rn. 7.
278 BGHZ 112, 356.
279 Zöller-Vollkommer, § 929 ZPO Rn. 22.
280 BGHZ 120, 73, 79 f.
281 Thomas / Putzo, § 936 ZPO Rn. 7.
282 BGH NJW 1991, 496.

§ 2 Klage auf Herausgabe mit Fristsetzung und Schadensersatz

A. Vorprozessuale Situation

I. Beratungssituation

1. Beiseiteschaffen der Sache

267 Oftmals verdichten sich Anhaltspunkte, dass der Beklagte nach einem obsiegenden Urteil des Klägers die Sache beiseite schaffen wird und in der Vollstreckung dem Gerichtsvollzieher (auch an Eides Statt) versichert, die Sache nicht in Besitz zu haben und er auch nicht wisse, wo sie sich befinde (der Beklagte will die Sache schlicht behalten).

2. Streitiger Besitz

268 Oftmals kann der Kläger aber auch in Erfahrung bringen, dass der Beklagte die Sache tatsächlich im Besitz hat, z.B. hat er oder einer Dritter sie beim Beklagten nach der angeblichen „Zerstörung" gesehen. Dennoch bestreitet der Beklagte den Besitz und lässt vortragen, ihm sei die Herausgabe der Sache unmöglich geworden. Er räumt vielleicht auch ein, dass ihn ein Verschulden daran trifft, die Sache nicht herausgeben zu können.

3. Folgen für den Kläger

269 In den geschilderten Situationen ergibt sich für den Kläger: In der oben Rn. 267 geschilderten Situation muss er nach einer erfolglosen Vollstreckung einen **neuen Prozess** anstrengen und Schadensersatz geltend machen. In der oben Rn. 268 geschilderten Situation gilt gleiches: Verurteilt das Gericht trotzdem zur Herausgabe, weil es z.B. dem Vortrag des Beklagten keinen Glauben schenkt und findet der Gerichtsvollzieher die Sache beim Beklagten nicht vor, muss **ebenfalls ein neuer (Schadensersatz-)Prozess** angestrengt werden oder der Beklagte muss hilfsweise beantragen, den Beklagten zum Schadensersatz zu verurteilen. Er bekommt dann aber **nur einen Anspruch** zugesprochen, entweder Herausgabe der Sache **oder** Schadensersatz. Im Falle eines Urteils über Schadensersatz, besteht **keine** Möglichkeit, den Gerichtsvollzieher zu beauftragen, nach der Sache zu suchen.

270 Unbefriedigend ist auch folgende Situation: Geht der Kläger sofort in einen Schadensersatzprozess mit dem Vortrag, dem Beklagten sei die Herausgabe der Sache unmöglich und stellt sich im Gerichtsverfahren heraus, dass der Beklagte doch im Besitz der Sache ist (obwohl er das z.B. außergerichtlich bestritten hat), läuft der Kläger Gefahr, den Prozess zu verlieren, weil ein Schadensersatzanspruch daran scheitern würde, dass die Herausgabe der Sache möglich ist. Es kann dann lediglich ein Verzugsschaden geltend gemacht werden, wenn die Voraussetzungen der §§ 990 Abs. 2, 286 BGB vorliegen.[283]

---

[283] Zum Schadensersatz statt der Leistung nach Ablauf einer gesetzten Frist, vgl. Rn. 156 ff.

Deshalb erkennt die h.M. folgende Möglichkeit an: In ein und derselben Klage kann der Kläger mehrere Anträge miteinander verbinden und somit **zwei Verurteilungen** erreichen, nämlich Herausgabe **und** Schadensersatz. Dafür müssen **zwei Bedingungen** erfüllt sein: Für die Herausgabe der Sache wird dem Beklagten im Tenor eine bestimmte Frist gesetzt (erste Bedingung: Herausgabeverurteilung) und die Sache wird nach Rechtskraft des Urteils vom Beklagten nicht (freiwillig) an den Kläger herausgegeben (zweite Bedingung: Keine Herausgabe an den Kläger). Liegen diese Voraussetzungen vor, besteht für den Kläger bei Vorliegen weiterer gesetzlicher Voraussetzungen die Möglichkeit, vom Beklagten Schadensersatz zu verlangen.[284]

271

II. Prozessuale Grundlagen

1. Zulässigkeit einer kombinierten Antragstellung

Auf den ersten Blick ergibt sich, dass der Kläger hier gleichzeitig zwei Verurteilungen anstrebt, die sich eigentlich widersprechen, weshalb die Antragstellung unzulässig sein könnte: Zum einen beantragt der Kläger die Herausgabe und zum anderen Schadensersatz und zwar für ein und dieselbe Sache. Dabei würde man aber Folgendes übersehen:

272

Der Kläger begehrt **immer nur eine der beiden Leistungen**, entweder Herausgabe oder Schadensersatz, niemals beide Ansprüche zugleich. Er beantragt nämlich, die Verurteilung für eine **fällige** Leistung (Herausgabe) und **nur für den Fall,** dass die im Tenor gesetzte Frist ergebnislos abläuft, begehrt er Schadensersatz. Es wird im Ergebnis somit immer nur **eine** Leistung angestrebt, nämlich Herausgabe oder Schadensersatz. Dieses Eventualverhältnis gilt aber **nicht** schon für die **Klage** selbst, weil mit der Klage ja gerade eine doppelte Verurteilung herbeigeführt werden soll, sondern erst für die **Vollstreckung** des Urteils: Der Schadensersatz soll erst geleistet werden, wenn der Herausgabeanspruch vom Beklagten nicht erfüllt wird.[285]

273

Die Kombination von Herausgabe und Schadensersatz ist bei Vorliegen der §§ 255, 259, 260 ZPO allgemein anerkannt.[286]

274

---

[284] Es handelt sich im Zeitpunkt des Erlasses des Urteils um eine künftige Leistung, ob Schadensersatz zu leisten ist, steht bei Erlass des Urteils noch nicht fest, sondern ist abhängig von der Herausgabe der Sache. Bei einer Klage auf zukünftige Leistung verlangt § 259 ZPO besondere Voraussetzungen, dazu nachstehend bei den prozessualen Grundlagen.

[285] Somit können auch nie beide Ansprüche gleichzeitig zur Vollstreckung anstehen, weil der Anspruch auf Schadensersatz unter einem Bedingungsvorbehalt steht, nämlich dem, dass der Beklagte die Herausgabe der Sache nicht erfüllt. Deshalb wird das Gericht bei der vorläufigen Vollstreckbarkeit die Sicherheitsleistung auch nur den jeweils zu vollstreckenden Betrag aufnehmen, aber niemals die beiden Ansprüche addieren, vgl. Bunte, JuS 1967, 209.

[286] Zöller-Greger, § 255 ZPO Rn. 4; Baumbach/Lauterbach-Hartmann, § 255 ZPO Rn. 3; BGH NJW 1999, 954; OLG Schleswig NJW 1966, 1929; Stein/Jonas-Schumann, § 260 ZPO Rn. 25; Thomas/Putzo-Reichold, § 255 ZPO Rn. 1.

2. Materiellrechtliche Voraussetzungen

a) Eigentümer-Besitzer-Verhältnis

275 Nach materiellem Recht müssen die Voraussetzungen der §§ 985, 986 BGB vorliegen, d.h. der Kläger muss Eigentümer sein und dem Beklagten darf als Besitzer kein Recht zum Besitz zustehen.[287]

b) Anspruchsgrundlage für die Fristsetzung

276 Die Anspruchsgrundlage für die Fristsetzung ergibt sich **nicht** aus § 255 ZPO, sondern aus dem materiellen Recht.[288] Dort muss verankert sein, dass dem Kläger für den Fall des **Ablaufs** einer Frist **weitere** Rechte zustehen, vgl. §§ 250, 264 Abs. 2, 281 Abs. 1, 323 Abs. 1, 354, 437 Nr. 2, 3, 467, 527, 530, 637, 1003 Abs. 2, 1133, 2128, 2193 Abs. 2 BGB, 375 HGB, § 37 VerlG. Für den hier behandelten Anspruch auf Herausgabe ergibt sich für den Kläger aus §§ 281 Abs. 1, 280 BGB das Recht, dem Beklagten eine Frist für die Herausgabe der Sache zu setzen.[289]

277 Da der Antrag mit einem Schadensersatzanspruch kombiniert werden soll und ein Eigentümer-Besitzer-Verhältnis vorliegt, dürfen dessen Wertungen nicht umgangen werden. Es sind **zusätzlich** die Voraussetzungen des Schadensersatzes nach §§ 989, 990 BGB dazulegen.[290] Die Frist beginnt mit Rechtskraft des Urteils und berechnet sich nach den §§ 186 ff. BGB.[291]

B. Prozess

1. Prozessrechtliche Voraussetzungen

a) Örtliche Zuständigkeit

278 Vgl. Rn. 184.

b) Sachliche Zuständigkeit

279 Vgl. Rn. 185.

c) Besonderheiten

280 *aa) Streitige Unmöglichkeit:* Ist streitig, ob der Beklagte noch im Besitz der Sache ist,[292] stellt sich die Frage, ob hierüber Beweis erhoben werden muss, wenn der Beklagte **gleichzeitig zugesteht**, dass er die Unmöglichkeit zur Herausgabe zu vertreten hat. Nach h.M.[293] ist in diesem Fall **keine** Beweisaufnahme notwendig, sondern der **Herausgabeklage** stattzugeben:

---

[287] Auf die Ausführungen zu § 1 wird verwiesen.
[288] Zimmermann, § 255 ZPO Rn. 1; Zöller-Greger, § 255 ZPO Rn. 4; Baumbach/Lauterbach-Hartmann, § 255 ZPO Rn. 3.
[289] Zur Vermeidung eines Wertungswiderspruchs bezüglich der §§ 989, 990 BGB Rn. 161.
[290] Nach der Entstehung des Eigentümer-Besitzer-Verhältnisses greifen die §§ 989, 990 BGB als speziellere Regelung ein, zuvor gelten die §§ 280ff. BGB.
[291] Thomas/Putzo-Reichold, § 255 ZPO Rn. 1.
[292] Beispiel: Der Beklagte erklärt im Prozess, dass die vom Kläger geliehene Sache bei einem Brand zerstört worden sei, da er aus Unachtsamkeit eine Kerze habe brennen lassen, die den Brand verursacht habe. Sein Freund B könne die Zerstörung der Sache bezeugen. Der Kläger geht davon aus, dass dies nicht den Tatsachen entspricht, sondern der Beklagte die Sache vielmehr behalten möchte.
[293] OLG Karlsruhe, NJW-RR 1998, 1761; Palandt/Bassenge, § 985 BGB Rn. 18.

281 Dies wurde bisher aus § 283 BGB a.F. abgeleitet, wird aber auch unter Anwendung des neuen § 281 Abs. 1 BGB anzunehmen sein. Nach § 281 Abs. 1 BGB kann ein Gläubiger seinem Schuldner eine Frist setzen und ihn zur Leistung auffordern. Kommt der Schuldner der Leistung nicht nach, kann der Gläubiger Schadensersatz statt der Leistung unter den Voraussetzungen des § 280 BGB verlangen, ohne dass es darauf ankommt, ob dem Schuldner die Leistung möglich ist oder nicht. Auf die Prozesssituation übertragen bedeutet dies, dass es einem Kläger dann auch möglich sein muss, Klage auf Herausgabe oder Schadensersatz zu erheben, ohne dass es darauf ankommt, ob dem Beklagten die Herausgabe möglich ist oder nicht: Kann der Beklagte die Sache herausgeben, so kann er den Anspruch erfüllen oder die Sache kann ihm im Wege der Vollstreckung gemäß § 883 ZPO weggenommen werden. Erfüllt der Schuldner nicht oder ist die Wegnahme nicht möglich, ist der Beklagte zum Schadensersatz verpflichtet, wenn dessen Voraussetzungen vorliegen. Eine Beweisaufnahme im Herausgabeprozess darüber, ob Besitz beim Beklagten besteht oder nicht, ist somit **nicht** erforderlich, wenn

- ungeklärt ist, ob der Beklagte Besitz an der Sache hat und
- wenn Unmöglichkeit zur Herausgabe vorliegt, diese vom Beklagten zu vertreten und er somit zum Schadensersatz verpflichtet wäre.
- Es ist somit zu fragen: Haftet der Beklagte auf Schadensersatz gemäß §§ 989, 990 BGB für den Fall, dass er zur Herausgabe nicht imstande ist?
- Nur wenn das anzunehmen ist, kann der Beklagte **ohne Beweisaufnahme** zur Herausgabe verurteilt werden.
- Ist das **nicht** anzunehmen (keine Haftung des Beklagten auf Schadensersatz), ist eine **Beweisaufnahme** über den streitigen Besitz **durchzuführen**: Besitzt der Beklagte die Sache, erfolgt eine Verurteilung sowohl zur Herausgabe (Antrag Ziffer 1, vgl. Rn. 271) und zum Schadensersatz (Antrag Ziffer 2, vgl. Rn. 271). Besitzt der Beklagte die Sache nicht, erfolgt eine Abweisung **beider** Anträge.

282 *bb) Anspruchshäufung, § 260 ZPO:* Ob mehrere Ansprüche (Herausgabe und Schadensersatz) gegen denselben Beklagten in einer Klage verbunden werden können, richtet sich nach § 260 ZPO. Aus Gründen der Prozesswirtschaftlichkeit soll in möglichst einem Prozess das Rechtsverhältnis der Parteien abschließend geklärt werden.[294] Andernfalls käme es zu einer Trennung der Ansprüche nach § 145 ZPO, deren Anordnung im pflichtgemäßen Ermessen des Gerichts steht.[295] Da beide Anträge (Herausgabe und Schadensersatz) **wirtschaftlich** auf dasselbe gerichtet sind, können beide Ansprüche in einer Klage geltend gemacht werden.[296]

283 *cc) Bestimmtheit des Antrages auf Schadensersatz, § 253 Abs. 2 Nr. 2 ZPO:* Zwar ist der Antrag auf Schadensersatz von der Bedingung abhängig, dass der Beklagte den Herausgabeanspruch innerhalb einer gesetzten Frist nicht erfüllen kann. Obwohl Prozesshandlungen grundsätzlich bedingungsfeindlich sind, kommt dies hier nicht zum Tragen, da es sich nicht um eine Bedingung im eigentlichen Sinn handelt. Es liegt vielmehr

---

[294] Baumbach/Lauterbach-Hartmann, § 260 ZPO Rn. 3.
[295] Baumbach/Lauterbach-Hartmann, § 145 ZPO Rn. 4.
[296] Zöller-Greger, § 260 ZPO Rn. 4 und § 255 ZPO Rn. 3.

eine sog. „**Potestativbedingung**" vor, weil der Eintritt der Bedingung nur vom Beklagten abhängig ist.

284 Beide Anträge sind **gleichzeitig** (kumulativ) gestellt, da der Kläger die Verurteilung zum Schadensersatz erstrebt, wenn der Beklagte der Verpflichtung zur Herausgabe nicht nachkommt. Letztlich will der Kläger aber **nur eine der beiden Leistungen**, entweder Herausgabe oder Schadensersatz, wobei das Eventualverhältnis aber gerade nicht für die Klage besteht, sondern erst für die **Durchsetzung** des Urteils gilt. Schadensersatz erhält der Kläger nur für den (eventuellen) Fall, dass der Herausgabeanspruch nicht erfüllt werden kann. Deshalb ist auch der Antrag auf Schadensersatz als **unechter Hilfsantrag** ausreichend bestimmt.[297]

285 *dd) Antrag auf Fristbestimmung im Urteil, § 255 ZPO:* Gemäß § 255 ZPO kann der Kläger den Sachantrag (§ 297 ZPO) stellen (andernfalls erfolgt die Fristsetzung nicht), dass dem Beklagten mit der Verurteilung zur Herausgabe auch eine Frist zur Erfüllung des Anspruchs gesetzt wird. Voraussetzung dafür ist aber, dass nach **materiellem Recht** an die Nichterfüllung die begehrte Folge[298] geknüpft wird, etwa im Fall des § 281 Abs. 1 BGB, wo nach Ablauf der Frist Schadensersatz verlangt werden kann. Wo das **materielle** Recht **keine** Folge an den fruchtlosen Ablauf einer Frist knüpft, kann auch kein Antrag auf Bestimmung einer Frist nach § 255 ZPO gesetzt werden. Die Norm ist also niemals selbst Anspruchsgrundlage für die Fristsetzung, diese muss sich vielmehr aus dem materiellen Recht ergeben.

286 Der Antrag auf Fristsetzung kann bereits mit der Klageschrift gestellt werden oder während des Verfahrens jederzeit bis zum Schluss der mündlichen Verhandlung durch Erweiterung der Klage (§ 264 Nr. 2 ZPO).[299] Die Frist kann in das Ermessen des Gerichts gestellt werden,[300] da das Gericht nach § 255 ZPO zur Fristbestimmung verpflichtet ist. Wenn es dem Kläger allerdings in **erster Linie** auf die Herausgabe der Sache ankommt, sollte er selbst die Frist bestimmen und diese so ausreichend bemessen, damit in der Vollstreckung gemäß § 883 ZPO der Gerichtsvollzieher auch nach der Sache suchen kann. Eine vom Kläger vorgeschlagene Frist kann das Gericht wegen § 308 Abs. 1 ZPO nicht verkürzen, aber überschreiten.[301]

287 Dagegen findet § 510b ZPO keine Anwendung.[302] Die in dieser Norm bezeichnete „Handlung" bezieht sich auf vertretbare oder unvertretbare Handlungen im Sinne der §§ 887, 888 und 889 ZPO, greift aber nicht bei Herausgabeansprüchen ein.[303]

---

297 OLG Schleswig, NJW 1966, 1929; a.A. MüKoZPO-Lüke, § 255 ZPO Rn. 14.
298 Baumbach/Lauterbach-Hartmann, § 255 ZPO Rn. 3; Zöller-Greger, § 255 ZPO Rn. 4; Zimmermann, § 255 ZPO Rn. 1.
299 Zöller-Greger, § 255 ZPO Rn. 5; Baumbach/Lauterbach-Hartmann, § 255 ZPO Rn. 7.
300 Zöller-Greger, § 255 ZPO Rn. 5.
301 Zöller-Greger, § 255 ZPO Rn. 5; Baumbach/Lauterbach-Hartmann, § 255 ZPO Rn. 7.
302 Palandt-Bassenge, § 985 BGB Rn. 16c).
303 Zöller-Herget, § 510b ZPO Rn. 2; MüKo-Medicus, § 985 BGB Rn. 59 m.w.N.; Baumbach/Lauterbach-Hartmann, § 510b ZPO Rn. 1.

ee) Besorgnis der nicht rechtzeitigen Leistung, § 259 ZPO: Mit § 259 ZPO wird dem Kläger für seine Herausgabeklage[304] die Möglichkeit eingeräumt, seinen Schadensersatzanspruch bereits vor Fälligkeit (oder Eintritt einer Bedingung) titulieren zu lassen, wenn die **Besorgnis** besteht, dass sich der Schuldner der **rechtzeitigen Leistung entziehen** werde. Der Kläger muss hier zur der Besorgnis die konkreten Umstände vortragen, woraus sich ergeben soll, dass sich der Beklagte seiner Leistungspflicht entziehen werde. Darauf muss **Sorgfalt** verwendet werden, schließlich möchte der Kläger bereits jetzt die Verurteilung zum Schadensersatz, der aber erst **zukünftig** entsteht, nämlich dann, wenn das Herausgabeurteil nicht zum Vollstreckungserfolg führt. Es soll auch nicht jedem Schuldner allzu schnell unterstellt werden, dass er sich seiner Leistungsverpflichtung entziehen wolle. Wann eine solche Besorgnis allerdings besteht, ist auszulegen, wobei folgendes zu berücksichtigen ist: Voraussetzung ist **weder ein böser Wille des Schuldners noch bedingter Vorsatz noch Fahrlässigkeit.** Ausreichend ist,

- wenn der Schuldner den Anspruch ernstlich nach Grund und Höhe bestreitet, selbst wenn er dies in gutem Glauben tut,[305]
- wenn der Schuldner bereits zahlungsunfähig ist.[306]

2. Muster: Herausgabeklage

Für die Fassung der Anträge kommen sprachlich verschiedene Formulierungen in Betracht. Wichtig ist, dass die Anträge folgendes beinhalten:
- Herausgabe, genaue Bezeichnung der Sache
- Fristsetzung
- Angabe des Betrages, der als Schadensersatz geltend gemacht wird (ggf. mit Zinsen)

Muster: Herausgabeklage

An das

■■■ Gericht[307]

Klage

des ■■■

Kläger

Prozessbevollmächtigte ■■■

gegen

■■■

Beklagte

---

304 Zöller-Greger, § 259 ZPO Rn. 1.
305 BGHZ 147, 231 = BGH NJW 1999, 959; Zöller-Greger, § 259 ZPO Rn. 3; Baumbach/Lauterbach-Hartmann, § 259 ZPO Rn. 5.
306 BGH NJW 2003, 1395 (keine Besorgnis, wenn der Schuldner lediglich voraussichtlich zahlungsunfähig ist); Beispiele zur Frage der Besorgnis einer Nichterfüllung bei Baumbach/Lauterbach-Hartmann, § 259 ZPO Rn. 7 ff.
307 Vgl. zur Zuständigkeit des Gerichts Rn. 184, 185.

§ 2 Klage auf Herausgabe

wegen: Herausgabe einer Sache und Schadensersatz für den Fall der Nichterfüllung der Hausgabe[308]

Namens und in Vollmacht[309] des Klägers erheben wir Klage und b e a n t r a g e n:

Beispiel 1:
1. Der Beklagte wird verurteilt, das Notebook, Marke EDELL, Farbe Metallic, Größe 17 Zoll, mit der auf der Unterseite des Gerätes eingravierten Code-Nr. 32007 DELTA, an den Kläger herauszugeben. Dem Beklagten wird für die Herausgabe eine Frist von 1 Monat nach Rechtskraft des Urteils gesetzt.
2. Für den Fall, dass der Beklagte seiner Pflicht zur Herausgabe an den Kläger nicht innerhalb der in Ziffer 1 gesetzten Frist nachkommt, wird er verurteilt, an den Kläger EUR 2.500,00 nebst 5 % Zinsen über dem Basiszinssatz seit Rechtshängigkeit[310] zu zahlen.[311]

Beispiel 2:
1. Der Beklagte wird verurteilt, das Notebook, Marke EDELL, Farbe Metallic, Größe 17 Zoll, mit der auf der Unterseite des Gerätes eingravierten Code-Nr. 32007 DELTA, an den Kläger herauszugeben.
2. Für den Fall der Nichtherausgabe innerhalb eines Monats ab Rechtskraft des Urteils wird der Beklagte verurteilt, an den Kläger EUR 2.500,00 nebst 5 % Zinsen über dem Basiszinssatz seit Rechtshängigkeit zu zahlen.

Beispiel 3:
1. Der Beklagte wird verurteilt, das Notebook, Marke EDELL, Farbe Metallic, Größe 17 Zoll, mit der auf der Unterseite des Gerätes eingravierten Code-Nr. 32007 DELTA, an den Kläger herauszugeben. Für die Herausgabe wird dem Beklagten eine Frist von einem Monat ab Rechtskraft dieses Urteils gesetzt.
2. Für den Fall, dass der Beklagte dieser Verpflichtung nicht fristgerecht nachkommt, wird er verurteilt, an den Kläger EUR 2.500,00 nebst 5 % Zinsen über dem Basiszinssatz seit Rechtshängigkeit zu zahlen.

---

308 Ob eine solche „Kurzbezeichnung" gewählt wird, ist reine Geschmacksfrage. Es empfiehlt sich eine solche Angabe, damit für das Gericht auf einen Blick „schlagwortartig" zu erkennen ist, worum es in der Klage geht (z.B. wegen Räumung und Herausgabe einer Wohnung, wegen Forderung und Schadensersatz, wegen Abgabe einer Willenserklärung usw.).

309 Mit dieser Formulierung wird klargestellt, dass der beauftragte Rechtsanwalt nicht im eigenen Namen, sondern im Namen eines Dritten (Mandanten) handelt und für ihn die Klage erhebt. Die sog. Prozessvollmacht gemäß § 80 Abs. 1 ZPO muss nicht mit der Klage vorgelegt werden, da das Gericht den Mangel der Vollmacht von Amts wegen nur berücksichtigt, wenn als Bevollmächtigten, kein Rechtsanwalt auftritt, § 88 Abs. 2 ZPO oder der Mangel der Vollmacht vom Beklagten gerügt wird (§ 88 Abs. 1 ZPO).

310 Zinsen können nicht erst mit dem ergebnislosen Fristablauf geltend gemacht werden, sondern bereits mit der Rechtshängigkeit, da der Anspruch materiell bereits bei Klageerhebung bestanden hat. Lediglich die Vollstreckung der Zinsen ist erst nach Ablauf der Frist möglich.

311 Eine Sicherheitsleistung für die vorläufige Vollstreckbarkeit muss der Kläger nicht beantragen, das Gericht entscheidet von Amts wegen. Dabei gilt, dass zunächst der Anspruch auf Herausgabe vollstreckt wird und erst nach fruchtlosem Verlauf der Anspruch auf Schadensersatz. Deshalb werden nie beide gleichzeitig vollstreckt. In die Sicherheitsleistung gehört deshalb nur der Betrag, der zur Vollstreckung ansteht und nicht die Addition der beiden Anträge (§ 12 Abs. 1 GKG, 5 ZPO).

Beispiel 4:
1. Der Beklagte wird verurteilt, das Notebook, Marke EDELL, Farbe Metallic, Größe 17 Zoll, mit der auf der Unterseite des Gerätes eingravierten Code-Nr. 32007 DELTA, an den Kläger herauszugeben.
2. Für die Herausgabe wird dem Beklagten eine Frist von einem Monat ab Rechtskraft dieses Urteils gesetzt.
3. Für den Fall, dass der Beklagte seiner Herausgabepflicht nicht nachkommt, wird er verurteilt, an den Kläger EUR 2.500,00 nebst 5 % Zinsen über dem Basiszinssatz seit Rechtshängigkeit zu zahlen.

Zur

Begründung

tragen wir vor:

Der Kläger macht einen Anspruch auf Herausgabe seines Eigentums gegenüber dem Beklagten geltend.[312] Für den Fall, dass der Beklagte die im Antrag näher bezeichnete Sache nicht fristgerecht an den Kläger herausgibt, begehrt der Kläger Schadensersatz.

Im Einzelnen:

I. Sachverhalt

Der Kläger hat das im Klageantrag bezeichnete, von der Firma EDELL hergestellte Notebook gemäß Vertrag[313] vom ■■■ käuflich erworben.

Beweis: Kaufvertrag vom ■■■

Anlage 1

Gemäß Lieferschein vom ■■■ schickte die Firma EDELL dem Kläger das Notebook 10 Tage nach Abschluss des Kaufvertrages vereinbarungsgemäß zu.

Beweis: Lieferschein der Firma EDELL vom ■■■

Anlage 2

Der Kläger nahm das Notebook am ■■■ in Empfang und ist damit Eigentümer des Notebooks geworden.[314]

---

312 Auch dieser Satz ist Geschmacksfrage und wiederholt etwas ausführlicher die obige Kurzbezeichnung: „wegen Herausgabe" vor der eigentlichen Begründung.
313 Nunmehr ist darzulegen, wie der Kläger sein Eigentum erworben hat. Hier wurde die klassische Darlegungsform gewählt, weshalb zunächst kurz das schuldrechtliche Verpflichtungsgeschäft dargestellt wird und anschließend der eigentliche Eigentumserwerb gemäß § 929 BGB. Hier wurde die Einigung des § 929 BGB dadurch erreicht, dass in der Zusendung des Notebooks konkludent das Angebot zur Übertragung des Eigentums enthalten ist, das der Kläger durch die Entgegennahme des Notebooks angenommen hat. Insoweit ist durch den Vortrag der gesamte Eigentums-Erwerbstatbestand des § 929 BGB dargelegt: Einigung zwischen dem Eigentümer EDELL und dem Kläger, Übergabe des Notebooks (§ 854 Abs. 1 BGB), Einigsein im Zeitpunkt der Übergabe und Berechtigung des Eigentümers EDELL.
314 Eine solche Aussage sollte in der Klage getroffen werden. Sie setzt voraus, dass zuvor die Tatsachen für einen Eigentumserwerbstatbestand des Klägers vorgetragen werden, z.B. 929 ff., 946 ff. BGB.

§ 2 Klage auf Herausgabe

Anschließend fragte der Beklagte den Kläger, ob er ihm das Notebook für 14 Tage leihen könne, da er eine Tabelle über die Ein- und Ausgabensituation seiner Firma ▬▬▬ zusammenstelle müsse. Da der Kläger vor Antritt eines Urlaubes stand und das Notebook während der Urlaubszeit nicht benötigte, war er damit einverstanden und übergab dem Beklagten für den Zeitraum von 14 Tagen das Notebook am ▬▬▬.

Beweis: Herr / Frau ▬▬▬ [ladungsfähige Anschrift], als Zeugen

Der Beklagte ist nach wie vor im Besitz des Notebooks.[315]

Der Kläger forderte den Beklagten nach Ablauf der Leihzeit[316] am ▬▬▬ auf, das Notebook herauszugeben.[317]

Beweis: Schreiben des Klägers vom ▬▬▬

Anlage 3

Der Beklagte ist dieser Aufforderung nicht nachgekommen. Außergerichtlich hat er behauptet, dass das Notebook bei einem Wohnungsbrand zerstört worden ist.[318] Zu dem Brand sei es deshalb gekommen, weil er versehentlich eine Kerze in seinem Arbeitszimmer habe brennen lassen und für wenige Minuten in die Stadt zum Einkaufen gegangen sei. Nach Rückkehr in seine Wohnung sei der Schreibtisch mit dem darauf befindlichen Notebook in Flammen gestanden. Zwar habe er den Brand löschen können, aber die totale Zerstörung des Notebooks nicht verhindern können. Das Notebook habe er anschließend entsorgt.

Wenn dieser Sachverhalt zutrifft, ist der Beklagte zum Schadensersatz verpflichtet, da er die Unmöglichkeit der Herausgabe verschuldet hat: Das Verlassen der Wohnung ohne Löschen der Kerze stellt einen Fahrlässigkeitsvorwurf dar, da der Beklagte damit hätte rechnen müssen, dass bei einer offenen Feuerquelle ein Übergreifen des Feuers auf die übrige Wohnung stattfinden kann.

Der Beklagte hat außergerichtlich bestritten, zur Herausgabe des Notebooks verpflichtet zu sein, obwohl ihm das Notebook nur geliehen wurde. Auch der angebliche Brand und die angebliche Zerstörung ändern daran nichts. Der Kläger geht davon aus, dass ein solcher Brand nicht stattgefunden hat, sondern der Beklagte lediglich das Notebook behalten möchte.[319] Frau ▬▬▬ hat das Notebook noch beim Beklagten am ▬▬▬ gesehen, als es angeblich schon zerstört gewesen sein soll.

Beweis: Frau ▬▬▬, als Zeugin

---

315 Der Vortrag dient zur Darlegung, wie der Beklagte in den Besitz des Notebooks kam. Hier ist darauf zu achten, jeden Vortrag zu vermeiden, der – fälschlicherweise – dazu Veranlassung gebeten könnte, der Beklagte hätte das Notebook zu Eigentum erworben oder ein Recht zum Besitz i.S.d. § 986 BGB. Im Falle der Säumnis könnte das Gericht sich sonst veranlasst sehen, den Antrag auf Erlass eines Säumnisurteils abzulehnen.
316 Das Muster sieht eine Leihe vor, bei der nach Ablauf der „bestimmten Zeit" die Sache an den Entleiher zurückzugeben ist, § 604 Abs. 1 BGB. Diese schuldrechtliche Rückgabepflicht aus § 604 BGB korrespondiert hier mit dem Anspruch aus § 985 BGB, was aber unproblematisch ist, da zwischen beiden Ansprüche echte Anspruchskonkurrenz besteht. Vergleiche hierzu Rn. 155.
317 Die Darlegungen sollen die Kostenfolge eines sofortigen Anerkenntnisses vermeiden, § 93 ZPO.
318 Es sind an dieser Stelle die Voraussetzungen des materiellen Schadensersatzanspruches darzulegen: §§ 280 ff. i.V.m. § 604 BGB (bzw. §§ 989, 990 BGB).
319 Darzulegen ist die „Besorgnis" nach § 259 ZPO.

II. Zulässigkeit der Klageanträge in Form der unechten Klagehäufung

Es ist h.M., dass der Kläger beide Ansprüche kombiniert nach §§ 255, 259 ZPO stellen kann [Zitate der Literatur und Rechtsprechung].

Aufgrund des ernsthaften Bestreitens der Beklagten zur Herausgabe der Sache, liegen auch die Voraussetzungen des § 259 ZPO vor, so dass der Kläger mit der Klage auch den erst künftig entstehenden Anspruch auf Schadensersatz bereits jetzt geltend machen kann.

Für die Fristsetzung gilt § 255 ZPO, der materielle Schadensersatzanspruch ergibt sich aus § 281 Abs. 1, 280, 989, 990 BGB.

■■■

Rechtsanwalt

§ 3 Herausgabe nach § 861 BGB

A. Vorprozessuale Situation

I. Beratungssituation

291 Mit dem Mandanten ist zu erörtern, welche Vor- und Nachteile eine reine Besitzschutzklage nach § 861 BGB mit sich bringt. Einerseits einen schnellen Rechtsschutz, weil die Voraussetzungen des § 861 BGB durch das Gericht leicht festgestellt werden können, andererseits aber meist nur eine vorläufige Regelung, weil nur der bisherige Zustand wiederhergestellt wird.[320] Dazu muss mit dem Mandanten erörtert werden, dass es sich bei dem Anspruch aus § 861 BGB um einen sog. possessorischen Besitzschutzanspruch handelt, dem gegenüber **nur** solche Einwendungen geltend gemacht werden dürfen, die den **Besitz** betreffen. Andere Einwendungen scheiden grundsätzlich aus (vgl. § 863 BGB): Derjenige, der den Besitz an sich gebracht hat, kann **nur** geltend machen, dass die Entziehung oder Störung des Besitzes **keine** verbotene Eigenmacht sei. Damit wird der beeinträchtigte Besitzstand so schnell als möglich wieder hergestellt, wobei es **keine** Rolle spielt, ob der Kläger zum Besitz berechtigt ist.[321] Wenn der Kläger somit sein Eigentum **nicht** oder nur unter **erschwerten** Umständen beweisen kann, dagegen aber um so leichter seinen Besitz, kann der Kläger seinen Anspruch auf Wiedererlangung des Besitzes mit § 861 BGB zügig durchsetzen. Zwar wird der Besitzschutz nur vorläufig wiederhergestellt (Präventionsgedanke), ohne dass es auf die materielle Berechtigung ankommt, so hat dies für den Besitzer dennoch einen enormen Vorteil: Eine **einstweilige Verfügung** wird wesentlich erleichtert, da eine Regelungsverfügung nicht nur zur Abwendung schwerer Nachteile, z.B. ein drohender Verlust eines Auftrages, der nicht ausgeführt werden kann, weil die Sache nicht zur Verfügung steht,[322] sondern auch aus folgendem Grund ergehen kann: Es ist anerkannt, dass bei einer verbotenen Eigenmacht ein **Verfügungsgrund** regelmäßig nicht dargelegt zu werden braucht.[323] Der Verfügungsgrund liegt im Anspruch aus § 861 BGB begründet.[324]

---

320 Der Beklagte kann nämlich durch eine petitorische Klage den Besitz wiedererlangen.
321 Hk-BGB/Eckert, §§ 861-864 BGB Rn. 2; auch der Dieb kann sich grundsätzlich auf possessorische Ansprüche berufen, da sich diese allein aus dem Besitz ableiten (vgl. aber den Ausschlussgrund des § 861 Abs. 2 BGB).
322 OLG Saarbrücken NJW 1967, 1813.
323 MüKo-Joost, § 861 BGB Rn. 16; Bamberger/Roth-Fritzsche, § 861 BGB Rn. 23; Palandt/Bassenge, § 861 BGB Rn. 18.
324 Staudinger-Bund, § 861 BGB Rn. 18.

II. Anspruchsgrundlage, § 861 BGB

1. Ziel des Anspruchs

Mit § 861 BGB kann der Anspruchsteller erreichen, dass ihm der Besitz[325] wiedereingeräumt wird, wenn dieser ihm durch verbotene Eigenmacht (§ 858 BGB) entzogen worden ist.[326] Eine Besitzentziehung muss somit vorausgegangen sein.

2. Voraussetzungen

a) Anspruchsteller (Aktivlegitimation)

Der Anspruchsteller muss nach § 861 Abs. 1 BGB bis zur verbotenen Eigenmacht entweder unmittelbarer Besitzer oder aber mittelbarer Besitzer (§ 869 Satz 1 BGB) gewesen sein. Es spielt somit keine Rolle, welche Art von Besitz der Anspruchsteller hatte. Unerheblich ist somit z.B. ob er Eigen- oder Fremdbesitzer oder Mitbesitzer (§ 866 BGB) oder Teilbesitzer bezüglich eines von ihm besessenen Sachteils (§ 865 BGB) war. Dem Anspruchsteller braucht insbesondere kein Recht zum Besitz gegenüber dem Schuldner zustehen, selbst der unrechtmäßige Besitz wird in dem von § 858 BGB gesteckten Rahmen geschützt.[327] Dagegen scheidet der Besitzdiener als Anspruchsberechtigter aus, da er selbst keinen Besitz ausübt; er ist auf die Gewaltrechte der §§ 859, 860 BGB beschränkt.[328] Bei der Besitzdienerschaft muss sich die Klage gegen den Besitzherrn richten.[329]

b) Anspruchsgegner

Anspruchsgegner ist derjenige, der die Sache gegenwärtig fehlerhaft besitzt und somit die verbotene Eigenmacht begangen hat, § 858 Abs. 2 BGB. Eine materielle Berechtigung spielt dabei keine Rolle.

aa) Das ist nach § 858 Abs. 2 Satz 1 BGB dann der Fall, wenn der Anspruchsgegner **selbst** die verbotene Eigenmacht begangen hat.

bb) Nach § 858 Abs. 2 Satz 2, 1. Halbsatz BGB ist das weiter dann der Fall, wenn der Erblasser verbotene Eigenmacht verübt hat und der Anspruchsteller als dessen Rechtsnachfolger dafür **einzustehen** hat.[330]

cc) Schließlich liegt ein fehlerhafter Besitz auch dann vor, wenn ein Rechtsvorgänger verbotene Eigenmacht verübt hat und der Anspruchsgegner **Kenntnis** von der verbotenen Eigenmacht hatte, § 858 Abs. 2 Satz 2, 2. Halbsatz BGB.

---

325 Der Besitz bezieht sich sowohl auf bewegliche als auch auf unbewegliche Sachen. Es muss sich um einen Gegenstand handeln, der besitzfähig ist, weshalb dem eingerichteten und ausgeübten Gewerbebetrieb der Besitzschutz nicht zu gute kommt, vgl. Soergel/Stadler, § 861 BGB Rn. 3.
326 Deshalb sind Einwendungen aus einem Recht zum Besitz (Ausnahmen: §§ 863, 864 Abs. 2 BGB) ausgeschlossen, ebenso kann dem Anspruch nicht der Einwand der unzulässigen Rechtsausübung entgegengesetzt werden, wenn dieser auf einen petitorischen Anspruch gestützt wird. Es handelt sich um einen „Schnellrechtsschutz" mit dem Ziel, die ursprüngliche Besitzlage (zumindest) vorläufig wiederherzustellen.
327 Palandt/Bassenge, § 861 BGB Rn. 6.
328 Soergel/Stadler, § 861 BGB Rn. 4.
329 Soergel/Stadler, § 861 BGB Rn. 5.
330 Es handelt sich um einen Fall der Zurechnung der verbotenen Eigenmacht.

c) Verletzungshandlung

298 Die Verletzungshandlung der verbotenen Eigenmacht nach § 858 BGB liegt darin, dass der Anspruchsgegner den unmittelbaren Besitz entzogen hat und zwar ohne den Willen[331] des früheren unmittelbaren Besitzers und ohne dass eine gesetzliche Gestattung[332] dafür vorgelegen hat. Deshalb ist der Besitz des Anspruchsgegners fehlerhaft (§ 858 Abs. 2 BGB).

d) Kein Ausschluss

299 Die Geltendmachung des Anspruchs aus § 861 BGB darf nicht ausgeschlossen sein: Ein Ausschlussgrund liegt vor, wenn der Besitz des **Klägers** (Anspruchstellers) gegenüber dem Beklagten (Anspruchsgegner) **oder** dessen **Rechtsvorgänger fehlerhaft** war und **in dem letzten Jahr vor** der Entziehung erlangt worden ist, §§ 861 Abs. 2, 858 Abs. 2 BGB.[333] Damit ist gemeint, dass der Anspruchsgegner gegenüber dem Anspruchsteller seinerseits einen Anspruch aus § 861 Abs. 1 BGB geltend machen kann, der noch innerhalb der Jahresfrist liegt.

300 Der Anspruch besteht auch dann nicht, wenn gemäß § 864 Abs. 2 BGB ein **rechtskräftiges Urteil** zugunsten des Anspruchsgegners besteht. Entscheidend ist, dass im Urteil entweder aufgrund einer Klage oder Widerklage festgestellt[334] wird, dass dem Täter der verbotenen Eigenmacht „ein Recht an der Sache zusteht". Als „Rechte an einer Sache" kommen sowohl dingliche (z.B. §§ 985, 1227 BGB), als auch schuldrechtliche Ansprüche (z.B. §§ 433 Abs. 1 Satz 1, 546 Abs. 1 BGB) in Betracht.[335]

301 Nach dem (eigentlich eindeutigen) Gesetzeswortlaut muss ein **rechtskräftiges** (petitorisches) Urteil vorliegen. Nach h.M. führt aber auch eine zugunsten des Beklagten ergangene **einstweilige Verfügung** im Besitzschutzprozess dazu, dass die auf § 861 BGB gestützte Herausgabeklage abgewiesen wird.[336] Dagegen soll ein **nur vorläufig vollstreckbares Urteil** diese Wirkung nicht entfalten. Nach h.M. wird einer Besitzschutz-

---

331 Ohne den Willen des Besitzers bedeutet nicht notwendig, dass der Besitzentzug „gegen den Willen" erfolgt sein muss. Es ist ausreichend, wenn der Besitzentzug erfolgt, ohne dass eine irgendwie kundgegebene Zustimmung des Besitzers erfolgte, vgl. Palandt / Bassenge, § 858 BGB Rn. 5.

332 Neben dem subjektiven Erfordernis („ohne den Willen") ist objektiv erforderlich, dass keine gesetzliche Gestattung vorliegt. Der Besitzentzug ist z.B. objektiv gestattet nach den §§ 227-229, 904 Satz 1, 906, 562 b, 859 BGB. Aber auch im Zwangsvollstreckungsrecht finden sich seiner Natur nach entsprechend Vorschriften, die eine Wegnahme des Besitzes gestatten: z.B. §§ 758, 808ff. ZPO, in der Strafprozessordnung z.B. § 127 StPO, vgl. Palandt / Bassenge, § 858 BGB Rn. 6 m.w.N.

333 Staudinger-Bund, § 861 BGB Rn. 14; Soergel / Stadler, § 861 BGB Rn. 6.

334 Nach h.M. kommt neben einem Leistungsurteil auch ein Feststellungsurteil in Betracht, vgl. MüKo-Joost, § 864 BGB Rn. 8; Palandt / Bassenge, § 864 BGB Rn. 5; Staudinger-Bund, § 864 BGB Rn. 8, der allerdings der h.M. entgegenhält, dass derjenige, der ein Leistungsurteil erstritten hat, vom Beklagten mit einer Vollstreckungsklage gehindert werden kann, seinen Besitzanspruch durchzusetzen, wenn nachträglich Einwendungen entstanden sind. Das sei aber bei einem Feststellungsurteil nicht möglich, da dieses keinen vollstreckbaren Inhalt habe. Bund will deshalb entgegen der h.M. nur Leistungsurteile zulassen, damit der Schutz des § 767 ZPO nicht unterlaufen werde.

335 MüKo-Joost, § 864 BGB Rn. 7; Staudinger-Bund, § 864 BGB Rn. 6; Palandt / Bassenge, § 864 BGB Rn. 4.

336 Staudinger-Bund, § 864 BGB Rn. 9; MüKo-Joost, § 864 BGB Rn. 10, der aber entgegen der h.M. die Auffassung vertritt, dass eine einstweilige Verfügung das Recht des Störers nicht in dem von § 864 Abs. 2 BGB gemeinten Sinne feststelle. Wer von einer einstweiligen Verfügung Gebrauch mache, begehe schon keine verbotene Eigenmacht, da die Verfügung einen Rechtfertigungsgrund darstelle.

klage deshalb stattgegeben, selbst wenn ein vorläufig vollstreckbares Urteil zugunsten des Beklagten vorliegt.[337] Der BGH will dagegen § 864 Abs. 2 BGB in dem Fall analog anwenden, wenn eine Besitzschutzklage und eine (**petitorische**) **Widerklage gleichzeitig** entscheidungsreif sind. Die Besitzschutzklage wird dann abgewiesen, damit keine widersprechenden Entscheidungen über die Herausgabe des Besitzes ergehen können.[338]

Weiter erlischt der Anspruch gemäß § 864 Abs. 1 BGB, wenn nach Verübung der verbotenen Eigenmacht ein Jahr verstrichen ist und nicht zuvor dagegen im Klagewege vorgegangen wurde. Dabei handelt es sich um eine **von Amts wegen** zu berücksichtigende gesetzliche Ausschlussfrist.[339] Nach Ablauf der Frist ist der Anspruch erloschen, so dass grundsätzlich eine analoge Anwendung der Bestimmungen über die Verjährung und Hemmung nicht in Betracht kommt, sondern allenfalls im Einzelfall.[340] Die Frist berechnet sich nach §§ 187 Abs. 1, 188 Abs. 2 BGB und beginnt mit der Vollendung der Besitzentziehung bzw. Besitzstörung.[341]

302

Nur durch die Erhebung einer Besitzschutzklage (Leistungsklage) wird die Jahresfrist eingehalten und deren Ablauf verhindert. Nicht ausreichend ist die Erhebung einer Feststellungsklage oder der Antrag auf einstweilige Verfügung.[342]

303

e) Einreden des Anspruchsgegners

Die Einreden ergeben sich aus der Natur der possessorischen Ansprüche (§§ 861 ff. BGB) und dem Klagegrund selbst, dessen sämtliche Voraussetzungen immer bestritten werden können:[343]

304

- Es läge keine verbotene Eigenmacht vor, da der Anspruchssteller mit der Besitzergreifung einverstanden gewesen sei.
- Der Anspruchsteller sei überhaupt nicht Besitzer der Sache gewesen.
- Der Anspruchsgegner habe den Besitz nach Eintritt der Rechtshängigkeit in anderer Weise als durch Veräußerung verloren.[344]
- Die Wiedereinräumung des Besitzes sei unmöglich.[345]
- Ausschluss gemäß § 861 Abs. 2 BGB: So kann z.B. ein Dieb gegenüber dem Eigentümer, der die Sache durch verbotene Eigenmacht wieder erlangt hat, den Einwand nach § 861 Abs. 2 BGB abwehren, wenn bereits mehr als ein Jahr seit dem Diebstahl vergangen ist.

---

337 Staudinger-Bund, § 864 BGB Rn. 9; MüKo-Joost, § 864 BGB Rn. 9.
338 BGHZ 73, 355, 359; BGH NJW 1999, 425.
339 Palandt / Bassenge, § 864 BGB Rn. 1; Staudinger-Bund, § 864 BGB Rn. 2; MüKo-Joost, § 864 BGB Rn. 4; Soegel / Stadler, § 861 BGB Rn. 6.
340 MüKo-Joost, § 864 BGB Rn. 4; Staudinger-Bund, § 864 BGB Rn. 2.
341 MüKo-Joost, § 864 BGB Rn. 2; Staudinger-Bund, § 864 BGB Rn. 3; Palandt / Bassenge, § 864 BGB Rn. 2.
342 Staudinger-Bund, § 864 BGB Rn. 4; MüKo-Joost, § 864 BGB Rn. 3, der zwar auch eine Feststellungsklage genügen lassen will, aber auch ausführt, dass dieser regelmäßig das sog. Feststellungsinteresse fehlen wird.
343 Staudinger-Bund, § 863 BGB Rn. 5; MüKo-Joost, § 863 BGB Rn. 2.
344 Staudinger-Bund, § 861 BGB Rn. 12.
345 Wie Rn. 344.

§ 3 Herausgabe nach § 861 BGB

- Erlöschen gemäß § 864 BGB: Danach erlischt der Anspruch aus § 861 BGB auch dann, wenn der Anspruch nicht innerhalb eines Jahres nach der verbotenen Eigenmacht geltend gemacht worden ist.

3. Beweislast für den Anspruch aus § 861 BGB

a) Kläger

305 Der Anspruchsteller muss für den Anspruch aus § 861 BGB beweisen:
- seinen früheren Besitz oder den Besitz seines Rechtsvorgängers zum Zeitpunkt der Besitzentziehung,[346] wobei der nachgewiesene Besitz zum Zeitpunkt der Rechtshängigkeit als fortbestehend vermutet wird.[347]
- die verbotene Eigenmacht des Anspruchsgegners gemäß § 858 Abs. 1 BGB,[348] d.h. sämtliche Tatsachen, aus denen die Besitzentziehung gegen oder ohne den Willen des früheren Besitzers oder dessen Rechtsvorgängers folgen.[349]
- Besitz des Beklagten im Zeitpunkt der Rechtshängigkeit[350]
- Rechtzeitigkeit der Klageerhebung binnen Jahresfrist nach § 864 BGB[351]

b) Beklagte

- Der Beklagte ist für folgende Tatsachen beweispflichtig:
- Ausschlussgrund des § 861 Abs. 2 BGB[352]
- Nichtbestehen seines Besitzes (z.B. wegen Besitzdienerschaft)[353]
- Nichtbestehen des Besitzes des Klägers[354]
- Rechtmäßigkeit des Besitzentzuges, z.B. durch Gestattung (Einwilligung)[355]
- Gestattung durch Vorliegen von sonstigen Rechtfertigungsgründen[356]

c) Kläger und Beklagter

306 Es kann der Einwand erhoben werden, dass der frühere Besitz des jetzigen Besitzers oder seines Vorgängers fehlerhaft gewesen ist. Darauf können sich der Kläger und der Beklagte berufen (bei mehrfacher wechselseitiger verbotener Eigenmacht). Die Beweispflicht liegt dann bei demjenigen, der den Ausschlussgrund geltend machen will.[357]

---

346 Staudinger-Bund, § 861 BGB Rn. 11; Palandt/Bassenge, § 861 BGB Rn. 19; MüKo-Joost, § 861 BGB Rn. 12.
347 Palandt/Bassenge, § 861 BGB Rn. 19.
348 BGH LM § 854 BGB Nr. 8.
349 Palandt/Bassenge, § 861 BGB Rn. 19; Staudinger-Bund, § 861 BGB Rn. 12.
350 Staudinger-Bund, § 861 BGB Rn. 11.
351 Staudinger-Bund, § 864 BGB Rn. 5; MüKo-Joost, § 864 BGB Rn. 5.
352 Bamberger/Roth-Fritzsche, § 861 BGB Rn. 20: Es muss bewiesen werden, dass der Kläger den Besitz dem Beklagten oder dessen Rechtsvorgänger gegen bzw. ohne dessen Willen entzogen hat und dass dies innerhalb der Jahresfrist erfolgt war.
353 Bamberger/Roth-Fritzsche, § 861 BGB Rn. 20; Palandt/Bassenge, § 861 BGB Rn. 19.
354 Staudinger-Bund, § 861 BGB Rn. 17; Bamberger/Roth-Fritzsche, § 861 BGB Rn. 20.
355 Palandt/Bassenge, § 861 BGB Rn. 19.
356 Staudinger-Bund, § 861 BGB Rn. 17.
357 MüKo-Joost, § 861 BGB Rn. 10 und Rn. 12.

4. Inhalt des Anspruchs

Der Anspruch ist das „Gegenstück" zu § 985 BGB und auf die Wiedereinräumung des Besitzes gerichtet, der durch verbotene Eigenmacht entzogen worden ist. Es ist **aktiv** der Besitzzustand herzustellen, der vor der verbotenen Eigenmacht bestanden hat.[358] Daraus ergibt sich, dass die **Herausgabe** an dem Ort der Entziehung und auf **Kosten** des Anspruchsgegners zu erfolgen hat.[359] Der Anspruchsgegner muss dabei den Zustand der Sache herstellen, in dem sie sich bei der Besitzentziehung befand.[360] Der Anspruch ist aber nur auf Herausgabe der konkreten Sache gerichtet und **nicht** auf Surrogate, Nutzungen oder Schadensersatz.[361] Der Anspruch ist **vererblich** und **abtretbar**.[362] Ist der Anspruchsgegner nur noch mittelbarer Besitzer, ist er zur Herausgabe des mittelbaren Besitzes verpflichtet.[363] Schließlich besteht neben § 861 BGB auch ein Anspruch auf Auskunft über den Verbleib der Sache.[364]

5. Verjährung

Es ist eine Besonderheit des Anspruchs aus § 861 BGB, dass er **nicht** der Verjährung unterliegt,[365] sondern unter den Voraussetzungen des § 861 Abs. 2 oder § 864 Abs. 2 BGB **ausgeschlossen** ist.[366] Das bedeutet, dass der Anspruch erlischt und nicht nur die Möglichkeit besteht, die Leistung zu verweigern (§ 214 Abs. 1 BGB). Bei § 861 Abs. 2 BGB handelt es sich deshalb nicht nur um eine „Einrede", sondern um eine **von Amts wegen** zu beachtende Einwendung.[367] Im Falle des § 864 Abs. 2 BGB handelt es sich um eine von **Amts wegen** zu beachtende Ausschlussfrist.[368]

6. Verhältnis zu anderen Normen

Bei dem Verhältnis zu anderen Normen ist der ausschließlich possessorische Charakter der §§ 861 ff. BGB zu beachten.

a) Ansprüche aus dem allgemeinen Schuldrecht

Die Vorschriften des allgemeinen Schuldrechts sind deshalb grundsätzlich **nicht** anwendbar, insbesondere die §§ 280, 281 und 286 BGB.[369] Durch die Anwendung des allgemeinen Schuldrechts könnte sonst die Beschränkung auf Herausgabe und die Wiederherstellung eines tatsächlichen vorherigen Besitzzustandes unterlaufen werden.

---

358 MüKo-Joost, § 861 BGB Rn. 4; Bamberger/Roth-Fritzsche, § 861 BGB Rn. 8; Palandt/Bassenge, § 861 BGB Rn. 10.
359 Bamberger/Roth-Fritzsche, § 861 BGB Rn. 8; MüKo-Joost, § 861 BGB Rn. 4; Staudinger-Bund, § 861 BGB Rn. 3; Erman-A. Lorenz, § 861 BGB Rn. 2.
360 Staudinger-Bund, § 861 BGB Rn. 3 am Ende; Bamberger/Roth-Fritzsche, § 861 BGB Rn. 8.
361 Bamberger/Roth-Fritzsche, § 861 BGB Rn. 9: MüKo-Joost, § 861 BGB Rn. 4; Palandt/Bassenge, § 861 BGB Rn. 10; Staudinger-Bund, § 861 BGB Rn. 3.
362 Bamberger/Roth-Fritzsche, § 861 BGB Rn. 9 m.w.N.
363 Bamberger/Roth-Fritzsche, § 861 BGB Rn. 8.
364 Erman-A. Lorenz, § 861 BGB Rn. 2; Bamberger/Roth-Fritzsche, § 861 BGB Rn. 17.
365 Sonst ist üblich, dass Ansprüche der Verjährung unterliegen, § 194 Abs. 1 BGB.
366 Bamberger/Roth-Fritzsche, § 861 BGB Rn. 18.
367 Staudinger-Bund, § 861 BGB Rn. 12.
368 Wie Rn. 367.
369 Bamberger/Roth-Fritzsche, § 861 BGB Rn. 9; Staudinger-Bund, § 861 BGB Rn. 4.

b) Herausgabeansprüche

311 Andere Herausgabeansprüche können konkurrierend neben § 861 BGB geltend gemacht werden, z.B. § 985 oder § 1007 BGB. Diese Ansprüche können nach h.M. im Prozess im Wege der Klagehäufung (§ 260 ZPO) erhoben werden.[370]

c) Bereicherungsansprüche

312 Zwar kann auch der Besitz nach § 812 Abs. 1 BGB als „etwas" kondiziert werden, die Leistungskondiktion scheidet aber bereits deshalb aus, da eine Leistung auf einer bewussten und gewollten Mehrung fremden Vermögens beruht und deshalb mit dem Willen des Berechtigten erfolgt ist. Eine verbotene Eigenmacht kann dann nicht vorliegen. Im Bezug auf die Eingriffskondiktion ist § 861 BGB als Sondervorschrift zu sehen,[371] es sei denn, dem Besitz liegt ein Recht zum Besitz mit Zuweisungsgehalt zugrunde.[372]

d) Schadensersatzansprüche

313 Ein Schadensersatzanspruch ergibt sich aus §§ 823 Abs. 2, 858 BGB und nach h.M. auch aus § 823 Abs. 1 BGB als „sonstiges Recht" für den berechtigten Besitzer.[373]

B. Prozess

I. Prozesssituation

314 Der Besitzer war nicht bereit, die Sache an den Mandanten in der gewünschten Art und Weise herauszugeben. Liegen die Voraussetzungen des § 861 BGB vor, kann schneller Rechtsschutz erlangt werden, da dessen Voraussetzungen vom Gericht leicht festgestellt werden können, auch im Wege der einstweiligen Verfügung[374] (sog. „Schnellrechtsschutz").

II. Prozessuale Grundlagen

1. Zuständigkeit des anzurufenden Gerichts

a) Örtliche Zuständigkeit

315 Zuständig ist das Gericht des allgemeinen Gerichtsstandes, §§ 12-19a ZPO.

b) Sachliche Zuständigkeit

316 Diese richtet sich nach der Höhe des Streitwertes, §§ 23 Abs. 1 Nr. 1 GVG, 6 ZPO, maßgebend ist der Verkehrswert der Sache und damit der Preis, der sich bei einem Verkauf erzielen lässt.[375]

---

370 Staudinger-Bund, § 861 BGB Rn. 20; Bamberger/Roth-Fritzsche, § 861 BGB Rn. 13.
371 Palandt/Bassenge, § 861 BGB Rn. 2.
372 Palandt/Bassenge, § 861 BGB Rn. 2; Bamberger/Roth-Fritzsche, § 861 BGB Rn. 14.
373 BGH NJW 1974, 1189; BGH NJW 1981, 750, 751; BGH NJW 1991, 2420, 2422; Bamberger/Roth-Fritzsche, § 861 BGB Rn. 15 m.w.N.
374 Staudinger-Bund, § 861 BGB Rn. 18; Palandt/Bassenge, § 861 BGB Rn. 18.
375 Vgl. hierzu Rn. 185.

c) Besonderheiten

Im Gegensatz zu einem dinglichen Herausgabeanspruch[376] ist auf einen besitzrechtlichen Herausgabeanspruch § 32 ZPO anwendbar.[377]

2. Klageantrag

Es gelten die allgemeinen Voraussetzungen für die Erhebung einer Leistungsklage bzw. eines Antrages auf Erlass einer einstweiligen Verfügung, z.b. hinsichtlich der Bezeichnung der Parteien und des Klageantrages usw.[378]

3. Veränderungen nach Rechtshängigkeit

Die Herausgabeklage nach § 861 BGB führt dazu, dass die Sache streitbefangen wird und somit die §§ 265, 325, 727 ZPO anwendbar sind:[379]

a) Freiwillige Weitergabe des Besitzes

aa) Vollständiger Besitzverlust des Beklagten: Verliert der Besitzer durch freiwillige Weitergabe des Besitzes sowohl den unmittelbaren als auch den mittelbaren Besitz, bleibt er weiter prozessführungsbefugt (§ 265 Abs. 2 ZPO) und der Prozess nimmt unbeirrt seinen Fortgang mit dem bisherigen Besitzer. Das Urteil wirkt gegen den Rechtsnachfolger, § 325 Abs. 1 ZPO, wenn seine Gutgläubigkeit nach § 325 Abs. 2 ZPO ausgeschlossen ist. Das ist dann der Fall, wenn er die Fehlerhaftigkeit des Besitzes kannte oder von der Rechtshängigkeit der Klage wusste.[380] Das Urteil kann dann gemäß §§ 727, 731 ZPO auf den Nachfolger umgeschrieben und gegen ihn vollstreckt werden.[381]

bb) Mittelbarer Besitz des Beklagten: Behält der Beklagte den mittelbaren Besitz und überträgt er nur den unmittelbaren Besitz (z.B. als Vermieter oder Verleiher) ist er weiter passivlegitimiert und der Prozess läuft auch in diesem Fall unbeirrt weiter. Gegen den unmittelbaren Besitzer wirkt das Urteil gemäß § 325 Abs. 1 ZPO, wie der Wortlaut des Gesetzes ausdrücklich bestimmt. Es bleibt auch hier die Möglichkeit des gutgläubigen Erwerbs für den unmittelbaren Besitzer gemäß § 325 Abs. 2 ZPO.[382] Der Kläger kann aber auch seine Klage ändern und Abtretung des Herausgabeanspruchs verlangen, § 870 BGB.[383]

---

376 Baumbach/Lauterbach-Hartmann, § 32 ZPO Rn. 8.
377 Baumbach/Lauterbach-Hartmann, § 32 ZPO Rn. 7, Stichwort: „Besitz" m.w.N.; Zimmermann, § 32 ZPO Rn. 2.
378 Palandt/Bassenge, § 861 BGB Rn. 16.
379 MüKo-Joost, § 861 BGB Rn. 13; Staudinger-Bund, § 861 BGB Rn. 23; Bamberger/Roth-Fritzsche, § 861 BGB Rn. 2; Soegel/Stadler, § 861 BGB Rn. 5.
380 Staudinger-Bund, § 861 BGB Rn. 23; Bamberger/Roth-Fritsche, § 861 BGB Rn. 21.
381 Staudinger-Bund, § 861 BGB Rn. 23; Bamberger/Roth-Fritzsche, § 861 BGB Rn. 21; Palandt/Bassenge, § 861 BGB Rn. 8.
382 BGHZ 114, 305; Staudinger-Bund, § 861 BGB Rn. 24.
383 MüKo-Joost, § 861 BGB Rn. 6.

b) Unfreiwillige Besitzaufgabe

322 Geht der Besitz unfreiwillig verloren oder gibt der Beklagte diesen (einseitig) auf, und zwar ohne Übertragung auf einen anderen, ist die Klage abzuweisen.[384] Der Kläger muss somit reagieren, wenn er die Abweisung der Klage vermeiden will: Entweder erklären beide Parteien die Hauptsache für erledigt mit der Folge einer Kostenentscheidung nach § 91a ZPO oder, falls der Beklagte nicht für erledigt erklärt, kann der Kläger beantragen, die Erledigung der Hauptsache festzustellen.[385] In Betracht kommt aber auch, nach § 264 Nr. 3 ZPO statt der Herausgabe der Sache nunmehr das Interesse (Schadensersatz) zu fordern.[386]

4. Veränderungen vor Rechtshängigkeit

323 Kommt es zu einer Besitzaufgabe in dem Zeitraum zwischen Anhängigkeit[387] und Rechtshängigkeit der Klage, ist die Klage abzuweisen, falls sie nicht zurückgenommen wird, § 269 Abs. 3 Satz 2 ZPO. In Betracht kommt aber der Übergang zum Schadensersatz gemäß § 264 Nr. 3 ZPO.[388]

5. Besonderheiten

a) Auskunftsanspruch

324 Die Rechtsprechung billigt dem Kläger einen Auskunftsanspruch zur Vorbereitung seiner Klage zu.[389]

b) Petitorische Widerklage

325 *aa) Klageverfahren:* Die Konstellation einer Widerklage mit der Begründung, dass ein Recht an der Sache besteht, kann sich bei jeder Besitzschutzklage nach § 861 BGB ergeben. Der Kläger muss damit rechnen, dass der Beklagte z.B. geltend macht, er sei der Eigentümer und somit zum Besitz berechtigt. Dann stellt sich aber die Frage, ob er dies durch eine Widerklage, gerichtet auf Feststellung seines Eigentums, überhaupt zulässiger Weise behaupten kann.

326 Eigentlich ergibt sich aus § 863 BGB, dass gegenüber einem possessorischen Anspruch petitorische Einwendungen grundsätzlich nicht zulässig sind[390] und somit nicht geltend

---

384 Bamberger/Roth-Fritzsche, § 861 BGB Rn. 22; Staudinger-Bund, § 861 BGB Rn. 22; MüKo-Joost, § 861 BGB Rn. 13.
385 Bamberger/Roth-Fritzsche, § 861 BGB Rn. 21; Staudinger-Bund, § 861 BGB Rn. 22.
386 Bamberger/Roth-Fritzsche, § 861 BGB Rn. 22; MüKo-Joost, § 861 BGB Rn. 13; Staudinger-Bund, § 861 BGB Rn. 25; Soergel/Stadler, § 861 BGB Rn. 5; Zimmermann, § 264 ZPO Rn. 6; Baumbach/Lauterbach-Hartmann, § 264 ZPO Rn. 13 und Rn. 11, Stichworte: Herausgabe – Schadensersatz und Erfüllung – Schadensersatz.
387 Mit Eingang der Klageschrift bei Gericht wird die Sache nur „anhängig", die Erhebung der Klage erfolgt durch Zustellung der Klageschrift an den Gegner, § 253 Abs. 1 ZPO. Zwischen Anhängigkeit und Rechtshängigkeit können durchaus mehrere Wochen liegen, je nach dem, wie schnell die Gerichte nach Eingang einer Klage in der Lage sind, diese zuzustellen.
388 MüKo-Joost, § 861 BGB Rn. 13.
389 MüKo-Joost, § 861 BGB Rn. 14 m.w.N. (HansOLG Hamburg, OLGE 45, 184, 185).
390 Soweit petitorische Einwendungen auf einem Vorbringen beruhen, das nach §§ 863 BGB oder § 864 Abs. 2 BGB zulässig ist, können diese immer im Wege der Widerklage geltend gemacht werden.

gemacht werden kann, dass ein Recht an der Sache bestehe.[391] Allerdings schließt das nach h.M dennoch nicht aus, dass der Beklagte sein Besitzrecht mit einer Feststellungswiderklage geltend machen kann. Die h.M. lässt es somit zu, dass der Beklagte gegen eine possessorische Herausgabeklage widerklagen, und damit **im gleichen Prozess** beantragen kann, sein Eigentum festzustellen.[392]

Gegen die Zulässigkeit einer petitorischen Widerklage wird eingewandt, dass sich dadurch der „Schnellrechtsschutz", den eine possessorische Herausgabeklage gewähren wolle, verzögere.[393] Die h.M. entgegnet diesem Argument, dass bei richtiger Verfahrensweise der Richter wie folgt vorgehen wird: Ist die Besitzschutzklage bereits entscheidungsreif,[394] wird er diese durch Teilurteil gemäß § 301 ZPO[395] entscheiden. Ein Teilurteil stellt die ursprüngliche Besitzlage wieder her und ist ohne Sicherheitsleistung vorläufig vollstreckbar, § 708 Nr. 9 ZPO. Im Anschluss an das Teilurteil kann das Gericht über die materielle Besitzberechtigung des Beklagten entscheiden. In Betracht käme auch, die beiden Verfahren gemäß § 145 Abs. 2 ZPO zu trennen.[396]

327

Sind aber die Klage und die Widerklage gleichzeitig entscheidungsreif, d.h. das Gericht kann auch über die zugunsten des Beklagten sprechende materielle Besitzberechtigung entscheiden, ist die Besitzschutzklage **analog § 864 Abs. 2 BGB** abzuweisen und der Widerklage stattzugeben.[397] Für den Fall, dass beide Entscheidungen sofort rechtskräftig werden (Revisionsinstanz), dürfte das unstreitig sein. In den unteren Instanzen werden Urteile nicht sofort rechtskräftig, dennoch erstreckt sich die Analogie nach h.M. auch auf solche Entscheidungen, um widersprüchliche Urteile über die Herausgabe des Streitgegenstandes zu vermeiden. Unerheblich ist somit, ob das Urteil über die Widerklage rechtskräftig wird oder nicht oder vorläufig vollstreckbar ist.[398] [399]

328

---

391 Ebenso können Zurückbehaltungsrechte (§§ 273 Abs. 1, 1000 BGB) nicht geltend gemacht werden, wenn der Gesetzgeber bestimmt hat, dass bei vorsätzlich begangenen unerlaubten Handlungen kein Zurückbehaltungsrecht besteht. Das ist bei einer verbotenen Eigenmacht der Fall, anders ist dies bei schuldlos oder nur fahrlässig begangener Eigenmacht, vgl. MüKo-Joost, § 863 BGB Rn. 6. Die h.M. lehnt die Geltendmachung der Zurückbehaltungsrechte aber insgesamt ab, vgl. Bamberger/Roth-Fritzsche, § 863 BGB Rn. 5. Weiter ausgeschlossen ist die Berufung auf § 320 BGB, Duldungsansprüche aus Landesnachbargesetzen oder sonstige Herausgabeansprüche, z.B. § 917 BGB, Eigentum, Schadensersatzansprüche, schuldrechtliche Verschaffungs- oder Herausgabeansprüche, vgl. Bamberger/Roth-Fritzsche, § 863 BGB Rn. 5, der darauf hinweist, dass solche Einwendungen selbst dann irrelevant sind, wenn der Kläger sich im Prozess darauf einlässt.
392 BGHZ 53, 166; BGHZ 73, 355; Zöller-Vollkommer, § 33 ZPO Rn. 29 m.w.N.; Staudinger-Bund, § 863 BGB Rn. 8; MüKo-Joost, § 863 BGB Rn. 9; Soergel/Stadler, § 863 BGB Rn. 4.
393 MüKo-Joost, § 863 BGB Rn. 9; Staudinger-Bund, § 863 BGB Rn. 8.
394 Es darf also nicht erst Beweis über den Tatsachenvortrag der Widerklage erhoben werden, vgl. MüKo-Joost, § 863 BGB Rn. 9.
395 Palandt/Bassenge, § 863 BGB Rn. 3.
396 Staudinger-Bund, § 863 BGB Rn. 8.
397 BGH NJW 1999, 425; Amend, Jus 2001, 124.
398 MüKo-Joost, § 863 BGB Rn. 11.
399 Dieser h.M. wird entgegengehalten, dass sie sich über den eindeutigen Wortlaut des § 863 BGB hinwegsetze, der von einem rechtskräftigen Urteil spreche und auch dazu führen würde, dass die Verübung der verbotenen Eigenmacht ohne Sanktion bleibe und einen Anreiz zur illegalen Selbsthilfe gebe, vgl. Staudinger-Bund, § 863 BGB Rn. 8.

1 § 3 Herausgabe nach § 861 BGB

329   *bb) Einstweilige Verfügung:* Ein petitorischer Gegenantrag im Verfahren der einstweiligen Verfügung führt nicht zur Abweisung des Verfügungsantrages. Da die einstweilige Verfügung ohnehin nur zu einer vorläufigen Regelung führt, würde damit der von §§ 863, 864 Abs. 2 BGB gewährte Schutz unterlaufen.[400]

6. Einstweilige Verfügung

330   Der Herausgabeanspruch aus § 861 BGB kann auch durch einen Antrag auf Erlass einer einstweiligen Verfügung durchgesetzt werden.[401] Ein Verfügungsgrund (§§ 935, 940 ZPO) wird nicht für erforderlich gehalten,[402] ebenso steht nicht entgegen, dass die einstweilige Verfügung zur Befriedigung des Anspruchs aus § 861 BGB führt.[403] Dagegen scheidet eine einstweilige Verfügung gegen den mittelbaren Besitzer aus, wenn dieser den unmittelbaren Besitz auf einen Dritten übertragen hat, der nicht fehlerhaft besitzt.[404]

7. Zwangsvollstreckung

331   Die Vollstreckung eines Herausgabeurteils nach § 861 BGB, für das nach § 708 Nr. 9 ZPO keine Sicherheitsleistung erforderlich ist, erfolgt nach §§ 883 ff. ZPO.[405]

III. Muster zum Anspruch auf Herausgabe nach § 861 BGB

332   **1. Muster: Antrag auf Herausgabe**

An das

■■■ Gericht[406]

Klage

des/der ■■■

Kläger/in

Prozessbevollmächtigte: ■■■

gegen

■■■

Beklagte/r

---

400 MüKo-Joost, § 863 BGB Rn. 12.
401 Staudiger-Bund, § 861 BGB Rn. 18; Bamberger/Roth-Fritzsche, § 861 BGB Rn. 23; MüKo-Joost, § 861 BGB Rn. 2; Palandt/Bassenge, § 861 BGB Rn. 18.
402 Bamberger/Roth-Fritzsche, § 861 BGB Rn. 23; Staudinger-Bund, § 861 BGB Rn. 18; Palandt/Bassenge, § 861 BGB Rn. 18.
403 Bamberger/Roth-Fritzsche, § 861 BGB Rn. 23; Staudinger-Bund, § 861 BGB Rn. 18; MüKo-Joost, § 861 BGB Rn. 15.
404 Bamberger/Roth-Fritzsche, § 861 BGB Rn. 23.
405 Es wird verwiesen auf Rn. 248 ff.
406 Vgl. zur Zuständigkeit des Gerichts Rn. 315, 316.

wegen: Herausgabe einer Sache[407]

Namens und in Vollmacht[408] des Klägers erheben wir Klage und b e a n t r a g e n :

Der Beklagte wird verurteilt, das Notebook, Marke EDELL, Inspiron 510, Farbe Metallic, Größe 17 Zoll, mit der auf der Unterseite des Gerätes eingravierten Code-Nummer: DELTA 32007, herauszugeben.[409]

Zur

B e g r ü n d u n g

tragen wir vor:

Der Kläger macht einen Anspruch auf Herausgabe gemäß § 861 BGB gegenüber dem besitzenden Beklagten geltend.[410]

Im Einzelnen:

Der Kläger war im Besitz des im Klageantrag genannten Notebooks, mit dem er regelmäßig an der Universität Mannheim im dortigen Lesesaal arbeitete.[411] So war es auch am 01.12.2004.

Beweis: Herr / Frau ■■■

Der Kläger verließ am 01.12.2004 um 10.30 Uhr für circa 5 Minuten den Lesesaal und ließ dort sein Notebook zurück. Der Beklagte wurde dabei beobachtet, wie er genau in dieser Zeit sich an den Arbeitsplatz des Klägers begab, das dort befindliche Notebook vom Stromnetz zog und mit dem Notebook den Lesesaal verließ.[412]

Beweis: Herr / Frau ■■■

Der Beklagte hat außergerichtlich behauptet, dass er das Notebook vom Kläger gekauft und bereits bezahlt habe und deshalb dazu berechtigt gewesen sei, es in seinen Besitz zu

---

407 Ob eine solche „Kurzbezeichnung" gewählt wird, ist reine Geschmacksfrage. Es empfiehlt sich eine solche Angabe, damit für das Gericht auf einen Blick „schlagwortartig" zu erkennen ist, worum es in der Klage geht (z.B. wegen Räumung und Herausgabe einer Wohnung oder wegen Forderung und Schadensersatz oder wegen Abgabe einer Willenserklärung usw.).
408 Mit dieser Formulierung wird klargestellt, dass der beauftragte Rechtsanwalt nicht im eigenen Namen, sondern im Namen eines Dritten (Mandanten) handelt und für ihn diese Klage erhebt. Die sog. Prozessvollmacht gemäß § 80 Abs. 1 ZPO muss nicht mit der Klage vorgelegt werden, da das Gericht den Mangel der Vollmacht von Amts wegen nur berücksichtigt, wenn als Bevollmächtigter kein Rechtsanwalt auftritt, § 88 Abs. 2 ZPO.
409 Der herausverlangte Gegenstand muss so genau wie möglich bezeichnet werden, vgl. § 253 Abs. 2 Nr. 2 ZPO.
410 Auch dieser Satz soll klarstellen, dass es nicht um petitorische Ansprüche, wie z.B. aus § 985 BGB geht, sondern um den possessorischen Anspruch aus § 861 BGB. Die Darlegungen für diesen Anspruch sind wesentlich erleichtert: Besitzentzug durch verbotene Eigenmacht, infolgedessen fehlerhafter Besitz beim Beklagten, § 858 Abs. 2 BGB.
411 Nunmehr ist darzulegen, dass der Kläger im Besitz der Sache war.
412 Damit ist der Tatbestand der verbotenen Eigenmacht dargelegt (Besitzentzug, ohne/gegen den Willen des Besitzers und ohne dazu berechtigt zu sein).

nehmen. Diese Behauptung ist falsch.[413] Der Beklagte hat vielmehr eigenmächtig das Notebook des Klägers mitgenommen und hat es seit dieser Zeit in Besitz.

Der Beklagte hat damit in verbotener Eigenmacht gehandelt, weshalb der Kläger die Wiedereinräumung des Besitzes nach § 861 BGB beanspruchen kann.

■■■

Rechtsanwalt

2. Muster: Antrag auf Herausgabe mit Fristsetzung und Schadensersatz

Der Kläger kann auch bei der Geltendmachung des Anspruchs aus § 861 BGB nicht nur die Herausgabe verlangen, sondern bei Vorliegen der Voraussetzungen auch Schadensersatz, wenn eine gesetzte Frist zur Herausgabe der Sache erfolglos verstrichen ist.

... erheben wir Namens des Klägers Klage und b e a n t r a g e n

1. Der Kläger wird verurteilt, das Notebook, Marke EDELL, Inspiron 510, Farbe Metallic, Größe 17 Zoll mit der auf der Unterseite des Gerätes eingravierten Code-Nummer, DELTA 32007, herauszugeben.
2. Die Herausgabe des Notebooks kann nur innerhalb einer Frist von 4 Wochen ab Rechtskraft dieses Urteils erfolgen.
3. Für den Fall des fruchtlosen Ablaufs der in Ziffer 2 gesetzten Frist, wird der Beklagte verurteilt, an den Kläger EUR ■■■ zu zahlen.

Zur

B e g r ü n d u n g

tragen wir vor:

[Neben der vorgenannten Begründung zum Anspruch des § 861 BGB muss der Beklagte jetzt weiter vortragen, woraus sich der Zahlungsanspruch ergibt. Zu den Voraussetzungen der Zulässigkeit des Antrages gemäß Ziffer 3 vergleiche § 2]

■■■

3. Muster: Antrag auf Erlass einer einstweiligen Verfügung

An das ■■■ Gericht

Antrag auf Erlass einer einstweiligen Verfügung

des/der ■■■

---

413 Da es sich um eine possessorische Klage handelt, können petitorische Einwendungen nicht geltend gemacht werden, § 863 BGB. Es kann sich empfehlen, die vermutete Argumentation des Beklagten vorzutragen, damit deutlich wird, warum sich der Beklagte im Recht glaubt, aber darüber im Besitzschutzprozess nicht zu entscheiden ist. Es ist aber Vorsicht geboten und im Zweifel weniger als mehr vorzutragen, da nicht sicher ist, ob der Beklagte seine Verteidigung im Prozess tatsächlich auf diesen Sachvortrag stützt. Selbst ein schuldrechtlicher Anspruch auf Übereignung der Sache erfüllt den Tatbestand der verbotenen Eigenmacht.

Antragsteller/in -[414]

Verfahrensbevollmächtigte: ■■■[415]

gegen

■■■

Antragsgegner/in

wegen: Herausgabe einer Sache[416]

Namens und in Vollmacht[417] der Antragstellerin beantragen wir den Erlass folgender einstweiliger Verfügung:

Der Antragsgegner wird verurteilt, das aus Aluminium hergestellte Baugerüst, Marke MEGALEICHT, Farbe silbermetallic, bestehend aus 120 Standträgern und 240 Querstreben, 47 Dielen mit der Kennzeichnung „G.K.", 270 Verschlusskuppeln an die Antragsstellerin herauszugeben.[418]

Zur

Begründung

tragen wir vor:

Die Antragstellerin macht einen Anspruch auf Herausgabe ihres Besitzes gemäß § 861 BGB gegenüber dem besitzenden Antragsgegner geltend.[419]

Im Einzelnen:

I. Verfügungsanspruch[420]

Die Antragsstellerin betreibt eine Gerüstbaufirma in Mannheim und war bis zum 31.01.2005 Besitzerin der im Antrag genannten Gegenstände. Sämtliche im Antrag genannten Gegenstände verbrachte die Antragstellerin von ihrem Lager am 31.01.2005 in die ■■■ straße ■■■ nach Mannheim.

---

414 Die Bezeichnung lautet hier „Antragsteller" bzw. „Antragstellerin" und nicht „Kläger" bzw. „Klägerin", da es sich nur um ein summarisches Erkenntnisverfahren handelt, das grundsätzlich nur der Sicherung, aber nicht der Erfüllung von Ansprüchen dient.
415 Die Bezeichnung lautet hier „Verfahrensbevollmächtigte", nicht „Prozessbevollmächtigte".
416 Ob eine solche „Kurzbezeichnung" gewählt wird, ist reine Geschmacksfrage. Es empfiehlt sich eine solche Angabe, damit für das Gericht auf einen Blick „schlagwortartig" zu erkennen ist, worum es in der Klage geht (z.B. wegen Räumung und Herausgabe einer Wohnung oder wegen Forderung und Schadensersatz oder wegen Abgabe einer Willenserklärung usw.).
417 Mit dieser Formulierung wird klargestellt, dass der beauftragte Rechtsanwalt nicht im eigenen Namen, sondern im Namen eines Dritten (Mandanten) handelt und für ihn diese Klage erhebt. Die sog. Prozessvollmacht gemäß § 80 Abs. 1 ZPO muss nicht mit der Klage vorgelegt werden, da das Gericht den Mangel der Vollmacht von Amts wegen nur berücksichtigt, wenn als Bevollmächtigter kein Rechtsanwalt auftritt, § 88 Abs. 2 ZPO.
418 Der herausverlangte Gegenstand muss so genau wie möglich bezeichnet werden, vgl. § 253 Abs. 2 Nr. 2 ZPO.
419 Auch dieser Satz ist Geschmacksfrage und wiederholt etwas ausführlicher die obige Kurzbezeichnung: „wegen Herausgabe" vor der eigentlichen Begründung.
420 Der materiellrechtliche Anspruch aus § 861 BGB ist darzustellen.

Glaubhaftmachung: Eidesstattliche Versicherung des Antragstellers und der Zeugen ▆▆▆ und ▆▆▆

Anlagen 1 und 2

Die Zeugen ▆▆▆ und ▆▆▆ sind in der Firma der Antragstellerin tätig und waren mit dem Auf- und Abladen der Gegenstände befasst.

Sämtliche Gegenstände befanden sich im Vorgartenbereich des Hausanwesens der Familie ▆▆▆, mit der die Klägerin für den 01.02.2005 die Aufstellung des Gerüstes vereinbart hatte, da an dem Haus von der Firma ▆▆▆ dringende Reparaturarbeiten an der Fassade durchgeführt werden sollten.

Glaubhaftmachung: wie vor

In der Nacht vom 31.01.2005 auf den 01.02.2005 wurde der Antragsgegner dabei beobachtet, wie er mit einem Lkw, amtliches Kennzeichen ▆▆▆ vor dem Anwesen der Familie ▆▆▆ sein Fahrzeug abstellte und alsbald damit begann, sämtliche im Klageantrag genannten Gegenstände auf seinen Lkw aufzuladen, und sich mit den Gegenständen entfernte.[421]

Glaubhaftmachung: wie vor sowie eidesstattliche Versicherung des Nachbarn, Herrn/Frau ▆▆▆

Anlage 3

Der Antragsteller sprach den Antragsgegner auf diesen Vorfall am ▆▆▆ an, worauf dieser erklärte, er habe noch eine Forderung aus einem für den Antragsteller abgewickelten Auftrag. Der Antragsteller erklärte in Anwesenheit des Mitarbeiters ▆▆▆ des Antragstellers, dass er die auf seinem Firmengelände gelagerten Gegenstände solange zurückbehalten werde, bis seine Forderung ausgeglichen sei.

Glaubhaftmachung: Eidesstattliche Versicherung des Herrn ▆▆▆

Anlage 4

Der Einwand des Antragsgegners ist gemäß § 863 BGB für den possessorischen Besitzschutzanspruch des § 861 BGB ohne Relevanz.

II. Verfügungsgrund[422]

Der Antragsgegner hat sich durch verbotene Eigenmacht in den Besitz der Sachen gebracht. Für diesen Fall ist in der Rechtsprechung anerkannt, dass es keiner weiteren Darlegung eines Verfügungsgrundes bedarf, da sich dieser aus § 861 BGB selbst ergibt.[423]

Davon abgesehen besteht aber auch folgender Verfügungsgrund: Wenn der Antragsgegner die im Antrag genannten Gegenstände nicht unverzüglich an die Antragsgegnerin herausgibt, wird diese ihren Auftrag zur Aufstellung des Baugerüstes bei der Familien ▆▆▆ verlieren.

---

421 Damit sind die Tatbestandsmerkmale des § 861 BGB dargelegt: Besitzentzug, ohne/gegen den Willen des Besitzers und ohne Berechtigung.
422 Der Antragsteller muss bei einer auf § 861 BGB gestützten Klage keine weiteren Umstände vortragen, die aus Sicht eines objektiven Beurteilers die Besorgnis begründen, dass der Anspruch aus § 861 BGB entweder vereitelt oder wesentlich erschwert wird, § 935 ZPO.
423 An dieser Stelle ist die entsprechende Literatur zu zitieren.

Glaubhaftmachung: eidesstattliche von Herrn / Frau ■■■

Anlage 5

Ohne die im Antrag genannten Gegenstände kann die Antragsgegnerin den angenommen Auftrag nicht durchführen. Es ist in der Rechtsprechung anerkannt, dass ein drohender Verlust eines Auftrages, der ohne die zurückgehaltenen Gegenstände nicht durchgeführt werden kann, einen Verfügungsgrund darstellt, da es um die Abwendung eines wesentlichen Nachteils geht.[424]

Der Erlass einer einstweiligen Verfügung, die aufgrund der Dringlichkeit ohne mündliche Verhandlung erfolgen sollte, ist somit geboten.

■■■

Rechtsanwalt

---

[424] Hier ist die Literatur zu zitieren: Vgl. MüKo-Joost, § 861 BGB Rn. 15; OLG Saarbrücken, NJW 1967, 1813. Obwohl bei verbotener Eigenmacht der Verfügungsgrund nicht weiter dargelegt zu werden braucht, kann es wegen der Eilbedürftigkeit der Angelegenheit sinnvoll sein, weitere Verfügungsgründe vorzutragen.

§ 4 Anspruch wegen Besitzstörung, § 862 BGB

A. Vorprozessuale Situation

I. Beratungssituation

336 Der Mandant berichtet, dass sein Besitz beeinträchtigt wird. Ergibt sich, dass die Beeinträchtigung durch **Besitzentzug** erfolgt ist, greift neben den dinglichen Ansprüchen auch der Besitzschutz nach **§ 861 BGB** ein. Der Besitz kann aber **anders** als durch Besitzentzug beeinträchtigt werden, nämlich durch **Störungen**. Diese Besitzstörung darf aber nicht soweit gehen, dass es sich um eine vollendete Besitzentziehung handelt, andernfalls greift bereits § 861 BGB.[425] Als Besitzstörungen kommen z.B. in Betracht: Die Benutzung der gemieteten Terrassenwohnung wird durch einen überschwenkenden Baukran beeinträchtigt,[426] Zu- oder Abgangsbehinderung durch Parken vor dem gemieteten Garagentor, der Vermieter sperrt dem Mieter die von ihm bezogene Weiterleitung von Wasser- bzw. Energie[427] oder der Briefkasten des Mieters wird ständig mit Werbung überschwemmt, obwohl auf dem Briefkasten deutlich ein Schild mit dem Hinweis angebracht worden ist, dass der Einwurf von Werbung untersagt ist.[428, 429] Weiter zu denken ist z.B. an Fälle der Gebrauchsbehinderung durch Beschädigung der Sache.

337 Es ist somit zu klären, in welcher Weise in den Besitz eingegriffen worden ist. Die Norm des § 862 BGB bringt den Vorteil, dass sie denjenigen Besitzern Schutz gewährt, die **dinglich**, wie z.B. der Eigentümer, der nach § 1004 BGB vorgehen könnte, **nicht berechtigt** sind, insbesondere als Mieter, Pächter, Entleiher oder Verwahrer.[430] Diese haben dadurch die Möglichkeit, gegen Besitzstörungen **selbständig** vorzugehen.[431]

II. Anspruchsgrundlage, § 862 BGB

338 Die Norm sieht in § 862 Abs. 1 Satz 1 BGB einen **Beseitigungsanspruch** („ ... die Beseitigung der Störung verlangen") und in § 862 Abs. 1 Satz 2 BGB einen **Unterlassungsanspruch** („ ... kann der Besitzer auf Unterlassung klagen") vor. Der Anspruch ist in beiden Alternativen dem negatorischen Anspruch aus § 1004 BGB nachgebildet,[432] weshalb auf die dortige Literatur zurückgegriffen werden kann, wenn es um die Beseitigung der Störung geht.[433] Die Störung darf sich nicht bereits erledigt haben, sondern muss noch andauern. Auf bereits erledigte Störungen findet § 862 BGB keine Anwendung.[434]

---

425 Bamberger/Roth-Fritzsche, § 862 BGB Rn. 3.
426 Palandt/Bassenge, § 862 BGB Rn. 4.
427 Palandt/Bassenge, § 862 BGB Rn. 5.
428 BGHZ 106, 229, 231; Karsten Schmidt, JuS 1989, 495; strittig bei politischer Werbung, hierzu: BVerfG NJW 1991, 911.
429 LG Bremen NJW 1990, 456, 457; LG Freiburg NJW 1990, 2824; OLG Frankfurt am Main NJW 1996, 934, 935.
430 MüKo-Joost, § 862 BGB Rn. 1; Staudinger-Bund, § 862 BGB Rn. 1.
431 Bamberger/Roth-Fritzsche, § 862 BGB Rn. 1.
432 Staudinger-Bund, § 862 BGB Rn. 2.
433 Bamberger/Roth-Fritzsche, § 862 BGB Rn. 4.
434 Bamberger/Roth-Fritzsche, § 862 BGB Rn. 3; MüKo-Joost, § 862 BGB Rn. 2.

1. Beseitigungsanspruch, § 862 Abs. 1 Satz 1 BGB

Der Anspruch ist darauf gerichtet, den störenden Zustand zu beseitigen. Da keine bestimmten Maßnahmen verlangt werden können, kommt sowohl ein aktives Handeln (z.B. Entfernen der Störquelle), also auch ein Unterlassen (z.B. Lärm) in Betracht. Darin erschöpft sich der Anspruch. Ist es durch die Störung zu weitergehenden Schäden gekommen (z.B. Beschädigung der Mietsache), die durch die Beseitigung der Störung nicht behoben werden können, kann keine Entschädigung in Geld (weder Aufwendungs- noch Schadensersatz) verlangt werden.[435] Stattdessen kommt eine Haftung nach allgemeinen Vorschriften in Betracht, z.B. §§ 823 Abs. 1, Abs. 2 i.V.m. § 858 BGB.[436]

339

Wie sich aus §§ 904, 905 Satz 2 BGB, § 14 BImSchG ergibt, kann es allerdings Fälle geben, in denen die Besitzstörung geduldet werden muss und dem Besitzer analog § 906 Abs. 2 Satz 2 BGB ein Geldanspruch zusteht.[437] Ob es auch in anderen Fällen möglich ist, seiner Beseitigungspflicht durch Geldzahlung zu entgehen, ist strittig.[438] Der BGH sieht in § 251 Abs. 2 BGB einen allgemeinen Rechtsgedanken, der es gestatte, die Beseitigungspflicht durch Geldzahlung abzulösen, wenn die Beseitigung einen unverhältnismäßigen Aufwand erfordere.[439]

340

2. Unterlassungsanspruch, § 862 Abs. 1 Satz 2 BGB

Das Ziel des Unterlassungsanspruchs besteht darin, künftige Störungen zu vermeiden, die sich im Regelfall von den bereits in der Vergangenheit erfolgten Störungen ableiten lassen. Der Anspruch setzt seinem Wortlaut nach voraus, dass „weitere" Störungen zu erwarten sind, geht also davon aus, dass es bereits zu Störungen gekommen ist. In der Rechtsprechung wird das in der Weise ausgelegt, dass es sich **nicht** um die Wiederholung einer bereits erfolgten Störung handeln muss, sondern sich auch aus anderen Umständen ergeben kann.[440] Auch wenn es noch zu keiner Störung gekommen ist, sich aber aus **Vorbereitungshandlungen** ergibt, dass es demnächst zu einer Störung kommen wird, ist ein Unterlassungsanspruch durchsetzbar.[441] Man spricht von der sog. „**Erstbegehungsgefahr**".[442] Dies entspricht der h.M. zu der Parallelnorm bei Eigentumsstörungen in § 1004 BGB, wo die erstmals ernsthaft drohende Beeinträchtigung für eine Unterlassungsklage als ausreichend angesehen wird.[443]

341

---

435 Bamberger/Roth-Fritzsche, § 862 BGB Rn. 4; Staudinger-Bund, § 862 BGB Rn. 4; MüKo-Joost, § 862 BGB Rn. 5; Soergel/Stadler, § 862 Rn. 4.
436 MüKo-Joost, § 862 BGB Rn. 7.
437 BGHZ 147, 45, 51 ff.
438 Staudinger-Bund, § 862 BGB Rn. 5.
439 BGHZ 62, 388, 391; BGH NJW 1974, 1552, 1553; Staudinger-Bund, § 862 BGB Rn. 5, der darauf hinweist, dass die vom BGH anerkannte Ablösemöglichkeit auf eine private Enteignung durch Geldzahlung hinauslaufe.
440 Staudinger-Bund, § 862 BGB Rn. 7; Bamberger/Roth-Fritzsche, § 862 BGB Rn. 5.
441 Staudinger-Bund, § 862 BGB Rn. 7; Bamberger/Roth-Fritzsche, § 862 BGB Rn. 5.
442 Bamberger/Roth-Fritzsche, § 862 BGB Rn. 5.
443 Palandt/Bassenge, § 1004 BGB Rn. 33.

3. Anspruchsberechtigter

342 Anspruchsberechtigt ist wie bei § 861 BGB der Besitzer, so dass auf die dortigen Ausführungen verwiesen werden kann.

4. Besonderheit

343 Eine Besonderheit besteht hinsichtlich der Abtretung des Anspruchs. Anders als bei § 861 BGB kommt bei § 862 BGB eine Abtretung nur in Betracht, wenn der Anspruch mit dem Besitz verbunden bleibt.[444]

5. Anspruchsgegner

344 Anspruchsgegner ist der Störer.[445] Dabei wird zwischen Handlungs- und Zustandsstörern unterschieden. Der Handlungsstörer kennzeichnet sich dadurch, dass er durch eine willensgesteuerte Handlung[446] auf die Sache einwirkt, der Zustandsstörer dagegen beherrscht eine Störquelle dergestalt, dass es von seinem „Störerwillen" abhängt, ob und wie lange die Störung fortdauert.[447]

6. Ausschluss des Anspruchs

345 Für den Ausschluss des Anspruchs gelten dieselben Voraussetzungen wie für § 861 BGB, so dass auf die dortigen Ausführungen weitgehend verwiesen werden kann.

a) Ausschluss nach § 862 Abs. 2 BGB

346 Der Ausschlusstatbestand ist § 861 Abs. 2 BGB nachgebildet.

347 Als Besonderheit ist darauf zu achten, dass bei wiederholten Störungen die Frist von der letzten Störungshandlung an zu berechnen ist, bei Dauerstörungen darf noch kein Jahr seit Beginn der Störung vergangen sein.[448]

b) Ausschluss nach § 864 BGB

348 Nach dem Wortlaut bezieht sich § 864 BGB sowohl auf den Anspruch aus § 861 BGB, also auch auf den Anspruch aus § 862 BGB, so dass auf die dortigen Ausführungen verwiesen werden kann. Zu beachten ist auch hier die Berechnung der Jahresfrist nach §§ 187 Abs. 1, 188 Abs. 2 BGB: Bei einer dauerhaften Störung beginnt die Frist erst mit deren Beendigung (Einstellung),[449] bei einer wiederholten (gleichartigen) Störungshandlung mit der Beendigung der letzten Handlung.[450]

c) Einwendungen, Konkurrenzen

349 *aa) Keine petitorischen Einwände:* Petitorische Einwendungen sind gegen den Anspruch aus § 862 BGB, ebenso wie bei § 861 BGB nicht zulässig, wie sich aus § 863 BGB ergibt. Der Störer kann sich deshalb auch hier nicht auf ein Recht zum Besitz be-

---

444 MüKo-Joost, § 862 BGB Rn. 8; Staudinger-Bund, § 862 BGB Rn. 8; Soergel/Stadler, § 862 BGB Rn. 3.
445 Zum Störerbegriff ausführlich Palandt/Bassenge, § 1004 BGB Rn. 16 ff.
446 BGHZ 14, 163, 174.
447 Staudinger-Bund, § 862 BGB Rn. 9; BGH NJW-RR 2001, 232.
448 Bamberger/Roth-Fritzsche, § 862 BGB Rn. 10; Staudinger-Bund, § 862 Rn. 11.
449 Palandt/Bassenge, § 864 BGB Rn. 2; Staudinger-Bund, § 864 BGB Rn. 3.
450 Staudinger-Bund, § 864 BGB Rn. 3; Palandt/Bassenge, § 864 BGB Rn. 2.

rufen, es bleiben nur possessorische Einwendungen.⁴⁵¹ Aber auch hier bleibt dem Störer die Möglichkeit, seine materiellen Ansprüche im Wege einer petitorischen Widerklage zu erheben.

bb) Verjährung: Der Anspruch verjährt nicht, sondern kann nur gemäß § 864 Abs. 1 BGB ausgeschlossen sein.⁴⁵²

cc) Konkurrenzen: Auch hier kann auf die Ausführungen zu § 861 BGB verwiesen werden.

dd) Mitverschulden nach § 254 BGB: Von der h.M. wird eine entsprechende Anwendung des § 254 BGB abgelehnt, ein Mitverschulden des Besitzers bei einem Beseitigungsanspruch wird als system- und zweckwidrig angesehen. Bei krassem Widerspruch zur Geltendmachung eines Beseitigungsanspruchs müsse auf § 242 BGB zurückgegriffen werden.⁴⁵³

7. Beweislast

a) Kläger

Der Kläger muss beweisen, dass er
- im Zeitpunkt der Besitzstörung Besitzer war
- auch jetzt noch Besitz an der Sache hat
- die Störung dieses Besitzes durch verbotene Eigenmacht erfolgt ist und
- der Beklagte diese Störung verursacht hat.⁴⁵⁴

Für die in § 862 Abs. 1 Satz 2 BGB geregelte Unterlassungsklage muss der Kläger ausführen, dass künftig weitere Störungen zu erwarten sind, d.h. er muss die Tatsachen darlegen und beweisen, aus denen sich eine Begehungsgefahr ergibt.⁴⁵⁵ Bei einer bereits erfolgten Beeinträchtigung kann eine Vermutung für die Wiederholungsgefahr sprechen.⁴⁵⁶

Ist es noch nicht zu einer Besitzstörung gekommen, droht der Beklagte aber damit (dann wäre eine vorbeugende Unterlassungsklage zu erheben), muss der Kläger darlegen und beweisen, aus welchen Umständen sich der ernsthafte Wille des Beklagten zu einem bevorstehenden Eingriff ergeben soll.⁴⁵⁷

b) Beklagte

Der Beklagte hat alle Umstände darzulegen und zu beweisen, die den Anspruch aus § 862 BGB ausschließen. Insoweit darf auf die Ausführungen zu § 861 Abs. 2 BGB

---

451 Bamberger/Roth-Fritzsche, § 862 BGB Rn. 11.
452 Bamberger/Roth-Fritzsche, § 862 BGB Rn. 14.
453 Soergel/Stadler, § 862 Rn. 6.
454 Baumgärtel/Laumen, § 862 BGB Rn. 1; Bamberger/Roth-Fritzsche, § 862 BGB Rn. 15; Staudinger-Bund, § 862 BGB Rn. 10; MüKo-Joost, § 862 BGB Rn. 11; Soergel/Stadler, § 862 BGB Rn. 7.
455 Baumgärtel/Laumen, § 862 BGB Rn. 2; Bamberger/Roth-Fritzsche, § 862 BGB Rn. 15; Staudinger-Bund, § 862 BGB Rn. 10; Soergel/Stadler, § 862 BGB Rn. 7.
456 MüKo-Joost, § 862 BGB Rn. 11.
457 Baumgärtel/Laumen, § 862 BGB Rn. 2; MüKo-Joost, § 862 BGB Rn. 11.

verwiesen werden.[458] Beruft sich der Beklagte darauf, dass der Kläger die Besitzstörung zu dulden hat (z.B. § 906 BGB, § 14 BImSchG), hat er die Voraussetzungen der Duldungspflicht zu beweisen,[459] z.B. dass Immissionen im gesetzlich zulässigen Rahmen vorliegen.

B. Prozess

I. Prozesssituation

357 In eine Prozesssituation gerät der Mandant, wenn er z.B. als Mieter, Leiher, Pächter nicht darauf angewiesen sein will, dass sein Vertragspartner, von dem er sein Recht zum Besitz ableitet (z.B. Vermieter, Verleiher, Verpächter), gegen eine Besitzstörung vorgeht. In der Praxis kommt es auch regelmäßig vor, dass ein Störer den Standpunkt einnimmt, er brauche z.B. einer Aufforderung des Mieters auf Beseitigung oder Unterlassung von Störungen **nicht** nachkommen und sich der Hoffnung hingibt, der Vermieter werde schon nichts unternehmen.

II. Prozessuale Grundlagen

1. Zuständigkeit des anzurufenden Gerichts

a) örtliche Zuständigkeit

358 Zuständig ist das Gericht des allgemeinen Gerichtsstandes, §§ 12-19a ZPO.

b) sachliche Zuständigkeit

359 Diese richtet sich nach dem Interesse des Klägers an der Beseitigung der Störung (§ 3 ZPO) und damit an den Kosten, die für die Beseitigung aufzuwenden sind.[460]

2. Klageantrag

360 Im Klageantrag ist die zu beseitigende Störung so genau als möglich zu bezeichnen.[461] Nur dann ist das Urteil ausreichend bestimmt und kann später auch vollstreckt werden.[462] Wie die Beseitigung erfolgt, bleibt dem Beklagten überlassen, der Kläger kann grundsätzlich keine bestimmte Maßnahme verlangen, die aus seiner Sicht die Störung am besten beseitigt.[463] Eine Konkretisierung, wie Abhilfe zu schaffen ist, gehört somit weder in den Antrag des Klägers noch in den Tenor des Gerichts.[464] Erst im Vollstreckungsverfahren ist zu konkretisieren, auf welche Art die Beseitigung erfolgen soll.[465] Ein Unterlassungsantrag, der zu allgemein gefasst ist, kann wegen Unbestimmtheit als

---

458 Bamberger/Roth-Fritzsche, § 862 BGB Rn. 15; Baumgärtel/Laumen, § 862 BGB Rn. 3; Soergel/Stadler, § 862 BGB Rn. 7.
459 Staudinger-Bund, § 862 BGB Rn. 10; Baumgärtel/Laumen, § 862 BGB Rn. 3; Bamberger/Roth-Fritzsche, § 862 BGB Rn. 15; MüKo-Joost, § 862 BGB Rn. 11; Soergel/Stadler, § 862 BGB Rn. 7.
460 Baumbach/Lauterbach-Hartmann, Anh. zu § 3 ZPO Rn. 29, Stichwort: Besitzstreit.
461 MüKo-Joost, § 862 BGB Rn. 12; Bamberger/Roth-Fritzsche, § 862 BGB Rn. 16.
462 Palandt/Bassenge, § 862 BGB Rn. 14.
463 Bamberger/Roth-Fritzsche, § 862 BGB Rn. 16.
464 Staudinger-Bund, § 862 BGB Rn. 12.
465 MüKo-Joost, § 862 BGB Rn. 12.

unzulässig behandelt werden.⁴⁶⁶ Dies ist etwa der Fall, wenn der Kläger beantragt, den Beklagten zu verurteilen, ihn bei der Besitzausübung seiner Garage nicht weiter zu stören. Der Kläger muss mitteilen, worin die Störung besteht, die unterlassen werden soll.

Ein Übergang von der Besitzschutzklage nach § 861 BGB zu der Besitzstörungsklage nach § 862 BGB (oder umgekehrt) ist eine zulässige Klageänderung nach § 264 Nr. 2 ZPO oder aber sachdienlich gemäß § 263 ZPO.⁴⁶⁷ Beide Klagen beruhen auf der verbotenen Eigenmacht und unterscheiden sich nur nach dem Grad der Einwirkung auf die Sache. 361

3. Wegfall der Störung

Ergibt sich während des Rechtsstreits, dass die Störung nicht mehr besteht, erledigt sich der Rechtsstreit in der Hauptsache.⁴⁶⁸ Warum die Störung nicht mehr besteht, ist unerheblich.⁴⁶⁹ Damit die Klage nicht abgewiesen wird, muss der Kläger somit den Rechtsstreit für erledigt erklären, schließt sich der Beklagte nicht an, muss der Kläger beantragen, die Erledigung des Rechtsstreits festzustellen oder nach § 264 Nr. 3 ZPO seinen Antrag auf Schadensersatz umstellen.⁴⁷⁰ Wird dagegen der Besitz nach Rechtshängigkeit an einen Dritten weiterübertragen, greifen die §§ 265, 325 ZPO.⁴⁷¹ 362

4. Einstweilige Verfügung

Obwohl durch den Erlass einer einstweiligen Verfügung eine Erledigung der Störung herbeigeführt werden kann, ist diese nach h.M. zulässig.⁴⁷² Ein Verfügungsgrund muss nicht glaubhaft gemacht werden.⁴⁷³ Drohen Schäden und andere erhebliche Nachteile, sind Beseitigungsverfügungen zulässig.⁴⁷⁴ 363

5. Zwangsvollstreckung

Wie bei § 861 BGB sind Urteile nach § 862 BGB gemäß § 708 Nr. 9 ZPO ohne Sicherheitsleistung vorläufig vollstreckbar. 364

Da der Tenor nur die Besitzstörung beschreibt und ausspricht, dass diese zu beseitigen ist, kommt es darauf an, ob es sich um ein Handlungs- oder Unterlassungsgebot handelt. Bei einem Handlungsgebot (Beseitigungsverfügung) erfolgt die Vollstreckung nach § 887 ZPO und nach § 888 ZPO, wenn die Beseitigung nicht durch einen Dritten vorgenommen werden kann; bei einem Unterlassungsgebot (Unterlassungsverfügung) wird nach § 890 ZPO vollstreckt.⁴⁷⁵ 365

---

466 MüKo-Joost, § 862 BGB Rn. 12; Bamberger/Roth-Fritzsche, § 862 BGB Rn. 16.
467 Soergel/Stadler, § 862 BGB Rn. 1; Bamberger/Roth-Fritzsche, § 861 BGB Rn. 16.
468 Bamberger/Roth-Fritzsche, § 862 BGB Rn. 17; Staudinger-Bund, § 862 BGB Rn. 12.
469 Bamberger/Roth-Fritzsche, § 862 BGB Rn. 17.
470 Bamberger/Roth-Fritzsche, § 862 BGB Rn. 12, 17.
471 Soergel/Stadler, § 862 BGB Rn. 3.
472 Bamberger/Roth-Fritzsche, § 862 BGB Rn. 18.
473 Wie Rn. 472.
474 Wie Rn. 472.
475 Bamberger/Roth-Fritzsche, § 862 BGB Rn. 19; Palandt/Bassenge, § 862 BGB Rn. 14 i.V.m. § 1004 BGB Rn. 53.

§ 4 Anspruch wegen Besitzstörung, § 862 BGB

III. Muster: Klage zur Durchsetzung des Anspruchs wegen Besitzstörung, § 862 BGB

An das

■■■ Gericht[476]

Klage

des / der ■■■

Kläger / in

Prozessbevollmächtigte: ■■■

gegen

■■■

Beklagte / r

wegen: Besitzstörung[477]

Namens und in Vollmacht[478] des Klägers erheben wir Klage und b e a n t r a g e n:
1. Der Beklagte wird verurteilt, seinen Campingbus, Marke COMFORT, amtliches Kennzeichen ■■■, Farbe ■■■, Maße ■■■, der auf dem vom Kläger gemieteten Fahrzeugstellplatz, ■■■-straße, Ort ■■■ mit vier Sicherungskeilen seit dem ■■■ abgestellt worden ist, zu entfernen.[479]
2. Der Beklagte wird weiter verurteilt, es künftig zu unterlassen, seinen Campingbus, Marke COMFORT, amtliches Kennzeichen ■■■, Farbe ■■■, Maße ■■■ auf dem vom Kläger gemieteten Fahrzeugstellplatz, ■■■-straße, Ort ■■■ abzustellen.
3. Für jeden Fall der Zuwiderhandlung von Ziffer 2 wird dem Beklagten angedroht, dass ein Ordnungsgeld bis zu EUR 250.000,00 gegen ihn festgesetzt werden kann und dass dieses Ordnungsgeld für den Fall, dass es nicht beigetrieben werden kann, Ordnungshaft nach sich ziehen kann oder Ordnungshaft bis zu 6 Monaten gegen ihn festgesetzt werden kann.

Zur

B e g r ü n d u n g

tragen wir vor:

---

476 Vgl. zur Zuständigkeit des Gerichts Rn. 315, 316.
477 Ob eine solche „Kurzbezeichnung" gewählt wird, ist reine Geschmacksfrage. Es empfiehlt sich eine solche Angabe, damit für das Gericht auf einen Blick „schlagwortartig" zu erkennen ist, worum es in der Klage geht (z.B. wegen Räumung und Herausgabe einer Wohnung oder wegen Forderung und Schadensersatz oder wegen Abgabe einer Willenserklärung usw.).
478 Mit dieser Formulierung wird klargestellt, dass der beauftragte Rechtsanwalt nicht im eigenen Namen, sondern im Namen eines Dritten (Mandanten) handelt und für ihn diese Klage erhebt. Die sog. Prozessvollmacht gemäß § 80 Abs. 1 ZPO muss nicht mit der Klage vorgelegt werden, da das Gericht den Mangel der Vollmacht von Amts wegen nur berücksichtigt, wenn als Bevollmächtigter kein Rechtsanwalt auftritt, § 88 Abs. 2 ZPO.
479 Die Störung ist so genau als möglich zu bezeichnen, damit sie für die Zwangsvollstreckung ausreichend beschrieben ist.

Der Kläger macht einen Anspruch auf Beseitigung einer Störung gemäß § 862 BGB gegenüber dem Beklagten geltend, der mit seinem Campingbus auf dessen gemieteten Stellplatz parkt.[480]

Im Einzelnen:

Der Kläger hat das Anwesen in der ■■■-straße vom Eigentümer, Herrn ■■■ gemietet. Zu diesem Anwesen gehört auch ein Fahrzeugstellplatz, der sich unmittelbar vor dem Anwesen befindet.

Beweis:
1. Mietvertrag vom ■■■

Anlage 1
2. Lichtbild des Anwesens mit Fahrzeugstellplatz

Anlage 2

Der Beklagte ist der Nachbar des Klägers. Seit der Beklagte vor circa 10 Wochen einen Campingbus erworben hat, parkt er diesen regelmäßig auf dem vom Kläger gemieteten Fahrzeugstellplatz. Der Kläger hat den Beklagten mehrfach darauf angesprochen, worauf dieser bisher seinen Campingbus jeweils vom Fahrzeugstellplatz entfernte. Nunmehr hat der Beklagte aber am 01.02.2005 den Campingbus erneut auf dem Fahrzeugstellplatz abgestellt und diesen auch mit vier Stützkeilen gesichert. Offenbar soll der Campingbus auf Dauer dort abgestellt werden. Auf Ansprache hat der Beklagte erklärt, dass sich der Kläger nicht so haben solle, er könne ja sein Fahrzeug auch etwas weiter entfernt parken, was ihm bei der Größe des Campingbusses nicht so einfach möglich sei. Er werde das Fahrzeug nicht entfernen. Davon abgesehen, habe ihm der Kläger als Mieter ohnehin nichts zu sagen, dies könne nur der Eigentümer des Stellplatzes und der habe ihn bisher darauf nicht angesprochen.[481]

Beweis: Frau ■■■, als Zeugin

Frau ■■■ lebt mit dem Kläger in dem gemieteten Haus zusammen und war am ■■■ anwesend, als sich der Beklagte in der eben geschilderten Weise gegenüber dem Kläger äußerte.[482]

---

480 Auch dieser Satz soll klarstellen, dass ein Anspruch aus § 862 BGB geltend gemacht wird. Das Gericht vermag daran zu erkennen, dass der Kläger im Folgenden eine Besitzstörung darlegen wird.

481 Dieser Einwand wird vom Beklagten auch im Prozess zu erwarten sein und kann bereits in der Klage dazu verwendet werden, darzulegen, dass der Anspruch aus § 862 BGB gerade nicht auf einen dinglich Berechtigten abstellt.

482 Es empfiehlt sich, bei der Angabe von Zeugen auch anzugeben, warum diese ein taugliches Beweismittel sind. So werden oft Zeugen als Beweismittel benannt, bei denen sich dann in der Vernehmung herausstellt, dass sie zu dem konkreten Tatsachenvortrag keine oder nur unzureichende Angaben machen können. Deshalb sollte der Rechtsanwalt auch immer den Mandanten sehr sorgfältig darüber befragen, warum der Zeuge den Tatsachenvortrag bestätigen kann. Dabei stellt sich oft heraus, dass Zeugen zu einem Geschehen verspätet hinzugekommen sind und nur einen kleinen Teil des Geschehens aus eigener Anschauung bestätigen können und ansonsten ihre Kenntnisse darauf beruht, was ihnen später der Mandant über den Ablauf erzählt hat. Um dem Mandanten dann gefällig zu sein, werden oft Tatsachen bestätigt, die sie selbst nicht gesehen haben. Das dies strafrechtlich relevant sein kann (§§ 153 ff. StGB), sollte mit dem Mandaten ebenfalls ausführlich besprochen werden.

§ 4 Anspruch wegen Besitzstörung, § 862 BGB

Durch das parkende Fahrzeug des Beklagten ist dem Kläger die Benutzung des gemieteten Stellplatzes nicht möglich.[483]

Beweis: Frau ■■■, als Zeugin

Unerheblich ist, dass der Beklagte meint, es sei für die Besitzstörung darauf abzustellen, ob der Eigentümer sich gegen die Störung wende. Die Norm des § 862 BGB schützt gerade Besitzer einer Sache, die nicht dinglich berechtigt sind und somit auch den Kläger als Mieter des Stellplatzes.[484]

Darüber hinaus ist zu befürchten, dass der Beklagte auch künftig seinen Campingbus auf dem vom Kläger gemieteten Stellplatz abstellen wird, zumal er dies bereits in der Vergangenheit und zwar am ■■■ schon mehrfach getan hat.[485]

Beweis: Frau ■■■, als Zeugin

Der Antrag Ziffer 3 ergibt sich aus § 890 ZPO.[486]

■■■

Rechtsanwalt

---

[483] Der Kläger hat damit den Tatbestand des § 862 BGB dargelegt: Die Besitzstörung durch verbotene Eigenmacht und die Störung des Besitzes des Klägers durch den Beklagten.
[484] Zusätzlich sind die Literaturstellen anzugeben.
[485] Es wird zusätzlich nach § 862 Abs. 1 Satz 2 BGB begehrt, dass die Störung des Besitzes auch künftig zu unterlassen ist. Der Kläger muss dann darlegen, woraus sich ergibt, dass solche Störungen zu besorgen sind. Dies ergibt sich hier durch das bereits in der Vergangenheit erfolgte Parken auf dem gemieteten Stellplatz des Klägers.
[486] Auch für diesen Antrag ist es erforderlich, so genau wie möglich zu beschreiben, was der Beklagte unterlassen (oder dulden) soll, damit festgestellt werden kann, ob der Beklagte das Verbot übertreten hat, BGH NJW 1991, 296; BGH NJW 1991, 1114; BGH NJW 2003, 3406.

§ 5 Klage aus § 1007 BGB

A. Vorprozessuale Situation

I. Beratungssituation

Der beratende Rechtsanwalt wird in der Praxis eher selten mit der Vorschrift des § 1007 BGB in Berührung kommen.[487] Neben der nicht ganz geglückten Verteilung der einzelnen Sätze auf die drei Absätze,[488] werden im Regelfall nämlich andere Rechtsnormen eingreifen, die der Mandant als Anspruchsteller geltend machen kann: Ist der Mandant Eigentümer einer Sache, wird er aus § 985 BGB gegen den jetzigen Besitzer vorgehen. Dabei kann er sich als früherer Besitzer auf die Eigentumsvermutung des § 1006 Abs. 2 BGB berufen.[489] Schließlich wird auch der (im Regelfall) leichter zu beweisende § 861 BGB vorliegen, wenn der jetzige Besitzer verbotene Eigenmacht begangen hat.[490]

367

Allerdings sollte nicht verkannt werden, dass die Norm des § 1007 BGB in eng begrenzten Fällen Vorteile bietet. Sie regelt nämlich einen sog. **petitorischen Besitzschutzanspruch** und klärt damit **abschließend** die Besitzposition zwischen Kläger und Beklagtem; sie ist insoweit dem Besitzschutz aus §§ 861, 863 BGB überlegen.[491] Davon abgesehen ist der Anspruch aus § 1007 BGB im Gegensatz zum Anspruch aus § 861 BGB nicht befristet (vgl. § 864 BGB) und gewährt auch Nebenansprüche (vgl. §§ 1007 Abs. 3 Satz 2, 987 ff. BGB).[492] Nicht zu unterschätzen ist auch der Vorteil, dass sich der Beklagte gegenüber einem Anspruch aus § 1007 Abs. 1 BGB gerade **nicht** auf die Vermutung des § 1006 Abs. 1 BGB berufen kann.[493]

368

Damit ist § 1007 BGB als alleinige Anspruchsgrundlage heranzuziehen, wenn der Anspruchsteller z.B. für § 985 BGB sein Eigentum nicht beweisen kann oder er überhaupt nicht Eigentümer ist (z.B. Entleiher, Verwahrer, Beauftragter, Leasingnehmer usw.) und § 861 BGB ausscheidet, weil der jetzige Besitzer keine verbotene Eigenmacht

369

---

487 Palandt/Bassenge, § 1007 BGB Rn. 1; MüKo-Medicus, § 1007 BGB Rn. 2, der davon spricht, dass die Fassung des § 1007 BGB „dunkel" und die Vorschrift mehr eine solche für „Grübler" sei, als für die Praxis; Erman-Ebbing, § 1007 BGB Rn. 2.
488 Die freiwillige Besitzaufgabe in § 1007 Abs. 3 Satz 1, Alt. 2 BGB kann nur Absatz 1 betreffen, da sie bei Absatz 2 sinnlos wäre, weil das Abhandenkommen einer Sache immer einen unfreiwilligen Verlust des unmittelbaren Besitzes voraussetzt. Deshalb hätte diese Alternative eigentlich Absatz 1 zugewiesen werden müssen. Schließlich ist in § 1007 Abs. 2 Satz 1 aufgeführt, dass eine Herausgabe gegen einen Besitzer dann nicht möglich ist, wenn dieser Besitzer auch Eigentümer der Sache ist. Da allerdings § 1007 Abs. 3 Satz 2 ausdrücklich erwähnt, dass insbesondere die Vorschrift des § 986 BGB Anwendung findet, ergibt sich, dass auch das Eigentum ein solches Recht zum Besitz begründet. Die gesonderte Aufnahme des „Eigentumseinwandes" in § 1007 Abs. 2 ist deshalb überflüssig, da sie ohnehin im Absatz 3 mitenthalten ist, vgl. hierzu Staudinger-Gursky, § 1007 BGB Rn. 5 und 36.
489 MüKo-Medicus, § 1007 BGB Rn. 2; Bamberger/Roth-Fritzsche, § 1007 BGB Rn. 1.
490 MüKo-Medicus, § 1007 BGB Rn. 2; Bamberger/Roth-Fritzsche, § 1007 BGB Rn. 1; Palandt/Bassenge, § 1007 BGB Rn. 1.
491 Jauernig/Jauernig, § 1007 BGB Rn. 1.
492 MüKo-Medicus, § 1007 BGB Rn. 14.
493 Staudinger-Gursky, § 1007 BGB Rn. 21.

begangen hat.⁴⁹⁴ Damit werden von § 1007 BGB Fallkonstellationen erfasst, bei denen weder der Kläger noch der Beklagte ein **Recht zum Besitz** nachweisen kann.

370 Die Norm wird üblicherweise so interpretiert, dass sie den Besitz demjenigen zuordnet, der ein „**besseres Recht zum Besitz**" geltend machen kann.⁴⁹⁵ Es kann Situationen geben, in denen zwei Personen um eine Sache streiten, aber keine ein „definitives" Recht an der Sache nachweisen kann; dennoch kann es gerechtfertigt sein, die eine Person als besser zum Besitz Berechtigte anzusehen: So wird Absatz 1 als eine Art **Sanktion** gegen den **bösgläubigen Erwerber** verstanden und nach Absatz 2 (wo auch zwei gutgläubige Erwerber zusammentreffen können) soll die Sache wieder **möglichst nahe an den wirklich Berechtigten** herangeführt werden.⁴⁹⁶

II. Anspruchsgrundlage

1. Ziel des Anspruchs

371 Das Ziel des § 1007 BGB besteht darin, dem früheren Besitzer einer Sache gegen den aktuellen Besitzer einen **Herausgabeanspruch** zu geben.⁴⁹⁷ Allerdings kann der frühere Besitzer, wenn er nur mittelbarer Besitzer war, analog § 869 Satz 2 BGB auch nur Herausgabe an den früheren unmittelbaren Besitzer verlangen.⁴⁹⁸ Eine Herausgabe an sich selbst kommt nur in Betracht, wenn der unmittelbare Besitzer den Besitz nicht übernehmen will oder kann.⁴⁹⁹ Ein früherer Mitbesitzer kann auch nur Wiedereinräumung des Mitbesitzes verlangen oder analog § 432 Abs. 1 BGB (oder § 1011 BGB) die Herausgabe an alle früheren Mitbesitzer, es sei denn der frühere Mitbesitzer will keinen Mitbesitz wiedererlangen oder dies kommt aus tatsächlichen Gründen nicht in Betracht.⁵⁰⁰

372 Dabei beinhaltet § 1007 BGB zwei selbständige Anspruchsgrundlagen, die auch nebeneinander bestehen können.⁵⁰¹ **Vereinfacht** formuliert, liegt der Anspruch aus § 1007 Abs. 1 BGB vor, wenn der aktuelle (jetzige) Besitzer beim Besitzerwerb bösgläubig war (sog. **bösgläubiger** Besitzerwerb), der Anspruch aus § 1007 Abs. 2 BGB ist gegeben, wenn die Sache dem früheren Besitzer abhanden gekommen ist (sog. Besitzerwerb an **abhanden gekommenen** Sachen).⁵⁰² Dabei übernimmt Absatz 3 für beide Ansprüche die Funktion, den jeweiligen Anspruch **auszuschließen**. Das bedeutet, dass

---

494 Jauernig/Jauernig, § 1007 BGB Rn. 1.
495 Jauernig/Jauernig, § 1007 BGB Rn. 1; Bamberger/Roth-Fritzsche, § 1007 BGB Rn. 1; Palandt/Bassenge, § 1007 BGB Rn. 1, der so formuliert, dass die Wiedererlangung des Besitzes vom „schlechter Berechtigten" verlangt werden kann; MüKo-Medicus, § 1007 BGB Rn. 3.
496 Staudinger-Gursky, § 1007 BGB Rn. 3; MüKo-Medicus, § 1007 BGB Rn. 3.
497 Erman-Ebbing, § 1007 BGB Rn. 1.
498 Bamberger/Roth-Fritzsche, § 1007 BGB Rn. 21; MüKo-Medicus, § 1007 BGB Rn. 5; Palandt/Bassenge, § 1007 BGB Rn. 2; Staudinger-Gursky, § 1007 BGB Rn. 27.
499 Staudinger-Grusky, § 1007 BGB Rn. 27.
500 Bamberger/Roth-Fritzsche, § 1007 BGB Rn. 21; Palandt/Bassenge, § 1007 BGB Rn. 2; Staudinger-Gursky, § 1007 BGB Rn. 28.
501 Bamberger/Roth-Fritzsche, § 1007 BGB Rn. 1; Palandt/Bassenge, § 1007 BGB Rn. 2; MüKo-Medicus, § 1007 BGB Rn. 9; Staudinger-Gursky, § 1007 BGB Rn. 9 am Ende.
502 Staudinger-Gursky, § 1007 BGB Rn. 1.

sowohl § 1007 Abs. 1 BGB, als auch § 1007 Abs. 2 BGB jeweils im Zusammenhang mit Absatz 3 gesehen werden muss.

2. Voraussetzungen

Bei den Voraussetzungen ist zu beachten, dass die beiden Anspruchsgrundlagen § 1007 Abs. 1 BGB und § 1007 Abs. 2 BGB **gemeinsame Voraussetzungen** beinhalten und dann **zusätzlich** gemäß dem jeweiligen Regelungsgehalt **weitere Voraussetzungen** hinzutreten. Da die beiden Ansprüche aus § 1007 Abs. 1 BGB und § 1007 Abs. 2 BGB nach § 1007 Abs. 3 ausgeschlossen sein können, werden deren (negative) Voraussetzungen nachstehend auch unter den „gemeinsamen Voraussetzungen" dargestellt: 373

a) Gemeinsame Voraussetzungen

aa) Bewegliche Sache: Der Wortlaut des § 1007 BGB bezieht sich nur auf bewegliche Sachen[503] und gilt auch für Scheinbestandteile (§ 95 BGB)[504] und Grundstückszubehör. Die h.M. lehnt eine analoge Anwendung auf Immobilien, wie z.B. auf Mieträume, ab.[505] 374

Von Absatz 1 werden auch Geld und Inhaberpapiere erfasst, dagegen sind diese wegen § 935 Abs. 2 BGB in Absatz 2 Satz 2 ausgenommen. Die h.M. setzt sog. **blanko indossierte Orderpapiere** mit Geld und Inhaberpapieren gleich und nimmt auch diese von Absatz 2 aus.[506] 375

bb) Früherer Besitz des Anspruchstellers: Der Anspruchsteller muss früherer Besitzer[507] gewesen sein. Dabei ist unerheblich, welche Besitzart vorgelegen hat (Eigen-, Fremd-, Allein-, Mit-, Teil-, unmittelbarer oder mittelbarer Besitz). Ebenso ist es ohne Bedeutung, ob der frühere Besitz rechtmäßig oder unrechtmäßig war.[508] Aus diesem Grunde kann es auch für einen Eigentümer oder Pfandgläubiger interessant sein, sich aufgrund der unterschiedlichen Beweisanforderungen auf § 1007 BGB zu berufen.[509] Nur der **Besitzdiener** kann **keinen** eigenen Anspruch geltend machen.[510] 376

cc) Gutgläubigkeit des früheren Besitzers: Aus **§ 1007 Abs. 3 Satz 1, Alt. 1 BGB** ergibt sich, dass der frühere Besitzer bei der Erlangung seines Besitzes gutgläubig gewesen sein muss.[511] Die Beurteilung, ob der Besitzer in gutem Glauben war, richtet sich nach § 932 Abs. 2 BGB.[512] Das bedeutet, dass der frühere Besitzer ohne grobe Fahrlässigkeit 377

---

503 Baur/Stürner, § 9 Rn. 27.
504 Staudinger-Gursky, § 1007 BGB Rn. 6.
505 Palandt/Bassenge, § 1007 BGB Rn. 1; MüKo-Medicus, § 1007 BGB Rn. 4, der darauf hinweist, dass die befürwortende Entscheidung des BGH in BGHZ 7, 208 ff. aus dem Jahr 1952 aus den besonderen Verhältnissen der ersten Nachkriegsjahre zu erklären sei und deshalb nicht verallgemeinert werden könne, ebenso Staudinger-Gursky, § 1007 BGB Rn. 6; Bamberger/Roth-Fritzsche, § 1007 BGB Rn. 4 am Ende.
506 Palandt/Bassenge, § 1007 BGB Rn. 9.
507 Staudinger-Gursky, § 1007 BGB Rn. 10.
508 Palandt/Bassenge, § 1007 BGB Rn. 2; MüKo-Medicus, § 1007 BGB Rn. 5; Bamberger/Roth-Fritzsche, § 1007 BGB Rn. 3.
509 Staudinger-Gursky, § 1007 BGB Rn. 10.
510 MüKo-Medicus, § 1007 BGB Rn. 5 am Ende; Bamberger/Roth-Fritzsche, § 1007 BGB Rn. 3; Palandt/Bassenge, § 1007 BGB Rn. 2.
511 Bamberger/Roth-Fritzsche, § 1007 BGB Rn. 17; Staudinger-Gursky, § 1007 BGB Rn. 14.
512 MüKo-Medicus, § 1007 BGB Rn. 5.

davon ausgegangen ist, dass ihm ein Besitzrecht im **Zeitpunkt des Besitzerwerbs** oder **spätestens mit dem Besitzerwerb** zustand.[513] Hat der frühere Besitzer **nach** dem Zeitpunkt des Besitzerwerbs von seiner Nichtberechtigung Kenntnis erlangt (z.B. gutgläubiger Eigentumserwerb eines Dritten) und wurde er dadurch bösgläubig, ist das **unschädlich**.[514] Ein früherer Besitzer, der **bösgläubig** beim Besitzerwerb war, kann somit einen Anspruch aus § 1007 BGB nicht gegen einen Beklagten geltend machen, selbst wenn bei diesem Beklagten die Bösgläubigkeit auf **positiver** Kenntnis beruhte, während die Bösgläubigkeit des Anspruchstellers dagegen **nur** den Vorwurf einer **groben Fahrlässigkeit** rechtfertigen würde.[515]

378 *dd) Keine Besitzaufgabe des früheren Besitzers:* Der frühere Besitzer darf seinen Besitz nicht aufgegeben haben, § **1007 Abs. 3 Satz 1, Alt. 2 BGB**, sonst ist der Anspruch ausgeschlossen.[516] Gemeint ist nach § 856 Abs. 1 BGB eine willentliche (freiwillige) Aufgabe der unmittelbaren Sachherrschaft. Begründet wird dies damit, dass ein die Sache aufgebender Besitzer zu dieser in keinem Verhältnis mehr stehe und sie somit selbst einem unredlichen Besitzer nicht wieder abnehmen können solle.[517] Abzustellen ist z.B. auf eine **freiwillige Weiterübertragung**, die allerdings **nicht** vorliegt, wenn ein unmittelbarer Besitzer die Sache gegen den Willen des mittelbaren Besitzers weitergibt.[518]

379 *ee) Kein Besitzrecht des Anspruchgegners:* Steht dem Anspruchsgegner gemäß § **1007 Abs. 3 Satz 2 BGB i.V.m.** § **986 BGB** ein obligatorisches oder dingliches Recht[519] zum Besitz zu, ist der Anspruch ausgeschlossen. Dabei ergibt sich für § 1007 Abs. 1 BGB, dass das Besitzrecht des Besitzers erst **nach**[520] dem Besitzerwerb entstanden sein kann: Hat nämlich das Besitzrecht schon zum Zeitpunkt des Besitzerwerbs bestanden, kann der Besitzer **nicht** bösgläubig gewesen sein. Ein Besitzrecht nach § 986 BGB schließt naturgemäß die Bösgläubigkeit aus.

380 Das in § 1007 Absatz 2 Satz 1 BGB genannte Eigentum stellt eine Art „**Spezialfall**" des „Rechtes zum Besitz" dar.[521]

381 Ein Besitzrecht, auf das sich der Beklagte beruft, reicht aber nicht aus, wenn der Kläger darlegen kann, dass ihm ein besseres Besitzrecht zusteht, z.B. ein gegenüber dem Eigentum wirkendes Pfandrecht.[522] Im Übrigen gelten für das Besitzrecht die Ausführungen zu § 986 BGB.

---

513 MüKo-Medicus, § 1007 BGB Rn. 5.
514 Staudinger-Gursky, § 1007 BGB Rn. 14; MüKo-Medicus, § 1007 BGB Rn. 5; Bamberger/Roth-Fritzsche, § 1007 BGB Rn. 5; Erman-Ebbing, § 1007 BGB Rn. 15.
515 Staudinger-Gursky, § 1007 BGB Rn. 14.
516 MüKo-Medicus, § 1007 BGB Rn. 6; Bamberger/Roth-Fritzsche, § 1007 BGB Rn. 18; Staudinger-Gursky, § 1007 BGB Rn. 16.
517 Staudinger-Gursky, § 1007 BGB Rn. 16.
518 Staudinger-Gursky, § 1007 BGB Rn. 16.
519 Staudinger-Gursky, § 1007 BGB Rn. 18.
520 Staudinger-Gursky, § 1007 BGB Rn. 20.
521 MüKo-Medicus, § 1007 BGB Rn. 7.
522 Bamberger/Roth-Fritzsche, § 1007 BGB Rn. 20.

ff) Gegenwärtiger Besitz des Anspruchsgegners: Der Anspruchsgegner ist der gegenwärtige (aktuelle) Besitzer,[523] wobei es auch hier unerheblich ist, welche Besitzart vorliegt (Eigen-, Fremd-, Allein-, Mit-, Teil-, unmittelbarer oder mittelbarer Besitz).[524] Tritt der Besitzverlust beim Anspruchsgegner ein, entfällt der Anspruch aus § 1007 BGB, weil es sich nur um einen sog. **Auskehrungs- und nicht um einen Verschaffungsanspruch** handelt.[525]

b) Zusätzliche Voraussetzungen für § 1007 Abs. 1 BGB

Nach § 1007 Abs. 1 BGB richtet sich der Anspruch gegen einen bösgläubigen Besitzer[526] und somit gegen den jetzigen Besitzer, der beim Besitzerwerb nicht in gutem Glauben war. Damit ist das Gleiche gemeint, wie in Absatz 3 Satz 1 und bedeutet, beim Besitzerwerb stand dem Besitzer objektiv kein Recht zum Besitz zu und subjektiv wusste er dies oder er hatte dies infolge grober Fahrlässigkeit verkannt (§ 932 Abs. 2 BGB). Dabei ist der **Bezugspunkt** für die Berechtigung zum Besitz das **Verhältnis zum Anspruchsteller**. Es kommt somit darauf an, ob der aktuelle Besitzer im **maßgeblichen Zeitpunkt**[527] des **Besitzerwerbes** wusste oder infolge grober Fahrlässigkeit nicht wusste, dass ihm gegenüber dem **Anspruchsteller** (als dem früheren Besitzer) kein Besitzrecht zustand.[528] Diese Kenntnis bezieht sich also auf das Besitzrecht und **nicht** auf das Eigentum.[529]

c) Zusätzliche Voraussetzungen für § 1007 Abs. 2 BGB

Selbst wenn der gegenwärtige Besitzer gutgläubig beim Besitzerwerb war, kann der Anspruch auf Herausgabe nach § 1007 Abs. 2 BGB eingreifen, wenn die Sache dem Anspruchsteller **abhanden gekommen** war.[530]

Abhanden kommen meint dasselbe wie in § 935 Abs. 1 BGB, also einen **unfreiwilligen Verlust der unmittelbaren Sachherrschaft**.[531] Gemäß § 935 Abs. 1 Satz 2 BGB analog kommt es beim mittelbaren Besitzer darauf an, ob diesem die Sache abhanden gekommen ist.[532] Die Norm richtet sich **auch** gegen einen gutgläubigen Besitzer, war dieser **auch bösgläubig**, greifen beide Absätze des § 1007 BGB zugunsten des Klägers ein.[533]

---

523 Staudinger-Gursky, § 1007 BGB Rn. 13.
524 Palandt/Bassenge, § 1007 BGB Rn. 2.
525 Staudinger-Gursky, § 1007 BGB 13 am Ende.
526 Staudinger-Gursky, § 1007 BGB Rn. 17.
527 Staudinger-Gursky, § 1007 BGB Rn. 17.
528 Bamberger/Roth-Fritzsche, § 1007 BGB Rn. 8.
529 MüKo-Medicus, § 1007 BGB Rn. 9.
530 Bamberger/Roth-Fritzsche, § 1007 BGB Rn. 10; MüKo-Medicus, § 1007 BGB Rn. 10; Palandt/Bassenge, § 1007 BGB Rn. 10; Staudinger-Gursky, § 1007 BGB Rn. 30.
531 MüKo-Medicus, § 1007 BGB Rn. 10; Bamberger/Roth-Fritzsche, § 1007 BGB Rn. 11; Palandt/Bassenge, § 1007 BGB Rn. 10; Jauernig/Jauernig, § 1007 BGB Rn. 7; Erman-Ebbing, § 1007 BGB Rn. 10.
532 Staudinger-Gursky, § 1007 BGB Rn. 30.
533 Staudinger-Gursky, § 1007 BGB Rn. 31.

386 Die Norm macht allerdings zwei Ausnahmen („ es sei denn ...") :

387 *aa) Kein Eigentum des jetzigen Besitzers:* Der gegenwärtige Besitzer darf kein Eigentümer sein (negative Voraussetzung), was aber im Hinblick auf § 1007 Abs. 3 Satz 2 i.V.m. § 986 BGB nicht gesondert hätte erwähnt werden müssen.[534]

388 *bb) Keine Anwendung auf Geld und Inhaberpapiere und nach h.M. auch blanko indossierte Orderpapiere:* Geld, Inhaberpapiere und nach h.M. auch die indossierten Orderpapiere können von einem gutgläubigen Besitzer auch unter den erweiterten Voraussetzungen des § 1007 Abs. 2 BGB **nicht** herausverlangt werden.

389 Für eine **öffentliche Versteigerung** bleibt es nach h.M. bei einem Anspruch aus § 1007 Abs. 1 BGB, d.h. es kommt darauf an, ob der Erwerber beim Besitzerwerb bösgläubig war.[535] Der Beklagte kann aber entgegenhalten, durch den Zuschlag in der Versteigerung Eigentum erworben zu haben und somit zum Besitz an der Sache berechtigt zu sein.[536]

3. Weitere Ansprüche

390 Nach § 1007 Abs. 3 Satz 2 BGB finden die Vorschriften der §§ 986 bis 1003 BGB entsprechende Anwendung. Damit werden zwischen dem früheren und dem jetzigen Besitzer die gleichen Ansprüche begründet, wie zwischen dem Eigentümer und dem Besitzer nach §§ 987ff. BGB.[537] Man spricht bei § 1007 Abs. 3 Satz 2 BGB deshalb auch von Ansprüchen aus dem „**Besitzer-Besitzer-Verhältnis**".[538]

a) Herausgabe und Ersatz von Nutzungen, §§ 987, 988 BGB

391 Der Anspruch auf Nutzungsherausgabe gemäß § 1007 BGB gewährt nach h.M. nur die Herausgabe des sog. **Nutzungsbesitzes**. Das bedeutet, dass der Kläger die Früchte nur zu Besitz und nicht zu Eigentum verlangen kann.[539] Eine Eigentumsübertragung scheidet selbst dann aus, wenn der Kläger bei Fortdauer seines Besitzes Eigentum nach §§ 955, 957 BGB erworben hätte.[540]

b) Schadensersatz

392 Der nach § 1007 Abs. 3 Satz 2 BGB i.V.m. §§ 989, 990 BGB entsprechend bestehende Schadensersatz bezieht sich auf das **Besitzinteresse**.[541] Voraussetzung ist somit, dass der Beklagte nach Rechtshängigkeit des Herausgabeanspruchs oder gemäß § 1007

---

534 Erman-Ebbing, § 1007 BGB Rn. 11.
535 MüKo-Medicus, § 1007 BGB Rn. 10 am Ende.
536 Staudinger-Gursky, § 1007 BGB Rn. 32 am Ende.
537 MüKo-Medcius, § 1007 BGB Rn. 11; Bamberger/Roth-Fritzsche, § 1007 BGB Rn. 22.
538 MüKo-Medicus, § 1007 BGB Rn. 11.
539 MüKo-Medicus, § 1007 BGB Rn. 12; Bamberger/Roth-Fritzsche, § 1007 BGB Rn. 23; Palandt/Bassenge, § 1007 BGB Rn. 14.
540 Palandt/Bassenge, § 1007 BGB Rn. 14; Bamberger/Roth-Fritzsche, § 1007 BGB Rn. 23. Im Zusammenhang mit der Verweisung des § 1007 Abs. 3 Satz 2 BGB i.V.m. §§ 987ff. BGB sind zahlreiche Streifragen entstanden, z.B. inwieweit eine materielle Nutzungsberechtigung des Anspruchstellers vorausgesetzt wird, vgl. hierzu ausführlich Staudinger-Gursky, § 1007 BGB Rn. 39-43.
541 Bamberger/Roth-Fritzsche, § 1007 BGB Rn. 24; Palandt/Bassenge, § 1007 BGB Rn. 14.

Abs. 2 BGB nach Eintritt der Bösgläubigkeit die Sache schuldhaft verschlechtert bzw. deren Herausgabe unmöglich macht.

Mit dem Maßstab des Besitzinteresses ist das gleiche Problem wie bei § 823 Abs. 1 BGB bei der Verletzung des Besitzes angesprochen.[542] Nach h.M. bemisst sich das Besitzinteresse nach dem **Haftungs-, Zurückbehaltungs- und Nutzungsinteresse** des früheren Besitzers.[543]

c) Aufwendungsersatz

Gemäß § 1007 Abs. 3 Satz 2 BGB i.V.m. §§ 994 ff. BGB kann der Beklagte die Herausgabe vom Ersatz bestimmter Aufwendungen geltend machen.[544] Dabei ist aber § 1003 Abs. 1 Satz 2 BGB und § 1248 BGB zu beachten: Ist dem gegenwärtigen Besitzer positiv bekannt, dass der frühere Besitzer/Herausgabegläubiger nicht auch der Eigentümer ist, muss er zunächst gegenüber dem **wahren** Eigentümer eine Frist setzen und ihn auffordern, sich dazu zu erklären, ob er die Verwendungen genehmige.[545] Dabei ist in § 1248 BGB der Pfandgläubiger als der derzeitige Besitzer und der Verpfänder als der frühere Besitzer zu verstehen.[546]

4. Abtretbarkeit, Erlass

Die Ansprüche aus § 1007 BGB sind abtretbar und können auch analog § 397 BGB erlassen werden. Dies liegt daran, dass die Ansprüche aus § 1007 BGB **keine dinglichen** Rechte[547] darstellen, deren Verwirklichung gefährdet wäre, wenn der Anspruch vom „Hauptrecht" abgetreten oder erlassen werden könnte (wie z.B. bei § 985 BGB). Der Anspruch aus § 1007 BGB beinhaltet nur ein sog. „relatives" Recht des Anspruchstellers auf den Besitz und dient nicht der Verwirklichung des Sachenrechts.[548]

5. Verjährung

Nach h.M. verjähren die Ansprüche des § 1007 BGB in 3 Jahren gemäß §§ 195, 199 Abs. 1 BGB und nach § 199 Abs. 4 BGB jedenfalls spätestens 10 Jahre nach ihrer Entstehung.[549]

---

542 MüKo-Medicus, § 1007 BGB Rn. 11; Bamberger/Roth-Fritzsche, § 1007 BGB Rn. 24.
543 Palandt/Bassenge, § 1007 BGB Rn. 14; MüKo-Medicus, § 1007 BGB Rn. 11; Bamberger/Roth-Fritzsche, § 1007 BGB Rn. 24; Staudinger-Gursky, § 1007 BGB Rn. 44 und 45.
544 Palandt/Bassenge, § 1007 BGB Rn. 14; MüKo-Medicus, § 1007 BGB Rn. 13; Bamberger/Roth-Fritzsche, § 1007 BGB Rn. 25.
545 Staudinger-Gursky, § 1007 BGB Rn. 46.
546 MüKo-Medicus, § 1007 BGB Rn. 13.
547 Staudinger-Gursky, § 1007 BGB Rn. 9 und Rn. 3; Bamberger/Roth-Fritzsche, § 1007 BGB Rn. 2, der den Anspruch auch für vererblich hält.
548 Staudinger-Gursky, § 1007 BGB Rn. 10 am Ende.
549 Palandt/Bassenge, § 1007 BGB Rn. 2; Bamberger/Roth-Fritzsche, § 1007 BGB Rn. 26; a.A. MüKo-Medicus, § 1007 Rn. 16, der davon ausgeht, dass § 1007 BGB Lücken dinglicher Herausgabeansprüche füllen soll und deshalb auf die Verjährung § 197 Abs. 1 Nr. 1 BGB anwenden will. Die h.M. dagegen sieht in § 1007 BGB kein dingliches Recht, sondern die Verwirklichung des Besitzes zugunsten eines besser Berechtigten zum Besitz, vgl. Jauernig/Jauernig, § 1007 BGB Rn. 1e).

6. Insolvenz

397 Im Insolvenzverfahren des jetzigen (aktuellen) Besitzers gewährt der Herausgabeanspruch aus § 1007 BGB ein Aussonderungsrecht gemäß § 47 InsO.[550]

7. Einzelvollstreckung

398 Bei einer Einzelvollstreckung kann der Dritte mit Hilfe des § 1007 BGB **Drittwiderspruchsklage** nach § 771 ZPO erheben. Der Anspruch des § 1007 BGB stellt ein die Veräußerung hinderndes Recht dar, weil geltend gemacht wird, dass der Gegenstand nicht dem vollstreckbaren Vermögen des Schuldners unterliegt.[551] Dieses Ergebnis wird auch damit begründet, dass der Gläubiger eines schuldrechtlichen Anspruchs,[552] der ein die Veräußerung hinderndes Recht begründet, nicht besser behandelt werden könne, als ein Herausgabeberechtigter nach § 1007 BGB.

8. Konkurrenzen

399 Während § 1007 Abs. 1 und § 1007 Abs. 2 BGB selbständig nebeneinander stehen, können die Ansprüche aus § 1007 BGB aber aus anderen Rechtsgründen mit den §§ 985, 861, 812, 823 oder 2019 BGB konkurrieren.[553] Im Verhältnis zu § 985 und § 861 BGB liegt eine echte Anspruchsmehrheit vor.[554] Besteht zwischen den Beteiligten dagegen ein Vertragsverhältnis (z.B. Verwahrung, Leihe), geht die Praxis regelmäßig aus dem obligatorischen Recht vor.[555]

9. Rechtskraft

400 Geht der Kläger als Eigentümer aus § 1007 BGB vor und wird seine Klage **abgewiesen**, so kann er in einer weiteren Klage sein Eigentum nicht mehr aus § 985 BGB verfolgen, weil Kläger und Beklagter über ein „besseres Recht" zum Besitz gestritten haben und über dieses Recht materiell rechtskräftig entschieden wurde.[556]

401 **Obsiegt** dagegen der Kläger mit einer Klage aus § 1007 BGB schließt das nicht aus, dass der **Beklagte** nunmehr eine Klage aus § 985 BGB geltend macht. Der Kläger hätte das im vorherigen Prozess verhindern können, in dem er selbst seine Klage auch auf § 985 BGB hätte stützen können oder aber durch eine **Eigentumsfeststellungsklage** sein Eigentum hätte feststellen lassen können.[557]

402 Geht der Kläger dagegen aus § 985 BGB vor und wird seine Klage abgewiesen, weil der Beklagte ein **besseres Recht zum Besitz** geltend machen konnte, so kann er in einem weiteren Prozess § 1007 BGB nur noch geltend machen, wenn er sich auf ein anderes

---

550 Jauernig/Jauernig, § 1007 BGB Rn. 8 am Ende; MüKo-Medicus, § 1007 BGB Rn. 18; Palandt/Bassenge, § 1007 BGB Rn. 1; Bamberger/Roth-Fritzsche, § 1007 BGB Rn. 2.
551 Staudinger-Gursky, § 1007 BGB Rn. 8.
552 Baumbach/Lauterbach-Hartmann, § 771 ZPO Rn. 20, Stichwort: schuldrechtlicher Anspruch; Staudinger-Gursky, § 1007 BGB Rn. 8.
553 MüKo-Medicus, § 1007 BGB Rn. 14; Palandt/Bassenge, § 1007 BGB Rn. 1; Bamberger/Roth-Fritzsche, § 1007 BGB Rn. 28; Jauernig/Jauernig, § 1007 BGB Rn. 1d); Erman-Ebbing, § 1007 BGB Rn. 19.
554 Staudinger-Gursky, § 1007 BGB Rn. 48.
555 Bamberger/Roth-Fritzsche, § 1007 BGB Rn. 28; MüKo-Medicus, § 1007 BGB Rn. 14.
556 Staudinger-Gursky, § 1007 BGB Rn. 48.
557 Staudinger-Gursky, § 1007 BGB Rn. 48.

Recht als das Eigentum beruft, weil es sich dann um unterschiedliche Streitgegenstände handelt.[558]

Macht der Kläger einen Herausgabeanspruch aus § 861 BGB geltend und wird die Klage abgewiesen, so steht die Rechtskraft dieses Urteils einer weiteren Klage, die auf § 1007 BGB gestützt wird, entgegen.[559]

10. Beweislast

a) Kläger für § 1007 Abs. 1 BGB

Der Kläger muss Folgendes darlegen und beweisen:

- seinen **früheren Besitz**, im Fall der Abtretung, auch den Besitz des Zedenten; die Besitzart ist unerheblich.[560] Ein eigenes Recht zum Besitz muss der Kläger dagegen nicht beweisen, dieses wird vermutet.[561]
- den gegenwärtigen **Besitz des Beklagten**, auch hier ist die Besitzart unerheblich.[562]
- die **Bösgläubigkeit** des Beklagten beim Besitzerwerb,[563] dagegen nicht seine Gutgläubigkeit, diese wird, wie sich auf der Fassung des § 1007 Abs. 3 BGB ergibt (… „ist ausgeschlossen" …) vermutet.[564] Die Gutgläubigkeit des Klägers gehört damit nicht zum Klagegrund. Beruft sich der Beklagte darauf, dass er den Besitz mit dem Einverständnis des Klägers erhalten habe, muss der Kläger diese Behauptung widerlegen, damit er die Bösgläubigkeit des Beklagten beweisen kann.[565]

b) Beklagte für § 1007 Abs. 1 BGB

aa) Besitzrechtseinwand: Behauptet der Beklagte, dass die ursprüngliche Besserstellung zum Besitz für den Kläger nachträglich entfallen ist, weil er – der Beklagte – sein Besitzrecht nachträglich erworben hat (z.B. Erwerb des Eigentums), muss der Beklagte nur den hierzu gehörenden Sachverhalt vortragen, der **Kläger** aber ein besseres Recht zum Besitz nachweisen.[566] Allerdings braucht der Kläger z.B. nur die **Entstehung** (nicht dessen Fortbestand) eines Pfandrechts nachzuweisen, es ist dann Sache des **Beklagten**, den Nachweis zu führen, dass dieses Pfandrecht wieder erloschen ist.[567]

bb) Kein Recht zum Besitz: **Keine** Wirkung auf den Anspruch aus § 1007 Abs. 1 BGB hat es, wenn der Beklagte nachweist, dass dem Kläger kein **Besitzrecht** zusteht, weil damit **verkannt** wird, dass es bei § 1007 BGB **nicht** um ein Recht zum Besitz geht, sondern **ausschließlich um den früheren Besitz** des Klägers.[568]

---

558 Staudinger-Gursky, § 1007 BGB Rn. 48.
559 Staudinger-Gursky, § 1007 BGB Rn. 48.
560 MüKo-Medicus, § 1007 BGB Rn. 17; Bamberger/Roth-Fritzsche, § 1007 BGB Rn. 27; Baumgärtel/Laumen, § 1007 BGB Rn. 3; Staudinger-Gursky, § 1007 BGB Rn. 24.
561 Bamberger/Roth-Fritzsche, § 1007 BGB Rn. 17.
562 MüKo-Medicus, § 1007 BGB Rn. 17; Bamberger/Roth-Fritzsche, § 1007 BGB Rn. 27; Baumgärtel/Laumen, § 1007 BGB Rn. 4; Staudinger-Gursky, § 1007 BGB Rn. 24.
563 MüKo-Medicus, § 1007 BGB Rn. 17; Palandt/Bassenge, § 1007 BGB Rn. 5.
564 Bamberger/Roth-Fritzsche, § 1007 BGB Rn. 27; Staudinger-Gursky, § 1007 BGB Rn. 14.
565 Baumgärtel/Laumen, § 1007 BGB Rn. 7; Staudinger-Gursky, § 1007 BGB Rn. 17 am Ende.
566 Staudinger-Gursky, § 1007 BGB Rn. 20.
567 Staudinger-Gursky, § 1007 BGB Rn. 20.
568 Staudinger-Gursky, § 1007 BGB Rn. 23.

§ 5 Klage aus § 1007 BGB

407 **cc) Einwände aus § 1007 Abs. 3 BGB:** Der Beklagte kann sich auf die Einwendungen des § 1007 Abs. 3 Satz 1 BGB berufen. Der Beklagte muss dabei darlegen und beweisen, dass der Kläger bei dessen früheren Besitzerwerb bösgläubig war oder der Kläger den Besitz aufgegeben hat.[569]

408 Erhebt der Beklagte den Einwand der Bösgläubigkeit, kann der Kläger einwenden, dass er nachträglich doch noch ein Besitzrecht erworben habe. Das muss er dann beweisen.[570]

409 **dd) Geltendmachung eines „besseren Besitzrechts":** Weiter kann sich der Beklagte nach § 1007 Abs. 3 Satz 2 BGB i.V.m. § 986 BGB auf ein besseres Besitzrecht berufen.[571] Kann der Beklagte sein Besitzrecht beweisen, muss der Kläger seinerseits ein „besseres" Besitzrecht beweisen.[572] Auf die Vermutung des § 1006 BGB kann sich der der Beklagte nicht berufen, wenn dessen Bösgläubigkeit bewiesen ist.[573]

c) Kläger für § 1007 Abs. 2 BGB

410 Für den Anspruch aus § 1007 Abs. 2 BGB muss der Kläger darlegen und beweisen:
- seinen früheren Besitz
- Abhandenkommen der Sache;[574] auch ein Abhandenkommen bei seinem Besitzmittler ist ausreichend.[575] Gelingt ihm dieser Beweis, braucht die Gut- oder Bösgläubigkeit des Beklagten nicht mehr bewiesen zu werden.

d) Beklagte für § 1007 Abs. 2 BGB

411 Nach § 1007 Abs. 2 Satz 1, 2. Halbsatz BGB muss der Beklagte darlegen und beweisen, dass ihm ein Besitzrecht zusteht, z.B. sein Eigentum oder das ein früheres Abhandenkommen vorliegt.[576]

412 Behauptet der Beklagte, dass der Kläger der Besitzentziehung nachträglich zugestimmt habe, trägt er dafür die Beweislast.[577]

413 Schließlich trägt der Beklagte die Beweislast für die Einwendung aus § 1007 Abs. 3 Satz 1 BGB, dass der Kläger bei seinem früheren Besitzerwerb bösgläubig war.[578]

---

569 MüKo-Medicus, § 1007 BGB Rn. 17; Baumgärtel/Laumen, § 1007 BGB Rn. 8; Bamberger/Roth-Fritzsche, § 1007 BGB Rn. 17; Palandt/Bassenge, § 1007 BGB Rn. 6.
570 Baumgärtel/Laumen, § 1007 BGB Rn. 8; Palandt/Bassenge, § 1007 BGB Rn. 6.
571 Palandt/Bassenge, § 1007 BGB Rn. 8.
572 Baumgärtel/Laumen, § 1007 BGB Rn. 9; Bamberger/Roth-Fritzsche, § 1007 BGB Rn. 17; Palandt/Bassenge, § 1007 BGB Rn. 8.
573 Baumgärtel/Laumen, § 1007 BGB Rn. 10.
574 MüKo-Medicus, § 1007 BGB Rn. 17; Bamberger/Roth-Fritzsche, § 1007 BGB Rn. 27; Baumgärtel/Laumen, § 1007 BGB Rn. 13; Palandt/Bassenge, § 1007 BGB Rn. 10.
575 Staudinger-Gursky, § 1007 BGB Rn. 37.
576 Baumgärtel/Laumen, § 1007 BGB Rn. 15; Bamberger/Roth-Fritzsche, § 1007 BGB Rn. 27; MüKo-Medicus, § 1007 BGB Rn. 17; Palandt/Bassenge, § 1007 BGB Rn. 12.
577 Baumgärtel/Laumen, § 1007 BGB Rn. 13; Staudinger-Gursky, § 1007 BGB Rn. 37.
578 Baumgärtel/Laumen, § 1007 BGB Rn. 16.

e) Ausschlussgründe

Allgemein lässt sich sagen, dass der Beklagte die Darlegungs- und Beweislast für die Ausschlussgründe trägt.[579]

414

f) Beweislastverteilung für § 1007 Abs. 3 Satz 2 BGB

Hier gilt die Beweislastverteilung für die jeweilige Norm der §§ 986-1003 BGB.[580] Die Einbeziehung von § 998 BGB dürfte ein offensichtliches Redaktionsversehen sein, da sich § 1007 BGB nur auf bewegliche Sachen bezieht und **nicht auf Grundstücke**.[581]

415

11. Graphische Übersichten

Die etwas unübersichtliche Struktur des § 1007 BGB lässt sich tabellarisch (verkürzt) wie folgt darstellen:

416

Norm	Klägervortrag	Beklagtenvortrag (Einwände)
§ 1007 Abs. 1 BGB	Der Kläger muss **kumulativ** drei Tatbestandsmerkmale vortragen: 1. Er war der frühere (ehemalige) Besitzer und 2. der Beklagte ist der jetzige (aktuelle) Besitzer und 3. der Beklagte war beim Besitzerwerb bösgläubig.	1. Einwand: § 1007 Abs. 3 Satz 1: Der Kläger hatte seinen Besitz selbst bösgläubig erworben. 2. Einwand: § 1007 Abs. 3 Satz 1 BGB: Der Kläger hat den Besitz freiwillig aufgegeben. 3. Einwand: § 1007 Abs. 3 Satz 2 i.V.m. § 986 BGB: Der Beklagte hat ein Recht zum Besitz.
§ 1007 Abs. 2 BGB	Der Kläger muss auch für § 1007 Abs. 2 BGB drei Tatbestandsmerkmale **kumulativ** vortragen: 1. Er war der frühere (ehemalige) Besitzer und 2. der Beklagte ist der jetzige (aktuelle) Besitzer und 3. die Sache ist dem Kläger gestohlen worden, (oder) verloren gegangen, (oder) sonst abhanden gekommen.	1. Einwand: § 1007 Abs. 3 Satz 1 BGB: Der Kläger hatte seinen Besitz selbst bösgläubig erworben. 2. Einwand: § 1007 Abs. 2 Satz 1: Der Beklagte ist Eigentümer. 3. Einwand: § 1007 Abs. 3 Satz 2 i.V.m. § 986 BGB: Der Beklagte hat ein obligatorisches oder dingliches Recht zum Besitz. 4. Einwand: § 1007 Abs. 2 Satz 1 BGB: Die Sache war dem Beklagten gestohlen worden, (oder) verloren gegangen, (oder) sonst abhanden gekommen. 5. Einwand: § 1007 Abs. 2 Satz 2 BGB: Es handelt sich um Geld, Inhaberpapiere (oder nach h.M. um blanko indossierte Orderpapiere).

---

579 Staudinger-Gursky, § 1007 BGB Rn. 37 und 33.
580 Baumgärtel/Laumen, § 1007 BGB Rn. 17.
581 Staudinger-Gursky, § 1007 BGB Rn. 38.

§ 5 Klage aus § 1007 BGB

417 Damit ergibt sich zusammenfassend für den **Besitzschutz** folgendes:

Norm	Inhalt
§ 859 BGB	Selbsthilferecht des Besitzers bei verbotener Eigenmacht (sog. Besitzwehr)
§§ 861, 869 BGB	**possessorischer** Herausgabeanspruch für den unmittelbaren und mittelbaren Besitzer bei verbotener Eigenmacht (§ 858 BGB)
§ 862 BGB	Beseitigungs- und Unterlassungsansprüche bei Besitzstörung durch verbotene Eigenmacht
§ 867 BGB	Verfolgungsrecht des Besitzers (Abholanspruch), allerdings ist die Norm ohne praktische Bedeutung
§ 1007 BGB	**petitorischer** Herausgabeanspruch des früheren (gutgläubigen) Besitzers
§§ 823, 812 BGB	Weitere Besitzschutzansprüche ergeben sich aus Delikt, § 823 Abs. 1 BGB (Besitz als sonstiges Recht) und aus ungerechtfertigter Bereicherung, § 812 BGB (Besitz als „etwas").

B. Prozess

I. Prozesssituation

418 Die Prozesssituation unterscheidet sich **nicht** von der des § 985 BGB oder § 861 BGB, da auch § 1007 BGB auf die Einräumung des Besitzes gerichtet ist. Allerdings ist folgendes zu bedenken: Kann sich der Mandant für sein Herausgabeverlangen auch auf § 985 BGB stützen und davon ausgehen, im Prozess sein Eigentum nachweisen zu können, sollte der Anwalt dennoch (vorsorglich) prüfen, ob die Klage **auch auf § 1007 BGB** gestützt werden kann. Der **Vorteil** besteht darin, dass das Herausgabeverlangen aus § 1007 BGB auch **ohne den Beweis des Eigentums** zum Erfolg führt und **ohne** dass sich der besitzende Beklagte bei § 1007 Abs. 1 BGB auf die **Eigentumsvermutung des § 1006 BGB Abs. 1 BGB** berufen kann.[582] Daher sollte der Anwalt eine Klage aus § 985 BGB immer mit dem Vortrag zu § 1007 BGB verbinden, damit für den Fall, dass der **Eigentumsbeweis** – entgegen der früheren Annahme – **misslingt**, der Herausgabeanspruch immer noch durchgesetzt werden könnte und dies bei seinem Vortrag entsprechend berücksichtigen. Dies liegt daran, dass der Anspruch aus § 1007 BGB allein auf der gesetzgeberischen Abwägung beruht, welchem der beiden Besitzer das **relativ bessere Recht zum Besitz** zusteht.

---

582 Staudinger-Gursky, § 1007 BGB Rn. 21: Dies liegt daran, dass die Eigentumsvermutung des § 1006 Abs. 1 BGB nur bei der Identität von Besitz- und Rechtserwerb besteht. Ein Rechtserwerb ist aber wegen der in § 1007 Abs. 1 BGB nachzuweisenden Bösgläubigkeit nicht möglich, folglich kann auch die Vermutung des § 1006 Abs. 1 BGB nicht greifen.

II. Prozessuale Grundlagen

Für die prozessualen Grundlagen kann auf die Ausführungen zu §§ 985 und 861 BGB zurückgegriffen werden, so dass nachstehend nur die wichtigsten Punkte zusammengefasst werden:

1. Zuständigkeit des anzurufenden Gerichts

Die **örtliche** und **sachliche** Zuständigkeit richtet sich nach den allgemeinen Regeln (§§ 12-19a ZPO bzw. §§ 23 Abs. 1 Nr. 1 GVG, 6 ZPO).

2. Klageantrag

Es gelten die allgemeinen Voraussetzungen für die Erhebung einer Leistungsklage bzw. eines Antrages auf Erlass einer einstweiligen Verfügung, z.B. hinsichtlich der Bezeichnung der Parteien und des Klageantrages.

3. Veränderungen nach Rechtshängigkeit

Die Herausgabeklage nach § 1007 BGB führt dazu, dass die Sache streitbefangen wird und somit die §§ 265, 325, 727 ZPO anwendbar sind:

a) Freiwillige Weitergabe des Besitzes

aa) Vollständiger Besitzverlust des Beklagten: Verliert der Besitzer durch freiwillige Weitergabe des Besitzes sowohl den unmittelbaren als auch den mittelbaren Besitz, bleibt er weiter prozessführungsbefugt (§ 265 Abs. 2 ZPO) und der Prozess nimmt unbeirrt seinen Fortgang mit dem bisherigen Besitzer. Das Urteil wirkt gegen den Rechtsnachfolger, § 325 Abs. 1 ZPO und kann gemäß §§ 727, 731 ZPO auf den Nachfolger umgeschrieben und gegen ihn vollstreckt werden.

bb) Mittelbarer Besitz des Beklagten: Behält der Beklagte den mittelbaren Besitz und überträgt nur den unmittelbaren Besitz (z.B. als Vermieter oder Verleiher) ist er weiter passivlegitimiert und der Prozess läuft auch in diesem Fall unbeirrt weiter. Gegen den unmittelbaren Besitzer wirkt das Urteil gemäß § 325 Abs. 1 ZPO, wie der Wortlaut des Gesetzes ausdrücklich bestimmt. Es bleibt auch hier die Möglichkeit des gutgläubigen Erwerbs für den unmittelbaren Besitzer gemäß § 325 Abs. 2 ZPO.

b) Unfreiwillige Besitzaufgabe

Geht der Besitz unfreiwillig verloren oder gibt der Beklagte diesen auf und zwar ohne Übertragung auf einen anderen, ist die Klage abzuweisen. Der Kläger muss somit reagieren, wenn er die Abweisung der Klage vermeiden will: Entweder erklären beide Parteien die Hauptsache für erledigt mit der Folge einer Kostenentscheidung nach § 91a ZPO oder, falls der Beklagte nicht für erledigt erklärt, kann der Kläger beantragen, die Erledigung der Hauptsache festzustellen. In Betracht kommt aber auch, nach § 264 Nr. 3 ZPO statt der Herausgabe der Sache nunmehr das Interesse (Schadensersatz) zu fordern.

§ 5 Klage aus § 1007 BGB

4. Veränderungen vor Rechtshängigkeit

426 Kommt es zu einer Besitzaufgabe in dem Zeitraum zwischen Anhängigkeit und Rechtshängigkeit der Klage, ist die Klage abzuweisen, falls sie nicht zurückgenommen wird, § 269 Abs. 3 Satz 2 ZPO. In Betracht kommt aber der Übergang zum Schadensersatz gemäß § 264 Nr. 3 ZPO.

5. Einstweilige Verfügung

427 Der Herausgabeanspruch aus § 1007 BGB kann auch durch einen Antrag auf Erlass einer einstweiligen Verfügung durchgesetzt werden. Bei Vorliegen von verbotener Eigenmacht, wird ein Verfügungsgrund (§§ 935, 940 ZPO) nicht für erforderlich gehalten, sonst ist zu berücksichtigen, ob der Schaden des Antragstellers ohne den Erlass der einstweiligen Anordnung **wesentlich höher** ist, als der Schaden, der dem Antragsgegner durch die Anordnung der einstweiligen Verfügung droht. Bei einer Herausgabe, die darauf gerichtet ist, die Sache zu **gebrauchen**, wird der Schaden beim Antragsgegner eher geringer einzuschätzen sein, als in Fällen, in denen die Herausgabe der Sache dazu dient, diese zu **verbrauchen**.[583]

6. Zwangsvollstreckung

428 Die Vollstreckung eines Herausgabeurteils nach § 1007 BGB erfolgt nach §§ 883 ff. ZPO.

III. Muster: Klage aus § 1007 BGB

429

430 Hinsichtlich des Klagerubrums kann auf die Muster zu §§ 985 und 861 BGB verwiesen werden.

28

■■■ und b e a n t r a g e n :

Der Beklagte wird verurteilt, das Fahrzeug, Marke ■■■, Fahrgestell-Nr.: ■■■, Motor-Nr.: ■■■, amtliches Kennzeichen ■■■, Farbe ■■■ an den Kläger herauszugeben.[584]

Zur

Begründung

tragen wir vor:

I. Sachverhalt

Der Kläger macht einen Anspruch auf Herausgabe aus § 1007 BGB geltend, weil der Beklagte ein vom Kläger geleastes[585] Fahrzeug nicht herausgibt.

---

583 MüKo-Medicus, § 985 BGB Rn. 63.
584 Da auch der Antrag aus § 1007 BGB auf Besitzeinräumung und somit auf Herausgabe gerichtet ist, unterscheidet er sich nicht von den Anträgen, die auf §§ 861 oder 985 BGB gestützt werden.
585 Durch den Hinweis, dass das herausverlangte Fahrzeug geleast war, trägt der Kläger selbst vor, nicht Eigentümer zu sein und somit nicht aus § 985 BGB gegen den Beklagten vorzugehen.

Im Einzelnen:

Der Kläger betreibt einen Catering-Servie für Großveranstaltungen. Der Kläger stellte am ▪▪▪ Herrn ▪▪▪ ein, der im Betrieb des Klägers dafür zuständig war, Aufträge bei Kunden zu akquirieren und bei deren Durchführung als Koordinator vor Ort zu sein. Zu diesem Zweck stellte ihm der Kläger das im Klageantrag genannte Fahrzeug zur Verfügung.

Beweis:
1. Herr / Frau ▪▪▪
2. Übernahmeerklärung des Herrn ▪▪▪ vom ▪▪▪ bezüglich des Fahrzeuges

Im Arbeitsvertrag zwischen dem Kläger und Herrn ▪▪▪ war vereinbart, dass Herr ▪▪▪ das Fahrzeug auch zu Privatzwecken benutzen durfte, das Fahrzeug aber bei Beendigung des Arbeitsverhältnisses zurückzugeben hatte.

Beweis: Arbeitsvertrag vom ▪▪▪

Der Kläger leaste zu diesem Zweck das im Klageantrag genannte Fahrzeug bei der Firma ▪▪▪ und bezahlt hierfür monatliche Leasingraten in Höhe von EUR ▪▪▪.

Beweis: Leasingvertrag vom ▪▪▪

Aufgrund von Meinungsverschiedenheiten über die Durchführung der an Herrn ▪▪▪ gestellten Aufgabe, einigten sich der Kläger und Herr ▪▪▪ auf eine Beendigung des Arbeitsverhältnisses zum ▪▪▪.

Beweis: Aufhebungsvertrag vom ▪▪▪

Das Arbeitsverhältnis ist damit seit dem ▪▪▪ beendet und Herr ▪▪▪ gab das im Klageantrag genannte Fahrzeug auch zunächst an den Kläger heraus.

Herr ▪▪▪ wurde dann aber dabei beobachtet, wie er am ▪▪▪ nachts, gegen 3.30 Uhr das Anwesen des Klägers betrat und in das im Hof des Klägers abgestellte Fahrzeug einstieg und davonfuhr.

Beweis: Herr / Frau ▪▪▪

Herr ▪▪▪ war weder dazu berechtigt das Anwesen des Klägers zu betreten, noch von dort das abgestellte Fahrzeug zu entfernen.

Beweis: Herr / Frau ▪▪▪

Der Kläger begab sich am folgenden Tag zur Wohnung des Beklagten, wo er beobachten konnte, dass der Beklagte von Herrn ▪▪▪ die Fahrzeugschlüssel erhielt, in das Fahrzeug einstieg und anschließend verschiedene Einkäufe mit dem Fahrzeug erledigte. Auch in den folgenden Tagen stand das Fahrzeug jeweils vor der Wohnung des Beklagten und wird seit dieser Zeit täglich mehrfach von ihm gefahren.

Beweis: Herr / Frau ▪▪▪

Der Beklagte hat sich außergerichtlich geweigert, das Fahrzeug an den Kläger herauszugeben. Er behauptete, dass ihm Herr ▪▪▪ das Fahrzeug für 6 Monate vermietet und er hierfür bereits den Mietzins im Voraus bezahlt habe.

1 § 5 Klage aus § 1007 BGB

II. Rechtliche Würdigung

Dem Kläger steht ein Anspruch auf Herausgabe des geleasten Fahrzuges aus § 1007 Abs. 2 BGB[586] zu. Der Vortrag des Beklagten mag stimmen, auch mag der Beklagte gutgläubig gewesen sein, als er das Fahrzeug von Herrn ■■■ mietete. Allerdings war dem Kläger durch das eigenmächtige Vorgehen des Herrn ■■■ das Fahrzeug gestohlen worden, da der Kläger nicht damit einverstanden war, es Herrn ■■■ zu überlassen. Der Kläger hat damit den unmittelbaren Besitz am Fahrzeug unfreiwillig verloren (§ 935 BGB). Der Beklagte ist damit gemäß § 1007 Abs. 2 BGB zur Herausgabe verpflichtet und darauf verwiesen, seinerseits gegen Herrn ■■■ vorzugehen.

■■■

Rechtsanwalt

---

[586] Der Musterfall zeigt den engen Anwendungsbereich des § 1007 BGB: Der Sachverhalt muss z.B. für § 1007 Abs. 2 BGB so gelagert sein, dass der Beklagte wegen des unfreiwilligen Besitzverlustes des Klägers kein besseres Recht zum Besitz herleiten kann.
Würde der obige Musterfall abgewandelt und z.B. der Arbeitnehmer das Fahrzeug nach Beendigung des Arbeitsvertrages nicht herausgeben, hätte er seine „Besitzdienerschaft" in unrechtmäßigen Eigenbesitz umgewandelt, wäre bösgläubig gewesen und müsste das Fahrzeug aus § 1007 Abs. 1 BGB herausgeben. Es läge aber gleichzeitig verbotene Eigenmacht vor, als er das Fahrzeug nicht herausgab. Der Kläger könnte dann aber gegen den Arbeitnehmer auch nach § 861 BGB vorgehen.
Im Musterfall dagegen scheidet gegenüber dem Beklagten ein Vorgehen nach § 861 BGB aus, da dieser keine verbotene Eigenmacht begangen, sondern das Fahrzeug gemietet hatte.

§ 6 Klage aus § 1004 BGB

A. Vorprozessuale Situation

I. Beratungssituation

Mit dem Mandanten sind die Voraussetzungen des § 1004 BGB zu erörtern, wenn er eine Situation schildert, in der sein **Eigentum** unrechtmäßig **beeinträchtigt** wird. Die Besonderheit liegt darin, dass es sich um eine Beeinträchtigung handelt, die **nicht** lediglich in einer **Besitzentziehung** oder **Vorenthaltung** des Besitzes zu sehen ist, da sonst der Herausgabeanspruch nach § 985 BGB gegen den unrechtmäßigen Besitzer zur Anwendung kommt. Somit **ergänzt**[587] § 1004 BGB die **Ausschließungsbefugnis** nach § 903 Satz 1 BGB[588] und gibt dem Eigentümer einen Anspruch auf die Beseitigung einer gegenwärtigen (§ 1004 Abs. 1 Satz 1 BGB) und auf die Unterlassung einer künftigen (§ 1004 Abs. 1 Satz 2 BGB) Störung. Das Ziel des § 1004 BGB ist somit die Aufhebung eines (im Regelfall bereits erfolgten) beeinträchtigenden Zustandes und die Vermeidung einer künftigen Beeinträchtigung des Eigentums.[589] Im Unterschied zu § 985 BGB, der gegen ein widerrechtliches „Haben" vorgeht, schützt § 1004 BGB vor der widerrechtlichen Einwirkung auf die Sache.[590] Damit ergänzt § 1004 BGB den Herausgabeanspruch aus § 985 BGB gegen Beeinträchtigungen des Eigentums, die nicht in der Entziehung/Vorenthaltung des Besitzes zu sehen sind.[591] Beide Normen können aber auch zusammen in Betracht kommen, etwa dann, wenn der unrechtmäßige Besitzer eines Grundstücks dieses verschlechtert, in dem er z.B. dort sperrige Güter abstellt. Der Eigentümer kann dann aus § 985 BGB das Grundstück herausverlangen und nach § 1004 BGB die Beseitigung des Sperrgutes.

Im Bereich des **Mobiliarsachenrechts** spielt § 1004 BGB aber eher eine **untergeordnete Rolle**, da sich der Eigentümer hier der Beeinträchtigung leichter entziehen kann. Kommt es z.B. zu der Beschädigung eines Fahrzeuges, kann der Eigentümer das Fahrzeug zu einem anderen Ort bringen und, wenn eine bleibende Beeinträchtigung vorliegt, den Schaden nach § 823 BGB ersetzt verlangen. Beispiele in der Rechtsprechung zu beweglichen Sachen unter Anwendung des § 1004 BGB sind eher selten, z.B. unerwünschte Aufkleber auf Helmen[592] oder Lackschäden an Fahrzeugen durch die über-

---

[587] Der Regelungsgehalt des § 1004 BGB greift auch bei Vorschriften, die dem Eigentum verwandt sind, in dem dort auf die Norm verwiesen wird, z.B. § 1027 BGB (Grunddienstbarkeiten), § 1065 BGB (Nießbrauch), § 1227 BGB (Pfandrecht), § 11 Abs. 1 ErbbauVO (Erbbauberechtigter), § 34 Abs. 2 WEG (Inhaber eines Dauerwohnrechts), vgl. Palandt/Bassenge, § 1004 BGB Rn. 4; Aber auch andere Vorschriften sind § 1004 BGB ähnlich, wie z.B. §§ 12 BGB, § 37 Abs. 2 HGB, vgl. MüKo-Medicus, § 1004 BGB Rn. 5. Anerkannt ist, dass sämtliche absoluten Rechtspositionen durch einen Beseitigungs- bzw. Unterlassungsanspruch geschützt sind, was auf eine Analogie zu den §§ 12, 862 Abs. 1 und 1004 Abs. 1 BGB zurückgeführt wird und somit auf der „Natur" absoluter Rechtspositionen beruht, vgl. Bamberger/Roth-Fritzsche, § 1004 BGB Rn. 4.
[588] Palandt/Bassenge, § 1004 BGB Rn. 6.
[589] Bamberger/Roth-Fritzsche, § 1004 BGB Rn. 1.
[590] Hk-BGB/Eckert, § 1004 BGB Rn. 1; § 1004 BGB lässt sich als eine Art Generalklausel dinglicher Schutzansprüche gegen Eigentumsbeeinträchtigungen beschreiben, während sich § 985 BGB nur auf eine ganz konkrete Art der „Eigentumsbeeinträchtigung", nämlich die Vorenthaltung des Besitzes, bezieht.
[591] MüKo-Medicus, § 1004 BGB Rn. 1.
[592] BAG NJW 1979, 1847.

mäßige Immission einer Anlage.⁵⁹³ Im Bereich des Immobiliarsachenrechts liegt dagegen die weitaus größere Bedeutung des § 1004 BGB.

433 Interessant für das Beratungsgespräch und von rechtlich erheblicher Bedeutung ist, dass der Anspruch aus § 1004 BGB **verschuldensunabhängig** ist.⁵⁹⁴ Deshalb ist er im Grundsatz auch nicht darauf gerichtet, den Zustand herzustellen, der ohne das schädigende Ereignis eingetreten sein würde (vgl. § 249 Satz 1 BGB). Der Anspruch richtet sich somit **nicht** auf eine **Naturalrestitution**, sondern auf ein zukünftiges Beseitigen oder Unterlassen.⁵⁹⁵

II. Anspruchsgrundlage § 1004 BGB

434 Bei § 1004 BGB sind zwei Ansprüche zu unterscheiden. Absatz 1 Satz 1 gewährt gegen den Störer einen Anspruch auf **Beseitigung** der Beeinträchtigung und Absatz 1 Satz 2 ist auf die **Unterlassung** künftiger Beeinträchtigungen gerichtet. Der Beseitigungsanspruch ist aber kein Schadensersatzanspruch, sondern verschuldensunabhängig, eine Schuldfähigkeit nach §§ 827, 828 BGB ist somit keine Voraussetzung.⁵⁹⁶ Hat aber der Störer auch schuldhaft gehandelt, kommt daneben ein deliktischer Anspruch aus § 823 Abs. 1 i.V.m. §§ 249 ff. BGB in Betracht, der weitergehender nicht nur auf die Beeinträchtigung als solche, sondern auch auf die Beseitigung der Folgen (Schäden) der Beeinträchtigung gerichtet ist. Daraus ergibt sich eine wichtige Differenzierung: Mit Hilfe von § 1004 BGB kann grundsätzlich nur die Einwirkung auf eine Sache beseitigt werden, nicht aber dadurch verursachte Beschädigungen, diese können nur durch die Normen des Schadensersatzes geltend gemacht werden. Das ist deshalb von praktischer Bedeutung, weil Schadensersatz (Ausnahme: Gefährdungshaftung) immer Verschulden voraussetzt.

435 Allerdings zeigt sich hier eines der **Hauptprobleme**⁵⁹⁷ der Norm: Es lässt sich nämlich nicht genau sagen, wie weit die Pflicht zur Beseitigung reicht: Nach h.M. besteht nur die Pflicht, die **unmittelbare Störung** zu beseitigen. Eine Ausdehnung auf weitere Folgen der Störung soll nicht erfolgen. Wird z.B. durch einen Fußball eine Fensterscheibe zerstört, ist zwar der Fußball vom Nachbargrundstück zu entfernen (§ 1004 Abs. 1 Satz 1 BGB), nicht aber die durch den Fußball zerstörte Fensterscheibe zu reparieren. Allerdings geht die Rechtsprechung auch gelegentlich über diese Position hinaus und sieht im Beseitigungsanspruch auch das Ziel, die **Benutzbarkeit** der gestörten Sache **wiederherzustellen**. Bei dieser Betrachtung wird in dem neu geschaffenen Störungszu-

---

593 BGH NJW 1985, 47.
594 BGHZ 110, 313, 317.
595 Dabei handelt es sich aber nur um einen Grundsatz, da eine Abgrenzung zur Deliktshaftung umstritten ist. Praktikable Abgrenzungskriterien („Faustregeln") sind noch nicht entwickelt. Es erfolgt eine „Wertung" hinsichtlich eines verschuldensunabhängigen beseitigungspflichtigen Eingriffs und einer verschuldensabhängigen ersatzpflichtigen Folge. Die Beseitigung soll auch die anschließende Benutzbarkeit wieder ermöglichen und nicht nur die Beseitigung der störenden Quelle. So soll bei einem Grundstück, dessen Baumwurzeln in das Nachbargrundstück reichen, nach § 1004 BGB nicht nur dessen Wurzeln entfernt werden, sondern auch solche Abwasserleitungen repariert werden müssen, die durch das Wurzelwerk beschädigt worden sind, vgl. hierzu: Wenzel, NJW 2005, 241, 243 m.w.N.
596 Bamberger/Roth-Fritzsche, § 1004 BGB Rn. 6; Palandt/Bassenge, § 1004 BGB Rn. 13.
597 MüKo-Medicus, § 1004 BGB Rn. 71 f.; Staudinger-Gursky, § 1004 BGB Rn. 134.

stand eine Art dauernde Eigentumsbeeinträchtigung gesehen, die es zu beseitigen gilt. Eine derart weitgehende Beseitigungspflicht greift naturgemäß in den Schutzbereich des § 823 BGB ein und tritt auch in Widerspruch zur (verschuldensunabhängigen) Gefährdungshaftung, die im Gesetz immer ausdrücklich benannt ist.

Die Vorschrift des § 1004 BGB wird nach h.M. als Schutzgesetz des § 823 Abs. 2 BGB gesehen, so dass auch hierüber ein weitergehender Schadensersatzanspruch besteht.[598] 436

Bei unrichtigen Grundbucheintragung kommt nach h.M. § 1004 BGB nicht zur Anwendung und tritt hinter die Norm des § 894 BGB zurück.[599] 437

Im Falle des Nachbarrechts sind Sondervorschriften zu beachten. Die §§ 907-909 und § 910 BGB bestehen neben § 1004 BGB und konkretisieren die Norm.[600] 438

1. Anspruchsberechtigter (Aktivlegitimation)

a) Alleineigentümer

Anspruchsberechtigt ist der Alleineigentümer, unabhängig davon, ob er auch Besitzer der Sache ist.[601] Auch öffentlich-rechtlichen Körperschaften (juristische Personen des öffentlichen Rechts) steht der Anspruch aus § 1004 BGB zu. Hier kann der Anspruch allerdings durch den Zweck der Widmung eingeschränkt sein.[602] 439

b) Miteigentümer

Besteht Miteigentum, kann jeder Miteigentümer den Anspruch gegen störende Dritte im Bezug auf die ganze Sache geltend machen, § 1011 BGB.[603] Die h.M. lässt dies auch zu, wenn Miteigentümer von anderen Miteigentümern bei der Ausübung ihres Miteigentums gestört werden.[604] 440

c) Anwartschaftsberechtigter

Der Inhaber eines Anwartschaftsrechtes kann aus § 985 BGB gegen einen unrechtmäßigen Besitzer vorgehen, er kann sich deshalb ebenfalls auf § 1004 BGB berufen, auf jeden Fall greift für ihn aber § 862 BGB ein.[605] 441

d) Sonstige Anspruchsberechtigte

Der Eigentümer kann einen Dritten ermächtigen, den Anspruch im eigenen Namen geltend zu machen. Eine Abtretung des Anspruchs aus § 1004 BGB scheidet aus, weil die- 442

---

598 Palandt/Bassenge, § 1004 BGB Rn. 1.
599 MüKo-Medicus, § 1004 BGB Rn. 7.
600 MüKo-Medicus, § 1004 BGB Rn. 8.
601 MüKo-Medicus, § 1004 BGB Rn. 15, der darauf hinweist, dass der Besitz nur für die Anwendung des § 1006 BGB von Bedeutung ist; Palandt/Bassenge, § 1004 BGB Rn. 14; Bamberger/Roth-Fritzsche, § 1004 BGB Rn. 10; Staudinger-Gursky, § 1004 BGB Rn. 83; Dem bloßen Besitzer (z.B. Mieter, Pächter) ermöglicht § 862 BGB praktisch den gleichen Schutz.
602 MüKo-Medicus, § 1004 BGB Rn. 15; Bamberger/Roth-Fritzsche, § 1004 BGB Rn. 10; Staudinger-Gursky, § 1004 BGB Rn. 85.
603 Palandt/Bassenge, § 1004 BGB Rn. 14; Bamberger/Roth-Fritzsche, § 1004 BGB Rn. 10.
604 BGHZ 116, 392, 395; Eine andere Meinung verweist auf die Rechte aus §§ 743ff. BGB, vgl. Soergel/Stürner, § 1011 BGB Rn. 3.
605 MüKo-Medicus, § 1004 BGB Rn. 17.

ser nicht vom Stammrecht getrennt werden kann.[606] Im übrigen wird auf die Ausführungen zu § 985 BGB und der Anspruchsberechtigung verwiesen, Rn. 46.[607]

2. Anspruchsgegner (Passivlegitimation)

443 Der Anspruch besteht nur gegenüber demjenigen, der als Störer zu qualifizieren ist. Eine gesetzliche Definition ist nicht vorhanden, dementsprechend besteht über die Festlegung des Begriffs „Störer" erheblicher Streit.[608]

444 Es besteht Einigkeit, dass die Beeinträchtigung und damit der Störungszustand dem Störer zuzurechnen sein muss. Das bedeutet, dass die Störung durch eine willentliche Handlung adäquat kausal herbeigeführt worden ist (Handlungsstörer) oder aufrechterhalten wird (Zustandsstörer).[609] Ein Verschulden ist nicht erforderlich.[610]

a) Handlungsstörer

445 Als Handlungsstörer wird angesehen, wer durch eine eigene aktive Handlung oder durch ein pflichtwidriges Unterlassen die Beeinträchtigung **unmittelbar** adäquat kausal verursacht hat.[611]

446 Beispiele:[612]
- Betrieb eines Tennisplatzes
- Durchführung von Sprengungen
- Verstoß gegen Anleinpflicht in einer Wohnungseigentumsanlage
- Vornahme unzulässiger baulicher Änderungen

Solche Beispiele sind rechtlich unproblematisch, da sich leicht ermitteln lässt, auf wen die Störung zurückzuführen ist.

Schwieriger ist die Situation bei den sog. **mittelbaren** Handlungsstörern zu beurteilen. Als mittelbarer Handlungsstörer wird derjenige bezeichnet, der durch einen anderen (und deshalb mittelbar) die Beeinträchtigung herbeiführt, aber in der Lage ist, durch Einwirkung auf den Dritten die Störung zu verhindern bzw. zu beenden.[613]

447 Beispiele:
- Beauftragung einer Baufirma mit grenzüberschreitenden Bauarbeiten[614]
- Vermietung an einen Dritten, der beeinträchtigenden Lärm verursacht[615]

---

606 Staudinger-Gursky, § 1004 BGB Rn. 88.
607 Es ist anerkannt, dass der Abwehranspruch auch gegen Beeinträchtigungen anderer absoluter Rechte oder rechtsähnlicher Positionen gewährt wird, wie z.B. auf das aus § 823 Abs. 1 abgeleitete allgemeine Persönlichkeitsrecht oder bei Ansprüchen aus §§ 824, 826 BGB. Ein solcher Abwehranspruch wird „quasi negatorischer Abwehranspruch" genannt, vgl. BGH NJW 1998, 2058, 2059; Staudinger-Gursky, § 1004 BGB Rn. 16.
608 Palandt/Bassenge, § 1004 BGB Rn. 15; ausführlich zum Störerbegriff: MüKo-Medicus, § 1004 BGB Rn. 38 ff. und Bamberger/Roth-Fritzsche, § 1004 BGB Rn. 14 ff.
609 Bamberger/Roth-Fritzsche, § 1004 BGB Rn. 15; MüKo-Medicus, § 1004 BGB Rn. 38.
610 Bamberger/Roth-Fritzsche, § 1004 BGB Rn. 15 am Ende.
611 BGH NJW-RR 2001, 232; BGHZ 90, 255, 266.
612 Bamberger/Roth-Fritzsche, § 1004 BGB Rn. 16.
613 Bamberger/Roth-Fritzsche, § 1004 BGB Rn. 17; Palandt/Bassenge, § 1004 BGB Rn. 17.
614 Palandt/Bassenge, § 1004 BGB Rn. 17.
615 Palandt/Bassenge, § 1004 BGB Rn. 17.

- Kein Einschreiten, dass die vermietete Wohnung vertragswidrig weiterbenutzt wird.[616]

Will sich in den vorgenannten Beispielsfällen der Auftraggeber oder der Vermieter darauf berufen, dass ihm die Störung **nicht** zuzurechnen ist, muss er darlegen und beweisen, dass er alle ihm zumutbaren Maßnahmen ergriffen hat, um die Beeinträchtigung zu verhindern bzw. abzustellen.[617] Das geht soweit, dass er auch rechtliche Möglichkeiten ausschöpfen oder Überwachungsmaßnahmen durchführen muss.[618]

b) Zustandsstörer

Als Zustandsstörer wird derjenige bezeichnet, der eine Beeinträchtigung mittelbar adäquat kausal herbeigeführt hat und von dessen **Willen** es abhängt, diesen Zustand zu beseitigen oder gar zu verhindern.[619]

Die Zustandshaftung knüpft letztlich an die Verletzung einer **Verkehrssicherungspflicht** an, weil der Eigentümer die Sache wissentlich in einem gefährdenden Zustand belässt.[620]

Beispiele:[621]
- Baumeigentümer bezüglich der Wurzeln und Zweige, die auf das Nachbargrundstück reichen
- Bienenhalter, wenn die Bienen einen Schaden am Nachbargrundstück verursachen
- Erbengemeinschaft bei Abriss eines Hauses mit einer gemeinsamen Giebelmauer

c) Arten der Störungen

Wollte man den Versuch unternehmen, die Arten der Eigentumsbeeinträchtigung[622] einzuteilen, so sähe man sich einer unüberschaubare Zahl von Einzelfällen ausgesetzt. Eine Einteilung in positive, negative, ideelle und rechtliche Einwirkungen scheint eine gewisse Systematisierung zu ermöglichen.[623]

Positive Einwirkungen auf die Sache sind solche, die einen aktiven Eingriff auf den räumlich-gegenständlichen Bereich der Sache darstellen.[624]

---

616 Palandt/Bassenge, § 1004 BGB Rn. 17; Weitere Beispiele für mittelbare Störer bei Bamberger/Roth-Fritzsche, § 1004 BGB Rn. 18.
617 Bamberger/Roth-Fritzsche, § 1004 BGB Rn. 17.
618 Bamberger/Roth-Fritzsche, § 1004 BGB Rn. 17.
619 Palandt/Bassenge, § 1004 BGB Rn. 19; BGH NJW-RR 2001, 232; Jauernig/Jauernig, § 1004 BGB Rn. 17; Medicus ist dagegen der Auffassung, dass bereits die Bezeichnung „Zustandsstörer" nicht richtig sei, da der natürliche Zustand einer Sache keine rechtswidrige Beeinträchtigung sein könne und die Störung durch einen Eingriff (und damit eine Handlung) in die Natur erfolgt sein müsse. Er schlägt deshalb eine abweichende Einteilung in Tätigkeits- und Untätigkeitsstörer vor, vgl. hierzu MüKo-Medicus, § 1004 BGB Rn. 40ff.
620 Bamberger/Roth-Fritzsche, § 1004 BGB Rn. 20.
621 Bamberger/Roth-Fritzsche, § 1004 BGB Rn. 21 mit weiteren Beispielen und in Rn. 22 mit Beispielen, bei denen keine Zustandsstörung angenommen wird.
622 Sehr ausführlich hierzu Staudinger-Gursky, § 1004 BGB Rn. 17-67.
623 Die Einteilung geht zurück auf Vieweg/Werner, § 9 II. e).
624 Bei Grundstücken erfolgt z.B. die Beeinträchtigung durch das Betreten von Menschen oder Tieren, Lagerung fremder Sachen, Einwerfen von Werbematerial trotz Verbotsschild am Briefkasten. Eine körperliche Beeinträchtigung wird nicht vorausgesetzt, z.B. Zuparken eines Parkplatzes, vgl. Vieweg/Werner, § 9 II. e) aa).

Teichmann

§ 6 Klage aus § 1004 BGB

453 **Negative Einwirkungen** sind solche, die durch die rechtmäßige Benutzung des Eigentums entstehen (in den Grenzen des § 903 BGB), und sich dadurch z.B. für ein Nachbargrundstück „negative" Auswirkungen ergeben.[625]

454 **Ideelle (immaterielle) Einwirkungen** sind solche, die das ästhetische oder sittliche Empfinden des Eigentümers betreffen.[626]

455 **Rechtliche Einwirkungen** liegen vor, wenn in die Rechtsposition des Eigentümers eingegriffen wird.[627]

456 *aa) Naturkräfte:* Bevor man eine Einteilung in die verschiedenen Arten der Störung vorzunehmen versucht, muss zunächst untersucht werden, ob überhaupt eine Störung vorliegt: Ausgangspunkt der Überlegungen ist hier, dass allein das Eigentum an einer Sache noch keine Störerhaftung begründen kann, weil immer Voraussetzung ist, dass die Störung auf eine **Willensbetätigung** des Anspruchsgegners zurückzuführen ist.[628] Es muss somit zu einem weiteren Beitrag des Berechtigten kommen, wodurch die Gefahr geschaffen worden ist, die zu einer Störung geführt hat. Dazu bedarf es regelmäßig auch einer **wertenden Betrachtungsweise**.[629] So ist derjenige nicht als Störer zu qualifizieren, von dessen Grundstück, das sich in Hanglage befindet, Niederschlagswasser auf das Nachbargrundstück fließt. Das kann allerdings anders zu beurteilen sein, wenn der Eigentümer durch Umbaumaßnahmen die Hanglage selbst herbeigeführt hat.[630] Für Naturkräfte besteht deshalb nur eine Verantwortlichkeit, wenn der Eigentümer/Rechtsvorgänger durch eigene Handlungen oder durch ein pflichtwidriges Unterlassen die Gefahrenquelle mitverursacht hat. Dann beruht nämlich die Beeinträchtigung mittelbar auf dem Willen des Eigentümers.[631] In diesen Fällen ließe sich dann von einer positiven Einwirkung auf die Sache sprechen.

457 *bb) Bestreiten des Eigentums:* Wird fremdes Eigentum gegenüber Dritten bestritten, wird von der h.M. bereits darin eine rechtliche Einwirkung auf die Sache gesehen, wogegen der Eigentümer nach § 1004 BGB vorgehen kann.[632]

458 *cc) Ideelle (ästhetische) Einwirkungen:* Ob auch ideelle Einwirkungen unter § 1004 BGB fallen, ist **umstritten**. Die Rechtsprechung und Teile der Literatur lehnen Beeinträchtigungen mit der Begründung ab, dass allein ein abstoßender oder ein schamverletzender Anblick noch keine mit § 906 Abs. 1 BGB vergleichbare Immission dar-

---

625 Beispiele sind das Entziehen von Luft, Licht oder der Ausblick. Nach h.M. stellen das keine Beeinträchtigungen nach § 1004 BGB dar, strittig, vgl. Vieweg/Werner, § 9 II. e) bb); Staudinger-Gursky, § 1004 BGB Rn. 68.
626 Man spricht auch von immateriellen, psychischen oder moralischen Immissionen. Beispiele sind der Betrieb eines Bordells im Nachbarhaus oder ein Schrottplatz für Baumaterialien in einer Wohngegend, vgl. Vieweg/Werner, § 9 II. e) cc); Staudinger-Gursky, § 1004 BGB Rn. 76.
627 In jeder rechtsgeschäftlichen Verfügung eines Nichtberechtigten über das Eigentum liegt eine abwehrfähige Störung, da ein Eigentumsverlust zu befürchten ist, vgl. Vieweg/Werner, § 9 II. e) dd).
628 Bamberger/Roth-Fritzsche, § 1004 BGB Rn. 23; BGHZ 90, 255, 266; BGHZ 114, 183, 187.
629 Palandt/Bassenge, § 1004 BGB Rn. 21.
630 Zu der gesamten Problematik sehr ausführlich Bamberger/Roth-Fritzsche, § 1004 BGB Rn. 23 und 24.
631 BGHZ 90, 255, 266; BGH NJW 1991, 2770, 2771.
632 Baur/Stürner, § 12 Rn. 6; Vieweg/Werner, § 9 II. e) dd) m.w.N., der auch auf Staudinger-Gursky verweist, der bei bloßer Anmaßung des Eigentums lediglich eine Feststellungsklage nach § 256 ZPO ausreichen lassen will.

stelle.[633] Aus § 906 BGB ergebe sich vielmehr, dass das Gesetz ideelle Einwirkungen erlaube.

dd) Benutzung fremden Eigentums ohne körperliche Einwirkung: Auch hierin kann eine Eigentumsbeeinträchtigung liegen, wenn z.B. die Ausfahrt eines Grundstücks verbotswidrig zugeparkt wird.[634] Auch das Photographieren eines Gebäudes kann eine Eigentumsbeeinträchtigung darstellen, wenn dazu das Grundstück betreten werden muss;[635] dagegen entfällt eine Beeinträchtigung, wenn das Gebäude allgemein zugänglich ist oder z.B. von der Straße aus fotografiert werden kann.[636]

ee) Negative Einwirkungen: Wird das Eigentumsrecht nur negativ beeinflusst, wie z.B. durch das Entziehen von Licht (z.B. Hochhäuser), Luft, Gebäude, Beeinträchtigung der Aussicht oder die Störung des Fernsehempfangs durch den „Schatten" von Hochhäusern, wird darin keine Störung gesehen.[637] Als Begründung wird die Überlegung herangezogen, dass die genannten Einwirkungen nur deshalb entstehen, weil ein anderer Eigentümer sein Recht ausübt und, wenn er dessen Grenzen nicht überschreitet, darin keine Eigentumsbeeinträchtigung eines anderen Grundstücks gesehen werden kann.[638]

d) Mehrere Störer

Sind mehrere für die Störung verantwortlich, kann unabhängig vom Tatbeitrag des jeweils anderen Störers gegen jeden einzeln vorgegangen werden.[639] Ob der Anspruchsberechtigte nur gegen **einen** Störer oder gegen **mehrere** bzw. alle Störer vorgeht, wird davon abhängen, ob es sich um eine einheitliche Störung handelt (z.B. Miteigentümer bauen ein Parkhaus, wobei es zu Störungen kommt) oder um eine Störung, die auf verschiedenen Gründen beruht (z.B. bei Bauunternehmer und Bauherr). Neben dem unmittelbaren Störer haftet auch derjenige, der die Störung veranlasst hat (mittelbarer Störer).[640]

Ergibt sich, dass mehrere (unbedeutende) Störungen erst in ihrer **Gesamtheit** als wesentliche Beeinträchtigung zu bewerten sind, kann der Anspruchsberechtigte gegen jeden Störer wegen dessen Anteil vorgehen, wobei § 830 Abs. 1 Satz 2 BGB analog herangezogen wird.[641]

e) Rechtsnachfolger

Veräußert der Störer die „störende" Sache an den **Erwerber**, geht damit der störende Zustand auf den Erwerber über. Der Erwerber haftet, weil er den störenden Zustand

---

633 BGHZ 54, 56, 59 ff.; Bamberger/Roth-Fritzsche, § 1004 BGB Rn. 44.
634 MüKo-Medicus, § 1004 BGB Rn. 32.
635 BGH NJW 1975, 778.
636 MüKo-Medicus, § 1004 BGB Rn. 32.
637 MüKo-Medicus, § 1004 BGB Rn. 33.
638 MüKo-Medicus, § 1004 BGB Rn. 34, der sich ausführlich mit der h.M. auseinandersetzt und diese im Wesentlichen für richtig erachtet.
639 Palandt/Bassenge, § 1004 BGB Rn. 26; MüKo-Medicus, § 1004 BGB Rn. 53 und 54; Bamberger/Roth-Fritzsche, § 1004 BGB Rn. 25 und 26.
640 MüKo-Medicus, § 1004 BGB Rn. 53; Bamberger/Roth-Fritzsche, § 1004 BGB Rn. 25.
641 Palandt/Bassenge, § 1004 BGB Rn. 26.

weiter aufrecht erhält, obwohl er ihn beseitigen könnte.[642] Dabei ist aber im Einzelfall zu prüfen, ob die Störereigenschaft tatsächlich übergegangen ist, da diese nicht allein an das Eigentum anknüpft, sondern auch daran, ob dem jetzigen Eigentümer tatsächlich die Möglichkeit zur Abhilfe der Störung zur Verfügung steht.[643]

464 Der **Veräußerer** bleibt aber Zustandsstörer, wenn er nach wie vor über die Sache tatsächlich verfügen kann, wie z.B. bei der Sicherungsübereignung (§§ 929 Satz 1, 930 BGB). Hier bleibt der Sicherungsgeber unmittelbarer Besitzer der Sache, weshalb seine Störereigenschaft weiter bestehen bleibt.[644]

465 Wird eine beeinträchtigte Sache erworben (z.B. ein Grundstück, bei dem die Wurzeln der Bäume bis in das Nachbargrundstück reichen) und hat der Nachbar diese Störung erlaubt, kann sich bei einem Verkauf des Nachbargrundstücks der Erwerber der beeinträchtigten Grundstücks einem Anspruch aus § 1004 BGB ausgesetzt sehen. Die früher erteilte Erlaubnis wirkt nur zwischen den Parteien. Der Erwerber des beeinträchtigten Grundstücks hätte sich dinglich sichern müssen, z.B. durch eine Dienstbarkeit (§§ 1018 ff. BGB) oder zumindest einen Freistellungsanspruch mit dem Verkäufer vereinbaren müssen.

f) Dereliktion

466 Die Eigentumsaufgabe (Dereliktion) hat nach h.M. auf die Störereigenschaft keinen Einfluss, weil das zur Störung führende Verhalten weiterwirkt, so dass die Haftung aus § 1004 BGB weiterhin bestehen bleibt.[645]

g) Insolvenz

467 Die Eröffnung eines Insolvenzverfahrens hat auf die **Störereigenschaft** keinen Einfluss.[646] Zu den prozessualen Folgen vgl. Rn. 542 ff.

3. Beseitigungsanspruch, § 1004 Abs. 1 Satz 1 BGB

468 Das Gesetz umschreibt den Beseitigungsanspruch in § 1004 Abs. 1 Satz 1 BGB als eine Beeinträchtigung des Eigentums, die nicht in einer Entziehung oder Vorenthaltung des Besitzes besteht.

a) Eigentumsbeeinträchtigung

469 Für die Eigentumsbeeinträchtigung **fehlt eine gesetzliche Definition**. Die h.M. nimmt eine Eigentumsbeeinträchtigung an, wenn eine Einwirkung auf die dem Eigentum innewohnende Herrschaftsmacht des Eigentümers in seine rechtliche und tatsächliche Stel-

---

[642] Bamberger/Roth-Fritzsche, § 1004 BGB Rn. 27; Palandt/Bassenge, § 1004 BGB Rn. 25.
[643] BGH NJW-RR 1996, 659 f.; BGH NJW-RR 2001, 232 f.
[644] Bamberger/Roth-Fritzsche, § 1004 BGB Rn. 28 m.w.N.
[645] Erman-Ebbing, § 1004 BGB Rn. 132; MüKo-Medicus, § 1004 BGB Rn. 52 m.w.N.: Nach Auffassung von Medicus müsse aber auf jeden Fall eine einjährige Nachhaftung analog § 836 Abs. 2 BGB anerkannt werden. Dagegen nimmt die Usurpationstheorie an, dass ein eigentumswidriger Zustand gegeben ist, solange der Störer entweder durch sein Verhalten oder durch eine eigene Sache auf fremde Sachen einwirkt. Kommt es zu einem Rückzug aus dem fremden Rechtskreis, liege keine Eigentumsbeeinträchtigung mehr vor. Ein solcher Rückzug könne auch durch die Aufgabe des Eigentums nach § 959 BGB erfolgen, vgl. sehr ausführlich zu der von Picker entwickelte Usurpationstheorie: Staudinger-Gursky, § 1004 BGB Rn. 4-13.
[646] BGH NJW 1996, 845, 846.

lung erfolgt, wobei diese Einwirkung auf ein unredliches Verhalten von außen zurückzuführen ist.[647] Wann dies freilich vorliegt, ist **umstritten**.[648] Als gesichert kann angesehen werden, dass es unerheblich ist, ob in die **Sachsubstanz** eingegriffen wird, der Gebrauch verwehrt, gestört oder dieser in unerwünschte Weise stattfindet. Selbst Maßnahmen, die den Wert einer Sache erhöhen oder verbessern, können eine Beeinträchtigung darstellen.[649]

b) Abgrenzung zum Schadensersatz

Die Abgrenzung zum Schadensersatz ist praktisch von großer Relevanz, da der Schadensersatzanspruch Verschulden voraussetzt, was für den Beseitigungsanspruch nicht erforderlich ist. Beseitigung bedeutet ein aktives Tun, allerdings ist der Umfang dieses Tuns unklar.[650] Allgemein lässt sich Folgendes sagen: Schadensersatz erfasst auch die in der **Vergangenheit abgeschlossene** Beeinträchtigung, während die Beseitigung auf die Verhinderung **künftiger Beeinträchtigungen** gerichtet ist.[651] Es ist deshalb zu unterscheiden zwischen **unmittelbaren Fortwirkungen** einer Beeinträchtigung und der **Beseitigung von Schäden**. Zweifelhaft bleiben auch nach dieser Abgrenzung Fälle, in denen eine Beeinträchtigung die Grundlage für weitere Beeinträchtigungen bildet.

470

Beispiele:
- Kann bei einer Bodenverunreinigung nur die Abtragung des Bodens verlangt werden oder auch dessen Entfernung, Entsorgung und Neuauffüllung? Der BGH hat dies bejaht,[652] allerdings ist die Rechtsprechung nicht einheitlich, weshalb auf den Einzelfall abzustellen ist.[653]
- Oder gehört zu einer eingeschlagenen Fensterschreibe auch deren Reparatur, wenn durch die offene Scheibe Wasser eindringt und dadurch weitere Störungen auftreten?[654]

471

Da es keine klaren Abgrenzungskriterien gibt, bleibt nur, die von der Rechtsprechung bisher entschiedenen Fälle durchzusehen und mit dem eigenen Fall zu vergleichen. Eine gewisse Restunsicherheit wird allerdings immer verbleiben.[655]

472

c) Fortdauer (Gegenwärtigkeit) der Beeinträchtigung

Der Tatbestand des Beseitigungsanspruchs nach § 1004 Abs. 1 Satz 1 BGB erfordert eine gegenwärtige und somit fortdauernde Beeinträchtigung, weil mit Hilfe von § 1004

473

---

647 BGHZ 63, 203, 206 und BGHZ 90, 390 f.; BGH NJW-RR 03, 953; Staudinger-Gursky, § 1004 BGB Rn. 17; Palandt/Bassenge, § 1004 BGB Rn. 6; Bamberger/Roth-Fritzsche, § 1004 BGB Rn. 34 am Ende.
648 Bamberger/Roth-Fritzsche, § 1004 BGB Rn. 34 und Rn. 35, wo sich Fritzsche mit der von Picker entwickelten Rechtsusurpationslehre auseinandersetzt, die sich allerdings nicht durchgesetzt hat, vgl. auch Rn. 58. Zu der von Picker entwickelten Lehre vgl. auch MüKo-Medicus, § 1004 Rn. 25-28.
649 Bamberger/Roth-Fritzsche, § 1004 BGB Rn. 37, sehr ausführlich mit einer Vielzahl von Beispielen in den Rn. 38-49.
650 Hierzu schon oben Rn. 595.
651 MüKo-Medicus, § 1004 BGB Rn. 71.
652 BGH NJW 1996, 845, 847.
653 MüKo-Medicus, § 1004 BGB Rn. 72 m.w.N.
654 MüKo-Medicus, § 1004 BGB Rn. 71.
655 Wenzel, NJW 2005, Seite 242 ff.; mit dem Mandanten ist dies ausführlich zu erörtern.

BGB nur die Störquelle beseitigt werden kann. Deshalb muss für den Beseitigungsanspruch noch etwas „Beseitigungsfähiges" vorliegen.[656] Für den Unterlassungsanspruch ergibt sich das aus der Wiederholungs- bzw. Erstbegehungsgefahr. Ist die Störquelle nicht mehr vorhanden und sind Schäden zurückgeblieben, bleiben nur noch verschuldensabhängige Schadensersatzansprüche. Maßgeblich ist der Zeitpunkt der letzten mündlichen Tatsachenverhandlung.[657]

474 Keine Gegenwärtigkeit liegt z.B. bei lediglich vorbereitenden gefährlichen Maßnahmen vor, wie z.B. der Einreichung eines Bauplans oder bei nur abstrakt gefährdenden Zuständen, wie z.B. einem konkret nicht umsturzgefährdenden Baum.[658]

d) Zurechenbarkeit

475 Die Beeinträchtigung muss auf einem zurechenbaren Verhalten des Störers beruhen, wodurch die Störung entweder eingetreten ist oder aber weiter aufrechterhalten wird. Lässt sich bei zwei möglichen Störern mit zumutbarem Aufwand nicht feststellen, wem die Störung zuzurechnen ist, kommt § 830 Abs. 1 Satz 2 BGB analog zur Anwendung.[659]

e) Rechtswidrigkeit / Verschulden

476 Nach h.M. muss für den Anspruch aus § 1004 BGB der durch die Störung geschaffene Zustand rechtswidrig sein, obwohl der Wortlaut der Vorschrift dies nicht ausdrücklich verlangt.[660] Das ergibt sich aber daraus, dass ein Abwehranspruch aus § 1004 Abs. 1 BGB bei Bestehen einer Duldungspflicht des Eigentümers nach § 1004 Abs. 2 BGB ausgeschlossen ist. Fehlt eine Duldungspflicht, wird das mit der Rechtswidrigkeit der Beeinträchtigung gleichgesetzt.[661] Dabei muss **nicht die** beeinträchtigende **Handlung** rechtswidrig sein, sondern der **störende Zustand**, der dem Inhalt des Eigentumsrechts (§ 903 BGB) widerspricht.[662] Ein Verschulden ist nicht erforderlich.[663]

f) Grenzen der Beseitigungspflicht

477 *aa) Verhältnismäßigkeitsprinzip:* Grundsätzlich besteht die Pflicht zur Beseitigung, selbst wenn die Kosten hierfür unverhältnismäßig hoch sind. Allerdings sieht der BGH in §§ 251 Abs. 2, 633 Abs. 2 Satz 2 a.F. BGB (jetzt § 635 Abs. 3 BGB) einen **allgemeinen Rechtsgedanken**, der in Ausnahmefällen zu einem Ausschluss der Beseitigungspflicht führen kann. Die Beseitigung wird dann auf ein zumutbares Maß reduziert bzw. durch einen Geldentschädigungsanspruch ersetzt.[664]

---

656 MüKo-Medicus, § 1004 BGB Rn. 24, der darauf hinweist, dass die Fortdauer einer Beeinträchtigung davon abhängt, welchen Umfang man der Beseitigung beilegt. Nimmt man an, dass der glaslose Zustand einer zerstörten Fensterscheibe weitere Störungen verursacht, dann gehört zur Beseitigung der Störung auch die Reparatur der Fensterscheibe, so dass die Störung solange gegenwärtig ist, wie die Reparatur noch nicht erfolgt ist.
657 Jauernig / Jauernig, § 1004 BGB Rn. 6.
658 Bamberger / Roth-Fritzsche, § 1004 BGB Rn. 50 und 51 mit weiteren Beispielen.
659 Bamberger / Roth-Fritzsche, § 1004 BGB Rn. 52.
660 MüKo-Medicus, § 1004 BGB Rn. 59.
661 Vieweg / Werner, § 9 III. 1.
662 Palandt / Bassenge, § 1004 BGB Rn. 12.
663 Palandt / Bassenge, § 1004 BGB Rn. 13; Bamberger / Roth-Fritzsche, § 1004 BGB Rn. 54.
664 Bamberger / Roth-Fritzsche, § 1004 BGB Rn. 65; MüKo-Medicus, § 1004 BGB Rn. 77 und 78.

Aus dem Verhältnismäßigkeitsgrundsatz wird auch abgeleitet, dass die Auswahl bei mehreren Abhilfemöglichkeiten dem Störer überlassen bleiben muss. Er trägt in der Zwangsvollstreckung das Risiko, die falsche Möglichkeit gewählt zu haben.[665]

bb) Mitverursachung, § 254 BGB: Nach h.M. kann der Störer dem Anspruchsberechtigten den Einwand der Mitverursachung entgegensetzen.[666] Beispiele sind etwa die leichte Bauweise eines Hauses, die Wahl empfindlicher Pflanzen, fehlerhaft verlegte Abwasserleitungen.[667]

cc) Unmöglichkeit der Beseitigung: Aus dem Rechtsgedanken des § 275 BGB wird entnommen, dass niemand zu einer unmöglichen Leistung verurteilt werden kann.[668] Dies kann in Ausnahmefällen in Betracht kommen, wenn z.b. öffentlich-rechtliche Vorschriften entgegenstehen (naturschutzrechtliche Normen).

g) Kosten der Beseitigung

Der **Störer** trägt die Kosten der Beseitigung, wozu auch Untersuchungskosten oder Kosten für vergebliche Beseitigungsversuche gehören.[669] Beseitigt der Eigentümer die Störung selbst, kann er vom Störer seine Kosten ersetzt verlangen. Dies wird entweder auf ungerechtfertigte Bereicherung (§ 812 Abs. 1 Satz 1, Alt. 1 BGB) oder auf Geschäftsführung ohne Auftrag (§§ 683 Satz 1, 670 BGB) gestützt.[670]

4. Unterlassungsanspruch, § 1004 Abs. 2 Satz 2 BGB

Nach § 1004 Abs. 1 Satz 2 BGB ist der Unterlassungsanspruch darauf gerichtet, dass zukünftige Beeinträchtigungen verhindert werden. Die Besorgnis weiterer Beeinträchtigungen (sog. Wiederholungsgefahr) ist damit materielle Anspruchsvoraussetzung. Anerkannt ist aber, dass der Anspruchsberechtigte die rechtswidrige Beeinträchtigung nicht erst abwarten muss, sondern, dass über den Wortlaut der Bestimmung hinaus der Unterlassungsanspruch auch in Betracht kommt, wenn die Beeinträchtigung **erstmals hinreichend nahe bevorsteht**.[671]

a) Wiederholungsgefahr

Es ist ein **Indiz**, wenn es bereits in der Vergangenheit zu Beeinträchtigungen gekommen ist, so dass sich daraus die Gefahr künftiger Beeinträchtigungen ergeben kann. Ob sich daraus bereits eine Vermutung für künftige Beeinträchtigungen ergibt, ist vorsichtig zu handhaben. Bei mehrfachen Beeinträchtigungen dürfte die Vermutung anzunehmen

---

665 Bamberger/Roth-Fritzsche, § 1004 BGB Rn. 66: Eine Ausnahme wird dann gegeben sein, wenn nur eine einzige Maßnahme in Betracht kommt, die Störung zu beseitigen.
666 Bamberger/Roth-Fritzsche, § 1004 BGB Rn. 68 und 69; MüKo-Medicus, § 1004 BGB Rn. 81 und 82. Die Gegenansicht beruft sich darauf, dass nach § 1004 BGB nur Beseitigung verlangt werden könne, nicht mehr und nicht weniger, eine inhaltliche Beschränkung sei nicht vorgesehen, vgl. Staudinger-Gursky, § 1004 BGB Rn. 151.
667 MüKo-Medicus, § 1004 BGB Rn. 81 und 82, der allerdings die Anwendung des § 254 BGB ablehnt und die Rechtswidrigkeit der Störung verneint.
668 Palandt/Bassenge, § 1004 BGB Rn. 43; BGHZ 95, 307, 308.
669 Bamberger/Roth-Fritzsche, § 1004 BGB Rn. 75; MüKo-Medicus, § 1004 BGB Rn. 89, der bei mehreren Störern für den Innenausgleich § 426 BGB entsprechend anwenden will, falls nicht schon im Außenverhältnis die Verursachungsanteile getrennt werden können.
670 MüKo-Medicus, § 1004 BGB Rn. 90; Bamberger/Roth-Fritzsche, § 1004 BGB Rn. 76.
671 MüKo-Medicus, § 1004 BGB Rn. 95; Bamberger/Roth-Fritzsche, § 1004 BGB Rn. 78.

sein. Bei einer nur einmaligen Beeinträchtigung wird man sicherheitshalber weitere Anhaltspunkte anführen, die eine erneute Beeinträchtigung als **sehr wahrscheinlich** begründen.[672] Die bloße Möglichkeit einer Beeinträchtigung reicht nicht aus.[673]

484 Soll die Wiederholungsgefahr beseitigt werden, bedarf es einer **ernsthaften und hinreichend strafbewehrten Unterlassungserklärung,** wie sie etwa im Wettbewerbsrecht ständige Praxis geworden ist. Eine bloße Erklärung, künftig die Verhaltensweise zu unterlassen oder eine Erklärung mit Einschränkungen, beseitigt nicht die Wiederholungsgefahr.[674] Auch ohne eine solche **strafbewehrte Unterlassungserklärung** kann in geeigneten Fällen die Wiederholungsgefahr beseitigt werden, wenn z.B. das Eigentum an der störenden Sache verloren geht oder der störende Zustand beseitigt wird.[675]

b) Erstbegehungsgefahr

485 Die Erstbegehungsgefahr ist bei einer sog. **vorbeugenden Unterlassungsklage** konkret und ausführlich darzulegen, da hier keine tatsächliche Vermutung für eine bevorstehende Störung bestehen kann. Abstrakt besteht diese Gefahr, wenn die Verletzung des Eigentums **ernsthaft und greifbar** zu befürchten ist, also **unmittelbar bevorsteht**.[676] Darzulegen sind die Umstände, die den Schluss rechtfertigen, es hänge nur noch vom Willen des Störers ab, ob es zu der Störung kommt, etwa wenn der „Störer" bereits gegenüber Dritten sich dahingehend geäußert hat, dass er sich berechtigt sehe, die Störung vorzunehmen.[677]

486 Die Erstbegehungsgefahr kann leichter ausgeräumt werden, da es noch zu keiner Beeinträchtigung gekommen ist, weshalb auch eine **einfache Erklärung** ausreichen kann, die Beeinträchtigung zu unterlassen. Grundsätzlich gilt, je mehr an Vorbereitung für die Störung bereits getroffen wurde, desto mehr muss der „Störer" tun bzw. erklären, um die Erstbegehungsgefahr auszuschließen.

c) Inhalt des Unterlassungsanspruchs

487 Der Anspruch ist nicht nur auf die Unterlassung der konkreten Handlungsweise gerichtet, die zu der Störung geführt hat, sondern umfasst auch Beeinträchtigungsformen, die den Kern der Störung inhaltsgleich wiederholen.[678] Geschuldet wird also nicht nur eine künftige Untätigkeit, sondern ein Verhalten, das den Nichteintritt der künftigen Beeinträchtigung bewirkt.[679]

---

672 Bamberger/Roth-Fritzsche, § 1004 BGB Rn. 83; MüKo-Medicus, § 1004 BGB Rn. 96.
673 MüKo-Medicus, § 1004 BGB Rn. 96.
674 Bamberger/Roth-Fritzsche, § 1004 BGB Rn. 85; MüKo-Medicus, § 1004 BGB Rn. 96.
675 Bamberger/Roth-Fritzsche, § 1004 BGB Rn. 86.
676 Palandt/Bassenge, § 1004 BGB Rn. 33.
677 Bamberger/Roth-Fritzsche, § 1004 BGB Rn. 89.
678 Bamberger/Roth-Fritzsche, § 1004 BGB Rn. 93.
679 BGH NJW 2004, 1035.

5. Duldungspflicht, § 1004 Abs. 2 BGB

Duldungspflichten nach § 1004 Abs. 2 BGB können sich auf der Grundlage **privatrechtlicher Erklärungen oder Vereinbarungen** ergeben,[680] wie z.B. aus einer erteilten Einwilligung,[681] einer vertraglichen Absprache, einem dinglich erteilten Nutzungsrecht, aber auch **kraft Gesetzes**, wie z.B. in §§ 227-229 BGB (Notwehr, Notstand, Selbsthilfe), § 683 Satz 1 BGB (berechtigte Geschäftsführung ohne Auftrag), § 904 (offensiver Notstand), § 905 Satz 2 (Einwirkungen auf ein Grundstück), § 906 BGB (unwesentliche/ortsübliche Immission), § 912 BGB (Überbau), § 917 BGB (Notweg) oder aus Vorschriften des Bundesimmissionsschutzgesetzes, §§ 14, 17 und des Strafgesetzbuches (§ 193 StGB).[682]

488

Weitere Duldungspflichten können auch aus dem **nachbarschaftlichen Gemeinschaftsverhältnis** i.V.m. § 242 BGB und der daraus resultierenden gegenseitigen Rücksichtnahme folgen.[683]

489

6. Verwirkung

Eine Duldungspflicht kann sich auch ergeben, wenn der Abwehranspruch verwirkt ist. Davon ist auszugehen, wenn der Anspruch längere Zeit nicht geltend gemacht worden ist und beim Störer deshalb das Vertrauen begründet worden ist, der Eigentümer werde sein Recht auch künftig nicht ausüben.[684] In der Praxis wird davon aber nur **zurückhaltend** Gebrauch gemacht, auch wegen des hohen Stellenwertes des Eigentums.[685] Aufgrund der Verkürzung der Verjährungsfrist für Abwehransprüche auf zehn Jahre (§§ 195, 199 Abs. 1 und Abs. 4 BGB) kann der Verwirkung aber wieder mehr Bedeutung zukommen.[686]

490

7. Verjährung

a) Beseitigungsanspruch, § 1004 Abs. 1 Satz 1 BGB

Der Beseitigungsanspruch verjährt nach den **allgemeinen Regeln** gemäß § 195 BGB und somit innerhalb von **3 Jahren**. Die allgemeine Verjährungsfrist **beginnt** nach § 199 Abs. 1 Nr. 1 BGB mit der Entstehung des Anspruchs (Beginn der Störung) und (kumulativ) nach § 199 Abs. 1 Nr. 2 BGB sobald der Anspruchsberechtigte Kenntnis von den Umständen und der Person des Störers erlangt hat oder ohne grobe Fahrlässigkeit erlangen musste. **Längstens** dauert die Verjährung gemäß § 199 Abs. 4 BGB allerdings 10 Jahre.[687] Zu beachten ist, dass bei mehreren Einzelstörungen aus derselben Quelle der Anspruch mit jeder Störung neu entsteht und bei einer Störquelle mit dem Zeitpunkt

491

---

[680] MüKo-Medicus, § 1004 BGB Rn. 62-68; Bamberger/Roth-Fritzsche, § 1004 BGB Rn. 98-106; Palandt/Bassenge, § 1004 BGB Rn. 37.
[681] Palandt/Bassenge, § 1004 BGB Rn. 38.
[682] Palandt/Bassenge, § 1004 BGB Rn. 40-42 mit weiteren Beispielen; Bamberger/Roth-Fritzsche, § 1004 BGB Rn. 109 mit einer Vielzahl von Beispielen für öffentlich-rechtliche Duldungspflichten.
[683] MüKo-Medicus, § 1004 BGB Rn. 62; Palandt/Bassenge, § 1004 BGB Rn. 39.
[684] Palandt/Bassenge, § 1004 BGB Rn. 46; Bamberger/Roth-Fritzsche, § 1004 BGB Rn. 107; MüKo-Medicus, § 1004 BGB Rn. 83.
[685] Bamberger/Roth-Fritzsche, § 1004 BGB Rn. 107.
[686] Bamberger/Roth-Fritzsche, § 1004 BGB Rn. 107 am Ende.
[687] MüKo-Medicus, § 1004 BGB Rn. 84.

der Errichtung bzw. des Erkennens der Anlage als störend.[688] Für § 548 BGB nimmt die h.M. allerdings an, dass der Beseitigungsanspruch in der kurzen 6 monatigen Frist verjährt.[689]

b) Unterlassungsanspruch, § 1004 Abs. 1 Satz 2 BGB

492 Beim Unterlassungsanspruch wird teilweise angenommen, dass eine Verjährung nicht eintreten könne, da der Anspruch künftigen Beeinträchtigungen des Eigentums vorbeugen solle.[690] Sicherer dürfte es sein, gemäß § **199 Abs. 5 BGB** zu verfahren. Danach tritt bei einem Anspruch auf ein Unterlassen an die Stelle der Entstehung des Anspruchs die Zuwiderhandlung. Das dürfte bedeuten, dass auch Unterlassungsansprüche mit der Entstehung des Anspruchs nach den allgemeinen Regeln zu verjähren beginnen.[691]

c) Rechtsnachfolge

493 Der BGH lässt auf der Seite des „Gestörten" die begonnene Verjährung weiterlaufen, da der Anspruch derselbe bleibe.[692]

8. Konkurrenzen

a) Vorschriften des allgemeinen Schuldrechts

494 Auf den Beseitigungsanspruch sind anwendbar die Vorschriften über den Schuldnerverzug (§§ 280 Abs. 2, 286 ff. BGB) und die Vorschriften über den Gläubigerverzug (§§ 293 ff. BGB).[693] Dagegen wird die Anwendbarkeit der Unmöglichkeitsregeln (§§ 275 ff. BGB) überwiegend abgelehnt, allerdings wird anerkannt, dass bei feststehender Unmöglichkeit eine Verurteilung nicht erfolgen könne, sondern durch Heranziehung des Rechtsgedankens aus § 251 Abs. 2 BGB eine Geldentschädigung zuzusprechen sei.[694]

495 Die Anwendbarkeit des allgemeinen Schuldrechts auf den **Unterlassungsanspruch** wird als „schwierig" angesehen.[695]

b) Deliktsrecht, § 823 BGB

496 Bei einem **Verschulden** des Störers kann im Bezug auf eine Eigentumsverletzung auch Schadensersatz nach § 823 Abs. 1 BGB geltend gemacht werden. Der Anspruch besteht **neben** § 1004 BGB.[696]

---

688 MüKo-Medicus § 1004 BGB Rn. 85.
689 BHG NJW 1987, 187; BGHZ 135, 152; Palandt/Bassenge, § 1004 BGB Rn. 45.
690 Bamberger/Roth-Fritzsche, § 1004 BGB Rn. 114 m.w.N.
691 Bamberger/Roth-Fritzsche, § 1004 BGB Rn. 114.
692 BGH NJW 1994, 999, 1001; a.A MüKo-Medicus, § 1004 BGB Rn. 86, der sich bei der Sonderrechtsnachfolge unter Berufung auf Baur für den Neubeginn der Verjährungsfrist ausspricht, da sonst das gestörte Grundstück mit einer Duldungsdienstbarkeit belastet wäre, die sich nicht aus dem Grundbuch ergebe und deshalb für einen Erwerber nicht einsichtig wäre; vgl. auch Baur, JZ 1973, 560f. Falls bei der Sonderrechtsnachfolge eine Anrechnung der verstrichenen Zeit in Betracht gezogen werde, könne § 198 BGB analog angewendet werden. Bei einer Gesamtrechtsnachfolge spiele das keine Rolle, hier laufe die Verjährung nach allgemeinen Regeln weiter.
693 Palandt/Bassenge, § 1004 BGB Rn. 48.
694 Bamberger/Roth-Fritzsche, § 1004 BGB Rn. 118.
695 Bamberger/Roth-Fritzsche, § 1004 BGB Rn. 119 m.w.N.
696 MüKo-Medicus, § 1004 BGB Rn. 91.

Da § 1004 BGB auch als Schutzgesetz i.S.v. § 823 Abs. 2 BGB angesehen wird, ist auch hier ein Schadensersatzanspruch gegeben.

c) Besitzstörung, § 862 BGB

Ist die Eigentumsbeeinträchtigung zugleich eine Besitzstörung, kann auch ein Anspruch aus § 862 BGB in Betracht kommen. Ist der Anspruchsberechtigte **nicht dinglich** berechtigt (z.B. kein Eigentümer), bleibt ihm ohnehin nur der Anspruch aus § 862 BGB.

d) Ansprüche wegen Gefahr drohender Anlagen, drohender Gebäudeeinsturz, Vertiefung und Überhang, §§ 907-910 BGB

Die Vorschriften geben einen zusätzlichen Rechtsbehelf und treten **neben** den Beseitigungsanspruch aus § 1004 BGB.[697]

e) Herausgabeanspruch, § 985 BGB

Bei einem Eigentumsherausgabeanspruch ist § 1004 BGB **grundsätzlich ausgeschlossen** und **nur dann neben** § 985 BGB anwendbar, wenn der Besitzer nicht nur das Eigentum vorenthält, sondern es auch beeinträchtigt. Die bloße Herausgabe wäre kein ausreichender Schutz.[698]

9. Beweislast

a) Kläger

Der Kläger hat dazulegen und zu beweisen:

aa) Eigentum: Der Kläger kann sich dabei auf die Vermutungen der §§ 891 und 1006 BGB berufen.[699]

bb) Gegenwärtigkeit der Beeinträchtigung/Unterlassung: Der Kläger muss für den **Beseitigungsanspruch** mitteilen, worin die Beeinträchtigung gegenwärtig besteht.[700] Dazu muss deutlich gemacht werden, dass die in der Vergangenheit erfolgte Störung auch noch in der Gegenwart eine Störquelle bildet. Auf die Frage, warum die Störung noch fortdauert, ist ggf. ausführlich einzugehen.[701]

Kommt ein **Unterlassungsanspruch** in Betracht, muss vorgetragen werden, aufgrund welcher Umstände eine Beeinträchtigung droht[702] und dass die Gefahr einer **künftigen** Beeinträchtigung des Eigentums vom Willen des Beklagten abhängt.[703] Ist es aber

---

697 MüKo-Medicus, § 1004 BGB Rn. 92.
698 MüKo-Medicus, § 1004 BGB Rn. 93.
699 MüKo-Medicus, § 1004 BGB Rn. 103; Bamberger/Roth-Fritzsche, § 1004 BGB Rn. 120; Palandt/Bassenge, § 1004 BGB Rn. 52; Staudinger-Gursky, § 1004 BGB Rn. 231.
700 MüKo-Medicus, § 1004 BGB Rn. 103; Bamberger/Roth-Fritzsche, § 1004 BGB Rn. 120; Palandt/Bassenge, § 1004 BGB Rn. 52; Staudinger-Gursky, § 1004 BGB Rn. 232.
701 BGHZ 28, 110, 113.
702 BGH NJW 1987, 1142; Staudinger-Gursky, § 1004 BGB Rn. 232.
703 Bamberger/Roth-Fritzsche, § 1004 BGB Rn. 121.

bereits zu einer Beeinträchtigung gekommen, wird die Wiederholungsgefahr **vermutet**.[704] Der **erste Anschein** spricht in diesen Fällen für eine Wiederholungsgefahr.[705]

505 Bei einer **Erstbegehungsgefahr**, die im Fall einer vorbeugenden Unterlassungsklage vorzutragen ist, greift naturgemäß keine Vermutung für eine Störung ein, weshalb besonders sorgfältig und konkret vorzutragen ist, warum eine ernsthafte Gefahr für die **drohende** Beeinträchtigung des Eigentums besteht.[706]

506 Auch zum **Umfang** der Beeinträchtigung muss der Kläger vortragen und Beweis anbieten; soweit das nicht möglich ist, weil ihm Informationen fehlen, kann er einen Beseitigungsanspruch durch eine Auskunftsklage vorbereiten.[707]

507 *cc) Handlungs- oder Zustandsstörer:* Es muss sich aus dem klägerischen Vortrag ergeben, warum die Beeinträchtigung auf den Beklagten zurückgehen soll, warum also gerade er als Handlungs- oder Zustandsstörer zu qualifizieren ist.[708] Dazu muss entweder die Handlung des Störers beschrieben werden oder dass der Zustand einer Sache auf einer Willensentscheidung des Störers beruht.[709]

508 Bei Naturgewalten gilt folgendes: Trägt der Beklagte vor, dass die Beeinträchtigung aufgrund einer Naturgewalt entstanden sei, liegt darin ein Bestreiten, er sei für die Beeinträchtigung verantwortlich, d.h. dass es keinen Ursachenzusammenhang zwischen ihm und der eingetretenen Beeinträchtigung gebe. Dazu muss er substantiiert die Tatsachen vortragen, aus denen sich die Naturgewalt/das daraus resultierende Naturgeschehen ergeben soll. Der Kläger muss diese Tatsachen widerlegen und beweisen.[710]

b) Beklagte

509 *aa) Unmöglichkeit der Beseitigung:* Der Beklagte muss vortragen, aus welchen Gründen es nicht möglich sein soll, die Beeinträchtigung zu beseitigen. Handelt es sich um rechtliche Gründe, sind diese auszuführen, bei technischen Gründen ist zu erläutern, an welchem Umstand eine Beseitigung der Beeinträchtigung scheitert.[711]

510 *bb) Unverhältnismäßig hohe Aufwendungen:* Der Beklagte muss erläutern, welche Kosten für die Beseitigung erforderlich sein werden und dass es sich dabei um Kosten handelt, die im Vergleich zur Beeinträchtigung als unverhältnismäßig hoch anzusehen sind.[712]

---

[704] Bamberger/Roth-Fritzsche, § 1004 BGB Rn. 121, wobei damit vorsichtig umzugehen ist: Bei einer einzigen Beeinträchtigung kann es kritisch sein, bereits ernsthaft davon auszugehen, dass es zu einer Wiederholung kommen wird. Es empfiehlt sich deshalb, weitere Indiztatsachen vorzutragen, die auf die Wiederholung schließen lassen.
[705] Baumgärtel/Laumen, § 1004 BGB Rn. 16.
[706] Bamberger/Roth-Fritzsche, § 1004 BGB Rn. 121.
[707] Baumgärtel/Laumen, § 1004 BGB Rn. 4.
[708] MüKo-Medicus, § 1004 BGB Rn. 103; Bamberger/Roth-Fritzsche, § 1004 BGB Rn. 120; Palandt/Bassenge, § 1004 BGB Rn. 52; Staudinger-Gursky, § 1004 BGB Rn. 232.
[709] Baumgärtel/Laumen, § 1004 BGB Rn. 7.
[710] Baumgärtel/Laumen, § 1004 BGB Rn. 9.
[711] Baumgärtel/Laumen, § 1004 BGB Rn. 13.
[712] BGHZ 62, 388, 391; ggf. kommt nach der Rechtsprechung ein finanzieller Ausgleich gemäß § 251 Abs. 2 BGB analog in Betracht.

cc) Mitverursachung: Woraus sich der Verursachungsbeitrag des Klägers ergibt, muss vom Beklagten vorgetragen werden.[713]

dd) Wiederholungsgefahr: Da im Falle einer bereits erfolgten Störung ein erster Anschein für eine Wiederholungsgefahr angenommen wird, muss der Beklagte darlegen und beweisen, dass eine Wiederholungsgefahr nicht besteht. Eine bloße Absichtserklärung genügt dazu nicht. Es muss der ernsthafte Wille erkennbar sein, dass der Störer die Störung in Zukunft unterlassen werde.[714]

ee) Erstbegehungsgefahr: Konnte der Kläger die Erstbegehungsgefahr darlegen/beweisen und beruft sich der Beklagte darauf, dass diese Gefahr inzwischen weggefallen ist, muss er die Gründe dafür darlegen und beweisen, wofür strenge Anforderungen gelten.[715] So wird z.B. eine Wiederholungsgefahr durch eine strafbewehrte Unterlassungserklärung ausgeschlossen, weil sich in der Verpflichtung, eine Vertragsstrafe für den Fall der Zuwiderhandlung zu zahlen, zeigt, dass das Unterlassen **ernsthaft** beabsichtigt ist.

ff) Mittelbarer Störer: Er muss darlegen und beweisen, dass er alle ihm zumutbaren tatsächlichen und rechtlichen Maßnahmen ergriffen hat, um eine Beeinträchtigung des Dritten abzuwenden.[716]

gg) Duldungspflicht: Grundsätzlich gilt im Rahmen des § 1004 Abs. 2 BGB für die Duldungspflicht, dass derjenige, der sich darauf beruft, auch die Beweislast trägt.[717]

Beruft sich der Beklagte auf die Duldungspflicht des Eigentümers, muss er diese in vollem Umfang darlegen und beweisen.[718] Im Einzelfall kann es aber dazu kommen, dass der Kläger weiter vortragen muss, wenn er z.B. ausführt, dass früher eine Duldungspflicht bestand, die dann aber entfallen sei. Hier muss der Kläger die Umstände benennen, aus denen sich ergibt, dass die Duldungspflicht entfallen ist, beweisen muss er sie allerdings nicht. Das ist vielmehr Aufgabe des Beklagten, der die Beweislast für das Fortbestehen der Duldungspflicht trägt.[719]

B. Prozess

I. Prozesssituation

Eigentumsbeeinträchtigungen i.S.d. § 1004 BGB sind in besonderem Maß dazu geeignet, außergerichtlich erledigt zu werden, da sich ein gerichtliches Verfahren über Jahre hinziehen kann. Der Anwalt wird deshalb versuchen, mit dem Mandanten zunächst **Art und Umfang** der Beeinträchtigung festzustellen und bei der Suche nach dem **Verursacher** gegebenenfalls einen **Sachverständigen** einschalten. Mit Hilfe des Sachverständigen kann auch geklärt werden, welche Möglichkeiten einer Beseitigung in Betracht

---

713 Baumgärtel/Laumen, § 1004 BGB Rn. 14.
714 Baumgärtel/Laumen, § 1004 BGB Rn. 16.
715 Baumgärtel/Laumen, § 1004 BGB Rn. 18.
716 Bamberger/Roth-Fritzsche, § 1004 BGB Rn. 122; Staudinger-Gursky, § 1004 BGB Rn. 233 am Ende.
717 Baumgärtel/Laumen, § 1004 BGB Rn. 26.
718 Bamberger/Roth-Fritzsche, § 1004 BGB Rn. 122; Staudinger-Gursky, § 1004 BGB Rn. 233.
719 BGHZ 57, 325ff.

kommen. Erst wenn sich für die Eigentumsbeeinträchtigung keine Einigung mit dem Verursacher über die vorzunehmende Handlung erzielen lässt, sollte der Klageweg beschritten werden.

518 Schwieriger kann eine außergerichtliche Klärung bei einem Unterlassungsanspruch sein, weil sich der Anspruch in die Zukunft richtet und im „aktuellen" Zeitpunkt eigentlich nicht erfüllt werden kann. Im Wettbewerbsrecht hat sich die sog. strafbewehrte Unterlassungserklärung entwickelt, bei der mit Hilfe einer Abmahnung ein Verhalten beschrieben wird, das zu unterlassen ist und bei dem sich der Störer verpflichten soll, eine Vertragsstrafe zu zahlen, wenn er der Unterlassung zuwider handelt. Erst wenn eine solche (ernsthafte) Erklärung nicht abgegeben wird, ist die Klage in Betracht zu ziehen.

II. Prozessuale Grundlagen

1. Rechtsweg

519 Grundsätzlich handelt es sich um eine bürgerlich-rechtliche Streitigkeit, für die der ordentliche Zivilrechtsweg gegeben ist, § 13 GVG.[720] Dies gilt auch, wenn Hoheitsträger im fiskalischen Bereich oder jedenfalls nicht hoheitlich handeln.[721] Beruft sich der Störer darauf, dass der Störung ein Verwaltungsakt zugrunde liegt, kann vor den Zivilgerichten (als Vorfrage) dessen Nichtigkeit festgestellt werden, eine Anfechtung des Verwaltungsaktes ist aber nur vor den Verwaltungsgerichten möglich.[722]

520 Unzulässig ist der Zivilrechtsweg dagegen, wenn sich gerade die Eigentumsstörung als Ausübung hoheitlichen Handelns darstellt (z.B. Manöverlärm, Feueralarmsirene).[723]

2. Zuständigkeit des anzurufenden Gerichts

a) örtliche Zuständigkeit

521 Ein ausschließlicher örtlicher Gerichtsstand besteht bei Eigentumsstörungen nur nach § 24 Abs. 1 ZPO, ansonsten gelten die allgemeinen Vorschriften der §§ 12, 13 ff. und 32 ZPO.[724] Es kommt somit insbesondere auf den Wohnsitz oder die Niederlassung des Störers an (§§ 12, 17 ZPO).

b) sachliche Zuständigkeit

522 Die sachliche Zuständigkeit richtet sich nach dem Streitwert, § 3 ZPO. Entscheidend ist das Interesse des Gestörten an der Beseitigung oder Unterlassung und damit letztlich die Kosten, die hierfür aufzuwenden sind.[725]

---

720 Bamberger/Roth-Fritzsche, § 1004 BGB Rn. 125; MüKo-Medicus, § 1004 BGB Rn. 99; Staudinger-Gursky, § 1004 BGB Rn. 222.
721 Palandt/Bassenge, § 1004 BGB Rn. 50.
722 MüKo-Medicus, § 1004 BGB Rn. 99; Bamberger/Roth-Fritzsche, § 1004 BGB Rn. 125; Staudinger-Gursky, § 1004 BGB Rn. 222.
723 Staudinger-Gursky, § 1004 BGB Rn. 223.
724 MüKo-Medicus, § 1004 BGB Rn. 99; Bamberger/Roth-Fritzsche, § 1004 BGB Rn. 127; Palandt/Bassenge, § 1004 BGB Rn. 50.
725 Baumbach/Lauterbach-Hartmann, § 3 ZPO Anh § 3 Rn. 33, Stichwort: Eigentum; MüKo-Medicus, § 1004 BGB Rn. 100; Staudinger-Gursky, § 1004 BGB Rn. 225, der unter Berufung auf BGHZ 124, 313 ausführt, dass bei einer Verurteilung zur Störungsbeseitigung sich der Wert der Beschwer nach dem Interesse des Beklagten richte, die Kosten einer Ersatzvornahme durch den Kläger zu vermeiden.

3. Klageantrag

Sowohl für den Beseitigungs- als auch den Unterlassungsanspruch ist die **Leistungsklage** die richtige Klageart.[726] Dabei ist die Fassung des Klageantrages wegen des Bestimmtheitsgebotes (§ 253 Abs. 2 Nr. 2 ZPO) nicht einfach bzw. eine konkrete Beseitigungsmaßnahme nicht möglich. Dies liegt daran, dass der Beklagte nach § 1004 Abs. 1 Satz 1 und Satz 2 BGB nur einen Anspruch auf den **Beseitigungserfolg** hat, nicht aber die Wahl, wie der Beklagte die Störung beseitigen will.[727]

a) Beseitigungsanspruch

Beim Beseitigungsanspruch braucht der Kläger deshalb nur anzugeben, welche Beeinträchtigung konkret beseitigt werden soll. Dann ist die für die Zwangsvollstreckung notwendige Bestimmtheit gesichert, die auch durch Heranziehung der Urteilsgründe ermittelt werden kann.[728]

Die Verurteilung, wonach eine bestimmte Maßnahme zur Beseitigung der Störung erfolgen soll, kommt nur in Betracht, wenn ausnahmsweise nur eine einzige Beseitigungsmaßnahme in Betracht kommt, weil dadurch das Wahlrecht des Störers nicht eingeschränkt wird.[729]

Ist die Beseitigung nur möglich, wenn zuvor eine behördliche Genehmigung erteilt worden ist, muss ein entsprechender Vorbehalt in den Tenor aufgenommen werden[730] und im Rahmen der Zwangsvollstreckung geprüft werden, ob die Genehmigung vorliegt.[731]

Muster: Bestimmtheitserfordernis erfüllender Antrag / Tenor

Der Beklagte wird verurteilt, durch geeignete Maßnahmen sicherzustellen, dass der auf dem Motorradhelm Marke TPO, Farbe Rubinrot, Größe 62 aufgeklebte Schriftzug: „Ich bin ein Verlierer" so entfernt wird, dass der darunter befindliche Kunstlack nicht beschädigt wird.[732]

Wie das Beispiel zeigt, kann es somit notwendig sein, einen wiederherzustellenden Zustand zu beschreiben.[733] Schwierigkeiten bereitet die Antragsfassung auch bei Immissionsschutzprozessen, weil der Kläger verpflichtet ist, in bestimmtem Umfang Immissionen nach § 906 BGB in Kauf zu nehmen.[734]

---

726 Erman-Ebbing, § 1004 BGB Rn. 176.
727 MüKo-Medicus, § 1004 BGB Rn. 101; Bamberger/Roth-Fritzsche, § 1004 BGB Rn. 130; Erman-Ebbing, § 1004 BGB Rn. 177; Palandt/Bassenge, § 1004 BGB Rn. 51; Staudinger-Gursky, § 1004 BGB Rn. 227.
728 Palandt/Bassenge, § 1004 BGB Rn. 51; Bamberger/Roth-Fritzsche, § 1004 BGB Rn. 130.
729 BGHZ 67, 252; BGH NJW 2004, 1035; Staudinger-Gursky, § 1004 BGB Rn. 227.
730 Palandt/Bassenge, § 1004 BGB Rn. 51 am Ende.
731 Bamberger/Roth-Fritzsche, § 1004 BGB Rn. 132.
732 Der Kläger hat keinen Anspruch, wie der Beklagte die Eigentumsstörung beseitigt, sondern nur einen Anspruch darauf, dass dies erfolgreich durchgeführt wird (Wahlrecht des Störers). Die Störung sollte deshalb so genau als möglich beschrieben werden, damit der Klageantrag gemäß § 253 Abs. 2 Nr. 2 ZPO hinreichend bestimmt ist.
733 Palandt/Bassenge, § 1004 BGB Rn. 51.
734 Sehr ausführlich zu der Problematik: Staudinger-Gursky, § 1004 BGB Rn. 228f.

b) Unterlassungsanspruch

529 Für den Unterlassungsanspruch muss die Beeinträchtigung, die unterlassen werden soll, ebenfalls so genau als möglich beschrieben werden. Das Verbot und dessen Umfang muss sich aus dem Tenor ergeben,[735] da das Bestimmtheitserfordernis des § 253 Abs. 2 ZPO auch für den Unterlassungsanspruch gilt.[736]

530 Muster: Genaue Bezeichnung der zu unterlassenden Beeinträchtigung im Antrag/Tenor

> Darüber hinaus wird der Beklagte verurteilt, es zu unterlassen, den in Ziffer 1 genannten Motorradhelm in sonstiger Weise mit Anhaftungen zu versehen, die dazu geeignet sind, eine feste Verbindung mit dem Helm einzugehen, insbesondere es zu unterlassen, auf dem Helm Klebe- oder Abziehbilder oder sonstiges Folienmaterial anzubringen.

531 Soweit allerdings in geeigneten Fällen eine nähere Bestimmung möglich ist, etwa weil der **technische Fortschritt** das ermöglicht, ist das gegebenenfalls schon im Antrag anzugeben, wenn etwa ein bestimmte Phonzahl als höchstzulässig verlangt werden soll[737] und die Angaben leicht zu ermitteln sind.

4. Klageänderung

532 Der Beseitigungs- und der Unterlassungsanspruch haben unterschiedliche Streitgegenstände.[738] Der Übergang vom Beseitigungs- zum Unterlassungsanspruch erfordert eine Änderung des Klageantrages und stellt schon deshalb eine Klageänderung dar, gleiches gilt für den Übergang vom Unterlassungs- zum Ausgleichsanspruch oder in den Fällen der Anspruchskonkurrenz der Wechsel zwischen §§ 985 und 1004 BGB.[739] Ebenso liegt eine Klageänderung beim Übergang vom Abwehr- zum Ausgleichsanspruch nach § 906 BGB vor.[740]

533 Werden dagegen nur neue gleichartige Störungen im Laufe des Prozesses vorgetragen, ergibt sich daraus keine Klageänderung, da der Sachverhalt sich nicht ändert.[741]

5. Rechtsnachfolge

a) Kläger („Gestörter")

534 Ebenso wie der Herausgabeanspruch aus § 985 BGB ist auch der Abwehranspruch aus § 1004 BGB **nicht selbstständig abtretbar**, sondern mit dem Eigentum verbunden und geht mit der Übertragung des Eigentums[742] auf den Rechtsnachfolger über. In Einzelfällen kann eine Ermächtigung für einen anderen als den Eigentümer **analog § 185 BGB** in Betracht kommen, wenn daran ein eigenes schutzwürdiges Interesse besteht.[743]

---

735 Bamberger/Roth-Fritzsche, § 1004 BGB Rn. 133; Palandt/Bassenge, § 1004 BGB Rn. 51.
736 Bamberger/Roth-Fritzsche, § 1004 BGB Rn. 133; Erman-Ebbing, § 1004 BGB Rn. 177.
737 MüKo-Medicus, § 1004 BGB Rn. 102.
738 Bamberger/Roth-Fritzsche, § 1004 BGB Rn. 134.
739 Bamberger/Roth-Fritzsche, § 1004 BGB Rn. 135.
740 Erman-Ebbing, § 1004 BGB Rn. 180.
741 Bamberger/Roth-Fritzsche, § 1004 BGB Rn. 136.
742 Erman-Ebbing, § 1004 BGB Rn. 178.
743 Erman-Ebbing, § 1004 BGB Rn. 178.

Kommt es während des Prozesses zu einer Veräußerung, findet der Prozess seinen ungestörten Fortgang. Der Kläger bleibt analog §§ 265, 266 ZPO zur weiteren Prozessführung befugt.[744] Das Urteil wirkt grundsätzlich gemäß § 325 Abs. 1 ZPO für und gegen den Erwerber, der Titel kann gemäß § 727 ZPO umgeschrieben werden.[745]

535

b) Beklagte („Störer")

Eine Rechtsnachfolge kommt hier nur in Betracht, wenn es sich um einen Zustandsstörer handelt, d.h. es handelt sich um eine störende Anlage, bei der die Störung „verdinglicht" ist. In diesen Fällen können die §§ 265, 266, 325, 727 ZPO analog angewendet werden.[746] Beim Handlungsstörer kann es keine Rechtsnachfolge geben, da die einmal begangene Störungshandlung beim Störer bestehen bleibt[747] und eine „in Streit befangene Sache" nicht vorliegen kann.[748]

536

6. Urheberbenennung bei Eigentumsbeeinträchtigung, §§ 77 i.V.m. 76 ZPO

Durch die Urheberbenennung hat z.B. der unmittelbare Besitzer die Möglichkeit, sich dem Prozess zu entziehen, indem er einen „besser Berechtigten" benennt und ihm den Streit verkündet, § 72 ZPO. Der so Benannte kann den Prozess anstelle des Beklagten übernehmen.[749]

537

Die Urheberbenennung kommt dann in Betracht, wenn z.B. ein Mieter oder Pächter verklagt wird, eine bestimmte Störung zu unterlassen, obwohl ihm diese Art der Benutzung vom Vermieter/Pächter gestattet worden ist. Dabei ist es unerheblich, ob der Mieter durch die Beseitigung der Störung seinerseits gegen den Miet- bzw. Pachtvertrag verstoßen würde.[750]

538

7. Erledigung der Hauptsache[751]

Für die Erledigung der Hauptsache, gelten die allgemeinen Regeln:
- Wird die Beseitigung der Störung begehrt und reagiert der Beklagte nach Rechtshängigkeit, indem er die Beseitigung vornimmt oder erfolgt die Beseitigung auf andere Weise, ist der Rechtsstreit in der Hauptsache erledigt.
- Wird Unterlassung einer Störung begehrt, ist die Hauptsache erledigt, wenn nach Rechtshängigkeit die Begehungsgefahr entfällt.

539

8. Rechtskraft

Über die **Eigentumsfrage** wird bei einer Klage nach § 1004 BGB **nicht** entschieden.[752] Wem das Eigentum zusteht, ist nur eine **bedingte Vorfrage**, so dass eine Verurteilung

540

---

[744] MüKo-Medicus, § 1004 BGB Rn. 104; Erman-Ebbing, § 1004 BGB Rn. 179; Bamberger/Roth-Fritzsche, § 1004 BGB Rn. 12.
[745] Staudinger-Gursky, § 1004 BGB Rn. 91.
[746] MüKo-Medicus, § 1004 BGB Rn. 105; Staudinger-Gursky, § 1004 BGB Rn. 131.
[747] MüKo-Medicus, § 1004 BGB Rn. 105 und Rn. 43f.
[748] Bamberger/Roth-Fritzsche, § 1004 BGB Rn. 30.
[749] Baumbach/Lauterbach-Hartmann, § 76 ZPO Rn. 1.
[750] MüKo-Medicus, § 1004 BGB Rn. 106; Staudinger-Gursky, § 1004 BGB Rn. 235.
[751] Bamberger/Roth-Fritzsche, § 1004 BGB Rn. 139.
[752] Bamberger/Roth-Fritzsche, § 1004 BGB Rn. 138; Staudinger-Gursky, § 1004 BGB Rn. 240; Palandt/Bassenge, § 1004 BGB Rn. 54.

aus § 1004 BGB das Eigentum nicht rechtskräftig feststellt. Dagegen ist das Recht des Beklagten festgestellt, die vermeintliche „Störung" weiterhin begehen zu dürfen, wenn eine Unterlassungsklage wegen § 1004 Abs. 2 BGB abgewiesen wird.[753]

9. Einstweilige Verfügung

541 Die einstweilige Verfügung ist auch für den Anspruch aus § 1004 BGB anerkannt, auch wenn es dadurch zu einer Art Vorwegnahme der Hauptsache kommen kann, weil eine Befriedigungswirkung eintritt.[754] Gerade bei einem **Unterlassungsanspruch** (§ 1004 Abs. 1 Satz 2 BGB) wird regelmäßig eine einstweilige Verfügung nach § 940 ZPO beantragt werden. Aber auch bei der einstweiligen Verfügung, muss es dem Antragsgegner überlassen bleiben, auf welche Art und Weise er den Eingriff verhindern will.[755] Dagegen wird bei einem **Beseitigungsanspruch** eine einstweilige Verfügung nur ausnahmsweise in Betracht kommen, wenn dadurch keine endgültige Regelung geschaffen wird.[756]

10. Insolvenz

a) Des Eigentümers („des Gestörten")

542 Der Prozess wird nach § 240 Satz 1 ZPO oder gegebenenfalls auch bereits nach § 240 Satz 2 ZPO (vorläufige Insolvenzverwaltung) unterbrochen.[757] Die Aufnahme des Prozesses richtet sich dann nach § 85 InsO.

b) Des Störers

543 Hier kommt es darauf an, worauf die Störung beruht:

544 *aa) Handlungsstörer:* Richtet sich der Anspruch aus § 1004 BGB gegen einen Handlungsstörer und stehen seine Handlungen in keinem Bezug zu seinem Vermögen, bleibt er selbst weiterhin passivlegitimiert. Die Insolvenz hat dann keinen Einfluss auf das Verfahren.[758]

545 *bb) Zustandsstörer:* Fällt dagegen der „störende Zustand" in das Vermögen des Schuldners, richtet sich der Anspruch aus § 1004 BGB nach Eröffnung des Insolvenzverfahrens nur noch gegen den Insolvenzverwalter.[759] Wird z.B. ein „störender" Betrieb vom Insolvenzverwalter weitergeführt, richtet sich ein Unterlassungsanspruch wegen Immissionen gegen die Insolvenzmasse **und** gegen den Insolvenzverwalter persönlich.[760] Der Anspruch gegen die Insolvenzmasse wird als **aussonderungsfähig gemäß § 47 InsO** angesehen.[761]

---

753 Staudinger-Gursky, § 1004 BGB Rn. 240, der sich mit weiteren Einzelheiten der Rechtskraftfrage befasst.
754 Bamberger/Roth-Fritzsche, § 1004 BGB Rn. 140.
755 Staudinger-Gursky, § 1004 BGB Rn. 239; MüKo-Medicus, § 1004 BGB Rn. 108.
756 Bamberger/Roth-Fritzsche, § 1004 BGB Rn. 140.
757 Staudinger-Gursky, § 1004 BGB Rn. 238; MüKo-Medicus, § 1004 BGB Rn. 109.
758 MüKo-Medicus, § 1004 BGB Rn. 109; Staudinger-Gursky, § 1004 BGB Rn. 238.
759 Staudinger-Gursky, § 1004 BGB Rn. 238.
760 Staudinger-Gursky, § 1004 BGB Rn. 238.
761 MüKo-Medicus, § 1004 BGB Rn. 109, der unter Berufung auf K. Schmidt in ZZP 90 (1977), 38, 41 ff., die Aussonderung sowohl für den Unterlassungs- als auch für den Beseitigungsanspruch annimmt; Staudinger-Gursky, § 1004 BGB Rn. 238.

III. Muster: Klage aus § 1004 BGB

546

31

An das

▪▪▪ Gericht⁷⁶²

Klage

des/der ▪▪▪

Kläger/in

Prozessbevollmächtigte ▪▪▪

gegen

▪▪▪

Beklagte/r

wegen: Beseitigung und Unterlassung⁷⁶³

Namens und in Vollmacht⁷⁶⁴ des Klägers erheben wir Klage und b e a n t r a g e n:

1. Der Beklagte wird verurteilt, durch geeignete Maßnahmen sicherzustellen, dass der auf dem Motorradhelm Marke TPO, Farbe Rubinrot, Größe 62 aufgeklebte Schriftzug: „Ich bin ein Verlierer" so entfernt wird, dass der darunter befindliche Kunstlack nicht beschädigt wird.⁷⁶⁵
2. Darüber hinaus wird der Beklagte verurteilt, es zu unterlassen, künftig den in Ziffer 1 genannten Motorradhelm in sonstiger Weise mit Anhaftungen zu versehen, die dazu geeignet sind, eine feste Verbindung mit dem Motorradhelm einzugehen, insbesondere es künftig zu unterlassen, auf dem Motorradhelm Klebe- oder Abziehbilder oder sonstiges Folienmaterial anzubringen.⁷⁶⁶
3. Für jeden Fall der Zuwiderhandlung von Ziffer 2 wird dem Beklagten angedroht, dass ein Ordnungsgeld bis zu EUR 250.000,00 gegen ihn festgesetzt werden kann und dass dieses Ordnungsgeld für den Fall, dass es nicht beigetrieben werden kann, Ordnungshaft

---

762 Vgl. zur Zuständigkeit des Gerichts Rn. 315, 316: Es gelten die allgemeinen Vorschriften, lediglich für Grundstücke bestimmt § 24 Abs. 1 ZPO einen ausschließlichen dinglichen Gerichtsstand.
763 Ob eine solche „Kurzbezeichnung" gewählt wird, ist reine Geschmacksfrage. Es empfiehlt sich eine solche Angabe, damit für das Gericht auf einen Blick „schlagwortartig" zu erkennen ist, worum es in der Klage geht (z.B. wegen Räumung und Herausgabe einer Wohnung oder wegen Forderung und Schadensersatz oder wegen Abgabe einer Willenserklärung usw.).
764 Mit dieser Formulierung wird klargestellt, dass der beauftragte Rechtsanwalt nicht im eigenen Namen, sondern im Namen eines Dritten (Mandanten) handelt und für ihn diese Klage erhebt. Die sog. Prozessvollmacht gemäß § 80 Abs. 1 ZPO muss nicht mit der Klage vorgelegt werden, da das Gericht den Mangel der Vollmacht von Amts wegen nur berücksichtigt, wenn als Bevollmächtigter, kein Rechtsanwalt auftritt, § 88 Abs. 2 ZPO.
765 Der Kläger hat keinen Anspruch, wie der Beklagte die Eigentumsstörung beseitigt, sondern nur einen Anspruch darauf, dass sie erfolgreich durchgeführt wird (Wahlrecht des Störers). Die Störung sollte deshalb so genau als möglich beschrieben werden, damit der Klageantrag gemäß § 253 Abs. 2 Nr. 2 ZPO hinreichend bestimmt ist.
766 Der Kläger hat die Möglichkeit neben dem Antrag Ziffer 1, der nur auf die Beseitigung der Eigentumsstörung gerichtet ist, zusätzlich auch einen Unterlassungsantrag zu stellen (§ 1004 Abs. 1 Satz 2 BGB), wenn zu befürchten ist, dass der Beklagte die Eigentumsstörung auch künftig fortsetzen werde.

nach sich ziehen kann oder Ordnungshaft bis zu 6 Monaten gegen ihn festgesetzt werden kann.[767]

Zur

B e g r ü n d u n g

tragen wir vor:

Der Kläger macht als Eigentümer einen Beseitigungs- und Unterlassungsanspruch gegen den Beklagten aus § 1004 BGB geltend.

Im Einzelnen:

Der Kläger ist Eigentümer des im Klageantrag Ziffer 1 bezeichneten Motorradhelms. Er kaufte den Helm vor 3 Monaten, am ■■■, zusammen mit seinem Motorrad, einer ■■■, amtliches Kennzeichen ■■■ und benutzt seit dieser Zeit täglich den Helm und fährt mit dem Motorrad zu seiner Arbeitsstelle in ■■■ bei der Firma ■■■.

Beweis: Im Bestreitensfall Vorlage des Kaufvertrages vom ■■■ und des Lieferscheins ■■■ sowie Zeugnis des Herrn/Frau ■■■[768]

Sobald der Kläger seine Arbeitsstelle erreicht, legt er im Personalraum seinen Motorradhelm auf dem ihm zugewiesenen Spinnt ab. Der Helm befindet sich somit während der Arbeitszeit auf der für sperrige Gegenstände vorgesehen Ablage, die sich oben auf dem Spinnt befindet.

Der Kläger und der Zeuge ■■■ konnten am ■■■ beobachten, wie der Beklagte den Helm vom Spinnt des Klägers nahm und mit Hilfe eines Pinsels, den er mit einem kleisterartigen Klebemittel einstrich, einen Zettel auf dem Helm des Klägers anbrachte, der die Aufschrift trug: „Ich bin ein Verlierer".[769] Gegenüber Dritten[770] äußerte der Beklagte am ■■■, dass sich der Kläger künftig freuen werde, weitere tolle Aufkleber auf dem Helm vorzufinden, er habe schon eine ganze Reihe guter Ideen entwickelt.[771]

---

767 Es erscheint wegen § 890 Abs. 2 ZPO zweckmäßig, mit dem Klageantrag (hier in Ziffer 3) auch gleich den Antrag auf Androhung der Verurteilung zu Ordnungsgeld bzw. Ordnungshaft zu verbinden, damit die Androhung gleich in den Tenor aufgenommen werden kann.
768 Im Rahmen des § 1004 BGB muss der Kläger darlegen, dass er Eigentümer ist, wobei ihm die Vermutung des § 1006 BGB zu gute kommt. Wenn der Beklagte das Eigentum nicht bestreitet, wird der Sachvortrag des Klägers als wahr unterstellt. Die Aufnahme „Beweis im Bestreitensfall" ist deshalb nicht notwendig, in der Praxis ist sie dennoch regelmäßig zu sehen. Wenn dieses Beweisangebot aufgenommen wird, empfiehlt sich bereits anzuzeigen, welcher Beweis angeboten werden soll. Das könnte den Beklagten davon abhalten, „ins Blaue hinein" zu bestreiten.
769 Damit trägt der Kläger vor, dass der Beklagte als „Störer" (Handlungsstörer) anzusehen ist.
770 Durch diesen Sachvortrag wird zu der Wiederholungsgefahr für den Unterlassungsantrag (§ 1004 Abs. 1 Satz 2 BGB) vorgetragen, da durch die Äußerung des Beklagten, der Kläger werde sich künftig über weitere Aufkleber „freuen", ernsthaft zu befürchten ist, dass der Beklagte die Eigentumsstörung wiederholen wird. Ob bereits der einmalige Vorfall die Wiederholungsgefahr begründet, sollte durchaus mit Vorsicht behandelt werden. Soweit sich weitere Indizien für die Wiederholung finden, sollten diese in jedem Fall unterstützend vorgetragen werden.
771 Der Kläger muss für § 1004 BGB eine Beeinträchtigung seines Eigentums vortragen, die nicht in einer Besitzentziehung oder Vorenthaltung des Besitzes besteht. Hier wird ein Sachverhalt geschildert, der eine positive (tatsächliche) Einwirkung auf die Sache beschreibt, da die Veränderung des Motorradhelms gegen die Herrschaftsbefugnisse des Klägers aus § 903 BGB verstößt.

Beweis: ■■■

Dieser Zettel ist aufgrund des benutzten Klebers derart fest mit dem Motorradhelm verbunden, dass er nicht einfach abgezogen werden kann, sondern eine nicht fachgerechte Trennung dazu führen wird, dass der Lack des Motorradhelms sich lösen und damit beschädigt wird.

Beweis: Sachverständigengutachten

Der vom Beklagten angebrachte Schriftzug befindet sich nach wie vor auf dem Helm.[772]

Beweis: ■■■

Außergerichtlich hat der Beklagte geleugnet, den Motorradhelm des Klägers überhaupt in Händen gehabt zu haben.

Beweis: ■■■[773]

Der Antrag Ziffer 3 ergibt sich aus § 890 ZPO.

■■■

Rechtsanwalt

IV. Zwangsvollstreckung

1. Beseitigungsanspruch (§ 1004 Abs. 1 Satz 1 BGB)

Ist der Tenor darauf gerichtet, dass eine bestehende Beeinträchtigung durch ein **aktives Tun** (Handlungsgebot) beseitigt wird, erfolgt die Vollstreckung nach §§ 887, 888 ZPO.[774] Bei einer unvertretbaren Handlung muss der Gläubiger dann konkret angeben, welche Maßnahme durchgesetzt werden soll.[775] Ist unklar, ob für die Beseitigung eine öffentlich-rechtliche Erlaubnis erforderlich ist oder die Beseitigung verboten ist, muss das im Zwangsvollstreckungsverfahren geprüft werden.[776]

547

2. Unterlassungsanspruch (§ 1004 Abs. 1 Satz 2 BGB)

Soll die Beeinträchtigung durch ein **Unterlassen** erfolgen, richtet sich die Vollstreckung nach §§ 890, 891 ZPO.[777] Ergeht eine Verurteilung, wonach der Beklagte die Störung **sowohl** durch ein **aktives Tun**, **als auch** durch ein **Unterlassen** beseitigen kann (z.B. die störende Maschine kann mit einem Schallschutz versehen werden oder einfach abge-

548

---

772 Im Rahmen des § 1004 BGB muss der Kläger auch vortragen, dass die Eigentumsstörung noch gegenwärtig ist, da ansonsten kein Raum für eine Verurteilung zur „Beseitigung" wäre.
773 Damit hat der Kläger sämtliche Voraussetzungen für die beiden Anträge vorgetragen: Eigentum des Klägers, Eigentumsbeeinträchtigung, Fortdauer der Eigentumsbeeinträchtigung, Störereigenschaft des Beklagten und die Wiederholungsgefahr für den Unterlassungsantrag gemäß Ziffer 2.
774 Palandt/Bassenge, § 1004 BGB Rn. 53; MüKo-Medicus, § 1004 BGB Rn. 107; Staudinger-Gursky, § 1004 BGB Rn. 237; Bamberger/Roth-Fritzsche, § 1004 BGB Rn. 141.
775 MüKo-Medicus, § 1004 BGB Rn. 107: Unvertretbar ist z.B. ein Widerruf oder der Abdruck einer Gegendarstellung.
776 Bamberger/Roth-Fritzsche, § 1004 BGB Rn. 141.
777 Bamberger/Roth-Fritzsche, § 1004 BGB Rn. 142; MüKo-Medicus, § 1004 BGB Rn. 107; Palandt/Bassenge, § 1004 BGB Rn. 53.

schaltet und nicht wieder in Betrieb gesetzt werden), wird nach h.M. angenommen, dass **einheitlich** eine Vollstreckung aus § 890 ZPO erfolgt. Dies wird damit begründet, dass der **Schwerpunkt** beim Unterlassen liege.[778] Kommt es dagegen zu einem **Nebeneinander** von aktivem Tun und Unterlassen, ist zu differenzieren: Lautet die Verurteilung z.B. dahingehend, den Beklagten zu verurteilen, die Verwendung des Namens XY zu unterlassen und die Aufschrift auf dem Eingangstor seiner Niederlassung in X-Stadt zu entfernen, ist hinsichtlich der Unterlassung nach § 890 ZPO zu vollstrecken und hinsichtlich der Entfernung der Aufschrift nach § 887 ZPO.[779]

---

[778] Staudinger-Gursky, § 1004 BGB Rn. 237: MüKo-Medicus, § 1004 BGB Rn. 107; Bamberger/Roth-Fritzsche, § 1004 BGB Rn. 142: Ob ein Unterlassungs- oder ein Beseitigungsgebot vorliege, sei im Wege der Auslegung zu ermitteln.
[779] OLG Saarbrücken, MDR 2000, 784.

§ 7 Grundstücksrecht

Literatur:

Kommentare und Monographien: Hagen, Horst/Bambring, Günter, Der Grundstückskauf: höchstrichterliche Rechtsprechung und notarielle Gestaltungshinweise, 7. Auflage 2000; Mayer, Jörg, Der Übergabevertrag in der antwaltlichen und notariellen Praxis, 2. Auflage, 2001; Schulze, Reiner (Schriftltg.), Bürgerliches Gesetzbuch – Handkommentar, 3. Auflage 2003; Waldner, Wolfram, Praktische Fragen des Grundstückskaufvertrages, 2003; Weirich, Hans-Armin, Vertragsgestaltung im Grundstücksrecht, 2. Auflage 1992.

Aufsätze: Amann, Hermann, Das Verjährungsrecht nach der Schuldrechtsreform aus notarieller Sicht, in: DNotZ 2002, S. 94 ff.; Brambring, Günter, § 284 Abs. 3 BGB und Grundstückskaufvertrag, in: DNotZ 2000, S. 245 ff.; ders., Mitbeurkundung der Auflassung beim Grundstückskaufvertrag, in: Brambing, Günter/Medicus, Dieter/Vogt, Max (Hrsg.), Festschrift für Horst Hagen, S. 251; ders., Rote Karte für Formulierungsvorschläge? Erwiderung zu Maaß, Nochmals: § 284 Abs. 3 BGB – Auswirkungen auf die Gestaltung von Grundstückskaufverträgen, in: ZNotP 2000, S. 292 ff.; ders., Schuldrechtsreform und Grundstückskaufvertrag – Ergänzung zu DNotZ 2001, 590, in: DNotZ 2001, S. 904 ff.; ders., Schuldrechtsreform und Grundstückskaufvertrag, in: DNotZ 2001, S. 590 ff.; Brieske, Rembert, Anmerkung zu BGH Urteil v. 15.4.1999 – IX ZR 93/98, in: DNotZ 2001, S. 478 ff.; Canaris, Claus-Wilhelm, Der Bereicherungsausgleich bei Bestellung einer Sicherheit an einer rechtsgrundlos erlangten oder fremden Sache, in: NJW 1991, S. 2513 ff.; Deutscher Notar Informationsdienst, Pfändung in Notaranderkonto, in: DNotI-Report 2001, S. 164 ff.; Grams, Hartmut A., Immer häufiger: Maklerklauseln in Notarverträgen, in: Das Grundeigentum 2003, S. 651 ff.; Grunewald, Barbara, Das Beurkundungserfordernis nach § 313 BGB bei Gründung und Beitritt zu einer Personengesellschaft, in: Brambing, Günter/Medicus, Dieter/Vogt, Max (Hrsg.), Festschrift für Horst Hagen, S. 277 ff.; Grziwotz, Herbert, Anmerkung zu BGH, Urt. v. 30.1.2004 – V ZR 92/03, in: BGH Report 2004, S. 643 f.; ders., Grundstückskaufverträge – Aufnahme und Gestaltung von Maklerklauseln, in: MDR 2004, S. 61 ff.; ders., Praxis-Handbuch-Grundbuch und Grundstücksrecht, Köln 1999; ders., Rechtsfolgen der Nichtzahlung der Grunderwerbssteuer und der Kosten durch den Grundstückskäufer, in: NJW 2000, S. 2646 ff.; Hagenbucher, Florian, Die Eintragungen der Eigentumsvormerkung für den Grundstückskäufer: ein unvermeidbares Risiko für den Verkäufer, in: Mitteilungen des Bayerischen Notarvereins 2003, S. 249 ff.; Heil, Hans-Jürgen, Das Grundeigentum der Gesellschaft bürgerlichen Rechts – res extra commercium?, in: NJW 2002, S. 2158 ff.; Jerschke, Hans-Ulrich, Der Richter als Notar – Vertragsgestaltung durch Richterrecht, in: Brambing, Günter/Medicus, Dieter/Vogt, Max (Hrsg.), Festschrift für Horst Hagen, S. 289 ff.; Kanzleiter, Rainer, Ausreichende Bezeichnung der noch nicht vermessenen Teilfläche im Grundstückskaufvertrag, in: NJW 2000, S. 1920 ff.; ders., Der beiderseitige Irrtum über die Größe der verkauften Grundstücksfläche als Beispiel eines beiderseitigen Eigenschaftsirrtums, in: MittBayNot 2004, S. 401 ff.; Keim, Christopher, Die notarielle Vorlagesperre – Begründung einer Vorleistungspflicht oder Sicherungsinstrument im Rahmen der Zug-um-Zug-Abwicklung?, in: MittBayNot 2003, S. 21 ff.; ders., Salvatorische Klauseln in notariellen Grundstückskaufverträgen – Retter in der Not oder überflüssiges Anhängsel?, in: ZfIR 2003, S. 661 ff.; Kluge, Christiane, Wertsicherungsklauseln in der notariellen Praxis, in: Mitteilungen der Rheinischen Notarkammer 2000, S. 409 ff.; Limmer, Peter, Die freiwillige Grundstücksversteigerung durch den Notar, in: Westermann, Harm Peter/Mock, Klaus (Hrsg.), Festschrift für Gerold Bezzenberger zum 70. Geburtstag, S. 509 ff.; Litzenburger, Wolfgang, Das Ende des vollständigen Gewährleistungsausschlusses beim Kaufvertrag über gebrauchte Immobilien, in: NJW 2000, S. 1244 ff.; Maaß, Eike, Nochmals: § 284 Abs. 3 BGB – Auswirkungen auf die Gestaltung von Grundstückskaufverträgen, in: ZNotP 2000 S. 292 ff.; Mihm, Katja, Pflicht zur Verlesung notarieller Urkunden bei EDV-Einsatz, in: NJW 1997, 3121 ff.; Müller-Michaels, Olaf, Formfreie Aufhebung eines Grundstückskaufvertrages trotz Bestehens eines Anwartschaftsrechts?, in: NJW 1994, S. 2742 ff.; Reithmann, Christoph, Die Pflicht zur Vertragsgestaltung nach der Rechtsprechung des BGH, in: ZnotP 2003, S. 242 ff.; ders., Notarielle Verwahrung bei der Finanzierung des Grundstückskaufs, in: WM 2002, S. 683 ff.; Schippers, Josef Christian, Ungewiss und doch bestimmt! Bestimmtheitsanforderungen und Vormerkungsfähigkeit bei bedingten Rückforderungsrecht im Übergabevertrag, in: DNotZ 2001, S. 756 ff.; Tiedtke, Klaus/Wälzholz, Eckard, Aktuelle Entwicklungen beim gewerblichen Grundstückshandel, MittBayNot, 2004, S. 5 ff.; Ulmer, Peter/Steffek, Felix, Grundbuchfähigkeit einer rechts- und parteifähigen GbR, in: NJW 2002, S. 330 ff.; v. Westphalen, Friedrich, Immobilien-Leasing-Verträge – einige Aspekte zur notariellen Praxis, MittBayNot 2004, S. 13 ff.

A. Der Prozess im Grundstücksrecht

Grundstückskaufverträge, zunehmend auch Übertragsverträge von Grundstücken, nehmen vor allem in der notariellen, also der rechtsgestaltenden Praxis, einen breiten Raum ein. In der streitigen Praxis sind die Fälle dagegen, gemessen an der hohen Zahl von Grundstücksgeschäften, vergleichsweise gering. Dies mag zum einen damit zusammenhängen, dass die mit der Rechtsgestaltung befassten Rechtsanwälte und Notare ihre Arbeit offenbar zum großen Teil beanstandungsfrei verrichten.[1] Ein weiterer Grund wird darin liegen, dass Gewährleistungsrechte in Grundstücksverträgen häufig soweit wie möglich ausgeschlossen werden. Das weite Feld der Sachmängelhaftung, auf dem es im Kaufrecht gern zu Streitigkeiten kommt, öffnet sich dem Rechtssuchenden daher im Grundstücksrecht nur selten.

Die folgende Darstellung hat das Ziel, den allgemein tätigen Rechtsanwalt in die Lage zu versetzen, zeitsparend und damit ökonomisch zu arbeiten. Um diesem Anspruch gerecht werden zu können, müssen Schwerpunkte gesetzt werden. Die Darstellung soll bei der Vertragsgestaltung ebenso helfen wie bei der Abwicklung von Grundstücksgeschäften bis hin zur forensischen Praxis. Dabei steht nicht die wissenschaftliche Auseinandersetzung mit den Fragen des Grundstücksrechts im Vordergrund. Es geht vielmehr darum, Vertragsgestaltung und Vertragsabwicklung in ihren Grundzügen darzustellen und sowohl Formulierungsvorschläge, als auch Tipps und Hinweise für die Lösung von Streitfragen zu geben.

B. Vertragsgegenstand

Was verkauft oder übertragen wird, muss in einem notariellen Vertrag klar bestimmt und bezeichnet werden. § 28 GBO verlangt die Angabe entsprechend den Vorgaben im Grundbuch (Blatt, Flur- und Flurstücknummer bei unbebauten oder bebauten Grundstücken, entsprechend bei Kauf von Erbbaurechten die Bezeichnung des Erbbaugrundbuchs, bei Eigentumswohnungen die des Wohnungsgrundbuches). Für die Eintragung im Grundbuch reicht die grundbuchmäßige Bezeichnung. In der Vertragspraxis finden sich vor allem
- Angaben über Lage,
- Art und Größe des Grundstücks (Erbbaurecht oder der Eigentumswohnung) sowie
- deren genaue grundbuchmäßige Bezeichnung

Um späteren Streit zu vermeiden, empfiehlt es sich, das **Zubehör**, das im Zweifel mitverkauft ist (§ 311c BGB), im Kaufvertrag gesondert aufzuführen (Einbauküche, sonstige Einbaumöbel, noch im Tank befindliches Heizöl.)[2]

---

1 Vgl. Mayer, der Übertragsvertrag, Rn. 498, unter Bezugnahme auf ein Zitat von Kolhosser, AcP 194 (1994), 231, 235, wonach „die Kautelarjurisprudenz in diesem Bereich ihre Schularbeiten im Großen und Ganzen doch recht ordentlich zu erledigen" scheint.
2 Waldner, Praktische Fragen des Grundstückskaufvertrages, Rn. 3; Palandt / Heinrichs, § 93 Rn. 5 ff, § 97 Rn. 11 ff.

553 Ist Gegenstand des Kauf- oder Übertragsvertrages eine **Eigentumswohnung** oder ein **Teileigentum**, gilt als Besonderheit: Soweit es nicht schon zur Eintragung im Wohnungsgrundbuch gekommen ist, muss zumindest eine beurkundete Teilungserklärung gemäß § 13a BeurkG, vorliegen, also die „Geburtsurkunde" des Wohnungseigentums.

554 Wirksamkeitsvoraussetzung nach der Teilungserklärung ist die Zustimmung des Verwalters, bei kleineren Einheiten die der anderen Wohnungseigentümer. Der Verwalter darf seine Zustimmung nur verweigern, wenn ein wichtiger Grund in der Person des Erwerbers vorliegt.

I. Erbbaurecht

555 Erbbaurechte vermitteln ein Recht am dienenden Grundstück. Dieses kann über oder unter der Erde bebaut und unterhalten werden, § 1 ErbVO. Verkauft wird also das Recht an einem Grundstück. Um Unsicherheiten bei der Frage der Verjährung der Ansprüche auf Bestellung des Erbbaurechts zu vermeiden, schlägt Waldner[3] unter Bezug auf Eidenmüller[4] vor, die Dauer der Verjährungsfrist ausdrücklich vesrtraglich zu regeln.

II. Erwerb von Miteigentum

556 Erwirbt der Käufer Bruchteilseigentum an einem Grundstück, ergeben sich keine Besonderheiten. Erwirbt er dagegen eine Gesamthandsberechtigung – z.B. durch Eintritt in eine Gesellschaft bürgerlichen Rechts –, dann folgen Rechtsgestaltung und Abwicklung dem Gesellschaftsrecht und den hierfür eventuell geltenden Formvorschriften. Die Formvorschrift des § 311c BGB ist dagegen nicht maßgeblich.

III. Fehlerhafte Bezeichnung

557 Ein fehlerhaftes Wort ändert auch bei formbedürftigem Grundstücksvertrag nichts an dessen Wirksamkeit. Allerdings empfiehlt es sich, nicht nur die Grundbuchbezeichnung im Vertrag aufzuführen, um Zahlendreher oder Falschangaben von Flur- oder Flurstückzahlen zu vermeiden, sondern das Grundstück auch von der Lage und der Straßenbezeichnung (Straßenname und Hausnummer) so zweifelsfrei zu kennzeichnen, dass es keine Auslegungsprobleme gibt. Haben die Vertragsparteien versehentlich falsche Grundbuchbezeichnungen gewählt, besteht aber Einigkeit darüber, was tatsächlich verkauft werden sollte, so ist dies maßgebend.[5]

C. Beteiligte des Rechtsgeschäftes

558 Der Verkäufer wird – mit Ausnahme des § 39 GBO (keine Notwendigkeit der Voreintragung des Erben) – im Grundbuch vermerkt sein mit Namen und Geburtsdatum.

---

[3] Waldner, a.a.O., Rn. 6; BGH 2 96, 385 (NJW 1986, 1605).
[4] Eidenmüller, NJW 2002, 1625ff. (1627).
[5] Waldner, a.a.O., Rn. 15; BGH NJW 2002, 1038; BGH 2 87, 159 – NJW 1983, 1610; BGH NJW RR 1998, 265; Ludwig JZ 1983, 762.

C. Beteiligte des Rechtsgeschäftes

I. Juristische Personen

Bei juristischen Personen, die auch Partei eines Grundstückskaufvertrages sein können, muss deren Existenz überprüft werden (Eintragung im Handelsregister). Die Gesellschaft bürgerlichen Rechts wird seit der Entscheidung des BGH aus dem Jahre 2001[6] wie eine juristische Person behandelt. Da sie nicht grundbuchfähig ist, müssen die BGB-Gesellschafter einzeln aufgeführt werden.

Besonderheiten gelten bei der Beteiligung von Minderjährigen (Vertretung durch die Eltern oder den personenberechtigten Elternteil, §§ 1529 Abs. 1 S. 2 BGB, 1671 BGB oder gar Erforderlichkeit der familienrechtlichen Genehmigung, §§ 1643 Abs. 1, 1821 Abs. 1 S. 4, 5 BGB).

Verkaufen Erben des noch eingetragenen Eigentümers, bedarf es nicht deren Voreintragung im Grundbuch, § 40 Abs. 1 GBO. Als Erbnachweis genügen im Grundbuchverfahren zwar notarielles Testament oder Erbvertrag samt Eröffnungsniederschrift des Nachlassgerichts. **Grundbuchberichtigung** ist, soweit kein Erbschein erteilt ist, aber **unbedingt zu empfehlen**, da nur Erbschein und Voreintragung der Erben als Eigentümer im Grundbuch öffentlichen Glauben genießen und so den Rechtserwerb des Käufers sichern.

Sind Eheleute am Vertrag beteiligt, ist unter Umständen die Zustimmung des Ehepartners zum Verkauf erforderlich, wenn damit über das gesamte oder wesentliche Vermögen verfügt wird. Ist der Ehepartner bei der Beurkundung anwesend, empfiehlt es sich, seine Zustimmung gemäß § 1365 BGB im Vertrage mit aufzunehmen.

II. Bevollmächtigung

Die **gleichzeitige Anwesenheit** der Parteien wird zwar gemäß § 925 Abs. 1 BGB verlangt, darunter ist aber **nicht** die **persönliche Anwesenheit** zu verstehen, weil die Vertragsparteien sich vertreten lassen können. Das ist möglich durch Vorlage einer Vollmacht, bei der es darauf ankommt, dass sie die vom Vertreter abgegebenen Erklärungen voll deckt. Dies muss der Notar prüfen.[7]

In der Praxis häufiger anzutreffen ist das Auftreten eines vollmachtlosen Vertreters; dessen Erklärungen im derart beurkundeten Rechtsgeschäft werden wirksam, wenn der Vertretene sie genehmigt und die Genehmigung dem Vertragspartner zugeht, § 184 BGB. Um Zweifel über den Zugang zu vermeiden, wird üblicherweise der Notar von den Beteiligten ermächtigt, privatrechtliche und öffentlich-rechtliche Genehmigungen entgegenzunehmen.[8] Erteilt der Vertretene die Genehmigung nicht, ergeben sich aus dem Vertrag keine Verbindlichkeiten (§ 79 Abs. 3 BGB); er ist auch nicht für die Kosten der Beurkundung verantwortlich. Etwas anderes kann nur gelten, wenn der Vertretene zuvor der Vertretung durch einen vollmachtlosen Vertreter zugestimmt hat (Haftung aus culpa in contrahendo).[9]

---

6 BGHZ 146, 341; NJW 02, 1207.
7 Weirich, Vertragsgestaltung im Grundstücksrecht, Rn. 16, BGH NJW 1988, 1206.
8 Weirich, a.a.O., Rn. 18.
9 Weirich, a.a.O., Rn. 19 a.E.

565 Sollte der vollmachtlos Vertretene zögern, die Genehmigung abzugeben, hat der andere Vertragspartner die Möglichkeit, den vollmachtlos Vertretenen aufzufordern, sich zur Genehmigung zu erklären, § 177 Abs. 2 BGB.
So können Schwebezustände vermieden werden. Nicht selten wird auch der Notar damit beauftragt, der aber nicht zur Genehmigung **auffordern** darf: dagegen steht der für ihn geltende Grundsatz der Objektivität und Neutralität.

566 Denkbar ist schließlich, dass der Vertretene auf Abgabe der Genehmigungserklärung verklagt wird. Dabei besteht die Besonderheit, dass der Vertrag erst mit der Rechtskraft des stattgebenden Urteils wirksam wird, weil erst dann die Fiktion des § 894 ZPO eintritt.[10]

D. Formbedürftigkeit

567 Die Formbedürftigkeit von Grundstücksverträgen war früher in § 311 BGB und ist heute in § 311b BGB geregelt. Es ist bedauerlich, dass eine so wichtige Vorschrift durch die Beifügung des lit. b. den Anschein erweckt, nicht wesentlich zu sein. Sie befindet sich jetzt in einer etwas „merkwürdigen Mesalliance" zu gänzlich anderen Vertragstypen.[11]

568 Inhaltlich hat sich gegenüber § 313 BGB a.F. nichts geändert. Für die Beteiligten und den Notar gilt: Alle wesentlichen den Grundstückskaufvertrag bestimmenden Faktoren müssen beurkundet werden. Wer auf die Heilung, die bekanntlich durch Eintragung im Grundbuch eintritt, vertraut, springt häufig zu kurz. Die Rechtsprechung wird zwar beherrscht von dem Grundsatz, vertragliche Vereinbarungen nicht am Mangel der Form scheitern zu lassen. Der vorsichtige Notar wird aber im Zweifel alles beurkunden, was zumindest mittelbaren Bezug zu einer rechtsgeschäftlichen Grundstücksveräußerung hat. Besteht eine Abhängigkeit zwischen einem Grundstückskaufvertrag und einem ansonsten nicht formbedürftigen anderen Rechtsgeschäft, so ist für die Frage der Wirksamkeit von Bedeutung, ob der Grundstückskaufvertrag mit dem anderen Geschäft steht oder fällt: dann besteht Beurkundungszwang.[12]

569 Als Grundsatz der ausgeprägten ober- und höchstrichterlichen Rechtsprechung, vor allem des BGH, ist festzuhalten: Werden durch die Vereinbarung die gegenseitigen Pflichten aus dem Grundstückskaufvertrag nicht wesentlich verändert, sondern betreffen sie lediglich die Abwicklung des Vertrages, dann sind sie nicht formbedürftig; so, wenn nur unvorhergesehene Schwierigkeiten bei der Abwicklung des Vertrages durch die – nicht in notarieller Form – getroffene Vereinbarung behoben werden sollen.[13] Ist die Form nicht eingehalten, dann ist der Vertrag unwirksam, § 125 BGB. Wird gleichwohl das Eigentum im Grundbuch umgeschrieben, tritt **Heilung** ein, **§ 311b Abs. 1 S. 2 BGB**. Nach der Rechtsprechung sollen mittelbare Grundstücksgeschäfte, durch

---

10 Waldner, a.a.O., Rn. 49 a. E; BGHZ 108, 380 = NJW 1990, 580 = EwiR 1990, 15.
11 Amann/Brambring/Hertel, S. 12.
12 Waldner, a.a.O., Rn. 57; BGH NJW 2000, 951; BGH NJW 2001, 126; Keim, DNotZ 2001, 827.
13 BGH DNotZ 2001 vom 5.4.2001 mit kritischer Anmerkung von Kanzleiter, daselbst, S. 799/800.

D. Formbedürftigkeit

die eine tatsächliche Bindung zwischen den Vertragsparteien erzielt wird, ebenfalls formbedürftig sein.[14]

Das gilt z.B. für Maklerverträge, aus denen sich ein mittelbarer Zwang zum Erwerb des Grundstücks ergibt (der Makler lässt sich eine Vertragsstrafe für den Fall versprechen, dass ein Kunde das nachgewiesene Objekt nicht kauft oder verkauft).[15] Lässt sich der Makler einen höheren Aufwendungsersatz als 10 bis 15 % der vereinbarten Maklerprovision versprechen, dann soll nach der Rechtsprechung ein solcher mittelbarer Zwang bestehen mit der Folge der Formbedürftigkeit. Bei anwaltlicher Beratung eines Maklers ist es wichtig, auf diese Rechtsprechung hinzuweisen und auf notarielle Beurkundung hinzuwirken. Es sollte nicht auf Heilung des Formmangels durch Eintragung im Grundbuch gehofft werden.

570

Auch wenn eine unwiderrufliche Vollmacht zur Veräußerung oder zum Erwerb eines Grundstücks erteilt wird, besteht Formzwang mit der Konsequenz, dass der gesamte Vertrag der Form bedarf, nicht nur die Verpflichtung zum Abschluss des Grundstücksvertrages.[16] Die außerordentlich umfangreiche Rechtsprechung hierzu weist eine vielfältige Kasuistik auf. Soweit der Anwalt bereits vor Abschluss des notariellen Vertrages mit einer Vereinbarung befasst ist, sollte er im Zweifel dazu raten, diese in die notarielle Urkunde mit aufzunehmen. Wird er dagegen erst um Rat gefragt, wenn der notarielle Kaufvertrag schon abgeschlossen ist und daneben Vereinbarungen getroffen wurden, die nicht notariell beurkundet sind, wird er auf die Möglichkeit der Heilung und je nach Beratungslage auch darauf hinweisen müssen, dass notfalls die Zusatzabrede notariell zu beurkunden sei.

571

Auch Änderungen des Grundstückskaufvertrages bedürfen grundsätzlich für ihre Wirksamkeit der **notariellen Form**. Ausnahmen – ebenfalls stark kasuistisch geprägt – macht die Rechtsprechung dann, wenn durch die nachträgliche Vereinbarung nur unvorhergesehen auftretende Schwierigkeiten bei der Vertragsabwicklung behoben werden sollen und wenn die insoweit getroffene Vereinbarung keine wesentlichen Veränderungen der beiderseitigen Verpflichtungen über den reinen Abwicklungszweck hinaus beinhaltet.

572

Beispiel: Vereinbarung über die Verlängerung eines vertraglichen Rücktrittsrechts[17]

573

Die Rechtsprechung wird geprägt von dem Bestreben, zusätzliche Vereinbarungen, die den Vertragszweck unverändert lassen, nicht an der Formunwirksamkeit scheitern zu lassen. Nur wesentliche Änderungen der aus dem Kaufvertrag herrührenden Verpflichtungen sollen dem Formzwang unterliegen.

574

Auf den ersten Anblick überraschen mag die Rechtsprechung, wonach die **Aufhebung des Grundstückskaufvertrages** formfrei ist, so lange die Auflassung oder die Eintragung im Grundbuch noch nicht bewirkt sind. Der Grund liegt auf der Hand: Es wird

575

---

14 Waldner, a.a.O., Rn. 73; BGH NJW 1970, 1915; NJW 1971, 557; NJW 2002, 1792; NJW 1980, 1622; 1981, 2293; 1987, 1628.
15 Waldner, a.a.O., Rn. 74, BGH NJW 1980, 1622; 1981, 2239; 1987, 1628.
16 Waldner, a.a.O., Rn. 75 a, BGH NJW 1952, 120.
17 BGHZ 66, 270.

mit der Aufhebung des Vertrages gerade keine neue Verpflichtung zur Veräußerung oder zum Erwerb eines Grundstücks begründet. Nur diese Verpflichtungen sind nach § 311b BGB formbedürftig.[18] Anderes gilt, wenn die Auflassung schon erklärt und eine Vormerkung zur Verschaffung des Eigentums im Grundbuch eingetragen ist. Der Käufer hat dann bereits ein Anwartschaftsrecht erlangt, das ihm gegen seinen Willen nicht mehr entzogen werden darf.[19] Auch in einem solchen Fall können die Vertragsparteien aber durch Bewilligung der Löschung der Vormerkung auf Eigentumsverschaffung oder Aufhebung der Auflassung die erneute notarielle Beurkundung und die damit verbundenen Kosten vermeiden.[20] Wollen die Parteien den Vertrag aufheben, weil ein Partner mit seinen Leistungen in Verzug geraten ist, dann sollten auch die Folgeansprüche geregelt werden,[21] um späteren Streit hierüber zu vermeiden.

576 Dass ein Vertrag wegen **offenen oder versteckten Dissenses** unwirksam sein könnte, kommt in der Praxis selten vor. Einige Fälle weist die Rechtsprechung des BGH gleichwohl auf.[22]

E. Irrtumsanfechtung nach § 119 BGB

577 Die rechtsdogmatisch hoch interessante Irrtumsanfechtung spielt in der Rechtspraxis nahezu keine Rolle. Die Rechtsprechung hilft in aller Regel mit einer Vertragsauslegung, nur in seltenen Fällen kommt es zu einer Anfechtung wegen Erklärungs- oder Inhaltsirrtums. Zumeist handelt es sich um unbeachtliche Motivationsirrtümer (beim Grundstückskauf nicht selten der Kalkulationsirrtum einer Vertragsseite). Unbedeutsamer sind Fälle, in denen sich die Erwartungen einer Vertragspartei nicht erfüllen (das Grundstück stellt sich als unbebaubar heraus; die Finanzierung des Kaufpreises lässt sich entgegen der Erwartung beider Vertragsparteien nicht realisieren).[23]

578 Fälle der **Anfechtung wegen arglistiger Täuschung, § 123 BGB,** kommen in der Praxis dagegen oft vor. Sei es, weil der Verkäufer falsche Angaben zum Kaufobjekt macht oder – diese Fälle sind häufiger – weil er es unterlässt, auf bestimmte Umstände hinzuweisen, die für den Käufer und dessen Entschluss zu kaufen erkennbar von Bedeutung sind.

579 Beispiele:
- Der Verkäufer verschweigt eine Bodenkontamination[24]
- Eine Behörde verkauft ein Grundstück und verschweigt eine anstehende Verkehrsplanung, die das Grundstück erheblich betrifft.[25]

---

18 Waldner, a.a.O., Rn. 90.
19 Waldner, a.a.O., Rn. 91, BGHZ 83, 395 = NJW 1982, 1639, OLG Saarbrücken, NJW-RR 1995, 1105; OLG Köln, NJW-RR 1995, 1107.
20 Waldner, a.a.O., Rn. 90; a.A. Hagen, Grundstücksrecht, Rn. 842.
21 Waldner, a.a.O., Rn. 93; Hagen, a.a.O., Rn. 847.
22 Waldner, a.a.O., Rn. 136, 137; BGH NJW 1997, 2671; NJW 1998, 946; 1998, 3196; DnotZ 1998, 946.
23 Waldner, a.a.O., Rn. 325, dann i.d.R. Wegfall der Geschäftsgrundlage.
24 BGH NJW 2001, 64.
25 Waldner, a.a.O., Rn. 152; OLG Frankfurt, NJW-RR 2002, 523.

Beweispflichtig dafür, dass bei Kenntnis der Umstände der Vertrag nicht geschlossen worden wäre, ist der Getäuschte. Dabei reicht es aus, wenn die Umstände dafür sprechen, dass der Kaufvertrag nach der Lebenserfahrung nicht oder nicht so abgeschlossen worden wäre.[26]

F. Unwirksamkeit von Verträgen

I. Missverhältnis von Leistung und Gegenleistung

Ein Grundstückskaufvertrag kann unter dem Gesichtspunkt der Sittenwidrigkeit, § 138 Abs. 1 und 2 BGB, unwirksam sein, wenn
- ein auffälliges Missverhältnis zwischen Leistung und Gegenleistung besteht,
- besondere Umstände für eine verwerfliche Gesinnung des Begünstigten sprechen.

Ist das festgestellte Missverhältnis besonders grob, dann wird die verwerfliche Gesinnung von der Rechtsprechung unterstellt.[27]

Unter anderem hat der BGH Unwirksamkeit des Kaufvertrages aufgrund sittenwidrigen Verhaltens einer Partei dann angenommen, wenn zwischen dem Verkehrswert des Grundstücks und dem vereinbarten Kaufpreis ein auffälliges oder besonders grobes Missverhältnis besteht.[28] Ein solches soll nach der ständigen Rechtsprechung des BGH dann vorliegen, wenn der Kaufpreis nahezu doppelt so hoch ist wie der Verkehrswert.[29] Enscheidend ist der Zeitpunkt des Vertragsabschlusses.[30] Liegt die Überschreitung darunter, dann kann nach der Rechtsprechung des BGH ein auffälliges Missverhältnis im Zusammenhang mit weiteren Umständen die Sittenwidrigkeit des Vertrages begründen.

Die Rechtsfolgen eines wegen Sittenwidrigkeit nichtigen Grundstückskaufvertrages ergeben sich aus der Rückabwicklung nach Bereicherungsrecht, § 812 ff. BGB:
- Der Verkäufer kann vom Käufer die Rückauflassung des Grundstücks gegen Rückzahlung des Kaufpreises fordern;
- der Käufer vom Verkäufer die Rückzahlung des Kaufpreises gegen Rückauflassung verlangen.

Ist das Grundstück bereits weiter veräußert, dann muss der Käufer Wertersatz leisten nach § 818 Abs. 2 BGB.

Teilweise werden die Grundsätze des Wegfalls der Geschäftsgrundlage (jetzt: Störung der Geschäftsgrundlage) herangezogen und eine Anpassung oder Auflösung des Vertrages vom BGH als möglich dargestellt:[31] Verkauf einer noch zu vermessenden Grundstücksfläche, dabei Grenzziehung in einem maßstabsgerechten Plan sowie eine

---

26 BGH NJW 1995, 540 für den Fall der Wohnungsbindung: Waldner, a.a.O., Rn. 146.
27 Waldner, a.a.O., Rn. 150 unter Hinweis auf BGH NJW 1995, 2635, BGH WM 1980, 597, WM 1981, 404, 1050.
28 BGH-Entscheidung vom 2.7.2004, VZR 213/03.
29 BGH, Urt. v. 8.11.1991, VZR 260/90, NWR 1992, 343, NJW 1992, 899; Urt. v. 4.2.2000, VZR 146/98, NWR 514, NJW 2000, 1487.
30 BGH NJW-RR, 1998, 1642.
31 Urteil des BGH vom 30.1.2004, VZR 92/03.

als ungefähr bezeichnete Flächenmaßangabe. Nach Vermessung wich die tatsächliche Größe wesentlich von der zeichnerisch dargestellten Circa-Flächengröße ab. Geschätzt waren 4.000 m². Nach Vermessung entstand ein Grundstück von 5.606 m².

587 Der BGH führt aus, dass sich die Kaufvertragsparteien in Fällen der Abweichung von bezifferter und zeichnerisch dargestellter Flächengröße nicht in jedem Fall am Vertrag festhalten lassen müssen. Sei die Flächengröße zur beiderseitigen Geschäftsgrundlage gemacht und ergebe sich aus dem weiteren Vertragsinhalt, dass allenfalls Abweichungen von 5 % als vertragsgemäß anerkannt würden (im Beispielsfall war dies lediglich in der Vollmacht für die Notariatsangestellten als Begrenzung festgelegt), dann müsse der Vertrag entweder angepasst oder mit einer Rücktrittserklärung des Klägers aufgelöst werden.

II. Einrede des nicht erfüllten Vertrages

588 Rechte des Käufers, die ihn in den Stand versetzen, seinen Anspruch auf lastenfreie Eigentumsübertragung durchzusetzen – z.B. mithilfe der der Belastung vorgehenden Eigentumsverschaffungsvormerkung – nehmen ihm nach der BGH-Rechtsprechung nicht das Recht, dem Zahlungsanspruch auch die Einrede des nicht erfüllten Vertrages entgegen zu halten.[32]

589 Der Käufer hat also ein Wahlrecht: Entweder setzt er seinen Anspruch auf Eigentumsverschaffung gegenüber dem Drittberechtigten mithilfe seiner Vormerkung, die den besseren Rang hat, durch. Oder aber – und dies kann er parallel dazu tun – er wehrt sich gegen den Kaufpreiszahlungsanspruch damit, dass auf sein noch nicht erfülltes Recht verweist.

590 Die Einrede steht allerdings nur dem vertragstreuen Vertragspartner zu. Ist nach dem Vertrag eine der Parteien zur Vorleistung verpflichtet, kann sie sich dem gegenüber der vertragsuntreuen Partei widersetzen. Wichtige Änderung seit dem 1.1.2002: Der Käufer kann die Einrede des nicht erfüllten Vertrages auch nach Auflassung und Übergabe geltend machen, wenn ein Mangel besteht. Mangelfreie Leistung gehört zur Vertragserfüllung. Wichtig im streitigen Verfahren ist, dass die einredeberechtigte Partei sich auch auf die Einrede ausdrücklich beruft. Geschieht dies nicht, kommt es zu einer unbedingten Verurteilung. Hierauf muss im entsprechenden Verfahren unbedingt geachtet werden.

591 Bei Zug-um-Zug-Leistungen kann aus dem Urteil nur vollstreckt werden, wenn die Gegenleistung erbracht wird. Eine vollstreckbare Ausfertigung des Urteils, durch das der Verkäufer Zug um Zug zur Auflassung verpflichtet wird, kann erst dann beantragt werden, wenn der Käufer den Beweis erbringt, dass die Gegenleistung erbracht ist, §§ 894 Abs. 1 S. 2, 726 ZPO.[33]

592 Statt der „Gewährleistung" wegen Mängel der Sache spricht das Gesetz jetzt von den Rechten des Käufers bei Mängeln. Der Verkäufer erfüllt nur, wenn er eine mangelfreie

---

[32] BGH, Urt. v. 5.12.2003, VZR 341/02.
[33] Waldner, a.a.O., Rn. 322.

Immobilie überträgt. Rechtsfolgen für Sachmängel und Rechtsmängel sind durch das Schuldrechtsmodernisierungsgesetz einander gleichgestellt worden; § 437 BGB bildet eine abschließende Sonderregelung, schließt also die Regeln wegen Irrtumsanfechtung oder Störung der Geschäftsgrundlage aus. Daneben besteht allerdings die in der Praxis sehr viel bedeutsamere Möglichkeit der Anfechtung wegen arglistiger Täuschung. Von Bedeutung sind für den Käufer in der Regel Beschaffenheitsvereinbarungen der Immobilie, weil sie erst festlegen, welche Eigenschaften das verkaufte Hausgrundstück haben muss. Die zugesagte Beschaffenheit muss bei Übergabe vorliegen.

Beispielsfälle: Die im Vertrag angegebene Wohnfläche wird nicht erreicht.[34] Auch die Grundstücksgröße, selbst wenn sie nur ungefähr angegeben wird, ist Beschaffenheitsangabe. Weicht die tatsächliche Größe von der Circa-Fläche ab, dann können dem Käufer Rechte wegen Sachmängeln zustehen. Die im Grundbuch angegebene Grundstücksgröße nimmt am öffentlichen Glauben des Grundbuches nicht teil. Sie ist nicht selten unzutreffend. Das Grundbuchamt hat die Fläche im Wege der Bestandsberichtigung aufgrund einer amtlichen Mitteilung des Vermessungsamtes gegebenenfalls von Amts wegen zu berichtigen.

Rechtsmängel: Rechte Dritter an dem Grundstück, für die der Verkäufer nach dem Vertrag zur Löschung verpflichtet war, bilden einen Rechtsmangel. Der Vertrag ist dann nicht ordentlich erfüllt. Ist die Immobilie vermietet, obwohl der Verkäufer Mietfreiheit schuldet, liegt ein Rechtsmangel vor. Rücktritt kann der Käufer geltend machen, wenn ein nicht unerheblicher Mangel vorliegt und dieser trotz Fristsetzung nicht behoben wird. Neben dem Rücktritt kann Schadenersatz verlangt werden, § 325 BGB. Dies stellt eine wesentliche Neuerung gegenüber dem alten Recht dar, wonach Schadensersatzansprüche ausgeschlossen waren, wenn der Käufer den Rücktritt erklärt hat. Entschließt sich der Käufer zu mindern, § 441 BGB, bleibt der Vertrag bestehen. Mindern kann er gemäß § 414 Abs. 1 S. 2 BGB auch, wenn die Pflichtverletzung nicht erheblich war, sowie bei Rechtsmängeln.[35] Besteht z.B. das Recht eines Dritten am Grundstück, so entspricht der Minderungsbetrag der Herabsetzung des Kaufpreises im Umfang des wirtschaftlichen Werts der Beeinträchtigung.

G. Gewährleistungsausschluss nach neuem Recht

I. Haftungsausschluss

Der sehr weit gehende Haftungsausschluss beim Grundstückskauf etwa durch die Formulierung:

„Verkäufer haftet nicht für Grenzen, Größe, Güte und Beschaffenheit des Grundstücks",

wie er bis zur Einführung des neuen Schuldrechts allgemein üblich war, hat in der Rechtsprechung – gleichsam als Korrelat dieser sehr weit gehenden Regelung – dazu geführt, die Haftung des Verkäufers für culpa in contrahendo[36] zu eröffnen. In vielen

---

34 BGH NJW 1991, 912.
35 Waldner, a.a.O., Rn. 356, 357.
36 Urteil des BGH vom 26.9.2003, VZR 217/02: Verkauf eines in der Teilungserklärung als Speicher ausgewiesenen Dachraums als Wohnraum.

Fällen hat eine relativ großzügige Rechtsprechung die Anfechtung des Kaufvertrages durch den Käufer wegen arglistiger Täuschung zugelassen.

597 Wie weit der Haftungsausschluss geht, kann im Einzelfall umstritten sein. Der BGH hat in seiner Entscheidung vom 2.4.2004[37] festgestellt, dass mit der Vereinbarung eines Gewährleistungsausschlusses nicht zwingend zugleich eine Vereinbarung über den Ausschluss des bodenrechtlichen Ausgleichsanspruchs verbunden sein müsse.

598 Die höchstrichterliche Rechtsprechung ist dabei ersichtlich von dem Bemühen geprägt, dem Käufer einen Schadensersatzanspruch aus Verschulden bei Vertragsschluss oder aber die Möglichkeit der Anfechtung des Kaufvertrages zuzubilligen, wenn der Käufer einen Mangel nicht erkennen konnte, der Verkäufer darum jedoch wusste und den Käufer hätte informieren müssen. Dabei wird von der Rechtsprechung nicht einmal die positive Kenntnis des Verkäufers vom Rechts- oder Sachmangel der Sache gefordert. Es reicht vielmehr aus, wenn er sich besserer Kenntnis verschließt. In seiner Entscheidung vom 14.5.2004 (Holzbockbefall des Hauses) ließ der BGH es genügen, dass der Sohn der Verkäufer, den diese mit den Kaufverhandlungen beauftragt hatten, zumindest wusste, dass die Stufe einer zum Dachboden führenden Treppe wegen Holzbockbefalls eingebrochen war und dass die Sparren des Dachgeschosses mit einem Holzschutzmittel behandelt worden waren. Allein die Kenntnis von der Gefahr eines solchen Holzbockbefalls hat der BGH ausreichen lassen als Voraussetzung für eine Anfechtung wegen arglistiger Täuschung.

599 In der neueren Literatur finden sich vielfach Vorschläge zu Formulierungen über einen weniger umfassenden oder eingeschränkten Gewährleistungsausschluss.[38] Die notarielle Praxis tendiert seither eindeutig dazu, die früher gebräuchliche Haftungsausschlussklausel:

„Das Grundstück wird verkauft, wie es steht und liegt, ohne Gewährleistung für Grenzen, Größe, Güte und Beschaffenheit",

nicht mehr zu verwenden, sondern Beschaffenheitsbeschreibungen, soweit sie aus individuellen Gründen angebracht sind, und darüber hinaus Versicherungen des Verkäufers – z.B. darüber, dass ihm über Altlasten oder Bergschäden nichts bekannt sei –, zusätzlich in die Klausel aufzunehmen.

600 Das hängt auch mit der Erweiterung der Haftung auf Schadensersatz nach § 280 n.F. BGB des Schuldrechtsmodernisierungsgesetzes zusammen. Litzenburger[39] schlägt folgende Formulierung vor:

„Der Vertragsgegenstand wird – wie besichtigt – unter Ausschluss sämtlicher Ansprüche und Rechte des Käufers wegen eines Sachmangels verkauft. Ausgenommen ist jedoch der Anspruch auf Schadensersatz. Außer bei Tod oder Schädigung von Körper und Gesundheit kann der Käufer nur bei Vorsatz oder grober Fahrlässigkeit Schadensersatz verlangen. Der Käufer erklärt, dass bei der Besichtigung keine Mängel festgestellt worden sind, die noch vom Verkäufer beseitigt werden sollen.

---

37 Entscheidung V ZR 267/03.
38 Vgl. v.a. Weigel, Anmerkung zur Entscheidung des OLG Hamm vom 28.1.1999 – 22 U 100/98, MittBayNot, S. 33 ff.
39 NJW 2002, S. 1244 ff.

Der Verkäufer versichert, keine wesentlichen Mängel verschwiegen zu haben. Der Notar hat über die einschneidenden Folgen dieses Gewährleistungsausschlusses belehrt und darauf hingewiesen, dass der Käufer danach alle etwa vorhandenen Sachmängel auf eigene Kosten beseitigen muss, auch wenn diese nicht erkennbar waren."

Tatsächlich wird man wohl mit der Einführung des neuen Schuldrechts von einem Ende des vollständigen Gewährleistungsausschlusses beim Kaufvertrag über gebrauchte Immobilien ausgehen müssen.[40] Auch der vollständige Ausschluss von Rechts- und Sachmängeln hinsichtlich mitverkaufter beweglicher Gegenstände und Zubehör ist nur noch eingeschränkt möglich. Insbesondere beim Verkauf vom Unternehmer an Verbraucher ist die Einschränkung der Rechte des Käufers bei Rechts- und Sachmängeln nicht mehr zulässig.[41] Seit nach dem Schuldrechtsmodernisierungsgesetz vom 26.11.2001 Rechtsmängel den Sachmängeln gleichgestellt worden sind, muss der Verkäufer nach § 433 Abs. 1 S. 2 BGB dem Käufer die Sache frei von Rechts- und Sachmängeln verschaffen. Die Rechtsfolgen für Rechts- und Sachmängel sind nunmehr gleich, § 437 BGB; die nach dem alten Recht übliche Unterscheidung zwischen Rechts- und Sachmängeln ist dadurch nahezu bedeutungslos geworden.[42]

Nach § 437 BGB hat der Käufer nunmehr die Wahl zwischen folgenden Rechten:
- Er kann Nacherfüllung durch Beseitigung des Mangels verlangen, §§ 437 Nr. 1, 439 BGB.
- Er kann nach erfolgloser Fristsetzung zur Nacherfüllung gemäß § 323 Abs. 1 BGB vom Kaufvertrag zurück treten oder Schadensersatz oder die Erstattung vergeblicher Aufwendungen verlangen, § 437 Nr. 3 BGB, wenn der Verkäufer den Mangel vertreten muss.

Dabei ist der Zeitpunkt des Gefahrübergangs, § 446 BGB, von Bedeutung. Vor diesem Zeitpunkt kann der Käufer die ihm nach dem Leistungsstörungsrecht zustehenden allgemeinen Rechte geltend machen, also
- Verweigerung von Zahlung oder Abnahme, § 320 BGB, oder
- Rücktritt oder Schadensersatz, §§ 323, 280, 281 BGB. Dies sogar bei nicht erheblichen Mängeln.[43]

Häufig finden sich in Grundstückskaufverträgen Regelungen über Altlasten. In der Regel ist der Käufer auf Angaben des Verkäufers über Altlasten angewiesen und darf diese auch erwarten. Wurde auf dem Gelände früher eine Tankstelle betrieben, muss auf die mögliche Kontamination des Bodens mit Mineralölstoffen hingewiesen werden. Ähnliches gilt für eine ehemalige Müllkippe.

II. Unwirksamkeit eines Haftungsausschlusses

Unwirksam sind Haftungsausschlüsse insbesondere dann, wenn der Verkäufer eine Beschaffenheitsgarantie abgibt oder einen Mangel arglistig verschweigt. Der Käufer

---

40 Litzenburger, NJW 2002, S. 1244 ff.
41 Schöner / Stöber, Grundbuchrecht, Rn. 3148a.
42 Schöner / Stöber, a.a.O., Rn. 2161.
43 Schöner / Stöber, a.a.O., Rn. 3162 – 3163a.

rechnet damit, dass der Verkäufer über solche Eigenschaften des Grundstücks aufklärt, die der Käufer nicht kennt und für die er nach der Verkehrsauffassung eine Aufklärung erwarten darf.[44]

606 Wichtig bei vermieteten Grundstücken sind Regelungen über den Eintritt des Käufers in den Mietvertrag. Der Käufer wird in der Regel daran interessiert sein, frühzeitig auch die Rechte des Verkäufers zu erwerben, z.B. um von der Kündigungsmöglichkeit Gebrauch zu machen oder aber die Rechte aus einer geleisteten Kaution des Mieters geltend machen zu können. Häufig finden sich in Kaufverträgen über vermietete Grundstücke zwar Hinweise auf das bestehende Mietverhältnis, an besondere Regelungen wird zumeist aber nicht gedacht, obwohl es ratsam wäre, dem Käufer bereits ab Gefahrübergang alle Rechte und Ansprüche aus dem Mietverhältnis abzutreten und ihm die Möglichkeit zu geben, dem Mieter den Kauf des Grundstücks anzuzeigen.[45] Hat der Käufer vor, das Haus oder eine bestimmte im Haus gelegene Wohnung selbst zu nutzen, kann er wegen Eigenbedarf nur kündigen, nachdem er Eigentümer geworden ist. Maßgeblich für die Frage, ob Eigenbedarf vorliegt, ist die Person des Kündigenden.

607 Soweit Baulasten bestehen, die in das Baulastenverzeichnis bei den Gemeinden einzutragen sind, gehört es nicht zum Pflichtenkreis des beurkundenden Notars, das Verzeichnis einzusehen. Auf die Möglichkeit der Einsichtnahme wird vielfach in den notariellen Verträgen verwiesen. Bestehen Baulasten und kennt der Verkäufer sie, dann wird er darauf hinweisen müssen. Anderenfalls könnte der Käufer den Arglist-Einwand erheben. Zurückhaltung bei der Bestellung von Baulasten ist besonders dort angebracht, wo der Eigentümer durch Eintragung einer Baulast betreffend sein Grundstück dem Nachbarn eine bestimmte Nutzung oder Bebauung dessen Grundstücks ermöglicht (Bau einer Garage auf der Grundstücksgrenze über eine bestimmte Länge, Errichtung einer Zufahrt, Duldung von Versorgungsleitungen). Die Bauämter neigen dazu, Baugenehmigungen nur zu erteilen, wenn ein mögliches Widerspruchsrecht des Nachbarn durch Eintragung einer Baulast „abgelöst" wird. Da Baulasten unter Umständen wertbildender Faktor sein können, erwarten Banken zunehmend und bringen das auch manchmal in ihren Allgemeinen Geschäftsbedingungen unter, dass Baulasten nur bestellt werden, wenn die Banken zuvor zugestimmt haben oder zumindest informiert wurden. Auf die Beispiele[46] zu den Fremdbaulasten sei verwiesen.

H. Materielles Grundstücksrecht

608 Die maßgeblichen Vorschriften finden sich im sachenrechtlichen Teil des BGB, in § 845 ff. Diese regeln den Inhalt, die Entstehung, Änderung und Aufhebung von Rechten an Grundstücken. Daneben finden sich Regelungen über das Erbbaurecht in der Verordnung über das Erbbaurecht vom 15.1.1919 sowie im Gesetz über das Wohnungseigentum und das Dauerwohnrecht vom 15.3.1951.

---

44 Schöner/Stöber, a.a.O., Rn. 3173.
45 Schöner/Stöber, a.a.O., Rn. 3175a.
46 Schöner/Stöber, a.a.O., Rn. 3199.

H. Materielles Grundstücksrecht

609 Das formelle Grundstücksrecht, nämlich Einrichtung und Führung der Grundbücher sowie die Eintragung und Löschung von Rechten im Grundbuch, sind in der Grundbuchordnung und in Nebenbestimmungen geregelt (z. B. in der Verordnung zur Durchführung der Grundbuchordnung).

610 **Fall:** Der Verkäufer eines Grundstücks ist rechtskräftig zur Auflassung an den Käufer verurteilt worden. Wie setzt dieser sein Recht durch? Er nimmt die Auflassungserklärung in notarieller Urkunde entgegen und beantragt gleichzeitig, sich als neuen Eigentümer in das Grundbuch einzutragen. Die Auflassung – das bedeutet die dingliche Einigung über den Eigentumsübergang – wird dann nicht insgesamt vom Notar beurkundet. Der vom Verkäufer zu erklärende Teil wird ersetzt durch das rechtskräftige Urteil, das bei Beurkundung vorliegen muss, während der Notar lediglich die Entgegennahme der Auflassung durch den Käufer beurkundet und gleichzeitig dessen Antrag aufnimmt, ihn als Eigentümer im Grundbuch einzutragen.[47] Ist die Auflassung von einer Gegenleistung – Zahlung des Kaufpreises – abhängig muss eine vollstreckbare Ausfertigung des Urteils vorliegen, §§ 894 Abs. 1, 726, 730 ZPO. Wichtig: Bei vollstreckbaren Vergleichen gilt nicht § 894 ZPO, sondern die Regelung des § 888 ZPO. Zuständig für die Protokollierung einer Auflassungserklärung ist jedes Gericht im Rahmen eines gerichtlichen Vergleichs, § 127a BGB.[48] Dabei ausreichend ist die Wahrung der prozessrechtlichen Formen. Der Anwalt ist gehalten, die Angaben in der Auflassung, vor allem die Grundstücksbezeichnung, gewissenhaft zu überprüfen.

611 Für den Vollzug im Grundbuch müssen die grundbuchverfahrensrechtlichen Vorschriften eingehalten werden. Ein Urteil mit dem Tenor „Der Beklagte wird verurteilt, das Grundstück Bahnhofstraße 1 an den Kläger zu übereignen und zu übergeben" entspricht zwar den Bestimmungen des § 433 Abs. 1 Satz 1 BGB, ist aber für die Eigentumsumschreibung im Grundbuch untauglich. Es empfiehlt sich folgende Vorgehensweise: Der Käufer lässt von einem Notar eine grundbuchtaugliche Auflassung samt Eintragungsbewilligung des Verkäufers in dessen Namen vorbehaltlich nachträglicher Genehmigung beurkunden. In der Beurkundung handelt der Käufer für sich selbst im eigenen Namen und zugleich für den Verkäufer. Sodann wird die Klage gerichtet auf Genehmigung der beurkundeten Auflassung samt Eintragungsbewilligung. So lassen sich Vollzugsprobleme mit einem errungenen Auflassungstitel auf einfachem Wege vermeiden. Vgl. hierzu das **Muster einer Auflassungsbeurkundung** sowie eines Eintragungsantrages des Vermächtnisnehmers vorbehaltlich im streitigen Verfahren durchzusetzender Genehmigung des Erben (Rn. 743).

612 Erwirbt jemand ein Grundstück aufgrund eines Erbfalles und weist er den Erbgang durch notarielles Testament oder Erbschein nach, braucht lediglich die **Berichtigung des Grundbuchs** beantragt zu werden. Der **Eigentumswechsel** hat sich durch Erbgang **außerhalb des Grundbuchs** vollzogen. Anders ist es beim Erwerb aufgrund eines **Vermächtnisses:** Der Vermächtnisnehmer erwirbt nicht unmittelbar durch Erbgang; er erhält vielmehr nur einen schuldrechtlichen Anspruch auf Eigentumsübertragung, der

---

47 Beispiel für Formulierung bei Schöner/Stöber, a.a.O., Rn. 745.
48 Schöner/Stöber, a.a.O., Rn. 3338.

von dem oder den mit dem Vermächtnis belasteten Erben erfüllt werden muss. Kommen die Erben dem nicht nach, muss der Vermächtnisnehmer auf **Übereignung** klagen. Ähnlich wie im Fall des rechtskräftig zur Auflassung verurteilten Verkäufers ersetzt das Urteil auf Eigentumsverschaffung das Einverständnis der Erben in die Übertragung des Grundstücks als Teil der von ihnen zu erbringenden Auflassung. Dies hat zur Folge, dass der Vermächtnisnehmer nur seinen Teil der Auflassungserklärung notariell beurkunden lassen und einen Eintragungsantrag stellen muss.

613 Steht zu befürchten, dass die Erben nicht nur ihrer Verpflichtung auf Übertragung des Grundstücks nicht nachkommen, sondern anderweitig über das Grundstück verfügen wollen, hat der Vermächtnisnehmer die Möglichkeit, eine **Vormerkung auf Eigentumsverschaffung** in Abteilung II des Grundbuchs eintragen zu lassen. Voraussetzung ist der Erlass einer **einstweiligen Verfügung** des zuständigen Prozessgerichts über die Bewilligung einer Vormerkung auf Eigentumsverschaffung. Die e.V. wird erlassen, wenn der Vermächtnisnehmer darlegt und glaubhaft macht, dass die Gefahr der Vereitelung seines Eigentumsverschaffungsanspruchs besteht. Um diese Schwierigkeiten für den Vermächtnisnehmer zu vermeiden, sollte in einem notariellen Testament nicht nur das Vermächtnis hinsichtlich des Grundstücks aufgenommen werden, sondern dem Vermächtnisnehmer sollte eine unwiderrufliche und unter Aufhebung des Selbstkontrahierungsverbots versehene **Auflassungsvollmacht** erteilt werden, die ihn nach dem Tod des Erblassers in den Stand versetzt, sich selbst das Grundstück aufzulassen und die Eigentumsübertragung auf sich zu beantragen.

- Muster für Klageverfahren auf Eigentumsverschaffung des Vermächtnisnehmers gegenüber den Erben (Rn. 741)
- Muster des Antrags auf Erlass einer einstweiligen Verfügung des Vermächtnisnehmers gegenüber den Erben auf Bewilligung einer Eigentumsverschaffungsvormerkung (Rn. 740)
- Muster einer Auflassungsbeurkundung sowie eines Eintragungsantrages des Vermächtnisnehmers bei gleichzeitiger Vorlage eines rechtskräftigen Urteils auf Auflassung durch die Erben (Rn. 742)
- Muster einer Auflassungsbeurkundung sowie eines Eintragungsantrages des Vermächtnisnehmers **vorbehaltlich** im streitigen Verfahren durchzusetzender Genehmigung des Erben (Rn. 743)

I. Anspruch auf Lastenfreistellung

614 In notariellen Kaufverträgen über Grundstücke werden in der Regel Ansprüche auf Freistellung von Lasten, die in Abteilung II und/oder III vermerkt sind, geregelt und deren Erfüllung abhängig gemacht von der Gegenleistung des Käufers, der **Kaufpreiszahlung**. Der beurkundende Notar ist gehalten, den Leistungsaustausch, falls die Errichtung eines Notaranderkontos vereinbart wird, Zug um Zug vorzunehmen. Wird der Kaufvertrag ohne Notaranderkonto abgewickelt, überwacht der Notar die Erfüllung der wechselseitigen Verpflichtungen der Kaufvertragsparteien über die Einhaltung ihm von den beteiligten Kreditinstituten vermittelter Treuhandauflagen: Solange die Belastungen nicht gelöscht werden können – in der Regel erhält der Notar zu treuen Händen Löschungsbewilligungen mit der Maßgabe, von ihnen erst Gebrauch zu machen, wenn gewährleistet ist, dass der Kaufpreis gezahlt werden kann – darf der Kaufpreis nicht fällig gestellt werden. Gelingt es nicht, die Treuhandauflagen des Kreditinstituts, das auch im Grundbuch vermerkt ist, zu erfüllen, dann hilft auch eine Klage nicht weiter, weil der Anspruch auf Lastenfreistellung nur gegenüber dem Verkäufer besteht, es aber nicht allein in dessen Macht steht, für die Lastenfreistellung zu sorgen. Er benötigt hierfür die Zustimmung des Gläubigers, z.B. bei einer Eintragung in Abteilung III zumeist die des finanzierenden Kreditinstituts, bei einer Eintragung in Abteilung II die des entsprechenden Berechtigten.

Einen unmittelbaren Anspruch des Käufers gegen den Berechtigten in Abteilung II oder III gibt es nicht, weil zu diesem keine Rechtsbeziehungen bestehen. Der Käufer ist also darauf angewiesen, die Treuhandauflagen des berechtigten Gläubigers zu erfüllen. Reicht der ausgehandelte Kaufpreis nicht aus, um den Valutenstand des von der Grundschuld gesicherten Kredits abzudecken, kommt es nicht zur Lastenfreistellung und folglich nicht zur Durchführung des Kaufvertrages. Will der Käufer trotzdem die Umschreibung des Grundstücks auf sich erreichen, muss er den gesamten Valutenstand ablösen, um die Lastenfreistellung zu erhalten. Er könnte in einem solchen Fall den über den Kaufpreis hinausgehenden Betrag, den er an die Gläubigerin gezahlt hat, im Wege des Schadensersatzes vom Verkäufer zurückfordern. Diesen Weg sollte man nur dann vorschlagen, wenn der Käufer das Grundstück unbedingt für sich erhalten will; denn seine Schadensersatzansprüche gegenüber einem möglicherweise insolventen Verkäufer könnten letztlich nicht durchsetzbar sein. 615

II. Kaufpreisanspruch

Streitigkeiten der Kaufvertragsparteien über den Kaufpreis treten deshalb selten auf, weil die Zahlung des Kaufpreises in Abhängigkeit steht zur Übertragung des Grundstücks, der Verkäufer folglich sein Eigentum am Grundstück erst verliert, wenn der Kaufpreis schon gezahlt oder seine Zahlung gesichert ist. Kommt es gleichwohl zum Zahlungsrückstand, kann der Verkäufer aus der notariellen Urkunde selbst vorgehen, weil sich der Käufer wegen des Kaufpreises in der Regel der Zwangsvollstreckung unterworfen hat. Denkbar sind Fälle, in denen der Käufer wegen Sach- oder Rechtsmängeln des Grundstücks mindert, also Teile des Kaufpreises zurückhält und der Verkäufer aus der notariellen Urkunde die Zwangsvollstreckung betreibt. 616

III. Gewährleistungsansprüche

Soweit die Rechte des Käufers auf Gewährleistung im Kaufvertrag nicht in zulässiger Weise eingeschränkt oder ausgeschlossen sind, kann er sie entweder im Wege der Einrede gegenüber dem Kaufpreisanspruch geltend machen, oder aber – nach neuem Recht – vom Vertrag zurücktreten oder Schadensersatzansprüche geltend machen. Soweit es zu Streitigkeiten aus Grundstückskaufverträgen kommt, bilden derartige Fälle die stärkste Gruppe des forensischen Bereichs des Grundstücksrechts. 617

IV. Schadensersatzanspruch

Wird eine Immobilie verspätet übergeben oder hergestellt, kann der Käufer Erstattung des dadurch bedingten Schadens verlangen („kleiner Schadensersatzanspruch"). Dabei 618 wird nach der Differenzmethode Schadensminderndes und Schadenserhöhendes gegeneinander saldiert. Wollte der Käufer die Immobilie durch Vermietung nutzen, hat er die Wahl zwischen zwei Vorgehensweisen: Entweder er fordert Mehraufwendungen für die Finanzierung oder er macht die entgangenen Mieteinnahmen als entgangenen Gewinn geltend.[49]

619 Ist der Käufer mit der Zahlung des Kaufpreises im Verzug, kann der Verkäufer als Nachteil auch den Zinsverlust geltend machen, der ihm dadurch entsteht, dass er den Kaufpreis deswegen zu niedrigeren Zinsen anlegen muss. Stellt der Verkäufer den Kaufgegenstand nicht – wie im Vertrag ausbedungen – von übernommenen Belastungen frei, kann der Käufer die Belastungen ablösen und die hierzu aufgewendeten Beträge im Wege des Schadensersatzes geltend machen oder sie vom Kaufpreis abziehen.[50]

1. Großer Schadensersatzanspruch

620 Macht ein Vertragspartner von der Möglichkeit Gebrauch, Schadensersatz statt der Leistung (§ 281 BGB) zu fordern, hat er Anspruch darauf, so gestellt zu werden, wie wenn der Vertrag ordnungsgemäß erfüllt worden wäre. Maßgeblich ist auch hier die **Differenzmethode**. Der bis dahin gültige wechselseitige Vertrag wird ersetzt durch ein Abrechnungsverhältnis. Die gegenseitigen Ansprüche der Vertragspartner bilden darin unselbstständige Rechnungsposten.[51] Innerhalb der vorzunehmenden Saldierung müssen Wertsteigerungen (z. B. des Grundstücks) ebenso berücksichtigt werden wie Wertminderungen. Schwierig wird die Abgrenzung insbesondere dann, wenn der Verkäufer einen Deckungsverkauf vornimmt. Nur Aufwendungen, die mit dem ursprünglichen Vertrag zusammen hängen (Kosten für Makler, Notar, Grundbuch), sind zu erstatten.

621 Eine etwaige Wertsteigerung bleibt außer Betracht, weil die Kosten mit der Wertsteigerung nicht deckungsgleich sind. Anders beim Deckungskauf: Dort steht ein etwa erzielter Gewinn in unmittelbarem Zusammenhang mit den aufgewendeten Kosten, muss also berücksichtigt werden.[52] Neben dem Schadensersatz statt der Leistung kann zusätzlich der Verzugsschaden verlangt werden, weil der Anspruch auf ordnungsgemäße Erfüllung den auf rechtzeitige Erfüllung mit umschließt.[53]

2. Rechte des Käufers

622 Macht der Käufer Schadensersatz statt der Leistung geltend, kann er verlangen, so gestellt zu werden, wie er bei ordnungsgemäßer Erfüllung gestanden hätte. Die Rechtsprechung wendet insoweit die **abgeschwächte Differenzmethode** an.[54] Eine Vorteilsausgleichung muss der Käufer gegen sich geltend lassen. Die Abgrenzung ist manchmal schwierig und wird auch vom BGH nicht immer konsequent vorgenommen.

---

49 BGH NJW-RR 1990, 980.
50 Waldner, a.a.O., Rn. 307; BGH-WM 1981, 199.
51 So die Rechtsprechung seit RGZ 141, 259; Waldner, a.a.O., Rn. 308.
52 Waldner, Rn. 310.
53 BGH NJW 1974, 1740; BGH NJW 1997, 1231; Waldner, a.a.O., Rn. 313.
54 BGH NJW 1980, 1742.

Einen in Rechtsprechung und Literatur bestehenden Streit darüber, in wie weit nutzlos aufgewendete Vertragskosten (Makler, Notar, Grundbuchamt, Bank) als Schaden geltend gemacht werden können, hat die **Neufassung des § 284 BGB seit dem 1.1.2002** beseitigt. Es kommt nicht mehr darauf an, ob der Käufer durch den Vertrag Gewinn oder Verlust gemacht hätte. Allerdings greift § 284 BGB nur ein, wenn nicht gleichzeitig Schadensersatz statt der Leistung erlangt wird. Weitere Voraussetzung ist, dass der Käufer die Aufwendungen „billigerweise" machen durfte.

3. Störung der Geschäftsgrundlage

Aus dem von Rechtsprechung und Literatur vor der Gesetzesänderung entwickelten „Wegfall der Geschäftsgrundlage" ist jetzt eine „Störung der Geschäftsgrundlage" geworden. Maßgeblich sind dabei „Umstände, die zur Grundlage des Vertrags" geworden sind. Ist den Parteien eine Anpassung des Vertrages zumutbar, § 313 Abs. 1 BGB, wird dieser angepasst. Im anderen Fall kann der Vertrag aufgelöst werden, wenn eine der Parteien den Rücktritt erklärt (§ 313 Abs. 3 BGB). Die Anpassung geschieht nicht automatisch, sondern nur auf Verlangen wenigstens einer Partei, § 313 Abs. 1 BGB. Allerdings kann die berechtigte Partei unmittelbar auf die angepasste Leistung klagen.[55]

Streitigkeiten zwischen dem Grundstückseigentümer und einem dinglich Berechtigten können sich in vielfältiger Weise ergeben, vor allem dann, wenn der Grundstückseigentümer das Recht des dinglich Berechtigten bestreitet. Denkbar sind Differenzen des Eigentümers mit:
- dem Inhaber eines Wohnungsrechts;
- dem Wegeberechtigten;
- dem Inhaber einer beschränkten persönlichen Dienstbarkeit (Inhalt ähnlich wie bei der Grunddienstbarkeit, also z.B. Geh- und Fahrtrecht, Kabel-Kanalrecht, aber auch Wohnungsbesetzungsrecht, An- und Abbaurechte);
- dem Nießbrauchsberechtigten;
- dem Gläubiger einer Hypothek, Grund- oder Rentenschuld.

Häufig geht es bei diesen Streitigkeiten nicht darum, ob das Recht überhaupt besteht, sondern darum, in welchem Umfang es vom Berechtigten ausgeübt werden darf.

Beispiele:
- Der Wohnungsberechtigte benutzt auch andere als im Wohnungsrecht bezeichnete Räume, macht sich im Garten breit, obwohl die Gartennutzung ausdrücklich vom Wohnungsrecht nicht umfasst wird, oder nutzt die im Keller eingebaute Sauna.
- Der Wegeberechtigte parkt sein Fahrzeug auf der Einfahrt zu seinem Grundstück.
- Der Inhaber eines Leitungsrechts führt Facharbeiten an dem Leitungssystem durch und lässt den geöffneten Kanal wochenlang ungeschützt liegen.
- Der Inhaber eines Zaunrechts baut eine massive, trutzige 2,50 m hohe Mauer zum Nachbarn.

---

55 So die amtliche Begründung zum Schuldrechtsmodernisierungsgesetz BT Drucks. 14/6040, S. 176.

- Der Hypotheken- oder Grundschuldgläubiger betreibt die Zwangsvollstreckung, obwohl die zugrunde liegende Forderung noch nicht fällig oder bereits erfüllt ist.
- Der Berechtigte einer Rentenschuld verlangt eine Erhöhung der festgelegten monatlichen Zahlungen aufgrund eines Preisindexes.

628 Im folgenden sollen aus diesen beispielhaft genannten Konstellationen denkbare Rechtsstreitigkeiten anhand von Klageschrift, Replik und der Durchsetzung eines rechtskräftig zuerkannten Anspruchs dargestellt werden.

V. Rechte in Abteilung II des Grundbuchs

629 **Fall:** Ein Hinterliegergrundstück wird erschlossen über ein Geh- und Fahrtrecht an dem Vorderliegergrundstück. Beide Grundstücke sind mit je einem Einfamilienhaus bebaut. Auf dem Hinterliegergrundstück wird zusätzlich ein Mehrfamilienhaus für insgesamt 4 Parteien errichtet. Jede Mietpartei hält bis zu zwei Kraftfahrzeuge. Alle Bewohner benutzen den mit dem Geh- und Fahrtrecht belasteten Weg, um zum Hinterliegergrundstück zu gelangen. Der Eigentümer des dienenden Grundstücks (Vorderlieger) sieht sich durch die zunehmende Benutzung des Weges in seinen Rechten eingeengt und möchte dem Hinterlieger die Ausübung des Geh- und Fahrtrechts für die Bewohner des Mehrfamilienhauses untersagen. Hat er Chancen?

630 Eingeräumt wird die Grunddienstbarkeit (Geh- und Fahrtrecht) für den jeweiligen Eigentümer des herrschenden Grundstücks. Damit ist sie aber nicht auf seine Person beschränkt. Vielmehr können auch Familienmitglieder sowie Besucher das Geh- und Fahrtrecht ausüben. Darüber hinaus liegt der Umfang der Grunddienstbarkeit vor allem dann, wenn eine zeitliche Begrenzung nicht vorgesehen ist, nicht für alle Zeiten fest. Er kann sich erweitern. Die Dienstbarkeit muss sich unter Umständen den geänderten Verhältnissen, insbesondere einer Bedarfssteigerung anpassen.[56] Das bedeutet: Inhalt und Umfang des Geh- und Fahrtrechts können sich in dem Maße verändern, in dem der Bedarf des Wegeberechtigten steigt. Der Eigentümer des dienenden Grundstücks braucht die steigende Inanspruchnahme nur dann nicht zu dulden,
- wenn sie im Zeitpunkt der Bestellung der Grunddienstbarkeit nicht voraussehbar war, oder aber
- auf eine willkürliche Nutzungsänderung durch den Wegeberechtigten zurückzuführen ist.

631 Auf den vorliegenden Fall angewendet, wird man den gesteigerten Bedarf und die stärkere Nutzung des Weges für den Eigentümer des dienenden Grundstücks noch als hinnehmbar ansehen müssen. Lediglich bei den Unterhaltungskosten des Weges dürfte eine Änderung dahingehend angezeigt sein , dass der Wegeberechtigte nun den Großteil der Unterhaltungskosten entsprechend der tatsächlichen Nutzung wird aufbringen müssen. Klage und Replik könnten in diesem Fall wie folgt aussehen:

---

56 Schöner/Stöber, a.a.O., Rn. 1158 unter Bezugnahme auf BGH DNotZ 1976 20; BGH NJW 1959, 2059.

1. Muster: Klage auf Unterlassung von Nutzungen

Klage

des Herrn ■■■, ■■■,

Kläger

Prozessbevollmächtigte: Rechtsanwälte ■■■

gegen

den ■■■, ■■■,

Beklagter

Namens und im Auftrage des Klägers beantragen wir,

dem Beklagten aufzugeben, eine Nutzung des auf dem Grundstück ■■■ bestehenden Geh- und Fahrweges durch Bewohner des Gebäudes ■■■ oder Personen, die sich zu diesem Gebäude als Besucher oder in anderer Funktion begeben wollen, zu unterlassen.

Hilfsweise werden wir beantragen,

festzustellen, dass der Beklagte verpflichtet ist, 5/6 der Kosten für die Unterhaltung des Weges, eingetragen im Grundbuch von ■■■ Bl. ■■■, Flur ■■■, Flurstücks ■■■, zu tragen.

Begründung:

Die Parteien sind Nachbarn. Der Kläger bewohnt das Vorderhaus an der ■■■, der Beklagte das auf einem rückwärtigen Grundstück gelegene Hinterhaus, ■■■. Es wird erschlossen über ein Geh- und Fahrtrecht am Vorderliegergrundstück des Klägers, das am 12.11.1999 bewilligt und am 20.12.1999 im Grundbuch eingetragen worden ist. Einen Auszug aus dem Grundbuch von Neustadt fügen wir bei, ebenso aus der notariellen Bewilligungsurkunde des Notars ■■■ aus ■■■.

Bei Bewilligung des Geh- und Fahrtrechts bestand das Wohnhaus des Klägers bereits. Der Beklagte wollte auf dem Hinterliegergrundstück ebenfalls ein Wohnhaus errichten, das er nur über ein Geh- und Fahrtrecht am Grundstück des Klägers erreichen konnte. Aus diesem Grunde einigte man sich über eine entsprechende Bewilligung. Davon, dass der Beklagte später plante und dies auch in die Tat umsetzen würde, ein Mehrfamilienwohnhaus für insgesamt 4 Parteien neben seinem Wohnhaus auf dem Grundstück zu errichten und alle Bewohner dieses Gebäudes (■■■) auch zu Mitbenutzern des Weges zu machen, war zum Zeitpunkt der Bestellung des Geh- und Fahrtrechts noch keine Rede.

Zur Zeit ist das Mehrfamilienwohnhaus im Bau. Mit seiner Fertigstellung wird in etwa einem Jahr gerechnet. Der Kläger wird die zusätzliche Belastung, die nicht nur von 4 weiteren Mietparteien, die in dem Haus wohnen werden, sondern auch von deren Besuchern ausgehen, nicht hinnehmen. Dazu war das Geh- und Fahrtrecht nicht gedacht. In erster Linie verfolgt der Kläger daher mit der Klage das Ziel, dem Beklagten die Benutzung des Geh- und Fahrtrechts durch die Bewohner des neu zu errichtenden Hauses zu untersagen.

Hilfsweise verfolgt er das Ziel, die Vereinbarung über die Kosten für die Unterhaltung des Weges der Schneeräumung und dergleichen an dem gemeinsam genutzten Weg anders zu quotieren. Bislang – das entsprach der ursprünglichen Ausgangslage – unterhalten beide

Parteien den Weg gemeinsam und sorgen auch für die entsprechende Verkehrssicherungspflicht. Sind erst einmal 4 weitere Mietparteien in das Mehrfamilienwohnhaus eingezogen, muss eine andere Quote gebildet werden, weil der Beklagte zusammen mit den weiteren 4 Mietparteien auf seinem Grundstück mindestens 5/6 der gesamten Nutzung des Weges für sich in Anspruch nehmen wird, während der Kläger nur noch 1/6 der Gesamtnutzung für sich beanspruchen wird. Das muss sich auf die Kostentragung für die Unterhaltung des Weges sowie der Verkehrssicherung auswirken.

Der Beklagte, hierauf in der vorpressualen Korrespondenz angesprochen, hat sich nicht bereit gefunden, einer der beiden Lösungen zuzustimmen. Klage ist deshalb geboten.

■■■

Rechtsanwalt

633 **Rechtlich** gilt folgendes: Der Hauptantrag kann nicht etwa deshalb zurückgewiesen werden, weil der Beklagte auf das Geh- und Fahrtrecht angewiesen wäre. Die zuständige Gemeinde errichtet zurzeit einen neuen Zugang zu den Hinterliegergrundstücken. Auch der Anschluss des Hauses des Beklagten an diese neue Erschließungsstraße ist möglich, wie der beiliegende Lageplan, auf dem die geplante Straße eingezeichnet ist, zeigt. Wird das Grundstück in dieser Weise erschlossen, fehlt es an dem für ein Geh- und Fahrtrecht als einer Grunddienstbarkeit jeweils erforderlichen rechtlichen Vorteil. Der Kläger wäre dann sogar berechtigt, vom Beklagten einen Verzicht auf das Geh- und Fahrtrecht zu verlangen. Mit dem Unterlassungsantrag verlangt der Kläger damit weniger, als er möglicherweise demnächst fordern kann.

634 **2. Muster: Replik im Verfahren auf Unterlassung von Nutzungen**

In dem Rechtsstreit

■■■ ./. ■■■

vertreten wir den Beklagten.

Wir werden beantragen,

die Klage abzuweisen.

Die Klage ist weder im Hauptantrag noch mit den Hilfsanträgen begründet. Dazu im Einzelnen:

Hauptantrag

Die vom Kläger seinerzeit ausgesprochene Bewilligung ist wirksam. Das eingetragene Geh- und Fahrtrecht deckt auch die zukünftige Nutzung durch die Bewohner in dem vom Beklagten derzeit erstellten Mehrfamilienhaus. Einmal konnte der Kläger schon aufgrund der Anordnung und Lage des vom Beklagten im Jahre 1995 gebauten Wohnhauses auf dem insgesamt 1.200 m² großen Grundstück erkennen, dass noch eine entsprechende Restfläche für eine weitere Bebauung freigelassen wurde. Eine Ablichtung des Lageplanes, der seinerzeit Grundlage für die Verhandlungen der Parteien und die Bewilligung des Geh- und Fahrtrechts war, fügen wir in der Anlage bei.

Darüber hinaus hat der Beklagte den Kläger aber auch damals schon auf seine Absicht, später noch ein zusätzliches Mehrfamilienhaus auf dem Grundstück zu errichten, hingewiesen, und zwar vor Bewilligung des Geh- und Fahrtrechts.

Beweis: Zeugnis der Ehefrau ▬▬▬ Hinterlieger des Beklagten

Mit dem Hauptantrag kann der Kläger aber auch deshalb schon nicht durchdringen, weil die Pläne der Gemeinde, die in der ▬▬▬ vorhandenen Hinterliegergrundstücke durch eine Stichstraße zu erschließen, über das Stadium der Planung noch nicht hinaus gekommen sind. Es ist zwar vorgesehen, eine entsprechende Beschlussfassung im Stadtrat demnächst vorzubereiten. Ob und wann sie getroffen wird, steht aber noch nicht fest. Wir erbieten uns zur Vorlage entsprechender Unterlagen, sollte dies streitig werden.

Selbst wenn der Kläger bei Bewilligung des Geh- und Fahrtrechtes nicht an die Möglichkeit gedacht hätte, dass später einmal ein weiteres Gebäude auf dem Grundstück des Beklagten errichtet würde und sich damit die Zahl der Nutzer des Weges erhöhen würden, deckt das bewilligte und eingetragene Geh- und Fahrtrecht die mögliche zukünftige Nutzung aber in vollem Umfang ab.

Der Wortlaut – „Geh- und Fahrtrecht zu Gunsten des jeweiligen Eigentümers des Grundstücks ▬▬▬ gemäß Bewilligung vom ▬▬▬"- weist keinerlei Einschränkungen auf. Das Geh- und Fahrtrecht wird immer zu Gunsten des Eigentümers des herrschenden Grundstücks in Abteilung 2 des zu belastenden Grundstücks vermerkt. Dass die Nutzung des Geh- und Fahrtrechts nicht auf den Eigentümer beschränkt bleibt, sondern auch für seine Familienmitglieder, sonstigen Hausbewohner und mögliche Besucher gilt, ist eine Folge des Geh- und Fahrtrechts. (Vergleiche statt vieler: Palandt/Bassenge, Rn. 16 zu § 1018).

Hilfsantrag

Auch der Hilfsantrag ist – zumindest in dieser Form – nicht begründet. Grundsätzlich ist der Beklagte bereit, einer anderen Quotierung bei den Unterhaltskosten zuzustimmen. Die vom Kläger vorgeschlagene Quote entspricht aber in keiner Weise der Sach- und Rechtslage. Der Beklagte errichtet auf seinem Grundstück ein Mehrfamilienhaus mit unterschiedlich großen Wohnungen. Im Erdgeschoss entstehen zwei jeweils 90 m² große Wohnungen, im ersten Obergeschoss beträgt die Größe der beiden Wohnungen jeweils nur 70 m².

Jetzt in der Bauphase lässt sich die spätere Belegung des Hauses mit Mietern noch gar nicht voraussagen. Denkbar ist, dass die beiden kleineren Wohnungen im 1. OG jeweils nur von Einzelmietern belegt werden, während in die Erdgeschosswohnungen Ehepaare oder kleinere Familien einziehen können. In welcher Weise sich also die Zahl der Nutzer des Weges erhöht, wird sich erst in der Vermietungsphase zeigen. Frühestens dann könnte der Kläger geltend machen, dass die Unterhaltungskosten anders quotiert werden, wobei sich der Beklagte eine Quotierung 1/3 Kläger zu 2/3 Beklagter vorstellen könnte. In ähnlicher Form könnte auch die Frage Verkehrssicherungspflicht und der dabei zu treffenden Maßnahmen gelöst werden.

Insgesamt ist die Klage zumindest jetzt abweisungsreif.

▬▬▬

Rechtsanwalt

3. Erläuterungen

635 Der Rechtsanwalt, der nicht zugleich auch Notar ist, wird Berührung mit dem Grundstücksrecht vor allem dort haben, wo Grundstücke, Erbbaurechte, Eigentumswohnungen oder Rechte an Grundstücken als Objekte einer möglichen Zwangsvollstreckung (Immobiliarpfändung) in Betracht kommen. Erfüllt der Schuldner eine vollstreckbare Forderung nicht, wird der Gläubiger sein Recht im Wege der Zwangsvollstreckung durchsetzen wollen. Weiß er von einem Grundbesitz des Schuldners, dann wird er den Anwalt um entsprechende Zwangsvollstreckungsmaßnahmen bitten. Ist nicht sicher, ob ein solches Recht besteht, dann können Recherchen bei dem Grundbuchamt angestellt werden, in dessen Grundbuch die Eintragung vermutet wird. Für den Gläubiger und seinen beauftragten Rechtsanwalt besteht ein Recht auf Einsicht in das Grundbuch, wenn ein **berechtigtes Interesse** dargelegt wird. Davon ist bei der Vollstreckung in das Vermögen des Schuldners in aller Regel auszugehen.

636 Das gilt nicht nur für das Eigentum an einem Grundstück im Erbbaurecht oder das Eigentum an einem Gebäudeteil, sondern auch für Rechte an Grundstücken, die in Abteilung II oder Abteilung III zu Gunsten des Schuldners vermerkt sind. Im Folgenden sollen die Möglichkeiten der Zwangsvollstreckung in Grundstücke, grundstücksgleiche Rechte oder Rechte an Grundstücken oder solchen grundstücksgleichen Rechten dargestellt werden. Dabei ist zu beachten: Der Rechtsanwalt wird, soweit es um Eintragungen in das Grundbuch geht, als **Vertreter des vollstreckenden Gläubigers** tätig. Anders als bei der Rechtsgestaltung, die der Notar vornimmt, bedarf es dabei in der Regel weder der Bewilligung noch der Beantragung des Grundbuchberechtigten. Vielfach wird das Grundbuchamt auf **Ersuchen** des Vollstreckungsgerichts tätig. Unter einem solchen Ersuchen versteht man die entsprechende Nachricht des Vollstreckungsgerichts an das Grundbuchamt verbunden mit der Bitte um Eintragung in der betreffenden Abteilung des Grundbuchs.

637 Das Verfahren der Einsichtnahme bei den Grundbuchämtern – Anforderung eines beglaubigten oder unbeglaubigten Grundbuchauszuges, persönliche Einsichtnahme – wird zurzeit in den meisten Bundesländern vereinfacht und erleichtert dadurch, dass man online Einsicht in die Grundbücher nimmt. Auch hier ist Voraussetzung ein „berechtigtes Interesse" sowie für den erleichterten Zugang ein Benutzervertrag. Diese Möglichkeit wird in erster Linie von den Notaren genutzt werden. Für den nicht zugleich als Notar zugelassenen und tätigen Rechtsanwalt wird sich der Benutzerzugang, der in aller Regel mit einer Kostenpauschale verbunden ist, kaum empfehlen.

4. Verpfändung des Anspruchs auf Eigentumsverschaffung (§§ 1273 Abs. 1, 1274 I, 398, 1280 BGB, §§ 13, 19, 29 GBO)

638 Der Anspruch auf Eigentumsverschaffung kann Gegenstand eines vertraglichen sowie eines gesetzlichen Pfandrechts sein. Der Käufer eines Grundstücks hat gegen den Verkäufer einen Anspruch auf Verschaffung des Eigentums, § 433 Abs. 1 BGB.[57] Dieser kann Gegenstand eines Pfandrechts sein, § 1273 Abs. 1 BGB. Sinn macht die Verpfän-

---

57 Schöner/Stöber, a.a.O., Rn. 1588.

dung des Eigentumsanspruchs für den Pfandrechtsgläubiger dann, wenn der Anspruch auf Verschaffung des Eigentums schon erstarkt ist, insbesondere wenn
- der Kaufpreis gezahlt oder seine Zahlung gewährleistet ist;
- die Eigentumsverschaffungsvormerkung rangwahrend im Grundbuch eingetragen ist;
- feststeht, dass gesetzliche oder vertragliche Vorkaufsrechte nicht ausgeübt werden;
- die erforderlichen öffentlich-rechtlichen Genehmigungen vorliegen;
- sowie keine vertraglichen Rücktrittsrechte vereinbart sind.[58]

Das Pfandrecht wird begründet nach den für die Übertragung des Rechts geltenden Vorschriften, § 1274 Abs. 1 BGB.[59] Weil die Abtretung des Auflassungsanspruchs keiner besonderen Form unterliegt, kann der Anspruch auf Eigentumsverschaffung außerhalb des Grundbuchs übertragen werden durch 639

formfreien Verpfändungsvertrag, § 1274 Abs. 1 S. 1, § 398 BGB; 640

Anzeige der Verpfändung durch den Gläubiger gegenüber dem Schuldner, also dem Verkäufer des Grundstücks, § 1280 BGB. 641

Die Verpfändungserklärung muss nur dann in öffentlich-beglaubigter Form, § 29 GBO, erstellt werden, wenn sie zur Grundlage der Eintragung im Grundbuch werden soll.[60] 642

Der Pfandgläubiger kann sein Pfandrecht am Eigentumsverschaffungsanspruch bei der im Grundbuch eingetragenen Vormerkung vermerken lassen, und zwar im Wege der **Grundbuchberichtigung** (der Rechtsübergang ist außerhalb des Grundbuchs geschehen). Ist noch keine Eigentumsverschaffungsvormerkung eingetragen, so kann der Pfandgläubiger dies beantragen.[61] 643

Wird der Kaufvertrag durchgeführt, leistet also der Schuldner (Käufer) den Kaufpreis, so erwirbt er das Eigentum an dem Grundstück. Der Pfandgläubiger erhält als Surrogat des Pfandrechts eine **Sicherungshypothek** an dem übereigneten Grundstück, § 1287 BGB. Da sich der Rechtsübergang außerhalb des Grundbuchs vollzieht, bedeutet die Eintragung der Hypothek **Grundbuchberichtigung**. Hierzu sind nötig ein Antrag nach § 13 Abs. 1 GBO zugleich mit dem Nachweis des Entstehens des Rechts. Erleichtert wird dies, falls der Schuldner (Eigentümer) eine Berichtigungsbewilligung erteilt, § 19 GBO.[62] 644

5. Pfändung im Wege der Zwangsvollstreckung (§§ 829, 846 ff., 857 Abs. 2 ZPO)

Ebenso wie die vertragliche Verpfändung des Anspruchs auf Eigentumsverschaffung möglich ist, kann der Anspruch auch von einem Gläubiger des Käufers gepfändet werden, und zwar als Anspruch auf Leistung einer unbeweglichen Sache, gem. § 846 ff. i.V.m. § 829 ZPO. Der Anspruch ist solange pfändbar, wie die Auflassung bereits 645

---

58 Schöner/Stöber, a.a.O., Rn. 1558.
59 Schöner/Stöber, a.a.O., Rn. 1559.
60 Schöner/Stöber, a.a.O., Rn. 1559.
61 Schöner/Stöber, a.a.O., Rn. 1571 unter Bezugnahme auf Voll, Rechtspfleger 1969, 409 (410).
62 Schöner/Stöber, a.a.O., Rn. 1561.

erklärt, die Eigentumsumschreibung aber noch nicht vollzogen worden ist. Die Pfändung wird bewirkt mit Zustellung des Pfändungsbeschlusses an den Verkäufer, §§ 846, 829 III ZPO. Infolge der Pfändung erlangt der Gläubiger ein Pfändungspfandrecht am Eigentumsverschaffungsanspruch; mit dem Übergang des Eigentums auf den Schuldner erlangt der Gläubiger eine **Sicherungshypothek am Grundstück**, § 848 Abs. II 2 ZPO. Diese folgt im Rang den Rechten nach, die der Erwerber dem Veräußerer oder Dritten nach dem schuldrechtlichen Vertrag zu bestellen hat. Der Eintragungsantrag kann lauten wie folgt:[63]

646 Muster: Pfändung des Anspruchs auf Eigentumsverschaffung

34 Ich beantrage hiermit die Pfändung des für den Schuldner Gottfried Arm im Grundbuch von Neustadt, Blatt ▪▪▪ vorgemerkten Eigentumsverschaffungsanspruchs für meinen Mandanten Wilhelm Reich.

Der Schuldner hat mit notarieller Urkunde des Notars Siegfried Seriös in Neustadt vom 4.11.2000, Urkundenrolle Nr. 445/2000, das im Grundbuch des Amtsgerichts Neustadt für die Gemarkung Rheintal, Blatt 666, eingetragene Grundstück, Flur 17, Flurstück Nr. 687, Wohnhaus Kaiserstr. 11, gekauft. Zur Sicherung des Anspruchs auf Eigentumsverschaffung ist im Grundbuch eine entsprechende Vormerkung eingetragen.

Der Eigentumsverschaffungsanspruch des Herrn Arm ist zu Gunsten meines Mandanten mit Beschluss des Amtsgericht Neustadt vom ▪▪▪, Az: 2 M ▪▪▪ gepfändet worden. Die Zustellung an den Drittschuldner ist am ▪▪▪ erfolgt. Der Pfändungsbeschluss mit Zustellungsnachweisen liegt diesem Schriftsatz an. Ich bitte, dem Eintragungsantrag zu entsprechen.

▪▪▪

Rechtsanwalt

(ohne notarielle Beglaubigung)

647 Im Grundbuch kann die Pfändung ebenfalls bei der Vormerkung eingetragen werden (Grundbuch**berichtigung** wie beim vertraglichen Pfandrecht, siehe oben, Rn. 644). Auch das **Anwartschaftsrecht**, das aus der erklärten Auflassung folgt, kann gepfändet werden. Geht das Eigentum am Grundstück dann auf den Erwerber über, erhält der Pfändungspfandgläubiger eine Sicherungshypothek, § 848 II 2 ZPO, am Grundstück, die auf Ersuchen des Vollstreckungsgerichts in Abteilung III des Grundbuchs einzutragen ist.[64]

6. Pfändung in Notaranderkonto (§§ 804 Abs. 3, 829 Abs. 3, 845 ZPO)

648 Die Kaufvertragsparteien haben Abwicklung über Notaranderkonto vereinbart. Vom hinterlegten Betrag soll der Notar zunächst die erforderlichen Ablösebeträge an die Kreditinstitute zahlen, deren Eintragungen gelöscht werden sollen. Den Rest des Kauf-

---

63 Schöner/Stöber, a.a.O., Rn. 1595.
64 BGH 49, 197; Schöner/Stöber, Rn. 1599.

preises hat er an den Verkäufer auszukehren. Was gegebenenfalls kann ein Gläubiger des Verkäufers pfänden?

Es gilt der Grundsatz der Doppelpfändung.[65] Allein die Pfändung in das Notaranderkonto reicht folglich nicht. Auch der zugrunde liegende Kaufpreisanspruch muss gepfändet werden. Das gilt auch für die Vorpfändung gemäß § 845 ZPO. 649

Ist wirksam gepfändet, dann ist der Pfändungspfandgläubiger aber genauso an die im Grundstückskaufvertrag niedergelegte Verwahrungsvereinbarung gebunden wie ein Drittschuldner. Gehen mehrere Pfändungen beim Notar ein, dann entscheidet der Zeitpunkt des Wirksamwerdens, § 804 Abs. 3 ZPO, folglich der der Zustellung an den Käufer als Drittschuldner *(§ 829 Abs. 3 ZPO)*.[66] 650

Formulierungsbeispiel für Pfändungsvermerk 651

7. (Ver-)Pfändung eines BGB-Gesellschaftsanteils (§§ 718, 1274 Abs. 2 BGB; §§ 829 ff., 859 Abs. 1 ZPO)

Ist die Übertragung eines Gesellschaftsanteils eines BGB-Gesellschafters nach dem Vertrag zulässig, dann kann der Anteil auch verpfändet werden, § 1274 Abs. II BGB. Verfügt die Gesellschaft über ein oder mehrere Grundstücke, darf der Schuldner, der seinen Anteil verpfändet hat, nicht mehr ohne Zustimmung des Pfandgläubigers darüber verfügen, § 718 BGB.[67] Dies ist allerdings sehr streitig. Zum Teil wird in der Literatur die Auffassung vertreten, der Gesellschafter sei auch nach der Verpfändung nicht gehindert, Verfügungen über das Gesellschaftsvermögen zu treffen.[68] 652

Die Eintragung – sie ist Grundbuch**berichtigung** – geschieht auf Antrag des Pfandgläubigers, § 13 Abs. 1 GBO. Eingetragen wird die Verfügungsbeschränkung in Abteilung II des Grundbuchs betreffend das Grundstück der BGB-Gesellschaft. Gehört zum Gesellschaftsvermögen ein Grundpfandrecht und ist dieses gepfändet, dann wird der Verpfändungsvermerk in Abteilung III des Grundbuchs eingetragen.[69] 653

Muster: Formulierung für Antrag auf Eintragung einer Verfügungsbeschränkung beim Grundbuchamt 654

An das

Amtsgericht ■■■

Grundbuchamt

Ich beantrage hiermit für meinen Mandanten ■■■ die Eintragung einer Verfügungsbeschränkung in Abteilung II des Grundbuchs von ■■■, Flur 15, Flurstück 127, ■■■, Eigentümer: Grundstücksgesellschaft bürgerlichen Rechts, ■■■, bestehend aus.

---

65 BGHZ 105, 60, NJW 1989, 230.
66 Vgl. DNotI-Report 20/2001, S. 162.
67 Schöner/Stöber, a.a.O., Rn. 1670.
68 So unter anderem Münchner Kommentar/Ullmer, Rn. 46 zu § 719 BGB; BGB-RGRK v. Gamm, Rn. 4 zu § 719.
69 Schöner/Stöber, a.a.O., Rn. 1668.

> Der von mir vertretene Gläubiger Reich hat durch Vertrag mit dem Schuldner, Gottfried Arm, ein Pfandrecht an dem Gesellschaftsanteil des Schuldners erhalten. Zum Nachweis füge ich bei:
> 1. Vertrag über die Gründung der Gesellschaft bürgerlichen Rechts, Kaiserstr. 11.
> 2. Verpfändungsvertrag zwischen Antragsteller und Schuldner
> 3. Nachweis über die Anzeige der Verpfändung an die übrigen Gesellschafter
>
> jeweils in beglaubigter Form.
>
> Ich bitte um Eintragung des Pfändungsvermerks.
>
> ■■■
>
> Rechtsanwalt

655 Lässt sich der Nachweis der eingetretenen Unrichtigkeit des Grundbuchs – die Rechtsänderung ist außerhalb des Grundbuchs eingetreten – nicht führen, kann der Gläubiger die Eintragung dadurch erreichen, dass er eine Bewilligung zur Berichtigung, unterzeichnet von allen Gesellschaftern, beibringt. Anders als bei der **vertraglichen** Verpfändung sind die Folgen einer Pfändung des Gesellschaftsanteils im Wege der **Zwangsvollstreckung**. Durch die Pfändung erlangt der Gläubiger weder die Stellung noch die Rechte eines Gesellschafters. Die Pfändungsmaßnahme sichert ihm lediglich ein Recht auf Befriedigung aus dem Auseinandersetzungsanspruch des Gesellschafters. Die Gesellschaft selbst ist dadurch nicht mit einer Verfügungsbeschränkung belegt.[70] Eine Eintragung der Pfändung im Grundbuch scheidet aus.

8. Gerichtliches Verfügungsverbot (§§ 135, 136, 892 Abs. 1 S. 2 BGB; §§ 938 Abs. 2, 941 ZPO; §§ 10 Abs. 1 b, Abs. 4 a, 5, 11 Abs. 6 GBV)

656 Mit einem gerichtlichen Verfügungsverbot kann der Anspruchsberechtigte erreichen, dass der Eigentümer das Grundstück weder veräußern noch belasten darf. Dafür kann es verschiedene Ausgangssituationen geben:

657 Der in einem privatschriftlichen, vom Nachlassgericht noch nicht eröffneten – etwa später aufgefundenen – Testament zum Alleinerben eingesetzte E erfährt davon, dass der Scheinerbe S unter Vorlage eines älteren notariellen Testamentes samt Eröffnungsniederschrift des Nachlassgerichts ein Nachlassgrundstück verkauft hat. Die „Berichtigung" des Grundbuches durch Eintragung des Scheinerben ist bereits beantragt. Der wahre Erbe E erwirkt eine einstweilige Verfügung, §§ 935, 938 ZPO, um den Rechtsverlust zu verhindern.

658 Entweder er selbst stellt den Antrag, § 13 I GBO, das mit der einstweiligen Verfügung erlangte Verfügungsverbot im Grundbuch einzutragen, oder aber die Eintragung geschieht auf Ersuchen des Prozessgerichts, § 941 ZPO.

---

[70] Schöner/Stöber, a.a.O., Rn. 1674 mit zahlreichen Rechtsprechungshinweisen und Literaturzitaten.

Muster: Antrag auf Grundbuchberichtigung mithilfe einer einstweiligen Verfügung 659

Antrag an das Grundbuchamt

An das

Amtsgericht ▪▪▪

Grundbuchamt

Grundbuchberichtigung

Ich vertrete den Altenteilsberechtigten ▪▪▪, der mit einstweiliger Verfügung des Amtsgerichts Neustadt vom 1.11.2001 ein Verfügungsverbot gegenüber dem Grundstückseigentümer, ▪▪▪, eingetragen im Grundbuch von ▪▪▪, Blatt 120, Flur 17, Flurstück 110, erstritten hat. Nach der einstweiligen Verfügung darf der Grundstückseigentümer Siegfried Reich zum Nachteil meines Mandanten ▪▪▪ das Grundstück weder veräußern noch belasten. Die einstweilige Verfügung ist innerhalb der Monatsfrist vollzogen worden und daher wirksam.

Ich füge als Anlagen bei:
1. Einstweilige Verfügung
2. Zustellungsnachweis des Gerichtsvollziehers G. aus Neustadt

▪▪▪

Rechtsanwalt

Wichtig ist bei jeder einstweiligen Verfügung, dass diese innerhalb eines Monats seit Erlass zu vollziehen ist, § 936 mit § 929 Abs. 2 und 3 ZPO. Die nachfolgende Eintragung im Grundbuch ist eine **Grundbuchberichtigung**, denn die einstweilige Verfügung, mit welcher dem Betroffenen ein Verfügungsverbot auferlegt wird, wird vollzogen und wirksam mit Zustellung an den Betroffenen. Die Eintragung bewirkt nur ein relatives Verfügungsverbot, §§ 135, 136 BGB, dagegen keine Sperre des Grundbuchs.[71] 660

Das eingetragene Verfügungsverbot verhindert allerdings gutgläubigen Erwerb und schützt damit den Berechtigten vor Beeinträchtigungen. Denkbar sind auch Eintragungen gerichtlicher Verfügungsverbote gegenüber Berechtigten von in Abteilung II oder III des Grundbuchs eingetragenen Rechten. 661

Wird die einstweilige Verfügung später durch eine vollstreckbare Entscheidung aufgehoben, kann der Schuldner beantragen, die im Grundbuch eingetragene Vormerkung zu löschen, wiederum im Wege der Grundbuchberichtigung. Hierzu reicht ein entsprechender Antrag, § 13 GBO, und Vorlage der die einstweilige Verfügung aufhebenden vollstreckbaren Entscheidung, § 25 GBO entsprechend. 662

Hat der Gläubiger die Vollziehungsfrist versäumt, kann der Eigentümer beantragen, die Vormerkung im Grundbuch zu löschen. Voraussetzung: Er weist durch öffentliche 663

---

71 Schöner/Stöber, a.a.O., Rn. 1646.

Urkunde nach, dass verspätet zugestellt worden ist, § 29 Abs. 1 GBO. Kann er diesen Nachweis nicht führen, dann erreicht er eine Löschung nur mit Bewilligung des Berechtigten, § 19 GBO.[72]

9. Pfändung des Wohnungsrechts (§§ 1092 Abs. 1 S. 1 BGB, §§ 851, 857 Abs. 3 ZPO)

664 Das Wohnungsrecht ist unübertragbar, § 1092 Abs. 1 S. 1 BGB, kann deshalb als solches nicht gepfändet werden, §§ 851, 857 Abs. 3 ZPO. Ist aber bei Begründung des Wohnungsrechts ausdrücklich dem Berechtigten gestattet worden, die **Ausübung des Wohnungsrechts einem Dritten** zu überlassen, dann kann das Wohnungsrecht zum Zwecke der Ausübung gepfändet werden, § 857 Abs. 3 ZPO. Gegenstand der Pfändung ist dann die Grunddienstbarkeit – also das Stammrecht – selbst.[73] Die Pfändung kann im Wege der Grundbuchberichtigung eingetragen werden. Damit schützt sich der Gläubiger dagegen, dass das Wohnungsrecht ohne seine Einwilligung gelöscht wird.

665 Muster: Antrag auf Pfändung des Wohnungsrechts

An das

Amtsgericht ▪▪▪

Grundbuchamt

Antrag auf Pfändung eines Wohnungsrechtes

Ich vertrete den Gäubiger ▪▪▪. Dieser hat gegen den Schuldner ▪▪▪ einen rechtskräftigen Titel auf Zahlung von 10.000 EUR nebst Zinsen erlangt. Die mit Rechtskraftvermerk versehene Entscheidung des Landgerichts ▪▪▪ füge ich bei. Der Schuldner ist Inhaber eines im Grundbuch von ▪▪▪, Blatt 111, Flur 16, Flurstück 120, eingetragenen Wohnungsrechtes an der Wohnung im ersten Obergeschoss des Hauses ▪▪▪, ▪▪▪. Das Wohnungsrecht ist so ausgestattet, dass die Ausübung auch einem Dritten überlassen werden kann. Ich beantrage deshalb gemäß § 857 Abs. 3 ZPO,

das oben genannte Wohnungsrecht zu Gunsten des von mir vertretenen Gläubigers ▪▪▪ zu pfänden und ihm zur Einziehung zu überweisen.

▪▪▪

Rechtsanwalt[74]

10. Rechtshängigkeitsvermerk (§ 325 II ZPO, §§ 892, 899 BGB, §§ 10, 11 GBV)

666 Ist ein Rechtsstreit bei Gericht anhängig, in dem über ein Recht an einem Grundstück – unter anderem das Eigentum am Grundstück – gestritten wird, dann hindert dies den im Grundbuch eingetragenen Eigentümer nicht daran, das Grundstück zu verkaufen, §§ 265, 266 ZPO. Das Urteil im Rechtsstreit wirkt allerdings nur gegen die Personen, die nach Eintritt der Rechtshängigkeit Rechtsnachfolger der Partei geworden sind. Keine Wirkung hat es gegenüber dem gutgläubigen Erwerber, § 325 II ZPO.

---

72 Schöner/Stöber, a.a.O., Rn. 549.
73 Schöner/Stöber, a.a.O., Rn. 1264 unter Bezugnahme auf BGH DNotZ 1974, 433.
74 Hierzu Stöber, Forderungspfändung, Rn. 1515-1524.

Will man einen gutgläubigen Erwerb vermeiden, kann man dies über die Eintragung eines Vermerks im Grundbuch sicherstellen, wonach ein Rechtsstreit wegen des eingetragenen Rechts rechtshängig ist, den sog. **Rechtshängigkeitsvermerk**. Ein solcher Vermerk wird nur dann eingetragen, wenn die Parteien über das Bestehen oder Nichtbestehen eines dinglichen Rechts oder über den Umfang der Berechtigung am Grundstück streiten. Das ist nicht der Fall, wenn der Kläger aus seinem Auflassungsanspruch auf Übereignung oder aus einem Schadensersatzanspruch auf Rückübereignung des Eigentums klagt. Der klassische Fall für den Rechtshängigkeitsvermerk ist vielmehr die Klage des wahren Eigentümers gegenüber dem „Bucheigentümer" auf Grundbuchberichtigung, § 894 BGB.

Der Vermerk wird im Grundbuch eingetragen, wenn
- entweder die Bewilligung des Betroffenen
- oder eine einstweilige Verfügung gegen ihn vorliegt.[75]
- Für den Erlass der einstweiligen Verfügung wird an Voraussetzungen gefordert
- die Rechtshängigkeit des Anspruchs glaubhaft zu machen, §§ 936, 920 Abs. II ZPO
- sowie, dass bei Erfolg der Klage die Wirkung nach § 325 I ZPO eintreten kann.

Deshalb ist auch der Anspruch selbst glaubhaft zu machen. Eingetragen wird der Rechtshängigkeitsvermerk in Abteilung II, Spalten 1–3, § 10 Abs. 1 b, Abs. 2–4 GBV.

Muster: Antrag auf Eintragung eines Rechtshängigkeitsvermerks

■■■

Ich beantrage, in das Grundbuch von ■■■, Blatt 220 bei dem dort auf den Namen des ■■■ eingetragenen Grundstück, Flur 12, Flurstück Nr. 110 aufgrund beigefügter einstweiliger Verfügung des Landgerichts ■■■ vom ■■■ den Rechtshängigkeitsvermerk einzutragen.

■■■

Im Grundbuch selbst lautet die Eintragung dann in Abteilung II:

„Wegen des eingetragenen Eigentums ist durch Klageerhebung des R. Reich ein Rechtsstreit rechtshängig. Unter Bezugnahme auf die einstweilige Verfügung des Landgerichts Neustadt vom ■■■, Az. ■■■, eingetragen am ■■■."

VI. Rechte in Abteilung III des Grundbuchs

Auch Rechte, die in Abteilung III des Grundbuchs eingetragen sind, nämlich
- Hypotheken
- Grundschulden
- Rentenschulden

können Gegenstand von Zwangsvollstreckungsmaßnahmen sein. Das gilt einmal für die Eintragung von Zwangshypotheken (Sicherungshypotheken) im Grundbuch durch den die Zwangsvollstreckung betreibenden Gläubiger; es gilt zum anderen aber auch für die Pfändung solcher eingetragenen Rechte durch den betreibenden Gläubiger.

---

75 Schöner/Stöber, a.a.O., Rn. 1654 mit Rechtsprechungshinweisen.

674 In dem erstgenannten Fall – Eintragung einer Zwangshypothek – ist der Schuldner der Eigentümer des Grundstückes, in das der Gläubiger vollstreckt. Im zweitgenannten Fall ist der Schuldner der Inhaber des in Abteilung III vermerkten Rechts, also der Berechtigte aus einer Hypothek, einer Grund- oder Rentenschuld. Für den mit der Zwangsvollstreckung beauftragten Rechtsanwalt ist es also wichtig, vom Mandanten – dem Gläubiger –, zu erfahren, ob der Schuldner über ein Grundstück oder ein grundstücksgleiches Recht oder aber eventuell über Rechte an Grundstücken oder grundstücksgleichen Rechten verfügt, die zum Gegenstand einer Zwangsvollstreckungsmaßnahme werden könnten.

675 In der Praxis werden die Fälle häufiger sein, in denen der Gläubiger von Grundeigentum seines Schuldners erfährt und dies zum Anlass von Zwangsvollstreckungsmaßnahmen nimmt. Seltener werden die Fälle sein, in denen er von Rechten an Grundstücken oder grundstücksgleichen Rechten, also solchen, die in Abteilung III eingetragen werden, erfährt. Eine recht zuverlässige Quelle für derartige Erkenntnisse bildet das Verfahren zur Abgabe der eidesstattlichen Versicherung, in dem der Schuldner Auskunft über sein Vermögen geben muss. Hier erfährt der Gläubiger durch die eidesstattliche Versicherung des Schuldners (früher: „Offenbarungseid"), ob und an welchen Grundstücken dem Schuldner Rechte zustehen. In seltenen Fällen werden es Rechte (Grundschulden oder Hypotheken) sein, die zwischen dem Grundstückseigentümer und dem Berechtigten des eingetragenen Rechts **vertraglich vereinbart** sind (Beispiele: eingetragene Hypothek für Arbeitgeberdarlehen, Grundschuld zur Absicherung eines privaten Darlehens, Rentenschuld aus einem Kauf- oder Übertragsvertrag). Häufiger sind die Fälle, in denen ein Gläubiger des Grundstückseigentümers eine **Zwangshypothek** (Sicherungshypothek) im Grundbuch hat eintragen lassen zur Absicherung einer rechtskräftig festgestellten Forderung. Im folgenden werden einige Beispielsfälle derartiger Pfändungen eingetragener Rechte in Abteilung III dargestellt.

1. Zwangshypothek (auch: Zwangssicherungshypothek)

676 Vor der Zwangsversteigerung oder Zwangsverwaltung eines Grundstücks benötigt der Gläubiger ein dingliches Verwertungsrecht. Ist keine Grundschuld oder Hypothek im Grundbuch eingetragen, so kann der Gläubiger wegen eines vollstreckbaren Titels gegen den Schuldner die Eintragung einer Zwangshypothek zu Lasten dessen Grundstücks beantragen. Meist geschieht dies aufgrund eines vollstreckbaren Urteils sowie eines vollstreckbaren Kostenfestsetzungsbeschlusses. Die Eintragung gewährt dem Pfändungsgläubiger die Rechte aus einer Sicherungshypothek, §§ 1184 – 1188 BGB. Belastungsobjekte können sein:
- Grundstücke
- Erbbaurechte
- Miteigentumsanteile
- Wohnungs- und Gebäudeeigentum[76]

677 Für die Eintragung reicht ein schriftlicher Antrag beim Grundbuchamt, § 13 Abs. 1 GBO. Der Antrag muss enthalten:

---

76 Schöner/Stöber, a.a.O., Rn. 2160.

- Angabe von Gläubiger und Schuldner
- Bezeichnung der Vollstreckungsforderung nach Hauptsache und Zinsen sowie etwaige Nebenleistungen

Beizufügen sind
- Vollstreckungstitel
- Zustellungsnachweis
- evtl. Nachweis für Glaubhaftmachung von Vollstreckungskosten.

Einer Unterschriftsbeglaubigung bedarf es nicht.[77]

2. Muster: Antrag auf Eintragung einer Zwangssicherungshypothek

■■■

Namens meines Mandanten ■■■ aus Neustadt beantrage ich wegen dessen Forderung in Höhe von 11.000 € nebst 8 Prozentpunkten Zinsen hieraus seit dem 11.11.2001 sowie weiterer 387,76 € festgesetzter Kosten nebst 4 Prozent Zinsen hieraus seit dem 10.1.2002

die Eintragung einer Zwangssicherungshypothek auf dem Grundstück des Herrn Arno Arm, vermerkt im Grundbuch von ■■■, Blatt 111, Flur 11, Flurstück 167.

Ich überreiche hierzu

die vollstreckbare Ausfertigung des Urteils des Amtsgerichts ■■■ vom 11.11.2001;

Kostenfestsetzungsbeschluss des Amtsgerichts ■■■ vom 10.1.2002.

jeweils mit Zustellungsvermerken

■■■, den ■■■

■■■

Rechtsanwalt

(Unterschriftsbeglaubigung nicht notwendig)

3. Arresthypothek (§§ 929 ff. ZPO, § 310 ZPO)

Hat der Gläubiger einen Arrestbefehl gegen den Schuldner erwirkt, so kann er damit die Eintragung einer Arresthypothek (Sicherungshypothek) bewirken.[78] Dabei muss die zu sichernde Forderung wenigstens 750,00 EUR betragen.

Im Unterschied zur Zwangshypothek dient sie nur der Sicherung nicht der Befriedigung des Gläubigers. Mit dem Arrest soll lediglich die mögliche Forderung des Gläubigers gesichert werden. Auch der Arrest muss – wie die einstweilige Verfügung – innerhalb eines Monats vollzogen werden, § 929 Abs. 2 ZPO. Die Vollziehungsfrist beginnt mit der Zustellung der Ausfertigung des Arrestbefehls an den Gläubiger, § 929 Abs. II ZPO. Ist dem Erlass des Arrestbefehls eine mündliche Verhandlung vorausgegangen, dann beginnt die Vollziehungsfrist mit der Verkündung des Arrests, § 310

---

77 Vgl. hierzu: Schöner / Stöber, a.a.O., Rn. 2165.
78 Schöner / Stöber, a.a.O., Rn. 2224 ff.

ZPO. Das Grundbuchamt prüft die Einhaltung der Vollziehungsfrist.[79] Ist sie nicht eingehalten oder kann dies nicht nachgewiesen werden, kommt es zu keiner Eintragung im Grundbuch.

683 Die eingetragene Arresthypothek wird unwirksam, wenn der Arrestbefehl dem Schuldner nicht innerhalb einer Woche nach Eingang des Eintragungsantrags beim Grundbuch und vor Ablauf der Vollziehungsfrist zugestellt wird. Liegen die Voraussetzungen vor, dann ist die Arresthypothek auf Antrag des Schuldners – ohne Mitwirken des Gläubigers – zu löschen.[80]

684 Die Arresthypothek kann auf Antrag des Gläubigers in eine Zwangshypothek umgewandelt werden. Die Eintragungsbewilligung wird dann ersetzt durch den Schuldtitel, der die Beantragung einer Zwangshypothek ermöglicht.[81]

685 **4. Muster: Antrag auf Eintragung einer Arresthypothek**

▄▄▄

Namens und im Auftrage des von mir vertretenen ▄▄▄, ▄▄▄ in Neustadt, beantrage ich für diesen in Höhe des im Arrestbefehl festgesetzten Geldbetrages eine Sicherungshypothek bis zum Höchstbetrag von 5.000 € auf dem für den Schuldner und Eigentümer, Herrn ▄▄▄ in Neustadt, eingetragenen Grundstück, Grundbuch von Neustadt, Blatt 111, Flur 3, Flurstück 13, einzutragen.

Ich überreiche hierzu

Arrestbefehl des Amtsgerichts Neustadt vom ▄▄▄;

Zustellungsurkunde.

▄▄▄, den ▄▄▄

▄▄▄

Rechtsanwalt

(Keine Unterschriftsbeglaubigung)

5. Vormerkung für Hypotheken (§§ 883, 885 BGB, §§ 935ff. ZPO, §§ 13, 18, 19, 25, 29 GBO)

686 Bevor Zwangs- oder Arresthypothek eingetragen werden, kann auch eine Vormerkung im Grundbuch auf Bestellung der Hypothek eingetragen werden. Voraussetzung sind
- Antrag des Gläubigers sowie
- Bewilligung des Betroffenen oder aber gegen ihn ergangene einstweilige Verfügung, § 885 BGB.[82]

---

79 Schöner/Stöber, a.a.O., Rn. 2229.
80 Schöner/Stöber, a.a.O., Rn. 2232.
81 Schöner/Stöber, a.a.O., Rn. 2234.
82 Schöner/Stöber, a.a.O., Rn. 2261ff.

H. Materielles Grundstücksrecht

Die Bewilligung des Betroffenen wird ersetzt durch ein vorläufig vollstreckbares Urteil zur Abgabe der Eintragungsbewilligung für die Bestellung der Hypothek, § 895 ZPO i.V.m. § 19 GBO. Mit dem Antrag auf Eintragung hat der Gläubiger dem Grundbuchamt eine Ausfertigung des vorläufig vollstreckbaren Urteils vorzulegen.[83]

687

Hat der Gläubiger eine **einstweilige Verfügung** gegen den Schuldner auf Bewilligung einer entsprechenden Vormerkung erhalten, kann diese nur im Grundbuch eingetragen werden, wenn die einstweilige Verfügung vollzogen worden ist (§ 929 ZPO). Ist die einstweilige Verfügung über einen Monat alt, muss gleichzeitig die rechtzeitige Zustellung an den Gläubiger zum Nachweis der Vollziehungsfrist (§ 929 Abs. 2 ZPO) vorgelegt werden.[84]

688

Eingetragen im Grundbuch wird die Vormerkung zur Sicherung des Anspruchs auf Bestellung einer Hypothek in Abteilung III. Dabei muss der Anspruch nach Betrag nebst Zinsen und etwaiger Nebenleistungen im Grundbuch genau angegeben werden, etwa wie folgt:
„Vorgemerkt gemäß § 883 BGB: Sicherungshypothek zu 10.000 EUR für Gläubiger ■■■, Kaufmann in ■■■ nebst 8 von Hundert Zinsen gemäß einstweiliger Verfügung des Amtsgerichts ■■■ vom ■■■ (Az. ■■■) eingetragen am ■■■."

689

Ist die Vormerkung eingetragen und liegt des Weiteren ein rechtskräftiges Urteil auf Bestellung der Hypothek vor, kann die grundbuchliche Vormerkung in eine Hypothek umgeschrieben werden. Voraussetzung dieser Umschreibung ist, dass der für den Gläubiger geltend gemachte vorgemerkte Anspruch nun erfüllt wird.[85]

690

Muster: Antrag auf Umschreibung der Vormerkung in Hypothek

691

Es wird überreicht die mit Rechtskraftattest versehene Ausfertigung des Urteils des Amtsgerichts ■■■ vom ■■■ und beantragt, die im Grundbuch von ■■■, Blatt 1020, Abt. III Nr. 2 eingetragene Vormerkung in eine Hypothek über 10.000 EUR – Erteilung des Hypothekenbriefes ist ausgeschlossen – umzuschreiben. B-Dorf, den ■■■

■■■

(ohne Unterschriftsbeglaubigung)

Auch Teilpfändungen sind zulässig und möglicherweise angebracht, wenn die Forderung, wegen der gepfändet wird, kleiner ist als die gepfändete Hypothek/Grundschuld.[86]

692

Die Folgen der Pfändung unterscheiden sich je nach dem, ob gepfändet wird „bei Überweisung zur Einziehung" oder zur „Überweisung an Zahlung statt". Letztere muss ins Grundbuch eingetragen werden, § 837 Abs. 1 S. 2 ZPO. In aller Regel empfiehlt es sich, den Weg der Überweisung zur Einziehung zu wählen, weil damit die Forderung

693

---

83 Schöner/Stöber, a.a.O., Rn. 2264.
84 Schöner/Stöber, a.a.O., Rn. 2265.
85 Schöner/Stöber, a.a.O., Rn. 2274.
86 Schöner/Stöber, a.a.O., Rn. 2459.

nicht erfüllt wird, sondern der Gläubiger lediglich die Möglichkeit hat, aufgrund der Pfändungsmaßnahme Befriedigung zu erlangen, seine Forderung also bestehen bleibt, soweit er keine Leistung erlangt.

6. Pfändung einer Buchhypothek oder Buchgrundschuld (Überweisung zur Einziehung; §§ 828, 829, 830, 835, 857 ZPO; §§ 13, 39 GBO; §§ 11, 17 GBV)

694 **Fallkonstellation:** Der Schuldner ist Inhaber einer Buchhypothek oder Buchgrundschuld; der Gläubiger hat einen vollstreckbaren Titel gegen den Schuldner. Die Zwangsvollstreckung in das bewegliche Vermögen erscheint aussichtslos. Der Gläubiger erfährt von dem zu Gunsten des Schuldners eingetragenen Pfandrechts in Abteilung III des Grundbuchs.

695 **Zur Pfändung sind erforderlich:**
- Pfändungsbeschluss des Vollstreckungsgerichts sowie
- Eintragung der Pfändung in das Grundbuch, § 830 Abs. 1 ZPO.

696 Sie erfolgt aufgrund des Pfändungsbeschlusses, § 830 Abs. 1 S. 3 ZPO[87] des Vollstreckungsgerichts. Auch die Hypothekenzinsen werden von der Pfändung mit umfasst, analog zu § 1289 1 BGB. Das gilt selbst dann, wenn die Zinsen im Pfändungsbeschluss nicht erwähnt sind.[88]

697 Eingetragen wird die Pfändung auf Antrag des Gläubigers, § 13 Abs. 1 GBO. Er muss den Pfändungsbeschluss in Ausfertigung vorlegen.

698 Die erforderliche Grundbuchberichtigung beantragt der Gläubiger nach § 14 GBO.

699 Muster: Antrag auf Grundbuchberichtigung

42

Ich beantrage aufgrund des beigefügten Pfändungs- und Überweisungsbeschlusses des Amtsgerichts ▬▬▬ vom 4.11.2001 die Eintragung der zu meinen Gunsten erfolgten Pfändung der Buchhypothek des ▬▬▬, Gastwirt in ▬▬▬, über 30.000,00 €, vermerkt im Grundbuch von ▬▬▬, Blatt 110, Abteilung III Nr. 8.

▬▬▬, den ▬▬▬

▬▬▬

(ohne Unterschriftsbeglaubigung)

7. Pfändung einer Briefhypothek oder -grundschuld bei Überweisung an Zahlungs Statt (§§ 828, 829, 830, 835, 837 ZPO; §§ 13, 26 Abs. 2, 30, 39 Abs. 2, 56ff. GBO; §§ 11, 17, 47ff. GBV

700 Statt der Überweisung zur Einziehung können Buchhypothek oder Buchgrundschuld zur Überweisung an Zahlungs Statt gepfändet werden.

---

87 Schöner/Stöber, a.a.O., Rn. 2454.
88 Stöber, Forderungspfändung, Rn. 1807.

Die Pfändung erfolgt durch
- Pfändungsbeschluss des Vollstreckungsgerichts sowie
- Übergabe des Hypothekenbriefs an den Gläubiger, § 830 Abs. 1 S. 1 ZPO.

Die Übergabe des Briefes kann ebenfalls im Wege der Zwangsvollstreckung betrieben werden, § 830 Abs. 1 S. 2 ZPO. Besitzt ein anderer als der Schuldner den Brief, dann muss der Herausgabeanspruch gegenüber dem Drittschuldner gepfändet werden. Wirksam wird die Pfändung erst mit der Herausgabe des Briefes durch den Besitzer an den vollstreckenden Gläubiger.[89]

Infolge der Pfändung wird das Grundbuch unrichtig, weil es das Pfandrecht nicht ausweist, § 894 BGB. Der Gläubiger kann deshalb sein Pfandrecht im Wege der Grundbuchberichtigung in das Grundbuch eintragen lassen. Dazu sind nötig:
- Antrag, § 13 Abs. 1 GBO
- urkundlicher Nachweis der Grundbuchunrichtigkeit, § 22 GBO.

Nachgewiesen wird dieses durch
- Vorlage des Pfändungsbeschlusses (einer Ausfertigung) und
- des Hypothekenbriefes.

Der Vollstreckungstitel muss dem Grundbuchamt dagegen nicht vorgelegt werden.

Muster: Antrag auf Eintragung von Pfändung und Überweisung an Zahlungs Statt

■■■

Ich beantrage die Eintragung der Pfändung und Überweisung an Zahlungs Statt zu meinen Gunsten bei der im Grundbuch von ■■■, Blatt 110, Abt. III Nr. 3 eingetragenen Briefhypothek des ■■■, Landwirt in ■■■, von 10.000 €. Auf den beigefügten Pfändungs- und Überweisungsbeschluss des Amtsgerichts ■■■ von ■■■, Az. ■■■, nehme ich Bezug. Der mir übergebene – vom Gerichtsvollzieher abgelieferte – Hypothekenbrief (Grundschuldbrief) ist beigefügt.

■■■, den ■■■

■■■

(Ohne Unterschriftsbeglaubigung)

8. Pfändung eines Miterbenanteils (§§ 829 ff., 859 Abs. 2 ZPO, §§ 2032 ff. BGB; § 22 GBO; § 10 Abs. 1 b, 2 – 4, 5 a, § 11 Abs. 6 GBV

Der Erbanteil eines Miterben kann gepfändet, werden, § 859 Abs. 2 ZPO. Die Pfändung wird wirksam mit Zustimmung des Pfändungsbeschlusses an alle Drittschuldner, § 857, 829 Abs. 3 ZPO. Das sind die übrigen Miterben. Ist Testamentsvollstreckung angeordnet und ein Testamentsvollstrecker bestellt, der auch die Nachlassteilung durchzuführen hat, dann ist dieser Drittschuldner.[90] Eingetragen wird auf schriftlichen Antrag des Gläubigers, § 13 Abs. 1 GBO. Nachzuweisen sind:

---

89 Schöner/Stöber, a.a.O., Rn. 2475.
90 Schöner/Stöber, a.a.O., Rn. 1661.

§ 7 Grundstücksrecht

- Pfändungsbeschluss und dessen
- Zustellung an die Drittschuldner, §§ 829, 859 Abs. 2 ZPO (durch Vorlage der Urkunden auch über die Zustellung des Beschlusses).

708 Die Erben müssen voreingetragen sein, § 39 GBO. Ist noch der Erblasser eingetragen, so kann der Gläubiger das Grundbuch durch Eintragung der Miterben in Erbengemeinschaft berichtigen lassen, § 13 Abs. 1 S. 2 GBO.

709 Muster: Antrag auf Berichtigung des Grundbuchs durch Eintragung der Miterben

■■■

Wir vertreten den Gläubiger ■■■. Dessen Schuldner, Herr ■■■, wohnhaft ■■■, ■■■, und seine Geschwister

■■■, ■■■, ■■■

■■■, ebenda

sind in Erbengemeinschaft eingetragene Eigentümer des im Grundbuch von Neustadt, Blatt 110 eingetragenen Grundstücks ■■■.

Der Miterbenanteil des Schuldners am Nachlass seines am ■■■ in ■■■ verstorbenen Vaters, zu dem das oben bezeichnete Grundstück gehört, wurde mit Pfändungsbeschluss des Amtsgerichts vom ■■■, Az. ■■■ zu Gunsten unseres Mandanten wegen der im Beschluss bezeichneten vollstreckbaren Forderung gepfändet. Den Miterben des Schuldners wurde der Pfändungsbeschluss als Drittschuldner am ■■■ bzw. am ■■■ zugestellt.

Wir beantragen unter Vorlage des Pfändungsbeschlusses mit den Zustellungsnachweisen die Pfändung des Miterbenanteils in das Grundbuch als Beschränkung der Erbengemeinschaft in der Verfügungsbefugnis über das zum ungeteilten Nachlass gehörende bezeichnete Grundstück einzutragen.

■■■, den

■■■

Rechtsanwalt

(keine Unterschriftsbeglaubigung)

I. Prozess

I. Prozesssituation

1. Beweisfragen

a) Beweiserleichterung

710 Im Rahmen der Schadensbemessung hat der Geschädigte Beweiserleichterungen sowohl im materiellen Recht (§ 252 BGB) als auch im Prozessrecht (§ 287 ZPO). § 252 BGB soll dem Geschädigten den Beweis betreffend den entgangenen Gewinn erleichtern. Dabei soll der Ersatzanspruch nicht auf den Gewinn beschränkt sein, der im Zeitpunkt des Schadensereignisses zu erwarten war. Vielmehr umfasst die Vorschrift auch einen möglichen entgangenen Gewinn aus Geschäften, zu denen sich der Geschädigte erst während des Verzuges des Schuldners entschlossen, die er aber durchgeführt hätte, wenn ihm der geschuldete Geldbetrag zur Verfügung gestanden hätte.[91]

§ 287 ZPO gilt für den Bereich der **haftungsausfüllenden Kausalität**. In welcher Höhe der bewiesene Verstoß des Vertragspartners einen Schaden beim Kläger hervorgerufen hat, kann vom Richter mit einer „erheblichen Wahrscheinlichkeit" für den Kausalzusammenhang zwischen haftungsbegründendem Ereignis und eingetretenem Schaden festgestellt werden.[92]   711

Beide Vorschriften sind notwendig, weil, wollte man den Strengbeweis gelten lassen, vielfach der Geschädigte in Beweisnot geriete.   712

b) Rentabilitätsvermutung

Schon das Reichsgericht hat es ausreichen lassen, wenn der Käufer, der Schadensersatz wegen Nichterfüllung verlangen konnte, den geleisteten Kaufpreis als Mindestschaden geltend machte.[93] Dem Schuldner bleibt allerdings die Möglichkeit des Gegenbeweises dahin, dass der Vertrag bei ordnungsgemäßer Durchführung für den Gläubiger ein Verlust gewesen wäre.[94] Der BGH hat die RG-Rechtsprechung übernommen und weiterentwickelt. Danach gilt die Rentabilitätsvermutung uneingeschränkt nur, wenn der Geschädigte neben der Rückforderung der bereits erbrachten Leistung (z. B. des Kaufpreises) lediglich die Erstattung nutzlos gewordener Aufwendungen beansprucht. Verlangt er dagegen auch Ersatz solcher Vorteile, die ihm durch das Ausbleiben der Gegenleistung entgangen sind, dann gilt die Beweiserleichterung nicht. Ebenfalls soll die Rentabilitätsvermutung dann nicht gelten, wenn der Schuldner das Recht hatte, vom Vertrag zurückzutreten. In diesem Fall hatte der Gläubiger noch keine hinreichend gesicherte Aussicht, dass seine Aufwendungen im Zusammenhang mit dem Abschluss des Vertrages durch dessen Vorteile ausgeglichen würden.[95]   713

c) Verletzung von Aufklärungspflichten

Sind Aufklärungspflichten verletzt worden, muss der Gläubiger beweisen, wie sich seine Vermögenslage im Falle pflichtgemäßer Aufklärung darstellen würde. Die Rechtsprechung hilft auf verschiedene Weise, z.B. durch eine Beweislastumkehr, § 287 ZPO, den Anscheinsbeweis, die Grundsätze der Lebenserfahrung.[96]   714

d) Rückabwicklung über Bereicherungsrecht

Zuweilen sind Grundstücke aufgrund von Bereicherungsrecht zurückzugeben. Was geschieht, wenn z.B. jemand ein unbebautes Grundstück rechtsgrundlos erworben und es nunmehr – inzwischen mit einem Wohnhaus bebaut – zurückzugeben hat? War er   715

---

91 Hagen, Der Grundstückskauf, Rn. 264.
92 Hagen, a.a.O., Rn. 265; BGH, Urt. v. 28.4.82 – IV a ZR 8/81; ZIP 1982, 742 = WM 1982, 718; BGH, Urt. v. 8.12.1977 – III ZR 46/75, MDR 1978, 735 = LM BGB § 839 (fd.) Nr. 19.
93 RG JW 1913, 595, 596, RGZ 127, 245, 248.
94 Hagen, a.a.O., Rn. 266.
95 BGHZ 123, 96, Hagen, a.a.O., Rn. 267.
96 Hagen, a.a.O., Rn. 267a.

gutgläubig, dann hat er die Aufwendungen im Vertrauen auf die Wirksamkeit des Erwerbsvorganges erbracht und kann deshalb nur Zug um Zug gegen Erstattung seiner Aufwendungen auf Herausgabe in Anspruch genommen und dazu verurteilt werden.[97]

716 Ist die Herausgabe des Grundstücks dem Schuldner wegen der Bebauung wirtschaftlich unzumutbar, dann hat er ausnahmsweise für das Grundstück nur Wertersatz zu leisten, § 818 Abs. 2 BGB, kann also das Grundstück behalten.

717 Hat der Erwerber das Grundstück inzwischen mit Grundpfandrechten belastet, so muss er die Belastungen nicht beseitigen, sondern hat auch hierfür nur Wertersatz gem. § 818 Abs. 2 BGB zu leisten.

2. Verfahrensrechtliches

a) Beweisfragen

718 Im Vordergrund steht beim Grundstücksrecht die notarielle Urkunde. Für sie spricht die Vermutung der Vollständigkeit und Richtigkeit auch wegen des Kaufpreises. An den – möglichen – Gegenbeweis stellt die Rechtsprechung strenge Anforderungen.[98]

719 Enthält die notarielle Urkunde allerdings handschriftliche Änderungen, ohne dass diese vom Notar besonders gekennzeichnet sind, kann die Beweiskraft der Urkunde nach § 415 ZPO entfallen und das Gericht nach freier Überzeugung entscheiden.[99] Es ist deshalb sehr wichtig für den Notar, handschriftliche Änderungen auch ausdrücklich als solche zu kennzeichnen und mit seiner Unterschrift am Rande der Urkunde zu dokumentieren, § 30 Abs. 3 DONotNW.

b) Nachweisdispens

720 Bei notariellen Urkunden ist es üblich, im Zusammenhang mit der Unterwerfung unter die sofortige Zwangsvollstreckung auf den Nachweis des Entstehens der Forderung zu verzichten („Nachweisdispens"). Die Rechtsprechung hat dies – zu Recht – für den Bauträgervertrag nicht als zulässig angesehen, weil sonst der von der Makler- und Bauträgerverordnung beabsichtigte Schutz des Erwerbers obsolet würde.[100]

721 Ausgehend von einer Entscheidung des BGH aus dem Jahr 1981[101] hat es die Rechtsprechung im Übrigen aber für zulässig erachtet, dass in einer notariellen Urkunde (z. B. Bewilligung einer Grundschuld) der Verpflichtete sich im Rahmen der Unterwerfung unter die sofortige Zwangsvollstreckung auch damit einverstanden erklärt, auf den Nachweis des Entstehens der Forderung als Voraussetzung für die Zwangsvollstreckung zu verzichten. Der Gläubiger braucht dann nur zu behaupten, dass die Voraussetzungen vorliegen, um eine vollstreckbare Ausfertigung der Urkunde zu erhalten und

---

97 Hagen, a.a.O., Rn. 276, BGH NJW 1789, WM 1972, 564, NJW 1963, 1870.
98 BGH WM 1978, 244, Hagen, a.a.O., Rn. 283.
99 BGH WM 1994, 1342.
100 BGH DNotZ 1999, 53; Hertel, ZNot P 1999, 3; Wolfsteiner, DNotZ 1999, 99.
101 NJW 1981, 2756.

die Zwangsvollstreckung einzuleiten. Der Schuldner kann sich dem gegenüber mit der Zwangsvollstreckungsgegenklage verteidigen.

Früher – bis zur Entscheidung des BGH-NJW 2001, 2096 – wurde die Ansicht vertreten, im Rahmen dieses Verfahrens müsse der Schuldner beweisen, dass die Forderung nicht entstanden ist. Zu Recht hat demgegenüber der BGH festgestellt, dass die Vollstreckungsunterwerfung die Beweislast unberührt lässt. Schon in der Vergangenheit ist die entgegenstehende Rechtsmeinung häufig kritisiert worden.

Muster: Nachweisdispens

■■■

Wegen seiner Verpflichtung zur Kaufpreiszahlung unterwirft sich der Käufer der sofortigen Zwangsvollstreckung aus dieser Urkunde mit der Maßgabe, dass es zur Erteilung der vollstreckbaren Ausfertigung des Nachweises der Fälligkeit der Kaufpreisforderung nicht bedarf. Eine Beweislastumkehr ist hiermit nicht verbunden. Dem Verkäufer obliegt es deshalb, insbesondere im Verfahren der Zwangsvollstreckungsgegenklage den Nachweis zu führen, dass die Voraussetzungen für die Kaufpreisfälligkeit gegeben sind.

■■■

II. Klageverfahren

a) Leistungsklage

Klagt der Erwerber auf Übertragung des Eigentums (Leistungsklage), war dies nach früherer Rechtsprechung nur möglich, wenn bereits ein selbstständiges im Grundbuch eingetragenes Grundstück vorhanden war. Nach der neueren Rechtsprechung des BGH reicht es jetzt aus, wenn das betreffende Grundstück hinreichend bestimmt ist. Der Verkäufer kann dann zur Auflassung verurteilt werden. Der Vollzug im Grundbuch setzt freilich voraus, dass das Grundstück übereinstimmend mit dem Grundbuch oder durch Hinweis auf das Grundbuchblatt bezeichnet wird. Die unterbliebene Bezeichnung des Grundstücks in dieser Weise kann durch notariell beglaubigte Erklärung nachgeholt werden, wobei die Erklärung eines der Beteiligten genügt, wenn die materiell-rechtliche Auflassung tituliert ist in einer Weise, die dem Bestimmtheitsgebot genügt.[102] Zu beachten ist, dass der Auslegung der Auflassungserklärung im Grundbucheintragungsverfahren enge Grenzen gesetzt sind; Voraussetzung für den Grundbuchvollzug ist mindestens eine klare und ausdrückliche Erklärung, die den Gegenstand der Auflassung unzweideutig erkennen lässt.

Anders ist es mit der Eintragung oder Grundbuchberichtigung, weil insoweit § 28 GBO beachtet werden muss. Nur dann, wenn ein vom Verkäufer bereits genehmigter **Veränderungsnachweis** vorliegt, auf den im Urteil Bezug genommen werden kann, soll Klage auf Bewilligung der Eintragung im Grundbuch möglich sein.[103]

---

102 BayObLGZ 1974, 112, 115 = DNotZ 1974, 441.
103 BGH 90, 323, BGH NJW 1986, 1867.

§ 7 Grundstücksrecht

726 Auch eine **Klage auf künftige Leistung** ist möglich. So kann der Kläger verlangen, den Beklagten zu verurteilen, die Zustimmung zur Eintragung in das Grundbuch gemäß § 888 BGB erst nach erfolgter Auflassung abzugeben.[104]

b) Zug- um Zug-Leistung

727 So wie der Klageantrag selbst bestimmt sein muss, gilt dies auch für die Zug-um-Zug-Leistung. Sie muss im Klageantrag und Urteilstenor so genau bestimmt sein, dass sie selbst Gegenstand einer Leistungsklage sein könnte.[105]

728 Dabei geht es vor allem darum, die Vollstreckbarkeit des Titels sicher zu stellen. Eine vollstreckbare Ausfertigung darf dem obsiegenden Kläger nur erteilt werden, wenn er durch öffentliche oder öffentlich beglaubigte Urkunden beweist, dass er die Zug um Zug geschuldete Gegenleistung erbracht hat. Es wäre nicht ausreichend, wenn im Tenor einer Klage, die auf Auflassung gerichtet ist, diese Zug um Zug gegen

729 **Zahlung des nach einem Taxwertverfahren zu stellenden Preises**[106] oder gegen Vergütung eines Verkehrswertes, der durch ein **Schiedsgutachten** für den Zeitraum festgestellt werden soll, in dem das Eigentum am Grundstück umgeschrieben wird,[107] zu erbringen wäre.

730 Letztlich muss also die Zug-um-Zug-Leistung ebenso bestimmt, d.h. beziffert sein wie der Klageantrag selbst.

731 Muster: Klageantrag auf Eigentumsübertragung Zug um Zug gegen Zahlung

Es wird beantragt,

den Beklagten zu verurteilen, das Grundstück in der Weststraße 19 in ■■■, eingetragen im Grundbuch von ■■■, Blatt 555, Flur 19, Flurstück 191, auf den Kläger aufzulassen und die Eigentumsumschreibung zu bewilligen und zwar Zug um Zug gegen Zahlung eines Betrages von 165.000,00 €.

732 Hat nach dem Kaufvertrag der Verkäufer den Käufer von den **Erschließungsbeiträgen** freizustellen, dann kann der Käufer für den Fall, dass er die Beiträge zahlt, den Verkäufer auf Erstattung in Anspruch nehmen. Steht noch nicht fest, ob und in welcher Höhe der Beitragsbescheid zu Recht ergangen ist (er ist noch nicht bestandskräftig geworden), dann reicht es, die Verurteilung von der Einschränkung abhängig zu machen, dass der Beklagte nur Zug um Zug gegen Abtretung eventueller Rückzahlungsansprüche des Klägers gegen die Gemeinde bezahlen muss.[108]

---

104 Hagen, a.a.O., Rn. 289 unter Bezugnahme auf BGH WM, 1985, 876.
105 Hagen, a.a.O., Rn. 291a unter Bezugnahme auf BGH vom 10.7.1986, 1 ZR 102/84.
106 BGH NJW 1993, 324.
107 BGH NJW 1994, 586, Hagen, Grundstücksrecht, Rn. 291a.
108 BGH WM, 1992, 1671, Hagen, Grundstücksrecht, Rn. 291b.

I. Prozess

Muster: Klageantrag auf Zahlung Zug um Zug gegen Abtretung von Rückzahlungsansprüchen

733

Es wird beantragt,

den Beklagten zu verurteilen, einen Betrag in Höhe von 3.527,00 € an den Kläger zu zahlen Zug um Zug gegen Abtretung etwaiger Rückzahlungsansprüche des Klägers gegen die Gemeinde ▄▄▄ wegen möglicher überhöhter Erschließungsbeiträge entsprechend dem Beitragsbescheid vom 12. Dezember 2001, Aktenzeichen: ▄▄▄

c) Feststellungsklage

Diese Klageform kommt in Betracht, wenn die Parteien über die Wirksamkeit eines Grundstückskaufvertrages streiten, z.b. wenn die Genehmigung nach dem Grundstücksverkehrsgesetz noch nicht vorliegt. Auch eine Klage auf Zwischenfeststellung, § 256 Abs. 2 ZPO, ist zulässig, wenn die Parteien über das Bestehen oder Nichtbestehen eines vorgreiflichen Rechtsverhältnisses streiten und hierüber mit Rechtskraftwirkung entschieden werden soll. Das für eine Feststellungsklage erforderliche besondere Rechtsschutzbedürfnis ist dann gegeben, wenn das streitige Rechtsverhältnis über das laufende Verfahren hinaus von Bedeutung für das Rechtsverhältnis der Parteien untereinander sein kann.[109]

734

d) Rechtskraftwirkung

Die Rechtskraft des Urteils erfasst gemäß § 325 Abs. 1 ZPO nur die im „Streit befangene" Sache, § 265 ZPO. Unmittelbarer Streitgegenstand muss deshalb die Sachlegitimation der klagenden oder der beklagten Partei sein. Die Rechtsprechung zieht die Grenzen der Rechtskraft regelmäßig sehr eng.[110]

735

e) Beispiele für Leistungsklagen

Für V ist im Testament des Erblassers T ein Vermächtnis auf Übertragung eines Grundstücks enthalten. Die Erben E weigern sich, das Eigentum am Grundstück auf V zu übertragen. Sie haben schon einen möglichen Käufer für das Grundstück gefunden. Was kann V machen?

736

Da der Verkauf des Grundstücks durch die Erben an einen Dritten droht, ist V mit einem Klageverfahren auf Eigentumsübertragung allein nicht geholfen. Er muss vorläufigen Rechtsschutz für sich in Anspruch nehmen, um den Verkauf und damit die Vereitelung seines Vermächtnisanspruchs zu verhindern. Im Wege des Erlasses einer **einstweiligen Verfügung** mit dem Ziel der Eintragung einer **Vormerkung auf Eigentumsverschaffung** erreicht er die Eintragung im Grundbuch, Abteilung II. Die Erben sind jetzt faktisch gehindert, das Grundstück an einen Dritten zu verkaufen, weil die Vormerkung rangwahrenden Charakter hat und der Eintragung anderer Berechtigter (sowohl des Eigentümers in Abteilung I als auch eines dinglich Berechtigten in Abteilung II oder III) vorgeht. Mit der Rechtskraft einer auf Eigentumsübertragung gerich-

737

---

109 Hagen, Grundstücksrecht, Rn. 295 unter Bezugnahme auf BGH NJW 1992, 1897.
110 Vgl. hierzu die Beispielsfälle bei Hagen, Rn. 296-298.

teten Leistungsklage erlangt V einen durchsetzbaren Anspruch auf Eigentumsverschaffung. Er braucht nurmehr unter Vorlage des mit Rechtskraft versehenen Urteils, das die entsprechenden Erklärungen der Erben ersetzt, die Umschreibung des Eigentums am Grundstück auf sich zu beantragen, und erlangt Eigentum am Grundstück. Sollten inzwischen dem widersprechende Eintragungen im Grundbuch vorgenommen worden sein, sind sie gegenüber V unwirksam. Er hat einen Anspruch auf Löschung bzw. Grundbuchberichtigung.

738 Entsprechende Muster für einen Antrag auf Erlass einer einstweiligen Verfügung sowie eine auf Eigentumsverschaffung gerichtete Leistungsklage finden sich unten (Rn. 739, 740, 741, 742).

J. Muster

739 **I. Muster: Antrag auf Erlass einer einstweiligen Verfügung zur vorläufigen Sicherung eines Vermächtnisses**

Antrag auf Erlass einer einstweiligen Verfügung

des Herrn ■■■, ■■■,

Antragsteller

Prozessbevollmächtigte: Rechtsanwälte ■■■

gegen
1. Herrn ■■■
2. Frau ■■■
3. Herrn ■■■

sämtlich wohnhaft ■■■, ■■■,

Antragsgegner

Namens und in Vollmacht des Antragstellers beantragen wir im Wege der einstweiligen Verfügung, den Antragsgegnern aufzugeben,

die Eintragung einer Vormerkung auf Verschaffung von Eigentum am Grundstück in A-Dorf, Einheitsstr. 15 zu Gunsten des Antragsgegners zu bewilligen und zwar an rangbereiter Stelle im Grundbuch von A-Dorf, Blatt 100, zum Grundstück, Flur 16, Flurstück 112

sowie jegliche Verfügungen über das Grundstück zu unterlassen, und zwar bei Meidung eines Ordnungsbeschlusses des Gerichtes für jeden Fall der Zuwiderhandlung gegen die einstweilige Verfügung.

B e g r ü n d u n g :

Der Antragsteller ist im Testament des Erblassers T vom 5.11.1999 als Vermächtnisnehmer mit einem Grundstück bedacht worden. Eine Fotokopie des privatschriftlichen notariellen Testaments, eröffnet durch das Nachlassgericht von A-Dorf am 6.11.2004, fügen wir bei.

Die Antragsgegner sind Erben des Testators. Sie weigern sich, das Eigentum am Grundstück auf den Antragsteller zu übertragen. Sie haben ihm gegenüber erklärt, bereits einen Käufer für das Grundstück gefunden zu haben. Wird das Grundstück an einen Dritten verkauft, droht dem Antragsteller der Verlust seines Rechts auf Eigentumsverschaffung. Zum Schutz seines Anspruchs auf Eigentumserwerb ist deshalb die Eintragung einer Vormerkung auf Eigentumsverschaffung in Abteilung II des Grundbuches von A-Dorf erforderlich. Zur Glaubhaftmachung verweisen wir auf die in der Anlage beigefügte eidesstattliche Versicherung des Antragstellers vom heutigen Tage.

Klage zur Hauptsache ist erhoben (wird unverzüglich erhoben). Sie ist anhängig unter dem Aktenzeichen ■■■.

Der Antragsteller hat einen Anspruch auf Erlass der einstweiligen Verfügung (Verfügungsgrund) sowie auf Übertragung des Eigentums (Anspruchsgrund).

Die einstweilige Verfügung ist deshalb im beantragten Umfang zu erlassen.

■■■

II. Muster: Klage auf Verschaffung von Eigentum am Grundstück (Durchsetzung eines Vermächtnisses)

Klage

des Herrn ■■■, ■■■, ■■■,

Kläger

Prozessbevollmächtigte: RAe ■■■

gegen
1. Herrn A. Erbgänger
2. Frau B. Erbgänger
3. Herrn C. Erbgänger

sämtlich wohnhaft ■■■, ■■■,

Beklagte

Namens und im Auftrage des Klägers erheben wir Klage gegen die Beklagten und werden beantragen,

die Beklagten als Gesamtschuldner zu verpflichten, das Grundstück Flur 16 Flst.Nr. 112 in der Gemarkung ■■■, vorgetragen im Grundbuch des Amtsgerichts ■■■ von ■■■ Blatt 100 auf den Kläger aufzulassen und die Eigentumsumschreibung im Grundbuch zu bewilligen.

Begründung:

Der Kläger hat mit Testament des Erblassers T vom 5.11.1999 ein Vermächtnis in Form des Grundstückes, gelegen in A-Dorf, Einheitsstr. 15, erhalten. Eine Fotokopie des Testaments, eröffnet durch das Nachlassgericht von A-Dorf am 6.11.2004, fügen wir bei.

Die Beklagten sind Erben des T und weigern sich, das Eigentum am Grundstück auf den Kläger zu übertragen. Auf dessen Anfrage haben sie ihm erklärt, bereits einen Käufer für das Grundstück gefunden zu haben. Dies ist Veranlassung für den Kläger gewesen, bereits eine einstweilige Verfügung auf Eintragung einer Vormerkung auf Verschaffung von Eigentum am besagten Grundstück zu beantragen. Diese ist durch Beschluss des zuständigen Amtsgerichts von A-Dorf am 7.12.2004 erlassen und inzwischen auch vollzogen worden. Eine entsprechende Vormerkung ist vom Grundbuchamt in Abteilung II des Grundbuchs am 14.12.2004 eingetragen worden. Die entsprechenden Urkunden fügen wir in Abschrift der Klageschrift bei.

Die Beklagten weigern sich zu Unrecht, das Grundstück auf den Kläger aufzulassen und ihm das Eigentum daran zu verschaffen. Das Vermächtnis zu Gunsten des Klägers ist in dem Testament vom 5.11.1999 wirksam begründet worden. Der Kläger hat deshalb einen Anspruch auf Übertragung des Eigentums am bezeichneten Grundstück. Klage ist geboten.

■■■

741 **Anmerkung zum Antrag:** Zwar entspricht die Verurteilung zur Eigentumsübertragung den Bestimmungen des Schuldrechts; Gegenstand des Antrags ist aber eine sachenrechtliche Willenserklärung, die Auflassung, die deshalb auch so bezeichnet werden sollte. Ferner ist zweifelhaft, ob der Erbe dem Vermächtnisnehmer auch verpflichtet ist, die Eigentumsumschreibung im Grundbuch zu beantragen. Eintragungsantrag kann der Vermächtnisnehmer selbst stellen. Ein Eintragungsantrag des Erben würde ihn gegenüber dem Grundbuchamt in die Kostenhaftung zwingen, was unter Umständen nicht verlangt werden kann und damit zu einer teilweisen Klageabweisung führen müsste.

742 **III. Muster: Auflassungsbeurkundung sowie Eintragungsantrag des Vermächtnisnehmers bei gleichzeitiger Vorlage eines rechtskräftigen Urteils auf Auflassung durch die Erben**

Vor dem Notar ■■■ in ■■■ erschien:

■■■, ausgewiesen durch Vorlage seines amtlichen Lichtbildausweises.

Der Erschienene erklärte mit dem Ersuchen um Beurkundung was folgt:

I.
Laut Vortrag im Grundbuch des Amtsgerichts A-Stadt von ■■■ Blatt 100 sind ■■■ und ■■■ Eigentümer in Erbengemeinschaft des dort vorgetragenen Grundbesitzes der Gemarkung ■■■

Flur 1 Flst.Nr. 100, ■■■, Gebäue- und Freifläche zu 500 m².

Durch rechtskräftiges Urteil des Landgerichts ■■■ vom 2.1.2005, von welchem bei Beurkundung eine mit Rechtskraftbescheinigung versehene Ausfertigung von dem Erschienenen dem Notar vorgelegt wurde, wurden die vorgenannten Eigentümer verurteilt, den vorbezeichneten Grundbesitz an den Erschienenen aufzulassen und die Umschreibung im Grundbuch zu bewilligen.

II.
Der Erschienene nimmt die Auflassung hiermit entgegen und beantragt die Eigentumsumschreibung im Grundbuch.

III.
Die Kosten dieser Urkunde und ihres Vollzuges trägt der Erwerber.

Von dieser Urkunde erhalten Ausfertigungen:
1. Der Erschienene eine,
2. das Amtsgericht – Grundbuchamt – unter Beifügung des in Abschnitt I. dieser Urkunde bezeichneten rechtskräftigen Urteils, von welchem beglaubigte Abschrift dieser Urkunde beizufügen ist,
3. das Finanzamt – Grunderwerbsteuerstelle –,
4. Frau Rechtsanwältin ■■■

IV. Muster: Auflassungsbeurkundung sowie Eintragungsantrag des Vermächtnisnehmers vorbehaltlich im Prozesswege durchzusetzender Genehmigung des Erben

743

Vor dem Notar ■■■ in ■■■ erschien:

■■■ hier handelnd sowohl im eigenen Namen, als auch für ■■■ vorbehaltlich Genehmigung in grundbuchtauglicher Form, die mit Eingang beim Notar zugegangen und rechtswirksam sein soll.

51

Der Erschienene erklärte mit dem Ersuchen um Beurkundung:

I.
Im Grundbuch des Amtsgerichts ■■■ von ■■■ Blatt 100 ist ■■■ als Alleineigentümer des dort vorgetragenen Grundbesitzes der Gemarkung ■■■

Flur 1 Flst.Nr. 100, ■■■, Gebäude- und Freifläche zu 500 m²

eingetragen.

II.
Der vorgenannte Eigentümer und der Erschienene sind sich über den Eigentumsübergang hinsichtlich des in Abschnitt I. dieser Urkunde bezeichneten Grundstücks auf den Erschienenen einig. Der Eigentümer bewilligt und der Erschienene beantragt die Eigentumsumschreibung im Grundbuch.

III.
Die Kosten dieser Urkunde und ihres Vollzugs im Grundbuch trägt ■■■

Die Kosten seiner nachträglichen Genehmigung trägt der in Abschnitt I. bezeichnete Eigentümer.

Von dieser Urkunde erhalten Ausfertigungen:
1. Der Erschienene eine,
2. ■■■ eine zur nachträglichen Genehmigung,
3. das Amtsgericht ■■■ – Grundbuchamt –,
4. das Finanzamt – Grunderwerbsteuerstelle –,
5. Herr Rechtsanwalt ■■■

V. Muster: Aufhebung eines Kaufvertrages

Vor dem Notar ▰▰▰ in ▰▰▰ erschienen:

1. ▰▰▰
2. ▰▰▰

Die Erschienenen erklärten:

Wir schließen folgenden Vertrag über die Aufhebung eines Kaufvertrages.

I.
1. Mit Kaufvertrag vom ▰▰▰ (UR-Nr. ▰▰▰ des amtierenden Notars) hat der Verkäufer dem Käufer den im Grundbuch des Amtsgerichts ▰▰▰ von ▰▰▰ Blatt ▰▰▰ eingetragenen Grundbesitz zum Kaufpreis von ▰▰▰ EUR verkauft. Hierauf hat der Käufer 50.000 EUR gezahlt.
2. Das Eigentum ist bislang nicht umgeschrieben worden. Für den Käufer ist eine Eigentumsvormerkung im Grundbuch eingetragen. Grundpfandrechte zur Kaufpreisfinanzierung hat der Käufer nicht bestellt.
Der Notar hat den Grundbuchinhalt am ▰▰▰ feststellen lassen. Das Grundbuch ist – mit Ausnahme der Vormerkung für den Käufer – gegenüber dem Zeitpunkt des Vertragsabschlusses unverändert.
3. Der Käufer hat die Grunderwerbsteuer gezahlt. Die Unbedenklichkeitsbescheinigung des Finanzamts liegt vor.

II.
Die Beteiligten heben hiermit den vorbezeichneten Kaufvertrag seinem gesamten Inhalt nach auf, und zwar unter der aufschiebenden Bedingung, dass der Verkäufer dem Käufer den Betrag von 50.000 EUR erstattet.

Für die Rückabwicklung vereinbaren sie folgendes:
1. Der Verkäufer verpflichtet sich, dem Käufer innerhalb von 2 Wochen den bereits gezahlten Kaufpreisteil von 50.000 EUR zu erstatten. Die Beteiligten sind sich einig, dass Ansprüche, gleich aus welchem Rechtsgrund, insbesondere Schadensersatzansprüche, aus der Nichtdurchführung des Kaufvertrages nicht bestehen, und verzichten vorsorglich gegenseitig auf derartige Ansprüche.
2. Die mit dem Kaufvertrag und seiner bisherigen Durchführung verbundenen Notar- und Gerichtskosten, die Kosten dieses Vertrages und die Löschung der Vormerkung gehen zu Lasten des Käufers.
3. Der Käufer beantragt gemäß § 16 Abs. 1 Nr. 1 GrEStG die Aufhebung der Steuerfestsetzung und Erstattung der gezahlten Grunderwerbsteuer. Der Notar wird beauftragt, dem Finanzamt eine einfache Abschrift dieser Urkunde mit der bereits erteilten Unbedenklichkeitsbescheinigung zu übersenden.
4. Der Käufer bewilligt und beantragt die Löschung der zu seinen Gunsten im Grundbuch eingetragenen Vormerkung.

Die Beteiligten weisen den Notar übereinstimmend an, den Antrag auf Löschung der Vormerkung erst zu stellen, wenn ihm der Käufer bestätigt oder der Verkäufer nachgewiesen hat, dass der Betrag von 50.000 EUR dem Käufer auf dessen Konto bei der B-Bank zurückgezahlt worden ist. Zuvor darf der Notar keine Ausfertigung oder beglaubigte Abschrift der heutigen Urkunde erteilen.

Diese Niederschrift vor den Beteiligten vorgelesen, genehmigt und eigenhändig unterschrieben.

▰▰▰

1. Klage auf künftige Leistung

Auch die Abgabe einer Willenserklärung kann Gegenstand einer Klage auf künftige Leistung sein. Aus dem Titel muss sich ergeben, wann die Erklärung als abgegeben gelten soll. Denkbar ist ein Klageantrag dahin,

den Beklagten zu verurteilen, die Zustimmung zur Eintragung des Klägers in das Grundbuch (§ 888 BGB) erst **nach erfolgter Auflassung** zu erklären.

2. Erfüllungsklage und behördliche Genehmigung

Hängt der geltend gemachte Anspruch oder seine Erfüllung von einer behördlichen Genehmigung ab, so muss man für die Klageform und den Tenor nach Sinn und Zweck des Genehmigungsvorbehaltes differenzieren.

Bildet er eine Voraussetzung der Leistungshandlung – der Schuldner bedarf zur Vornahme der Leistungshandlung einer bauordnungsrechtlichen Genehmigung –, so berührt dies die Wirksamkeit der schuldrechtlichen Verpflichtung nicht. Vielmehr kann mit der Klage auf zukünftige Leistung der Beklagte zu dieser **unter Vorbehalt der Genehmigung** verurteilt werden. Der Gläubiger hat Anspruch auf eine vollstreckbare Ausfertigung des Urteils, allerdings erst dann, wenn er nachweist, dass die im Urteilstenor aufgeführte Genehmigung vorliegt oder es ihrer nicht mehr bedarf.[111]

Bildet die öffentlich-rechtliche Genehmigung die Voraussetzung für den Leistungserfolg, dann kann vorbehaltlos zur Leistung verurteilt werden, weil damit der Entscheidung der Behörde nicht vorgegriffen wird. Also ist es möglich, dass der Beklagte **vorbehaltlos** zur Auflassung verurteilt wird, wenn diese der Genehmigung nach § 2 Grundstücksverkehrsgesetz bedarf. Das Gesetz selbst stellt in § 7 Abs. 1 GrdstVG sicher, dass im Grundbuch erst eingetragen wird, wenn die Genehmigung erteilt ist.

3. Unterwerfungserklärung, § 794 ZPO

Die Unterwerfungserklärung unter die Zwangsvollstreckung stellt eine ausschließlich auf das Zustandekommen des Vollstreckungstitels gerichtete einseitige prozessuale Willenserklärung da. Sie unterliegt lediglich prozessrechtlichen Grundsätzen, so dass § 139 BGB grundsätzlich nicht anwendbar ist. Ist ein notarieller Kaufvertrag nichtig, so ist die Unterwerfungserklärung nach § 794 Abs. 1 Nr. 5 ZPO deshalb nicht unwirksam.[112]

Hat sich der Grundstückskäufer in einem formnichtigen Vertrag der sofortigen Zwangsvollstreckung in sein Vermögen unterworfen und vollstreckt der Verkäufer den Kaufpreisanspruch, so ist dies so lange rechtens, wie der Käufer sich nicht auf die Unwirksamkeit des Vertrages beruft oder Vollstreckungsabwehrklage erhebt.[113]

---

111 Hagen, Grundstücksrecht, Rn. 290 unter Bezugnahme auf BGH NJW 1978, 1262.
112 Hagen, Grundstücksrecht, Rn. 301 unter Bezugnahme auf BGH DNotZ 1985, 474; NJW 1985, 2423.
113 Hagen, Grundstücksrecht, Rn. 301a unter Bezugnahme auf BGH NJW 1994, 2755.

4. Forderungsauswechslung

752 Wandelt sich der ursprüngliche Kaufpreisanspruch des Verkäufers um in einen Schadensersatzanspruch, dann wird dies durch die Zwangsvollstreckungsunterwerfung nicht gedeckt, es sei denn, der Käufer hat die Unterwerfungserklärung auch für den Fall abgegeben, dass sich der Erfüllungsanspruch in einen Schadensersatzanspruch verwandelt, oder aber die Parteien haben nachträglich die Änderung des Schuldgrundes vereinbart.

VI. Antrag auf Erteilung einer vollstreckbaren Ausfertigung des Kaufvertrages

753 **Fallkonstellation:** Der Käufer K bezahlt den Restkaufpreis aus dem zu notarieller Urkunde abgeschlossenen Grundstückskaufvertrag nicht. Der Notar hat das nach den Bestimmungen des Kaufvertrages zu erteilende Fälligkeitsschreiben an den Erwerber versandt. Der Verkäufer will die Zwangsvollstreckung gegen den Käufer betreiben.

754 Muster: Antrag auf Erteilung einer vollstreckbaren Ausfertigung der Kaufvertragsurkunde

Antrag auf Erteilung einer vollstreckbaren Ausfertigung der Kaufvertragsurkunde vom 2.1.2005 – URNr. 5/2005 –

Sehr geehrte Frau Notarin,

unter Vorlage einer auf mich lautenden Vollmacht, die diesem Schreiben im Original beigefügt ist, zeige ich an, dass mich der Verkäufer den vorbezeichneten Kaufvertrag betreffend mit der Wahrnehmung seiner Interessen beauftragt und entsprechend bevollmächtigt hat.

Namens meines Mandanten beantrage ich die Erteilung einer vollstreckbaren Ausfertigung der im Betreff bezeichneten Kaufvertragsurkunde.

Das in der Urkunde als Vollstreckungsvoraussetzung vereinbarte Fälligkeitsschreiben haben Sie am ■■■ erteilt.

Mit freundlichen und kollegialen Grüßen

■■■

Rechtsanwalt

VII. Vollstreckungsabwehrklage

755 **Fallkonstellation:** Der Verkäufer V eines Grundstücks betreibt gegen den Käufer K die Zwangsvollstreckung aus der notariellen Urkunde auf Zahlung des Restkaufpreises. K ist im Grundbuch bereits als Eigentümer eingetragen. Er wendet ein:
- Der Kaufvertrag sei wegen Formmangels (Nichtbeurkundung einer Nebenabrede) nichtig.
- Der Restkaufpreisanspruch sei noch nicht fällig, weil V seinerseits noch Vertragspflichten erfüllen müsse.
- Behördliche Genehmigungen seien noch nicht erteilt.

1. Muster: Vollstreckungsabwehrklage

Vollstreckungsabwehrklage

des Herrn ■■■, ■■■, ■■■

Kläger

Prozessbevollmächtigte: Rechtsanwälte ■■■, ■■■,

gegen

den ■■■, ■■■, ■■■

Beklagter

wegen Unzulässigkeit der Zwangsvollstreckung.

Namens und kraft anliegender Vollmacht erheben wir Klage mit dem Antrag,

die Zwangsvollstreckung aus der notariellen Urkunde Nr. 103/03 des Notars ■■■ vom ■■■ für unzulässig zu erklären.

B e g r ü n d u n g :

Der Kläger kaufte mit Kaufvertrag vom ■■■ vom Beklagten dessen in Altstadt gelegenes Grundstück in der ■■■,

siehe anliegende Fotokopie des notariellen Kaufvertrages.

Im Kaufvertrag nicht erwähnt und auf den notariell beurkundeten Kaufpreis auch nicht anrechenbar, vereinbarten die Parteien eine Sonderzahlung in Höhe von 10.000 €, die der Kläger auch leistete. Im Übrigen erbrachte der Kläger die nach § 3 des Vertrages vorgesehene Anzahlung in Höhe von 60.000 €.

Nachdem eine Vormerkung auf Verschaffung des Eigentums entsprechend dem Vertrag zu Gunsten des Klägers eingetragen war, beantragte der Notar die Umschreibung des Eigentums auf den Kläger, die am ■■■ erfolgte. Noch nicht erteilt ist allerdings eine behördliche Genehmigung auf Abriss von Nebengebäuden auf dem Grundstück, die der Beklagte bereits beantragt und von der der Kläger die Durchführung des Kaufvertrages abhängig gemacht hatte, § 5 Ziff. 2 des Vertrages.

Gleichwohl verlangt der Beklagte die Restzahlung des Kaufpreises gemäß § ■■■ des Vertrages und betreibt nunmehr aus der ihm vom Notar ausgehändigten vollstreckbaren Ausfertigung der Urkunde die Zwangsvollstreckung gegen den Kläger.

Der Kläger macht folgende Einwendungen geltend:
1. Der Kaufvertrag ist nicht wirksam, weil eine wesentliche Nebenabrede getroffen und nicht beurkundet wurde (Zahlung von 10.000 € außerhalb des beurkundeten Kaufpreises).
2. Der Kaufpreis ist nicht fällig, weil der Beklagte Unterlagen (Baupläne, Versicherungsurkunden u. Ä.) noch nicht an den Kläger übergeben hat. Diese Verpflichtung ist in § 2 des notariellen Vertrages ausdrücklich festgeschrieben worden.

3. Der Vertrag ist nicht wirksam, weil die vom Verkäufer beantragte Abrissverfügung noch nicht ergangen ist. Sie ist Bestandteil des Vertrages (§ 5 Abs. 2). Der Kläger hat bei den Vertragsverhandlungen stets deutlich gemacht, dass die Abrissverfügung für ihn wesentlicher Bestandteil des Kaufvertrages sei. Das Hauptgebäude steht nämlich unter Denkmalschutz. Der Kläger befürchtet, dass die Abrissverfügung der Nebengebäude mit Rücksicht auf diesen Umstand nicht oder nicht unumschränkt erteilt werden könnten. Aus diesem Grunde hat er sie auch ausdrücklich zum Gegenstand des Kaufvertrages gemacht.

Klage ist geboten, weil der Beklagte die Zwangsvollstreckung trotz der o.a. Einwendungen fortsetzt.

■■■

Rechtsanwalt

2. Antrag auf einstweilige Einstellung der Zwangsvollstreckung

757 Beim Prozessgericht kann die einstweilige Einstellung der Zwangsvollstreckung beantragt werden, § 769 Abs. 1 ZPO. Das Prozessgericht kann danach anordnen, dass bis zum Erlass des Urteils über die Zwangsvollstreckungsgegenklage die Zwangsvollstreckung entweder mit oder ohne Sicherheitsleistung eingestellt oder nur gegen Sicherheitsleistung fortgesetzt werden kann. Schon getroffene Vollstreckungsmaßregeln können gegen Sicherheitsleistung aufgehoben werden. Dabei sind die tatsächlichen Behauptungen, die den Antrag begründen, glaubhaft zu machen (in Form einer eidesstattlichen Versicherung).

758 Ein entsprechender Antrag kann in dringenden Fällen auch beim Vollstreckungsgericht – dem Amtsgericht der belegenen Sache – gestellt werden, § 769 Abs. 2 ZPO. In der Antragsbegründung sollte auch das eingeleitete Klageverfahren verwiesen und eine Ablichtung der beim Landgericht eingereichten Klageschrift beigefügt werden.

759 Muster: Antrag auf einstweilige Einstellung der Zwangsvollstreckung

55

An das

Amtsgericht ■■■

Antrag auf einstweilige Einstellung der Zwangsvollstreckung

des Herrn ■■■, ■■■, ■■■

Antragsteller

Prozessbevollmächtigte: Rechtsanwälte ■■■

gegen

den Kaufmann ■■■, ■■■, ■■■

Antragsgegner

Der Antragsteller hat vor dem Landgericht in Altstadt Klage gegen den Antragsgegner erhoben mit dem Ziel, die Zwangsvollstreckung aus der notariellen Urkunde des Notars ▬▬▬ für unzulässig zu erklären. Eine Abschrift der Klageschrift fügen wir in der Anlage bei. Das Aktenzeichen lautet ▬▬▬

Der Antragsgegner betreibt die Zwangsvollstreckung. Er begehrt die Einleitung des Zwangsversteigerungsverfahrens.

Die Zwangsvollstreckung ist einstweilen einzustellen, weil zunächst die Berechtigung des Antragsgegners, der sich auf die notarielle Urkunde des Notars ▬▬▬ bezieht, geklärt werden muss. Stellt sich in dem vor dem Landgericht in ▬▬▬ anhängigen Klageverfahren (Zwangsvollstreckungsgegenklage des Antragstellers) heraus, dass die Zwangsvollstreckung aus der notariellen Urkunde unzulässig ist, dann dürfen keine Zwangsvollstreckungsmaßnahmen durchgeführt werden. Aus diesem Grunde ist die Zwangsvollstreckung einstweilen einzustellen

(▬▬▬ ZPO-Vorschrift und Kommentarstellen angeben! ▬▬▬)

3. Muster: Überlassungsvertrag betreffend ein Mietshaus unter Vorbehalt eines Wohnungsrechts in einer Wohnung und gegen Zahlung einer dauernden Last (im Wege vorweggenommener Erbfolge)

Vor dem Notar ▬▬▬ in ▬▬▬ erschienen:

Ehegatten ▬▬▬;

Deren Tochter ▬▬▬

Die Erschienenen erklärten mit dem Ersuchen um Beurkundung was folgt:
I. Grundbuch
   Im Grundbuch des Amtsgerichts ▬▬▬ von
   ▬▬▬ Blatt 10
   ist folgender Grundbesitz vorgetragen:
   Gemarkung ▬▬▬
   Flur 10 Flst.Nr. 100, ▬▬▬, Gebäude- und Freifläche zu 500 m², im Alleineigentum von Herrn E und belastet in
   Abteilung II mit
   Geh- und Fahrtrecht für die Stadt ▬▬▬ und in
   Abteilung III mit
   € 100.000,- Buchgrundschuld für Stadtsparkasse ▬▬▬.
II. Überlassung
   Im Wege der vorweggenommenen Erbfolge wird hiermit von dem vorgenannten Eigentümer
   im folgenden „Veräußerer" genannt
   mit Zustimmung seiner Ehefrau gem. § 1365 BGB mit allen Rechten und Pflichten, Bestandteilen und gesetzlichem Zubehör der in Abschnitt I. bezeichnete Grundbesitz an die Tochter T nachfolgend kurz „Erwerber" bezeichnet zum Alleineigentum überlassen.
III. Auflassung
   Einig über den Eigentumsübergang bewilligen und b e a n t r a g e n
   die Beteiligten die Eigentumsumschreibung im Grundbuch.

IV. Besitz

Die Besitzübergabe erfolgt zum auf die Beurkundung folgenden Kalendermonatsersten, soweit nicht gem. Abschnitt VIII. dieser Urkunde ein Wohnungsrecht vorbehalten wird. Vom gleichen Tage an gehen Nutzungen, Lasten, Gefahr und die Verkehrssicherungspflicht auf den Erwerber über.

Der Vertragsbesitz ist – soweit ihn nicht der Veräußerer nutzt – vermietet. Die Mietverhältnisse sind dem Erwerber bekannt; sie werden übernommen.

V. Mängel

Der Vertragsbesitz geht im Zustand am Tage der Besitzübergabe auf den Erwerber über. Der heutige Zustand ist dem Erwerber genau bekannt. Alle Ansprüche und Rechte wegen Sachmängeln am Vertragsgegenstand werden hiermit ausgeschlossen. Dies gilt insbesondere für Flächenmaß, Bodenbeschaffenheit und Verwertbarkeit.

Das in Abteilung II eingetragene Recht wird übernommen. Die im Abschnitt I. dieser Urkunde bezeichnete Grundschuld ist nach Angabe nicht mehr valutiert. Der Notar soll die Löschungsbewilligung einholen, deren Vollzug im Grundbuch unter Eigentümerzustimmung b e a n t r a g t wird.

VI. Vollzug

Der Notar wird mit dem Vollzug dieser Urkunde beauftragt. Er ist ermächtigt, Eintragungsanträge zu stellen, abzuändern und zurückzunehmen sowie die Urkunde zum Teilvollzug vorzulegen.

VII. Hinweise

Die Vertragsteile wurden vom Notar insbesondere auf folgendes hingewiesen:
Eigentum geht erst mit Eintragung im Grundbuch über, die Nutzung ab Besitzübergabe. Alle von den Vertragsteilen getroffenen Vereinbarungen müssen richtig und vollständig beurkundet sein. Nicht beurkundete Erklärungen sind unwirksam.

VIII. Wohnungsrecht

Der Erwerber räumt hiermit dem Veräußerer und dessen Ehefrau ■■■ – als Gesamtberechtigten gem. § 428 BGB – auf Lebensdauer des Längstlebenden das alleinige und ausschließliche Wohnungsrecht in der abgeschlossenen Wohnung im Erdgeschoss links des vertragsgegenständlichen Anwesens ein.

Verbunden hiermit ist das Recht auf Mitbenützung aller zum gemeinschaftlichen Gebrauch der Hausbewohner bestimmten Anlagen und Einrichtungen, insbesondere von Hofraum und Garten.

Der Eigentümer hat die dem Wohnungsrecht unterliegenden Gebäudeteile und die dem gemeinschaftlichen Gebrauch dienenden Anlagen und Einrichtungen zu unterhalten, insbesondere hat er die Räume in bewohnbarem und beheizbarem Zustand zu erhalten und auch Schönheitsreparaturen zu gegebener Zeit vorzunehmen. Die sämtlichen Neben- und Verbrauchskosten für die dem Wohnungsrecht unterliegenden Räumlichkeiten trägt ebenfalls der Eigentümer mit Ausnahme von Telefonkosten, die der Berechtigte selbst trägt.

Die Ausübung des Wohnungsrechts kann Dritten nicht überlassen werden.

Zur Sicherung dieses Wohnungsrechts bestellt der Erwerber an dem Vertragsbesitz eine beschränkte persönliche Dienstbarkeit Wohnungsrecht und bewilligt und b e a n t r a g t dessen Eintragung im Grundbuch im Rang nach dem Geh- und Fahrtrecht gem. Bezeichnung in Abschnitt I. dieser Urkunde und im Übrigen ohne Vorgang von Rechten, im Hinblick auf die Unterhaltungspflicht des Eigentümers mit dem Vermerk, dass zur Löschung des Rechts der Nachweis des Ablebens der Berechtigten genügen soll.

IX. Dauernde Last
Der Erwerber übernimmt auch teilweise den Lebensunterhalt des Veräußerers und dessen Ehefrau ■■■ Zur pauschalen Abgeltung dieser Verpflichtung hat der Erwerber an diese – als Gesamtberechtigte gem. § 428 BGB – als dauernde Last einen monatlichen Betrag in Höhe von € ■■■ i.W. EURO ■■■ zu bezahlen, fällig jeweils voraus bis zum dritten Werktag eines jeden Monats, beginnend mit dem Monat der Besitzübergabe. Die Bezahlung hat durch Dauerauftrag zu erfolgen, der auf Dauer aufrecht zu erhalten ist.
Für diese dauernde Last gilt § 323 ZPO ohne Einschränkung. Der genaue monatliche Betrag richtet sich somit nach den Bedürfnissen der Berechtigten und der Leistungsfähigkeit des Erwerbers. Die Beteiligten vereinbaren insoweit jedoch folgende Einschränkung:
a) der vereinbarte monatliche Betrag bleibt in jedem Fall der Mindestbetrag;
b) die Unterbringung des Berechtigten außerhalb der seinem Wohnungsrecht unterliegenden Räume – gleichgültig wo und aus welchem Grunde – führt in keinem Fall zu einer Anpassung; dies gilt auch für den Fall des Ablebens eines Berechtigten.
Der Notar hat die Beteiligten ausführlich über den Unterschied zwischen einer dauernden Last und einer Versorgungsrente mit festem Betrag hingewiesen. Die Vertragsteile wünschen ausdrücklich die Vereinbarung einer dauernden Last.
Der vorstehend vereinbarte Mindestbetrag soll auch währungssicher sein. Ändert sich der Verbraucherpreisindex für Deutschland auf der Basis 2000 = 100 gegenüber dem Monat der Beurkundung um mehr als 10 %, so erhöht oder ermäßigt sich der geschuldete Betrag jeweils im gleichen Verhältnis ab dem auf die Änderung folgenden Monat von selbst. Eine entsprechende Änderung tritt erneut für jede weitere Änderung um 10 % nach der jeweils letzten Änderung ein.
Der Notar wies darauf hin, dass zu vorstehender Klausel eine Genehmigung nach dem Preisklauselgesetz erforderlich sein kann. Diese wird hiermit beantragt und der Notar beauftragt und bevollmächtigt, die Genehmigung bzw. ein entsprechendes Negativattest für alle Vertragsteile zu erholen und entgegenzunehmen.
Zur Sicherung der vorstehenden Zahlungsverpflichtung (in Höhe des wertgesicherten Ausgangsbetrages) bestellt der Erwerber den Berechtigten eine Reallast (wiederkehrende Zahlungsverpflichtung, wertgesichert) an dem Vertragsbesitz und bewilligt und b e a n t r a g t deren Eintragung im Grundbuch im Rang nach dem Geh- und Fahrtrecht gem. Bezeichnung in Abschnitt I. dieser Urkunde und dem vorstehend bestellten Wohnungsrecht, im Übrigen ohne Vorgang von Rechten, mit dem Vermerk, dass zur Löschung des Rechts der Nachweis des Ablebens des Berechtigten genügen soll.
X. Anrechnung
Der Erwerber hat sich die heutige Überlassung auf sein Pflichtteilsrecht am Nachlass des Veräußerers anrechnen zu lassen. Eine Erbausgleichspflicht wird ausgeschlossen.
XI. Pflichtteilsverzicht
Die Ehefrau des Veräußerers und Mutter des Erwerbers verzichtet hiermit auf Ihre Pflichtteils- bzw. Pflichtteilsergänzungsansprüche am Nachlass des Veräußerers, gegenständlich beschränkt auf den heutigen Vertragsgegenstand. Der Veräußerer nimmt diesen Verzicht an.
XII. Kosten; Abschriften
Die Kosten dieser Urkunde und ihres Vollzuges trägt der Erwerber. Der Erwerber trägt auch die Lastenfreistellungskosten. Abschriften erhalten:

1. Jeder Vertragsteil,
2. das Grundbuchamt,
3. das Finanzamt - Grunderwerbsteuerstelle -,
4. das Finanzamt - Schenkungssteuerstelle -,
5. Frau Rechtsanwältin ■■■
6. das Bundesamt für Wirtschaft und Ausfuhrkontrolle in Eschborn zur Genehmigung der Preisklausel.

FormularBibliothek Zivilprozess

Teil 1: **Sachenrecht** Seite 5
Artur Teichmann, Rechtsanwalt
Dr. Helmut-Peter Kahlert, Rechtsanwalt und Notar
Dr. Lorenz Bülow, Notar

Teil 2: **Erbrecht** Seite 217
Dr. Ludwig Kroiß, Richter am Landgericht

Inhalt

Verweise erfolgen auf Randnummern

§ 1 **Klage auf Feststellung des Erbrechts** 1
  A. Vorprozessuale Situation........ 1
    I. Allgemeines................. 1
    II. Materiell rechtliche Voraussetzungen 2
      1. Anspruchsgrundlage 2
        a) Die Bestimmung der gesetzlichen Erbfolge 3
          aa) Verwandtenerbrecht..... 3
          bb) Das Ehegattenerbrecht .. 9
        b) Erbrecht aufgrund letztwilliger Verfügung....... 18
          aa) In formeller Hinsicht ist wie folgt zu differenzieren 19
          bb) Testierfähigkeit.......... 19
          cc) Die Formerfordernisse letztwilliger Verfügungen 20
      2. Anspruchsberechtigung und Anspruchsverpflichtung.... 22
      3. Beweislast 23
      4. Verjährung 25
  B. Prozess 26
    I. Klage 26
      1. Allgemeines 26
        a) Zuständigkeit............. 26
        b) Streitwert 27
        c) Typische Fallkonstellationen für die Feststellungsklage 28
      2. Berufung auf fehlende Testierfähigkeit 29
        a) Grundsätzliches 29
        b) Beweislast............... 35
      3. Berufung auf Formunwirksamkeit................... 39
        a) Eigenhändiges Testament 39
          aa) Text und Unterschrift 40
          bb) Lesbarkeit 41
          cc) Keine „Oberschrift":...... 42
        b) Gemeinschaftliches Testament............... 44
        c) Öffentliches Testament .. 46

      4. Berufung auf den Widerruf einer letztwilligen Verfügung...................... 49
        a) Testament, §§ 2254, 2258 BGB 50
          aa) Grundsätzliches.......... 51
          bb) Beweislast 52
        b) Vernichtung oder Veränderung der Testamentsurkunde, § 2255 BGB...... 54
        c) Rücknahme aus der amtlichen Verwahrung (beim öffentlichen Testament), § 2256 BGB (Widerrufsfiktion) 58
        d) Widerruf des Widerrufs .. 59
      5. Berufung auf eine Anfechtung des Testaments 60
        a) Grundsätzliches.......... 60
        b) Beweislast 61
      6. Berufung auf einen wirksamen Erbverzicht 62
      7. Berufung auf einen Verstoß gegen § 14 HeimG 66
        a) Grundsätzliches.......... 66
        b) Anwendungsbereich 67
        c) Weitere Zuwendungsverbote 70
          aa) Beamtenrecht........... 70
          bb) Öffentlich Bedienstete 71
      8. Auskunftsanspruch......... 72
      9. *Muster:* Klage auf Feststellung der Erbfolge........... 75
    II. Prozessuale Besonderheiten .. 76
      1. Herausgabeklage........... 76
      2. Stufenklage 77
      3. *Muster:* Stufenklage auf Feststellung der Erbfolge ... 78
    III. Einstweiliger Rechtsschutz.... 79
      1. Einstweilige Verfügung..... 79
      2. *Muster:* Antrag auf Erlass einer einstweiligen Verfügung zur Herausgabe eines Erbscheins 80

IV. Der Vergleich im Feststellungsverfahren 81	b) Pflichtteilsergänzungsanspruch 128
C. Zwangsvollstreckung 86	aa) Schenkung 129
	bb) Beweislast 130
§ 2 Klage des Erben auf Herausgabe der Erbschaft 87	cc) Anstands- und Pflichtschenkungen 131
A. Vorprozessuale Situation 87	dd) Eigengeschenke 132
I. Allgemeines 87	ee) Bewertung 133
II. Materiell rechtliche Voraussetzungen 88	2. Anspruchberechtigung und Anspruchsverpflichtung.... 134
1. Anspruchsgrundlage 88	3. Verjährung 136
a) Anspruchsberechtigung und Anspruchsverpflichtung 89	B. Prozess 140
	I. Klage 140
b) Verjährung 91	1. Allgemeines 140
B. Prozess 92	a) Klagearten 140
I. Klage 92	b) Zuständigkeit 142
1. Allgemeines 92	c) Streitwert 143
2. Klagantrag 93	2. Beweislast 144
3. Beweislast 94	3. Auskunftsanspruch 146
4. Auskunftsanspruch 96	a) Anspruchsgrundlage 146
5. *Muster:* Klagantrag für isolierte Herausgabeklage 101	b) Auskunftspflichtiger 149
	c) Eidesstattliche Versicherung 151
6. Prozessuale Besonderheiten . 102	4. Prozessuale Besonderheiten bei der Stufenklage 152
a) Feststellungsklage 102	a) Bestimmtheit des Antrags 152
b) Stufenklage 103	b) Teilurteil 156
c) *Muster:* Kombinierter Klagantrag Auskunft und Herausgabe 104	c) Verfahrensablauf bei der Stufenklage 157
	d) Erledigterklärung 160
II. Einstweiliger Rechtsschutz ... 105	e) Wirkungen der Stufenklage 163
1. Einstweilige Verfügung 105	f) Negatives Auskunftsergebnis 165
2. Beispielsfall 108	5. Prozesskostenhilfe 167
3. *Muster:* Antrag auf einstweilige Verfügung / Arrestgesuch 119	6. Beispielsfall 168
	a) *Muster:* Geltendmachung des Pflichtteilsanspruchs mittels Stufenklage 169
C. Zwangsvollstreckung 120	b) *Muster:* Zahlungsklage .. 170
§ 3 Die Klage des Pflichtteilsberechtigten gegen den Erben 121	II. Einstweiliger Rechtsschutz ... 171
	1. Arrest 171
A. Vorprozessuale Situation 121	a) Arrestgrund beim dinglichen Arrest § 917 I ZPO... 172
I. Allgemeines 121	b) Arrestgrund beim persönlichen Arrest, § 918 ZPO .. 176
1. Wirksame Enterbung? 121	c) Die Glaubhaftmachung, § 920 Abs. 2 ZPO i.V.m. § 294 ZPO 177
2. Auskunftsbegehren 122	
3. Bewertung 123	
II. Materiell rechtliche Voraussetzungen 124	
1. Anspruchsgrundlage 124	
a) Ordentlicher Pflichtteil .. 127	

    d) Antrag auf Forderungs-
       pfändung. 182
   2. Sachverhalt 184
     a) *Muster:* Arrestantrag 185
  III. Zwangsvollstreckung 186

§ 4 Pflichtteilsergänzungsklage gegen den Beschenkten, § 2329 BGB 187
A. Vorprozessuale Situation. 187
   I. Anspruchsgrundlage 187
  II. Anspruchsberechtigung und Anspruchsverpflichtung 190
   1. Anspruchsberechtigter 190
   2. Anspruchsverpflichteter 191
  III. Verjährung. 193
B. Prozess 194
   I. Klage 194
   1. Klageantrag 194
   2. Beweislast 195
   3. Auskunftsanspruch 196
   4. *Muster:* Klage auf Pflicht-
     teilsergänzung. 202
C. Vertretung des Erben 203
   I. Bestreiten des Anspruchs 203
  II. Haftungsbeschränkung 204
  III. Eigene Pflichtteilsberechti-
     gung 205

§ 5 Die Erbunwürdigkeitsklage 206
A. Vorprozessuale Situation. 206
   I. Allgemeines. 206
  II. Die materiellrechtlichen Voraussetzungen 207
   1. Anspruchsgrundlage 207
     a) (Versuchte) Tötung des Erblassers 208
     b) Herbeiführung der Testierunfähigkeit 210
     c) Verhinderung der Errichtung oder Aufhebung einer letztwilligen Verfügung 211
     d) Täuschung und Drohung . 212
     e) Urkundsdelikte 214
     f) Ausnahmetatbestände . . 215
   2. Anspruchsberechtigung und Anspruchsverpflichtung 216
   3. Verjährung 219

B. Prozess 220
   I. Klage 220
   1. Allgemeines. 220
     a) Zuständigkeit 222
     b) Rechtschutzbedürfnis . . . 224
     c) Streitwert. 225
   2. *Muster:* Klageanträge bei Erbunwürdigkeitsklage 226
   3. Beweislast 227
   4. Sachverhalt 228
     Muster: Erbunwürdigkeitsklage. 230
  II. Prozessuale Besonderheiten . . 231
  III. Einstweiliger Rechtsschutz . . . 234
C. Zwangsvollstreckung 235

§ 6 Klage des Vertragserben gegen den Beschenkten nach § 2287 BGB 236
A. Vorprozessuale Situation 236
   I. Allgemeines 236
   1. Erbvertragliche Bindung 236
     a) Aufhebung eines Erbvertrages 239
     b) Rücktritt vom Erbvertrag . 242
     c) Anfechtung eines Erbvertrags 243
     d) Änderungsvorbehalt 245
   2. Lebzeitige Verfügungen 247
  II. Materiell rechtliche Voraussetzungen 250
   1. Anspruchsgrundlage 250
     a) Schenkung 250
     b) Objektive Beeinträchtigung des Vertragserben . . 252
     c) Beeinträchtigungsabsicht 253
   2. Anspruchsberechtigung und Anspruchsverpflichtung 260
   3. Verjährung 263
B. Prozess 264
   I. Klage 264
   1. Allgemeines 264
   2. *Muster:* Klageanträge bei Herausgabeklage 266
   3. Beweislast 268
   4. Auskunftsanspruch 271
   5. *Muster:* Herausgabeklage . . 275
  II. Prozessuale Besonderheiten . . 276
   1. Feststellungsklage. 276
   2. Stufenklage 278

III. Einstweiliger Rechtsschutz ... 279
  1. Vor Eintritt des Erbfalls 279
  2. Nach Eintritt des Erbfalls ... 280
    a) Einstweilige Verfügung .. 280
    b) Arrest 283
  3. *Muster:* Antrag auf Erlass einer einstweiligen Verfügung (Herausgabe einer beweglichen Sache) 284

§ 7 Klage des Nachlassgläubigers gegen den Erben 285
A. Vorprozessuale Situation 285
  I. Allgemeines 285
    1. Grundsatz der unbeschränkten Haftung 286
      a) Erblasserschulden 287
      b) Erbfallschulden 289
      c) Nachlassverwaltungs- oder Erbschaftsverwaltungsschulden (Nachlasskostenschulden) 290
      d) Nachlasserbenschulden (Nachlasseigenschulden) 291
    2. Zeitliche Haftungsbeschränkung 292
      a) Vor Annahme der Erbschaft 292
      b) Nach Annahme der Erbschaft 294
      c) Während eines Aufgebotsverfahrens 295
    3. Möglichkeiten der Haftungsbeschränkung gegenüber allen Nachlassgläubigern 296
      a) Nachlassverwaltung 296
      b) Nachlassinsolvenz 297
      c) Dürftigkeitseinrede 298
    4. Möglichkeit der Haftungsbeschränkung gegenüber einzelnen Nachlassgläubigern 299
      a) Ausschlussurteil 299
      b) Verschweigungseinrede . 300
      c) Überschwerungseinrede 301
    5. Endgültig unbeschränkte Haftung des Erben 302
      a) Versäumung der Inventarfrist 303
      b) Inventarverfehlung (Inventaruntreue) 305
      c) Verweigerung der eidesstattlichen Versicherung 306
    6. Haftungsbeschränkungen und Einreden bei einer Erbengemeinschaft 307
  II. Informationsbeschaffung 308
  III. Materiell rechtliche Voraussetzungen 309
    1. Anspruchsgrundlage 309
    2. Anspruchsberechtigung und Anspruchsverpflichtung 310
      a) Anspruchsberechtigter .. 310
      b) Anspruchsverpflichtete .. 311
      c) Erbengemeinschaft 312
      d) Verjährung 314
B. Prozess 315
  I. Klage 315
    1. Allgemeines 315
      a) Zeitliche Schranke 315
      b) Mehrere Erben 316
      aa) Gesamtschuldklage 317
      bb) Gesamthandsklage 318
    2. Klageantrag 319
      a) Gesamthandsklage 320
      b) Gesamtschuldklage 321
      Muster: Klageantrag auf Abgabe einer Willenserklärung durch Miterben .. 322
      c) Haupt- und Hilfsantrag .. 323
      d) Beweislast 324
    3. Auskunftsanspruch 326
      a) Nach Anordnung der Nachlassverwaltung 326
      b) Nach Anordnung der Nachlassinsolvenz 327
      c) Nach Erhebung der Dreimonatseinrede 328
      d) Nach Erhebung der Überschwerungseinrede 329
    4. *Muster:* Klage des Nachlassgläubigers gegen den Erben 330
  II. Prozessuale Besonderheiten .. 331
    1. Antrag auf Nachlasspflegschaft 331
    2. Streitgenossenschaft 332
      a) Gesamtschuldklage 332
      b) Gesamthandsklage 333

3. Einstweiliger Rechtsschutz 334
4. Zwangsvollstreckung....... 335
   a) Bereits vorhandenen Titel gegenüber dem Erblasser 335
   b) Vollstreckungsbeginn nach dem Tod des Erblassers 336
   c) Vollstreckungsbeginn zu Lebzeiten des Erblassers 338
   d) Zwangsvollstreckung vor Annahme der Erbschaft 339
   e) Zwangsvollstreckung nach Annahme der Erbschaft 341
   f) *Muster:* Antrag auf Bestellung eines besonderen Vertreters nach § 779 Abs. 2 Satz 1 ZPO ... 342
   g) *Muster:* Antrag auf Bestellung eines Nachlasspflegers nach §§ 1961, 1960 BGB 343
5. Verteidigungsmöglichkeiten des Miterben........... 344
   a) Gesamthandstitel 344
   b) Gesamtschuldtitel 345

§ 8 Verteidigungsmöglichkeiten des Erben gegen Ansprüche von Nachlassgläubigern 346
A. Ausschlagung der Erbschaft 346
B. Nachlassverwaltung............ 347
   I. Gütersonderung 347
   II. Zuständigkeit 348
   III. Antragsberechtigung......... 349
   IV. Nachlassverwalter............ 350
   V. Kosten 351
   Muster: Antrag auf Anordnung der Nachlassverwaltung....... 352
C. Inventarerrichtung 353
D. Gläubigeraufgebot 354
   I. Allgemeines.................. 354
   II. Erschöpfungseinrede......... 355
   III. Antrag 356
   IV. Kosten und Gebühren 357
E. Nachlassinsolvenz.............. 358
   I. Gütersonderung 358
   II. Antrag 359
   III. Zuständigkeit 360
   IV. Insolvenzgründe.............. 361
   V. Wirkungen der Nachlassinsolvenz..................... 362
   VI. *Muster:* Antrag des Erben auf Eröffnung des Nachlassinsolvenzverfahrens 363
F. Prozessuales: Der Haftungsbeschränkungsvorbehalt nach § 780 ZPO 364

§ 9 Die Klage des Testamentsvollstreckers gegen den Erben bzw. des Erben gegen den Testamentsvollstrecker auf Herausgabe von Nachlassgegenständen 368
A. Vorprozessuale Situation 368
   I. Allgemeines.................. 368
      1. Verhältnis des Anwalts zu den Erben 368
      2. Ernennung des Testamentsvollstreckers................ 369
      3. Rechte und Pflichten des Testamentsvollstreckers 372
         a) Verwaltung des Nachlasses............... 373
            aa) Die Dauervollstreckung 375
            bb) Die Verwaltung 376
            cc) Verfügungsberechtigung des Testamentsvollstreckers.................... 381
         b) Pflichten des Testamentsvollstreckers 382
         c) Die Auseinandersetzung des Nachlasses.......... 385
      4. Vergütung des Amtes....... 389
         a) Angemessene Vergütung 389
         b) Mehrvertretungszuschlag................ 402
      5. Die Beendigung des Amtes 403
      6. Haftung................... 407
      7. Ende des Amtes 408
      8. Das Testamentsvollstreckerzeugnis 411
   II. Materiell-rechtliche Voraussetzungen..................... 414
      1. Anspruchsgrundlagen 414
         a) Anspruchsgrundlage des Testamentsvollstreckers 414

b) Anspruchsgrundlage des
Erben 415
2. Anspruchsberechtigung und
Anspruchsverpflichtung ... 416
  a) Ansprüche des Testa-
mentsvollstreckers 416
  b) Anspruch des Erben 417
3. Verjährung 418
B. Prozess 419
I. Klage des Testamentsvollstreckers auf Herausgabe von
Nachlassgegenständen 419
1. Allgemeines 419
  a) Zuständigkeit 419
  b) Parteistellung des Testamentsvollstreckers 420
2. Klageantrag 421
3. Beweislast 422
4. Auskunftsanspruch 423
5. *Muster:* Stufenklage des Testamentsvollstreckers 424
II. Herausgabeklage des Erben .. 425
1. Anspruchsgrundlage 425
2. Auskunftsanspruch 426
3. *Muster:* Herausgabeklage
des Erben 427

**§ 10 Die Klage des Vermächtnisnehmers
gegen den Erben** 428
A. Vorprozessuale Situation 428
I. Allgemeines 428
1. Typische Fallkonstellation:
Erblasser hat sein Vermögen
an verschiedene Personen
abweichend von der gesetzlichen Erbfolge zugewendet 428
2. Vermächtnisarten 429
  a) Bezüglich der Auswahl
des Bedachten 429
  b) Bezüglich des Vermächtnisgegenstandes 429
3. Vollzug des Vermächtnisses 430
II. Materiell-rechtliche Voraussetzungen 431
1. Anspruchsgrundlage 431
2. Anspruchsberechtigung und
Anspruchsverpflichtung ... 433
  a) Anspruchsberechtigter .. 433
  b) Anspruchsverpflichteter 434

3. Verjährung 435
B. Prozess 436
I. Klage 436
1. Allgemeines 436
  a) Zuständigkeit 436
  b) Streitwert 437
2. Klageantrag 438
3. Beweislast 439
4. Auskunftsanspruch 440
5. *Muster:* Klage des Vermächtnisnehmers auf Erfüllung
des Vermächtnisanspruchs 441
II. Prozessuale Besonderheiten .. 442
1. Verteidigungsmittel des
Beklagten 442
  a) Überschwerungseinrede 442
  b) Haftungsbeschränkung
des Hauptvermächtnis-
nehmers 443
III. Einstweiliger Rechtsschutz ... 444
C. Zwangsvollstreckung 447
I. Auskunftsanspruch 447
II. Testamentsvollstreckung 448

**§ 11 Die Klage des Miterben auf
Auseinandersetzung** 449
A. Vorprozessuale Situation 449
I. Allgemeines 449
II. Materiell-rechtliche Voraussetzungen 451
1. Anspruchsgrundlage 451
2. Anspruchsberechtigung und
Anspruchsverpflichtung.... 452
  a) Anspruchsberechtigte ... 452
  b) Anspruchsverpflichtete .. 453
3. Verjährung 454
B. Prozess 455
I. Klage 455
1. Allgemeines 455
  a) Zuständigkeit 455
  b) Verhältnis zum FGG-Verfahren 456
  c) Teilungsreife 457
  d) Streitwert 458
2. Klageantrag 459
3. Beweislast 463
4. Auskunftsanspruch 464

- a) Auskunftsansprüche gegen den verwaltenden Erben.................. **465**
- b) Auskunftsanspruch über Vorempfänge der Abkömmlinge........... **467**
- 5. *Muster:* Verurteilung des Miterben auf Zustimmung zum Teilungsplan.......... **469**
- II. Prozess..................... **470**
  - 1. Feststellungsklage......... **470**
  - 2. Mehrere Beklagte.......... **473**
- III. Einstweiliger Rechtsschutz ... **474**
- C. Zwangsvollstreckung........... **475**

§ 12 Klagen im Zusammenhang mit Vor- und Nacherbschaft.......... 476
- A. Vorprozessuale Situation **476**
  - I. Allgemeines................. **476**
    - 1. Gemeinschaftliches Testament **477**
      - a) Trennungslösung........ **478**
      - b) Einheitslösung........... **480**
      - c) Wiederverheiratungsklauseln................ **483**
      - d) Pflichtteilsklausel........ **489**
      - e) Weitere Bedingungen oder Befristungen für den Eintritt der Nacherbfolge **496**
    - 2. Befreiung des Vorerben **497**
- B. Klage des Vorerben auf Feststellung, dass er die Vollerbenstellung erlangt hat................ **500**
  - I. Materiell-rechtliche Situation. **500**
  - II. Prozess..................... **501**
    - 1. Klage **501**
    - 2. *Muster:* Erbenfeststellungsantrag **502**
- C. Klage des Vorerben auf Feststellung einer befreiten Vorerbschaft **504**
  - I. Materiell-rechtliche Situation. **504**
  - II. Prozess..................... **505**
    - 1. Feststellungsklage **505**
    - 2. Beweislast **506**
    - 3. *Muster:* Antrag auf Feststellung der Befreiung des Vorerben................... **507**
- D. Klage des Vorerben auf Zustimmung des Nacherben zu Verwaltungsmaßnahmen **508**
  - I. Materiell-rechtliche Situation . **508**
  - II. Prozess....................... **509**
    - 1. Klage **509**
    - 2. Beweislast **510**
    - 3. *Muster:* Klage des Vorerben auf Zustimmung des Nacherben zu Verwaltungsmaßnahmen................... **511**
- E. Klage des Nacherben gegen den Vorerben auf Feststellung des Nacherbrechts **512**
  - I. Materiell-rechtliche Situation **512**
  - II. Prozess....................... **513**
    - 1. *Muster:* Klage auf Feststellung der Nacherbschaft..... **513**
    - 2. Erbscheinsverfahren........ **514**
- F. Klage des Nacherben gegen den Vorerben auf Erstellung eines Nachlassverzeichnisses **520**
  - I. Materiell-rechtliche Situation **520**
  - II. Prozess....................... **522**
    - 1. *Muster:* Klage auf Vorlage eines Nachlassverzeichnisses....................... **522**
    - 2. Beweiskraft **523**
    - 3. Kosten **524**
    - 4. Eintritt des Nacherbfalls.... **525**
  - III. Zwangsvollstreckung **526**
- G. Klage des Nacherben auf Herausgabe nach Eintritt des Nacherbfalls **527**
  - I. Materiell-rechtliche Situation **527**
    - 1. Anspruchsgrundlage **527**
    - 2. Anspruchsberechtigung und Anspruchsverpflichtung **528**
  - II. Prozess....................... **529**
    - 1. Klage **529**
    - 2. Auskunftsanspruch......... **530**
    - 3. *Muster:* Klage auf Rechenschaftslegung über Nachlassverwaltung.............. **532**
    - 4. Einstweiliger Rechtsschutz **533**
      - a) Sicherheitsleistung....... **533**
      - b) Arrest und einstweilige Verfügung **535**

§ 13 Rechtsanwaltsgebühren und Auslagen 536
A. Das Rechtsanwaltsvergütungsgesetz 536
I. Die wichtigsten Änderungen ... 536
II. Allgemeine Vorschriften 541
   1. Mehrere Auftraggeber 541
   2. Vergütungsberechnung § 10 RVG 544
   3. Vergütungsfestsetzungsverfahren § 11 RVG 545
   4. Rahmengebühren § 14 RVG ... 552
   5. Abgeltungsbereich der Gebühr § 15 RVG 557
   6. Dieselbe und verschiedene Angelegenheiten §§ 16 u. 17 RVG 559
   7. Verweisung, Abgabe § 20 RVG 560
   8. Zurückverweisung § 21 RVG ... 561
B. Allgemeine Gebühren 562
I. Einigungsgebühr 562
   1. Gebührentatbestand 564
   2. Gebührenhöhe 566
II. Aussöhnungsgebühr 567
C. Außergerichtliche Tätigkeit 568
I. Allgemeine Ratsgebühr 570
II. Erstberatung 571
III. Gutachtengebühr 575
IV. Prüfung der Erfolgsaussichten eines Rechtsmittels 577
V. Außergerichtliche Vertretung .. 578
   1. Geschäftsgebühr 579
      a) Schwierigkeit der anwaltlichen Tätigkeit 586
      b) Berücksichtigung von Besprechungen 590
      c) Bedeutung der Angelegenheit und Einkommens- und Vermögensverhältnisse des Auftraggebers 592
      d) Bedeutung der Angelegenheit für den Auftraggeber 594
      e) Haftungsrisiko 597
      f) Sonstige Bewertungskriterien 598
   2. Einfache Schreiben 603
   3. Beratungshilfe 606
      a) Beratungsgebühr 607
      b) Geschäftsgebühr 607
      c) Einigungs- oder Erledigungsgebühr 608
D. Gerichtliche Tätigkeit 609
I. Neue Gebührentatbestände .. 610
   1. Verfahrensgebühr 611
   2. Terminsgebühr 612
   3. Verhältnis zur Geschäftsgebühr 613
II. Anwendungsbereich 614
   1. Angelegenheiten der freiwilligen Gerichtsbarkeit 614
   2. Zeugenbeistand 615
III. Gebühren im ersten Rechtszug 616
   1. Verfahrensgebühr 616
      a) Die volle Verfahrensgebühr 616
      b) Die ermäßigte Verfahrensgebühr 618
      c) Anrechnung 623
      aa) Beratungsgebühr 623
      bb) Geschäftsgebühr 624
      cc) Mahnverfahrens- und Widerspruchsgebühr 625
   2. Terminsgebühr 626
      a) Reichweite 626
      aa) Vertretung im Gerichtstermin 627
      bb) Vom Sachverständigen anberaumte Termine 628
      cc) Mitwirkung an Besprechungen ohne Beteiligung des Gerichts 629
      dd) Schriftliche Verfahren 630
      ee) Schriftlicher Vergleich ... 632
      ff) Verhandlungen über nicht rechtshängige Ansprüche 633
      b) Höhe der Gebühr 634
      aa) Streitiges Verfahren 634
      bb) Säumnisverfahren 635
      cc) Anrechnung der Geschäftsgebühr 636
   3. Beispiele 637
      a) Beispiel 637
      b) Beispiel 640

IV. Gebühren im Rechtsmittelverfahren 644
  1. Gebühren im Berufungsverfahren 645
    a) Verfahrensgebühr 646
    b) Vorzeitige Beendigung des Auftrags 647
    c) Terminsgebühr 648
    d) Säumnis im Berufungstermin................... 649
      aa) Säumnis des Berufungsbeklagten 649
      bb) Säumnis des Berufungsklägers 650
    e) Einigungsgebühr 651
    f) Zurückverweisung 653
  2. Gebühren im Revisionsverfahren 654
    a) Allgemeines 654
    b) Verfahrensgebühr 655
    c) Vorzeitige Beendigung... 656
    d) Terminsgebühr 657
    e) Einigungsgebühr 658
    f) Nichtzulassungsbeschwerde 659
      aa) Verfahrensgebühr 660
      bb) Terminsgebühr 661
      cc) Einigungsgebühr 662
    g) Sprungrevision 663
  3. Gebühren im Beschwerde- und Erinnerungsverfahren . 666
    a) Allgemeines 666
    b) Gebührentatbestände ... 667
      aa) Verfahrensgebühr 667
      bb) Terminsgebühr 668
    c) Auslagen 669
  4. Gebühren im Rechtsbeschwerdeverfahren 670
  5. Gebühren bei der Gehörsrüge 671
V. Gebühren in besonderen Verfahren 672
  1. Selbständiges Beweisverfahren 672
    a) Allgemeines 672
    b) Die einzelnen Gebühren 673
  2. Urkunden-, Wechsel- und Scheckprozess 673

  3. Arrest und einstweilige Verfügung 674
    a) Allgemeines 674
    b) Gebühren................ 675
    c) Schutzschrift............. 675
    d) Beschwerde gegen die Antragszurückweisung... 676
  4. Die Gebühren im Prozesskostenhilfeverfahren 677
    a) Allgemeines 677
    b) Die einzelnen Gebühren 678
  5. Die Gebühren des Verkehrsanwalts 678
    a) Verfahrensgebühr........ 679
    b) Terminsgebühr........... 680
    c) Einigungsgebühr......... 681
  6. Gebühren des Terminsvertreters 682
    a) Verfahrensgebühr........ 683
    b) Terminsgebühr........... 684
    c) Einigungsgebühr......... 685
  7. Sonstige Einzeltätigkeiten .. 686
  8. Zwangsvollstreckung 690
  9. Zwangsversteigerung 691
E. Auslagen 692
  I. Die Dokumentenpauschale ... 693
  1. Ablichtungen aus Behörden- und Gerichtsakten............ 694
  2. Ablichtungen zur Zustellung oder Mitteilungen an Gegner etc................... 695
  3. Ablichtungen zur notwendigen Unterrichtung des Auftraggebers 696
  4. Zusätzlich gefertigte Ablichtungen............... 697
  5. Überlassung von elektronisch gespeicherten Daten 698
  II. Post- und Telekommunikationsdienstleistungen 699
  1. Konkrete Abrechnung 699
  2. Pauschale Abrechnung 700
  3. Mehrere Angelegenheiten 701
  III. Reisekosten................... 702
  1. Fahrtkosten 703
    a) Benutzung des eigenen Kraftfahrzeuges.......... 703
    b) Benutzung anderer Verkehrsmittel 704

2. Tage- und Abwesenheitsgelder.................... **705**
  a) Geschäftsreisen von nicht
    mehr als vier Stunden ... **706**
  b) Geschäftsreisen von mehr
    als vier bis acht Stunden **707**

  c) Geschäftsreisen von mehr
    als acht Stunden......... **708**
3. Sonstige Auslagen **709**
IV. Haftpflichtversicherungsprä-
    mie für Vermögensschäden .. **710**
V. Umsatzsteuer................ **711**

Musterverzeichnis

	Rn.
§ 1 Klage auf Feststellung des Erbrechts	1
1 Klage auf Feststellung der Erbfolge	75
2 Stufenklage auf Feststellung der Erbfolge	78
3 Antrag auf Erlass einer einstweiligen Verfügung zur Herausgabe eines Erbscheins	80
§ 2 Klage des Erben auf Herausgabe der Erbschaft	87
4 Klagantrag für isolierte Herausgabeklage	101
5 Kombinierter Klagantrag Auskunft und Herausgabe	104
6 Antrag auf einstweilige Verfügung / Arrestgesuch	119
§ 3 Die Klage des Pflichtteilsberechtigten gegen den Erben	121
7 Geltendmachung des Pflichtteilsanspruchs mittels Stufenklage	169
8 Zahlungsklage	170
9 Arrestantrag	185
§ 4 Pflichtteilsergänzungsklage gegen den Beschenkten, § 2329 BGB	187
10 Klage auf Pflichtteilsergänzung	202
§ 5 Die Erbunwürdigkeitsklage	206
11 Klageanträge bei Erbunwürdigkeitsklage	226
12 Erbunwürdigkeitsklage	230
§ 6 Klage des Vertragserben gegen den Beschenkten nach § 2287 BGB	236
13 Klageanträge bei Herausgabeklage	266
14 Klageanträge bei Herausgabeklage	267
15 Herausgabeklage	275
16 Antrag auf Erlass einer einstweiligen Verfügung (Herausgabe einer beweglichen Sache)	284

2 Musterverzeichnis

§ 7 Klage des Nachlassgläubigers gegen den Erben — 285

17 Klageantrag auf Abgabe einer Willenserklärung durch Miterben — 322
18 Klage des Nachlassgläubigers gegen den Erben — 330
19 Antrag auf Bestellung eines besonderen Vertreters nach § 779 Abs. 2 Satz 1 ZPO — 342
20 Antrag auf Bestellung eines Nachlasspflegers nach §§ 1961, 1960 BGB — 343

§ 8 Verteidigungsmöglichkeiten des Erben gegen Ansprüche von Nachlassgläubigern — 346

21 Antrag auf Anordnung der Nachlassverwaltung — 352
22 Antrag des Erben auf Eröffnung des Nachlassinsolvenzverfahrens — 363

§ 9 Die Klage des Testamentsvollstreckers gegen den Erben bzw. des Erben gegen den Testamentsvollstrecker auf Herausgabe von Nachlassgegenständen — 368

23 Stufenklage des Testamentsvollstreckers — 424
24 Herausgabeklage des Erben — 427

§ 10 Die Klage des Vermächtnisnehmers gegen den Erben — 428

25 Klage des Vermächtnisnehmers auf Erfüllung des Vermächtnisanspruchs — 441

§ 11 Die Klage des Miterben auf Auseinandersetzung — 449

26 Verurteilung des Miterben auf Zustimmung zum Teilungsplan — 469

§ 12 Klagen im Zusammenhang mit Vor- und Nacherbschaft — 476

27 Erbenfeststellungsantrag — 502
28 Antrag auf Feststellung der Befreiung des Vorerben — 507
29 Klage des Vorerben auf Zustimmung des Nacherben zu Verwaltungsmaßnahmen — 511
30 Klage auf Feststellung der Nacherbschaft — 513
31 Klage auf Vorlage eines Nachlassverzeichnisses — 522
32 Klage auf Rechenschaftslegung über Nachlassverwaltung — 532

§ 13 Rechtsanwaltsgebühren und Auslagen — 536

Literatur: *Baumbach/Lauterbach/Albers/Hartmann*, ZPO, 63. Aufl. München 2005 (zit. BLHA); *Baumgärtel/Bearbeiter*, Handbuch der Beweislast im Privatrecht, 2. Aufl. Köln 1999; *Bonefeld/Kroiß/Tanck*, Der Erbprozess, 2. Aufl. Angelbachtal 2005; *Bengel/Reimann*, Handbuch der Testamentsvollstreckung, 2. Aufl. München 1998; *Brox*, Erbrecht, 21. Aufl. Köln 2004; *Bumiller/Winkler*, Freiwillige Gerichtsbarkeit, 7. Aufl. München 1999; *Commichau*, Die anwaltliche Praxis, 3. Aufl. Stuttgart 1988; *Ebenroth*, Erbrecht, München 1992; *Ferid/Firsching/Dörner/Hausmann*, Internationales Erbrecht, Loseblatt München 2004; *Firsching/Graf*, Nachlassrecht, 8. Aufl. München 2000; *Frieser*, Die anwaltliche Praxis in Erbschaftssachen, Stuttgart 1995; *Frieser*, Anwaltliche Strategien im Erbschaftsstreit, 2. Aufl. Neuwied 2004; *Geimer*, Internationales Zivilprozessrecht, 5. Aufl. Köln 2004; *Gerold/Schmidt/v.Eicken/Madert*, Rechtsanwaltsvergütungsgesetz, 16. Aufl. München 2004 (zit. G/S/v E/M); *Goll*, Praxishandbuch Erbrechtsberatung, Köln 2001; *Grziwotz*, Aktuelle Entwicklungen im Erbrecht, MDR 2002, 557; 1998, 1445; *Haegele/Winkler*, Der Testamentsvollstrecker, 15. Aufl. Regensburg 1999; *Harbauer*, ARB, 6. Aufl. München 1998; *Hartmann*, Kostengesetze, 34. Aufl. München 2004; *Kerscher/Tanck/Krug*, Das erbrechtliche Mandat, 3. Aufl. Bonn 2003; *Kössinger*, Das Testament Alleinstehender, 2. Aufl. München 1997; *Kroiß*, Das neue Zivilprozessrecht, Bonn 2001; *Kroiß*, Das neue Rechtsanwaltsvergütungsgesetz, JuS 2004, 679; *Kroiß*, Grundzüge des Erbscheinsverfahrens, ZERB 2000, 147; *Kroiß*, Klauselbuch Schuldrecht, Bonn 2003; *Kroiß*, Zuständigkeitsprobleme in der Freiwilligen Gerichtsbarkeit, München 1994; *Kroiß*, Internationales Erbrecht (DVEV-Schriftenreihe Band 5), Bonn 1999; *Krug*, Erbrecht, 3. Aufl. München 2002; *Krug/Rudolf/Kroiß*, Erbrechtsformulare, 2. Aufl. Bonn 2003; *Lange/Kuchinke*, Lehrbuch des Erbrechts, 5. Aufl. München 2002; *Leipold*, Erbrecht 1996 und 1997, JZ 1998, 660 ff., 708 ff., 884 ff.; *Mayer*, Der Übergabevertrag (DVEV-Schriftenreihe Band 1), 2. Aufl. Bonn 2001; *Mayer/Bonefeld/Daragan*, Testamentsvollstreckung, Angelbachtal 2000; *Mayer/Kroiß*, RVG Handkommentar, Baden-Baden 2004; *Michel/von der Seipen*, Der Schriftsatz des Anwalts im Zivilprozess, 6. Aufl. München 2004; *MüKo-BGB* Münchner Kommentar zum BGB, Bd. 9, Erbrecht, 4. Aufl. München 2004; *MüKo-ZPO*, Münchner Kommentar zur ZPO, 2. Aufl. München 2000; *Nieder*, Handbuch der Testamentsgestaltung und des Erbrechts, 2. Aufl. München 2000; *Palandt*/Bearbeiter, BGB, 64. Aufl. München 2005; *Rohlfing*, Erbrecht in der anwaltlichen Praxis, 2. Aufl. Bonn 1999; *Rudolf*, Handbuch der Testamentsauslegung und -anfechtung, Bonn 1999; *Schmidt*, Handbuch der Freiwilligen Gerichtsbarkeit, 2.Aufl. München 1996; *Schneider/Herget*, Streitwert-Kommentar für den Zivilprozess, 11. Aufl. Köln 1996; *Stein-Jonas/Bearbeiter*, Kommentar zur ZPO, 21. Aufl. Tübingen 1993 ff. (zit. StJ); *Thomas/Putzo*, ZPO, 26. Aufl. München 2005 (zit. T/P); *Zöller*, ZPO, 25. Aufl. Köln 2004.

§ 1 Klage auf Feststellung des Erbrechts

A. Vorprozessuale Situation

I. Allgemeines

Besteht Streit darüber, wer Erbe geworden ist, kommt häufig eine Erbenfeststellungsklage in Betracht. Zwar reicht als Nachweis für das Erbrecht gegenüber Dritten, insbesondere Banken oder dem Grundbuchamt regelmäßig die Vorlage des Erbscheins.[1] Daneben kann das Erbrecht aber auch im Zivilprozess durch Urteil festgestellt werden, § 256 ZPO. Dabei ist ein Rechtsschutzbedürfnis für eine Feststellungsklage auch dann anerkannt, wenn ein Erbschein bereits beantragt oder bereits erteilt wurde.[2] Anders als der Erbschein erwächst die zivilprozessuale Entscheidung in Rechtskraft. Sie bindet auch das Nachlassgericht in einem parallel anhängigen oder künftigen Erbscheinsverfahren. Diese Bindungswirkung besteht aber nur innerhalb der subjektiven Grenzen der Rechtskraft. Ist die Feststellungsklage erfolgreich, hat der Mandant einen Kostenerstattungsanspruch, §§ 91 ff. ZPO, gegen den Gegner.

II. Materiell rechtliche Voraussetzungen

1. Anspruchsgrundlage

Nach § 1922 Abs. 1 BGB geht mit dem Tode des Erblassers dessen Vermögen als Ganzes auf den oder die Erben über. Die Gesamtrechtsnachfolge kann auf Gesetz oder auf letztwilliger Verfügung beruhen.

a) Die Bestimmung der gesetzlichen Erbfolge

aa) Verwandtenerbrecht: Das BGB geht vom **Familienerbrecht** aus,[3] d.h. als gesetzliche Erben sind primär die Abkömmlinge des Erblassers, seine Eltern und deren Abkömmlinge usw. und der Ehegatte des Erblassers berufen. Was das Erbrecht der Verwandten[4] anbelangt, wird auch vom so genannten Ordnungs- oder Parentelsystem gesprochen. Letztendlich wird auf die **gemeinsamen „Stammeltern"** abgestellt, §§ 1924 ff. BGB. Die rechtliche Verwandtschaft muss nicht immer deckungsgleich mit der Blutsverwandtschaft sein, wie z.B. bei der Adoption, § 1591 Abs. 1 Satz 1 BGB. Weiters beinhalten die Vorschriften über das Verwandtenerbrecht das sog. **Repräsentationssystem**, § 1924 Abs. 2 BGB: Erben einer näheren Ordnung schließen die der ferneren von der Erbfolge aus, **§ 1930 BGB**.

Einteilung in Ordnungen:[5]

Erben 1. Ordnung sind die Abkömmlinge, § 1924 BGB
- Kinder

---

1 Zum Erbscheinsverfahren vgl. Krug/Rudolf/Kroiß, Erbrecht, § 7; Kroiß, Grundzüge des Erbscheinsverfahrens, Zerb 2000, 147.
2 BGH NJW 1983, 277.
3 MüKo/Leipold Rn. 18 vor § 1922 BGB.
4 Definition in § 1589 BGB.
5 Rohlfing, Erbrecht § 2 Rn. 76.

- Enkel
- Urenkel

6 Erben 2. Ordnung sind die Eltern des Erblassers und deren Abkömmlinge, § 1925 BGB
- Eltern
- Geschwister
- Neffen und Nichten

7 Erben 3. Ordnung sind die Großeltern des Erblassers und deren Abkömmlinge, § 1926 BGB

8 Erben 4. Ordnung sind schließlich entfernte Verwandte des Erblassers, §§ 1928, 1929 BGB.

9 *bb) Das Ehegattenerbrecht:* Entscheidend für den Umfang des Erbrechts des Ehegatten ist zunächst der Güterstand. Dazu folgende Übersicht:

Differenzierung nach Güterstand		
Zugewinngemeinschaft	Gütergemeinschaft	Gütertrennung
§§ 1931 Abs. 1, III, 1371 BGB	§ 1931 Abs. 1 BGB (beachte: § 1416 BGB)	§ 1931 Abs. 4 BGB
neben Erben 1. Ordnung		bei einem Kind : ½ bei 2 Kindern: ⅓ bei 3 Kindern: ¼
¼ + ¼	¼	
neben Erben 2. Ordnung		
½ + ¼	½	

10 Im Falle der Zugewinngemeinschaft besteht für den überlebenden Ehegatten die Wahlmöglichkeit, ob er nach § 1371 Abs. 1 BGB in Verbindung mit § 1931 Abs. 3 BGB einen erhöhten Erbteil (sog. **erbrechtliche Lösung**)[6] oder den güterrechtlichen Ausgleich, § 1371 Abs. 3 BGB, verlangt. Bei der zuletzt genannten sog. **güterrechtlichen Lösung**[7] muss der überlebende Ehegatte die Erbschaft ausschlagen. Er bekommt dann zwar nur den so genannten kleinen Pflichtteil, d.h. die Hälfte der gesetzlichen Erbquote; daneben steht ihm aber ein Zugewinnausgleichsanspruch nach § 1371 Abs. 2, 3 BGB zu. Bei der erbrechtlichen Lösung erhält er den so genannten **großen Pflichtteil**, d.h. die Hälfte der Summe des gesetzlichen Erbteils und den Zugewinnausgleichs, wobei dieser **pauschal** durch die Erhöhung der Quote abgegolten wird. Im Einzelfall ist immer zu prüfen, welche Alternative für den Ehegatten günstiger ist.

---

[6] MüKo/Leipold § 1931 BGB Rn. 23; Palandt/Edenhofer § 1931 BGB Rn. 8.
[7] MüKo/Leipold § 1931 BGB Rn. 26; Palandt/Edenhofer § 1931 BGB Rn. 11.

Voraussetzung für das Ehegattenerbrecht ist das Vorliegen einer bestehenden Ehe.[8] Daran fehlt es
- bei rechtskräftiger Scheidung der Ehe, § 1564 S. 2 BGB, oder bei
- bei Aufhebung der Ehe, §§ 1313ff. BGB.

Ausgeschlossen ist das Ehegattenerbrecht ferner, wenn ein **Scheidungsantrag** des Erblassers gestellt war oder dessen Zustimmung zu einem Scheidungsantrag des Ehegatten vorlag **und** die **Scheidungsvoraussetzungen** gegeben waren, **§ 1933 BGB**.

Nimmt die Ehefrau des Erblassers ihren begründeten Scheidungsantrag, dem der Erblasser zugestimmt hatte, vor Eintritt des Herz- und Kreislaufstillstandes, aber nach Eintritt des Gehirntodes beim Erblasser zurück, so hat dies keinen Einfluss mehr auf die Anwendbarkeit des § 1933 S.1 BGB.[9] Im Erbrecht ist als Todeszeitpunkt der Eintritt des Gehirntodes zu verstehen. Zu beachten ist noch, dass dem Ehegatten der so genannte **Voraus** (Hausratsgegenstände und Hochzeitsgeschenke) nach **§ 1932 BGB** zusteht.

cc. Das Erbrecht des nichtehelichen Kindes: Beim Erbrecht des **nichtehelichen Kindes** ist zu differenzieren. In Bezug auf die Mutter ist es ehelichen Kindern gleichgestellt. Beim Tode des Vaters stand ihm bis zum 01.04.1998 ein so genannter Erbersatzanspruch nach §§ 1934aff. BGB zu. Das nichteheliche Kind erlangte in dem Fall keine Erbstellung, sondern erhielt einen Geldanspruch in Höhe des Wertes seines gesetzlichen Erbteils. Jedoch wurden die §§ 1934a, b BGB durch das vom Bundestag am 25.09.1997 beschlossene Erbrechtsgleichstellungsgesetz ersatzlos gestrichen.[10] Insoweit ist das nichteheliche Kind nunmehr dem ehelichen gleichgestellt. Für das Übergangsrecht ist **Art. 227 EGBGB** maßgeblich.

Nach der früheren Regelung konnte das nichteheliche Kind vom Vater zwischen dem 21. und 27. Lebensjahr den vorzeitigen Erbausgleich verlangen, § 1934d BGB. Die Höhe bemisst sich nach dem dreifachen Jahresunterhalt aus dem Durchschnitt der letzten fünf Jahre. Auch diese Möglichkeit entfällt durch das Erbrechtsgleichstellungsgesetz. Bei der Ermittlung der Erbquoten für die Berechnung der Pflichtteile gemäß § 2310 BGB wird ein nichteheliches Kind wie ein eheliches mitgerechnet.[11]

Adoptierte Kinder sind seit dem am 01.01.1977 in Kraft getretenen Adoptionsgesetz ehelichen leiblichen Kindern weitgehend gleichgestellt. Der angenommene **Minderjährige** scheidet als eheliches Kind des Annehmenden aus seiner leiblichen Familie völlig aus und ist nur noch mit den Adoptiveltern und deren Verwandten verwandt, § 1755 BGB.[12] Bei der Adoption eines **Volljährigen** wird der Angenommene zwar eheliches Kind des Annehmenden, §§ 1767 Abs. 2, 1754 BGB, die Wirkungen der Annahme erstrecken sich jedoch nicht auf dessen Verwandte oder Ehegatten, § 1770 Abs. 1 BGB.[13]

---

8 Vgl. dazu im Einzelnen MüKo / Leipold § 1931 BGB Rn. 6ff.
9 OLG Frankfurt Rpfleger 1997, 478.
10 Vgl. Palandt / Edenhofer Vb zu § 1934a BGB; Böhm NJW 1998, 1043.
11 Kerscher / Tank / Krug, Das erbrechtliche Mandat § 3 Rn. 584; Palandt / Edenhofer § 2310 Rn. 3.
12 Palandt / Edenhofer § 1924 Rn. 16.
13 Palandt / Edenhofer § 1924 Rn. 22.

17 Ein Erblasser, der von einem Ehepaar nach den Vorschriften über die Annahme Volljähriger adoptiert worden war, wird bei gesetzlicher Erbfolge in der zweiten Ordnung durch seine Adoptiveltern und seinen leiblichen Eltern zu gleichen Teilen beerbt.[14] Sind die leiblichen Eltern vorverstorben, so werden sie durch ihre Abkömmlinge repräsentiert.

b) Erbrecht aufgrund letztwilliger Verfügung

18 Der Erblasser kann durch einseitige Verfügung von Todes wegen, § 1937 BGB, oder durch Erbvertrag, §§ 1941, 2274 ff. BGB, den Erben bestimmen.

aa) In formeller Hinsicht ist wie folgt zu differenzieren:

Letztwillige Verfügungen		
Testament	gemeinschaftliches Testament	Erbvertrag
§ 1937 BGB	§ 2265 BGB	1941 BGB

19 *bb) Testierfähigkeit:* Voraussetzung für jede Art der letztwilligen Verfügung ist, dass der Verfügende **testierfähig** ist. Darauf hat auch der Anwalt stets zu achten. Das Mindestalter liegt bei **16 Jahren**, § 2229 Abs. 1 BGB; allerdings ist bis zur Volljährigkeit die Einhaltung bestimmter Testierformen vorgeschrieben, §§ 2233 Abs. 1, 2247 Abs. 1, 2249 Abs. 1 BGB. Die **Bestellung eines Betreuers** steht der wirksamen Errichtung eines Testaments nicht entgegen. Dies ergibt sich aus einem Umkehrschluss aus § 2229 Abs. 4 BGB.

20 *cc) Die Formerfordernisse letztwilliger Verfügungen:* Ein Testament kann gem. **§ 2247 Abs. 1 BGB** „eigenhändig" errichtet werden. Dabei ist darauf zu achten, dass die Urkunde eigenhändig **ge-** und **unterschrieben** sein muss.

21 Auch ein **gemeinschaftliches Testament** kann von Ehegatten privatschriftlich errichtet werden, wobei es zur Wahrung der Form genügt, wenn ein Ehegatte das vom anderen eigenhändig verfasste Testament mit unterschreibt, **§ 2267 BGB**. Testamente können aber auch in **notarieller Form** errichtet werden, §§ 2231 Nr. 1, 2232 BGB. Bei Erbverträgen ist dies sogar zwingend vorgeschrieben, **§ 2276 Abs. 1 BGB**. Beim notariellen Testament kann der letzte Wille entweder mündlich oder durch Übergabe einer Schrift erklärt werden.

2. Anspruchsberechtigung und Anspruchsverpflichtung

22 Anspruchsberechtigter ist der gesetzliche oder der gewillkürte Erbe. Anspruchsgegner ist derjenige, der sich ein Erbrecht zu Unrecht anmaßt.

3. Beweislast

23 Derjenige der für sich ein Erbrecht beansprucht, hat den Tod des Erblassers zu beweisen.[15] Als Beweismittel stehen ihm dafür vor allem das Sterbebuch, § 37 PStG, und die

---

14 OLG Zweibrücken Rpfleger 1997, 24.
15 AnwKom-BGB-Kroiß § 1922 Rn. 32.

Sterbeurkunde, § 64 PStG, zur Verfügung.[16] Auch hat derjenige, der eine Erbenstellung behauptet, die Voraussetzungen darzulegen und zu beweisen, aus denen sich ein Erbrecht ergibt. § 2365 BGB begründet die Rechtsvermutung, dass demjenigen, der im Erbschein als Erbe bezeichnet ist, das in dem Erbschein angegebene Erbrecht zusteht. Im Zivilprozess stellt § 2365 BGB eine widerlegbare Vermutung für das Vorhandensein einer Tatsache auf, § 292 ZPO.[17] Diese Rechtsvermutung ist nur durch den Beweis des Gegenteils widerlegbar.

Umstritten ist, ob die Richtigkeitsvermutung im Streit zwischen zwei Erbanwärtern gilt.[18] Im Hinblick auf die Selbstständigkeit des Zivilprozesses, aber auch seiner Bindungswirkung gegenüber dem Erbscheinsverfahren sind auch hier die **allgemeinen Beweislastregeln** anzuwenden.[19] Insoweit findet § 2365 BGB im Erbprätendentenstreit keine Anwendung.[20]

4. Verjährung

Erbrechtliche Ansprüche verjähren nach § 197 Abs. 1, 2 BGB in 30 Jahren.[21]

B. Prozess

I. Klage

1. Allgemeines

a) Zuständigkeit

Für die sachliche Zuständigkeit gelten die allgemeinen Vorschriften, §§ 23, 71 GVG. Bezüglich der örtlichen Zuständigkeit ermöglicht **§ 27 ZPO** neben dem allgemeinen Gerichtsstand der §§ 12, 13 ZPO noch einen **besonderen Gerichtsstand der Erbschaft.**

b) Streitwert

Der Streitwert bemisst sich nach dem Interesse an der Feststellung. Dabei ist gegenüber einer entsprechenden Leistungsklage ein Abschlag von ca. 20 % zu machen.[22] Beträgt z.B. der Nachlasswert 200 000,- € und behauptet der Kläger eine Erbquote von ½, so beläuft sich der Streitwert für die Feststellungsklage auf 80 000,- €.

c) Typische Fallkonstellationen für die Feststellungsklage

Es besteht Streit hinsichtlich der
- Testierfähigkeit,
- Erbunwürdigkeit,
- Wirksamkeit eines Erbverzichts,
- Formwirksamkeit eines Testaments oder
- Anfechtung einer letztwilligen Verfügung.

---

16 Staudinger/Marotzke § 1922 Rn. 6.
17 AnwKom-BGB-Kroiß § 2365 Rn. 12.
18 MüKo/J. Mayer § 2365 Rn. 22.
19 MüKo/J. Mayer § 2365 Rn. 23; AnwKom-BGB-Kroiß § 2365 Rn. 12.
20 Baumgärtel § 2365 Rn. 9.
21 AnwKom-BGB-Mansel § 197 Rn. 38; Schellhammer, Erbrecht, Rn. 62.
22 Thomas/Putzo, ZPO, § 3 Rn. 65.

2. Berufung auf fehlende Testierfähigkeit

a) Grundsätzliches

29 Der gesetzliche Erbe, der durch eine letztwillige Verfügung von der Rechtsnachfolge ausgeschlossen wurde, kann sich auf fehlende Testierfähigkeit des Erblassers berufen. Unter der Testierfähigkeit ist die Fähigkeit zu verstehen, ein Testament zu errichten, abzuändern oder aufzuheben. Sie ist zwar ein Unterfall der Geschäftsfähigkeit, §§ 104ff. BGB, gleichwohl aber unabhängig von ihr geregelt § 2229 BGB.[23] Zur praktisch wichtigen Frage der Testierunfähigkeit bei seniler Demenz,[24] wenn unterschiedliche ärztliche Stellungnahmen vorliegen äußert sich das BayObLG wie folgt:[25]

30 „... Ob der Testierende wegen einer krankhaften Störung der Geistestätigkeit, wegen Geistesschwäche oder wegen einer Bewusstseinsstörung nicht in der Lage ist, die Bedeutung seines Testaments einzusehen und nach dieser Einsicht zu handeln, kann in der Regel nicht vom Gericht allein, sondern nur mithilfe eines fachkundigen Sachverständigen beurteilt werden (vgl. BayObLG NJW-RR 1990, 1419/1420 und ständige Rechtsprechung; Palandt/Edenhofer § 2229 Rn. 13). Ohne das Gutachten eines solchen Sachverständigen wird das Gericht regelmäßig nicht von Testierunfähigkeit ausgehen können. Davon zu unterscheiden ist die Frage, ob das Gericht das Gutachten eines solchen Sachverständigen einholen muss, wenn die Testierunfähigkeit des Erblassers behauptet wird. Dabei stellt sich vorrangig die Frage, ob die Tatsacheninstanzen ausreichend den Sachverhalt ermittelt haben. Sie bestimmen den Umfang der gebotenen Ermittlungen nach pflichtgemäßem Ermessen. Im Rahmen der weiteren Beschwerde kann diese Ermessensausübung nur auf Rechtsfehler überprüft werden ..."

31 Zur Beurteilung der Testierfähigkeit einer noch **lebenden Person**:[26] „Hat ein Sachverständiger die Testierfähigkeit einer noch lebenden Person zu beurteilen, so setzt dies in der Regel voraus, dass er diese Person selbst untersucht. Hiervon kann ausnahmsweise abgesehen werden, wenn es auf die Testierfähigkeit zu einem weiter zurückliegenden Zeitpunkt ankommt, der medizinische Befund durch wesentlich zeitnähere nervenärztliche Untersuchungen mit hinreichender Sicherheit geklärt ist und von einer persönlichen Untersuchung durch den Sachverständigen weitere Aufschlüsse über den Zustand der zu begutachtenden Person im Zeitpunkt der Testamentserrichtung, insbesondere zum Verlauf der für die Testierfähigkeit maßgebenden Erkrankung, nicht zu erwarten sind."

32 Ein **selbstständiges Beweisverfahren** über die Testierfähigkeit bei noch lebendem Erblasser wird für unzulässig erachtet.[27]

33 Feststellung der Testierfähigkeit im Erbscheinsverfahren: Die Frage der Testierfähigkeit hat das **Nachlassgericht** von Amts wegen zu prüfen, § 12 FGG. Das Gericht wird sich zur Beurteilung der Testierfähigkeit dabei regelmäßig der Hilfe eines Nervenarztes

---

23 Vgl. BayObLG FamRZ 1994, 593, 594.
24 Auf organischen Hirnschäden beruhende dauernde Geistesschwäche.
25 BayObLGR 1997, 75.
26 BayObLG FamRZ 1996, 566.
27 LG Frankfurt/M. Rpfl 1997, 165.

oder Psychiaters bedienen müssen.²⁸ Die pauschale Behauptung eines Beteiligten, der Erblasser sei testierunfähig gewesen, begründet keine Ermittlungspflicht des Nachlassgerichts in dieser Richtung, wenn keine weiteren konkreten Anhaltspunkte für mangelnde Testierfähigkeit vorhanden sind.²⁹

BayObLG FamRZ 1996, 1109: „... Auch wenn zur Frage der Testierfähigkeit in der Regel sorgfältige Ermittlungen unter Einbeziehung der Vorgeschichte und der äußeren Umstände erforderlich sind, muss nicht allen Beweisanträgen der Beteiligten stattgegeben und allen denkbaren Möglichkeiten zur Erforschung des Sachverhalts nachgegangen werden. **Eine Aufklärungspflicht besteht nur insoweit, als das Vorbringen der Beteiligten und der festgestellte Sachverhalt bei sorgfältiger Überlegung hierzu Anlass geben.** Von weiteren Ermittlungen, die ein sachdienliches, die Entscheidung beeinflussendes Ergebnis nicht erwarten lassen, kann das Landgericht absehen.³⁰ In diesem Zusammenhang ist zu berücksichtigen, dass diese Ermittlungen zunächst die tatsächlichen Umstände klären sollen, die für den Geisteszustand des Erblassers im Zeitpunkt der Testamentserrichtung von Bedeutung sind. Dadurch soll eine hinreichende tatsächliche Grundlage für die sachverständige Beurteilung der Frage der Testierfähigkeit geschaffen werden, weil der Gutachter bei einer Gutachtenerstellung nach dem Tod des Erblassers nicht mehr in der Lage ist, durch eine Untersuchung des Erblassers die für ihn erforderlichen Befundtatsachen selbst zu erheben. Hier hatte der Sachverständige, ein Arzt für Neurologie und Psychiatrie, die Erblasserin gut ein Jahr vor der Errichtung des Testaments zur Frage der Prozessfähigkeit, einer der Testierfähigkeit verwandten Frage, selbst untersucht und in diesem Zusammenhang die erforderlichen Befunde erhoben. Nach seinen Feststellungen litt die Erblasserin nicht an einem fortschreitenden hirnorganischen Abbauprozess, sondern an einem paranoid-halluzinatorischen Syndrom mit Wahnvorstellungen. Weder aus den Akten noch aus dem Vorbringen der Beteiligten zu 2 ergeben sich Anhaltspunkte dafür, dass in der Zeit nach der Untersuchung bis zum Zeitpunkt der Testamentserrichtung weitere darüber hinausgehende Ausfallerscheinungen aufgetreten wären. Vielmehr zeigt gerade das von der Beteiligten zu 2 im Beschwerdeverfahren vorgelegte Schreiben der Erblasserin, dass deren psychische Störungen durch die erwähnten Wahnvorstellungen gekennzeichnet waren, davon abgesehen die Erblasserin jedoch durchaus zu vernünftigen Überlegungen fähig war ..."

b) Beweislast

Derjenige, der sich auf die Testierunfähigkeit beruft, hat sie zu beweisen.³¹ Gegebenenfalls hilft der Anscheinsbeweis.³² Jedenfalls ist ein „umfassender Vortrag", dessen, der sich auf die Testierunfähigkeit beruft, erforderlich.³³

---

28 BayObLG FamRZ 2001, 55.
29 BayObLG MDR 1997, 650.
30 BayObLGZ 1995, 383.
31 MüKo-BGB § 2229 Rn. 27.
32 BayObLG FamRZ 1994, 593.
33 Rohlfing, Erbrecht, § 3 Rn. 26.

36 BayObLG NJW-RR 1996, 1160: „Steht die Testierfähigkeit wegen einer krankhaften Störung der Geistestätigkeit infrage, so ist, weil die Störung der Geistestätigkeit die Ausnahme bildet, ein Erblasser grundsätzlich so lange als testierfähig anzusehen, als nicht die Testierunfähigkeit zur Gewissheit des Gerichts nachgewiesen ist.[34] Deshalb trifft die Feststellungslast für die Testierunfähigkeit des Erblassers grundsätzlich denjenigen, der sich auf die darauf beruhende Unwirksamkeit des Testaments beruft.[35] Enthält allerdings ein eigenhändiges Testament keine Angaben über den Zeitpunkt seiner Errichtung, lässt sich dieser Zeitpunkt auch nicht ermitteln und steht fest, dass der Erblasser zu irgendeinem Zeitpunkt testierunfähig war, so liegt gemäß § 2247 Abs. 5 S. 1 BGB die Feststellungslast für die Testierfähigkeit des Erblassers bei demjenigen, der sich auf die Gültigkeit des Testaments beruft. Gleiches gilt in entsprechender Anwendung der genannten Vorschrift, wenn das Testament zwar eine Zeitangabe enthält, die für deren Richtigkeit sprechende Vermutung jedoch widerlegt ist.[36] Steht hingegen der Zeitraum fest, in dem das Testament errichtet worden ist, nicht aber, ob der Erblasser zu irgendeinem Zeitpunkt während dieses Zeitraums testierunfähig war, so verbleibt es bei dem Grundsatz, dass die Feststellungslast für die Testierunfähigkeit des Erblassers derjenige zu tragen hat, der sich auf die darauf beruhende Unwirksamkeit des Testaments beruft …"[37]

37 Zur Frage der **ärztlichen Schweigepflicht**: Die Verschwiegenheitspflicht und das Zeugnisverweigerungsrecht des Arztes bestehen nach dem Tode des Patienten grundsätzlich fort. Der Arzt ist nicht berechtigt, das Zeugnis zur Frage der Testierfähigkeit des Erblassers zu verweigern, wenn festgestellt wird, dass ein ausdrücklich zu Lebzeiten erklärter Befreiungswille des Erblassers vorliegt oder genügend konkrete Anhaltspunkte für einen stillschweigend erklärten Befreiungswillen vorhanden sind oder wenn die Befreiung von der Verschwiegenheitspflicht des Arztes dem mutmaßlichen Erblasserwillen entspricht.[38] Lässt sich hinsichtlich der ärztlichen Verschwiegenheit keine Willensäußerung des verstorbenen Patienten feststellen, dann muss dessen mutmaßlicher Wille erforscht, also geprüft werden, ob er die konkrete Offenlegung durch den Arzt mutmaßlich gebilligt oder missbilligt haben würde.[39]

38 Beim Erbvertrag ist neben der Testierfähigkeit auch noch die unbeschränkte **Geschäftsfähigkeit** beider Vertragsschließender Wirksamkeitsvoraussetzung.

3. Berufung auf Formunwirksamkeit

a) Eigenhändiges Testament

39 Ein Testament kann gem. **§ 2247 Abs. 1 BGB** „eigenhändig" errichtet werden. Dabei ist auf Folgendes zu achten:

---

[34] BayObLGZ 1982, 309, 312; 1989, 327, 329.
[35] BayObLGZ 1982, 309, 312.
[36] BayObLG FamRZ 1994, 593, 594 m.w.N.
[37] BayObLG FamRZ 1995, 898, 899.
[38] BayObLGZ 1986, 332.
[39] BGHZ 91, 392.

aa) Text und Unterschrift: Die Urkunde muss eigenhändig **ge-** und **unterschrieben** sein; gemäß § 2247 Abs. 4 BGB kann derjenige, der Geschriebenes nicht zu lesen vermag, ein privatschriftliches Testament nicht errichten.[40] Für die Frage der **Lesefähigkeit** ist nicht allein von Bedeutung, ob der Betreffende optische Eindrücke aufnehmen kann. Vielmehr muss er auch in der Lage sein, das so Aufgenommene zu verstehen, d.h. sich durch die eigene optische Wahrnehmung Kenntnis von dem Inhalt des Schriftstücks zu verschaffen[41] und den Sinn des Geschriebenen zu erfassen.[42] Denn nur so ist er in der Lage, die Kontrolle über den Inhalt der von ihm schriftlich niedergelegten Erklärung auszuüben. Darauf, ob er schreiben kann, kommt es hingegen nicht an.

bb) Lesbarkeit: Der niedergeschriebene Text eines privatschriftlichen Testaments muss jedenfalls, notfalls unter Heranziehung eines Sachverständigen, objektiv lesbar sein.[43] Maschinenschriftliche Einfügungen sind unbeachtlich, § 2085 BGB;

cc) Keine „Oberschrift":[44] Vgl. aber OLG Celle NJW 1996, 2938: „... Zwar muss ein Testament im Regelfall als Abschluss am Schluss des fortlaufenden Textes unterschrieben werden; es sind aber mangels freien Raumes am Textende Ausnahmen möglich.[45] Hier konnte das der Entscheidung des LG zugrunde liegende Testament sinnvollerweise am Textende nicht mehr vom Erblasser unterschrieben werden. Die letzte Zeile seiner handschriftlichen Bestimmungen endete nur knapp 3 cm vom rechten Blattrand entfernt, wohingegen seine oben auf das Testament gesetzte Unterschrift einen Raum von fast 6 cm benötigt hat. Auf der nachfolgenden, vorletzten Zeile des Blattes konnte der Erblasser nicht unterschreiben, denn dort hat seine Mutter bis über die Mitte der letzten Zeile des Blattes hin handschriftlich eine Bestätigung des Testaments niedergelegt, die sie dann in der Mitte rechts des Blattendes über 7 cm hin unterschrieben hat. Im Bereich der von der Mutter gelassenen Freiräume des Blattes verbot sich für den Erblasser das Setzen seiner Unterschrift, denn diese wäre dann sinnwidrig dem von seiner Mutter geschriebenen Text zuzuordnen gewesen. Weiter schied für den Erblasser die grundsätzlich für zulässig angesehene Möglichkeit, sein Testament, um dessen Text zu decken, quer zu unterschreiben,[46] aus, denn es ist im Bereich des gesamten fortlaufenden Textes sowohl links als auch rechts jeweils bis zum Blattende hin beschrieben worden. Die Vorschrift des § 2247 BGB ist in einem solchen Ausnahmefall dahin auszulegen, dass eine wirksame Unterschrift auch über dem Text des Textendes geleistet werden kann, denn mangels freien Raumes kann dann eine solche Unterschrift als Fortsetzung und Abschluss des darunter stehenden Testaments angesehen werden.[47] Es bestehen hier keine Zweifel, dass der Inhalt des Testaments von der darüber stehenden Unterschrift des Erblassers gedeckt sein sollte, denn er hat nicht nur seine Mutter um

---

40 BayObLG NJW-RR 1997, 1438.
41 Staudinger/Baumann BGB 13. Bearbeitung § 2233 Rn. 7.
42 Erman/M. Schmidt § 2233 Rn. 3.
43 BayObLG NJWE –FER 2001, 126.
44 BGHZ 113, 48.
45 Palandt/Edenhofer, BGB, § 2247 Rn. 13.
46 vgl. dazu Soergel/Harder, BGB, 12. Aufl., § 2247 Rn. 28; Staudinger/Baumann, BGB, 13. Aufl., § 2247 Rn. 94.
47 vgl. BayObLG, FamRZ 1986, 728, 730; BayObLGZ 1981, 79, 85.

ein schriftliches Zeugnis am Schluss seines Testaments bemüht, sondern seiner Unterschrift noch das Wort ‚gezeichnet' vorangestellt, mit dem die Unterschriftsleistung durch den Verfasser selbst noch besonders herausgehoben werden sollte."

43 Der Abschlussfunktion der Unterschrift wird auch dann genügt, wenn sich diese auf der Rückseite der letztwilligen Verfügung befindet.[48] Die **Beweislast** für Echtheit und Formerfordernisse hat derjenige, der sich auf Rechte aus dem Testament beruft.[49] So ist es Sache des Testamentserben, die Eigenhändigkeit im Falle des § 2247 Abs. 1 BGB darzulegen und zu beweisen. Eine Besonderheit gilt aber hinsichtlich der Testierfähigkeit. Da die Testierunfähigkeit als Ausnahme von der Regel angesehen wird, hat derjenige, der sich auf sie beruft, sie zu beweisen. Im Erbscheinsverfahren trifft den die Testierfähigkeit bestreitenden Beteiligten die Feststellungslast.

b) Gemeinschaftliches Testament

44 Auch ein **gemeinschaftliches Testament** kann von Ehegatten privatschriftlich errichtet werden, wobei es zur Wahrung der Form genügt, wenn ein Ehegatte das vom anderen eigenhändig verfasste Testament mit unterschreibt, § 2267 BGB.

45 Der nur vom Erblasser eigenhändig geschriebene und unterzeichnete Entwurf eines im Plural abgefassten gemeinschaftlichen Testaments, in dem die Eheleute den gemeinschaftlichen Kindern ihre wesentlichen Vermögensgegenstände zugewendet haben, kann als Einzeltestament des Erblassers aufrechterhalten werden, wenn ein entsprechender Wille des Erblassers festgestellt werden kann.[50]

c) Öffentliches Testament

46 Testamente können aber auch in **notarieller Form** errichtet werden, §§ **2231 Nr. 1, 2232 BGB**. Bei Erbverträgen ist dies sogar zwingend vorgeschrieben, § **2276 Abs. 1 BGB**.

47 Beim notariellen Testament kann der letzte Wille entweder mündlich oder durch Übergabe einer Schrift erklärt werden.

48 Zur Verfassungswidrigkeit von §§ 2232, 2233 BGB, 31 BeurkG vgl. BVerfG NJW 1999, 1825: „Der generelle Ausschluss schreib- und sprechunfähiger Personen von der Testiermöglichkeit in den §§ 2232, 2233 BGB, 31 BeurkG verstößt gegen die Erbrechtsgarantie des Art. 14 Abs. 1 GG sowie gegen den allgemeinen Gleichheitssatz des Art. 3 Abs. 1 GG und das Benachteiligungsverbot für Behinderte in Art. 3 Abs. 3 Satz 2 GG."

4. Berufung auf den Widerruf einer letztwilligen Verfügung

49 Ein Testament kann der Erblasser jederzeit ohne jeden Grund widerrufen, § **2253 Abs. 1 BGB**. Der Widerruf kann erfolgen durch

---

48 LG Konstanz, NJWE-FER 2001, 180.
49 BayObLG FamRZ 1988, 97; Palandt / Edenhofer § 2247 Rn. 20.
50 OLG Frankfurt Rpfleger 1998, 342.

a) Testament, §§ 2254, 2258 BGB
Widerrufstestament oder Widerspruch in einem späterem Testament

aa) Grundsätzliches: Setzt der Erblasser nach Errichtung eines Testaments, das er einem Dritten übergeben hat, auf einen Entwurf des Testaments einen handschriftlichen von ihm unterzeichneten Widerrufsvermerk, so kann darin ein Widerruf des Testaments liegen.[51] Ist eine letztwillige Verfügung aufgehoben, weil sie einer späteren letztwilligen Verfügung widerspricht, so bleibt die aufgehobene Verfügung grundsätzlich auch dann unwirksam, wenn die spätere Verfügung aus tatsächlichen Gründen (z.B. wegen Vorversterben des Bedachten) keine Wirkungen entfaltet.[52]

bb) Beweislast: Derjenige, der sich auf ein Widerrufstestament beruft, muss die für dessen Gültigkeit maßgebenden Tatsachen beweisen.[53] Ist der Zeitpunkt der Errichtung mehrerer Testamente ungewiss, kann sich der Kläger jedes Beweismittel zur Klärung bedienen.[54] Derjenige, der die Unrichtigkeit der eigenhändigen Zeitangabe des Erblassers behauptet, trägt hierfür die Beweislast.[55]

Wenn nicht aufklärbar ist, welches von zwei Testamenten früher errichtet wurde, gelten beide Testamente als gleichzeitig errichtet und sind nebeneinander wirksam, wenn sie inhaltsgleich sind.[56] Enthalten die als gleichzeitig errichtet geltenden Testamente inhaltlich widersprüchlichen Verfügungen, dann heben sie sich insoweit gegenseitig auf.[57] **Mehrere undatierte eigenhändige Testamente**, die sich inhaltlich widersprechen, heben sich ebenfalls gegenseitig auf, soweit der Widerspruch reicht. Hier gilt § 2247 Abs. 5 Satz 1 BGB unmittelbar.

b) Vernichtung oder Veränderung der Testamentsurkunde, § 2255 BGB
Wird festgestellt, dass der Erblasser die Vernichtung der Urkunde selbst vorgenommen hat, wird vermutet, dass er die Aufhebung des Testaments beabsichtigt hat, § 2255 Satz 2 BGB. Es besteht aber keine Vermutung dafür, dass ein nicht mehr auffindbares Testament durch den Erblasser selbst vernichtet wurde.[58]

Hat der Erblasser in einem Testament Verfügungen durchgestrichen, so kann die Vermutung des Aufhebungswillens, § 2255 Satz 2 BGB, als widerlegt angesehen werden, wenn feststeht, dass die Streichungen lediglich der Vorbereitung eines neuen Testaments dienten, in dem inhaltlich gleiche Verfügungen wieder getroffen werden sollten.[59]

---

51 BayObLG FamRZ 1996, 1112.
52 BayObLG NJW-RR 1996, 967.
53 Baumgärtel § 2258 BGB Rn. 1.
54 AnwKom-BGB / Beck § 2258 Rn. 16; Palandt / Edenhofer, § 2258 Rn. 1.
55 Münchener AnwaltsHandbuch / Siegmann, § 9 Rn. 24, m.w.N.
56 BayObLG FamRZ 2000, 1538, 1539 = Rpfleger 2000, 334.
57 BayObLG Rpfleger 2003, 30, 31 = ZEV 2003, 27; KG OLGZ 1991, 144, 146; BayObLG FamRZ 1991, 237; Palandt / Edenhofer, § 2258 Rn. 1; für entsprechende Anwendung des Rechtsgedankens von § 2247 Abs. 5 BGB: Staudinger / Baumann, § 2258 Rn. 17; Dittmann / Reimann / Bengel / Voit § 2258 Rn. 10.
58 OLG Zweibrücken NJWE-FER 2001, 154.
59 BayObLG NJW-RR 1997, 1302.

56 Eine Widerrufshandlung im Sinn von § 2255 Satz 1 BGB ist dann gegeben, wenn die als einheitliche Urkunde bestehen gebliebene Testamentsurkunde in gefaltetem Zustand tiefe, von zwei Seiten vorgenommene Einrisse aufweist. Gemäß § 2255 Satz 2 BGB wird nicht vermutet, dass der eingerissene Zustand einer Testamentsurkunde auf eine Handlung des Erblassers zurückzuführen ist.[60]

57 Hat der Erblasser ein Testament in Widerrufsabsicht zerrissen, so kann der darin liegende Widerruf nicht – etwa durch erneutes Zusammenkleben des Schriftstücks – widerrufen werden.[61]

c) Rücknahme aus der amtlichen Verwahrung (beim öffentlichen Testament), § 2256 BGB (Widerrufsfiktion)

58 Die Rücknahme eines eigenhändig errichteten Testaments aus der amtlichen Verwahrung kann nur an den Erblasser persönlich erfolgen. Auch eine erteilte Generalvollmacht an einen Dritten ist als Grundlage für die Rücknahme nicht ausreichend.[62] Da es sich bei der Rücknahme aus der amtlichen Verwahrung um den Widerruf einer letztwilligen Verfügung handelt, ist **Testierfähigkeit** des Erblassers zum Zeitpunkt der Rücknahme erforderlich.[63]

d) Widerruf des Widerrufs

59 Nach der Auslegungsregel des § 2257 **BGB** führt der Widerruf des Widerrufs dazu, dass das ursprüngliche Testament so behandelt wird, wie wenn es nie widerrufen worden wäre. Diese Regel gilt aber nur für den Widerruf durch Testament, also nach § 2254 BGB und nach § 2258 BGB. Für den Widerruf nach §§ 2255, 2256 BGB ist diese Vorschrift nicht anwendbar.

5. Berufung auf eine Anfechtung des Testaments

a) Grundsätzliches

60 Die Voraussetzungen für die Anfechtungen letztwilliger Verfügungen sind in den §§ 2078 ff. BGB geregelt. Da die Auslegung gegenüber der Anfechtung vorrangig ist, muss zunächst mit Hilfe der Auslegungsregeln der wirkliche oder der hypothetische Wille des Erblassers ermittelt werden.[64] Als mögliche Anfechtungstatbestände kommen ein Erklärungs- oder Inhaltsirrtum, § 2078 Abs. 1 BGB, aber auch ein Motivirrtum, § 2078 Abs. 2 BGB in Betracht. Darüber hinaus berechtigen auch Täuschung und Drohung zur Anfechtung der letztwilligen Verfügung, § 2078 Abs. 2 BGB. Einen qualifizierten Motivirrtum sieht schließlich noch § 2079 Abs. 1 BGB vor, wonach eine letztwillige Verfügung angefochten werden kann, wenn der Erblasser eine pflichtteilsberechtigte Person übergangen hat.

---

60 BayObLG FamRZ 1996, 1110.
61 BayObLG FamRZ 1996, 1113.
62 LG Augsburg Rpfleger 1998, 344.
63 BGHZ 23, 211.
64 Krug/Rudolf/Kroiß, Erbrecht § 8 Rn. 172.

b) Beweislast

Derjenige, der sich auf die Wirksamkeit der Anfechtung beruft, trägt im Prozess die Beweislast.[65]

6. Berufung auf einen wirksamen Erbverzicht

Beruft sich der wahre Erbe auf einen Erbverzicht des vermeintlichen Erben, hat er das Vorliegen und die Wirksamkeitsvoraussetzungen eines Erbverzichts nach § 2347 BGB darzulegen und gegebenenfalls zu beweisen.[66]

Beruft sich der Antragsgegner auf Rücktritt, Widerruf oder Aufhebung eines Erbverzichts, ist er insoweit beweispflichtig. Zu beweisen sind das Vorliegen des Willensmangels und dessen Erheblichkeit für die letztwillige Verfügung.[67] Als Beweismittel können auch Zeugenaussagen dienen, die sich auch auf Äußerungen des Erblassers beziehen können.[68] Die Regeln über den Anscheinsbeweis können nicht herangezogen werden.[69] Zu beachten ist aber, dass es im Falle des § 2079 BGB als Unterfall zum Motivirrtum nach § 2078 Abs. 2 BGB zu einer Umkehr der Beweislast kommt.[70] Während bei Motivirrtümern nach § 2078 Abs. 2 BGB der Anfechtende beweispflichtig für die Kausalität zwischen Irrtum und letztwilliger Verfügung ist, spricht bei der Übergehung von Pflichtteilsberechtigten eine Vermutung für einen entsprechenden Ursachenzusammenhang.[71]

Beachte: Der Erblasser hat schon bei Errichtung der letztwilligen Verfügung die Möglichkeit auf das Anfechtungsrecht nach § 2079 BGB zu verzichten.[72]

Die Anfechtungsfrist beginnt gemäß § 2082 Abs. 2 BGB mit der Kenntnis der Anfechtungsberechtigung. Der Fristablauf ist von dem zu beweisen, der sich darauf beruft.[73] Der Erbe, der sich auf die Wirksamkeit der letztwilligen Verfügung beruft, hat seinerseits die Möglichkeit, auf Feststellung der Wirksamkeit der letztwilligen Verfügung zu klagen.[74]

7. Berufung auf einen Verstoß gegen § 14 HeimG

a) Grundsätzliches

Bestimmte Personen (Heimträger, Heimleiter) können grundsätzlich nicht mit Zuwendungen bedacht werden, **§ 14 HeimG i.V.m. § 134 BGB**. Nach § 14 Abs. 1 HeimG[75] ist es dem **Träger eines Heims** untersagt, sich von oder zu Gunsten von Heimbewohnern Geld oder geldwerte Leistungen über das nach § 4 HeimG vereinbarte Entgelt

---

65 AnwKom-BGB/Fleindl § 2078 Rn. 44.
66 Baumgärtel § 2346 Rn. 1.
67 MüKo/Leipold § 2078 BGB Rn. 49.
68 Baumgärtel § 2078 Rn. 1.
69 KG NJW 2001, 903, 905.
70 AnwKom-BGB/Fleindl § 2078 Rn. 19.
71 OLG Düsseldorf FamRZ 1999, 1024.
72 BGH NJW 1983, 2247; BayObLG FamRZ 2000, 1331.
73 AnwKom-BGB/Fleindl § 2082 Rn. 14; Baumgärtel § 2082 Rn. 1.
74 J. Mayer DNotZ 1998, 772, 784.
75 Zur Verfassungsmäßigkeit dieser Vorschrift vgl. BVerfG NJW 1998, 2964.

versprechen oder gewähren zu lassen, wobei § 14 Abs. 2 HeimG verschiedene Ausnahmen zulässt. Gemäß § 14 Abs. 5 HeimG ist es darüber hinaus dem **Leiter**, den **Beschäftigten** oder **sonstigen Mitarbeitern** des Heims untersagt, sich von oder zu Gunsten von Heimbewohnern neben der vom Träger erbrachten Vergütung Geld oder geldwerte Leistungen für die Erfüllung der Pflichten aus dem Heimvertrag versprechen oder gewähren zu lassen, soweit es sich nicht um geringwertige Aufmerksamkeiten handelt. Die Verbote des § 14 HeimG finden auch auf testamentarische Zuwendungen Anwendung.[76] Das „Gewährenlassen" setzt voraus, dass der Begünstigte **Kenntnis** von der letztwilligen Verfügung hat.[77]

b) Anwendungsbereich

67 Das Verbot des § 14 Abs. 1 HeimG richtet sich gegen den **Träger des Heims**, d.h. diejenige natürliche oder juristische Person, die das Heim betreibt.[78] Eine Umgehung kann vorliegen, wenn die verbotene Zuwendung nicht an den Verbotsadressaten selbst, sondern an eine ihr **nahe stehende oder sonst verbundene Person** geht und dadurch eine mittelbare bzw. indirekte Begünstigung des Verbotsadressaten erfolgt.[79] In Fällen mittelbarer Zuwendung kommt die analoge Anwendung von § 14 Abs. 1, Abs. 5 HeimG nur in Betracht, wenn diese – wenn auch über den Umweg über einen Dritten – sich als Zuwendung des Erblassers an einen vom Verbot erfassten Adressaten darstellt.[80]

68 Eine letztwillige Verfügung ist wegen Verstoßes gegen § 14 Abs. 5 HeimG auch dann unwirksam, wenn ein Heimmitarbeiter von einer Heimbewohnerin zum Erben eingesetzt wird, nachdem diese in eine außerhalb der Geschäftsaufgabe des Heimmitarbeiters liegende Pflegestation verlegt wird.[81]

69 **Keine Anwendung** finden die Beschränkungen des HeimG bei Betreuung in der Familie, da insoweit kein „Heim" vorliegt.[82] Entsprechendes gilt für die Pflege in der eigenen Wohnung, wenn der Erblasser Angestellte eines Pflegedienstes in einer letztwilligen Verfügung zu Erben berufen hat.[83] Auf das Verhältnis zwischen **Betreuer** und Betreutem ist § 14 HeimG nicht analog anwendbar.[84] Schließlich gilt das HeimG auch nicht für Heime, die sich außerhalb Deutschlands befinden.[85]

c) Weitere Zuwendungsverbote

70 *aa) Beamtenrecht:* Das im Beamtenrecht bestehende Verbot der Annahme von Belohnungen, §§ 43 BRRG, 70 BBG, erfasst auch dienstbezogene Zuwendungen durch letztwillige Verfügung.

---

[76] BGH NJW 1996, 145.
[77] BayObLG NJW-RR 2001, 295.
[78] § 2 HeimsicherungsVO v. 24.04.1978, BGBl I S. 555.
[79] OLG Düsseldorf FamRZ 1998, 192, 193.
[80] BayObLG NJW 2000, 1959.
[81] BayObLG FamRZ 2005, 142.
[82] BayObLG NJW-RR 1998, 729.
[83] OLG Düsseldorf NJW 2001, 2338; LG Bonn NJW 1999, 2977.
[84] BayObLG NJW 1998, 2369.
[85] OLG Oldenburg FamRZ 1999, 1313.

bb) Öffentlich Bedienstete: Eine entsprechende Regelung für Angestellte findet sich im § 10 Abs. 1 des Bundesangestelltentarifs (BAT). Die Begünstigung eines dem Bundesangestelltentarifvertrag unterstehenden Angestellten durch eine letztwillige Verfügung fällt nur dann unter § 10 BAT, wenn die Zuwendung ihre Grundlage im **dienstlichen Bereich** hat, d.h. wenn für sie nach den Umständen des Falls kein anderer Grund gefunden werden kann als der, dass dem Zuwendungsempfänger bestimmte Dienstleistungen obliegen.[86] Die Zuwendung in einer letztwilligen Verfügung an einen Angestellten verstößt nicht gegen § 10 BAT, wenn sie im Hinblick auf die Bekanntschaft zwischen Erblasser und Zuwendungsempfänger im privaten Bereich und einen zwischen diesen Personen privat abgeschlossenen Pflegevertrag erfolgt.[87]

8. Auskunftsanspruch

Der wahre Erbe besitzt gegen den Erbschaftsbesitzer auch einen Auskunftsanspruch nach § 2027 BGB. Der Erbschaftsbesitzer ist verpflichtet, dem Erben über den Bestand der Erbschaft und über den Verbleib der Erbschaftsgegenstände Auskunft zu erteilen. Der Anspruch umfasst auch die Pflicht zur Vorlage eines Bestandsverzeichnisses, § 260 Abs. 1 BGB. Dabei ist auf den gegenwärtigen Bestand abzustellen.[88] Die Auskunftspflicht gilt auch für Surrogate, Nutzungen und Früchte nach §§ 2019, 2020 BGB. Gegebenenfalls kann auch eine Rechnungslegung nach § 259 BGB beansprucht werden, falls Nachlassgegenstände nicht mehr vorhanden oder auffindbar sind.[89] Vom Auskunftsanspruch umfasst ist auch das, was dem Erbschaftsbesitzer als Voraus, § 1932 BGB, oder als Vorausvermächtnis, § 2150 BGB, zugewendet werden soll.[90]

Auskunftsberechtigt ist nicht nur der Alleinerbe, sondern auch ein Miterbe, sowohl gegenüber einem Dritten, als auch gegenüber einem anderen Miterben. **Auskunftspflichtig** ist der Erbschaftsbesitzer nach § 2027 Abs. 1 BGB. Schlägt ein ursprünglich als Erbe berufener die Erbschaft aus, handelt es sich bei ihm zwar nicht um einen Erbschaftsbesitzer, sondern um einen Besitzstörer. Für ihn gilt die Auskunftspflicht nach § 2027 Abs. 2 BGB.

Beachte: Mit der Erhebung der bloßen Auskunftsklage wird nicht die Rechtshängigkeit des Erbschaftsanspruchs begründet!

9. Muster: Klage auf Feststellung der Erbfolge

An das

Landgericht

Zivilkammer

Klage

1

---

86 BayObLG FamRZ 1990, 301, 302.
87 BayObLG FamRZ 1996, 443 = NJW 1995, 3260.
88 BGHZ 61, 180, 182.
89 Brox, Erbrecht, § 32 VII 1.
90 Erman/Schlüter § 2027 BGB Rn. 1.

des ▬▬▬

Kläger

Prozessbevollmächtigte: RA ▬▬▬

gegen

die ▬▬▬

Beklagte

wegen Feststellung der Erbfolge.

Streitwert: ▬▬▬ €

Namens und im Auftrag des Klägers erhebe ich Klage zum Landgericht ▬▬▬ mit dem

Antrag:

Es wird festgestellt, dass der am ▬▬▬ in ▬▬▬ verstorbene Herrn ▬▬▬ (Erblasser), zuletzt wohnhaft in ▬▬▬, von dem Kläger aufgrund letztwilliger Verfügung vom ▬▬▬ allein beerbt worden ist.

Die Beklagte trägt die Kosten des Rechtsstreits.

Für den Fall des schriftlichen Vorverfahrens wird vorsorglich für den Fall der nicht rechtzeitigen Anzeige der Verteidigungsbereitschaft der Erlass eines Versäumnis- bzw. Anerkenntnisurteils des § 331 Abs. 3 ZPO bzw. § 307 ZPO beantragt.

Begründung:

Der Kläger ist der eheliche Sohn des Herrn ▬▬▬, der am ▬▬▬ in ▬▬▬ gestorben ist (nachfolgend „Erblasser" genannt); die Beklagte ist die langjährige Lebensgefährtin des Erblassers.

▬▬▬ (Darstellung des Sachverhalts, z.B. warum eine letztwillige Verfügung unwirksam ist)

Der Klage ist demnach wie beantragt stattzugeben.

Ein Erbschein wurde bisher nicht erteilt; ein Erbscheinserteilungsverfahren ist auch nicht anhängig.

Zum Streitwert: Der Wert des Nachlasses beträgt ca. 80.000 EUR. Als Streitwert, gemessen am klägerischen Interesse, kommen 80 % davon in Betracht (vgl. Thomas/Putzo § 3 ZPO Rn. 65 Stichwort „Feststellungsklage"; BGH NJW-RR 1988, 689). Demnach beträgt der Streitwert 64.000 EUR.

Rechtsanwalt

II. Prozessuale Besonderheiten

1. Herausgabeklage

76 Will der wahre Erbe Nachlassgegenstände vom vermeintlichen Erben herausverlangen und sein Erbrecht rechtskräftig festgestellt wissen, kann er die Klage auf Herausgabe

nach § 2018 BGB mit der Feststellungsklage nach § 256 Abs. 1 ZPO verbinden. Insoweit handelt es sich um einen Fall der objektiven Klagehäufung nach § 260 ZPO.

2. Stufenklage

Möglich ist auch eine Stufenklage, § 254 ZPO, dergestalt, dass primär Feststellung des Erbrechts, in der zweiten Stufe Auskunft über den Bestand des Nachlasses und schließlich Herausgabe der Nachlassgegenstände begehrt wird.

3. Muster: Stufenklage auf Feststellung der Erbfolge

Landgericht

Zivilkammer

Klage

des ■■■

Kläger

Prozessbevollmächtigte: RA ■■■

gegen

den ■■■

Beklagter

wegen Feststellung der Erbfolge u.a.

Streitwert: ■■■ €

Namens und im Auftrag des Klägers erhebe ich Klage zum Landgericht ■■■ mit dem

Antrag:

Es wird festgestellt, dass der am ■■■ in ■■■ verstorbene Herrn ■■■(Erblasser), zuletzt wohnhaft in ■■■, von dem Kläger aufgrund letztwilliger Verfügung vom ■■■ allein beerbt worden ist.

Die Beklagte wird verurteilt, dem Kläger über den Bestand des Nachlasses des in Ziff. I bezeichneten Erblassers und über den Verbleib der Nachlassgegenstände Auskunft zu erteilen durch Vorlage eines Verzeichnisses.

Für den Fall, dass die Auskunft nicht mit der erforderlichen Sorgfalt erteilt worden sein sollte, wird die Beklagte weiter verurteilt, an Eides statt zu versichern, dass sie nach bestem Wissen die Angaben so vollständig gemacht hat, wie sie dazu imstande ist.

Die Beklagte wird verurteilt, an den Kläger die nach Erteilung der Auskunft und gegebenenfalls erfolgter eidesstattlicher Versicherung noch zu bezeichnender Nachlassgegenstände herauszugeben.

Der Beklagte trägt die Kosten des Rechtsstreits.

§ 1 Klage auf Feststellung des Erbrechts

Für den Fall, dass die Voraussetzungen des § 331 Abs. 3 ZPO bzw. § 307 ZPO vorliegen, wird der Erlass eines Versäumnis- bzw. Anerkenntnisurteils ohne mündliche Verhandlung beantragt.

Begründung:

Der Kläger ist der eheliche Sohn des Herrn ▬▬▬, der am ▬▬▬ in ▬▬▬ gestorben ist (nachfolgend „Erblasser" genannt); die Beklagte ist die langjährige Lebensgefährtin des Erblassers.

▬▬▬ (Darstellung des Sachverhalts, z.B. warum eine letztwillige Verfügung unwirksam ist)

Ein Erbschein wurde bisher nicht erteilt; ein Erbscheinserteilungsverfahren ist auch nicht anhängig.

Zum Streitwert: Der Wert des Nachlasses beträgt ca. ▬▬▬ €.

Rechtsanwalt

III. Einstweiliger Rechtsschutz

1. Einstweilige Verfügung

79 Um zu verhindern, dass der „falsche" Erbe bis zur Klärung der Rechtsnachfolge über Nachlassgegenstände verfügt, bietet sich die Beantragung einer einstweiligen Verfügung mit dem Ziel an, dass der vermeintliche Erbe seinen Erbschein an das Nachlassgericht zurückgibt. Eine Anspruchsgrundlage hierfür findet sich in § 2362 BGB. Der Anspruch auf Herausgabe des Erbschein an das Nachlassgericht kann durch einstweilige Verfügung, §§ 935 ff. ZPO, gesichert werden.

2. Muster: Antrag auf Erlass einer einstweiligen Verfügung zur Herausgabe eines Erbscheins

An das

Landgericht

▬▬▬

Antrag auf Erlass einer einstweiligen Verfügung

des ▬▬▬

Kläger

Prozessbevollmächtigte: RA ▬▬▬

gegen

den ▬▬▬.

Beklagter

Namens und im Auftrag des Antragstellers – Vollmacht ist beigefügt – beantrage ich – wegen Dringlichkeit ohne mündliche Verhandlung – den Erlass folgender

Einstweiliger Verfügung

Die Antragsgegnerin hat den ihr vom Amtsgericht – Nachlassgericht ■■■ im Verfahren Gz. ■■■ erteilten Erbschein an das Nachlassgericht herauszugeben.

Die Antragsgegnerin hat die Kosten des Verfahrens zu tragen.

Begründung:
1. Verfügungsanspruch
    Der Antragsteller ist der Sohn der Antragsgegnerin. Am ■■■ verstarb in ■■■ der Vater des Antragstellers ■■■. Aufgrund eines Testaments vom ■■■, das die Antragsgegnerin beim Nachlassgericht vorlegte, erhielt diese einen Erbschein, der sie als Alleinerbin auswies.
    Glaubhaftmachung:
    beigefügte Ausfertigung des Erbscheins des Amtsgerichts ■■■ vom ■■■
    beigefügte eidesstattliche Versicherung des Antragstellers vom ■■■
    Beiziehung der Nachlassakten des Amtsgerichts ■■■ GZ ■■■
    Der Antragsteller ist das einzige Kind der Eheleute ■■■. Die Eheleute ■■■ lebten im gesetzlichen Güterstand, der durch den Tod des ■■■ am ■■■ beendet wurde. Nach dem Testament vom ■■■ sollte die Antragsgegnerin Alleinerbin des ■■■ sein. Dieses Testament ist aber unwirksam, da der Erblasser zum Zeitpunkt der Errichtung nicht testierfähig war. Der behandelnde Hausarzt erklärte gegenüber dem Antragsteller, dass der Erblasser an einer altersbedingten senilen Demenz litt und die Tragweite seines Tuns nicht mehr überblicken konnte.
    Glaubhaftmachung: beigefügte eidesstattliche Versicherung des Dr. med. ■■■ vom ■■■
    Der Erblasser war nicht mehr testierfähig, § 2229 Abs. 4 BGB. Es ist mangels anderweitiger letztwilliger Verfügungen gesetzliche Erbfolge eingetreten. Die Antragsgegnerin wurde nicht Alleinerbin, sondern gemeinsam mit dem Antragsteller lediglich Miterbin zu 1/2 nach §§ 1931 Abs. 1, 1371 BGB. Insoweit besteht für den Antragsteller ein Herausgabeanspruch nach § 2362 BGB, den er auch für die Erbengemeinschaft allein geltend machen kann, § 2039 Satz 2 BGB analog.
2. Verfügungsgrund
    Die Antragsgegnerin weigerte sich trotz Aufforderung des Antragstellers, den Erbschein herauszugeben. Sie erklärte gegenüber dem Antragsteller, dass sie beabsichtige, das einzige, im Nachlass befindliche, Grundstück zu veräußern. Ein Notartermin sei schon für den ■■■ vereinbart worden.
    Glaubhaftmachung: beigefügte eidesstattliche Versicherung des Antragstellers vom ■■■
    Da nach Auskunft des Nachlassgerichts über eine Einziehung des Erbscheins erst nach Erholung eines Sachverständigengutachtens entschieden werden kann, droht dem Antragsteller als wahren Erben ein Rechtsverlust. Auch kann ihm ein Zuwarten bis zur Hauptsache Entscheidung im zivilprozessualen Verfahren nicht zugemutet werden.

Rechtsanwalt

IV. Der Vergleich im Feststellungsverfahren

Besteht Streit über die Auslegung einer letztwilligen Verfügung, so können sich die Parteien vergleichsweise im Zivilprozess einigen.

81

82 Nach dem Erbfall können sich die Beteiligten durch einen notariell beurkundeten Vertrag verbindlich darauf festlegen, wie die Verfügung von Todes wegen auszulegen ist („Auslegungsvertrag"):[91]

83 „… Nach dem Eintritt eines Erbfalles entsteht unter den Beteiligten nicht selten Ungewissheit über die Rechtslage, dies namentlich dann, wenn privatschriftliche Testamente auszulegen sind. Das hieraus erwachsende Bedürfnis, die Rechtslage ohne Rechtsstreit **schiedlich-friedlich** zu klären und für die Beteiligten im allseitigen Einverständnis festzulegen, liegt auf der Hand. Die Praxis trägt dem – beispielsweise bei der Erteilung von Erbscheinen – nach Möglichkeit Rechnung, indem sie einverständlichen Erklärungen aller Beteiligten über die Auslegung einer Verfügung von Todes wegen besonderes Gewicht beilegt.

84 Das ist, solange die Interessen Dritter nicht berührt werden, legitim, zumal die Beteiligten vielfach am besten mit den Vorstellungen und Zielen vertraut sind, von denen der Erblasser sich bei seiner letztwilligen Verfügung hat leiten lassen; ihrem übereinstimmenden Verständnis des Testaments wird im Allgemeinen ohnehin eine nicht zu unterschätzende indizielle Bedeutung zukommen. Dabei darf freilich nicht übersehen werden, dass die an einem Nachlass Beteiligten die Auslegung des Testaments nicht in der Hand haben. Wollen die Beteiligten die Frage, wie das Testament auszulegen ist, für ihr Verhältnis untereinander verbindlich festlegen, ohne Rücksicht darauf, ob sich ihre Auslegung im Nachhinein als zutreffend oder unzutreffend erweisen sollte, und künftigem Streit entziehen, dann bedarf es dazu eines besonderen Vertrages, sei es nun ein Vergleich im Sinne von § 779 BGB oder ein gesetzlich nicht normierter „Feststellungs-" oder „Auslegungsvertrag" (§ 305 BGB). Der Sache nach ist ein derartiger Feststellungsvertrag darauf gerichtet, dass die Parteien einander schuldrechtlich so zu stellen haben, als sei die vereinbarte Auslegung zutreffend. Dabei kann die Stellung der Beteiligten mithilfe entsprechender Erbteilsübertragungen gemäß § 2033 BGB der vereinbarten Rechtslage auch dinglich angenähert werden … Vereinbarungen dieser Art fallen aber nach der Rechtsprechung des Reichsgerichts unter § 2385 BGB und bedürfen der notariellen Beurkundung gemäß §§ 2371, 2033 BGB (vgl. RGZ 72, 209; 171, 359, 366)…

85 Hinsichtlich der Rechtsanwaltsgebühren ist zu beachten, dass in diesem Fall auch eine Einigungsgebühr nach Nr. 1000 VV-RVG entstehen kann. Zu den Anwaltsgebühren nach dem RVG vgl. im Übrigen § 13.

C. Zwangsvollstreckung

86 Das Feststellungsurteil bedarf in der Hauptsache keiner Vollstreckung. Vollstreckbar ist allein die Kostenentscheidung.

---

91 BGH NJW 1986, 1812.

§ 2 Klage des Erben auf Herausgabe der Erbschaft

A. Vorprozessuale Situation

I. Allgemeines

Befindet sich der Mandant als Erbprätendent nicht im Besitz des Nachlasses, ist zu überlegen, wie gegen den Erbschaftsbesitzer vorzugehen ist. § 2018 BGB bietet einen umfassenden erbrechtlichen Gesamtanspruch, der ein dingliches Recht auf Herausgabe des nach dem Anfall der Erbschaft Erlangten gewährt.

87

II. Materiell rechtliche Voraussetzungen

1. Anspruchsgrundlage

Nach § 2018 BGB kann der Erbe vom Erbschaftsbesitzer die Herausgabe des Erlangten verlangen. Darüber hinaus besteht auch ein Anspruch auf die Herausgabe von Surrogaten, § 2019 BGB, Nutzungen und Früchte, § 2020 BGB.

88

a) Anspruchsberechtigung und Anspruchsverpflichtung

Gläubiger der Ansprüche nach §§ 2018 ff. BGB sind die **wahren Erben**. Der Anspruch steht dabei jedem Miterben auch allein zu, wobei aber zu beachten ist, dass er die Herausgabe nur an die Erbengemeinschaft nach § 2039 Abs. 1 BGB verlangen kann. Daneben können noch kraft ihres Amtes der Nachlassverwalter, § 1984 BGB, der Nachlassinsolvenzverwalter, § 80 Abs. 1 InsO, und der Testamentsvollstrecker, § 2212 BGB, sich auf die Ansprüche der §§ 2018-2020 BGB berufen.

89

Nach dem Wortlaut des § 2018 BGB ist unter einem **Erbschaftsbesitzer** zu verstehen, wer aufgrund eines ihm in Wirklichkeit nicht zustehenden Erbrechts etwas aus der Erbschaft erlangt hat. Über den Wortlaut hinaus wird darunter unter Berufung auf den Sinn der Vorschrift überwiegend ferner auch derjenige verstanden, der – vor oder nach dem Erbfall – etwas aus dem Erblasservermögen zunächst ohne Inanspruchnahme eines Erbrechts erlangt hat, die betreffenden Gegenstände aber nachträglich unter – unzutreffender – Berufung auf ein eigenes, in Wahrheit nicht oder nicht in dem behaupteten Umfang bestehendes Erbrecht verteidigt.[92] Hingegen besteht der Erbschaftsanspruch nicht gegenüber demjenigen, der etwas aus der Erbschaft erlangt hat, ohne sich auf irgendein Recht oder einen Titel zu berufen, z.B. der Dieb.[93] Der **Erbe** des Erbschaftsbesitzers rückt in dessen Verpflichtung aus § 2018 BGB ein; einer zusätzlichen Erbrechts-„Anmaßung" auch durch ihn bedarf es dazu nicht.[94]

90

b) Verjährung

Der Erbschaftsanspruch verjährt einheitlich nach 30 Jahren, §§ 2026, 197 Abs. 1 Nr. 2 BGB.

91

---

[92] BGH NJW 1985, 3068 RGZ 81, 293, 294; Staudinger/Gursky, BGB, 12. Aufl., § 2018 Rn 8; Soergel/Dieckmann, BGB, 11. Aufl., § 2018 Rn. 5.
[93] Schmalenbach in: Damrau, Erbrecht Handkommentar § 2018 Rn. 10.
[94] BGH NJW 1985, 3068.

B. Prozess

I. Klage

1. Allgemeines

92 Für die Herausgabeklage des Erben besteht der besondere Gerichtsstand des § 27 ZPO, d.h. die Klage kann vor dem Gericht erhoben werden, bei dem der Erblasser zur Zeit des Todes seinen allgemeinen Gerichtsstand gehabt hat. Daneben kann auch am allgemeinen Gerichtsstand des Beklagten, §§ 12, 13 ZPO geklagt werden.

2. Klagantrag

93 Im Klagantrag müssen die einzelnen Nachlassgegenstände genau bezeichnet werden, § 253 Abs. 2 Satz 2 ZPO.[95] Dies ist schon allein im Hinblick auf die spätere Vollstreckung von Bedeutung. Stellt sich im Laufe des Verfahrens das Vorhandensein von weiteren Nachlassgegenständen heraus, kann die Klage jederzeit gemäß § 264 Nr. 2 ZPO erweitert werden.

3. Beweislast

94 Der Erbprätendent, der das Erbrecht beansprucht, trägt die Beweislast für das Vorliegen der Voraussetzungen des § 2018 BGB.[96] Er muss als Kläger seine Erbenstellung und den Erbschaftsbesitz des Beklagten darlegen und beweisen.

95 Im Rahmen einer Herausgabeklage gegen den Erbschaftsbesitzer hat der Kläger auch zu beweisen, dass die streitigen Gegenstände zum Nachlass gehören und damit auch seine Behauptung, eine schriftliche Schenkungserklärung des Erblassers sei gefälscht.[97] Der Erbe trägt weiter die Beweislast, dass der Beklagte etwas aus dem Nachlass erlangt hat.[98] Eine Beweiserleichterung enthält § 2018 BGB aber insoweit, dass nur bewiesen werden muss, dass der Beklagte zu irgendeinem Zeitpunkt einmal etwas aus dem Nachlass erlangt hat, gleichgültig, ob er es noch in Besitz hat.[99] Schließlich muss der Kläger auch die Anmaßung des Erbrechts seitens des Beklagten darlegen und beweisen.[100]

4. Auskunftsanspruch

96 Der wahre Erbe besitzt gegen den Erbschaftsbesitzer auch einen Auskunftsanspruch nach § 2027 BGB. Der Erbschaftsbesitzer ist verpflichtet, dem Erben über den Bestand der Erbschaft und über den Verbleib der Erbschaftsgegenstände Auskunft zu erteilen. Der Anspruch umfasst auch die Pflicht zur Vorlage eines Bestandsverzeichnisses, § 260 Abs. 1 BGB. Dabei ist auf den gegenwärtigen Bestand abzustellen.[101] Die Auskunftspflicht gilt auch für Surrogate, Nutzungen und Früchte nach §§ 2019, 2020 BGB.

---

[95] AnwKom-BGB/Fleindl vor § 2018 Rn. 13.
[96] Baumgärtel/Strieder § 2018 BGB Rn. 1.
[97] OLG Oldenburg WM 1998, 2239.
[98] Erman/Schlüter § 2018 Rn. 6.
[99] Baumgärtel/Strieder § 2018 BGB Rn. 5.
[100] MüKo/Frank § 2018 Rn. 37.
[101] BGHZ 61, 180, 182.

Gegebenenfalls kann auch eine Rechnungslegung nach § 259 BGB beansprucht werden, falls Nachlassgegenstände nicht mehr vorhanden oder auffindbar sind.[102] Vom Auskunftsanspruch umfasst ist auch das, was dem Erbschaftsbesitzer als Voraus, § 1932 BGB, oder als Vorausvermächtnis, § 2150 BGB, zugewendet werden soll.[103]

Auskunftsberechtigt ist nicht nur der Alleinerbe, sondern auch ein Miterbe, sowohl gegenüber einem Dritten, als auch gegenüber einem anderen Miterben. Auskunftspflichtig ist der Erbschaftsbesitzer nach § 2027 Abs. 1 BGB. Schlägt ein ursprünglich als Erbe berufener die Erbschaft aus, handelt es sich bei ihm zwar nicht um einen Erbschaftsbesitzer, sondern um einen Besitzstörer. Für ihn gilt die Auskunftspflicht nach § 2027 Abs. 2 BGB.

Auskunftspflichtig als Erbschaftsbesitzer ist auch ein Miterbe, der sich ein Alleinerbrecht angemaßt hat und deshalb etwas aus dem Nachlass erlangt hat. Behauptet dieser Miterbe, er habe aus dem Nachlass nichts in Besitz genommen, kann sich eine Auskunftspflicht aus § 2362 Abs. 2 BGB ergeben, falls ihm ein unrichtiger Erbschein erteilt wurde.[104]

Die Auskunftspflicht des Erbschaftsbesitzers aus § 2027 BGB geht auf dessen Erben über. Die Auskunftspflicht ist allerdings insofern höchstpersönlicher Natur, als sie zu Lebzeiten des Verpflichteten grundsätzlich in Person erfüllt werden muss. Daraus folgt aber noch nicht, dass die Auskunftspflicht mit dem Tode des Verpflichteten untergeht.[105] Den Erben des Erbschaftsbesitzers kann daneben auch eine originäre eigene Auskunftspflicht aus § 2027 BGB treffen.[106]

Beachte: Mit der Erhebung der bloßen Auskunftsklage wird nicht die Rechtshängigkeit des Erbschaftsanspruchs begründet!

5. Muster: Klagantrag für isolierte Herausgabeklage

Die Beklagte wird verurteilt, an den Kläger die zum Nachlass des am ▬▬▬ verstorbenen, zuletzt wohnhaft in ▬▬▬ gewesenen Erblassers ▬▬▬ gehörenden Gegenstände:

▬▬▬ (genaue Bezeichnung und Auflistung der Gegenstände)

herauszugeben.

6. Prozessuale Besonderheiten

a) Feststellungsklage

Will der Erbe sein Erbrecht rechtskräftig festgestellt wissen, reicht allein die Klage auf Herausgabe nach § 2018 BGB nicht aus, da die Erbenstellung hier lediglich als Vorfrage behandelt wird. Es besteht aber die Möglichkeit, die Herausgabeklage mit einer

---

102 Brox, Erbrecht § 32 VII 1.
103 Erman / Schlüter § 2027 BGB Rn. 1.
104 MüKo / J. Mayer § 2362 BGB Rn. 9.
105 BGH NJW 1985, 3068.
106 BGH NJW 1985, 3068.

Feststellungsklage nach § 256 Abs. 1 ZPO zu verbinden. Insoweit handelt es sich um einen Fall der objektiven Klagehäufung nah § 260 ZPO.

b) Stufenklage

103 Möglich ist auch eine Verbindung von Feststellungs-, Auskunfts- und Herausgabeklage zu einer Stufenklage.[107]

104 ### c) Muster: Kombinierter Klagantrag Auskunft und Herausgabe

1. Die Beklagte wird verurteilt, dem Kläger schriftlich Auskunft zu erteilen,
   über den Bestand des Nachlass des am ▪▪▪ verstorbenen, zuletzt wohnhaft in ▪▪▪ gewesenen Erblassers ▪▪▪ zum Stichtag ▪▪▪ einschließlich der Surrogate und der gezogenen Nutzungen und Früchte durch Vorlage eines Bestandsverzeichnisses;
   über den Verbleib folgender Nachlassgegenstände: ▪▪▪ durch Vorlage entsprechender Belege.
2. Die Beklagte wird verurteilt, an den Kläger die zum Nachlass des in Ziff. 1 genannten Erblassers ▪▪▪ gehörenden Gegenstände: ▪▪▪ herauszugeben.

II. Einstweiliger Rechtsschutz

1. Einstweilige Verfügung

105 Der Herausgabeanspruch kann durch einstweilige Verfügung nach §§ 935 ff. ZPO gesichert werden.

106 Beim Antrag auf Erlass einer einstweiligen Verfügung ist zu beachten, dass in der Antragsschrift
- der Verfügungsanspruch,
- der Verfügungsgrund und gegebenenfalls
- die Prozessvoraussetzungen
- **schlüssig dargetan und glaubhaft gemacht** werden müssen.

107 Als Mittel der Glaubhaftmachung dient vor allem die **eidesstattliche Versicherung,** § 294 ZPO. Der Rechtsanwalt wird den Mandanten bitten, den von ihm geschilderten Sachverhalt an Eides Statt zu versichern. Erforderlich dafür ist eine eigene Darstellung der glaubhaft zu machenden Tatsachen und nicht eine bloße Bezugnahme auf den Schriftsatz des Rechtsanwalts.[108]

2. Beispielsfall

108 Der Mandant trägt dem Anwalt folgenden Sachverhalt vor:

109 „Ich bin der einzige Sohn der Eheleute Albert und Berta Specht. Mein Vater Emil ist am 20.12.2004 verstorben. Er hinterließ ein Vermögen im Wert von 400 000,- €. Dies setzt sich wie folgt zusammen:

---

107 AnwKom-BGB/Fleindl vor § 2018 Rn. 19.
108 BGH NJW 1988, 2045.

- VW-Aktien (NR. 10XY VW 34567800-34569000) 200000,- € (Kurswert am 20.12.2004)
- Pfandbriefe der LBZ (Nr. 876543-877777)   150000,- €
- „Notgroschen"   50000,- €

Die Aktien und Pfandbriefe hatte mein Vater in einem Tresor in unserem Haus in der Jahnstr. 38 in Traunstein aufbewahrt. Bargeld im Wert von 50000,- € hatte er als „Rücklage für Notfälle" in sein Kopfkissen eingenäht.

Am 31.12.1991 hatte mein Vater ein Testament errichtet, in dem meine Mutter als Alleinerbin eingesetzt wurde. Ich wurde nicht bedacht, da mein Vater meinte, ich solle erst einmal einen anständigen Beruf erlernen. Die Aufnahme des Jurastudiums konnte meinen Vater nicht zum Umdenken bewegen. Aufgrund der genannten letztwilligen Verfügung erhielt meine Mutter vom Amtsgericht Nachlassgericht Traunstein am 14.02.2005 einen Erbschein, der sie als Alleinerbin auswies. Eine Kopie dieses Erbscheins füge ich als Anlage bei. In der Folgezeit habe ich meine Mutter mehrmals aufgefordert, mir meinen Pflichtteil auszuzahlen. Erhalten habe ich bislang nichts. Ich wurde immer nur hingehalten und vertröstet.

Gestern erfuhr ich von unserer Nachbarin Lisbeth Lauscher, dass meine Mutter ihr gegenüber geäußert hätte, sie wolle nach Brasilien auswandern. Ein ehemaliger Schulfreund betreibe dort ein Hotel und habe sie eingeladen, den Lebensabend gemeinsam „unter der Sonne des Amazonas zu verbringen". Diese Mitteilung hat mich sehr verwundert. Frau Lauscher vertraute mir dann noch an, dass meine Mutter ihr gegenüber noch folgendes geäußert hätte:

Mein Vater habe das oben genannte Testament im Juli 1993, nachdem ich den kleinen BGB- Schein geschafft hatte, in der Absicht zerrissen, es zu widerrufen. Er wollte mich wieder als gesetzlichen Erben sehen. Einen Tag später, habe er es sich doch wieder anders überlegt und das Schriftstück erneut zusammengeklebt. Dem Nachlassgericht habe meine Mutter erklärt, das Testament sei versehentlich beschädigt worden.

Ich stellte meine Mutter daraufhin noch gestern zur Rede und konfrontierte sie mit diesen Äußerungen. Sie bestätigte die Angaben der Frau Lauscher und gab an, bereits am Freitag, den 11. Juli 2005, nach Brasilien zu fliegen. Auf meine Bitte, mir wenigstens meinen gesetzlichen Erbteil auszuzahlen, entgegnete sie mir wörtlich: „Du bekommst von mir keinen Pfennig! Ich brauche das ganze Geld zur Alterssicherung!"

Herr Rechtsanwalt, bitte helfen Sie mir. Ich möchte primär mein gesetzliches Erbe, zumindest aber meinen Pflichtteil. Des weiteren muss der erteilte Erbschein schleunigst beseitigt werden.

Ich kann die geschilderten Tatsachen jederzeit beschwören. Frau Lauscher wird die Äußerungen meiner Mutter bestätigen. Sie ist nächste Woche wieder erreichbar, da sie sich, wie sie selbst sagte zwecks eines Kurzurlaubes einige Tage an die Ostsee begeben wolle.

117 Anlage 1:

Erbschein

Amtsgericht Traunstein
Nachlassgericht
Az. 5 VI 564/05

E r b s c h e i n

Hiermit wird bezeugt, dass der am 20.12.2004 in Traunstein verstorbene Kaufmann Albert Specht, geb. am 16.01.1914 in Waging, zuletzt wohnhaft in 83278 Traunstein, Jahnstr. 38, von seiner Ehefrau Berta Specht, geb. am 11.11.1921, Hausfrau in 83278 Traunstein, Jahnstr. 38,
allein beerbt worden ist.

Traunstein, den 14.02.2005

Dr. Hafner
Richter am Amtsgericht

118 Zur Sicherung des Erbrechts des Specht ist ein Antrag auf Erlass einer einstweiligen Verfügung zu formulieren. Da als Mittel der Glaubhaftmachung lediglich eine eidesstattliche Versicherung des Antragsteller zur Verfügung steht und dieser Erkenntnisse nur „vom Hörensagen" bekundet, ist hilfsweise ein Arrestbefehl zur Sicherung des Pflichtteilsanspruchs zu beantragen. Bei dieser Konstellation ist, da es um zwei unterschiedliche Ansprüche geht, eine Antragstellung im Eventualverhältnis möglich.

119 **3. Muster: Antrag auf einstweilige Verfügung / Arrestgesuch**

6

An das

Landgericht ▪▪▪

Antrag auf Erlass einer einstweiligen Verfügung

hilfsweise

Arrestgesuch

des ▪▪▪

Antragsteller

Verfahrensbevollmächtigter: ▪▪▪

gegen

■■■

Antragsgegnerin

wegen Herausgabe

Namens und in Auftrag des Antragstellers -Vollmacht ist beigefügt – beantrage ich – wegen Dringlichkeit ohne mündliche Verhandlung – den Erlass folgender

einstweiliger Verfügung
1. Die Antragsgegnerin hat die VW-Aktien NR. 10XY VW 34567800-34569000, die Pfandbriefe der LBZ NR. 876543-877777, sowie 50000,- € zum Zwecke der Hinterlegung an den Gerichtsvollzieher herauszugeben.
2. Die Durchsuchung der Wohnung der Antragsgegnerin in 83278 Traunstein, Jahnstr. 38, zur Vollstreckung der Herausgabe wird gestattet.
3. Die Antragsgegnerin hat die Kosten des Verfahrens zutragen.

Hilfsweise beantrage ich den Erlass folgenden

Arrestbefehls
1. Wegen einer Pflichtteilsforderung des Antragstellers in Höhe von 100000,- € gegen die Antragsgegnerin, sowie einer Kostenpauschale von 15000,- € wird der persönliche Sicherheitsarrest gegen die Antragsgegnerin angeordnet.
2. In Vollziehung des persönlichen Arrestes wird die Haft gegen die Antragsgegnerin verhängt.
3. Die Vollziehung des Arrestbefehls wird durch die Hinterlegung eines Geldbetrages in Höhe von 115000,- € oder durch die Stellung einer selbstschuldnerischen, unbeschränkten, unbefristeten und unwiderruflichen Bürgschaft in gleicher Höhe einer deutschen Großbank über 115000,- € gehemmt.
4. Die Antragsgegnerin hat die Kosten des Verfahrens zu tragen.

Begründung:

I. Verfügungsanspruch

Der Antragsteller ist der Sohn der Antragsgegnerin. Am ■■■ verstarb der Vater des Antragstellers, ■■■. Aufgrund einer von der Antragsgegnerin beim Nachlassgericht vorgelegten letztwilligen Verfügung erhielt diese einen Erbschein, der sie als Alleinerbin auswies.

Glaubhaftmachung:
1. beigefügte Abschrift des Erbscheins des Amtsgerichts ■■■ vom ■■■;
2. beigefügte eidesstattliche Versicherung des Antragstellers vom ■■■;
3. Beiziehung der Nachlassakten des Amtsgerichts Traunstein Gz. ■■■.

Der Antragsteller ist das einzige Kind der Eheleute ■■■, die im gesetzlichen Güterstand gelebt hatten. Am 31.12.1991 hatte der Vater des Antragstellers ein Testament errichtet, in dem er die Antragsgegnerin als Alleinerbin einsetzte. Der Antragsteller wurde nicht bedacht, da sein Vater meinte, er solle erst einmal einen anständigen Beruf erlernen.

Glaubhaftmachung: beigefügte eidesstattliche Versicherung des Antragstellers vom ■■■;

Im Juli 1993 zerriss Albert Specht dieses Testament, nachdem er erfahren hatte, dass der Antragsteller, der zwischenzeitlich ein Jurastudium aufgenommen hatte, den kleinen BGB-Schein geschafft hatte. Albert Specht handelte dabei in Widerrufsabsicht. Einen Tag später überlegte es sich der Erblasser doch wieder anders und klebte das Schriftstück, das eigenhändig ge- und unterschrieben war, erneut zusammen.

Glaubhaftmachung: beigefügte eidesstattliche Versicherung des Antragstellers vom ▪▪▪;

Aufgrund dieses Testaments erhielt die Antragsgegnerin einen Erbschein, der sie als Alleinerbin auswies.

Glaubhaftmachung:
1. beigefügte eidesstattliche Versicherung des Antragstellers vom ▪▪▪;
2. Beiziehung der Nachlassakten des Amtsgerichts Traunstein Gz. ▪▪▪

Tatsächlich ist der Antragsteller aufgrund gesetzlicher Erbfolge zur Hälfte Erbe des Albert Specht geworden. Das Testament vom 31.12.1991 war nach § 2255 BGB widerrufen worden. Dieser Widerruf konnte auch nicht durch das Zusammenkleben des Schriftstückes widerrufen werden (vgl. BayObLG NJW-RR 1996, 1094; Palandt/Edenhofer, § 2255 BGB Rn. 14). Erben des Albert Specht wurden somit der Antragsteller und die Antragsgegnerin je zu fh. Da sich die Antragsgegnerin als Miterbin ein Alleinerbrecht anmaßt, kann der Antragsteller als Miterbe die Herausgabe der aus dem Nachlass erlangten Gegenstände verlangen, § 2018 BGB (vgl. Palandt/Edenhofer, § 2018 BGB Rn. 2). Wegen der noch nicht durchgeführten Auseinandersetzung kann er vorliegend die Hinterlegung für alle Erben verlangen, § 2039 S. 2 BGB (BGH WM 1975, 1179).

II. Verfügungsgrund

Trotz mehrfacher Aufforderung des Antragstellers weigert sich die Antragsgegnerin bis zum heutigen Tage, die Nachlassgegenstände an die Erbengemeinschaft herauszugeben.

Glaubhaftmachung: beigefügte eidesstattliche Versicherung des Antragstellers vom ▪▪▪;

Die Antragsgegnerin äußerte gegenüber dem Antragsteller am ▪▪▪, dass sie beabsichtige, nach Brasilien auszuwandern und bereits am 11.07.2005 abfliegen wolle. Auf die Bitte des Antragstellers, ihm wenigstens seinen gesetzlichen Erbteil auszuzahlen, entgegnete sie wörtlich: „Du bekommst von mir keinen Pfennig! Ich brauche das ganze Geld zur Alterssicherung!"

Glaubhaftmachung: beigefügte eidesstattliche Versicherung des Antragstellers vom ▪▪▪;

Aufgrund dieser Verhaltensweise der Antragsgegnerin ist der Herausgabeanspruch des Antragstellers gefährdet. Ihm kann ein Zuwarten bis zur Hauptsacheentscheidung nicht zugemutet werden.

Der Durchsuchungsantrag erfolgt vorsorglich im Hinblick auf § 758 Abs. 1 ZPO.

III. Arrestanspruch

Hilfsweise, für den Fall, dass das Gericht von der Wirksamkeit des genannten Testaments ausgeht, steht dem Antragsteller ein Pflichtteilsanspruch in Höhe der Hälfte des gesetzlichen Erbteils, also 100 000,- € zu.

Der Antragsteller hat seinen Pflichtteil von der Antragsgegnerin mehrmals gefordert. Er wurde dabei immer wieder vertröstet.

Glaubhaftmachung: beigefügte eidesstattliche Versicherung des Antragstellers vom ▪▪▪

IV. Arrestgrund

Insoweit darf auf die Ausführungen zum Verfügungsgrund Bezug genommen werden. Über Vermögenswerte der Antragsgegnerin ist dem Antragsteller nichts bekannt

Glaubhaftmachung: beigefügte eidesstattliche Versicherung des Antragstellers vom ■■■

Rechtsanwalt

C. Zwangsvollstreckung

Es finden die Vorschriften über die Herausgabevollstreckung nach § 883 ZPO Anwendung. Wird der Erbschaftsbesitzer zur Auskunft nach § 2027 BGB verurteilt, bestimmt sich die Zwangsvollstreckung nach § 888 ZPO. Verweigert der Beklagte die Abgabe der eidesstattlichen Versicherung, muss diese vom Erben vor dem Prozessgericht eingeklagt werden. Die Vollstreckung richtet sich dann nach § 889 ZPO.

120

§ 3 Die Klage des Pflichtteilsberechtigten gegen den Erben

A. Vorprozessuale Situation

I. Allgemeines

1. Wirksame Enterbung?

121 Wird ein Pflichtteilsberechtigter vertreten, empfiehlt sich vorweg zu prüfen, ob der Mandant **wirksam enterbt** wurde. Kann z.B. die letztwillige Verfügung, durch die der Pflichtteilsberechtigte von der Erbfolge ausgeschlossen wurde, durch Anfechtung nach § 2078 BGB beseitigt werden, ist zunächst der Weg der Testamentsanfechtung zu beschreiten.

2. Auskunftsbegehren

122 Stellt sich heraus, dass der Mandant wirksam enterbt wurde, ist der Erbe zunächst außergerichtlich aufzufordern, **Auskunft** über den Bestand des Nachlasses zu erteilen, § 2314 BGB, und einen Betrag, der der Hälfte des gesetzlichen Erbteils entspricht, zu bezahlen.

3. Bewertung

123 In der Praxis stellt die **Bewertung** des Nachlasses oft das größte Problem dar. Die Berechnung der Pflichtteilsquote kann bei Kenntnis der Verwandtschaftsverhältnisse meist einfach erfolgen. Um den Nachlassbestand feststellen zu können, empfiehlt es sich, zunächst den/die Erben aufzufordern, Auskunft über die Aktiva und Passiva[109] des Nachlasses und gegebenenfalls ausgleichspflichtige Zuwendungen[110] zu erteilen.

II. Materiell rechtliche Voraussetzungen

1. Anspruchsgrundlage

124 Zu unterscheiden ist zunächst zwischen dem **Pflichtteilsrecht** und dem **Pflichtteilsanspruch**. Das Pflichtteilsrecht ist ein Rechtsverhältnis, das zwischen dem Erblasser und dem Pflichtteilsberechtigten bereits zu Lebzeiten des Erblassers besteht und das nach dessen Tod sich mit den Erben fortsetzt.[111] Mit dem Erbfall entsteht aus dem Pflichtteilsrecht der Pflichtteilsanspruch, es sei denn dem Berechtigten wurde ein Erbteil hinterlassen, der der Hälfte des gesetzlichen Erbteils entspricht oder diese übersteigt. Es handelt sich dabei um einen persönlichen Anspruch auf Zahlung einer bestimmten Geldsumme.[112] Voraussetzung ist, dass der Pflichtteilsberechtigte von der Erbfolge ausgeschlossen wurde, dass er also enterbt wurde, § 1938 BGB. Wurde der Pflichtteilsberechtigte vom Erblasser als Erbe zu einer Quote eingesetzt, die zwar größer als die Hälfte der gesetzlichen Erbquote ist, ist zu prüfen, ob Beschränkungen oder Beschwerungen gleichwohl zu einem Pflichtteilsanspruch führen können. Dies ist dann zu beja-

---

109 BGHZ 33, 373.
110 Gemäß § 2316 BGB.
111 AnwKom-BGB/Bock § 2303 Rn. 4; MüKo/Frank § 2303 BGB Rn. 5.
112 BGHZ 28, 178.

hen, wenn der Pflichtteilsberechtigte nur als Vor- oder Nacherbe eingesetzt wurde, er durch Vermächtnisse, Auflagen, die Anordnung der Testamentsvollstreckung oder Teilungsanordnungen beschwert ist. In diesen Fällen hat der Pflichtteilsberechtigte einen Anspruch auf den vollen Pflichtteil nur dann, wenn er den Erbteil innerhalb der gesetzlichen Frist nach § 2306 Abs. 1 Satz 2 BGB ausschlägt.

Kein Pflichtteilsrecht besteht mehr, wenn dem Berechtigten der Pflichtteil nach §§ 2333 ff. BGB entzogen worden war. Entsprechendes gilt für die Fälle der Vereinbarung des vorzeitigen Erbausgleichs, § 1934a ZPO, und des Erbverzichts, § 2346 BGB. Auch einem Erbunwürdigen, dessen Unwürdigkeit nach §§ 2344 ff. BGB festgestellt worden ist, und einem geschiedenen Ehegatten stehen gemäß § 1933 BGB kein Pflichtteilsrecht zu. 125

Die Berechnung des konkreten Anspruchs vollzieht sich in vier Schritten: 126
- Ermittlung des ordentlichen Pflichtteils, § 2303 BGB,
- Prüfung eines etwaigen Pflichtteilsergänzungsanspruchs, § 2325 BGB,
- evt. Anrechnung bzw. Ausgleichung nach §§ 2315, 2316 BGB,
- evt. zusätzliche Rechte nach §§ 2305, 2306 BGB.

a) Ordentlicher Pflichtteil

Für die Höhe des Pflichtteilsanspruchs sind zwei Komponenten maßgeblich: 127
- Zum einen ist die gesetzliche **Erbquote** zu ermitteln und davon die Hälfte zu nehmen.
- Zum anderen ist der **Bestand des Nachlasses** zum Zeitpunkt des Erbfalls zu ermitteln, §§ 2303 Abs. 1 Satz 2, 2311 BGB. Maßgeblich ist dabei der Nettonachlass, d.h. von den Aktiva sind die Passiva in Abzug zu bringen.

b) Pflichtteilsergänzungsanspruch[113]

Soweit der Erblasser innerhalb der letzten zehn Jahre **Schenkungen an Dritte** vorgenommen hat, kann der Pflichtteilsberechtigte eine Ergänzung des Pflichtteils insoweit verlangen als durch den verschenkten Gegenstand der Wert des Nachlasses vermindert wurde, § 2325 BGB. Dabei handelt es sich um einen **selbstständigen Anspruch**, der prozessual auch isoliert geltend gemacht werden kann. Das Gesetz arbeitet dabei bei der Berechnung mit einer Fiktion: Der Wert des verschenkten Gegenstandes wird dem realen Nachlass hinzugerechnet. 128

aa) Schenkung: Was den Begriff der Schenkung anbelangt, darf auf § 516 Abs. 1 BGB zurückgegriffen werden. Auch gemischte Schenkungen können zu einem Pflichtteilsergänzungsanspruch führen. 129

bb) Beweislast: Der Pflichtteilsberechtigte hat den Schenkungscharakter, den Wert des Gegenstandes und den Zeitpunkt der Schenkung zu beweisen.[114] Beweiserleichterungen kann er hinsichtlich der Frage der Unentgeltlichkeit in Anspruch nehmen.[115] Ein 130

---

113 Tiedtke, Die Voraussetzungen des Pflichtteilsergänzungsanspruchs, DNotZ 1998, 85.
114 BGHZ 89, 26.
115 BGHZ 59, 132.

Sonderproblem stellen die so genannten unbenannten Zuwendungen dar. Der Schenkungscharakter wird hier überwiegend angenommen.[116]

131 *cc) Anstands- und Pflichtschenkungen:* Nicht vom Ergänzungsanspruch nach § 2325 BGB erfasst werden Pflicht- und Anstandsschenkungen, § 2330 BGB. Gleichwohl besteht insoweit der Auskunftsanspruch.[117] Auch ist der Erbe bzw. der Beschenkte beweispflichtig, dass die erbrachte Zuwendung nicht der Pflichtteilsergänzung unterliegt.[118]

132 *dd) Eigengeschenke:* Gemäß § 2327 Abs. 1 BGB hat sich der Pflichtteilsberechtigte Geschenke, die er selbst erhalten hat, anrechnen zulassen.

133 *ee) Bewertung:* Bei der Bewertung des verschenkten Gegenstandes ist regelmäßig auf den Verkehrswert abzustellen, § 2311 BGB. Für den Bewertungszeitpunkt gelten die Regeln des § 2325 Abs. 2 BGB. Bei verbrauchbaren Sachen ist der Wert zum Schenkungszeitpunkt in Ansatz zu bringen; ansonsten gilt das Niederstwertprinzip, § 2325 Abs. 2 Satz 2 BGB.[119]

2. Anspruchberechtigung und Anspruchsverpflichtung

134 Als Pflichtteilsberechtigte kommen nach § 2303 Abs. 1 Satz 1, Abs. 2 Satz 1 BGB die Abkömmlinge, der Ehegatte[120] und die Eltern des Erblassers in Betracht. Dabei sind die adoptierten und nichtehelichen Kinder den leiblichen Abkömmlingen gleichgestellt.

135 Anspruchsverpflichtet sind die Erben. Bei Miterben ist die Vorschrift des § 2059 BGB zu beachten, wonach sie bis zur Teilung des Nachlasses die Inanspruchnahme verweigern können. Auch bezüglich des Pflichtteilsergänzungsanspruchs ist grundsätzlich der Erbe gemäß § 2325 BGB anspruchsverpflichtet, auch wenn ein Dritter die Schenkung erhalten hat.[121] Ein Anspruch gegen den Beschenkten besteht nur, soweit der Erbe nicht verpflichtet ist, § 2329 Abs. 1 BGB.

3. Verjährung

136 Der Pflichtteilsanspruch verjährt in drei Jahren von dem Zeitpunkt an, in welchem der Pflichtteilsberechtigte von dem Eintritt des Erbfalls und von der ihn beeinträchtigenden Verfügung Kenntnis erlangt, ansonsten in 30 Jahren von dem Eintritt des Erbfalls an, § 2332 Abs. 1 BGB. Der Unterschied zur allgemeinen Verjährung besteht darin, dass die Frist nicht erst am Ende des Jahres der Kenntniserlangung, § 199 Abs. 1 BGB, zu laufen beginnt.[122] Die Verjährung beginnt zu laufen, sobald der Pflichtteilsberechtigte Kenntnis vom Erbfall und seiner Enterbung hat. Auf die Kenntnis des genauen Ausmaßes der Enterbung kommt es nicht an.[123] Die Verjährung beginnt erneut, wenn

---

116 BGH NJW 1992, 564.
117 BGH NJW 1962, 245.
118 Riedel-Lenz in: Damrau, Erbrecht § 2330 Rn. 10; MüKo/Frank § 2330 Rn. 4; AnwKom-BGB/Bock § 2330 Rn. 10.
119 Im einzelnen dazu AnwKom-BGB/Bock § 2325 Rn. 26ff.
120 BGHZ 111, 329.
121 BGHZ 80, 205.
122 Schellhammer, Erbrecht, § 14 Rn. 807.
123 BGH NJW 2000, 288.

der Erbe den Anspruch anerkennt, § 212 Abs. 1 Nr. 1 BGB. Durch die Erhebung der Zahlungsklage wird die Verjährung gehemmt, § 204 Abs. 1 Nr. 1 BGB. Der Lauf der Verjährung wird auch durch die Erhebung einer Stufenklage auf Auskunft und Leistung, § 254 ZPO, unterbrochen.[124] Allein die Erhebung einer Auskunftsklage ist hingegen nicht ausreichend.[125]

Auch der Pflichtteilsergänzungsanspruch verjährt gemäß § 2332 Abs. 1 BGB in drei Jahren und zwar ab doppelter Kenntniserlangung vom Tod des Erblassers und der einen beeinträchtigenden Verfügung. 137

Beachte: Der Anspruch auf Pflichtteilsergänzung gegen den Beschenkten verjährt nach § 2332 Abs. 2 BGB zwar auch in drei Jahren; hier ist der Fristbeginn aber allein vom Todeszeitpunkt des Erblassers abhängig. 138

Wird der beschenkte Erbe zunächst aus § 2325 BGB in Anspruch genommen und die Klage dann im Wege der Klageänderung auf § 2329 BGB gestützt, erfasst die Verjährungsunterbrechung auch den Anspruch gegen den Beschenkten.[126] Die bloße Geltendmachung des vorrangigen Ergänzungsanspruchs gegen die Erben allein ist nicht geeignet, die Verjährung des Anspruchs nach § 2329 BGB zu unterbrechen, wenn der Beschenkte nicht zugleich Erbe ist.[127] 139

B. Prozess

I. Klage

1. Allgemeines

a) Klagearten[128]

Der Pflichtteilsberechtigte kann alternativ entweder isoliert mit einer Leistungsklage Zahlung oder mittels Stufenklage, § 254 ZPO, sowohl Auskunft als auch Zahlung verlangen. Eine Zahlungsklage empfiehlt sich, wenn der genaue Vorstellungen über den Wert des Nachlasses hat. Ansonsten ist eine Auskunftsklage, die mit einem Antrag auf Abgabe einer eidesstattlichen Versicherung verbunden werden kann, zu erheben. 140

Denkbar ist auch noch eine Feststellungsklage, z.B. dann, wenn streitig ist, ob ein Pflichtteilsrecht überhaupt besteht.[129] Der Erblasser kann gegenüber dem Pflichtteilsberechtigte bereits zu seinen Lebzeiten im Wege der Feststellungsklage klären, ob eine Pflichtteilsentziehung wirksam ist.[130] Unter bestimmten Voraussetzungen kann auch der Pflichtteilsberechtigte noch zu Lebzeiten des Erblassers klären lassen, ob ein Pflichtteilsentzug wirksam war.[131] 141

---

124 BGH NJW 1992, 2563; Hk-BGB/Dörner § 204 Rn. 2.
125 BGH NJW 1975, 1409.
126 BGHZ 107, 200; Hk-BGB/Hoeren § 2329 Rn. 11.
127 OLG Düsseldorf FamRZ 1996, 445.
128 Klingelhöffer, Pflichtteilsrecht § 16 Rn. 399.
129 Klingelhöffer, Pflichtteilsrecht § 16 Rn. 406.
130 BGH NJW 1982, 235.
131 BGH ZEV 2004, 243; Kummer ZEV 2004, 274.

b) Zuständigkeit

142 Die sachliche Zuständigkeit bestimmt sich nach §§ 23, 71 GVG. Als Gerichtsstand stehen wahlweise der Wohnsitz des beklagten Erben, §§ 12, 13 ZPO oder der besondere Gerichtsstand der Erbschaft nach § 27 ZPO zur Verfügung.

c) Streitwert

143 Der Streitwert des Auskunftsantrages beträgt ¹/₁₀ bis ¼ des zu erwartenden Zahlungsanspruchs, § 3 ZPO.[132] Bei einer Leistungsklage gilt der bezifferte Betrag der Geldforderung, für den Feststellungsantrag ist ein Abschlag in Höhe von 20 % gegenüber der entsprechenden Leistungsklage zu machen.[133]

2. Beweislast

144 Der Pflichtteilsberechtigte ist bezüglich sämtlicher Voraussetzungen des Pflichtteilsanspruchs beweispflichtig.[134] Er ist insbesondere beweispflichtig für:
- die Zugehörigkeit von Gegenständen zum Nachlass und
- die Frage, ob eine Schenkung vorliegt, die zu einer Erhöhung des fiktiven Nachlassbestandes führt (beachte aber insoweit die **Beweislastumkehr**, wenn sich der Zuwendungsempfänger auf die Unentgeltlichkeit beruft und ein auffälliges Missverhältnis zwischen Leistung und Gegenleistung gegeben ist).[135]

145 Wird vom beklagten Erben die Einrede der Verjährung erhoben, hat er die der Verjährung zugrunde liegenden Tatsachen, insbesondere den Zeitpunkt der Kenntniserlangung vom Erbfall und von der beeinträchtigenden Verfügung, darzulegen und zu beweisen.[136] Was die Anrechnung von Vorempfängen nach § 2315 BGB anbelangt, muss derjenige, der sich auf die Anrechnung einer Zuwendung beruft, die Zuwendung und die Anrechnungsbestimmung beweisen.[137] Eine etwaige nachträgliche Aufhebung der Anrechnungsbestimmung hat der Pflichtteilsberechtigte zu beweisen.[138]

3. Auskunftsanspruch

a) Anspruchsgrundlage

146 Der Erbe ist dem Pflichtteilsberechtigten hinsichtlich des Nachlassbestandes auskunftspflichtig, § 2314 BGB. Insoweit handelt es sich um eine eigene materiell-rechtliche Anspruchsgrundlage. Der Pflichtteilsberechtigte kann die Erstellung eines privaten[139] oder amtlichen[140] **Nachlassverzeichnisses** verlangen. Wurde bereits ein privates Verzeichnis erstellt, kann zusätzlich auch noch ein amtliches Verzeichnis verlangt werden.[141] Darüber hinaus steht ihm ein **Wertermittlungsanspruch** nach § 2314 Abs. 1

---

132 Thomas/Putzo § 3 Rn. 21; OLG Koblenz AnwGeb 1997, 132: fb-1/8.
133 Thomas/Putzo § 3 Rn. 65.
134 BGH ZEV 1996, 186.
135 BGH ZEV 1996, 186.
136 AnwKom-BGB/Bock § 2332 Rn. 24.
137 Baumgärtel § 2315 Rn. 1.
138 Baumgärtel § 2315 Rn. 2.
139 § 2314 Abs. 1 Satz 2 BGB.
140 § 2314 Abs. 1 Satz 3 BGB.
141 OLG Oldenburg NJWE-FER 199, 213; NJW-RR 1993, 782.

Satz 2 BGB zu. Schließlich kann der Pflichtteilsberechtigte auch verlangen, bei der Aufnahme des Nachlassverzeichnisses anwesend zu sein, § 2314 Abs. 1 Satz 2 BGB. Dabei umfasst das Anwesenheitsrecht auch die Möglichkeit, sich von einem Beistand begleiten zu lassen oder einen Vertreter mit der Wahrnehmung des Termins zu betrauen.[142]

§ 2314 BGB ist seinem Wortlaut und seinem Zweck nach auf den Nichterben zugeschnitten. Deshalb kommt auch eine entsprechende Anwendung auf den pflichtteilsberechtigten Erben gegen den Beschenkten nicht in Betracht.[143]

Der Pflichtteilsberechtigte kann von dem Erben verlangen, dass dieser für ihn auf eigene Kosten ein Sachverständigengutachten über den Wert auch eines solchen Gegenstandes einholt, der nur gemäß § 2325 BGB zum Nachlass hinzuzurechnen ist.[144] Ist der Nachlass wertlos, dann kann der Erbe die Einholung des Gutachtens auf eigene Kosten verweigern.

b) Auskunftspflichtiger

Auskunftspflichtig ist auch der Erbeserbe. Der Auskunftsanspruch gemäß § 2314 Abs. 1 BGB, der auf die Weitergabe von Wissen gerichtet ist, das der Verpflichtete hat oder sich verschaffen muss[145] – etwa im Fall einer Nacherbschaft – ist nicht auf den Vorerben beschränkt. Im Übrigen ist auch der Nacherbe Erbe im Sinne des § 2314 Abs. 1 BGB und mit dem Eintritt des Nacherbfalls unter den Voraussetzungen dieser Vorschrift zur Auskunft verpflichtet.

Handelt es sich beim Pflichtteilsberechtigten um einen Miterben, stehen im anstelle der Ansprüche nach § 2314 BGB die nach §§ 2027, 2028, 2038, 666, 681 BGB und gegebenenfalls nach § 242 BGB zu.[146]

c) Eidesstattliche Versicherung

Ein Anspruch auf eidesstattliche Versicherung gemäß § 260 Abs. 2 BGB besteht nur, wenn Grund zur Annahme besteht, dass das Verzeichnis nicht mit der erforderlichen Sorgfalt erstellt wurde.[147] Gibt daraufhin der Erbe freiwillig die eidesstattliche Versicherung ab, ist hierfür das Amtsgericht im FGG-Verfahren nach §§ 163, 79 FGG zuständig. Wird der Erbe zur Abgabe der eidesstattlichen Versicherung verurteilt, ist das Vollstreckungsgericht nach § 889 ZPO der richtige Adressat.

4. Prozessuale Besonderheiten bei der Stufenklage

a) Bestimmtheit des Antrags

Mit der Stufenklage ist es möglich einen unbezifferten Antrag zu stellen. Der Kläger muss aber seine Betragsvorstellung kundtun. Um eine etwaige Teilabweisung zu vermeiden, empfiehlt sich, eine vorsichtige Schätzung bezüglich der Höhe des beanspruch-

---

142 KG FamRZ 1996, 767.
143 BGH NJW 1990, 180; NJW 1981, 2051.
144 BGHZ 107, 200 = FamRZ 1989, 856 = MDR 1989, 800 = WM 1989, 919.
145 BGHZ 89, 24.
146 BGHZ 108, 393.
147 OLG Frankfurt NJW-RR 1993, 1483.

ten Pflichtteils. Ergibt sich nach erfolgter Auskunft, dass der Anspruch höher als ursprünglich angenommen ist, kann der Klagantrag entsprechend erhöht werden § 264 Nr. 2 ZPO.

153 Auch bezüglich der Auskunft reicht es aus, wenn diese allgemein verlangt wird. Eine Präzisierung kann gegebenenfalls im Vollstreckungsverfahren nach § 888 ZPO erfolgen. Dazu führt das OLG Hamburg in FamRZ 1988, 1213 aus:

154 „1. Wenn nach § 2314 BGB Auskunft über den Bestand des Nachlasses durch Vorlage eines Verzeichnisses geschuldet wird, dann muss es dem Gläubiger möglich sein, aus einem entsprechend dieser Vorschrift formulierten Titel auf Erteilung aller Auskünfte zu vollstrecken, die in ein solches Verzeichnis aufzunehmen sind. Auch wäre es in der Tat ein unbilliges Verlangen und ein mit dem Grundsatz der Prozessökonomie nicht zu vereinbarendes Verfahren, wenn zunächst auf Auskunft geklagt werden müsste, um dann, wenn nach Vollstreckung aus dem Auskunftsurteil durch Vorlage des Bestandsverzeichnisses deutlich geworden ist, welche Urkunden und Belege noch für eine vollständige Auskunft erforderlich sind, eine weitere Klage erheben zu müssen.

155 2. Enthält ein Auskunftsurteil gem. § 2314 BGB zulässigerweise keine nähere Umschreibung der Auskunftspflicht, weil sich deren Art und Umfang aus dem Gesetz ergibt, so hat der Gläubiger im Rahmen der Zwangsvollstreckung aus dem Titel die geschuldete Auskunft bestimmt zu bezeichnen, wobei dem Schuldner zu diesem bestimmten Vollstreckungsantrag rechtliches Gehör zu gewähren ist. Will das Prozessgericht diesem Vollstreckungsantrag folgen, so hat es die Festsetzung von Zwangsmitteln nach § 888 ZPO durch einen Beschluss unter Fristsetzung anzudrohen, damit der Schuldner die Möglichkeit der Erfüllung oder der Verteidigung hat."

b) Teilurteil

156 Bei der Stufenklage müssen regelmäßig Teilurteile ergehen, weil über die nachfolgenden Anträge erst verhandelt werden kann, wenn die vorhergehenden entschieden sind.

c) Verfahrensablauf bei der Stufenklage:

Auskunftsantrag
1. Teilurteil: Auskunftserteilung

157 Ggf. Zwangsvollstreckung

Antrag auf Abgabe einer eidesstattlichen Versicherung
2. Teilurteil: Abgabe der eidesstattlichen Versicherung

158 Ggf. Zwangsvollstreckung

Leistungsantrag
3. Teilurteil: Leistung

159 Ggf. Zwangsvollstreckung

d) Erledigterklärung

Erklärt der Kläger den Antrag auf Auskunft für erledigt, weil er sie erhalten hat, wird teilweise eine Entscheidung diesbezüglich für überflüssig erachtet, da dem Auskunftsanspruch lediglich ein Hilfscharakter zukomme. So führt das OLG Düsseldorf in NJW 1996, 839 aus:

„Nach dem Zweck des Auskunftsanspruchs ist über das Bestehen der Auskunftspflicht im Rahmen einer Stufenklage nur zu entscheiden, solange noch zu klären ist, ob der Kläger dieses Hilfsmittels zur Bezifferung seiner Ansprüche bedarf. Wird der Auskunftsanspruch dagegen fallengelassen, so erfordert dies keine Erledigungserklärung im Rechtssinne und auch keine teilweise Klagerücknahme oder einen Teilverzicht, sondern lediglich den Übergang zum eigentlichen Rechtsschutzziel, dem Zahlungsanspruch. Angesichts dieser Rechtsnatur des Auskunftsanspruchs ist, wenn er fallengelassen wird, bei einer einseitigen Erledigungserklärung für ein Feststellungsurteil über die Erledigung kein Raum."

Dem gegenüber wird von der h.M.[148] eine einseitige Erledigterklärung für zulässig erachtet. Das Gericht entscheidet dann über den **Feststellungsantrag**, dass die ursprüngliche (Auskunfts-) Klage zulässig und begründet war und sich erst nach Rechtshängigkeit erledigt hat.

e) Wirkungen der Stufenklage

Mit Erhebung der Stufenklage wird die **Verjährung** gehemmt, § 204 Abs. 1 Nr. 1 BGB, und der Beklagte in **Verzug** gesetzt.

Zur vorhergehenden Mahnung beachte: BGH NJW 1981, 1729: „Durch eine unbezifferte, einem zulässigen Antrag in einer Stufenklage (§ 254 ZPO) entsprechende Mahnung gegenüber dem auskunftspflichtigen Schuldner kommt dieser grundsätzlich in Verzug. Das gilt nicht, soweit der insoweit beweispflichtige Schuldner hinsichtlich eines von einer Wertermittlung abhängigen Betrages die Verzögerung nicht zu vertreten hat."

f) Negatives Auskunftsergebnis

Ergibt die Auskunft, dass kein Nachlass vorhanden ist, ist die Zahlungsklage unbegründet. Dem Kläger sind insoweit die Kosten des Verfahrens aufzuerlegen. Die Rechtsprechung billigt dem Kläger aber diesbezüglich einen materiellrechtlichen Kostenerstattungsanspruch gegen den Beklagten zu, wenn die Zahlungsklage bei rechtzeitiger Auskunftserteilung vermeidbar gewesen wäre.[149]

Wurde der Beklagte zur Auskunftserteilung verurteilt, trägt er insoweit die Kosten unabhängig davon, ob der Pflichtteilsanspruch besteht oder nicht.

---

[148] BGH MDR 1965, 641; Thomas/Putzo § 254 ZPO Rn. 6.
[149] BGH NJW 1981, 990.

5. Prozesskostenhilfe

167 Wird Prozesskostenhilfe gewährt, bezieht sie sich im Zweifel auf sämtliche Stufen des Verfahrens.[150]

6. Beispielsfall

168 Sachverhalt: Die verstorbenen Eltern der Parteien setzten sich durch gemeinschaftliches Testament gegenseitig zu Alleinerben ein. Zum Nacherben und Ersatzerben wurde der Beklagte eingesetzt. Dem Kläger wurde der Pflichtteil entzogen, „weil er einen ehrlosen und unsittlichen Lebenswandel führt". Der Kläger will seinen Pflichtteilsanspruch mittels Stufenklage geltend machen.

169 a) Muster: Geltendmachung des Pflichtteilsanspruchs mittels Stufenklage

An das

Landgericht ▄▄▄

Klage

des ▄▄▄

Kläger

Prozessbevollmächtigte: RAe ▄▄▄

gegen

den ▄▄▄

Beklagter

wegen Pflichtteilsanspruch

Streitwert: ▄▄▄ €

Namens und im Auftrag des Klägers erheben wir Klage zum Landgericht ▄▄▄ mit dem Antrag

1. Der Beklagte wird verurteilt, Auskunft zu erteilen über den Bestand des Nachlasses der am ▄▄▄ verstorbenen ▄▄▄ (Erblasserin A), einschließlich der Schenkungen, die die Erblasserin innerhalb der letzten 10 Jahre vor dem Tod gemacht hat sowie anderer ausgleichspflichtiger Zuwendungen der Erblasserin.
2. Der Beklagte wird weiters verurteilt, Auskunft zu erteilen über den Bestand des Nachlasses des am ▄▄▄ verstorbenen ▄▄▄ (Erblasser B), einschließlich der Schenkungen, die der Erblasser innerhalb der letzten 10 Jahre vor dem Tod gemacht hat sowie anderer ausgleichspflichtiger Zuwendungen des Erblassers und zwar
    a) durch Vorlage eines durch einen Notar aufgenommenen Nachlassverzeichnisses;

---

150 OLG Düsseldorf FamRZ 2000, 101.

b) hinsichtlicht des Wertes des im Grundbuch für ▬▬▬, Bd. ▬▬▬, Bl. ▬▬▬ eingetragenen Grundstücks ▬▬▬ durch Vorlage eines Sachverständigengutachtens;
c) hinsichtlich des ▬▬▬betriebes, befindlich auf dem Grundstück ▬▬▬ durch Vorlage eines Sachverständigengutachtens.

Für den Fall des schriftlichen Vorverfahrens wird vorsorglich Versäumnisurteil, § 331 Abs. 3 ZPO, bzw. Anerkenntnisurteil, § 307 Abs. 2 ZPO,[151] gegen den Beklagten beantragt.

Begründung:

Der Kläger macht den Pflichtteil nach seiner am ▬▬▬ verstorbenen Mutter ▬▬▬ und seinem am ▬▬▬ verstorbenen Vater ▬▬▬ geltend.

Die Eltern der Parteien errichteten am ▬▬▬ vor dem Notar ▬▬▬ ein gemeinschaftliches Testament. Darin setzten sich ▬▬▬ und ▬▬▬ gegenseitig zu Alleinerben ein. Zum Nacherben und zugleich zum Ersatzerben wurde der Beklagte eingesetzt.

Beweis: gemeinschaftliches Testament vom ▬▬▬

Unter Ziffer ▬▬▬ verfügten die Erblasser, dass sie dem Kläger „den Pflichtteil entziehen". Der Vater gab hierfür zur Begründung an, dass er seinem Sohn den Pflichtteil entziehe, „weil dieser wider meinen Willen einen ehrlosen und unsittlichen Lebenswandel führt". Die Mutter des Klägers gab an, dass sie dem Kläger den Pflichtteil entziehe, „weil der Sohn sie mehrfach in gröblichster Weise betrogen (Urkundenfälschung auf Zahlkarten) und beleidigt hat".

Beweis: gemeinschaftliches Testament vom ▬▬▬

Es liegt hier keine wirksame Pflichtteilsentziehung vor.

Die Angaben des Vaters des Klägers zur Pflichtteilsentziehung sind pauschal und nicht detailliert dargestellt. Der Grund für eine Pflichtteilsentziehung muss gemäß § 2336 Abs. 2 BGB zurzeit der Errichtung der letztwilligen Verfügung bestehen und in der Verfügung angegeben werden. Formgerecht ist der Grund nur erklärt, wenn in der Verfügung von Todes wegen zumindest ein zutreffender Kernsachverhalt angegeben ist (vgl. Palandt/Edenhofer § 2336 BGB Rn. 2). Die bloße Angabe, der Kläger habe einen ehrlosen und unsittlichen Lebenswandel geführt, reicht hierfür nicht.

Entsprechendes gilt auch für die Angaben der Mutter. Sie verweist auf „mehrfachen Betrug" und Beleidigungen. Auch hier liegt keine konkrete Angabe von Entziehungsgründen vor. Wenn man annimmt, dass es sich hierbei um Vorgänge handelt, wonach der Kläger in früherer Zeit einmal Schecks seiner Eltern gefälscht hatte, so reicht dies nicht aus, um hierauf eine Pflichtteilsentziehung zu begründen. Voraussetzung hierfür wäre, dass es sich nach Natur und Begehungsweise um eine grobe Missachtung des Eltern-Kind-Verhältnisses handelt und damit eine besondere Kränkung des Erblassers verbunden ist (vgl. Palandt/Edenhofer § 2333 BGB Rn. 5). Der Beweis hierfür obliegt auch wiederum gemäß § 2336 Abs. 3 BGB dem Beklagten.

Der Auskunftsanspruch folgt aus § 2314 Abs. 1 BGB.

Rechtsanwalt

---

[151] Ein Anerkenntnisurteil könnte im schriftlichen Vorverfahren auch ohne Antrag erlassen werden, weil der Kläger kein Rechtsschutzbedürfnis am Erlass eines streitigen Urteils hat, BGHZ 10, 333; Thomas/Putzo § 307 Rn. 11.

§ 3 DIE KLAGE DES PFLICHTTEILSBERECHTIGTEN GEGEN DEN ERBEN

170   b) Muster: Zahlungsklage[152]

An das

Landgericht

■■■

Klage

des ■■■

Kläger

Prozessbevollmächtigte: RA ■■■

gegen

den ■■■.

Beklagter

wegen Pflichtteilsergänzung

Streitwert: ■■■ €

Namens und im Auftrag der Klägerin erhebe ich hiermit Klage zum Landgericht ■■■ mit dem

Antrag:
    I. Die Beklagte wird verurteilt, an den Kläger ■■■ € zuzüglich 5 % Zinsen über dem Basiszinssatz nach § 1 Diskontsatz- Überleitungsgesetz seit ■■■ zu zahlen.
    II. Die Beklagte trägt die Kosten des Rechtsstreits.

Für den Fall des schriftlichen Vorverfahrens wird vorsorglich Versäumnisurteil, § 331 Abs. 3 ZPO, bzw. Anerkenntnisurteil, § 307 Abs. 2 ZPO,[153] gegen den Beklagten beantragt.

Begründung:

Der Kläger kann von der Beklagten als Alleinerbin seines verstorbenen Vaters die Zahlung eines Pflichtteils in Höhe von 1/4 des Nachlasswertes verlangen (§§ 2303 Abs. 1, 1924 Abs. 1, 1931 Abs. 1 und 3, 1371 Abs. 1 BGB). Ausgehend von einem Wert des Nachlasses von ■■■ € beträgt der Anspruch des Klägers somit ■■■ €.

    I. Aktivbestand des Nachlasses:

Der Aktivbestand des Nachlasses beträgt ■■■ Dabei sind sowohl das Guthaben auf dem Girokonto Nr. ■■■ bei der Stadt-Sparkasse D. in Höhe von ■■■ € als auch die Anmeldezahlung betreffend den Heimplatz im Haus L. II in D. in Höhe von ■■■ € in voller Höhe zu berücksichtigen.

---

152   Nach OLG Düsseldorf FamRZ 1999, 1465.
153   Ein Anerkenntnisurteil könnte im schriftlichen Vorverfahren auch ohne Antrag erlassen werden, weil der Kläger kein Rechtsschutzbedürfnis am Erlass eines streitigen Urteils hat, BGHZ 10, 333; Thomas/Putzo § 307 Rn. 11.

1. Girokonto bei der Stadtsparkasse:
Das genannte Konto bei der Stadtsparkasse lautete am Todestag auf den Namen des Erblassers.
Beweis: ■■■
Nach der Rechtsprechung des Bundesgerichtshofs, ist allerdings für die Frage, wer Kontoinhaber ist, nicht allein entscheidend, wer als Inhaber angegeben ist oder aus wessen Mitteln die eingezahlten Gelder stammen. Maßgebend ist vielmehr, wer bei der Kontoerrichtung der Bank gegenüber als Forderungsberechtigter auftritt oder bezeichnet wird. Unter Berücksichtigung der besonderen Umstände des Einzelfalls ist zu prüfen, wer nach dem erkennbaren Willen des die Einzahlung Bewirkenden Gläubiger der Bank werden sollte (vgl. BGH, NJW-RR 1990, 178; NJW 1995, 261). Entscheidend ist insoweit der für die Bank erkennbare Wille des Kontoeröffners. Dabei kommt der Bezeichnung des Kontoinhabers bei der Eröffnung eines Girokontos – anders als bei einem Sparkonto – mehr als bloße Indizwirkung zu (vgl. BGH, WM 1986, 35). Denn im Giroverkehr, der auf eine rasche und unkomplizierte Abwicklung angelegt ist, besteht ein starkes praktisches Bedürfnis für einfache und klare Rechtsverhältnisse. Dem entspricht es, wenn der formelle Kontoinhaber, der sich aus der Kontobezeichnung ergibt, auch als Gläubiger angesehen wird.
Als Kontoinhaber war hier der Erblasser angegeben. Er hatte das Konto eröffnet und ausschließlich unter seinem Namen führen lassen. Indizien, die neben dem Erblasser auf einen weiteren Kontoinhaber hätten schließen lassen, waren für die Sparkasse nicht ersichtlich und werden von der Beklagten auch nicht vorgetragen. Dementsprechend ging die Sparkasse bis zum Tod des Erblassers auch davon aus, dass er alleiniger Kontoinhaber sei

2. Anmeldezahlung für den Heimplatz im Haus L. II.
Auch die Anmeldezahlung für den Heimplatz im Wohnstift Haus L. II ist bei der Ermittlung des Aktivbestandes des Nachlasses in voller Höhe zu berücksichtigen.
Sie ist vom Konto des Erblassers bei der Stadtsparkasse geflossen und stammt folglich nach dem oben Gesagten aus seinem Vermögen.
Es ergibt sich demnach folgender Aktivbestand des Nachlasses:

Barvermögen, Depot- und Kontoguthaben des Erblassers bei der D.-Bank und der C.-Bank	■■■ €
Kontoguthaben des Erblassers bei der Stadtsparkasse ■■■,	■■■ €
vom Erblasser geleistete Anmeldezahlung	■■■ €
Summe	■■■ €

II. Abzugsfähige Nachlassverbindlichkeiten.

Vom Aktivbestand des Nachlasses sind insgesamt ■■■ € in Abzug zu bringen.

1. Kosten für die Aufhebung des Mietvertrages ■■■ €.
Bei diesen Kosten handelt es sich um so genannte Nachlasserbenschulden, die aus Rechtshandlungen des Erben anlässlich des Erbfalls entstehen. Grundsätzlich haftet der Erbe hierfür ebenso wie jeder andere, der rechtsgeschäftliche Verbindlichkeiten eingeht, aus seinem eigenen Vermögen (Palandt/Edenhofer, § 1967 BGB, Rn. 8; Soergel/Stein, § 1967 BGB, Rn. 8). Etwas anderes gilt nur dann, wenn das Rechtsgeschäft mit dem Nachlass oder dem Erbfall zu tun hat, also zur Abwicklung des Nachlasses gehört. Dabei ist nach allgemeiner Ansicht dann von einer abzugsfähigen Nachlassverbindlichkeit auszugehen, wenn die Verbindlichkeit vom Standpunkt eines sorgfältigen Verwal-

ters in ordnungsgemäßer Verwaltung des Nachlasses eingegangen ist (Palandt/Edenhofer, § 1967 BGB, Rn. 9). Der Erbe kann dann gemäß § 1978 Abs. 3 BGB einen Ersatzanspruch gegen den Nachlass geltend machen.

2. Kosten der Erbschaftssteuererklärung:
Diese Kosten sind ebenfalls nicht abzugsfähig.
Zu den abzugsfähigen Nachlassverbindlichkeiten gehören gemäß § 1967 Abs. 2 BGB u.a. die so genannten Erbfallschulden, die aus Anlass des Erbfalls entstehen und den Erben als Träger des Nachlasses treffen (vgl. Soergel/Stein, § 1967 BGB Rn. 7; Palandt/Edenhofer, § 1967 BGB, Rn. 6). Hierzu gehören nicht die vom Erben zu zahlende Erbschaftssteuer und folglich auch nicht die Kosten der Erstellung der Erbschaftssteuererklärung.

Denn Voraussetzung der Nachlassverbindlichkeit einerseits ist, dass die Verpflichtung den Erben in seiner Eigenschaft als Erbe trifft, andererseits muss sie zur Abwicklung des Nachlasses gehören (BGHZ 32, 60, 64; OLG Hamm, OLGZ 1990, 393, 396f.). Diese Voraussetzungen werden aber hinsichtlich der Erbschaftssteuerschuld nicht erfüllt. Der Erbe wird zwar in seiner Eigenschaft als Erbe belastet, jedoch haftet er nicht für die Erbschaftssteuerschulden anderer Erben (z.B. Pflichtteilsberechtigte). Aus diesem Umstand folgt, dass der Nachlass gerade nicht belastet mit der Erbschaftssteuerschuld auf den Erben im Wege der Gesamtrechtsnachfolge übergeht, sondern dass die Entstehung der Steuerschuld individuell an jeden Erwerb durch einen Erbfall anknüpft und so folglich nicht zur Abwicklung des Nachlasses gehört. Für diese Sichtweise spricht auch – wie bereits vom Landgericht ausgeführt – die Tatsache, dass die Höhe der Erbschaftssteuerschuld nach dem ErbStG von dem Grad der verwandtschaftlichen Beziehungen abhängig gemacht wird.

Demnach können die Kosten der Steuererklärung vom Aktivbestand des Nachlasses nicht in Abzug gebracht werden.

3. Kosten für die Erstellung des Nachlassverzeichnisses: ■■■ €

III. Es ergibt sich danach folgende Gesamtrechnung:

Aktivnachlass:	■■■ €
Passiva:	■■■ €
Pflichtteilsanspruch des Klägers (1/4):	■■■ €
bereits von der Beklagten gezahlt:	■■■ €
Restforderung:	■■■ €

Rechtsanwalt

II. Einstweiliger Rechtsschutz

1. Arrest

171 Besteht die Gefahr, dass der pflichtteilsverpflichtete Erbe insolvent wird oder er das Vermögen beiseite schafft oder verschwendet, kann es ratsam sein, zur Sicherung der Ansprüche des Pflichtteilsberechtigten einen Arrestbefehl zu beantragen.

a) Arrestgrund beim dinglichen Arrest § 917 I ZPO

Es muss dargetan werden, dass die Gefahr besteht, dass die Vermögensverhältnisse des Schuldners sich nachteilig verändern. Auf ein **Verschulden** des Schuldners kommt es dabei **nicht** an. So können auch Handlungen durch **unberechtigte Dritte** und **zufällig** eintretende Umstände zu einem Arrestgrund führen.

172

Beispiele für das Vorliegen eines Arrestgrundes:
- Verschwendung
- verdächtige Vermögensveräußerung
- auffallende Grundstücksbelastung
- Fluchtverdacht
- häufiger Wohnungswechsel
- Verlust der Einnahmequelle.[154]

173

Dagegen liegt in folgenden Fällen **kein Arrestgrund** vor:
- bei bloß vertragswidrigem Verhalten des Schuldners[155]
- bei Vorliegen einer rechtswidrigen Handlung für sich allein (Ausn. Wiederholungsgefahr)
- wenn eine anderweitige Sicherung besteht (z.B. Eigentumsvorbehalt, Sicherungsübereignung, Pfandrecht)
- wenn ein anderweitiger (ohne Sicherheitsleistung) für vollstreckbar erklärter Titel existiert
- wenn die Gefahr nur in der „schnelleren" Vollstreckung durch andere Gläubiger besteht
- wenn bereits ein Arrest des Gläubigers vorliegt.

174

Zu beachten ist noch der Arrestgrund des **§ 917 Abs. 2 ZPO**, der die Vollstreckung inländischer **Urteile im Ausland** sichern will.

175

b) Arrestgrund beim persönlichen Arrest, § 918 ZPO

Mit der Anordnung des persönlichen Arrestes soll verhindert werden, dass Vermögensgegenstände **beiseite geschafft** werden.[156] Ein Arrestgrund ist nur dann gegeben, wenn andere Sicherungsmittel gänzlich fehlen und der dingliche Arrest zur Sicherung des Gläubigers nicht ausreicht (sog. **doppelte Subsidiarität**).[157] Voraussetzung ist, dass der Schuldner über pfändbares Vermögen (auch im Ausland) verfügt.

176

c) Die Glaubhaftmachung, § 920 Abs. 2 ZPO i.V.m. § 294 ZPO

Mit der Antragsschrift sind grundsätzlich 3 Punkte glaubhaft zu machen:
- Arrestanspruch
- Arrestgrund
- Prozessvoraussetzungen

177

---

154 Brox/Walker, Zwangsvollstreckungsrecht Rn. 1498.
155 MüKo/Heinze § 917 ZPO Rn. 6.
156 Zöller/Vollkommer § 918 ZPO Rn. 1.
157 MüKo/Heinze § 918 ZPO Rn. 1,3.

178 Eine **Ausnahme** lässt § 921 Abs. 2 ZPO hinsichtlich des **Anspruchs** und des **Arrestgrundes** zu, sofern „wegen der dem Gegner drohenden Gefahren Sicherheit geleistet wird".

179 Bei der Glaubhaftmachung handelt es sich um eine besondere Art der Beweisführung. Die Form der Beweisaufnahme ist freier und zur Überzeugungsbildung reicht die „Feststellung überwiegender Wahrscheinlichkeit"[158] aus. Letztlich wird aber **nur die Beweisführung**, nicht die Darlegungs- und Beweislast erleichtert.[159]

180 § 294 ZPO führt die Beweismittel an, die zur Glaubhaftmachung benutzt werden können:
- alle **üblichen Beweismittel**, §§ 355-455 ZPO, sofern sie **präsent** sind
- die **Versicherung an Eides Statt**, § 156 StGB
- eigene Darstellung der Tatsachen
- keine Bezugnahme auf andere Schriftstücke[160]
- keine bestimmte Form erforderlich
- auch mündlich vor Gericht möglich
- die so genannte „anwaltliche Versicherung"[161]
- schriftliche Erklärungen von Zeugen, § 377 ZPO
- Bezugnahme auf dem Gericht sofort verfügbare Akten
- Fotokopien
- Privatgutachten
- zulässig hergestellte Tonbandaufnahmen

181 Eine **Besonderheit** ist bei der **Beweislast** noch zu beachten: Nach der h.M. muss der Antragsteller auch das **Fehlen von Einwendungen und Einreden** glaubhaft machen.[162]

d) Antrag auf Forderungspfändung

182 Mit dem Arrestgesuch kann bereits ein Antrag auf Forderungspfändung verbunden werden.[163] Bezüglich der Gebühren ist dabei Nr. 3309 VV-RVG bzw. § 57 BRAGO zu beachten. Es fällt eine Verfahrensgebühr von 0,3 nach Nr. 3309 VV-RVG (bzw. ³/₁₀ **Gebühr** nach §§ 59 Abs. 1, 57, 58 BRAGO) an. **Gerichtsgebühren** sind streitwertunabhängig in Höhe 15,- € gesondert zu entrichten, KV-GKG Nr. 2110.

183 Über den Pfändungsantrag entscheidet das Arrestgericht, § 930 Abs. 1 Satz 3 ZPO. Das Arrestgericht ist in diesem Fall auch Vollstreckungsgericht. Funktionell zuständig ist der Rechtspfleger § 20 Nr. 16 RPflG. Eine Überweisung der gepfändeten Forderung an den Gläubiger gemäß § 835 ZPO findet nicht statt (BGH NJW 1993, 735: „keine Verwertung"). Dies würde dem Sicherungsgedanken des Arrestverfahrens widersprechen.[164]

---

158 BGH VersR 76, 928, 929.
159 Schellhammer, Zivilprozessrecht Rn. 1604.
160 BGH NJW 1988, 2045.
161 OLG Köln MDR 1986, 152; einschränkend BGH VersR 74, 1021; Zimmermann § 294 ZPO Rn 2; Zöller/Greger § 294 ZPO Rn. 5.
162 So OLG Düsseldorf FamRZ 1980; offen OLG Celle FamRZ 1994, 386.
163 Zimmermann § 930 ZPO Rn. 5; § 916 Rn 7; Zöller/Stöber § 920 ZPO Rn. 5; Stein/Jonas § 920 ZPO Rn. 17.
164 Vgl. auch Stöber, Die Forderungspfändung Rn. 817.

2. Sachverhalt

Der Sohn des Erblassers befürchtet, dass sich seine Mutter, die als Alleinerbin eingesetzt worden war, mit dem gesamten Nachlass sich ins Ausland absetzt.

a) Muster: Arrestantrag

An das Landgericht

■■■

Arrestgesuch

des ■■■

Antragsteller

Verfahrensbevollmächtigter: RA ■■■

gegen

■■■

Antragsgegnerin

Namens und im Auftrag des Antragstellers – Vollmacht ist beigefügt – beantrage ich – wegen Dringlichkeit ohne mündliche Verhandlung – den Erlass folgenden

Arrestbefehls
1. Wegen einer Pflichtteilsforderung des Antragstellers in Höhe von 30000,- € gegen die Antragsgegnerin, sowie einer Kostenpauschale von 4500,- € wird der persönliche Sicherheitsarrest gegen die Antragsgegnerin angeordnet.
2. In Vollziehung des persönlichen Arrestes wird die Haft gegen die Antragsgegnerin verhängt.
3. Die Vollziehung des Arrestbefehls wird durch die Hinterlegung eines Geldbetrages in Höhe von 34500,- € oder durch die Stellung einer selbstschuldnerischen, unbeschränkten, unbefristeten und unwiderruflichen Bürgschaft in gleicher Höhe einer deutschen Großbank über 34500,- € gehemmt.
4. Die Antragsgegnerin hat die Kosten des Verfahrens zu tragen.

Begründung:
  I. Arrestanspruch

Der Antragsteller ist der Sohn der Antragsgegnerin. Die Antragsgegnerin ist Alleinerbin des am 06.06.2004 verstorbenen Albert Sparsam, des Vaters des Antragstellers.

Glaubhaftmachung:
1. beigefügte Abschrift des Erbschein des Amtsgerichts Traunstein vom 14.10.2004;
2. beigefügte eidesstattliche Versicherung des Antragstellers vom 07.03.2005

Der Antragssteller ist das einzige Kind der Eheleute Albert und Hermine Sparsam, die im gesetzlichen Güterstand gelebt hatten. Bereits im November und Dezember 2004 hat der Antragsteller seinen Pflichtteilsanspruch in Höhe der Hälfte seines gesetzlichen Erbteils, 30000,- €, von der Antragsgegnerin mehrmals gefordert. Er wurde dabei immer wieder vertröstet.

Glaubhaftmachung: beigefügte eidesstattliche Versicherung des Antragstellers vom 07.03.2005

II. Arrestgrund

Am 04.03.2005 erfuhr der Antragsteller von der Antragsgegnerin, dass diese nach Kuba auswandern wolle. Ein früherer Schulfreund betreibe dort ein Hotel. Sie wolle nun dort ihren Lebensabend verbringen. Auch habe sie schon ein Flugticket für den 16.03.2005. Über Vermögenswerte der Antragsgegnerin ist dem Antragsteller nichts bekannt

Glaubhaftmachung: beigefügte eidesstattliche Versicherung des Antragstellers vom 07.03.2005

■■■

Rechtsanwalt

III. Zwangsvollstreckung

186 Die Vollstreckung des Auskunftsanspruchs richtet sich nach § 888 ZPO, die des Anspruchs auf Abgabe der eidesstattlichen Versicherung nach § 889 ZPO. Bezüglich des Zahlungsanspruchs gelten die allgemeinen Regeln über die Vollstreckung wegen Geldforderungen, §§ 803 ff. ZPO.[165]

---

165 Schellhammer, Erbrecht § 14 Rn. 755.

> # § 4 Pflichtteilsergänzungsklage gegen den Beschenkten, § 2329 BGB

A. Vorprozessuale Situation

I. Anspruchsgrundlage[166]

Ausnahmsweise kann der Pflichtteilsberechtigte auch gegen denjenigen vorgehen, der vom Erblasser zu Lebzeiten Zuwendungen erhalten hat. § 2329 BGB gewährt ihm in den Fällen, in denen der Erbe zur Ergänzung des Pflichtteils nicht verpflichtet ist, einen Anspruch auf Herausgabe des Geschenkes zum Zwecke der Befriedigung wegen des fehlenden Betrages nach den Vorschriften über die Herausgabe einer ungerechtfertigten Bereicherung. Der Anspruch ist nicht auf Zahlung, sondern auf Duldung der Zwangsvollstreckung in den geschenkten Gegenstand gerichtet.[167] Berücksichtigungsfähig sind nur Schenkungen, die innerhalb der 10-Jahresfrist des § 2325 Abs. 3 BGB zugewendet worden sind.[168] Für Schenkungen an Ehegatten gilt auch hier die Besonderheit des § 2325 Abs. 3 2. Hs. BGB, wonach die Frist nicht vor Auflösung der Ehe beginnt.

187

Dieser bereicherungsrechtliche Herausgabeanspruch ist subsidiär gegenüber einem Pflichtteilsergänzungsanspruch nach § 2325 BGB. Es muss ein Fall des § 2328 BGB oder der beschränkten Erbenhaftung gemäß §§ 1975 ff. BGB, 1990 BGB vorliegen und die Haftungsmasse zur Befriedigung des Ergänzungsanspruchs nicht ausreichen.[169] Ob die bloße Zahlungsunfähigkeit des Erben ausreicht, um einen Anspruch nach § 2329 BGB zu begründen, ist umstritten.[170] Da nach dem Wortlaut der Vorschrift auf die Zahlungsverpflichtung und nicht auf die Zahlungsfähigkeit abzustellen ist, führt die bloße Zahlungsunfähigkeit des Erben nicht zur Haftung des Beschenkten. Vorrangig gegenüber § 2329 BGB sind auch Ansprüche nach §§ 2287, 2288 BGB.[171]

188

Der Beschenkte haftet mit dem „Erlangten" nur bis zur Höhe des Fehlbetrages im Sinne von § 2329 BGB. Darüber hinaus kann er nicht auch noch mit einer kostenträchtigen Wertermittlungspflicht belastet werden.[172]

189

II. Anspruchsberechtigung und Anspruchsverpflichtung

1. Anspruchsberechtigter

Gläubiger des Anspruchs ist der Pflichtteilsberechtigte.

190

---

166 Pentz, Haftung des Beschenkten nach § 2329 BGB, MDR 1998, 132.
167 Klingelhöffer, Pflichtteilsrecht, Rn. 410.
168 BGHZ 98, 226; 102, 289.
169 BGHZ 80, 209.
170 Dafür: Palandt/Edenhofer § 2329 Rn. 2; Jauernig/Stürner § 2329 Anm. 1b; dagegen: MüKo/Frank § 2329 Rn. 2; Hk-BGB/Hoeren § 2329 Rn. 5.
171 BGHZ 111, 142.
172 BGHZ 107, 200 = FamRZ 1989, 856 = MDR 1989, 800 = WM 1989, 919.

2. Anspruchsverpflichteter

191 Schuldner ist der vom Erblasser Beschenkte. Bei mehreren Beschenkten richtet sich der Anspruch gegen alle Beschenkten. Unter mehreren Beschenkten haftet der frühere Beschenkte nur insoweit, als der später Beschenkte nicht verpflichtet ist, § 2329 Abs. 3 BGB.

192 Beachte: Bei Grundstücksschenkungen ist auf das Datum der Eintragung zu achten, da nach § 2329 Abs. 3 BGB zunächst der zuletzt Beschenkte anspruchsverpflichtet ist.

III. Verjährung

193 Der Anspruch nach § 2329 Abs. 1 BGB verjährt in drei Jahren nach Eintritt des Erbfalls, § 2332 Abs. 2 BGB. Wird der beschenkte Erbe zunächst aus § 2325 BGB in Anspruch genommen und die Klage dann im Wege der Klageänderung auf § 2329 BGB gestützt, erfasst die Verjährungsunterbrechung auch den Anspruch gegen den Beschenkten.[173] Die Geltendmachung des vorrangigen Ergänzungsanspruchs gegen die Erben ist nicht geeignet, die Verjährung des Anspruchs nach § 2329 BGB zu unterbrechen, wenn der Beschenkte nicht zugleich Erbe ist.[174] In einem solchen Fall ist dem Pflichtteilsberechtigten das Recht einzuräumen, zwecks Verjährungsunterbrechung im Hinblick auf § 2329 BGB eine Feststellungsklage zu erheben.[175]

B. Prozess

I. Klage

1. Klageantrag

194 Die Klage ist auf die Herausgabe des geschenkten Gegenstandes zu richten.[176] Gegebenenfalls ist ein Zahlungsanspruch mit einem Hilfsantrag geltend zu machen. Nur bei Geldgeschenken kann eine Zahlungsklage erhoben werden.[177]

2. Beweislast

195 Die Beweislast hinsichtlich der Voraussetzungen für einen Anspruch gegen den Beschenkten gemäß § 2329 Abs. 1 Satz 1 BGB trägt der Pflichtteilsberechtigte. So hat er die „fehlende Verpflichtung des Erben" darzulegen und zu beweisen.[178]

3. Auskunftsanspruch

196 Dem Pflichtteilsberechtigten steht gegen den Beschenkten ein Auskunftsanspruch entsprechend § 2314 BGB zu.[179] Der pflichtteilsberechtigte Alleinerbe hat den Auskunftsanspruch nur, wenn er sich die erforderlichen Kenntnisse nicht auf andere für ihn zumutbare Weise verschaffen kann und der Beschenkte die Auskunft unschwer zuge-

---

173 BGHZ 107, 200; Hk-BGB/Hoeren § 2329 Rn. 11.
174 OLG Düsseldorf FamRZ 1996, 445.
175 OLG Düsseldorf a.a.O.
176 BGH NJW 1983, 1485.
177 Frieser, Anwaltliche Strategien im Erbschaftsstreit, Rn. 293.
178 RGZ 80, 135; Baumgärtel § 2329 Rn. 1.
179 BGHZ 55, 378.

ben vermag, § 242 BGB.[180] Umgekehrt ist auch der Erbe dem Beschenkten gegenüber zur Auskunft über Geschenke verpflichtet, die er vom Erblasser empfangen hat.[181] Auch diese Auskunftspflicht lässt sich mit Rücksicht auf § 2327 BGB aus § 242 BGB herleiten.[182]

BGH FamRZ 1990,41 = NJW 1990, 180: „…Der pflichtteilsberechtigte Erbe, der den vom Erblasser Beschenkten auf Pflichtteilsergänzung in Anspruch nimmt, kann gegen diesen einen Anspruch auf Wertermittlung aus § 242 BGB haben; auf Kosten des Beschenkten kann die Wertermittlung aber nicht verlangt werden.

Ist der auf Pflichtteilsergänzung in Anspruch genommene Beschenkte selbst pflichtteilsberechtigt, dann kann er von dem Erben Auskunft gem. § 2314 BGB über pflichtteilserhebliche Schenkungen aller Art auch dann verlangen, wenn sein eigener Pflichtteils (-ergänzungs-)anspruch verjährt ist…"

BGHZ 107, 200 = FamRZ 1989, 856 = MDR 1989, 800 = WM 1989, 919: „Richtig ist, dass der Beschenkte nach der Rechtsprechung des Bundesgerichtshofes neben dem Erben verpflichtet sein kann, dem pflichtteilsberechtigten Nichterben auf Verlangen Auskunft über den fiktiven Nachlass zu erteilen; diese Rechtsprechung ist auf eine entsprechende Anwendung des § 2314 Abs. 1 Satz 1 BGB gestützt worden (BGHZ 55, 378; 89, 24, 27). Die Gründe, die zu dieser Rechtsprechung geführt haben, tragen entgegen der Auffassung des Berufungsgerichts aber nicht auch einen entsprechenden Analogieschluss in Bezug auf den Wertermittlungsanspruch gemäß § 2314 Abs. 1 Satz 2 BGB. Entscheidend kommt es dabei darauf an, dass und in welcher Weise das Gesetz der Haftung der vom Erblasser Beschenkten Schranken setzt (§ 2329 BGB).

§ 2329 Abs. 1 BGB beschränkt die Haftung des Beschenkten in doppelter Weise: Einmal geht es um die Begrenzung der Haftung auf das schenkweise Zugewendete (oder was davon noch vorhanden ist) nach den Grundsätzen des Bereicherungsrechts. Das so umschriebene „Erlangte" ist aber, anders als im Bereicherungsrecht, nicht schlicht, sondern nur zum Zweck der Befriedigung wegen eines anderweit errechneten, exakten Fehlbetrages herauszugeben.

Bei diesem exakten Fehlbetrag geht es um die Differenz zwischen der Pflichtteilsergänzung, die der Pflichtteilsberechtigte gemäß § 2325 BGB zu beanspruchen hat, und – demjenigen, zu dessen Leistung der Erbe (oder in den Fällen des § 2329 Abs. 3 BGB der später Beschenkte) im Sinne von § 2329 BGB verpflichtet ist. Nur zum Ausgleich dieses exakten Fehlbetrages muss der Beschenkte dem Pflichtteilsberechtigten sein Geschenk zur Verfügung stellen; durch die freiwillige Zahlung eben dieses Fehlbetrages kann er den Zugriff in das ihm Zugewendete sogar vollständig abwehren (§ 2329 Abs. 2 BGB). Diese klare und sinnvolle gesetzliche Regelung schließt es aus, den Beschenkten darüber hinaus auch noch mit einer kostenträchtigen (§ 2314 Abs. 2 BGB) Wertermittlungspflicht analog § 2314 Abs. 1 Satz 2 BGB zu belasten."

---

180 BGHZ 108, 393; 61, 180.
181 Erman/Schlüter § 2329 Rn. 2.
182 BGH NJW 1964, 1414.

4. Muster: Klage auf Pflichtteilsergänzung[183]

An das

Landgericht ███

Klage

der ███

Klägerin

Prozessbevollmächtigte: RA ███

gegen

die ███

Beklagte

wegen Pflichtteilsergänzung

Streitwert: ███ €

Namens und im Auftrag der Klägerin erhebe ich hiermit Klage zum Landgericht ███ mit dem Antrag:
  I. Die Beklagte wird verurteilt, die Zwangsvollstreckung in Höhe eines Betrages von ███ € zuzüglich 5 % Zinsen über dem Basiszinssatz nach § 1 Diskontsatz- Überleitungsgesetz seit ███ in folgendes Grundeigentum zu dulden: Wohnungsgrundbuch von ███ Band ███, Blatt ███
  II. Die Beklagte kann die Zwangsvollstreckung nach Ziff. I durch Bezahlung eines Betrages in Höhe von ███ € zuzüglich 5 % Zinsen über dem Basiszinssatz nach § 1 Diskontsatz-Überleitungsgesetz seit Rechtshängigkeit abwenden.
  III. Die Beklagte trägt die Kosten des Rechtsstreits.

Begründung:

Die Klägerin ist die einzige Tochter des am ███ verstorbenen ███ aus dessen erster Ehe, die Beklagte war dessen zweite Ehefrau und ist aufgrund Erbvertrages vom 20. Dezember 1974 seine Alleinerbin.

Beweis: ███

Durch notariellen Vertrag vom 6. Oktober 1998 hatte der Erblasser einer Tochter der Beklagten eine Eigentumswohnung übertragen, sich selbst und zugunsten der Beklagten jedoch einen lebenslangen unentgeltlichen Nießbrauch vorbehalten; die Stieftochter übernahm eine lebenslange Pflegeverpflichtung zugunsten des Erblassers und der Beklagten sowie eine mit ███ € valutierende Grundschuld, darüber hinaus wurde ein – unter bestimmten Bedingungen wirksam werdender – Rückübertragungsvorbehalt vereinbart.

Beweis: ███

---

183 Nach OLG Koblenz FamRZ 2002, 772.

Die Klägerin hat gegen die Beklagte einen Anspruch auf Zahlung von ▬▬▬ € nebst Prozesszinsen aus §§ 2329, 291 BGB.

Nach § 2329 BGB kann ein Pflichtteilsberechtigter, wenn der Erblasser einem Dritten eine den Pflichtteil beeinträchtigende Schenkung gemacht hat, von diesem Ausgleich der Bereicherung fordern, soweit der Erbe zur Ergänzung des Pflichtteils nicht verpflichtet ist. Diese Voraussetzungen sind hier gegeben.

Die Klägerin ist als Tochter des Erblassers pflichtteilsberechtigt, weil sie durch den Erbvertrag vom 20. Dezember 1974 von der Erbfolge ausgeschlossen ist (§ 2303 BGB).

Gemäß § 2325 BGB kann sie Ergänzung ihres Pflichtteils verlangen, soweit dieser durch eine Schenkung des Erblassers beeinträchtigt ist. Der Begriff der „Schenkung" im Sinne dieser Vorschrift umfasst auch gemischte Schenkungen, Schenkungen unter Auflagen und auch so genannte „unbenannte Zuwendungen" unter Eheleuten (vgl. BGH NJW 1992, 564).

Bei der Zuwendung des Nießbrauchs und des Pflegerechts an die Beklagte handelt es sich um ergänzungspflichtige Schenkungen. Auch der Erbe selbst kann „Dritter" im Sinne von § 2325 BGB sein (vgl. Palandt / Edenhofer § 2325 BGB Rn. 7).

Die der Beklagten insoweit zugeflossenen Zuwendungen sind mit ▬▬▬ € zu bewerten. Hierbei handelt es sich um nicht verbrauchbare Sachen, die nach § 2325 Abs. 2 BGB mit dem Wert in Ansatz zu bringen sind, den sie zurzeit des Erbfalls haben; hatten sie zurzeit der Schenkung einen geringeren Wert, ist dieser maßgebend (so genanntes „Niederstwertprinzip").

Hiernach ist der Wert des Nießbrauchs mit ▬▬▬ € in Ansatz zu bringen. Entgegen der Ansicht der Beklagten ist hiervon nicht der wirtschaftliche Wert des zunächst dem Erblasser zustehenden Nießbrauchs abzusetzen. Dies wäre nur dann richtig, wenn für die Bewertung des Nießbrauchs der Zeitpunkt des Abschlusses des notariellen Vertrages maßgebend wäre. Dies ist jedoch nicht der Fall. Der Zeitpunkt der Schenkung im Sinne des Niederstwertprinzips ist der Tag des Schenkungsvollzugs. Dieser fällt bei einer auf den Todesfall aufschiebend bedingten Schenkung mit dem Erbfall zusammen (BGH NJW 1993, 2737 m.w.N.). Im Zeitpunkt des Erbfalls spielt der dem Erblasser eingeräumte Nießbrauch für die Bewertung keine Rolle mehr. Allein entscheidend ist der zu diesem Zeitpunkt zu ermittelnde Wert der Zuwendung, hier also der nach der statistischen Lebenserwartung zu errechnende Wert des der Beklagten zugewandten Nießbrauchs. Dieser ist im Hinblick darauf, dass der Erblasser bereits drei Monate nach Vertragsschluss gestorben ist, mit dem von den Vertragsparteien vereinbarten Wert gleichzusetzen. Für eine abweichende Bewertung ist kein Raum, wenn sich die Bewertung der Partner eines Übertragungsvertrages – wie hier – in einem vernünftigen Rahmen hält (vgl. OLG Köln OLGR 1993, 43).

Gleiches gilt für das der Beklagten – anders als der Nießbrauch – im Vertrag vom 6. Oktober 1998 ohne aufschiebende Bedingung sofort zugewandte Pflegerecht. Allerdings ist insoweit zu berücksichtigen, dass der von den Vertragspartnern in Ansatz gebrachte Jahreswert von ▬▬▬ € das – zeitlich unabhängig voneinander nebeneinander bestehende – Risiko einer Pflegebedürftigkeit sowohl des Erblassers wie auch der Beklagten umfasste. Der hierin enthaltene Wert der allein auf die Beklagte bezogenen Pflegeverpflichtung beträgt ▬▬▬ € (§ 287 ZPO). Hieraus errechnet sich mithilfe des o.a. Kapitalisierungsfaktors auf der Grundlage der statistischen Lebenserwartung ein Gesamtwert von rund ▬▬▬ €. Auch wenn diese Leistung der Beklagten nicht unmittelbar aus dem Vermögen des Erblassers zugeflossen ist, sondern von ihrer Tochter versprochen wurde, handelt es sich dennoch um eine Schenkung im Sinne des § 2325 BGB, weil der Erblasser sie durch Übertragung der Eigentumswohnung „erkauft" hat (vgl. die Entscheidung des BGH FamRZ 1982, 165, in welcher eine entsprechende Einordnung der Übernahme von Rentenzahlungen an den überlebenden Ehegatten durch einen Dritten seitens des Berufungsgerichts gebilligt wurde).

Hieraus errechnet sich ein Pflichtteilsergänzungsanspruch in Höhe von ■■■ €

Der Aktivbestand des Nachlasses belief sich auf ■■■ €. Dem standen anzuerkennende Nachlassverbindlichkeiten in Höhe von ■■■ € gegenüber, so dass der Nachlass mit ■■■ € überschuldet war.

Unter Hinzurechnung der Pflichtteilsergänzungen ist somit von einem fiktiven Nachlassbestand von ■■■ € auszugehen. Der der Klägerin zustehende Pflichtteil von einem Viertel (§§ 1931, 1371, 1924, 2303 BGB) beläuft sich auf ■■■ €.

Diesem Anspruch gegenüber hat die Beklagte indes im Hinblick auf die Überschuldung des Nachlasses mit Erfolg die Einrede der Dürftigkeit (§ 1990 BGB) erhoben.

Da die Beklagte hiernach als Erbin zur Ergänzung des Pflichtteils nicht verpflichtet ist, kann die Klägerin von ihr die Herausgabe der Geschenke zum Zweck der Befriedigung wegen des fehlenden Betrages nach den Vorschriften über die Herausgabe einer ungerechtfertigten Bereicherung fordern (§ 2329 Abs. 1 BGB). Weil der Wert des Nießbrauchs und der Pflege nicht herausgegeben werden können, hat die Klägerin nach § 818 Abs. 2 BGB Anspruch auf Wertersatz (vgl. Palandt / Edenhofer, § 2329 BGB Rn. 6).

Soweit sich die Beklagte sich bereits vorprozessual auf die Vorschrift des § 2330 BGB berufen hat, ist dieser Einwand unbeachtlich. Nach dieser Bestimmung findet § 2329 BGB keine Anwendung auf Schenkungen, durch die einer sittlichen Pflicht oder einer auf den Anstand zu nehmenden Rücksicht entsprochen wird. Die Unterhaltsverpflichtung des Erblassers der Beklagten gegenüber endete mit dessen Tod (§§ 1360a Abs. 3, 1615 Abs. 1 BGB). Zwar werden Unterhaltszahlungen für nahe Verwandte und überlebende Ehegatten vielfach als klassisches Beispiel einer Pflichtschenkung angesehen, weil der Erblasser hierdurch einer sittlichen Verpflichtung entspricht. Jedoch besteht auch eine sittliche Pflicht, das Pflichtteilsrecht eines Abkömmlings nicht auszuhöhlen. Daher ist abzuwägen zwischen der sittlichen Pflicht zur Alterssicherung und zur Dankbarkeit gegenüber der Ehefrau und langjährigen Lebensgefährtin einerseits sowie der zur Erhaltung einer Mindestbeteiligung am Nachlass gegenüber dem einzigen leiblichen Kind andererseits. Trotz der grundsätzlichen Testierfreiheit besteht dem pflichtteilsberechtigten Kind gegenüber eine sittliche Pflicht, den Pflichtteil nicht durch rechtlich noch im Rahmen des Zulässigen bleibende Maßnahmen zu entwerten; das Pflichtteilsrecht verdient entschiedenen Schutz (BGH NJW 1984, 2939). Aufgrund dessen erfolgt eine Schenkung nicht schon dann aus sittlicher Pflicht, wenn sie im Rahmen des sittlich noch zu Rechtfertigenden bleibt, sondern nur, wenn sie in der Weise sittlich geboten war, dass ein Unterlassen der Zuwendung dem Erblasser als Verletzung der für ihn bestehenden sittlichen Pflicht zur Last zu legen wäre (BGH. a.a.O.; OLG Naumburg OLGR 2000, 433). Dem wird das Vorbringen der Beklagten nicht gerecht. Zwar behauptet sie, infolge ihres Alters und einer seit 1978 bestehenden Erkrankung auf Unterhalt in Form der Wohnungsgewährung und der Pflegeleistungen angewiesen zu sein, jedoch fehlt es trotz des Hinweises des Senates in der mündlichen Verhandlung auf die vorzitierte Rechtsprechung an der Darlegung konkreter Tatsachen, die dem Senat eine Überprüfung dieses

Vorbringens ermöglichten. Daher können die Zuwendungen des Erblassers an die Beklagte das Pflichtteilsrecht der Klägerin nicht einschränken.

Rechtsanwalt

C. Vertretung des Erben

I. Bestreiten des Anspruchs

Der Erbe kann insbesondere das Vorliegen einer Schenkung bestreiten. Auch kann er sich möglicherweise auf die Nichteinhaltung der 10-Jahres-Frist nach § 2325 Abs. 3 BGB[184] oder die Verjährung nach § 2332 BGB berufen.

203

II. Haftungsbeschränkung

Im Prozess kann der Erbe einem Pflichtteilsergänzungsanspruch damit begegnen, dass er einen Haftungsbeschränkungsvorbehalt nach § 780 ZPO beantragt.

204

III. Eigene Pflichtteilsberechtigung

Soweit der Erbe selbst pflichtteilsberechtigt ist, kann er die Pflichtteilsergänzung soweit verweigern, dass ihm sein eigener Pflichtteil mit Einschluss dessen verbleibt, was ihm zur Ergänzung des Pflichtteils gebühren würde. Bei diesem Leistungsverweigerungsrecht handelt es sich um eine peremtorische Einrede,[185] die den pflichtteilsberechtigten Erben gegenüber den übrigen Pflichtteilsberechtigten bevorzugt.[186]

205

---

[184] Draschka, Zum Beginn der 10-Jahres-Frist des § 2325 Abs. 3 BGB bei Grundstücksschenkungen unter Nießbrauchsvorbehalt, NJW 1993, 437; Pentz, Pflichtteilsergänzung nach § 2325 Abs.3 Halbsatz 2 BGB bei Schenkungen an den späteren Ehegatten? NJW 1997, 2033.
[185] BGHZ 85, 274, 284 ff.
[186] AnwKom-BGB/Bock § 2328 Rn. 2.

§ 5 Die Erbunwürdigkeitsklage

A. Vorprozessuale Situation

I. Allgemeines

206 Die Erbunwürdigkeitsklage fristet in der Praxis ein stiefmütterliches Dasein. Dabei kann sie in vielen Fällen die Erbfolge entscheidend beeinflussen. Grundlage für die Regelung der Erbunwürdigkeit ist der Gedanke, dass ein Erbe, der sich schweren Verfehlungen gegen den Erblasser schuldig macht, von der Erbfolge ausgeschlossen sein soll.[187] Sie stellt eine zivilrechtliche Sanktion für regelmäßig strafrechtlich relevantes Fehlverhalten des Erbunwürdigen gegenüber dem Erben dar.[188] Die Erbunwürdigkeit muss durch **Anfechtungsklage** geltend gemacht werden. Dabei umfasst die „Erbunwürdigkeit" auch die Vermächtnis- und Pflichtteilsunwürdigkeit, § 2345 BGB. Die Erbunwürdigkeit bezieht sich jeweils nur auf einen bestimmten Erblasser, dem gegenüber sich der Erbe oder der Pflichtteilsberechtigte vergangen hat (relative Erbunwürdigkeit).[189] Die Erbunwürdigkeitsvorschriften gelten auch für noch nicht vollzogene Schenkungen von Todes wegen, § 2301 Abs. 1 BGB, und bei fortgesetzter Gütergemeinschaft, § 1506 BGB. Das Vorliegen eines Erbunwürdigkeitsgrundes führt nicht automatisch zum Ausschluss des Zugewinnausgleichsanspruchs nach § 1381 BGB.[190]

II. Die materiellrechtlichen Voraussetzungen

1. Anspruchsgrundlage

207 Die Erbunwürdigkeitsgründe sind in § 2339 BGB abschließend aufgelistet.[191] Die dort angesprochenen Handlungen, die die Testierfreiheit angreifen, schließen alle Formen der Teilnahme (Anstiftung, Beihilfe und Mittäterschaft) ein.

a) (Versuchte) Tötung des Erblassers

208 Unter § 2339 Abs. 1 Nr. 1 BGB fallen zunächst die Tatbestände des **Totschlags** und des **Mordes**, §§ 211, 212 StGB, wobei auch der Versuch ausreichend ist. Da das Gesetz eine vorsätzliche Tötung verlangt, scheiden die Tatbestände der §§ 222, 227, 251 StGB aus. Weitere Voraussetzung ist die Widerrechtlichkeit, d.h. handelt der Erbe in Notwehr oder liegt ein rechtfertigender Notstand, § 34 StGB, vor, führt dies nicht zur Erbunwürdigkeit. Voraussetzung ist auch, dass der Täter schuldhaft handelte. In den Fällen des entschuldigenden Notstands, § 35 StGB, handelt der Täter ohne Schuld. Er trägt dabei die Beweislast für das Vorliegen der Schuldunfähigkeit.[192] Eine Bindung des Zivilgerichts an die Entscheidung im Strafverfahren besteht nicht.[193] Im Hinblick auch

---

[187] Frank, Erbrecht, § 21 Rn. 1.
[188] Hk-BGB/Hoeren, Vb §§ 2339-2345 BGB Rn. 2.
[189] Erman/Schlüter Vb § 2339 Rn. 3.
[190] OLG Karlsruhe FamRZ 1987, 823.
[191] Vgl. AnwKom-BGB-Kroiß, § 2339 Rn. 2 ff.
[192] BGH NJW 1988, 822.
[193] Bamberger/Roth/Müller-Christmann, § 2339 Rn. 6.

auf die Verzeihung, § 2343 BGB, gehört auch die Tötung auf Verlangen, § 216 StGB nicht zu den sanktionierten Delikten.[194]

Das Tötungsdelikt muss nicht vollendet sein; auch der **Versuch**, § 22 StGB, begründet die Erbunwürdigkeit. Tritt der Täter wirksam vom Versuch zurück, § 24 StGB, wird er nicht bestraft und damit auch nicht erbunwürdig.

b) Herbeiführung der Testierunfähigkeit

§ 2339 Abs. 1 Nr. 1 2.Alt. BGB stellt der Tötung den Fall gleich, dass der Erblasser vom Erben in einen Zustand versetzt wird, in dem ein Testieren tatsächlich oder rechtlich nicht mehr möglich ist. Zu denken ist dabei vor allem an die Fälle, wo z.b. durch körperliche Misshandlung der Erblasser in Geisteskrankheit verfällt. Das Beispiel von Lange/Kuchinke, wonach auch derjenige erbunwürdig wird, der einen Schreibunkundigen derart über den Kopf schlägt, dass dieser stumm wird,[195] passt nach der Änderung des § 2232 BGB durch das OLG-Vertretungsänderungsgesetz zum 01.08.2002 nun nicht mehr, falls sich der Erblasser anderweitig, z.B. mit Gesten, mit einem beurkundenden Notar verständigen kann.

c) Verhinderung der Errichtung oder Aufhebung einer letztwilligen Verfügung

Dazu gehören die Fälle physischer Gewalt, Täuschung, Drohung ebenso wie die arglistige Verleitung zu einem formunwirksamen Testament.[196] Auch wenn der Erbe verhindert, dass der Erblasser ein Widerrufstestament errichtet, z.B. durch Vorspiegelung, er habe das Testament vernichtet, wird er erbunwürdig im Sinne des § 2339 Abs. 1 Nr. 2 BGB.[197] Erforderlich ist, dass eine konkret beabsichtigte[198] Verfügung von Todes wegen verhindert wird. Vorsatz und Widerrechtlichkeit im Sinne dieser Vorschrift sind ebenso zu verstehen wie in § 123 BGB.[199] Ein bedingter Vorsatz ist dabei ausreichend.[200]

d) Täuschung und Drohung

Die Merkmale der Täuschung und Drohung entsprechen denen bei § 123 Abs. 1 BGB. Bei der Einwirkung auf den Erblasser durch **Täuschung** ist dem gemäß das Bewusstsein des Täuschenden zu fordern, dass der Erblasser ein von ihm errichtetes Testament für vernichtet hält und es deshalb unterlässt das Testament zu widerrufen.[201] Dabei genügt beim Täuschenden ein bedingter Vorsatz. Umstritten ist inwieweit seitens des Erben eine Aufklärungspflicht bzw. eine Offenbarungspflicht über Tatsachen besteht, bei deren Kenntnis der Erblasser den Erben ausschließen würde.[202] Die Rechtsprechung[203]

---

194 Teilweise wird der Ausschluss des § 216 StGB schon aus dem Normzweck des § 2339 abgeleitet, MüKo/Frank § 2339 Rn. 12; Ebenroth Rn. 371.
195 Lange/Kuchinke, Erbrecht, § 6, Fn. 27.
196 BGH FamRZ 1965, 496.
197 BGH NJW-RR 1990, 515.
198 MüKo/Frank § 2339 Rn. 16; Bamberger/Roth/Müller-Christmann, § 2339 Rn. 11.
199 BGH NJW-RR 1990, 515; BGHZ 49, 155.
200 BGH a.a.O.
201 BGH NJW-RR 1990, 515.
202 Hk-BGB/Hoeren § 2339 Rn. 10.
203 BGHZ 49, 155; OLG Nürnberg MDR 1958, 692.

stellt darauf ab, dass das Schweigen Treu und Glauben widersprechen muss, um eine Pflicht zur Aufklärung zu begründen. Bei länger zurückliegenden Verfehlungen besteht die Tendenz, eine Offenbarungspflicht abzulehnen, während z.B. für einen Ehegatten, der ein fortdauerndes ehewidriges Verhältnis verschweigt, obwohl er weiß, dass der andere Ehegatte im Vertrauen auf die Beteuerung seiner ehelichen Treue eine letztwillige Verfügung zu seinen Gunsten errichtet hat, Erbunwürdigkeit angenommen wird.[204] Ob diese BGH-Rechtsprechung angesichts „gelockerter Moralvorstellungen" auch heute noch Anwendung findet, erscheint zweifelhaft. Auch die Entscheidung des Gesetzgebers, den Ehebruch als Pflichtteilsentziehungsgrund in § 2335 BGB zu streichen,[205] muss bei der Auslegung der Erbunwürdigkeitsgründe beachtet werden.[206]

213 Wird seitens des Erben **Gewalt** gegen den Erblasser angewendet, gilt § 2339 Abs. 1 Nr. 3 BGB erst recht.[207]

e) Urkundsdelikte[208]

214 Unter § 2339 Abs. 1 Nr. 4 BGB fallen Urkundsdelikte, die der Erbe „in Ansehung einer Verfügung von Todes wegen" begangen hat. Durch die Verweisung auf das StGB wird klar gestellt, welche Straftaten die Erbunwürdigkeit nach sich ziehen: Urkundenfälschung, § 267 StGB, mittelbare Falschbeurkundung, § 271 StGB, Verändern von amtlichen Ausweisen, § 273 StGB, und Urkundenunterdrückung, § 274 StGB.[209] So reicht es für die Bejahung der Erbunwürdigkeit aus, dass der Erbe von einer unechten Urkunde zur Täuschung im Rechtsverkehr Gebrauch gemacht hat.[210] Hingegen soll es an einer Erbunwürdigkeit fehlen, wenn ein Abkömmling des Erblassers einen anderen Abkömmling, der nach einem Testament zum Alleinerben berufen ist, aufgefordert hat, das Testament nicht beim Nachlassgericht einzureichen bzw. zu vernichten.[211] Dies gilt aber nur soweit die Aufforderung zur Vernichtung nicht den Tatbestand des § 274 Abs. 1 Nr. 1 StGB erfüllt, weil es am Tatbestandsmerkmal des Handelns zum Nachteil eines anderen fehlt. Anders als bei Nr. 1 werden versuchte Urkundsdelikte hier nicht erwähnt, obgleich auch der Versuch der genannten Delikte unter Strafe steht. Da auch hier unerlaubt in den Testiervorgang eingegriffen wurde, ist ein Erbunwürdigkeitsgrund anzunehmen.[212] Es kommt nicht darauf an, ob der Täter aus anerkennenswerten Motiven gehandelt hat oder nicht;[213] die Erbunwürdigkeit liegt auch dann vor, wenn die Fälschung möglicherweise dem „wahren Willen" des Erblassers entspricht.

---

204 BGH a.a.O.
205 Durch das 1.EheRG vom 14.06.1976.
206 Palandt/Edenhofer § 2339 Rn. 5.
207 Lange/Kuchinke, Erbrecht, § 6, Fn. 31 unter Hinweis auf Mot. V 518; Palandt/Edenhofer § 2339 Rn. 6; a.A. Staudinger/Olshausen, § 2339 Rn. 40.
208 Kuchinke, Zur Erbunwürdigkeit wegen Verfälschen einer letztwilligen Verfügung, ZEV 1999, 317.
209 § 272 StGB wurde durch Art. 1 Nr. 67 des 6. StrÄndG aufgehoben.
210 OLG Düsseldorf OLGR 2001, 95.
211 OLG Dresden NJWE-FER 1999, 326.
212 BGH NJW 1970, 197 = FamRZ 1970, 17 = MDR 1970, 124; a.A. RGZ 81, 413; Hk-BGB-Hoeren § 2339 Rn. 11.
213 OLG Stuttgart ZEV 1999, 187.

f) Ausnahmetatbestände

Werden die letztwilligen Verfügungen, zu deren Errichtung der Erblasser nach § 2339 Abs. 1 Nr. 3 BGB bestimmt wurde oder in Ansehung deren die Straftat nach § 2339 Abs. 1 Nr. 4 BGB begangen wurde, unwirksam, entfällt der Erbunwürdigkeitsgrund, § 2339 Abs. 2 BGB. Entsprechendes gilt, wenn die Verfügung, zu deren Aufhebung der Erblasser bestimmt worden ist, unwirksam geworden sein würde. Die nach § 2339 Abs. 2 BGB später eintretende Unwirksamkeit einer testamentarischen Verfügung kann nicht einer von vorneherein gegebenen Nichtigkeit wegen Fälschung des Testaments gleichgestellt werden.[214]

2. Anspruchsberechtigung und Anspruchsverpflichtung

Anders als bei § 2080 Abs. 1 BGB ist anfechtungsberechtigt jeder, dem der Wegfall des Erbunwürdigen auch nur mittelbar, d.h. beim Wegfall eines oder mehrerer Vorberufener, zustatten kommt. Der Fiskus ist daher immer anfechtungsberechtigt, § 1936 BGB. Auch der Vorerbe ist gegenüber dem Nacherben und umgekehrt anfechtungsberechtigt.[215]

Die Begünstigung durch den Wegfall des Erbunwürdigen muss aber erbrechtlicher Art sein.[216] Es muss die Möglichkeit bestehen, dass der Anfechtende selbst Erbe wird. Es reicht das „mittelbare Interesse des Näherrückens" aus.[217] Jedoch fehlt die Anfechtungsberechtigung z.B. bei einem Vermächtnisnehmer, da dieser nur einen schuldrechtlichen Anspruch gegen die Erben hat, seine erbrechtliche Position also nicht betroffen wird. Entsprechendes gilt für Auflagenbegünstigte[218] und Gläubiger des Nächstberufenen.[219] Ein Anfechtungsrecht soll aber für Vermächtnisnehmer ausnahmsweise gegeben sein, wenn „die nahe liegende Gefahr einer Kürzung des Vermächtnisses besteht".[220] Der Erbunwürdige selbst kann Anfechtungsklage gegen einen anderen auch erheben, solange er nicht selbst rechtskräftig für erbunwürdig erklärt worden ist, § 2344 Abs. 2.[221] Das Anfechtungsrecht ist vererblich, wobei zu beachten ist, dass die bereits begonnene Frist weiterläuft.[222]

Die Klage ist gegen den erbunwürdigen Erben oder dessen Rechtsnachfolger zu richten.[223] Hingegen scheidet sie gegen einen Erbschaftskäufer, §§ 2371, 2385 BGB, oder gegen einen Erbteilserwerber, § 2033 BGB, aus.[224]

---

214 OLG Stuttgart ZEV 1999, 187.
215 Erman/Schlüter, § 2341 Rn. 1.
216 Brox, Erbrecht, Rn. 277.
217 BGH NJW 1989, 3214 = WM 1989, 1151 = MDR 1989, 976 = FamRZ 1989, 967.
218 Soergel/Damrau, § 2341 Rn. 1.
219 MüKo/Frank, § 2341 Rn. 2.
220 OLG Celle NdsRpfl 1972, 238; MüKo/Frank, § 2341 Rn. 2; a.A. Brox, Rn. 277.
221 Lange/Kuchinke, § 6 III 3a; Erman/Schlüter, § 2341 Rn. 1.
222 Staudinger/Ferid/Cieslar, § 2341 Rn. 7.
223 Erman/Schlüter, § 2342 Rn. 1; MüKo/Frank, § 2342 Rn. 2.
224 Palandt/Edenhofer, § 2342 Rn. 1.

§ 5 Die Erbunwürdigkeitsklage

3. Verjährung

219 Die Anfechtung muss binnen **Jahresfrist** erfolgen, § 2340 Abs. 3 BGB i.V.m. § 2082 Abs. 1 BGB. Nach § 2082 Abs. 2 S. 1 BGB beginnt die Anfechtungsfrist mit dem Zeitpunkt, in welchem der Anfechtungsberechtigte von dem Anfechtungsgrund Kenntnis erlangt. Dabei wird auf die zuverlässige Kenntnis des Anfechtungsgrundes und dessen Beweisbarkeit oder die Zumutbarkeit der Klageerhebung abgestellt.[225] Derjenige Anfechtungsberechtigte ist mit der Klage auszuschließen, der innerhalb der Jahresfrist nicht handelt, obwohl er hätte handeln können, weil von ihm im wohlverstandenen eigenen Interesse ein Handeln zu erwarten war.[226]

B. Prozess

I. Klage

1. Allgemeines

220 Voraussetzung für den Eintritt der Erbunwürdigkeit ist, dass eine Anfechtungsklage gegen den Erbunwürdigen erhoben wurde. Dabei handelt es sich um eine **Gestaltungsklage**,[227] denn durch ein solches Urteil wird nicht ein schon vor dem Urteil bestehendes Rechtsverhältnis lediglich festgestellt, vielmehr wird ein Rechtsverhältnis, nämlich das des rückwirkenden Fortfalls des Erbunwürdigen als Erben, erst mit Rechtskraft des Urteils geschaffen.

221 Die Klage ist die einzige Möglichkeit, die Feststellung der Erbunwürdigkeit herbeizuführen. Es ist nicht möglich, sich einredeweise auf die Erbunwürdigkeit zu berufen. Auch kann die Erbunwürdigkeit, soweit über sie noch nicht rechtskräftig nach Anfechtungsklage entschieden wurde, nicht im Erbscheinsverfahren[228] geltend gemacht werden.

a) Zuständigkeit

222 Die örtliche Zuständigkeit bestimmt sich nach den allgemeinen Regeln der §§ 12 ff. ZPO. Zu beachten ist dabei der besondere Gerichtsstand der Erbschaft nach § 27 ZPO, der auch für die Gestaltungsklage nach § 2342 BGB gilt.[229]

223 Die sachliche Zuständigkeit richtet sich nach dem Streitwert, §§ 23, 71 GVG. Dieser bemisst sich nach wohl h.M. nach der Beteiligung des Beklagten am Nachlass.[230] Die ältere Rechtsprechung[231] und ein Teil der Literatur[232] meinen, der Streitwert einer Erbunwürdigkeitsklage bestimme sich allein nach dem Interesse des Klägers an der für ihn aus der Erbunwürdigkeit sich ergebenden Besserstellung.

---

225 BayObLG BayObLGR 2002, 286.
226 BGH NJW 1989, 3214 = WM 1989, 1151 = FamRZ 1989, 967 = MDR 1989, 976 = JuS 1990, 234; OLG Düsseldorf NJWE-FER 2000, 156.
227 H.M.: KG FamRZ 1989, 675; Jauernig/Stürner, § 2342 Rn. 1; lediglich RGRK/Kregel (§ 2342 Rn. 2) betrachtet sie als Feststellungsklage.
228 BayObLGZ 1973, 257; BayObLG, Rpfleger 1973, 431; BayObLG, MDR 1974, 141.
229 Zöller/Vollkommer, § 27 ZPO Rn. 4; Thomas/Putzo, § 27 ZPO Rn. 1.
230 BGH NJW 1970, 197; Palandt/Edenhofer, § 2342 Rn. 2; Jauernig/Stürner, § 2342 Rn. 2; a.A. MüKo/Frank, § 2342 Rn. 6.
231 BGH MDR 1959, 922.
232 MüKo/Frank, § 2342 Rn. 6.

b) Rechtschutzbedürfnis

Die Gestaltungsklage ist auch dann noch möglich, wenn der Erbunwürdige die Erbschaft bereits ausgeschlagen hat.[233] Das Gesetz stellt nicht die Erbunwürdigkeit aufgrund bestimmter, in § 2339 Abs. 1 BGB genannter Tatsachen mit der auf freiem Willen des Erben beruhenden Ausschlagung gleich, sondern nur die notwendig in Form eines Urteils, § 2342 Abs. 2 BGB, erfolgte Erbunwürdigkeitserklärung des Erben, § 2344 Abs. 1 BGB.

c) Streitwert

Der Streitwert und der Rechtsmittelwert bestimmen sich bei der Erbunwürdigkeitsklage nach der Beteiligung des Beklagten am Nachlass.[234] In der Literatur[235] wird zum Teil auf die vom Kläger erstrebte Besserstellung abgestellt. Die Tatsache der Rückwirkung der Erbunwürdigkeitsklage führt nicht dazu, dass der Wert des Nachlasses im Zeitpunkt des Erbfalls maßgeblich wäre, § 4 Abs. 1 S. 1 ZPO.[236]

2. Muster: Klageanträge bei Erbunwürdigkeitsklage

Da es sich bei der Erbunwürdigkeitsklage um eine Gestaltungsklage handelt, ist der Antrag wie folgt zu formulieren:[237]

Es wird beantragt, den Beklagten für den Erbfall nach dem ▄▄▄ (Name, Geburtstag, Sterbetag, letzter Wohnsitz des Erblassers) für erbunwürdig zu erklären.

oder

Namens und im Auftrag des Klägers erhebe ich hiermit Klage zum Landgericht ▄▄▄ mit dem Antrag:

Der Beklagte wird als Erbe des am ▄▄▄ verstorbenen ▄▄▄ (Erblasser) für erbunwürdig erklärt.[238]

3. Beweislast

Der Erbunwürdigkeitsgrund muss im Prozess bewiesen werden.[239]
- Wer den Erblasser vorsätzlich und widerrechtlich getötet hat und deshalb für erbunwürdig erklärt werden soll, trägt die Beweislast dafür, dass er zur Tatzeit unzurechnungsfähig war.[240]

---

233 KG NJW-RR 1989, 455 = FamRZ 1989, 675.
234 BGH NJW 1970, 197 = FamRZ 1970, 17 = MDR 1970, 124; OLG Koblenz MDR 1997, 693.
235 Roth, ZEV 1997, 253; Baumbach/Lauterbach/Hartmann, Anh. § 3 Rn. 42; Thomas/Putzo, § 3 Rn. 61 mit Hinweis auf die frühere Rechtsprechung BGH LM Nr. 16 zu § 3 ZPO = MDR 1959, 922.
236 Zöller/Herget, § 3 ZPO Rn. 16.
237 Vgl. auch NomosKommentar Erbrecht § 2342 Rn. 5.
238 Schellhammer, Erbrecht Rn. 629.
239 Baumgärtel/Laumen, § 2340 Rn. 2.
240 BGH FamRZ 1988, 282 = JZ 1988, 314 = JuS 1988, 819 = MDR 1988, 297 = NJW 1988, 822.

- Die Beweislast für die Verzeihung trägt der Erbunwürdige, der sich auf die Verzeihung beruft.[241]
- Die Versäumung der Frist des § 2340 Abs. 3 BGB hat der Anfechtungsgegner zu beweisen.[242]

4. Sachverhalt[243]

228 Der Kläger ist gesetzlicher Erbe seiner verstorbenen Mutter. Die Erblasserin setzte die mit ihr nicht verwandte Beklagte zur Alleinerbin ein. Das Testament befand sich im Besitz der Beklagten.

229 Nachdem zwischen der Erblasserin und der Beklagten zu einem Zerwürfnis kam, spiegelte die Beklagte der Erblasserin vor, sie hätte all deren Schriftstücke, einschließlich des Testaments, vernichtet. Die Beklagte tat dies in der Absicht, dass die Erblasserin das bereits errichtete Testament nicht aufheben würde.

230 Muster: Erbunwürdigkeitsklage

An das Landgericht

Klage

des ▪▪▪

Kläger

Prozessbevollmächtigte: RA ▪▪▪

gegen

den ▪▪▪

Beklagter

wegen Erbunwürdigkeit

Streitwert: ▪▪▪ €

Namens und im Auftrag des Klägers erhebe ich hiermit Klage zum Landgericht ▪▪▪ mit dem Antrag:
1. Die Beklagte wird als Erbin der am ▪▪▪ verstorbenen ▪▪▪ (Erblasserin) für erbunwürdig erklärt.
2. Die Beklagte trägt die Kosten des Verfahrens.

Für den Fall des schriftlichen Vorverfahrens wird vorsorglich Versäumnisurteil, § 331 Abs. 3 ZPO, bzw. Anerkenntnisurteil, § 307 Abs. 2 ZPO,[244] gegen den Beklagten beantragt.

---

241 MüKo/Frank, § 2343 Rn. 2.
242 Baumgärtel § 2340 BGB Rn. 1.
243 BGH NJW-RR 1990, 515.
244 Ein Anerkenntnisurteil könnte im schriftlichen Vorverfahren auch ohne Antrag erlassen werden, weil der Kläger kein Rechtsschutzbedürfnis am Erlass eines streitigen Urteils hat, BGHZ 10, 333; Thomas/Putzo § 307 Rn. 11.

Begründung:

Der Kläger ist als Sohn der am ▬▬▬ verstorbenen ▬▬▬ (Erblasserin) deren gesetzlicher Erbe. Die mit der Erblasserin nicht verwandte Beklagte ist in einem privatschriftlichen Testament der Erblasserin vom ▬▬▬ als Alleinerbin bezeichnet.

Beweis: Nachlassakten des Amtsgerichts ▬▬▬

Dieses Testament hatte die Beklagte in Besitz. Die Beklagte war nach dem Tod des Ehemanns der Klägerin im Jahr ▬▬▬ deren engste Vertraute geworden. Die Erblasserin hat das Testament vom ▬▬▬ nur errichtet, weil ihr die Beklagte versprochen hatte, ihr bis ans Lebensende zur Seite zu stehen.

Beweis: ▬▬▬ als Zeugin

Im Herbst ▬▬▬ ist es zum offenen Bruch der Beziehung gekommen. Die Beklagte überbrachte der Erblasserin Schmuck, den sie für sie in Verwahrung genommen hatte und erklärte wütend: „Hier hast du deinen Kram, die Papiere habe ich vernichtet, es ist alles endgültig erledigt, wir sind geschiedene Leute."

Beweis: ▬▬▬ als Zeugin

Damit erweckte die Beklagte, was sie auch beabsichtigte, den Eindruck, dass sie das Testament vernichtet habe. Sie wollte die Erblasserin dazu bestimmen, das zugunsten der Beklagten errichtete Testament nicht aufzuheben. Sie hat nämlich aus dieser Erklärung nur folgern können, dass die Beklagte, die keine anderen Papiere der Erblasserin in Besitz gehabt hatte, das Testament vernichtet habe.

Später hat sich die Erblasserin mehrfach, insbesondere in Äußerungen gegenüber ▬▬▬ davon überzeugt gezeigt, dass kein Testament existiere und dass infolgedessen die gesetzliche Erbfolge eintrete.

Beweis: ▬▬▬ als Zeuge

Das Verhalten der Beklagten führt zu einem Erbunwürdigkeitsgrund nach § 2339 Abs. 1 Nr. 2 BGB.

Rechtsanwalt

II. Prozessuale Besonderheiten

Eine Verbindung der Anfechtungsklage mit der Herausgabeklage nach § 2018 BGB ist möglich.[245] Dabei ist zu beachten, dass der Herausgabeanspruch erst mit der rechtskräftigen Feststellung der Erbunwürdigkeit begründet ist. In der Klageschrift ist daher die Herausgabe „nach Rechtskraft" des Urteils zu beantragen.

Klagen mehrere Anfechtungsberechtigte gemeinsam, handelt es sich um einen Fall der notwendigen Streitgenossenschaft, § 62 ZPO, da die Entscheidung ihnen gegenüber nur einheitlich ergehen kann.

---

245 Erman/Schlüter, § 2342 Rn. 2; Bamberger/Roth/Müller-Christmann, § 2342 Rn. 5.

233 Ob im Erbunwürdigkeitsverfahren ein Anerkenntnis bzw. ein Prozessvergleich möglich ist, ist umstritten. Das LG Aachen[246] spricht sich dagegen aus, da die Frage der Erbunwürdigkeit nicht der Parteidisposition unterliegt. Entsprechend wird auch die Möglichkeit eines Prozessvergleiches abgelehnt.[247] Hingegen erachtet[248] die h.M. ein Anerkenntnisurteil jedenfalls dann für möglich, wenn eine Benachteiligung Dritter ausgeschlossen ist. Letztlich spricht gerade die Tatsache, dass das Gesetz keine Einschränkungen der zivilprozessualen Möglichkeiten einer Verfahrensbeendigung für das Erbunwürdigkeitsverfahren vorsieht, dafür, auch ein Anerkenntnisurteil bzw. einen Prozessvergleich hier zuzulassen. Auch betrifft die Anfechtungsklage grundsätzlich nur das privatrechtliche Verhältnis der Erben zueinander bzw. zu solchen Personen, denen der Wegfall des Erbunwürdigen zustatten kommt, § 2341 BGB. Eine Beschränkung der Parteiherrschaft ist daher nicht erforderlich.

III. Einstweiliger Rechtsschutz

234 Eine Feststellungsklage zu Lebzeiten des Erblassers ist unzulässig.[249]

C. Zwangsvollstreckung

235 Das Urteil, durch das ein Erbe für erbunwürdig erklärt wird, entfaltet mit der Rechtskraft seine gestaltende Wirkung.[250] Einer weiteren Vollstreckung bedarf es nicht.

---

246 NJW-RR 1988, 263.
247 LG Aachen MDR 1988, 240 = NJW-RR 1988, 263.
248 KG NJW-RR 1989, 455; LG Köln MDR 1977, 322 = NJW 1977, 1783; Jauernig/Stürner, § 2342 Rn. 1; Palandt/Edenhofer, § 2342 Rn. 2.
249 Baumgärtel §2343 Rn. 1; MüKo/Frank § 2339 Rn. 2; Staudinger/v. Olshausen § 2340 Rn. 7.
250 Thomas/Putzo vor § 708 ZPO Rn. 1.

§ 6 Klage des Vertragserben gegen den Beschenkten nach § 2287 BGB

A. Vorprozessuale Situation

I. Allgemeines

1. Erbvertragliche Bindung

Mit Abschluss eines Erbvertrages nach §§ 2274ff. BGB können sich die Vertragspartner zu Lebzeiten stark hinsichtlich ihrer letztwilligen Verfügungen binden. Bei dieser Vorgangsweise ist der Mandant auch darauf hinzuweisen, dass ein Erbvertrag **nur vor einem Notar** abgeschlossen werden kann, §§ 2231 Nr. 1, 2232, 2276 BGB. Damit fallen notwendigerweise weitere Gebühren an. Allerdings können durch die notarielle Beurkundung die Kosten für einen Erbschein gespart werden.

Die Besonderheit bei dieser Errichtungsform der letztwilligen Verfügung liegt in der **starken Bindungswirkung** des Erbvertrags. So können vertragsmäßige Verfügungen **nicht mehr einseitig** widerrufen werden, § 2289 BGB. Je nach Wunsch der Mandanten ist aber die Vereinbarung eines **Rücktrittsvorbehalts**, § 2293 BGB, möglich. So kann z.B. auch ein Vorbehalt dahin gehend vereinbart werden, dass der überlebende Ehegatte abweichend zugunsten der Kinder bzw. Enkel testieren darf.[251]

Übersicht: Bindungswirkung des Erbvertrags

a) Aufhebung eines Erbvertrages

Durch Vertrag gem. § 2290 BGB kann ein Erbvertrag auch wieder aufgehoben werden. Der Aufhebungsvertrag muss **notariell beurkundet** werden, §§ 2290 Abs. 4, 2276 BGB.

Beachte: Ehegatten können einen Erbvertrag auch durch **gemeinschaftliches Testament** aufheben, § 2292 BGB.

Der Aufhebungsvertrag erfasst im Zweifel auch einseitige Verfügungen, sofern nicht ein anderer Wille anzunehmen ist, § 2299 Abs. 3 BGB.

b) Rücktritt vom Erbvertrag

Sofern sich der Erblasser im Erbvertrag den **Rücktritt vorbehalten** hat, § 2293 BGB, kann er durch notariell beurkundete Erklärung vom Vertrag zurücktreten. Im Erbvertrag ist ein unbeschränkter Vorbehalt ebenso möglich, wie ein auf bestimmte Fälle begrenzter oder ein befristeter. Daneben ist ein Rücktritt möglich, wenn sich ein im

---

251 Palandt/Edenhofer § 2293 BGB Rn. 4.

Kroiß

Erbvertrag Bedachter nach Abschluss des Vertrages einer **Verfehlung** i.S.d. §§ 2333 ff. BGB schuldig gemacht hat, § 2294 BGB.

c) Anfechtung eines Erbvertrags

243 Bei vertragsmäßigen Verfügungen besteht für den Erblasser die Möglichkeit der Anfechtung, wenn
- er sich in einem **Irrtum** befand oder
- durch **Drohung** zu einer letztwilligen Verfügung veranlasst wurde oder
- ein **Pflichtteilsberechtigter** übergangen wurde, §§ 2281-2285, 2078, 2079 BGB.

244 Bei einseitigen Verfügungen hat der Erblasser ein Widerrufsrecht nach § 2299 Abs. 2 BGB i.V.m. §§ 2253 ff. BGB. Auch die Anfechtung geschieht durch notarielle Erklärung gegenüber dem Anfechtungsgegner.

d) Änderungsvorbehalt

245 Den Vertragsparteien ist es auch möglich, einen Vorbehalt in den Erbvertrag aufzunehmen, dass eine vertragsmäßige Verfügung nachträglich einseitig oder zweiseitig aufgehoben oder geändert werden kann.[252] So kann z.B. dem überlebenden Ehegatten das Recht eingeräumt werden, die für den zweiten Erbfall getroffenen Bestimmungen in einem bestimmten Rahmen abzuändern.[253]

246 Ein Erbvertrag kann auch bei Scheidung der Ehe unwirksam werden, selbst wenn er während des Getrenntlebens geschlossen wurde. Verfügungen i.S.v. §§ 2279, 2077 BGB werden in aller Regel unter der gleichsam selbstverständlichen Voraussetzung getroffen, dass die Ehe zurzeit des Erbfalls noch besteht. Deshalb müssen besondere Umstände vorliegen, wenn im Einzelfall ein abweichender Wille des Erblassers bejaht werden soll. Allein die Tatsache, dass sich die (später geschiedene) Ehe bei Abschluss des Erbvertrages bereits in der Krise befand, reicht dazu nicht aus.[254]

2. Lebzeitige Verfügungen

247 Die Bindungswirkung beim Erbvertrag und beim gemeinschaftlichen Testament erfasst nicht lebzeitige Verfügungen des Erblassers, §§ 2286, 2287 BGB. Der Vertragserbe wird jedoch insoweit geschützt, als ihm gegebenenfalls ein Herausgabeanspruch nach § 2287 BGB bzw. § 2288 BGB zusteht. Wendet der Vertragserbe zu Lebzeiten Gegenstände aus seinem Vermögen unentgeltlich Dritten zu, so bleiben diese Schenkungen auch mit dem Eintritt des Erbfalls wirksam. § 2287 BGB bezweckt den **Schutz vor benachteiligenden Rechtsgeschäften** unter Lebenden über das Vermögen und einzelne Vermögensgegenstände.[255] Allerdings bezweckt § 2287 BGB nicht, dass Rechtsgeschäfte unter Lebenden verhindert werden, sondern er gibt dem Vertragserben einen Anspruch gegen den Dritten, der etwas erlangt hat, was im Zeitpunkt des Erbfalls dem Vertragserben gebührt hätte.[256]

---

252 Palandt/Edenhofer § 2289 BGB Rn. 3; Nieder, Zerb 2001, 120; Schmucker MittBayNot 2001, 526.
253 OLG Stuttgart OLGZ 85, 434.
254 OLG Zweibrücken NJW-RR 1998, 941.
255 BGHZ 124, 35, 38; Lange/Kuchinke, Erbrecht, § 25 V 3.
256 Lange/Kuchinke, a.a.O.

Wird ein Vermächtnisnehmer absichtlich beeinträchtigt, gewährt § 2288 BGB einen Anspruch gegen den Erben auf Wertersatz oder auf Verschaffung des vermachten Gegenstandes.

248

Die Vorschriften der §§ 2287, 2288 BGB finden entsprechende Anwendung bei gemeinschaftlichen Testamenten.[257] Auch beim bindend gewordenen gemeinschaftlichen Testament erhält der Schlusserbe nur, was beim Erbfall noch vorhanden ist; jedoch sind nach h.M. die §§ 2287, 2288 BGB zum Schutz der Schlusserben analog heranzuziehen.[258]

249

II. Materiell rechtliche Voraussetzungen

1. Anspruchsgrundlage

§ 2287 BGB setzt dreierlei voraus:
- eine Schenkung
- eine objektive Beeinträchtigung des Vertragserben und
- eine Beeinträchtigungsabsicht.

a) Schenkung

Es muss eine **Schenkung** vorliegen; der Begriff der Schenkung entspricht dem in § 2325 BGB, d.h. es fallen auch gemischte Schenkungen[259] und unbenannte Zuwendungen[260] darunter. Bei Letzteren reicht die bloße objektive Unentgeltlichkeit.[261] Die gemischte Schenkung ist nur in ihrem unentgeltlichen Teil Schenkung.[262]

250

Die für einen Anspruch aus § 2287 BGB vorausgesetzte Schenkung ist eine solche im Sinne von § 516 BGB.[263] Zu der Bereicherung des einen Teils durch den anderen muss daher noch eine Einigung der Beteiligten über die Unentgeltlichkeit der Zuwendung oder – bei der gemischten Schenkung wie möglicherweise hier – über die Unentgeltlichkeit des nicht durch die Gegenleistung abgegoltenen Teils der Zuwendung hinzukommen.[264]

251

b) Objektive Beeinträchtigung des Vertragserben

Weiters ist eine **objektive Beeinträchtigung** des (Schluss-) Erben erforderlich; daran fehlt es, wenn ein Änderungsvorbehalt oder eine Freistellungsklausel vorlag, oder es zu keiner echten Wertverschiebung kam oder die Zuwendung im Rahmen einer vorweggenommenen Vermächtniserfüllung erfolgte.

252

---

257 BGHZ 82, 274, 276.
258 BGHZ 82, 274; Palandt/Edenhofer § 2287 Rn. 3.
259 BGH NJW-RR 1996, 1135; OLG Köln ZEV 1996, 24.
260 Vgl. dazu BGH NJW 1992, 564; Krug/Rudolf/Kroiß, Erbrecht § 21 Rn. 88 ff.
261 BGHZ 116, 167.
262 BGHZ 59, 132; Schellhammer, Erbrecht Rn. 482.
263 BGHZ 82, 274, 281.
264 BGH WM 1986, 977.

c) Beeinträchtigungsabsicht

253 Schließlich wird eine **Beeinträchtigungsabsicht** vorausgesetzt. Die Beeinträchtigung muss gerade das Motiv des Erblassers sein. Nach der Rechtsprechung ist jeweils eine Interessenabwägung vorzunehmen,[265] wobei ein **„lebzeitiges Eigeninteresse"** die Beeinträchtigungsabsicht ausschließt.

254 Erforderlich ist ferner, dass der Erblasser das ihm verbliebene Recht zu lebzeitigen Verfügungen (§ 2286 BGB) missbraucht hat.[266] Ein solcher Missbrauch liegt nicht vor, wenn der Erblasser ein lebzeitiges Eigeninteresse an der von ihm vorgenommenen Schenkung hatte, kann aber auch sonst ausgeschlossen sein.[267] Hierzu bedarf es einer umfassenden Abwägung der Bindung des Erblassers an den Erbvertrag einerseits und der Gründe für die Benachteiligung des Vertragserben andererseits.[268]

255 Der BGH hat sich dazu für den vergleichbaren Fall des § 2288 BGB wie folgt geäußert:[269] „Für eine Beeinträchtigungsabsicht des erbvertraglich gebundenen Erblassers spricht im Fall des § 2288 Abs. 2 S. 1 BGB bereits die Veräußerung des vermachten Gegenstands in dem Bewusstsein, dass damit dem Vermächtnis der Boden entzogen wird und dass die Gegenleistung für die Veräußerung keinen Ersatz für den Vermächtnisnehmer darstellt. Ein lebzeitiges Eigeninteresse des Erblassers kann nur bejaht werden, wenn sich das Interesse des Erblassers gerade auf die Veräußerung des Vermächtnisgegenstands richtete und der erstrebte Zweck nicht auch durch andere wirtschaftliche Maßnahmen zu erreichen gewesen wäre."

256 Bejaht wurde das „lebzeitige Eigeninteresse" in folgenden Fällen:
- Zuwendung aus Gründen der Altersvorsorge[270] oder
- an jüngere Ehefrau zwecks späterer Betreuung und Pflege
So missbraucht z.B. ein erbvertraglich gebundener Erblasser, der zu Beginn einer im Alter von 61 Jahren geschlossenen Ehe seiner 52 Jahre alten Frau die Mitberechtigung an seinem liquiden Vermögen unentgeltlich in der Erwartung einräumt, sich dadurch ihre Betreuung und Pflege bis zum Tod zu erhalten, sein Recht zu lebzeitigen Verfügungen nicht.[271]
- wenn Vertragserbe sich einer schweren Verfehlung gegenüber dem Erblasser schuldig gemacht hat:

257 „Eine Beeinträchtigungsabsicht des Erblassers liegt dann nicht vor, wenn nach dem Urteil eines objektiven Beobachters die Verfügung des Erblassers in Anbetracht der gegebenen Umstände auch unter Berücksichtigung der durch Erbvertrag oder Testament begründeten Bindung billigenswert und gerechtfertigt erscheint.[272] Ein solches

---

265 BGH NJW 1992, 564.
266 BGHZ 82, 274, 282.
267 BGH WM 1986, 977.
268 BGHZ 83, 44, 45; 88, 269, 271.
269 BGH MDR 1998, 475.
270 BGHZ 77, 264.
271 BGH NJW 1992, 2630.
272 BGH MDR 1977, 825.

Eigeninteresse ist zu bejahen, wenn sich der Vertragserbe oder Schlusserbe einer schweren Verfehlung gegenüber dem Erblasser schuldig gemacht hat, die den Erblasser bei einer Schenkung berechtigen würde, diese zu widerrufen."[273]

Dagegen wurde das lebzeitige Eigeninteresse in folgenden Fällen **verneint**: 258
- Bei bloßem Sinneswandel des Erblassers, insbesondere ein „Umdenken" hinsichtlich der Motivation des Erblassers.[274]
- Bloße langjährige Verbundenheit:
  Ein „lebzeitiges Eigeninteresse" des Erblassers, das eine Benachteiligungsabsicht im Sinne des § 2287 BGB ausschließt, ergibt sich nicht schon aus einer bloßen langjährigen personalen Verbundenheit des erbvertraglich gebundenen Erblassers mit dem Beschenkten. Das gilt auch dann, wenn der Erblasser nur einen unter 20 % liegenden Bruchteil seines Vermögens verschenkt.[275]

Korrektur des Erbvertrages wegen unzureichender Einsetzung des Ehegatten: Die Einsicht des Erblassers, seine Ehefrau in seinen Verfügungen von Todes wegen unzureichend bedacht zu haben, und sein daraus folgendes Streben, einen Erbvertrag mit seinen Söhnen zugunsten des Ehegatten zu korrigieren, begründen für sich allein kein billigenswertes lebzeitiges Eigeninteresse im Sinne der Rechtsprechung des Bundesgerichtshofes.[276] 259

2. Anspruchsberechtigung und Anspruchsverpflichtung

Anspruchsberechtigt ist der Vertragserbe; das kann die Vertragspartei oder ein Dritter, dem mit bindender Wirkung erbvertraglich etwas zugewendet werden soll, sein. Keinen eigenen Anspruch haben der Testamentsvollstrecker oder Nachlassgläubiger.[277] 260

Da der Anspruch erst mit dem Erbfall entsteht, gehört er **nicht zum Nachlass**. Der Anspruch steht dem Vertragserben persönlich und ohne gesamthänderische Bindung zu.[278] 261

Schuldner des Anspruchs ist der Beschenkte, nicht aber der Erblasser oder etwaige Miterben.[279] Ist der Erbe durch mehrere Vermögensverschiebungen zusammen beeinträchtigt, so gilt wegen des Grundgedankens der §§ 2329 Abs. 3, 528 Abs. 2 BGB der Grundsatz der **Posteriorität**,[280] das heißt, es gilt eine zeitbezogene Staffelung: Die zeitlich jüngere (letztere) Zuwendung beeinträchtigt den Vertragserben einschneidender als die ältere.[281] 262

---

273 LG Gießen MDR 1981, 582.
274 OLG Köln ZEV 2000, 217; BayObLG FamRZ 2001, 517.
275 OLG Köln FamRZ 1992, 607.
276 BGHZ 77, 264.
277 BGHZ 78, 1, 3 = NJW 1980, 2461; BGH NJW 1989, 2389, 2391; Palandt/Edenhofer, § 2287 Rn. 1.
278 Dittmann/Reimann/Bengel/J. Mayer § 2287 Rn. 77.
279 Hk-BGB/Hoeren § 2287 Rn. 14.
280 BGHZ 116, 167, 177 = NJW 1992, 564; ebenso NJW-RR 1996, 133, 134 = ZEV 1996, 25, 26.
281 BGHZ, a.a.O.

3. Verjährung

263 Der Anspruch verjährt in drei Jahren von dem Anfall der Erbschaft an, § 2287 Abs. 2 BGB. Auf den Zeitpunkt der Schenkung kommt es nicht an.[282] Die Dauer der Verjährung entspricht der Regelverjährung nach § 195 BGB, nicht aber deren Beginn nach § 199 BGB.[283]

B. Prozess

I. Klage

1. Allgemeines

264 Der Umfang des Anspruchs nach § 2287 BGB richtet sich nach den Vorschriften über die Herausgabe einer ungerechtfertigten Bereicherung. Es handelt sich hierbei um eine Rechtsfolgenverweisung,[284] so dass die Vorschriften der §§ 818 bis 821 BGB in Betracht kommen. Der Gläubiger kann zunächst die Herausgabe des Geschenks bzw. aller Surrogate des Schenkungsgegenstandes gemäß § 818 Abs. 1 BGB verlangen.

265 Ist die Herausgabe des Geschenks in Natur nicht mehr möglich, so ist der Wert gemäß § 818 Abs. 2 BGB zu ersetzen. Maßgeblich ist der Wert zum Zeitpunkt der Schenkung; die Höhe des Anspruchs ist durch die eingetretene Beeinträchtigung des Vertragserben nach oben hin begrenzt, selbst wenn der Erblasser eine höhere Beeinträchtigung beabsichtigt hat.[285] Der Beschenkte kann sich auf den Wegfall der Bereicherung berufen, § 818 Abs. 3 BGB.

2. Muster: Klageanträge bei Herausgabeklage

266 Primär wird meist die Herausgabe des verschenkten Gegenstandes beantragt werden:

Der Beklagte wird verurteilt, an den Kläger den ■■■ (genaue Bezeichnung des verschenkten Gegenstandes) herauszugeben.

267 Kann der verschenkte Gegenstand bzw. sein Surrogat nicht herausgegeben werden, zielt der Klageantrag auf Wertersatz, § 818 Abs. 3 BGB ab:

Der Beklagte wird verurteilt, an den Kläger ■■■ € nebst ■■■ % Zinsen seit ■■■ zu zahlen.

3. Beweislast

268 Für die Voraussetzungen des Herausgabeanspruchs nach § 2287 BGB bei einer Schenkung in der Absicht, den Vertragserben zu benachteiligen, ist der **Vertragserbe** darlegungs- und beweispflichtig.[286] Er muss insbesondere die Benachteiligungsabsicht dar-

---

282 Dittmann/Reimann/Bengel/J. Mayer § 2287 Rn. 96.
283 Schellhammer, Erbrecht, Rn. 486.
284 RGZ 139, 22; Palandt/Edenhofer, § 2287 Rn. 12; Staudinger/Kanzleiter, § 2287 Rn. 23.
285 BGH NJW-RR 1989, 259, 260.
286 Baumgärtel § 2287 Rn. 1.

legen und beweisen.²⁸⁷ Dieser Darlegungslast ist jedoch genügt, wenn vorgetragen wird, dass der Erblasser ohne lebzeitiges Eigeninteresse gehandelt habe. Auch den Schenkungscharakter der Zuwendung muss derjenige beweisen, der nach § 2287 BGB eine Leistung für den Nachlass beansprucht; jedoch kann eine Ausnahme bestehen, wenn eine dem Erblasser zurechenbare Urkunde den Schenkungscharakter indiziert.²⁸⁸ Die Beweislast für die Werte von Leistung und Gegenleistung hat der Kläger zu tragen; das ist hier nicht anders als bei einer gemischten Schenkung zum Nachteil eines Pflichtteilsberechtigten.²⁸⁹ Ergibt sich bei der Bewertung ein auffallendes, grobes Missverhältnis,²⁹⁰ dann kommt dem Kläger eine Beweiserleichterung in Form einer tatsächlichen Vermutung für eine Einigung der Beteiligten über die Unentgeltlichkeit eines Teiles der Zuwendung des Erblassers an die Beklagte zugute.²⁹¹

Wird Wertersatz nach § 818 Abs. 2 BGB begehrt, ist der Vertragserbe hinsichtlich des Wertes beweispflichtig.²⁹²

Die Beweislast für den Wegfall der Bereicherung trägt grundsätzlich der Beschenkte;²⁹³ die Ausnahmen nach §§ 818 Abs. 4, 819 BGB hat der Vertragserbe darzulegen und zu beweisen.²⁹⁴

4. Auskunftsanspruch

Aus § 2287 BGB kann der Vertragserbe keinen Auskunftsanspruch über die vom Erblasser gemachten Schenkungen herleiten.²⁹⁵ An einer bloßen Ausforschung muss ein vermeintlich Beschenkter nicht selbst mitwirken.²⁹⁶ Die Rechtsprechung²⁹⁷ billigt nach den Grundsätzen von Treu und Glauben einen Auskunftsanspruch zu, wenn es dem Vertragserben unmöglich ist, die notwendigen Informationen über eine etwaige Schenkung selbst zu verschaffen. Der Anspruch ist materiell-rechtlicher Natur. Dazu muss er aber den Hauptanspruch schlüssig darlegen und in substantiierter Weise Tatsachen vortragen und beweisen, die greifbare Anhaltspunkte für eine sein Erbrecht beeinträchtigende Schenkung ergeben.²⁹⁸ Den Umständen nach müssen Schenkung und Beeinträchtigungsabsicht (fehlendes lebzeitiges Interesse) nahe liegen. Ein **Anspruch auf Wertermittlung** ergibt sich allerdings nicht. Lediglich die Angaben, die der Vertagserbe zur Berechnung seines Bereicherungsanspruchs benötigt, müssen mitgeteilt werden.²⁹⁹

BGHZ 97, 198: „Auch der Vertragserbe, der auf der Grundlage des § 2287 BGB gegen den vom Erblasser Begünstigten vorgehen will, kann aus § 242 BGB einen Auskunfts-

---

287 OLG Köln Zerb 2003, 21.
288 OLG Koblenz Zerb 2004, 271.
289 BGH NJW 1981, 2458.
290 BGHZ 82, 274, 281f.
291 BGH NJW 1981, 2458; BGHZ 59, 132, 136.
292 OLG Koblenz NJW-RR 1995, 156.
293 BGH NJW 1999, 1181.
294 BGH NJW 1958, 1725.
295 Dittmann/Reimann/Bengel/Mayer § 2287 Rn. 103.
296 BGHZ 61, 180, 185; Erman/Schmidt, § 2287 Rn. 11.
297 BGHZ 97, 188, 193 = NJW 1986, 1755.
298 BGHZ 97, 188f.
299 Winkler v. Mohrenfels, NJW 1987, 2559f.

anspruch herleiten. Zwar werden ihm in gewissem Umfang Beweiserleichterungen eingeräumt, damit er angemessen vor den Auswirkungen missbräuchlicher Ausübung der für den Erblasser gemäß § 2286 BGB bestehenden Verfügungsfreiheit geschützt werden kann. Von der Vermutung der zumindest teilweisen Unentgeltlichkeit und damit von einer gemischten Schenkung kann schon dann ausgegangen werden, wenn ein auffallendes, grobes Missverhältnis zwischen dem objektiven Wert der Leistung und dem der Gegenleistung besteht (BGHZ 82, 274, 281/282). Der Missbrauch ist bereits dann bewiesen, wenn feststeht, das für die unentgeltliche Zuwendung ein rechtfertigendes lebzeitiges Eigeninteresse nicht bestand; dabei hat der Begünstigte die für die Zuwendung maßgeblichen Umstände – unbeschadet der Beweislast der Vertragserben – darzulegen (BGHZ 66, 8, 16f.; Johannsen, DNotZ Sonderheft 1977 Seite 95; Baumgärtel/Strieder, Beweislast, BGB § 2287 Rn. 2 – 4).

273 Diese Beweiserleichterungen können aber den Vertragserben noch nicht ausreichend schützen. Im Verhältnis zu dem durch eine Verfügung zu seinen Lebzeiten vom Erblasser Begünstigten ist nämlich auch der Vertragserbe schutzwürdig (vgl. BGHZ 82, 274, 281). Nach dem Grundgedanken des auf § 242 BGB gestützten Auskunftsrechts soll derjenige geschützt werden, dessen Berechtigung leerzulaufen droht, weil er in entschuldbarer Weise über die tatsächlichen Voraussetzungen des Anspruchs nicht unterrichtet ist, vielmehr nur sein Anspruchsgegner die erforderlichen Kenntnisse hat und sie unschwer mitteilen kann (so grundlegend und m.w.N. schon BGH Urteil vom 04.05.1964 – III ZR 159/63 – LM BGB § 2329 Nr. 5/6 = NJW 1964, 1414 unter II). Dieser Grundgedanke trifft besonders für den Vertragserben zu, der sein Erbe durch ein nach § 2287 BGB missbilligte Zuwendung des Erblassers zu dessen Lebzeiten, von der der Vertragserbe häufig wenig weiß, bedroht sieht.

274 Berechtigt kann auch das Auskunftsverlangen aber nur sein, wenn und soweit vom Bestehen des Anspruchs ausgegangen werden kann, zu dessen Durchsetzung die Auskunft dienen soll. Auch für die Anwendung des § 242 BGB gilt die Beweislastverteilung, dass, wer Rechte aus dieser Vorschrift für sich herleitet, die dafür maßgebenden Tatsachen zu beweisen hat (Baumgärtel/Strieder, Beweislast BGB § 242 Rn. 2 m.w.N.). Auskunft kann man nicht schon dann fordern, wenn man auf diesem Weg eine Schenkung ausforschen will (BGHZ 61, 180, 185). Der Berechtigte muss vielmehr den Hauptanspruch schlüssig darlegen und in substantiierter Weise Tatsachen vortragen und beweisen, die greifbare Anhaltspunkte für eine sein Recht beeinträchtigende Schenkung ergeben. Es muss sich um eine Zuwendung handeln, die unter solchen Umständen erfolgt, welche die Annahme nahelegen, es gehe mindestens teilweise um eine Schenkung, für die ein anerkennenswertes lebzeitiges Eigeninteresse nicht besteht (BGHZ 83, 44, 45f.). Dabei wächst die Vortragslast des Vertragserben in dem Maße, in dem der Begünstigte konkrete Behauptungen zum lebzeitigen Eigeninteresse aufstellt. Erst dann kann der Richter hinreichend sicher vom Bestehen eines Anspruchs gegen den Beschenkten ausgehen und zu dessen Durchsetzung vorab zur Auskunftserteilung – nicht aber schon zur Wertermittlung – verurteilen (BGHZ 89, 24).

5. Muster: Herausgabeklage[300]

An das Landgericht

■■■

Klage

des ■■■

Kläger

Prozessbevollmächtigte: RA ■■■

gegen

die ■■■

Beklagte

wegen Forderung

Streitwert: ■■■ €

Namens und im Auftrag des Klägers erhebe ich Klage zum Landgericht ■■■ mit dem

Antrag:

Die Beklagte wird verurteilt, an den Kläger ■■■ € nebst ■■■ Zinsen seit Klageerhebung zu zahlen.

Der Beklagte trägt die Kosten des Rechtsstreits.

Das Urteil ist vorläufig vollstreckbar.

Für den Fall des schriftlichen Vorverfahrens wird vorsorglich Versäumnisurteil gegen die Beklagte beantragt, § 331 Abs. 3 ZPO.

Begründung:

Der Kläger ist der Sohn des am 16. Februar 1988 im Alter von 76 Jahren verstorbenen Kaufmanns A. (Erblasser) aus dessen erster Ehe und hat diesen aufgrund Erbvertrages seiner Eltern vom 27. Dezember 1965 allein beerbt. Die am 14. März 1923 geborene Beklagte ist die Witwe des Erblassers; sie war mit diesem seit dem 29. Dezember 1966 verheiratet und lebte mit ihm in Zugewinngemeinschaft.

Beweis: ■■■

Der Erblasser und die Beklagte waren Inhaber eines Kontos bei der ■■■bank, auf dem ■■■ US-Dollar angelegt waren. Im Jahre 1986 lösten sie das Konto auf; von dem Gegenwert erhielten die Ehegatten je ■■■ DM. Außerdem unterhielten sie bei einer österreichischen Bank ein gemeinschaftliches Sparkonto, das im April/Mai 1987 aufgelöst wurde und von dem die Beklagte jedenfalls ■■■ DM erhielt.

---

300 BGH FamRZ 1992, 300 = JuS 1992, 611 = MDR 1992, 264 = NJW 1992, 564 = WM 1992, 407.

Beweis: ■■■

Der Vater des Klägers hat der Beklagten die angeführten Beträge von ■■■ DM, sowie weitere ■■■ DM aus einem Wertpapierdepot bei der C.-Bank in der Absicht geschenkt, den Kläger zu benachteiligen. In dem Depot befanden sich festverzinsliche Wertpapiere, zu deren Anschaffung die Beklagte nichts beigetragen hatte, die beim Erbfall für die Beklagte verwahrt wurden und deren Wert ausschließlich ihr zugute kam.

Beweis: ■■■

Der Erblasser und die Beklagte hatten festverzinsliche Wertpapiere im Nennwert von ■■■ DM aus den Mitteln des Erblassers erworben und in einem Bankdepot verwahrt. Der Erblasser hatte kurz vor seinem Tode dem Kläger erklärt, er solle darauf achten, dass die Beklagte ihn nicht mit diesen ■■■ DM betrüge; dem Kläger stünden davon ■■■ DM zu.

Beweis: ■■■ als Zeuge

Die Papiere sind beim Tode des Erblassers für die Beklagte verwahrt worden.

Der Erblasser hat der Beklagten die Hälfte des Depotinhalts „geschenkt". Das ist insoweit ausreichend und kann, wenn die Papiere nicht mehr vorhanden sind, gemäß §§ 2287, 818 Abs. 2 BGB zu einem Zahlungsanspruch führen.

Die unbenannte Zuwendung ist in der Regel objektiv unentgeltlich und im Erbrecht (§§ 2287, 2288, 2325 BGB) grundsätzlich wie eine Schenkung zu behandeln.

Nach höchstrichterlicher Rechtsprechung ist der Erwerb eines zugewendeten Gegenstandes (auf den kein Rechtsanspruch besteht) unentgeltlich, wenn er nicht rechtlich abhängig ist von einer den Erwerb ausgleichenden Gegenleistung des Erwerbers. Dabei kommen als rechtliche Abhängigkeit, welche die Unentgeltlichkeit ausschließt und Entgeltlichkeit begründet, Verknüpfungen sowohl nach Art eines gegenseitigen Vertrages als auch durch Setzung einer Bedingung oder eines entsprechenden Rechtszwecks in Betracht (RGZ 163, 348, 356).

Entsprechende Gegenleistungen des Empfängers einer unbenannten Zuwendung liegen indessen bei einer unbenannten Zuwendung in der Ehe in der Regel nicht vor.

Die Ehe als solche gibt im Allgemeinen keinen Anspruch auf derartige Vermögensverschiebungen. Das gilt sowohl für den gesetzlichen Güterstand der Zugewinngemeinschaft, bei dem ein Ausgleich nur für den Fall der Beendigung des Güterstandes vorgeschrieben ist (§ 1471 BGB), als auch für die Fälle der Gütertrennung und der Gütergemeinschaft; bei der Letzteren hat jeder Ehegatte sein Vorbehaltsgut für sich alleine und verwaltet es selbstständig.

Auch die Haushaltstätigkeit eines Ehegatten ist keine Gegenleistung für unbenannte Zuwendungen des anderen Teiles. Dem steht bereits entgegen, dass es sich bei der Haushaltsführung durch den Ehegatten, der keiner Erwerbstätigkeit nachgeht, um den dem anderen Gatten geschuldeten Beitrag zum Familienunterhalt handelt (§ 1360 Satz 1 BGB; vgl. auch § 1606 Abs. 3 Satz 2 BGB). Hinzu kommt, dass selbst Leistungen in diesem Bereich, die über das gebotene Maß hinausgehen, nach § 1360b BGB im Zweifel nicht zu vergüten sind und dementsprechend ohne einen in diese Richtung weisenden Anhalt im Verhalten der Beteiligten auch nicht als vergütet angesehen werden können. Das gilt in gleicher Weise für die über den Unterhalt hinausgehenden vielfältigen Dienste und Hilfen, die Ehegatten einander innerhalb und außerhalb der ehelichen Lebensgemeinschaft leisten. Auch in der Rechtsprechung des Bundesgerichtshofes wird nirgends zum Ausdruck gebracht, dass eine unbenannte Zuwendung an den Ehegatten dessen Leistungen und Dienste vergüte. Vielmehr heißt es in BGHZ 82, 231 mit Recht nur, dass in einer unbenannten Zuwendung „regelmäßig die Anerkennung eines gleichwertigen Beitrages beider Ehepartner" liege.

Hier geht es nicht um die Bezahlung von Leistungen, nämlich um die für den Geschäftsverkehr bestimmte Ebene, auf der Leistung und Gegenleistung rechtlich miteinander verknüpft werden. Angesprochen ist mit dem Ausdruck „Anerkennung" vielmehr die Haltung, die den Schenker einer belohnenden (remuneratorischen) Schenkung kennzeichnet. Abgesehen davon wäre es auch keineswegs unbedenklich, die vielfältigen Dienste persönlicher Art, die Ehegatten einander leisten, allgemein für vergütet (bezahlt) zu erklären und einen Ehegatten damit rechtlich in eine Rolle zu versetzen, die derjenigen von Hausangestellten vergleichbar wäre.

Rechtsanwalt

II. Prozessuale Besonderheiten

1. Feststellungsklage

Während die Frage der Zulässigkeit der **Feststellungsklage** vor dem Erbfall bezüglich der Wirksamkeit des Erbvertrages inzwischen einhellig angenommen wird, herrscht Streit bezüglich der Zulässigkeit der Feststellungsklage zur Frage des Vorliegens der Voraussetzungen des § 2287 BGB nach Schenkung und vor dem Erbfall. Die Gegner der Feststellungsklage[301] verweisen darauf, dass noch kein **gegenwärtiges Rechtsverhältnis** vorliege. Man müsse dem Erblasser zu seinen Lebzeiten ein seine Würde verletzendes „Gefeilsche und Gezerre um sein Hab und Gut" ersparen.[302] Die befürwortende Ansicht argumentiert, dass die missbräuchliche Schenkung zu Lebzeiten des Erblassers bereits damit ein Rechtsverhältnis schaffe und auch ein rechtliches Interesse an der baldigen Feststellung besteht, insbesondere unter Hinweis auf § 818 Abs. 4 BGB.[303]

OLG München FamRZ 1996, 253: „Die Frage, ob die Rechte aus § 2287 Abs. 1 BGB, einer abschließenden Sonderregelung (vgl. BGHZ 108, 73; BGH, NJW 1991, 1952), vor dem Tode des Erblassers im Wege einer Feststellungsklage geltend gemacht werden können, ist umstritten. Die Befürworter berufen sich allesamt ohne eigene Begründung auf die Entscheidung des OLG Koblenz vom 14. Juli 1987 (MDR 1987, 935; Palandt/Edenhofer, BGB, § 2287 Rn. 17 ...). Nach dem OLG Koblenz besteht zwischen einem Vertragserben und einem Beschenkten, sobald das Erbrecht grundsätzlich nicht mehr entzogen werden kann, ein „einer Anwartschaft gleichkommendes Recht", ein „der rechtlichen Feststellung fähiges und bedürftiges Rechtsverhältnis". Die Frage, ob vor

---

301 MüKo/Musielak, § 2287 Rn. 20; Staudinger/Kanzleiter, § 2287 Rn. 18.
302 OLG München NJW-RR 1996, 328 = FamRZ 1996, 253.
303 OLG Koblenz MDR 1987, 935; Lange/Kuchinke, § 25 V 10 a; das OLG München NJW-RR 1996, 328 lässt die Feststellungsklage in seltenen Ausnahmefällen zu.

dem Ableben des Erblassers eine Feststellungsklage, die seinen Nachlass betrifft, zulässig ist oder nicht, lässt sich nicht generell bejahen oder verneinen. Aufgrund der Vielfalt des Lebens sind Fallgestaltungen denkbar, die die Notwendigkeit einer Feststellungsklage mit sich bringen. Dabei müssen jedoch an die Anforderungen der Zulässigkeit (§ 256 Abs. 1 ZPO) strenge Maßstäbe angelegt werden, um ein allgemein als anstößig empfundenes, die Würde des Erblassers verletzendes Gefeilsche um sein Hab und Gut schon vor seinem Tode möglichst zu vermeiden. Der Gesetzgeber lässt bewusst den Anspruch aus § 2287 BGB erbt mit dem Anfall der Erbschaft, also in jedem Falle nach dem Tode des Erblassers, entstehen und verweigert jedem Vertrag über das Erbe eines noch lebenden Dritten grundsätzlich die Anerkennung (§ 312 Abs. 1 BGB). Besonders dieser Rechtsgedanke trägt auch im Rahmen einer auf Feststellung gerichteten Auseinandersetzung aus § 2287 BGB zwischen Vertragserben und Drittem zu Lebzeiten des Erblassers. Im Ergebnis bleibt daher die Feststellungsklage aus § 2287 BGB vor Ableben des Erblassers auf seltene Ausnahmefälle beschränkt. Unbeschadet der Frage, ob die Klägerin auf der Grundlage des § 2287 BGB derzeit (vor dem Tode der Erblasserin V.) nur eine „Aussicht" oder eine „Anwartschaft" oder ein „gleichkommendes Recht" oder einen „künftigen" oder „bedingten" oder „betagten" Anspruch hat oder nicht, könnte schon ein konkretes wirtschaftliches Interesse an alsbaldiger Feststellung ausreichen (vgl. BGHZ 37, 331/335), allerdings, wie dargelegt, nur unter Anlegung strenger Maßstäbe."

2. Stufenklage

278 Nach dem Eintritt des Erbfalls ist eine Stufenklage dergestalt möglich, dass der Beklagte zunächst zur Auskunft über alle vom Erblasser erhaltenen Zuwendungen verurteilt wird. In der zweiten Stufe kann dann die Herausgabe der entsprechenden Gegenstände begehrt werden.[304]

III. Einstweiliger Rechtsschutz

1. Vor Eintritt des Erbfalls

279 Eine Sicherung des Anspruchs vor Eintritt des Erbfalls mittels Arrest, einstweiliger Verfügung oder Eintragung einer Vormerkung wird von der Rechtsprechung abgelehnt.[305]

2. Nach Eintritt des Erbfalls

a) Einstweilige Verfügung

280 Nach Eintritt des Erbfalls kann der Herausgabeanspruch gegen den Beschenkten mittels einstweiliger Verfügung nach §§ 935 ff. ZPO gesichert werden. Diese kann auch auf die Eintragung einer Vormerkung im Grundbuch abzielen.[306]

281 Bei einem Antrag auf Erlass einer einstweiligen Verfügung sind der Verfügungsanspruch, § 2287 BGB, und der Verfügungsgrund glaubhaft zu machen, §§ 935, 920 Abs. 2 ZPO. Die Anspruchsvoraussetzungen des § 2287 BGB sind genau darzulegen.

---

304 Ein Muster für eine Stufenklage des Vertragserben findet sich bei Krug/Rudolf/Kroiß, Erbrecht § 21 Rn. 63.
305 BayObLGZ 1952, 290; OLG Koblenz MDR 1987, 935.
306 Vgl. dazu Krug/Rudolf/Kroiß Erbrecht § 21 Rn. 120ff.

Zielt der Antrag auf die Herausgabe eines Grundstücks ab, kommt die Eintragung einer Vormerkung nach §§ 935, 938 ZPO i.V.m. §§ 883, 885 BGB in Betracht.[307] Dabei ist eine Glaubhaftmachung des Verfügungsgrundes nicht erforderlich, § 885 Abs. 1 Satz 2 BGB.[308]

b) Arrest

Wegen eines etwaigen Wertersatzanspruches kann auch eine Sicherung mittels Arrestes nach §§ 916, 935 ZPO in Betracht kommen.

3. Muster: Antrag auf Erlass einer einstweiligen Verfügung (Herausgabe einer beweglichen Sache)

An das

Landgericht

■■■

Antrag auf Erlass einer einstweiligen Verfügung

des ■■■

Antragsteller

gegen

■■■

Antragsgegner

Namens und im Auftrag des Antragstellers – Vollmacht liegt bei – beantrage ich, wegen Dringlichkeit ohne mündliche Verhandlung im Wege einstweiliger Verfügung anzuordnen:
  I. Dem Antragsgegner wird aufgegeben, den PKW ■■■ mit der Fahrgestellnummer ■■■ und dem amtlichen Kennzeichen ■■■ an einen vom Gericht bestellten Sequester herauszugeben.
  II. Der Antragsgegner hat die Kosten des Verfahrens zu tragen.

Streitwert: ■■■ €

Begründung:

1. Verfügungsanspruch
   Aufgrund Erbvertrages vom ■■■ – URNr. ■■■ des Notars ■■■ in ■■■ wurde der Antragsteller Erbe des am ■■■ in ■■■ verstorbenen ■■■ (Erblassers).
   Glaubhaftmachung: Erbvertrag vom ■■■ – URNr. ■■■ des Notars ■■■ in ■■■
   Bei der Bestandsaufnahme des Nachlasses stellte der Antragsteller fest, dass der Erblasser seinen PKW ■■■ mit der Fahrgestellnummer ■■■ und dem amtlichen Kennzeichen ■■■, der in seinem Alleineigentum stand, am ■■■ an seinen Freund ■■■ – den Antragsgegner - übereignet hatte.

---

[307] Zur Frage der Vormerkungsfähigkeit des künftigen Anspruchs aus § 2287 BGB ab erfolgter Schenkung vgl. Dittmann / Reimann / Bengel / Mayer § 2287 Rn. 93 m.w.N.
[308] Ein Formulierungsbeispiel zum Antrag auf Eintrag einer Vormerkung durch einstweilige Verfügung findet sich bei Krug / Rudolf / Kroiß Erbrecht § 21 Rn. 126.

Glaubhaftmachung: eidesstattliche Versicherung des Klägers vom ■■■
Der Antragsgegner äußerte in einem Schreiben an den Kläger, er habe das Fahrzeug aus alter Verbundenheit geschenkt bekommen. Der Erblasser habe ihm gegenüber erklärt, „bevor mein arroganter Sohn etwas bekommt, verschenke ich mein Erbe lieber".
Glaubhaftmachung: Schreiben des Beklagten vom ■■■
Die Übereignung des Fahrzeugs, das den wesentlichen Teil des Nachlasses ausmacht, nahm der Erblasser vor, um den Antragssteller zu beinträchtigen ■■■
Insoweit besteht ein Anspruch des Antragstellers nach § 2287 Abs. 1 BGB.
2. Verfügungsgrund
Die Dringlichkeit ergibt sich aus folgenden Umständen:
Der Antragsteller hat den Beklagten zur Rückübereignung des Fahrzeuges aufgefordert.
Glaubhaftmachung: Schreiben des Antragstellers vom ■■■
Der Antragsgegner antwortete, dass er dies nicht einsehe und er wolle den PKW bald nach Osteuropa verkaufen.
Glaubhaftmachung: Schreiben des Antragsgegners vom ■■■

Rechtsanwalt

§ 7 Klage des Nachlassgläubigers gegen den Erben

A. Vorprozessuale Situation

I. Allgemeines

Ein Gläubiger des Erblassers kann seine Forderungen gegen den Erben geltend machen, da dieser für die Nachlassverbindlichkeiten haftet, § 1967 Abs. 1 BGB. Zu den Nachlassverbindlichkeiten gehören insbesondere die vom Erblasser herrührenden Schulden, § 1967 Abs. 2 BGB. Mit Annahme der Erbschaft ist der Erbe verpflichtet, die Erblasserschulden genauso zu erfüllen, wie wenn sie vom Erblasser zu erfüllen gewesen wären. AnwKomrere Erben haften als Gesamtschuldner, § 2058 BGB.

285

1. Grundsatz der unbeschränkten Haftung

Mit dem Erbfall gehen auch die Nachlassverbindlichkeiten auf den Erben über. Der Erbe haftet für diese gemäß § 1967 Abs. 1 BGB („Grundsatz der unbeschränkten Erbenhaftung"). Zu den Nachlassverbindlichkeiten gehören neben den Erblasserschulden, die vom Erblasser herrühren, auch die Erbfallschulden, die mit dem Erbfall entstehen, und die Erbschaftsverwaltungsschulden, die nach dem Erbfall bei der Abwicklung des Nachlasses entstehen. Grundsätzlich haftet der Erbe für die Nachlassverbindlichkeiten unbeschränkt, d.h. auch mit seinem Eigenvermögen, § 1967 BGB, das mit dem Nachlass verschmilzt.[309] Die Nachlassverbindlichkeiten werden nach dem Zeitpunkt ihrer Entstehung eingeteilt in:

286

a) Erblasserschulden

Erblasserschulden sind alle in der Person des Erblassers entstandene oder in Entstehung begriffene Verbindlichkeiten. Eine Haftung des Erben besteht aber nicht für höchstpersönliche und damit unvererbliche Schulden. So erlöschen Verpflichtungen zur Dienstleistung, § 613 BGB, oder aus einem Auftragsverhältnis, § 673 BGB. Auch Geldstrafen oder Geldbußen gehen nicht auf den Erben über, §§ 459c Abs. 3 StPO, 101 OWiG, 45 Abs. 1 Satz 2 AO. Bei den Unterhaltsverpflichtungen ist zu differenzieren: Nach § 1615 Abs. 1 Satz 1 BGB erlischt der Unterhaltsanspruch des Verwandten mit dem Tode des Unterhaltspflichtigen. Eine Haftung für die Vergangenheit kann sich aus § 1613 Abs. 1, 3 BGB ergeben. Für die Unterhaltspflicht gegenüber dem Ehegatten gilt entsprechendes, §§ 1360a Abs. 3 BGB i.V.m. § 1615 BGB, bzw. im Falle des Getrenntlebens nach §§ 1361 Abs. 4 Satz 4 BGB, 1360a Abs. 3, 1615 BGB. Hingegen geht die Unterhaltsverpflichtung gegenüber dem geschiedenen Ehegatten auf den Erben über, § 1586b Abs. 1 BGB.

287

Um eine Erblasserschuld handelt es sich immer dann, wenn die wesentlichen Entstehungsgrundlagen vor dem Erbfall liegen. So stellen z.B. auch die Verpflichtungen des Erblassers nach §§ 2018, 2027 BGB[310] ebenso Erblasserschulden dar, wie eine Betreu-

288

---

309 Brox, Erbrecht, Rn. 617.
310 BGH NJW 1985, 3068.

ervergütung[311] oder Wohngeldschulden.[312] Eine genaue Auflistung der verschiedenen Erblasserschulden findet sich im AnwKom-BGB/Krug § 1967 Rn. 15-42.

b) Erbfallschulden

289 Bei den Erbfallschulden handelt es sich um Verbindlichkeiten, die den „Erben als solchen" treffen, § 1967 Abs. 2 BGB. Diese Verbindlichkeiten, wozu beispielhaft solche aus Pflichtteilsrechten, Vermächtnissen und Auflagen gehören, § 1967 Abs. 2 BGB, entstehen mit dem Erbfall. Dazu gehören auch der Voraus, § 1932 BGB, die Beerdigungskosten, § 1968 BGB, und der Dreißigste, § 1969 BGB. Die Zugewinnausgleichsforderung stellt, falls der überlebende Ehegatte die güterrechtliche Lösung wählt, ebenfalls eine Nachlassverbindlichkeit in Form der Erbfallschuld dar.[313] Teilweise wird die Zugewinnausgleichsforderung als Erblasserschuld gesehen.[314]

c) Nachlassverwaltungs- oder Erbschaftsverwaltungsschulden (Nachlasskostenschulden)

290 Bei den Nachlassverwaltungs- oder Erbschaftsverwaltungsschulden (Nachlasskostenschulden) handelt es sich um Verbindlichkeiten, die erst nach dem Erbfall entstanden sind. Dazu gehören die Kosten der Nachlassverwaltung, § 1981 BGB, der Nachlasspflegschaft, § 1960 BGB, der Nachlassinsolvenz, §§ 1975 BGB, 315 ff. InsO, der Inventarerrichtung, §§ 1993 ff. BGB, des Gläubigeraufgebots, §§ 1970 ff. BGB, der Testaments- oder Erbvertragseröffnung, §§ 2260, 2300 BGB, und der Nachlassgeschäfte des vorläufigen Erben, § 1959 BGB.

d) Nachlasserbenschulden (Nachlasseigenschulden)

291 Bei dieser Mischform von Nachlassverbindlichkeiten und Eigenschulden des Erben handelt es sich um Schulden, die nach dem Erbfall entstehen und für die der Erbe sowohl mit dem Nachlass als auch mit seinem Eigenvermögen haftet. Es handelt sich dabei vor allem um Verbindlichkeiten, die bei der Verwaltung des Nachlasses entstehen, wie z.B. auch Prozesskosten. Eine Auflistung der wichtigsten Nachlasserbenschulden findet sich im AnwKom-BGB/Krug § 1967 Rn. 58- 67.

2. Zeitliche Haftungsbeschränkung

a) Vor Annahme der Erbschaft

292 Vor Annahme der Erbschaft kann ein Anspruch gegen den Erben vor Annahme der Erbschaft gerichtlich nicht geltend gemacht werden, § 1958 BGB. Eine entsprechende Klage wäre unzulässig. Auch kann der Gläubiger vor Annahme der Erbschaft einen Titel, den er gegen den Erblasser erwirkt hat nicht auf den Rechtsnachfolger im Klauselverfahren nach § 727 ZPO umschreiben lassen, da § 1958 BGB nach h.M.[315] auch insoweit gilt. Der Erbe kann sich durch Ausschlagung nach § 1942 BGB entziehen.

---

311 OLG Frankfurt NJW 2004, 373.
312 BayObLG FamRZ 2000, 990.
313 BGHZ 37, 58, 64; AnwKom-BGB/Krug § 1967 Rn. 45.
314 BFH NJW 1993, 2461.
315 Ebenroth, Erbrecht Rn. 1102.

§ 1958 BGB findet keine Anwendung bei Testamentsvollstreckung, § 2213 Abs. 2 BGB, und Nachlasspflegschaft, § 1960 Abs. 3 BGB. Für den Gläubiger besteht in den Fällen wo noch kein Erbe die Erbschaft angenommen hat bzw. der Erbe unbekannt ist, die Möglichkeit eine **Nachlasspflegschaft** zu beantragen.

b) Nach Annahme der Erbschaft

Nach Annahme der Erbschaft steht dem Erben die sog. **Dreimonatseinrede** gemäß § 2014 BGB zu. Danach ist der Erbe berechtigt, die Berichtigung einer Nachlassverbindlichkeit bis zum Ablauf der ersten drei Monate nach der Annahme der Erbschaft zu verweigern. Insoweit wird dem Erben eine „Orientierungsphase" zugebilligt.[316] Es handelt sich dabei um keine materiell-rechtliche Einrede mit Stundungswirkung, sondern um ein rein prozessuales Recht.[317]

c) Während eines Aufgebotsverfahrens

Will sich ein Erbe Klarheit über die Nachlassverbindlichkeiten verschaffen, kann er Nachlassgläubiger im Wege des **Aufgebotsverfahrens** zur Anmeldung ihrer Forderungen auffordern, §§ 1970 ff. BGB i.V.m. §§ 946 ff. ZPO. Auch während des Aufgebotsverfahrens besteht nach § 2015 Abs. 1 BGB ein Leistungsverweigerungsrecht, sog. „Aufgebotseinrede". Die Aufgebotsfrist soll längstens sechs Monate betragen, § 994 ZPO. Auch hierbei handelt es sich um ein rein prozessuales Recht, das es dem Erben ermöglicht im Prozess im Prozess eine Verurteilung nur unter Vorbehalt, § 780 ZPO zu erreichen.[318]

3. Möglichkeiten der Haftungsbeschränkung gegenüber allen Nachlassgläubigern

a) Nachlassverwaltung

Der Erbe kann die Beschränkung der Haftung auf den Nachlass durch die Anordnung der **Nachlassverwaltung** erreichen, §§ 1975, 1981 BGB. Mit Anordnung der Nachlassverwaltung verliert der Erbe die Verwaltungsbefugnis bezüglich des Nachlasses, § 1984 BGB.

b) Nachlassinsolvenz

Wie die Nachlassverwaltung führt auch die Eröffnung des **Nachlassinsolvenzverfahrens** zu einer Haftungsbeschränkung auf den Nachlass, §§ 1975 BGB, 315-331 InsO. Nach Abschluss des Insolvenzverfahrens haftet der Erbe nur nach den §§ 1989, 1973 BGB, also mit dem verbleibenden Nachlass nach Bereicherungsrecht. Insoweit steht dem Erben die **Erschöpfungseinrede**, § 1989 BGB, zu.

c) Dürftigkeitseinrede

Deckt der Nachlass nicht einmal die Kosten des Nachlassinsolvenzverfahrens bzw. der Nachlassverwaltung, kann der Erbe die Erfüllung der Nachlassverbindlichkeiten insoweit verweigern, als der Nachlass nicht ausreicht, § 1990 Abs. 1 BGB. Der Erbe muss

---

316 AnwKom-BGB/Krug § 2014 Rn. 2.
317 Jauernig/Stürner § 2014 BGB Rn. 1.
318 Musielak § 305 ZPO Rn. 5.

die **Dürftigkeitseinrede** bereits im Erkenntnisverfahren erheben um die Haftungsbeschränkung in der Zwangsvollstreckung zu erreichen, §§ 780 ff. ZPO.

4. Möglichkeit der Haftungsbeschränkung gegenüber einzelnen Nachlassgläubigern

a) Ausschlussurteil

299 Hat ein Nachlassgläubiger im Aufgebotsverfahren seine Ansprüche nicht angemeldet, führt dies zwar nicht zum Verlust der Forderungsrechte; er kann aber nur noch auf den Nachlass zugreifen und muss sich gegebenenfalls die Einrede der Erschöpfung des Nachlasses entgegenhalten lassen, wenn der Nachlass für die Erfüllung anderer Forderungen aufgebraucht wurde, § 1973 Abs. 1 BGB.

b) Verschweigungseinrede

300 Der Erbe haftet auch dann nicht unbeschränkt, wenn der Nachlassgläubiger seine Forderung später als fünf Jahre nach dem Erbfall ihm gegenüber geltend macht, § 1974 Abs. 1 BGB. Die Verschweigungseinrede steht von ihren Wirkungen her der Erschöpfungseinrede gleich.

c) Überschwerungseinrede

301 Beruht die Überschuldung des Nachlasses nur auf Vermächtnissen oder Auflagen, kann der Erbe eine Haftungsbegrenzung durch die Erhebung der Überschwerungseinrede nach § 1992 BGB erreichen. Damit soll ein Nachlassinsolvenzverfahren vermieden werden.[319]

5. Endgültig unbeschränkte Haftung des Erben

302 Um der Geltendmachung des Vorbehalts der beschränkten Erbenhaftung, § 780 ZPO, zu begegnen, hat der Nachlassgläubiger folgende Möglichkeiten:

a) Versäumung der Inventarfrist

303 Auf Antrag eines Nachlassgläubigers hat das Nachlassgericht dem Erben zur Errichtung des Inventars eine Frist (Inventarfrist) zu bestimmen, § 1994 Abs. 1 BGB. In dem Inventar sollen die Nachlassgegenstände und die Nachlassverbindlichkeiten vollständig angegeben werden, § 2001 BGB. Versäumt es der Erbe nach gerichtlicher Aufforderung, ein Verzeichnis des Nachlasses, § 1993 BGB, einzureichen, haftet er nach dem Ablauf der Inventarfrist unbeschränkt, § 1994 Abs. 1 Satz 2 BGB. Insoweit stellt der Antrag auf Inventarerrichtung für den Nachlassgläubiger durchaus eine „Angriffswaffe" dar.[320]

304 Die **Inventarerrichtung** führt zu keiner Haftungsbeschränkung; bei rechtzeitiger Errichtung wird aber vermutet, dass zurzeit des Erbfalls weitere Gegenstände als die angegeben nicht vorhanden gewesen seien, § 2009 BGB. Insoweit handelt es sich um eine Beweiserleichterung.[321]

---

319 BGH NJW 1983, 1485.
320 Lange/Kuchinke, Erbrecht, § 48 III 2.
321 Gottwald in: Damrau, Erbrecht Handkommentar § 2009 Rn. 4.

b) Inventarverfehlung (Inventaruntreue)

Eine unbeschränkte Haftung tritt auch dann ein, wenn der Erbe absichtlich eine erhebliche Unvollständigkeit der im Inventar enthaltenen Angabe der Nachlassgegenstände herbeiführt, § 2005 Abs. 1 BGB.

305

c) Verweigerung der eidesstattlichen Versicherung

Auch die Verweigerung der eidesstattlichen Versicherung hinsichtlich des Inventars führt zur unbeschränkten Haftung, § 2006 Abs. 3 BGB.

306

6. Haftungsbeschränkungen und Einreden bei einer Erbengemeinschaft

Die §§ 1967 – 2017 BGB gelten grundsätzlich auch für den Miterben, darüber hinaus finden sich weitere Haftungsregeln in den §§ 2058 – 2063 BGB. So kann der Miterbe vor der Auseinandersetzung die **Einrede des ungeteilten Nachlasses**, § 2059 Abs. 1 Satz 1 BGB geltend machen. In diesem Fall haftet er noch nicht mit seinem Eigenvermögen; jedoch kann der Nachlassgläubiger seinen Miterbenanteil pfänden und verwerten, § 859 Abs. 2 ZPO.

307

II. Informationsbeschaffung

In der Praxis problematisch ist oft, dass der Nachlassgläubiger gar nicht weiß, wer Erbe seines Schuldners geworden ist. Der Nachlassgläubiger kann beim Nachlassgericht Einsicht in die Nachlassakten begehren, § 34 FGG.[322] Dabei hat er ein berechtigtes Interesse glaubhaft zu machen.[323] Wurde bereits ein Erbschein erteilt, kann derjenige, der ein rechtliches Interesse glaubhaft macht, verlangen, dass ihm eine Ausfertigung des Erbscheins erteilt wird, § 84 FGG.

308

III. Materiell rechtliche Voraussetzungen

1. Anspruchsgrundlage

Anspruchsgrundlage ist die jeweilige Norm aufgrund derer der Erblasser gegenüber dem Gläubiger verpflichtet war, z.B. bei einem Darlehensvertrag § 488 Abs. 1 Satz 2 BGB, in Verbindung mit den §§ 1922, 1967 BGB. Die gesamtschuldnerische Haftung der Miterben ergibt sich aus § 2058 BGB.

309

2. Anspruchsberechtigung und Anspruchsverpflichtung

a) Anspruchsberechtigter

Anspruchsberechtigter ist der Gläubiger des Erblassers.

310

b) Anspruchsverpflichtete

Anspruchsverpflichtet ist grundsätzlich der Erbe, nicht jedoch Vermächtnisnehmer oder Pflichtteilsberechtigte, die ihrerseits Nachlassgläubiger sind. Eine Haftung des Vorerben besteht bis zum Eintritt des Nacherbfalls.[324] Wie der Erbe haften auch der

311

---

322 Firsching/Graf, Nachlassrecht, Rn. 3.58.
323 Bassenge/Herbst/Roth, FGG § 34 Rn. 5.
324 BGHZ 32, 60.

Erbschaftserwerber, § 2382 Abs. 1 BGB, und der Ersatzerbe, der aufgrund einer Verfügung von Todes wegen anstelle eines zunächst Berufenen Erbe wird, § 2096 BGB.

c) Erbengemeinschaft

312 Bei einer Erbengemeinschaft muss hinsichtlich der Haftung danach differenziert werden, ob eine Auseinandersetzung schon stattgefunden hat oder nicht. Mit Vollzug der Auseinandersetzung tritt die Teilung des Nachlasses ein, § 2042 BGB. Bis zur Nachlassteilung hat der Nachlassgläubiger das Recht auf Befriedigung aus dem ungeteilten Nachlass gegenüber allen Miterben, § 2059 Abs. 2 BGB.

313 Nach der Teilung gilt der in § 2058 BGB niedergelegte Grundsatz der persönlichen gesamtschuldnerischen Haftung der Miterben. Eine Teilhaftung kommt nur in den Fällen der §§ 2060, 2061 BGB in Betracht.

d) Verjährung

314 Die Verjährung richtet sich nach den Vorschriften, die für den Anspruch gegen den Erblasser maßgeblich waren.

B. Prozess

I. Klage

1. Allgemeines

a) Zeitliche Schranke

315 Die gerichtliche Geltendmachung von Ansprüchen gegen den Erben ist erst nach Annahme der Erbschaft möglich, § 1958 BGB. Eine vorherige Klage gegen den vorläufigen Erben wäre unzulässig. Es besteht aber in diesen Fällen die Möglichkeit der Bestellung eines Nachlasspflegers, gegen den die Klage zu richten ist, § 1960 Abs. 3 BGB.

b) Mehrere Erben

316 Liegt eine Erbengemeinschaft vor, kann der Nachlassgläubiger vor der Teilung des Nachlasses entweder mit der Gesamthandsklage, § 2059 Abs. 2 BGB, oder der Gesamtschuldklage, § 2058 BGB, vorgehen.

317 *aa) Gesamtschuldklage:* Die Gesamtschuldklage zielt auf die Inanspruchnahme des Eigenvermögens eines Miterben inklusive seines Miterbenanteils, § 859 Abs. 2 ZPO ab.[325] Mit einem Titel gegen alle Miterben kann auf den Nachlass als Gesamthandsvermögen zugegriffen werden, § 747 ZPO.

318 *bb) Gesamthandsklage:* Die Gesamthandsklage muss gegen alle Miterben gemeinsam gerichtet werden. Sie zielt auf Inanspruchnahme des ungeteilten Nachlasses.[326] Die Miterben sind notwendige Streitgenossen, § 62 ZPO. Soweit einzelne Miterben dem Anspruch nicht entgegengetreten, müssen diese nicht mitverklagt werden.[327]

---

325 Rohlfing, Erbrecht, Rn. 143.
326 Rohlfing, Erbrecht, Rn. 130.
327 BGH WM 1994, 2124, 2127.

2. Klageantrag

Hier gelten die allgemeinen Grundsätze. Im Regelfall wird Zahlung mittels Leistungsklage begehrt werden.

a) Gesamthandsklage

Bei der Gesamthandsklage ist bei Geldforderungen zu beantragen, dass der Miterbe verurteilt wird, „wegen der Forderung von ... € die Zwangsvollstreckung in den Nachlass zu dulden."[328]

b) Gesamtschuldklage

Bei der Gesamtschuldklage ergeben sich wegen § 2040 Abs. 1 BGB dann Besonderheiten, wenn sie auf die Verurteilung zur Abgabe einer Willenserklärung gerichtet ist. Da die Erben über Nachlassgegenstände nur gemeinschaftlich verfügen können, ist der Klagantrag gegen den Miterben wie folgt zu formulieren:[329]

Muster: Klageantrag auf Abgabe einer Willenserklärung durch Miterben

Der Beklagte wird verurteilt, die Auflassung und die Bewilligung der Eigentumsumschreibung ■■■ herbeizuführen.

c) Haupt- und Hilfsantrag

Ist die Frage der Leistungsbereitschaft einzelner Miterben offen, empfiehlt es sich neben der Gesamthandsklage als Hauptantrag hilfsweise mit der Gesamtschuldklage vorzugehen.[330]

d) Beweislast

Der Nachlassgläubiger, der den Erben in Anspruch nimmt, hat die Annahme der Erbschaft durch den Erben zu beweisen.[331] Beruft sich der Erbe auf eine spätere Ausschlagung, ist er für den Zeitpunkt und die Tatsache der Ausschlagung beweispflichtig. Ob die Ausschlagung nicht fristgerecht erfolgte, ist vom Gläubiger zu beweisen.[332]

§ 2365 BGB begründet die Rechtsvermutung, dass demjenigen, der im Erbschein als Erbe bezeichnet ist, das in dem Erbschein angegebene Erbrecht zusteht. Im Zivilprozess stellt § 2365 BGB eine widerlegbare Vermutung für das Vorhandensein einer Tatsache auf, § 292 ZPO.[333] Diese Rechtsvermutung ist nur durch den Beweis des Gegenteils widerlegbar. Der Erbscheinserbe muss sich gegen den Nachlassgläubiger durch den Beweis des Gegenteils wehren.[334]

---

328 Brox, Erbrecht, Rn. 696.
329 BGH NJW 1963, 1611, 1612.
330 BGH NJW 1963, 1611.
331 Baumgärtel/Schmitz § 1958 BGB Rn. 1; MüKo/Leipold § 1958 Rn. 12.
332 BGH NJW-RR 2000, 1520.
333 AnwKom-BGB-Kroiß § 2365 Rn. 12.
334 AnwKom-BGB-Kroiß § 2365 Rn. 12.

3. Auskunftsanspruch

a) Nach Anordnung der Nachlassverwaltung

326 Nach Anordnung der Nachlassverwaltung hat der Nachlassgläubiger gegen den Erben einen Anspruch auf Auskunft über den Bestand des Nachlasses, Rechnungslegung und Belegvorlage nach §§ 1978, 666 BGB.[335] Für die eidesstattliche Versicherung gelten die §§ 259 Abs. 2, 260 Abs. 2 BGB.

b) Nach Anordnung der Nachlassinsolvenz

327 Nach Anordnung der Nachlassinsolvenz hat der Nachlassgläubiger gegen den Erben einen Anspruch auf Auskunft über den Bestand des Nachlasses, Rechnungslegung und Belegvorlage nach §§ 1978, 666 BGB. Für die eidesstattliche Versicherung gelten die §§ 259 Abs. 2, 260 Abs. 2 BGB.

c) Nach Erhebung der Dreimonatseinrede

328 Nach Erhebung der Dreimonatseinrede hat der Nachlassgläubiger gegen den Erben einen Anspruch auf Auskunft über den Bestand des Nachlasses, Rechnungslegung und Belegvorlage nach §§ 1991, 1978, 666 BGB. Für die eidesstattliche Versicherung gelten die §§ 259 Abs. 2, 260 Abs. 2 BGB.

d) Nach Erhebung der Überschwerungseinrede

329 Nach Erhebung der Überschwerungseinrede hat der Nachlassgläubiger gegen den Erben einen Anspruch auf Auskunft über den Bestand des Nachlasses, Rechnungslegung und Belegvorlage nach §§ 1992, 1978, 666 BGB. Für die eidesstattliche Versicherung gelten die §§ 259 Abs. 2, 260 Abs. 2 BGB.

4. Muster: Klage des Nachlassgläubigers gegen den Erben

330

An das

Landgericht

■■■

Klage

In Sachen

■■■

Kläger

Prozessbevollmächtigter ■■■

gegen

■■■

Beklagter

---

335 AnwKom-BGB/Krug § 1978 Rn. 22.

wegen Forderung aus Darlehen

Streitwert ■■■ €

Namens und im Auftrag des Klägers erhebe ich hiermit Klage zum Landgericht ■■■ mit dem

Antrag:
1. Der Beklagte wird verurteilt, an den Kläger ■■■ € nebst 5 % Zinsen über dem Basiszinssatz seit ■■■ zu zahlen.
2. Dem Beklagten wird als Erben des am ■■■ in ■■■ verstorbenen ■■■ (Erblasser) die Beschränkung seiner Haftung hinsichtlich Hauptforderung und Zinsen auf den Nachlass vorbehalten.
3. Der Beklagte trägt die Kosten des Rechtsstreits.

Für den Fall des schriftlichen Vorverfahrens wird vorsorglich für den Fall der nicht rechtzeitigen Anzeige der Verteidigungsbereitschaft Versäumnisurteil gegen den Beklagten beantragt, § 331 Abs. 3 ZPO.

Begründung:

Substantiierter Tatsachenvortrag, z.B. zur Darlehensgewährung des Klägers an den Erblasser und die Fälligkeit des Darlehens, sowie zum Eintritt des Erbfalls und dazu, dass der Erblasser vom Beklagten beerbt worden ist.

Rechtsanwalt

II. Prozessuale Besonderheiten

1. Antrag auf Nachlasspflegschaft

Will der Nachlassgläubiger vor Annahme der Erbschaft Klage erheben, bedarf es der Bestellung eines Nachlasspflegers, § 1961 BGB i.V.m. § 1960 BGB.

331

2. Streitgenossenschaft

a) Gesamtschuldklage

Mehrere Beklagte sind bei der Gesamtschuldklage einfache Streitgenossen,[336] d.h. es müssen nicht alle Miterben verklagt werden.

332

b) Gesamthandsklage

Bei der Gesamthandsklage muss sich die Klage grundsätzlich gegen alle Miterben als notwendige Streitgenossen, § 62 ZPO, richten. Allein wenn einzelne Miterben mit der Befriedigung aus dem Nachlass einverstanden sind, brauchen diese nicht verklagt werden.[337]

333

3. Einstweiliger Rechtsschutz

Hier gelten die allgemeinen Vorschriften über Arrest und einstweilige Verfügung.

334

---

336 Brox, Erbrecht, Rn. 692.
337 BGH NJW 1982, 441, 442.

4. Zwangsvollstreckung

a) Bereits vorhandenen Titel gegenüber dem Erblasser

335 Ist der Gläubiger bereits im Besitz eines Titels gegen den Erblasser bedarf es keiner erneuten Klage gegen den Erben.

b) Vollstreckungsbeginn nach dem Tod des Erblassers

336 Beginnt die Zwangsvollstreckung erst nach dem Tod des Erblassers, kann der Gläubiger den Titel auf den Rechtsnachfolger gemäß § 727 ZPO umschreiben lassen. Voraussetzung für eine Umschreibung auf den Erben ist, dass er die Erbschaft angenommen hat.[338] Ansonsten ist die Zwangsvollstreckung nur in den Nachlass zulässig, § 778 Abs. 1 ZPO.

337 Der Gläubiger des Erblassers kann zur Ermittlung der Person der Erben **Einsicht in die Nachlassakten** beim Nachlassgericht gemäß § 34 FGG beantragen. Als Vollstreckungsgläubiger besitzt er ein berechtigtes Interesse im Sinne dieser Vorschrift. Dieses kann er durch Vorlage des Titels glaubhaft machen. Wird die Akteneinsicht versagt, kann der Gläubiger dagegen einfache Beschwerde nach § 19 FGG einlegen.[339] Soweit die Voraussetzungen des § 78 FGG vorliegen, muss das Nachlassgericht Akteneinsicht gewähren, während § 34 FGG es dem Gericht nach pflichtgemäßem Ermessen überlässt.[340]

c) Vollstreckungsbeginn zu Lebzeiten des Erblassers

338 Eine Zwangsvollstreckung, die zurzeit des Todes des Erblassers gegen ihn bereits begonnen hatte, wird in seinen Nachlass fortgesetzt, § 779 Abs. 1 ZPO.

d) Zwangsvollstreckung vor Annahme der Erbschaft

339 Will der Gläubiger auch in das Eigenvermögen des/der Erben vollstrecken, müssen diese die Erbschaft angenommen haben, § 778 Abs. 1 ZPO. Demnach kann vor Annahme der Erbschaft nur in den Nachlass vollstreckt werden, § 779 Abs. 1 ZPO. Soweit bei einer Vollstreckungshandlung die Zuziehung des Schuldners nötig ist, hat das Nachlassgericht, wenn die Erbschaft noch nicht angenommen ist oder über die Annahme Ungewissheit besteht oder der Erbe unbekannt ist, auf Antrag des Gläubigers einen einstweiligen besonderen Vertreter zu bestellen, § 779 Abs. 2 Satz 1 ZPO. Ist bereits ein Nachlasspfleger bestellt oder ein Testamentsvollstrecker mit der Verwaltung des Nachlasses betraut, hat diese Bestellung zu unterbleiben, § 779 Abs. 2 Satz 2 ZPO. § 1958 BGB steht bei angeordneter Nachlasspflegschaft, Nachlassverwaltung oder Testamentsvollstreckung einer gerichtlichen Geltendmachung der Ansprüche nicht entgegen, §§ 1960 Abs. 3, 1961, 1984, 2213 Abs. 2 BGB. Der Gläubiger hat somit die Wahlmöglichkeit, ob er Nachlasspflegschaft nach §§ 1961, 1960 ZPO oder die Bestellung eines besonderen Vertreter nach § 779 Abs. 2 ZPO beantragt.[341]

---

338 Thomas/Putzo § 727 ZPO Rn. 13.
339 BayObLGZ 95, 1.
340 BayObLG Rpfleger 1997, 162.
341 Zöller/Stöber § 779 ZPO Rn. 5; Möbius/Kroiß Zwangsvollstreckung Rn. 82.

Soweit Testamentsvollstreckung angeordnet wurde, sind auch noch die §§ 748, 749 ZPO zu beachten.

e) Zwangsvollstreckung nach Annahme der Erbschaft

Nach Annahme der Erbschaft ist eine Vollstreckung sowohl in den Nachlass als auch in das Eigenvermögen des Erben möglich. Neben dem Titel gegen den Erblasser benötigt der Gläubiger noch eine titelumschreibende Klausel nach § 727 ZPO als Vollstreckungsvoraussetzung. Im Klauselverfahren bedarf der Gläubiger zum Nachweis der Rechtsnachfolge einer öffentlichen Urkunde, § 727 ZPO, also im Regelfall eines Erbscheins. Diesen Erbschein kann der Nachlassgläubiger selbst nach § 792 ZPO beantragen. Der Erbe kann sich gegen die Vollstreckung mit der Abwehrklage nach § 785 ZPO zur Wehr setzen.[342]

f) Muster: Antrag auf Bestellung eines besonderen Vertreters nach § 779 Abs. 2 Satz 1 ZPO:[343]

An das

Amtsgericht

Vollstreckungsgericht [344]

Antrag auf Bestellung eines besonderen Vertreters nach § 779 Abs. 2 Satz 1 ZPO

in der Zwangsvollstreckungssache ■■■

■■■ Gläubiger

gegen

■■■ Schuldner

beantrage ich Namens und in Vollmacht des Gläubigers die Bestellung eines besonderen Vertreters nach § 779 Abs. 2 Satz 1 ZPO für den Erben des Nachlasses nach dem am ■■■ in ■■■ verstorbenen Erblassers ■■■

Begründung:

Mit rechtskräftigem Urteil des Landgerichts ■■■ vom ■■■ Az ■■■ wurde der Erblasser ■■■ zur Zahlung von ■■■ an den Gläubiger verurteilt.

Beweis: anliegendes Urteil ■■■

Am ■■■ hatte der Gläubiger bereits einen Pfändungs- und Überweisungsbeschluss beim Vollstreckungsgericht ■■■, der am ■■■ erlassen wurde, beantragt. Noch vor der Zustellung des Pfändungsbeschlusses verstarb der Erblasser am ■■■. Der Gläubiger will die Vollstreckung gegen den Erben weiter betreiben. Der Erbe hat die Erbschaft noch nicht angenommen.

---

342 Vgl. dazu § 8.
343 Vgl. auch Gottwald, Zwangsvollstreckung § 779 ZPO Rn. 9.
344 Funktionell zuständig für die Bestellung ist der Rechtspfleger gem. § 20 Nr. 17 RPflG.

§ 7 Klage des Nachlassgläubigers gegen den Erben

Beweis: Beiziehung der Nachlassakten ■■■

Demnach ist die Bestellung eines besonderen Vertreters nach § 779 Abs. 2 Satz 1 ZPO erforderlich.

Nachlassverwaltung ist nicht angeordnet. Ein Nachlasspfleger wurde nicht bestellt.

Rechtsanwalt

343 g) Muster: Antrag auf Bestellung eines Nachlasspflegers nach §§ 1961, 1960 BGB

An das

Amtsgericht

Nachlassgericht [345]

Antrag auf Bestellung eines Nachlasspflegers nach §§ 1961, 1960 BGB

in der Nachlasssache ■■■

beantrage ich Namens und in Vollmacht des Gläubigers ■■■ die Bestellung eines Nachlasspflegers für den Nachlass des am ■■■ in ■■■ verstorbenen Erblassers ■■■.

Begründung:

Mit rechtskräftigem Urteil des Landgerichts ■■■ vom ■■■, Az ■■■ wurde der Erblasser ■■■ zur Zahlung von ■■■ an den Gläubiger verurteilt.

Beweis: anliegendes Urteil ■■■

Am ■■■, also nach Rechtskraft des genannten Urteils, ist der Erblasser verstorben. Der Erbe ■■■ hat die Erbschaft noch nicht angenommen.

Beweis: Beiziehung der Nachlassakten ■■■

Der Gläubiger will die Zwangsvollstreckung in den Nachlass betreiben, § 778 ZPO. Insoweit ist die Bestellung eines Nachlasspflegers gemäß § 1961 BGB notwendig.

Als Nachlasspfleger wird ■■■ vorgeschlagen.

Rechtsanwalt

---

[345] Funktionell zuständig für die Bestellung ist der Rechtspfleger gem. § 3 Nr. 2 c) RPflG.

5. Verteidigungsmöglichkeiten des Miterben

a) Gesamthandstitel

Um in den Nachlass vollstrecken zu können, bedarf es eines Urteils gegen alle Erben, § 747 ZPO. Fehlt ein Titel oder vollstreckt ein Nachlassgläubiger aufgrund eines Gesamthandstitels in den Miterbenanteil, der zum Eigenvermögen gehört, steht allen Erben die Erinnerung, § 766 ZPO, zu;[346] der Erbe, gegen den kein Titel vorliegt, kann nach § 771 ZPO klagen.[347]

344

b) Gesamtschuldtitel

Gegen die Vollstreckung aus einem Gesamtschuldtitel kann der Miterbe gegebenenfalls mit der Abwehrklage nach §§ 785, 781, 767 ZPO vorgehen.[348]

345

---

346 Rohlfing, Erbrecht § 4 Rn. 142.
347 Thomas/Putzo § 747 ZPO Rn. 5.
348 Palandt/Edenhofer § 2059 Rn. 2.

§ 8 Verteidigungsmöglichkeiten des Erben gegen Ansprüche von Nachlassgläubigern

A. Ausschlagung der Erbschaft

346 Die einfachste Möglichkeit, dass das Eigenvermögen nicht für Nachlassverbindlichkeiten haftet, stellt für den Erben die Ausschlagung der Erbschaft dar, §§ 1942 ff. BGB.[349]

B. Nachlassverwaltung

I. Gütersonderung

347 Als Alternative zur Ausschlagung bietet sich die Beantragung der Nachlassverwaltung an. Diese führt zu einer Gütersonderung. Der Nachlass und das Eigenvermögen des Erben werden rückwirkend auf den Zeitpunkt des Erbfalls getrennt. Dem Erben wird die Verwaltungsbefugnis für den Nachlass entzogen, § 1984 Abs. 1 Satz 1 BGB.

II. Zuständigkeit

348 Zuständig für die Anordnung der Nachlassverwaltung ist das Amtsgericht als Nachlassgericht, §§ 1982, 1988 BGB, 73 FGG.

III. Antragsberechtigung

349 Antragsberechtigt ist neben dem Erben, § 1981 Abs. 1 BGB, und dem Miterben, § 2062 BGB, auch ein Nachlassgläubiger, § 1981 Abs. 2 BGB,[350] der Testamentsvollstrecker, §§ 217 Abs. 1 KO, 317 Abs. 1 InsO analog, der Erbschaftskäufer, § 2383 BGB und der Nacherbe, § 2144 Abs. 1 BGB.

IV. Nachlassverwalter

350 Beim Nachlassverwalter handelt es sich um eine Partei kraft Amtes, die unter der Aufsicht des Nachlassgerichts steht. Es liegt ein Fall der gesetzlichen Prozessstandschaft vor.

V. Kosten

351 Die Kosten der Nachlassverwaltung begründen eine Nachlassverbindlichkeit, § 6 Abs. 1 Satz 1 KostO.

352 Muster: Antrag auf Anordnung der Nachlassverwaltung

An das

Amtsgericht

Nachlassgericht

▬▬▬

---

349 Vgl. dazu Krug/Rudolf/Kroiß § 7 Rn. 123 ff.
350 Mit der zeitlichen Begrenzung von zwei Jahren nach Annahme der Erbschaft.

In der Nachlasssache ■■■

beantrage ich Namens des Alleinerben ■■■die

Anordnung der Nachlassverwaltung nach §§ 1975 ff. BGB

Begründung:

Am ■■■ verstarb in ■■■ der ■■■ (Erblasser). Der Erblasser wurde von seinem Sohn ■■■ allein beerbt.

Beweis: Erbschein des Amtsgerichts ■■■, der sich in den Nachlassakten befindet.

Nach Erstellung des Nachlassverzeichnisses, das als Anlage beigefügt ist, ist ein die Kosten der Nachlassverwaltung deckender Aktivnachlass in jedem Fall vorhanden. Die Richtigkeit und Vollständigkeit des Nachlassverzeichnisses wurde an Eides statt versichert.

Als Nachlassverwalter schlage ich vor: ■■■

Rechtsanwalt

C. Inventarerrichtung

Die **Inventarerrichtung** nach § 1993 BGB dient als Vorbereitung zur Haftungsbeschränkung. Der Erbe ist berechtigt, ein Vermögensverzeichnis beim Nachlassgericht einzureichen. Es kann dem Erben zum Nachweis der Dürftigkeit dienen und hat im Rahmen der Nachlassverwaltung die Vollständigkeitsvermutung, § 2009 BGB. Auch Nachlassgläubiger haben bezüglich der Inventarerrichtung ein Antragsrecht, § 1994 BGB. Für den Gläubiger macht die Inventarerrichtung insoweit Sinn, als er sich einen Überblick über die Erfolgsaussichten der Zwangsvollstreckung verschaffen kann. In dem Verzeichnis müssen die zum Zeitpunkt des Erbfalls vorhandenen Nachlassgegenstände und die Nachlassverbindlichkeiten vollständig angegeben werden, § 2001 BGB. Die Form der Inventarerrichtung bestimmt sich nach §§ 2002, 2003 BGB. Im Falle einer absichtlichen Herbeiführung einer Unkorrektheit, der sog **Inventaruntreue**, haftet der Erbe endgültig unbeschränkt, d.h. auch mit seinem Eigenvermögen, §§ 2005, 2013 BGB.

353

D. Gläubigeraufgebot

I. Allgemeines

Oft kann der Erbe die Verbindlichkeiten des Nachlasses schlecht abschätzen. In diesen Fällen können die Nachlassgläubiger im Wege des Aufgebotsverfahrens aufgefordert werden, ihre Forderungen anzumelden. Die materiell-rechtlichen Wirkungen des Aufgebotsverfahrens finden sich in den §§ 1970-1973 BGB. Das Verfahren ist in den §§ 946-959 ZPO und 989 – 1000 ZPO geregelt. Das Aufgebotsverfahren dient auch der Vorbereitung der Haftungsbeschränkung gegenüber einzelnen Gläubigern, denen gegebenenfalls die Einrede des Aufgebotsverfahrens entgegengehalten werden kann, § 2015 Abs. 1 BGB. Meldet sich ein Nachlassgläubiger im Aufgebotsverfahren nicht, ist er insoweit ausgeschlossen, als er der Erfüllung seiner Forderung nur noch aus dem Nachlass, nicht mehr aber aus dem Eigenvermögen des Erben, verlangen kann, § 1973 BGB.

354

II. Erschöpfungseinrede

355   Im **Prozess** kann der Erbe die **Erschöpfungseinrede** geltend machen[351] und einen Antrag auf Aufnahme eines Haftungsbeschränkungsvorbehalts nach § 780 ZPO stellen. Meldet sich der Nachlassgläubiger erst später als fünf Jahre nach dem Erbfall, wird er wie ein im Aufgebotsverfahren ausgeschlossener Gläubiger behandelt. Der Erbe kann sich ihm gegenüber auf die sog. **Verschweigungseinrede**, § 1974 BGB, berufen. Im Hinblick auf die Neuregelung im Verjährungsrecht mit der Regelverjährung von drei Jahren nach § 195 BGB kommt der Verschweigungseinrede nunmehr nur noch geringe praktische Bedeutung zu.

III. Antrag

356   Voraussetzung für das Aufgebotsverfahren ist ein **Antrag** des Erben nach § 1970 BGB. Dieser muss binnen einer Frist von einem Jahr nach Annahme der Erbschaft beim Amtsgericht – allgemeine Zivilabteilung – gestellt werden, §§ 23 Nr. 2h GVG, 990 ZPO. Antragsberechtigt neben dem Erben sind auch noch der Testamentsvollstrecker, der Nachlasspfleger mit Verwaltungsbefugnis, § 991 Abs. 2 ZPO, Vor- und Nacherben, § 998 ZPO, und Erbteilserwerber, § 1000 ZPO.

IV. Kosten und Gebühren

357   Die Gerichtsgebühren für das Aufgebotsverfahren sind nunmehr in Nr. 1630 KV zum GKG geregelt. Demnach beträgt die Gebühr 0,5. Der Rechtsanwalt erhält für seine Tätigkeit im Aufgebotsverfahren eine Gebühr von 1,0 nach Nr. 3324 VV zum RVG.

E. Nachlassinsolvenz

I. Gütersonderung

358   Ein weiteres Mittel zur Haftungsbeschränkung, stellt das **Nachlassinsolvenzverfahren** nach den §§ 1975 BGB, 315-331 InsO dar, das wie die Nachlassverwaltung zu einer Gütersonderung führen kann.

II. Antrag

359   Die Einleitung des Verfahrens bedarf eines **Antrags**, den sowohl der Erbe, der Nachlassverwalter, der Nachlasspfleger, der verwaltende Testamentsvollstrecker als auch ein Nachlassgläubiger stellen kann, § 1980 BGB, § 317 Abs. 1 InsO. Der Insolvenzantrag eines Nachlassgläubigers ist nur zulässig, wenn er binnen zwei Jahren nach Annahme der Erbschaft gestellt wird.

III. Zuständigkeit

360   Zuständig ist das Insolvenzgericht am Sitz des Landgerichts, § 2 Abs. 1 InsO.

IV. Insolvenzgründe

361   Gründe für die Eröffnung des Nachlassinsolvenzverfahrens sind die Zahlungsunfähigkeit und die Überschuldung, § 320 InsO.

---

351 AnwKom/Krug § 1973 Rn. 17.

V. Wirkungen der Nachlassinsolvenz

Die Eröffnung des Nachlassinsolvenzverfahrens hat folgende Wirkungen: 362
- Die Beschlagnahme des Nachlasses, § 80 InsO
- Die Haftungsbeschränkung nach § 1975 BGB
- Die Reservierung des Nachlasses für die Nachlassgläubiger § 325 InsO
- Die Gütersonderung, § 325 InsO
- Die Unwirksamkeit von Verfügungen des Erben über Nachlassgegenstände, § 81 Abs. 1 Satz 1 InsO.
- Die Beendigung der Nachlassverwaltung, § 1988 Abs. 1 BGB
- Die Beendigung des Aufgebotsverfahrens § 993 Abs. 2 ZPO
- Keine Versäumung der Inventarfrist durch Gläubiger mehr möglich § 2000 BGB
- Die „Rückschlagsperre" des § 88 InsO.

VI. Muster: Antrag des Erben auf Eröffnung des Nachlassinsolvenzverfahrens 363

An das

Amtsgericht ■■■

Insolvenzgericht

In der Nachlasssache ■■■ beantrage ich Namens und im Auftrag des ■■■ die Eröffnung des Nachlassinsolvenzverfahrens wegen Überschuldung des Nachlasses.

Der Antragsteller ist der einzige Sohn des am ■■■ in ■■■ verstorbenen ■■■. Mit letztwilliger Verfügung des Erblassers vom ■■■ wurde ■■■ als Alleinerbe eingesetzt. Die Alleinerbfolge ist bezeugt im Erbschein des Nachlassgerichts ■■■ vom ■■■ Gz. ■■■

Der Nachlass ist überschuldet. Ausweislich des vom Alleinerben erstellten Nachlassverzeichnisses, das als Anlage beigefügt ist, übersteigt die Summe der Passiva die Summe der Aktiva.

Bezüglich der im Nachlassverzeichnis aufgeführten Verbindlichkeiten sind folgende Unterlagen beigefügt:

■■■

Als Nachlassinsolvenzverwalter schlage ich vor: Herrn/Frau ■■■

Rechtsanwalt

F. Prozessuales: Der Haftungsbeschränkungsvorbehalt nach § 780 ZPO

Will sich der Erbe auf eine Beschränkung der Haftung berufen, muss er die prozessuale Präklusionsnorm[352] des § 780 ZPO beachten. Danach kann der als Erbe des Schuldners verurteilte Beklagte die Beschränkung seiner Haftung nur geltend machen, wenn sie im Urteil vorbehalten ist. Im Vollstreckungsverfahren kann sich der Erbe nur zur Wehr setzen, wenn er den Vorbehalt bereits im Erkenntnisverfahren erreicht hat.[353] 364

---

352 Gottwald, Zwangsvollstreckung, § 780 ZPO Rn. 1.
353 Rohlfing, Erbrecht, § 4 Rn. 88.

§ 8 Verteidigungsmöglichkeiten des Erben

BERATUNGSHINWEIS: Der Haftungsbeschränkungsvorbehalt ist immer, zumindest hilfsweise zu beantragen, auch wenn sich noch nicht absehen lässt, ob eine Haftung überhaupt in Betracht kommt .

365 BGH NJW 1983, 2379: „Das Berufungsgericht ist nicht darauf eingegangen, dass der Beklagte sich darauf berufen hat, sein Erbteil sei inzwischen dürftig. Das war rechtsfehlerhaft. Der Erbe kann die Beschränkung seiner Haftung gemäß § 780 Abs. 1 ZPO nur geltend machen, wenn sie ihm im Urteil vorbehalten ist. Deshalb muss er bereits im Erkenntnisverfahren entsprechende Einreden geltend machen. Ist eine derartige Einrede erhoben oder jedenfalls der allgemeine Vorbehalt gemäß § 780 Abs. 1 ZPO begehrt, dann kann das Prozessgericht im Allgemeinen entweder die Frage des Haftungsumfangs sachlich aufklären und darüber entscheiden oder aber sich mit dem Ausspruch des Vorbehalts der Haftungsbeschränkung begnügen und die sachliche Klärung insoweit dem besonderen Verfahren gemäß § 785 ZPO überlassen; eines besonderen Antrages bedarf es insoweit nicht (BGH Urteil vom 29.05.1964 – V ZR 47/62 = NJW 1964, 2298, 2300; Urteil vom 17.12.1953 – IV ZR 101/53 = LM § 1975 Nr. 1; RGZ 69, 281, 291). Das hat das Berufungsgericht unterlassen. Eine besondere Revisionsrüge war insoweit nicht erforderlich, da es sich hier nicht um einen Verfahrensfehler im Sinne von § 554 Abs. 3 Nr. 3 Buchst. b ZPO, sondern um die materiellrechtliche Haftungsbeschränkung handelt. Der Senat holt daher den Vorbehalt der Haftungsbeschränkung nach."

366 Die Vorschriften der §§ 780 bis 785 ZPO sind auf die in § 794 ZPO genannten Titel entsprechend anzuwenden, soweit sich nicht aus §§ 795a bis 800 ZPO ein anderes ergibt (§ 795 ZPO).[354] Für vollstreckbare Urkunden gilt die Norm des § 767 Abs. 2 ZPO, die bis zum Schluss der mündlichen Verhandlung entstandenen Einwendungen ausschließt, nicht (§ 797 Abs. 4 ZPO). Diese Sonderregelung liefert den Anknüpfungspunkt dafür, auch vor Vergleichsabschluss entstandene Einwendungen zuzulassen. Maßgeblich dafür ist unter anderem die Erwägung, dass bei Prozessvergleichen ebenso wie bei vollstreckbaren Urkunden bisher keine Möglichkeit zu einer urteilsmäßigen Überprüfung des ihnen zugrunde liegenden Anspruchs bestand. Dagegen enthält das Gesetz keine die Anwendung des § 780 ZPO einschränkende Sonderregelung. Der fehlende Vorbehalt schließt auch die Einrede nach § 1990 BGB aus.

367 Ein Rechtsanwalt, dessen Mandant als Erbe wegen einer Nachlassverbindlichkeit in Anspruch genommen wird, ist grundsätzlich verpflichtet, den Vorbehalt der beschränkten Erbenhaftung in den Titel aufnehmen zu lassen.[355] Der Anwalt, der dies unterlässt, handelt pflichtwidrig[356] und kann auf Schadensersatz in Anspruch genommen werden. Für den Streitwert ist die Geltendmachung der Haftungsbeschränkung nach §§ 780, 781 ZPO ohne Bedeutung.

---

354 BGH NJW 1991, 2839.
355 BGH NJW 1991, 2839, 2840; Vollkommer, Anwaltshaftungsrecht 1989 Rn. 548; Rinsche, Die Haftung des Rechtsanwalts und des Notars 3. Aufl. Rn. I 200.
356 BGH NJW 1992, 2694.

§ 9 Die Klage des Testamentsvollstreckers gegen den Erben bzw. des Erben gegen den Testamentsvollstrecker auf Herausgabe von Nachlassgegenständen

A. Vorprozessuale Situation

I. Allgemeines

1. Verhältnis des Anwalts zu den Erben

Wird ein Rechtsanwalt zum Testamentsvollstrecker bestellt, ergibt sich häufig eine Konfliktsituation bezüglich der Erben. Rechtstechnisch gesehen ist der Testamentsvollstrecker zwar weder Beauftragter des Erblassers noch des / der Erben, jedoch finden gem. § 2218 Abs. 1 BGB die für den Auftrag geltenden Vorschriften entsprechende Anwendung. Insoweit handelt es sich um ein gesetzliches Schuldverhältnis. Anders als nach dem Recht der ehemaligen DDR, wo der Testamentsvollstrecker lediglich die Rechtsstellung eines Vertreters des Erben hatte,[357] fungiert er als „Treuhänder"[358] bzw. „Statthalter"[359] des Erben. Oft fühlt sich der Erbe bei dieser Konstellation bevormundet oder übermäßig eingeschränkt, so dass Konflikte regelmäßig vorprogrammiert sind. Allein persönliche Spannungen zwischen dem Testamentsvollstrecker und einem der Miterben rechtfertigen nicht eine Entlassung des Testamentsvollstreckers.[360] Das Verhältnis Erbe – Testamentsvollstrecker lässt sich wie folgt darstellen:

368

Erbe	Testamentsvollstrecker
Gesamtrechtsnachfolger des Erblassers, § 1922 BGB	Treuhänder: Aufgaben und Befugnisse ergeben sich aus dem Testament und den §§ 2203-2207 BGB

2. Ernennung des Testamentsvollstreckers

Gemäß § 2197 BGB kann der Testamentsvollstrecker durch letztwillige Verfügung ernannt werden.[361] Dabei ist es auch möglich, die Bestimmung der Person des Testamentsvollstreckers einem Dritten oder dem Nachlassgericht zu überlassen, §§ 2198, 2200 BGB.

369

Die notarielle Beurkundung einer testamentarischen Ernennung zum Testamentsvollstrecker verstößt nicht deshalb gegen §§ 7, 27 BeurkG, weil ein Sozius des Notars Testamentsvollstrecker und der Notar an dessen Vergütung aufgrund entsprechender Vereinbarungen beteiligt ist.[362]

370

---

357 KG FamRZ 1995, 1415 = FGPrax 1995, 157 = ZEV 1995, 335.
358 BGHZ 25, 275.
359 Frieser, Anwaltliche Strategien im Erbschaftsstreit, Rn. 570.
360 OLG Düsseldorf FamRZ 1995, 123 = MDR 1994, 1016 = FGPrax 1995, 65.
361 Zu den Einzelheiten vgl. MüKo / Brandner Vor § 2197 BGB Rn. 1.
362 BGH NJW 1997, 946.

§ 9 Die Klage des Testamentsvollstreckers

371 Die Annahme der Testamentsvollstreckung ist dem Nachlassgericht anzuzeigen, § 2202 Abs. 2 BGB. Damit beginnt auch das Amt des Testamentsvollstreckers. Die Übernahme der Testamentsvollstreckung ist eine Besorgung fremder Rechtsangelegenheiten; erfolgt sie geschäftsmäßig, sind die Vorschriften des Rechtsberatungsgesetzes – auch von Steuerberatern – zu beachten.[363]

3. Rechte und Pflichten des Testamentsvollstreckers

372 Die Rechte und Pflichten sind der letztwilligen Verfügung und den §§ 2198 ff. BGB zu entnehmen.

a) Verwaltung des Nachlasses

373 Nach § 2216 Abs.1 BGB ist der Testamentsvollstrecker zur ordnungsgemäßen Verwaltung des Nachlasses verpflichtet. Dabei ist die Nachlassverwaltung „als Mittel zum Zweck" nach § 2205 BGB von der **Dauervollstreckung** nach § 2209 BGB zu unterscheiden. Während im erstgenannten Fall die Verwaltung dazu dient, die Ausführung der letztwilligen Anordnungen und die Auseinandersetzung, §§ 2203, 2204 BGB zu ermöglichen,[364] lässt § 2209 BGB die Verwaltung als Selbstzweck zu.

374 Das Gesetz kennt als Möglichkeiten der Testamentsvollstreckung die so genannte **Abwicklungsvollstreckung,** §§ 2203 bis 2207 BGB, als Regelfall und die Dauervollstreckung, § 2209 BGB, als Ausnahme auf Grund einer Anordnung des Erblassers, „dass der Testamentsvollstrecker die Verwaltung nach der Erledigung der ihm sonst zugewiesenen Aufgaben fortzuführen hat".

375 *aa) Die Dauervollstreckung:* Diese führt zu einer erheblichen Beschränkung des Erben, die auch mit dem Schlagwort „fürsorgliche Bevormundung" umschrieben wird.[365] Die Anordnung der Dauervollstreckung darf immer dann angenommen werden, wenn der Nachlass für einen Alleinerben zu verwalten ist und keine besonderen Aufgaben zugewiesen wurden.[366]

376 *bb) Die Verwaltung:* Sie beginnt regelmäßig mit der Inbesitznahme der Nachlassgegenstände, § 2205 Satz 2 BGB. Bei der Erfüllung einzelner Verwaltungsaufgaben hat der Testamentsvollstrecker ein weites Ermessen.[367] Dabei ist auch zu beachten, dass die Mehrung des Nachlasswertes keine originäre Pflicht des Testamentsvollstreckers darstellt.[368]

377 Dem Testamentsvollstrecker sind nur solche Anlagen verwehrt, die nach der Lage des Falles den Grundsätzen einer wirtschaftlichen Vermögensverwaltung zuwiderlaufen:[369] Wenn ein Testamentsvollstrecker Mittel, auf die er möglicherweise kurzfristig zur Tilgung von Nachlassverbindlichkeiten angewiesen ist, bis zu deren Erledigung

---

363 OLG Düsseldorf DNotZ 2001, 641.
364 Haegele/Winkler Rn. 130.
365 Palandt/Edenhofer § 2209 Rn. 2.
366 BayObLGZ 1992, 175; BGH NJW 1983, 2247.
367 Frieser, Anwaltliche Strategien im Erbschaftsstreit Rn. 630.
368 BGH NJW-RR 1989, 642.
369 BGH – IV ZR 184/93 – 14.12.94.

vorübergehend bei der Bank, über die er auch andere Nachlassangelegenheiten abwickelt, zu den günstigsten, dort gebotenen Konditionen anlegt, handelt er nicht ermessensfehlerhaft, sofern er nicht bessere Anlagemöglichkeiten kennt oder darauf von den Erben ausdrücklich aufmerksam gemacht wird:

„... Ein Testamentsvollstrecker genießt als Person und als Institution das besondere Vertrauen des Erblassers. Deshalb ist ihm für seine Tätigkeit ein Ermessensspielraum einzuräumen. Er darf sich nicht mit einem nur mäßigen Erfolg seiner Tätigkeit begnügen, sondern muss Möglichkeiten zu besserem Erfolg wahrnehmen (wie ein „dynamischer" Geschäftsführer). Ihm sind nur solche Anlagen verwehrt, die nach Lage des Falles den Grundsätzen einer wirtschaftlichen Vermögensverwaltung zuwiderlaufen (BGH, NJW 1987, 1070, 1071, unter I 2; vgl. auch BGH, NJW-RR 1989, 642, 643)..."

378

BERATUNGSHINWEIS: Als ein interessanter Beitrag zu den Anlageentscheidungen des Testamentsvollstreckers empfiehlt sich der Aufsatz von Klumpp, ZEV 1994, 65.

379

Auch ist der Testamentsvollstrecker berechtigt, **Verbindlichkeiten** für den Nachlass einzugehen, § 2206 BGB. Dabei empfiehlt sich aber gegebenenfalls die Beiziehung des Erben, § 2206 Abs. 2 BGB, um eventuellen Haftungsansprüchen nach § 2219 BGB entgegenzutreten.

380

cc) Verfügungsberechtigung des Testamentsvollstreckers: Der Testamentsvollstrecker ist auch berechtigt, über Nachlassgegenstände zu verfügen, § 2205 Satz 2 BGB. Einschränkungen ergeben sich aber bei unentgeltlichen Verfügungen, § 2205 Satz 3 BGB. Diese sind nur möglich, wenn sämtliche Miterben und etwaige Vermächtnisnehmer einverstanden sind.[370]

381

b) Pflichten des Testamentsvollstreckers[371]

Der Testamentsvollstrecker hat die Pflicht, dem Erben auch unverlangt „die erforderlichen Nachrichten" zu geben.[372] Diese Informationspflicht, die sich aus § 2218 BGB i.V.m. den Vorschriften über das Auftragsrecht ableitet, beinhaltet dreierlei:

382

- die Benachrichtigungspflicht
- die Auskunftspflicht
- die Rechenschaftspflicht

Unmittelbar nach Annahme des Amtes hat der Testamentsvollstrecker dem Erben ein Verzeichnis über den gesamten Nachlass[373] mitzuteilen, § 2215 BGB. Der Testamentsvollstrecker ist zur ordnungsgemäßen Verwaltung des Nachlasses verpflichtet, § 2216 BGB. Die Art der Maßnahmen hängt vom individuellen Aufgabenbereich ab und ist nach den Umständen des Einzelfalls zu beurteilen.[374] Nachlassgegenstände, die er zur Erfüllung seiner Aufgaben nicht benötigt, hat er an den Erben herauszugeben, § 2217 BGB.

383

---

370 BGHZ 57, 84.
371 Sarres, Die Auskunftspflicht des Testamentsvollstreckers, ZEV 2000, 91.
372 Haegele / Winkler Rn. 477.
373 Erman / M. Schmidt § 2215 BGB Rn. 1.
374 BGH FamRZ 1988, 279.

384 Schließlich ist der Testamentsvollstrecker verpflichtet, für die Begleichung der Erbschaftsteuer zu sorgen, § 32 Abs. 1 Satz 2 ErbStG.[375]

c) Die Auseinandersetzung des Nachlasses

385 Regelmäßig obliegt dem Testamentsvollstrecker die Aufteilung des Nachlasses unter den verschiedenen Erben. Dabei hat der Testamentsvollstrecker primär die **Anweisungen des Erblassers** zu beachten. Wenn solche fehlen ist wie folgt vorzugehen:
- zunächst sind die Nachlassverbindlichkeiten zu regulieren, §§ 2046, 745 BGB;
- der Überschuss ist dann den Erben nach dem Verhältnis der Erbteile zuzuweisen und
- gegebenenfalls sind Nachlassgegenstände freihändig zu verkaufen.

386 Um die Auseinandersetzung durchführen zu können, ist ein **Teilungsplan** zu erstellen, **§ 2204 Abs. 2 BGB**. Dieser ersetzt den Auseinandersetzungsvertrag und wirkt verpflichtend und berechtigend für und gegen die Erben.[376] Der Testamentsvollstrecker hat die Erben über den Auseinandersetzungsplan vor der Ausführung zu hören, § 2204 Abs. 2 BGB.

387 Der Testamentsvollstrecker kann nach einhelliger Auffassung auch von den Erben auf Durchführung der Auseinandersetzung, d.h. Teilung des Nachlasses verklagt werden.[377] Der Testamentsvollstrecker hat zwar das Recht, die Teilung nach billigem Ermessen durchzuführen; er ist nicht an Weisungen der Erben gebunden. Dies berührt jedoch nicht die grundsätzliche Pflicht, eine Auseinandersetzung vorzunehmen. Eine solche kann auch jeder Miterbe vom Testamentsvollstrecker „jederzeit" verlangen.

388 Kein Ermessen hat der Testamentsvollstrecker hinsichtlich des Zeitpunkts der Auseinandersetzung. Der Testamentsvollstrecker muss sie „mit tunlicher Beschleunigung durchführen, er darf nicht seine lediglich zur Abwicklung und Auseinandersetzung eingeräumte Verwaltungsbefugnis dazu benutzen, die Teilung hinauszuschieben und gegen den Erblasserwillen eine Verwaltungsvollstreckung zu führen".[378]

4. Vergütung des Amtes[379]

a) Angemessene Vergütung

389 Nach § 2221 BGB hat der Testamentsvollstrecker Anspruch auf eine **angemessene Vergütung,** sofern nicht der Erblasser etwas anderes bestimmt hat. Eine letztwillig festgesetzte unangemessen hohe Vergütung kann ein als ein durch die Amtsannahme bedingtes Vermächtnis angesehen werden.[380] Eine Gebührenordnung oder dergleichen existiert nicht. Insoweit ist auf die von der Rechtsprechung entwickelten Grundsätze zurück zu greifen.

---

375 FG Hessen ZEV 1996, 398; zur steuerlichen Haftung Piltz, ZEV 2001, 252.
376 Palandt/Edenhofer § 2204 Rn. 2.
377 Palandt/Edenhofer, § 2204 Rn. 1.
378 OLG München OLGR 1994, 225.
379 Eckelskemper, Die Vergütung des Testamentsvollstreckers, MittRhNotK 1981, 147.
380 BayObLG RPfleger 1982, 226.

Der BGH hat die 1925 verbesserten Richtlinien des Vereins für das Notariat in Rheinpreußen[381] für akzeptabel erachtet:[382]

„Es wird empfohlen, die Gebühr für die Tätigkeit des Notars als Testamentsvollstrecker im Regelfalle wie folgt zu berechnen:
Bei einem Nachlass bis zu 20.000 DM Bruttowert   4 %,
darüber hinaus bis zu 100.000 DM Bruttowert   3 %,
darüber hinaus bis zu 1 Mio. DM Bruttowert   2 %,
darüber hinaus   1 %.

Diese Sätze gelten für normale Verhältnisse und glatte Abwicklungen. Folgt dagegen eine längere Verwaltungstätigkeit, z.B. beim Vorhandensein von Minderjährigen, oder verursacht die Verwaltung eine besonders umfangreiche und zeitraubende Tätigkeit, so kann eine höhere Gebühr als angemessen erachtet werden, auch eine leer laufende, nach dem Jahresbetrag der Einkünfte zu berechnende Gebühr gerechtfertigt sein".

Im Hinblick auf das Alter dieser Tabelle werden nunmehr folgende Vergütungssätze vorgeschlagen:[383]
- Aktivnachlass
- bis zu EUR 20.000,-   5 %
- bis zu EUR 50.000,-   3,75 %
- bis zu EUR 500.000,-   2,5 %
- darüber hinaus   1,25 %

Daneben kann der Testamentsvollstrecker eine **Konstituierungsgebühr** in Höhe von 1 % verlangen, wenn er zu Beginn der Vollstreckung eine besonders arbeitsreiche und verantwortungsvolle Tätigkeit hat entfalten müssen.[384] Der Testamentsvollstrecker hat die Vergütung als Einkünfte aus selbstständiger Arbeit zu versteuern, § 18 Abs. 1 Nr. 3 EStG.

Zu beachten ist in diesem Zusammenhang die Entscheidung des OLG Köln, OLGR 1993, 297: „Als Grundlage für die Berechnung der Testamentsvollstreckervergütung können nach wie vor die „Richtlinien des Vereins für das Notariat in Rheinpreussen" (abgedruckt bei Plassmann JW 1935, 1831) herangezogen werden (in Anlehnung an BGH NJW 1967, 2400, 2402). Dies muss jedenfalls dann gelten, wenn der Wert des Nachlasses wesentlich durch **Immobilienvermögen** bestimmt wird. Bei einem Nachlasswert von mehr als 1 Million DM ist keine weitere degressive Staffelung der Vergütung vorzunehmen. Eine gesonderte „Konstituierungsgebühr" steht dem Testamentsvollstrecker nur zu, wenn die Ermittlung und Inbesitznahme des Nachlasses besonders schwierig oder besonders zeitraubend waren.

Eine gesonderte „Auseinandersetzungsgebühr" kommt ebenfalls nur dann in Betracht, wenn die Auseinandersetzung selbst anspruchsvoll und mit besonderen Schwierigkei-

---

381 Abgedruckt im MüKo-BGB § 2221 Rn. 9.
382 BGH LM Nr. 2 und 4.
383 Tschisgale JurBüro 1965, 89.
384 BGH NJW 1963, 1615.

ten verbunden war. Bei der Testamentsvollstreckervergütung handelt es sich um eine **Bruttovergütung**, so dass die Mehrwertsteuer nicht zusätzlich verlangt werden kann. Dem Testamentsvollstrecker steht es jedoch frei, die Mehrwertsteuer in seiner Abrechnung gesondert auszuwerfen."

397 Die Konstituierungsgebühr ist eine Art Grundgebühr zur Abgeltung der Mühewaltung des Testamentsvollstreckers zu Beginn seiner Tätigkeit im Zusammenhang mit der Ermittlung und Inbesitznahme des Nachlasses, § 2205 BGB, der Aufstellung und Mitteilung des Nachlassverzeichnisses, § 2215 BGB, und der Regulierung der Nachlassverbindlichkeiten und Steuerschulden. Bei einer normal verlaufenden Abwicklungsvollstreckung scheidet die besondere Berücksichtigung einer Konstituierungsgebühr aus.[385] Jedenfalls ist nach Auffassung des OLG Köln die Zuerkennung einer derartigen Konstituierungsgebühr nur gerechtfertigt, wenn die Ermittlung und Inbesitznahme des Nachlasses besonders schwierig oder besonders zeitraubend waren.

398 Das **OLG Düsseldorf**[386] hat die genannten Richtlinien des rheinpreussischen Notarvereins als „Anhalt für Normalfälle" angesehen, jedoch im konkreten Fall deutlich nach unten korrigiert:

399 „Die Richtlinien des rheinpreußischen Notarvereins sind auch heute noch eine geeignete Grundlage für die Bemessung der Testamentsvollstreckergebühren. Richtlinien für die Testamentsvollstreckervergütung stellen nur einen Anhalt für Normalfälle dar und können nicht schematisch angewendet werden."

400 Die Kosten einer nur für einen **Miterbenanteil** angeordneten Testamentsvollstreckung sind nach dem Gesetz von allen Miterben in der ungeteilten Erbengemeinschaft zu tragen.[387]

401 Die Kosten der Testamentsvollstreckung bleiben bei der Berechnung des Pflichtteils grundsätzlich außer Betracht.[388]

b) Mehrvertretungszuschlag

402 Agiert der Anwalt in einem gerichtlichen Verfahren aus eigenem Recht **und** als Testamentsvollstrecker, so ist ihm bei Gegenstandsidentität auch der **Mehrvertretungszuschlag** nach § 7 RVG i.V.m. Nr. 1008 VV bzw. § 6 Abs. 1 Satz 2 BRAGO als fiktive Gebühr nach § 91 Abs. 2 Satz 4 ZPO zu erstatten.[389]

5. Die Beendigung des Amtes

403 Das Amt des Testamentsvollstreckers endet
- durch den **Tod** des Testamentsvollstreckers, § 2225 BGB,
- durch **Kündigung**, § 2226 BGB,

---

385 MüKo/Brandner § 2221 Rn. 12; Soergel/Damrau § 2221 Rn. 9.
386 OLG Düsseldorf MittRHNotK 1996, 172.
387 BGH NJW 1997, 1362.
388 BGHZ 95, 222.
389 LG Berlin NJW-RR 1998, 931.

- wenn für ihn ein vorläufiger **Betreuer** für alle Vermögensangelegenheiten bestellt wird[390] und
- durch Entlassung **aus wichtigem Grund, § 2227 BGB**.

Die Nichtvorlage eines Nachlassverzeichnisses durch den Testamentsvollstrecker stellt nicht in jedem Fall einen wichtigen Grund zu seiner Entlassung dar. Voraussetzung ist vielmehr, dass die unterlassene Übermittlung zu einer ernstlichen Gefährdung der Interessen des Erben führt.[391] Es steht im pflichtgemäßen Ermessen des Testamentsvollstreckers, ob er ein auseinanderzusetzendes Nachlassgrundstück versteigern lassen oder freihändig verkaufen will. Allein der Umstand, dass sich der Testamentsvollstrecker dabei zu einem Verkauf unter Verkehrswert entschließt, muss noch keine zur Entlassung führende Pflichtverletzung darstellen. Eine grobe Pflichtverletzung im Sinne des § 2227 BGB setzt eine erhebliche und schuldhafte Zuwiderhandlung gegen die dem Testamentsvollstrecker obliegenden Pflichten voraus.[392] Auch ein Verstoß des Testamentsvollstreckers gegen seine Pflicht, dem Erben unverzüglich nach Annahme des Amtes ein Verzeichnis der seiner Verwaltung unterliegenden Nachlassgegenstände und der ihm bekannten Nachlassverbindlichkeiten mitzuteilen, § 2215 Abs. 1 BGB, kann eine Pflichtverletzung in diesem Sinn darstellen.

404

Entlassungsgrund kann weiter sein:
- die Verweigerung der vollständigen Erfüllung eines Vermächtnisses;[393]
- eine einseitige Testamentsauslegung;[394]
- die Verschleuderung des Nachlasses;[395]
- die Errichtung eines unvollständigen Nachlassverzeichnisses[396] oder
- Zuwendungen aus dem Nachlass an verwandte Miterben ohne Information der übrigen Erben.[397]

405

Der **Entlassungsantrag** kann auch von Pflichtteilsberechtigten gestellt werden:[398]

406

6. Haftung

Umstritten ist, inwieweit ein Anwalt als Testamentsvollstrecker für die Erbschaftsteuer haftet.[399] Ein Rechtsanwalt, der als Testamentsvollstrecker tätig wird, handelt regelmäßig in Ausübung seines Berufes i.S. d. § 191 Abs. 2 AO 1977.[400]

407

---

390 BayObLG DNotZ 1996, 102 = FamRZ 1995, 962.
391 OLG Zweibrücken FGPrax 1997, 109.
392 BayObLG FamRZ 1998, 325, BayObLGZ 1997, 1/12 und FamRZ 1991, 615/616.
393 BayObLG MDR 2000, 584.
394 BayObLG NJW-RR 2002, 77.
395 BGH NJW NJW-RR 2001, 1369.
396 BayObLG NJWE-FER 2001, 262.
397 BayObLG FamRZ 2000, 54.
398 BayObLG FamRZ 1997, 905.
399 Vgl. dazu Piltz, ZEV 2001, 270.
400 BFH NJW 1998, 2999.

7. Ende des Amtes

408 Das Amt des Testamentsvollstreckers erlischt nach allgemeiner Auffassung u.a. durch Erledigung der zugewiesenen Aufgaben, wobei weder eine Niederlegung des Amts noch eine Anzeige an das Nachlassgericht oder eine Aufhebung der Testamentsvollstreckung notwendig ist[401].

409 **BERATUNGSHINWEIS:** Bei Beendigung der Testamentsvollstreckung benötigt der Erbe einen neuen Erbschein (ohne Testamentsvollstreckervermerk). Dabei fallen wieder Gebühren nach dem vollen ursprünglichen Nachlasswert an. Das Gericht muss hierauf grundsätzlich nicht hinweisen.

410 Wird ein Erbschein mit Testamentsvollstreckervermerk eingezogen und ein neuer Erbschein ohne einen solchen Vermerk erteilt, so bestimmt sich der Geschäftswert nach dem vollen ursprünglichen Nachlasswert.[402]

8. Das Testamentsvollstreckerzeugnis

411 Das Testamentsvollstreckerzeugnis, § 2368 BGB, dient als **amtlicher Nachweis** über die Stellung des zum Testamentsvollstrecker Berufenen, insbesondere dem Schutz des öffentlichen Glaubens in die gesetzliche Verfügungsbefugnis des Testamentsvollstreckers, §§ 2368 Abs. 3, 2365-2367.[403] So wird es auch vom Grundbuchamt zum Nachweis der Verfügungsbefugnis verlangt, § 35 Abs. 2 GBO. Ist ein Testamentsvollstreckerzeugnis erteilt, so ist für die Befugnis des Testamentsvollstreckers zur Verfügung über ein Grundstück oder Grundstücksrecht oder die sonstige Rechtsstellung des Testamentsvollstreckers allein das Zeugnis maßgebend.[404] Die Erbscheinsvorschriften sind weitgehend entsprechend heranzuziehen, § 2368 Abs. 3 BGB.

412 Nach § 2368 Abs. 1 BGB ist das **Nachlassgericht** für die Erteilung des Testamentsvollstreckerzeugnisses **sachlich** zuständig. **Funktionell** zuständig für die Ausstellung des Testamentsvollstreckerzeugnisses ist der **Richter**, § 16 Abs. 1 Nr. 6 RPflG.

413 Im Testamentsvollstreckerzeugnis sind der **Erblasser**, die **Person des Testamentsvollstreckers** und gegebenenfalls seine **Befugnisse**, z.B. Verwaltungsübertragung, § 2209 BGB, Verwaltungsdauer, § 2210 BGB, die reine Beaufsichtigungsvollstreckung,[405] Ernennung mehrerer Testamentsvollstrecker, § 2224 BGB, anzugeben. Diese weiteren Angaben sind nur erforderlich, soweit Abweichungen von den gesetzlichen Regelbefugnissen in Betracht kommen.[406] Die **Dauervollstreckung** ist in das Testamentsvollstreckerzeugnis aufzunehmen.[407]

---

401 BGHZ 41, 23, Palandt/Edenhofer, BGB, § 2225 Rn. 1.
402 BayObLG FamRZ 1997, 646.
403 BayObLGZ 1984, 225.
404 BayObLG FamRZ 1999, 474 = Rpfleger 1999, 25.
405 BayObLG FamRZ 1991, 612.
406 BGH NJW 1996, 1284 = ZEV 1996, 110 = FamRZ 1996, 409 = MDR 1996, 385.
407 OLG Zweibrücken FamRZ 1998, 581= NJWE-FER 1998, 39.

II. Materiell-rechtliche Voraussetzungen

1. Anspruchsgrundlagen

a) Anspruchsgrundlage des Testamentsvollstreckers

Nach § 2205 Satz 2 BGB ist der Testamentsvollstrecker im Rahmen der Nachlassverwaltung berechtigt, den Nachlass in Besitz zu nehmen und über die Nachlassgegenstände zu verfügen. Der Besitz an den Nachlassgegenständen geht gemäß § 857 BGB zunächst auf die Erben über. Dem Testamentsvollstrecker steht ein klagbarer Anspruch auf Besitzeinräumung gegen den oder die Erben zu.[408] Vor der Klageerhebung ist zu prüfen, ob dem Gegner Einreden nach §§ 2217, 242 BGB (dolo petit ...) vorliegen und ob der Gegenstand der Verwaltung des Testamentsvollstreckers unterliegt.

414

b) Anspruchsgrundlage des Erben

Der Erbe kann nach Beendigung des Amtes vom Testamentsvollstrecker die Herausgabe des vollständigen Nachlasses nach §§ 2218 Abs.1, 667 BGB verlangen.

415

2. Anspruchsberechtigung und Anspruchsverpflichtung

a) Ansprüche des Testamentsvollstreckers

Im Falle des § 2205 BGB ist der Testamentsvollstrecker auch zur gerichtlichen Geltendmachung seiner Ansprüche berufen, § 2212 BGB.

416

b) Anspruch des Erben

Umgekehrt ist er nach Beendigung seines Amtes als Herausgabepflichtiger der Anspruchsgegner des Erben, wobei der Testamentsvollstrecker in diesem Fall persönlich und nicht als Amtsträger verpflichtet ist.[409] Der Testamentsvollstrecker kann wegen Ansprüchen auf Aufwendungsersatz und Vergütung ein Zurückbehaltungsrecht geltend machen.[410]

417

3. Verjährung

Während nach der neueren Rechtsprechung des BGH Schadensersatzansprüche gegen den Testamentsvollstrecker nach § 2219 BGB in 30 Jahren seit ihrer Entstehung verjähren,[411] verjährt der Herausgabeanspruch des Erben nach §§ 2218, 667 BGB wohl nach drei Jahren gemäß § 195 BGB.[412]

418

---

408 MüKo/Zimmermann § 2205 Rn. 57.
409 Bonefeld in: Damrau, Erbrecht Handkommentar § 2218 Rn. 10.
410 AnwKom-BGB/Weidlich § 2218 Rn. 30; MüKo/Zimmermann § 2218 Rn. 15.
411 BGH ZERB 2002, 356.
412 Bonefeld in: Damrau, Erbrecht Handkommentar § 2218 Rn. 13.

§ 9 Die Klage des Testamentsvollstreckers

B. Prozess

I. Klage des Testamentsvollstreckers auf Herausgabe von Nachlassgegenständen

1. Allgemeines

a) Zuständigkeit

419 Neben dem allgemeinen Gerichtsstand sind hier noch die besonderen Gerichtsstände der Erbschaft nach § 27 ZPO und der Vermögensverwaltung nach § 31 ZPO als Alternativen vorhanden.

b) Parteistellung des Testamentsvollstreckers

420 Der Testamentsvollstrecker handelt als Partei kraft Amtes (Fall der gesetzlichen Prozessstandschaft).[413] Ihm kann auch Prozesskostenhilfe bewilligt werden, § 116 Abs.1 Nr. 1 ZPO. Der Testamentsvollstrecker kann nicht als Zeuge, sondern nur als Partei, §§ 445 ff. ZPO vernommen werden.

2. Klageantrag

421 Der Klageantrag ist gegen alle Erben zurichten, da diese gemeinsam besitzen, § 857 BGB.

3. Beweislast

422 Hier gilt das zu § 2018 BGB Gesagte.

4. Auskunftsanspruch

423 Fehlt es dem Testamentsvollstrecker an Kenntnissen hinsichtlich des Umfangs und/oder der Zusammensetzung des Nachlasses, so steht ihm gegen den/die Erben ein Auskunftsanspruch nach § 260 Abs.1 BGB zu. Insoweit kann auch im Wege der Stufenklage vorgegangen werden.

424 **5. Muster: Stufenklage des Testamentsvollstreckers**

An das

Landgericht

▰▰▰

Klage

des ▰▰▰, in seiner Eigenschaft als Testamentsvollstrecker für den Nachlass nach ▰▰▰

Kläger

Prozessbevollmächtigter: ▰▰▰

gegen

▰▰▰ (Erbe)

---

[413] Thomas/Putzo § 51 ZPO Rn. 24 ff.

Beklagter

wegen Auskunft und Herausgabe

Streitwert: ■■■ €

Namens und im Auftrag des Klägers erhebe ich hiermit Klage zum Landgericht ■■■ mit dem

Antrag
  I. Der Beklagte wird verurteilt, dem Kläger schriftlich Auskunft zu erteilen,
    1. über den Bestand des Nachlass des am ■■■ verstorbenen, zuletzt wohnhaft in ■■■ gewesenen Erblassers ■■■ zum Stichtag ■■■ durch Vorlage eines Bestandsverzeichnisses;
    2. über den Verbleib folgender Nachlassgegenstände: ■■■ durch Vorlage entsprechender Belege.
  II. Die Beklagte wird verurteilt, an den Kläger die zum Nachlass des in Ziff. I genannten Erblassers ■■■ gehörenden Gegenstände: ■■■ herauszugeben.
  III. Der Beklagte trägt die Kosten des Verfahrens.

Für den Fall des schriftlichen Vorverfahrens wird vorsorglich Versäumnisurteil gegen die Beklagte beantragt, § 331 Abs.3 ZPO.

Begründung:

Am ■■■ verstarb in ■■■ der ■■■ (Erblasser). Der Kläger wurde durch letztwillige Verfügung vom ■■■ zum Testamentsvollstrecker ernannt.

Beweis: Testament vom ■■■

Mit Erklärung gegenüber dem Nachlassgericht vom ■■■ hat der Kläger das Amt angenommen.

Beweis: Beiziehung der Nachlassakten ■■■

Der Beklagte ist Alleinerbe des ■■■. Ihm wurde auf seinen Antrag vom Nachlassgericht ■■■ am ■■■ ein Erbschein erteilt.

Beweis: Beiziehung der Nachlassakten ■■■

Dem Kläger wurde am ■■■ vom Nachlassgericht ein Testamentsvollstreckerzeugnis erteilt.

Beweis: Testamentsvollstreckerzeugnis vom ■■■

Der Beklagte weigert sich, Auskunft über den Bestand des Nachlasses zu erteilen und die Nachlassgegenstände an den Kläger herauszugeben.

Beweis: Schreiben vom ■■■

Gemäß § 2205 BGB ist der Kläger als Testamentsvollstrecker berechtigt, den Nachlass in Besitz zu nehmen ■■■

Rechtsanwalt

II. Herausgabeklage des Erben

1. Anspruchsgrundlage

425 Nach Beendigung des Amtes ist der Beklagte nach §§ 2218, 667 BGB verpflichtet, alles was er in seinem Amt erlangt hat, an die Kläger herauszugeben.[414] Der Testamentsvollstrecker ist insoweit passiv legitimiert.

2. Auskunftsanspruch:

426 Der Auskunftsanspruch ergibt sich aus §§ 2218, 666 BGB, wenn der Beklagte eingeräumt hat, Nachlassgegenstände in seinem Besitz zu haben, deren Art und Umfang nicht bekannt ist.

427 ### 3. Muster: Herausgabeklage des Erben

An das

Landgericht ▬▬▬

Klage

des ▬▬▬

Kläger

Prozessbevollmächtigter: ▬▬▬

gegen

den ▬▬▬

Beklagter

wegen Auskunft und Herausgabe

Streitwert: ▬▬▬ €

Namens und im Auftrag des Klägers erhebe ich hiermit Klage zum Landgericht ▬▬▬ mit dem

Antrag
    I. Der Beklagte wird verurteilt, dem Kläger schriftlich Auskunft zu erteilen,

über den Bestand des Nachlass des am ▬▬▬ verstorbenen, zuletzt wohnhaft in ▬▬▬ gewesenen Erblassers ▬▬▬ zum Stichtag ▬▬▬ durch Vorlage eines Bestandsverzeichnisses;

über den Verbleib folgender Nachlassgegenstände: ▬▬▬ durch Vorlage entsprechender Belege.
    II. Die Beklagte wird verurteilt, an den Kläger die zum Nachlass des in Ziff. I genannten Erblassers ▬▬▬ gehörenden Gegenstände: ▬▬▬ herauszugeben.
    III. Der Beklagte trägt die Kosten des Verfahrens.

---

414 OLG München OLGR 1994, 225.

Für den Fall des schriftlichen Vorverfahrens wird vorsorglich Versäumnisurteil gegen die Beklagte beantragt, § 331 Abs.3 ZPO.

Begründung:

Am ▬▬▬ verstarb in ▬▬▬ der ▬▬▬ (Erblasser). Der Beklagte wurde durch letztwillige Verfügung vom▬▬▬ zum Testamentsvollstrecker ernennt.

Beweis: Testament vom ▬▬▬

Mit Erklärung gegenüber dem Nachlassgericht vom ▬▬▬ hat der Beklagte das Amt angenommen.

Beweis: Beiziehung der Nachlassakten ▬▬▬

Der Kläger ist Alleinerbe des ▬▬▬. Ihm wurde auf seinen Antrag vom Nachlassgericht ▬▬▬ am ▬▬▬ ein Erbschein erteilt.

Beweis: Beiziehung der Nachlassakten ▬▬▬

Dem Beklagten wurde am ▬▬▬ vom Nachlassgericht ein Testamentsvollstreckerzeugnis erteilt.

Beweis: Testamentsvollstreckerzeugnis vom ▬▬▬

Der Beklagte nahm den Nachlass in Besitz und verwaltete ihn.

Am ▬▬▬ vollendete der Kläger sein 27. Lebensjahr. Damit endete die Testamentsvollstreckung. Gleichwohl weigert sich der Beklagte Auskunft über den Bestand des Nachlasses zu erteilen und den Nachlass an den Kläger herauszugeben.

Beweis: Schreiben vom▬▬▬

Der Kläger kann als Erbe nach Beendigung des Amtes vom Testamentsvollstrecker die Herausgabe des vollständigen Nachlasses nach §§ 2218 Abs.1, 667 BGB verlangen. Der Auskunftsanspruch ergibt sich aus §§ 2218, 666 BGB.

Rechtsanwalt

§ 10 Die Klage des Vermächtnisnehmers gegen den Erben

A. Vorprozessuale Situation

I. Allgemeines

1. Typische Fallkonstellation: Erblasser hat sein Vermögen an verschiedene Personen abweichend von der gesetzlichen Erbfolge zugewendet

428 Zu klären ist zunächst, ob der Erblasser sein Vermögen als ganzes oder einen Bruchteil desselben bestimmten Personen zuwenden wollte oder ob nur einzelne Gegenstände[415] aus dem Nachlass herausgegeben werden sollten. Im Letzteren Fall kommt ein Vermächtnis in Betracht. Dabei bereitet gerade die Abgrenzung zur Erbeinsetzung Schwierigkeiten.[416] Während der Erbe im Wege der Universalsukzession, § 1922 BGB, alle Rechte und Pflichten des Erblassers übernimmt und auch Eigentümer der Nachlassgegenstände wird, erlangt der Vermächtnisnehmer nur einen schuldrechtlichen Anspruch auf Leistung des vermachten Gegenstandes, § 2174 BGB. Auch ein Miterbe kann mit einem so genannten Vorausvermächtnis bedacht werden, § 2150 BGB.

2. Vermächtnisarten

a) Bezüglich der Auswahl des Bedachten[417]

- Bestimmungsvermächtnis, §§ 2151, 2152 BGB
- Verteilungsvermächtnis, § 2153 BGB

b) Bezüglich des Vermächtnisgegenstandes

- Wahlvermächtnis, § 2154 BGB
- Gattungsvermächtnis, § 2155 BGB
- Zweckvermächtnis, § 2156 BGB

429 Die Entscheidungsbefugnis kann auf **Dritte** übertragen werden (dies ist bei der Erbeinsetzung im Hinblick auf § 2065 BGB nicht ohne weiteres möglich); Beispiele hierfür:

- **Bestimmungsvermächtnis, § 2151 BGB,**
- **Personenwahlvermächtnis, § 2152 BGB, oder**
- **Verteilungsvermächtnis, § 2153 BGB.**
- Bedachter kann auch ein Miterbe sein. Es handelt sich dann um ein **Vorausvermächtnis, § 2150 BGB,** das vor allem bei der Unternehmensnachfolge in Betracht kommt. Der Erblasser kann hierbei die Bestimmung des Nachfolgers einem Dritten überlassen und dabei auch bestimmte Auswahlkriterien vorgeben. Ein solches **sog. frühzeitiges Unternehmertestament** kann als Bestimmungsvermächtnis kombiniert mit Testamentsvollstreckung gestaltet werden.[418]

---

415 Palandt/Edenhofer § 2087 BGB Rn. 6 ff.
416 Vgl. dazu Frieser, Anwaltliche Strategien im Erbschaftsstreit, Rn. 468.
417 AnwKom-BGB/J. Mayer § 2151 Rn. 22.
418 Vgl. Tanck/Kerscher/Krug, Testamente, § 21 Rn. 46 ff.; § 23 Rn. 29.

3. Vollzug des Vermächtnisses

Soweit testamentarisch nichts anderes bestimmt ist, trägt der Beschwerte, also in der Regel der Erbe, die **Kosten** der Vermächtnisvollziehung.[419] Die **Erbschaftsteuer** hat hingegen der Vermächtnisnehmer zu tragen, § 3 Abs. 1 Nr. 1 ErbStG.

II. Materiell-rechtliche Voraussetzungen

1. Anspruchsgrundlage

Der Vermächtnisnehmer hat gegen den Erben bzw. gegen einen anderen Vermächtnisnehmer einen schuldrechtlichen Anspruch auf Leistung des vermachten Gegenstandes, § 2174 BGB. Insoweit handelt es sich um ein einseitiges Schulverhältnis, auf das die §§ 241-304, 311 BGB Anwendung finden. Zu beachten ist, dass für Erbfälle vor dem 31.12.2001 die Bestimmungen des alten Schuldrechts gelten, Art. 229 § 5 EGBGB.

Der Anspruch entsteht mit dem Erbfall, § 2176 BGB. Hat der Erblasser nichts Gegenteiliges bestimmt, ist der Vermächtnisanspruch sofort fällig, §§ 271 Abs. 1, 2181 BGB.

2. Anspruchsberechtigung und Anspruchsverpflichtung

a) Anspruchsberechtigter

Anspruchsberechtigt ist der Vermächtnisnehmer. Dies kann jede natürliche oder juristische Person sein.[420] Ist für den Vermächtnisnehmer Testamentsvollstreckung angeordnet, kann der Testamentsvollstrecker den Anspruch geltend machen.[421]

b) Anspruchsverpflichteter

Anspruchsverpflichtet sind grundsätzlich die Erben. Es handelt sich um eine Nachlassverbindlichkeit im Sinne von § 1967 BGB. Miterben haften gemeinschaftlich nach §§ 2058 ff. BGB. Im Falle eines Untervermächtnisses, §§ 2186 ff. BGB ist der Vermächtnisnehmer anspruchsverpflichtet.

3. Verjährung

Der Vermächtnisanspruch verjährt als originär erbrechtlicher Anspruch innerhalb von 30 Jahren, § 197 Abs. 1 Nr.2 BGB[422] bzw. §§ 194, 195 BGB a.F. Die Frist beginnt mit dem Anfall des Vermächtnisses, § 200 BGB bzw. § 198 BGB a.F.

---

419 BGH NJW 1963, 1602.
420 Lange/Kuchinke § 29 III 2.
421 BGH NJW 1954, 1036.
422 AnwKom-BGB-Mansel § 197 Rn. 41.

B. Prozess

I. Klage

1. Allgemeines

a) Zuständigkeit

436 Auch für Vermächtnisansprüche steht neben dem allgemeinen Gerichtsstand, §§ 12, 13 ZPO, der besondere Gerichtsstand der Erbschaft nach § 27 ZPO zur Verfügung. § 29 ZPO kommt hingegen nicht zur Anwendung, da ein Vermächtnis kein Vertragsverhältnis begründet.[423]

b) Streitwert

437 Der Streitwert bestimmt sich nach dem Interesse des Klägers an der Anspruchserfüllung.

2. Klageantrag

438 Der Klageantrag richtet sich nach dem Inhalt des Vermächtnisses. Streitgegenstand kann sowohl ein Anspruch auf Zahlung einer Geldsumme als auch ein Übereignung- oder Herausgabeanspruch sein.

3. Beweislast

439 Der Vermächtnisnehmer hat den Tod des Erblassers, die wirksame Anordnung des Vermächtnisses und die Erbenstellung des Beklagten darzulegen und zu beweisen.[424] Hingegen ist er bezüglich der Annahme des Vermächtnisses nicht beweispflichtig, § 2180 BGB. Beim Untervermächtnis trägt der Untervermächtnisnehmer die Darlegungs- und Beweislast für den Anfall und die Fälligkeit von Haupt- und Untervermächtnis.[425] Für die vom Beschwerten gezogenen Früchte trägt grundsätzlich der Vermächtnisnehmer die Beweislast, während der Beschwerte die getätigten Verwendungen im Sinne des § 2185 BGB darlegen und beweisen muss.[426]

4. Auskunftsanspruch

440 Ist der Vermächtnisnehmer zugleich Pflichtteilsberechtigter, so steht ihm der Auskunftsanspruch nach § 2314 BGB zu. Ansonsten besteht ein Auskunftsanspruch nach §§ 242, 260 BGB nur, wenn dies zur Feststellung und Durchsetzung des Vermächtnisanspruchs notwendig ist.[427]

---

[423] AnwKom-BGB/J. Mayer § 2174 Rn. 23.
[424] AnwKom-BGB/J. Mayer § 2174 Rn. 32.
[425] Baumgärtel/Schmitz § 2186 Rn. 3.
[426] BGH WM 1982, 769; Baumgärtel/Schmitz § 2185 Rn. 1.
[427] OLG Oldenburg NJW-RR 1990, 650.

5. Muster:[428] Klage des Vermächtnisnehmers auf Erfüllung des Vermächtnisanspruchs

An das

Landgericht

▪▪▪

Klage

des ▪▪▪

Kläger

Prozessbevollmächtigter: ▪▪▪

gegen

▪▪▪

Beklagter

wegen Forderung

Namens und im Auftrag des Klägers erhebe ich hiermit Klage zum Landgericht ▪▪▪ mit dem

Antrag
1. Der Beklagte wird verurteilt, an den Kläger ▪▪▪ € nebst 5 % Zinsen über dem Basiszinssatz hieraus seit Klageerhebung zu zahlen.
2. Der Beklagte trägt die Kosten des Rechtsstreits.
3. Für den Fall des schriftlichen Vorverfahrens wird vorsorglich Versäumnisurteil gegen die Beklagte beantragt, § 331 Abs. 3 ZPO.

Begründung:

Am ▪▪▪ verstarb in ▪▪▪ der ▪▪▪ (Erblasser). Der Beklagte ist Alleinerbe des ▪▪▪. Ihm wurde auf seinen Antrag vom Nachlassgericht ▪▪▪ am ▪▪▪ ein Erbschein erteilt.

Beweis: Beiziehung der Nachlassakten ▪▪▪

Mit privatschriftlichen Testament vom ▪▪▪ verfügte der Erblasser, dass der Kläger einen Betrag von ▪▪▪ € als Vermächtnis erhalten solle.

Beweis: Beiziehung der Nachlassakten ▪▪▪

Der Beklagte weigert sich, den Vermächtnisanspruch zu erfüllen.

Beweis: Schreiben vom ▪▪▪

Der Kläger hat einen Anspruch gemäß §§ 2147, 2174 BGB.

Rechtsanwalt

---

[428] Sachverhalt nach OLG München, Urteil vom 14.03.1995- Aktenzeichen 25 U 5770/94, OLGR-München 1995, 237.

II. Prozessuale Besonderheiten

1. Verteidigungsmittel des Beklagten

a) Überschwerungseinrede

442 Beruht die Überschuldung des Nachlasses auf Vermächtnissen, kann der beklagte Erbe die sich auf die Überschwerungseinrede nach § 1992 BGB berufen und die Erfüllung verweigern. Die Voraussetzungen der §§ 1990, 1991 BGB müssen insoweit nicht gegeben sein. Die Wirkungen und Folgen der Einrede entsprechen aber den §§ 1990, 1991 BGB. Im Prozess muss der Erbe beantragen, dass nach § 780 ZPO ein Haftungsbeschränkungsvorbehalt in den Tenor aufgenommen wird. Dies ist bis zum Zeitpunkt der letzten Tatsachenverhandlung möglich.

b) Haftungsbeschränkung des Hauptvermächtnisnehmers

443 § 2187 BGB gewährt dem Hauptvermächtnisnehmer im Verhältnis zum Untervermächtnisnehmer dieselben Möglichkeiten der Haftungsbeschränkung wie dem Erben.[429]

III. Einstweiliger Rechtsschutz

444 Der Vermächtnisnehmer hat bei Gefährdung seines Anspruchs die Möglichkeit, einen **Arrest** oder eine einstweilige Verfügung gegen den Anspruchsverpflichteten zu beantragen.[430]

445 Daneben kann auch **Nachlassverwaltung** beantragt werden, § 1981 Abs. 2 BGB.

446 Ansprüche auf die Übereignung eines Grundstücks können mit einer **einstweiligen Verfügung**, die auf die Eintragung einer Vormerkung, § 883 BGB, abzielt, gesichert werden.[431]

C. Zwangsvollstreckung

I. Auskunftsanspruch

447 Die Vollstreckung von Auskunftsansprüchen vollzieht sich nach § 888 ZPO. Weigert sich der Beklagte Auskunft zuerteilen, kann der Kläger die Festsetzung von Zwangsmitteln beantragen.[432] Die Vollstreckung einer eidesstattlichen Versicherung richtet sich nach § 889 ZPO.

II. Testamentsvollstreckung

448 Wurde (auch) der Testamentsvollstrecker verklagt und ein Titel gegen ihn erwirkt, kann in den Nachlass gemäß § 748 ZPO vollstreckt werden.

---

429 Zu den Einzelheiten Bonefeld/Kroiß/Tanck VI. Kapitel Rn. 178ff.
430 AnwKom-BGB/J. Mayer § 2174 Rn. 27.
431 BGHZ 12, 115; OLG Hamm MDR 1984, 402.
432 Ein entsprechendes Antragsmuster findet sich bei Bonefeld/Kroiß/Tanck VI. Kapitel Rn. 150.

§ 11 Die Klage des Miterben auf Auseinandersetzung

A. Vorprozessuale Situation

I. Allgemeines

Grundsätzlich kann jeder Erbe zu jeder Zeit die Auseinandersetzung des Nachlasses verlangen, § 2042 BGB. Bei der Erbengemeinschaft handelt es sich um eine Liquidationsgemeinschaft. Die Auseinandersetzung kann auf unterschiedliche Art und Weise erfolgen:
- durch Auseinandersetzungsvertrag der Miterben,
- durch den Testamentsvollstrecker, § 2204 BGB,
- im FGG-Verfahren durch das Nachlassgericht §§ 86 ff. FGG und
- durch die Auseinandersetzungsklage (Erbteilungsklage).

449

Primär sollen die Miterben eine einvernehmliche Lösung versuchen. Verweigern die Miterben den Abschluss eines Auseinandersetzungsvertrages, kann auf Zustimmung zur Auseinandersetzung geklagt werden. Dabei muss mit der Klage ein **Auseinandersetzungsplan** vorgelegt werden. Die Erbteilungsklage kann nur erfolgreich sein, wenn der Nachlass teilungsreif ist.[433] Zur Klärung entsprechender Vorfragen, z.B. zum Umfang des Nachlasses, ist eine Feststellungsklage zulässig.[434]

450

II. Materiell-rechtliche Voraussetzungen

1. Anspruchsgrundlage

Der Auseinandersetzungsanspruch ergibt sich aus § 2042 Abs. 1 Hs. 1 BGB. Der Anspruch ist auf Mitwirkung der übrigen Miterben bei der Erbauseinandersetzung gerichtet.[435] Dabei finden ergänzend die Vorschriften über die Aufhebung der Gemeinschaft der §§ 749 Abs. 2, Abs. 3, 750-758 BGB Anwendung, § 2042 Abs. 2 BGB. Dabei müssen noch Vorempfänge, die der Erblasser seinen Abkömmlingen gewährt hat, §§ 2050 ff. BGB, ausgeglichen werden.

451

2. Anspruchsberechtigung und Anspruchsverpflichtung

a) Anspruchsberechtigte

Anspruchsberechtigt sind der Einzelne Miterbe bzw. mehrere Miterben.

452

b) Anspruchsverpflichtete

Anspruchsverpflichtet sind die übrigen, den Teilungsplan verweigernden, Miterben. Eine Klage gegen Miterben, die dem Teilungsplan bereits zugestimmt haben, wäre mangels Rechtsschutzbedürfnisses unzulässig.

453

---

433 OLG Karlsruhe NJW 1961, 733.
434 BGH FamRZ 1990, 1112; Kerscher/Tanck/Krug, Das erbrechtliche Mandat, § 27 Rn. 4.
435 AnwKom-BGB/Eberl-Borges § 2042 Rn. 2.

3. Verjährung

454 Der Anspruch auf Auseinandersetzung unterliegt keiner Verjährung §§ 2042 Abs. 2, 758 BGB. Die Auskunftsverpflichtung gemäß § 2057 BGB hat zeitlich Vorrang vor dem Auseinandersetzungsanspruch gemäß § 2042 BGB, da er diesen vorbereitet.[436] Der Auskunftsanspruch besteht zumindest so lange, wie die Auseinandersetzung noch nicht vollzogen ist.

B. Prozess

I. Klage

1. Allgemeines

a) Zuständigkeit

455 Bezüglich der örtlichen Zuständigkeit gilt auch hier der besondere Gerichtsstand des § 27 ZPO neben dem allgemeinen Gerichtsstand nach §§ 12, 13 ZPO. Die sachliche Zuständigkeit bestimmt sich nach den allgemeinen Regeln der §§ 23, 71 GVG.

b) Verhältnis zum FGG-Verfahren

456 Die Auseinandersetzungsklage kann erhoben werden, ohne dass der Kläger vorher die Nachlassauseinandersetzung beim Nachlassgericht im Verfahren nach §§ 86 ff. FGG beantragt haben muss.[437] Die praktische Bedeutung der Nachlassauseinandersetzung im FGG-Verfahren ist gering, da dieses Vermittlungsverfahren am Widerspruch auch nur eines Beteiligten scheitert.[438]

c) Teilungsreife

457 Die Erbteilungsklage ist nach h.M. nur dann begründet, wenn der Nachlass teilungsreif ist.[439] Es muss also vorab geklärt werden, welchen Umfang der Nachlass hat und welche Nachlassverbindlichkeiten gegebenenfalls noch zu erfüllen sind.

d) Streitwert

458 Der Streitwert für die Auseinandersetzungsklage bemisst sich nach dem Interesse des Klägers.[440] Bei bereits aufgelaufenen Zinsen handelt es sich um keine Nebenforderungen im Sinne von § 4 Abs. 1 2. Hs. ZPO, d.h. sie sind streitwerterhöhend zu berücksichtigen.[441]

2. Klageantrag

459 Streitgegenstand ist die Zustimmung zu einem schuldrechtlichen Erbauseinandersetzungsvertrag. Der Kläger muss einen **bestimmten Klagantrag** stellen. Grundlage für die Teilung sind Anordnungen des Erblassers, Vereinbarungen unter Miterben und die

---

436 Soergel/Wolf § 2057 Rn. 2.
437 Palandt/Edenhofer § 2042 BGB Rn. 16.
438 Frieser, Anwaltliche Strategien im Erbschaftsstreit, Rn. 355.
439 OLG Karlsruhe NJW 1974, 956; KG NJW 1961, 733; Lange/Kuchinke § 44 III 6 a).
440 BGH NJW 1975, 1415; Thomas/Putzo § 3 ZPO Rn. 56; AnwKom-BGB/Eberl-Borges vor §§ 2042-2057a Rn. 27.
441 BGH NJW-RR 1998, 1284.

gesetzlichen Teilungsregeln, §§ 750–758 BGB. Demnach sind zunächst die Nachlassverbindlichkeiten zu tilgen. Der verbleibende Nachlass ist dann zu versilbern, wobei die Abwicklung sich nach den Vorschriften über den Pfandverkauf bzw. bei Grundstücken über die Zwangsversteigerung erfolgt.

Geklagt wird auf Abgabe einer Willenserklärung, die mit der Rechtskraft der Verurteilung kraft gesetzlicher Fiktion nach § 894 ZPO abgegeben gilt und zusammen mit der Erklärung des Klägers den Teilungsvertrag zustande bringt.[442]

460

Dabei kann auch beantragt werden, dass der Beklagte zur Zustimmung zu den dinglichen Erklärungen für die Ausführung des Teilungsplanes verurteilt wird.[443]

461

Der Anspruch des Einzelnen Miterben auf Auseinandersetzung aus § 2042 BGB gegen den Willen anderer Miterben richtet sich auf den gesamten Nachlass, sodass in der Regel keine gegenständliche Teilerbauseinandersetzung verlangt werden kann.[444] Vielmehr hat der klagende Miterbe einen konkreten Teilungsplan zu erstellen und die übrigen Miterben auf Zustimmung zu verklagen. Eine gegenständlich beschränkte Auseinandersetzung kann gegen den Willen einzelner Miterben ausnahmsweise aber dann verlangt werden, wenn besondere Gründe dies rechtfertigen, z.B. keine Nachlassverbindlichkeiten mehr bestehen, und dadurch berechtigte Belange der Miterbengemeinschaft oder Einzelner Miterben nicht beeinträchtigt werden.[445] Die unmittelbare Klage eines Miterben auf Zahlung des auf ihn entfallenden Anteils am Nachlass gegen nur einen von mehreren weiteren Miterben ist auch ohne Aufstellung eines Teilungsplans ausnahmsweise dann zulässig, wenn der verklagte Miterbe allein im Besitz des verbliebenen und teilungsreifen Nachlasses ist,[446] und die übrigen nicht verklagten Miterben zuvor im Wege der Abschichtung aus der Erbengemeinschaft ausgeschieden sind oder der begehrten Teilung zugestimmt bzw. in nicht erheblicher Form widersprochen haben.[447] In derart überschaubaren Fällen können die Miterben Zahlung der jeweils ihnen gebührenden Teilsummen vom Miterbenschuldner verlangen.

462

3. Beweislast

Beruft sich eine Partei auf eine Ausgleichsverpflichtung, weil sie ein wirksames Vorausvermächtnis, § 2150 BGB, statt einer Teilungsanordnung, § 2048 BGB annimmt, trifft sie die Darlegungs- und Beweislast für die Umstände, die diese Auslegung rechtfertigen.[448] Wer eine Ausgleichungspflicht nach § 2050 BGB geltend macht, muss das Vorliegen deren Voraussetzung beweisen.[449]

463

---

442 Schellhammer, Erbrecht, Rn. 745.
443 Palandt/Edenhofer § 2042 BGB Rn. 16.
444 MüKo/Dütz § 2042 Rn. 18; Palandt/Edenhofer § 2042 Rn. 17.
445 BGH, FamRZ 1984, 688, 689; Palandt/Edenhofer § 2042 Rn. 19.
446 BGH, FamRZ 1989, 273, 274; NJW-RR 1989, 1206; MüKo, a.a.O., Rn. 66.
447 OLG Celle, Urteil vom 25.04.2002 – Aktenzeichen 22 U 99/01.
448 Baumgärtel/Laumen/Schmitz § 2048 Rn. 1.
449 AnwKom-BGB/Eberl-Borges § 2050 Rn. 24; MüKo/Dütz § 2050 BGB Rn. 39; Nomos-Handkommentar Erbrecht/Bothe § 2050 Rn. 43.

4. Auskunftsanspruch

464 Die Miterbenstellung als solche begründet keine für die Bejahung einer generellen Auskunftspflicht genügende Sonderverbindung.[450] Die Auskunfts- und Rechenschaftspflichten der Miterben sind in verschiedenen Einzelvorschriften geregelt.

a) Auskunftsansprüche gegen den verwaltenden Erben

465 Die übrigen Miterben haben einen Auskunftsanspruch gegen den vom Erblasser mit der Verwaltung beauftragten oder bevollmächtigten Erben nach § 666 BGB. Bei einer dauerhaften Verwaltung gemeinsamer Grundstücke durch einen Miterben, § 745 BGB, kann konkludent Auftragsrecht zur Anwendung gelangen.[451]

466 Der Auskunftsanspruch nach § 666 BGB verjährt in drei Jahren, § 195 BGB.

b) Auskunftsanspruch über Vorempfänge der Abkömmlinge[452]

467 Über die Zuwendungen, die ein Miterbe nach den §§ 2050–2053 BGB zur Ausgleichung zu bringen hat, ist er gegenüber den anderen Erben auskunftspflichtig, § 2057 BGB. Die Auskunftspflicht umfasst sämtliche Zuwendungen („Totalaufklärung"),[453] jedoch grundsätzlich keine Wertermittlung. Allenfalls in Fällen einer vom Erblasser verfügten sog. „überquotalen" Teilungsanordnung kann ein Wertermittlungsanspruch bestehen.[454] Die Auskunftspflicht umfasst Ausstattungen, § 2050 Abs. 1 BGB, Zuschüsse zum Einkommen und Aufwendungen zur Berufsvorbereitung, § 2050 Abs. 2 BGB, sowie andere Zuwendungen, wenn der Erblasser die Ausgleichung angeordnet hat, § 2050 Abs. 3 BGB.

468 Der Auskunftsanspruch hinsichtlich der auszugleichenden Zuwendungen kann isoliert eingeklagt werden.[455]

469 ### 5. Muster: Verurteilung des Miterben auf Zustimmung zum Teilungsplan

1. Der Beklagte wird verurteilt, zur Herbeiführung der Erbauseinandersetzung nach dem am ▪▪▪ verstorbenen ▪▪▪, zuletzt wohnhaft in ▪▪▪, folgendem Teilungsplan zuzustimmen:
   a) Der Kläger erhält das im Grundbuch des Amtsgerichts ▪▪▪ von ▪▪▪ eingetragene Grundstück mit Inventar zum Alleineigentum.
   b) Der Beklagte erhält das im Grundbuch des Amtsgerichts ▪▪▪ von ▪▪▪ eingetragene Grundstück mit Inventar zum Alleineigentum.
2. Der Beklagte wird verurteilt, im Grundbuch des Amtsgerichts ▪▪▪ von ▪▪▪ eingetragene Grundstück an den Kläger als Alleineigentümer aufzulassen und die entsprechende Eintragung des Klägers im Grundbuch zu bewilligen.

---

450 BGH NJW-RR 1989, 450.
451 BGH NJW 2001, 1131.
452 Sarres, Auskunftspflichten zwischen Miterben über lebzeitige Zuwendungen gemäß § 2057 BGB, ZEV 2000, 349.
453 Sarres a.a.O.
454 LG Nürnberg NJWE-FER 2000, 261 = Zerb 2001, 5 mit Anm. Krug.
455 BayObLG OLGE 37, 253.

II. Prozess

1. Feststellungsklage

Um die Teilungsreife herbeizuführen, kann sich der auseinandersetzungswillige Miterbe auch einer Feststellungsklage bedienen.[456]

470

BGH NJW-RR 1990, 1220: „Das Berufungsgericht ist der Meinung, statt der schwierigen Auseinandersetzungsklage gemäß § 2042 BGB könne ein Miterbe, wenn nur einzelne Punkte umstritten seien, auch Feststellungsklage erheben und sich darauf beschränken, die einzelnen Streitpunkte gerichtlich klären zu lassen. Entscheidend sei insoweit immer, ob ein derartiges Vorgehen prozesswirtschaftlich sinnvoll sei. ... Wie das Berufungsgericht mit Recht hervorhebt, kann eine Klage auf umfassende Auseinandersetzung eines Nachlasses mit zahlreichen Streitpunkten in der Praxis der Instanzgerichte erhebliche Schwierigkeiten bereiten. Diesen Schwierigkeiten muss auch mit den Mitteln des Prozessrechts nach Möglichkeit entgegengewirkt werden. Dementsprechend hat der Bundesgerichtshof bereits im ersten Band seiner Entscheidungssammlung darauf aufmerksam gemacht, in der Rechtsprechung sei allgemein anerkannt, dass ein Miterbe zum Zweck der Auseinandersetzung eine Klage auf Feststellung einzelner Streitpunkte erheben kann, wenn eine solche Feststellung der Klärung der für die Auseinandersetzung maßgebenden Grundlagen dient (BGHZ 1, 65, 74 unter Hinweis auf Rechtsprechung schon des Reichsgerichts). Der erkennende Senat ist dem von Anfang an gefolgt. Wenn die Revision demgegenüber darauf hinaus will, es müsse verlangt werden, möglichst alle Streitigkeiten in einem einzigen Auseinandersetzungsprozess zu erledigen, dann kann sich der Senat dem nicht anschließen. Ein derartiger prozessrechtlicher Zwang zur Häufung sämtlicher auftauchender – unter Umständen zahlreicher – Streitkomplexe der Erbauseinandersetzung in einem einzigen Rechtsstreit ließe befürchten, dass die Zahl umfangreicher, schwer übersichtlicher und daher langwieriger Erbrechtsprozesse zunähme und damit das Recht der Miterben auf „jederzeitige" Auseinandersetzung (§ 2042 Abs. 1 BGB) nicht selten gefährden oder sogar vereiteln würde. Der Senat hält es daher für geboten, wie bisher auch weiterhin eine Klage auf Feststellung einzelner Streitpunkte zuzulassen, wenn eine solche Feststellung einer sinnvollen Klärung der Grundlagen der Erbauseinandersetzung dient. Diese Voraussetzung ist hier erfüllt. Die begehrte und vom Berufungsgericht getroffene Feststellung würde die Auseinandersetzung erheblich entlasten."

471

Auch die Frage, ob ein bestimmter Vorempfang im Sinne des § 2055 BGB auszugleichen ist, kann mittels einer Feststellungsklage geklärt werden.[457]

472

2. Mehrere Beklagte

Mehrere Beklagte Erben sind keine notwendigen Streitgenossen.[458]

473

---

456 BGH NJW-RR 1990, 1220; zu den Einzelheiten vgl. Krug / Rudolf / Kroiß Erbrecht § 19 Rn. 208 f.
457 BGH FamRZ 1992, 655.
458 AnwKom-BGB / Eberl-Borges Vor §§ 2042-2057a BGB Rn. 24; Soergel / Wolf § 2042 BGB Rn. 18.

III. Einstweiliger Rechtsschutz

474 Als Mittel des einstweiligen Rechtsschutzes kommen Arrest und einstweilige Verfügung in Betracht, wenn die Gefahr besteht, dass Nachlassgegenstände bei Seite geschafft werden.

C. Zwangsvollstreckung

475 Einer Vollstreckung des Urteils, das auf eine Auseinandersetzungsklage hin ergangen ist, bedarf es nicht, da das rechtskräftige Urteil die Zustimmung des widerstrebenden Miterben ersetzt, § 894 ZPO.

§ 12 Klagen im Zusammenhang mit Vor- und Nacherbschaft

A. Vorprozessuale Situation

I. Allgemeines

Die zentrale Vorschrift für die Vor- und Nacherbschaft ist § 2100 BGB: das Vermögen soll zunächst an eine Person (sog. Vorerbe), später, insbesondere nach deren Tod, an eine bestimmte andere Person fallen (sog. Nacherbe).[459] Der Vorerbe ist demnach „Erbe auf Zeit".

1. Gemeinschaftliches Testament

Praktisch bedeutsam ist die Vor- und Nacherbschaft vor allem beim gemeinschaftlichen Testament. Oft wollen die Eheleute, dass das Vermögen des Erstversterbenden **zunächst dem überlebenden Ehegatten** und erst nach dessen Tod den **gemeinsamen Kindern** zukommen soll, wobei eine Bindungswirkung erwünscht ist. Hierfür bietet sich ein gemeinschaftliches Testament der Ehegatten an, wobei als Gestaltungsmöglichkeit sowohl die sog. **Einheits-** als auch die sog. **Trennungslösung** in Betracht kommt.

a) Trennungslösung

Jeder Ehegatte setzt den anderen zum Vorerben und einen Dritten (regelmäßig die gemeinsamen Abkömmlinge) zum Nacherben, § 2100 BGB, sowie für den Fall, dass der andere Ehegatte zuerst sterben sollte, als Ersatzerben, § 2096 BGB, ein.[460]

Die Trennungslösung hat den Vorteil, dass der überlebende Ehegatte als Vorerbe bestimmten Verfügungsbeschränkungen hinsichtlich des ererbten Vermögens unterliegt.[461] Wenn also sichergestellt werden soll, dass der Nachlass möglichst ungeschmälert einem Dritten letztlich zukommen soll, ist die Trennungslösung zu bevorzugen. Der häufig geäußerte Wunsch der Ehegatten, dass die Kinder dem überlebenden Elternteil gerade keine Vorschriften machen dürfen, lässt sich durch die Anordnung einer **befreiten Vorerbenstellung**, §§ 2136f. BGB erfüllen.

b) Einheitslösung

Jeder Ehegatte setzt den anderen zum Vollerben und einen Dritten zum Schlusserben ein. Der Dritte erhält dann das gemeinsame Vermögen der Eheleute beim Tod des Längstlebenden als dessen Vollerbe.[462] Nach der Auslegungsregel des § 2269 Abs. 1 BGB gilt im Zweifel die Einheitslösung (sog. **„Berliner Testament"**).

Dabei verschmilzt beim Tod des erstversterbenden Ehegatten dessen Vermögen mit dem des überlebenden Ehegatten zu einer Einheit.[463] Der zum Schlusserben eingesetzte Dritte erhält zunächst nichts. Für die Beratungspraxis bedeutet dies, dass für den Fall,

---

459 Vgl. Kössinger, Das Testament Alleinstehender S. 4.
460 MüKo/Musielak § 2269 BGB Rn. 2.
461 Brox, Erbrecht, Rn. 186.
462 MüKo/Musielak § 2269 BGB Rn. 3.
463 Rohlfing, Erbrecht, § 3 Rn. 125.

dass die **Trennungslösung** gewünscht wird, die Anordnung der Vor- und Nacherbschaft klar in das Testament mit aufgenommen werden muss.

482 Soweit in einem gemeinschaftlichen Testament wechselbezügliche Verfügungen enthalten sind, können diese nur im Rahmen des **§ 2271 BGB** widerrufen werden. Dabei ist zu beachten, dass mit dem Tod des anderen Ehegatten das Widerrufsrecht des Überlebenden erlischt, **§ 2271 Abs. 2 BGB**.

c) Wiederverheiratungsklauseln

483 In einem gemeinschaftlichen Testament kann mit einer Wiederverheiratungsklausel angeordnet werden, dass der Längerlebende zugleich auflösend bedingter Vollerbe und aufschiebend bedingter Vorerbe sein soll. Stirbt dann der Längerlebende, ohne wieder geheiratet zu haben, so ist seine Stellung als Vollerbe endgültig geworden.[464] Grundsätzlich sind so genannte **Wiederverheiratungsklauseln** möglich und nicht von vorne herein etwa wegen Sittenwidrigkeit abzulehnen.[465]

484 Bei der **Einheitslösung** bedarf es der Anordnung einer durch die Wiederverheiratung **bedingten Nacherbfolge**.

485 Beispiel: Eheleute haben zwei gemeinsame Kinder, die als Nacherben für den Fall der Wiederverheiratung eingesetzt werden sollten: der überlebende Ehegatte wird mit einem Anteil von 50 % unbedingter und hinsichtlich des Weiteren Anteils von 50 % auflösend bedingter (Voll-)Erbe des Erstversterbenden.

486 Erst mit seinem Tod wird der Längerlebende, falls er nicht wieder geheiratet hat, „endgültig zum Vollerben".[466]

487 Beispiele für die Formulierung einer **Wiederverheiratungsklausel**:[467]

„Heiratet der Überlebende wieder, soll der Nachlass an die Kinder fallen."

„Bei Wiederheirat soll sich der Überlebende mit den Kindern nach der gesetzlichen Erbfolge auseinander setzen."

488 Für den Fall, dass im Testament die **Trennungslösung** gewählt wurde, lässt sich eine Wiederverheiratungsklausel problemlos dergestalt einbauen, dass der Nacherbfall nicht nur beim Tod des längerlebenden Ehegatten, sondern auch bei dessen erneuter Eheschließung eintritt.

d) Pflichtteilsklausel

489 Fallkonstellation: Die Eheleute wollen, dass ein Kind nicht nach dem Tod des zuerstversterbenden Mandanten den Pflichtteil geltend macht.

490 Hier ist eine so genannte **Verwirkungsklausel** (auch **Pflichtteilssanktionsklausel** genannt) in Betracht zu ziehen:

---

[464] BGH FamRZ 1986,155.
[465] Palandt/Edenhofer § 2269 BGB Rn. 16.
[466] Palandt/Edenhofer § 2269 BGB Rn. 21.
[467] Brox Erbrecht Rn. 189.

„Sollte eines unserer gemeinsamen Kinder nach dem Tode des erstversterbenden Elternteils gegen den Willen des Ehegatten den Pflichtteil verlangen, so soll es nach dem Tod des längerlebenden Elternteils auch nur den Pflichtteil erhalten."

Letztlich wird hier das Kind unter der **auflösenden** Bedingung als Schlusserbe eingesetzt, dass es keinen Pflichtteil geltend macht, § 2075 BGB. Gleichwohl kann bei dieser Konstruktion das dem Erblasserwillen zuwiderhandelnde Kind zweimal am Nachlass partizipieren, da es auch nach dem Tod des längerlebenden Elternteils nochmals den Pflichtteil verlangen kann. Um diesem Vorgehen Einhalt zu gebieten bietet sich die sog. **Jastrowsche Klausel** an:[468]

„Sollte eines unserer Kinder nach dem Tod des erstversterbenden Elternteils den Pflichtteil verlangen, so erhalten die anderen Kinder, die keine Pflichtteilsrechte geltend gemacht haben, in Höhe ihrer gesetzlichen Erbteile Vermächtnisse, die mit dem Pflichtteilsverlangen anfallen, die aber erst mit dem Ableben des längerlebenden Elternteils fällig werden."

Modifikation:[469]

„Sollte eines unserer Kinder nach dem Tod des erstversterbenden Elternteils den Pflichtteil verlangen, so erhalten die anderen Kinder, die keine Pflichtteilsrechte geltend gemacht haben, in Höhe ihrer gesetzlichen Erbteile Vermächtnisse, die aufschiebend bedingt mit dem Tod des überlebenden Elternteils anfallen und ebenfalls mit dessen Tode fällig werden. Abkömmlinge von Kindern, die den Pflichtteil geltend gemacht haben sind nicht vermächtnisberechtigt."

e) Weitere Bedingungen oder Befristungen für den Eintritt der Nacherbfolge

Der Eintritt der Nacherbfolge kann auch vom Erreichen eines bestimmten Alters, vom Ergreifen eines bestimmten Berufs oder vom Bestehen einer bestimmten Prüfung abhängig gemacht werden.[470]

2. Befreiung des Vorerben

Von bestimmten Beschränkungen und Verpflichtungen, die in den §§ 2113 ff. BG zum Schutze des Nacherben vorgesehen sind, kann der Erblasser den Vorerben befreien, § 2136 BGB. Die Aufzählung in dieser Vorschrift ist abschließend.[471] Befreit werden kann der Vorerbe demnach nicht:

- vom Verbot unentgeltlicher Verfügungen, § 2113 Abs.2 BGB;
- von der Verpflichtung, ein Nachlassverzeichnis zu errichten, § 2121 BGB;
- von der Ersetzungspflicht (Surrogationsprinzip), § 2111 BGB von Beschränkungen der Eigengläubiger des Vorerben bei Zwangsverfügungen, § 2115 BGB und
- von der Schadensersatzverpflichtung nach § 2138 Abs.2 BGB.

---

468 Rohlfing, Erbrecht, § 3 Rn. 133ff.
469 Rohlfing, Erbrecht § 3 Rn. 137.
470 Vgl. Schellhammer, Erbrecht nach Anspruchsgrundlagen, Rn. 520.
471 BGHZ 7, 274, 276.

§ 12 Klagen bei Vor- und Nacherbschaft

498 Die **Beweislast** für einen Befreiungstatbestand trägt derjenige, der sich darauf beruft.[472]

499 Der nicht befreite Vorerbe hat in etwa die Stellung eines Nießbrauchers, d.h. Ihm gebühren die Nutzungen, dafür muss er die gewöhnlichen Erhaltungsaufwendungen tragen, § 2142 BGB.

B. Klage des Vorerben auf Feststellung, dass er die Vollerbenstellung erlangt hat

I. Materiell-rechtliche Situation

500 Ist der Nacherbe vor Eintritt des Nacherbfalls weggefallen und wurde die Vererblichkeit des Nacherbenanwartschaftsrechts vom Erblasser ausgeschlossen, § 2108 Abs. 2 BGB, kann die Anordnung der Nacherbfolge gegenstandslos und der Vorerbe Vollerbe werden. Wird in einem solchen Fall das Erbrecht des Vor(Voll-)erben angezweifelt, kann er im Wege der Feststellungsklage vorgehen.

II. Prozess

1. Klage

501 Wegen der Einzelnen Voraussetzungen für die Klage darf auf die Ausführungen zur allgemeinen Erbenfeststellungsklage[473] verwiesen werden.

502 **2. Muster: Erbenfeststellungsantrag**

503 Der Antrag ist wie folgt zu formulieren:[474]

Es wird festgestellt, dass der Kläger Vollerbe des am ▬▬▬ in ▬▬▬ verstorbenen ▬▬▬ (Erblasser) geworden ist.

C. Klage des Vorerben auf Feststellung einer befreiten Vorerbschaft

I. Materiell-rechtliche Situation

504 Besteht Streit darüber, ob ein Vorerbe wirksam von den Beschränkungen oder Verpflichtungen der §§ 2113 ff. BGB nach § 2136 BGB befreit wurde, kann er gegen den Nacherben auf Feststellung klagen.

II. Prozess

1. Feststellungsklage

505 Auch hier gelten die allgemeinen Voraussetzungen der Feststellungsklage.

2. Beweislast

506 Die Beweislast für einen Befreiungstatbestand trägt derjenige, der sich darauf beruft.[475]

---

[472] Baumgärtel § 2136 Rn. 1.
[473] Siehe oben § 1.
[474] Ein vollständiges Klagemuster findet sich bei Krug/Rudolf/Kroiß/Steinbacher § 14 Rn. 35.
[475] Baumgärtel § 2136 Rn. 1.

3. Muster: Antrag auf Feststellung der Befreiung des Vorerben

Der Antrag ist wie folgt zu formulieren:[476]

Es wird festgestellt, dass der Kläger als Vorerbe des am ▬▬▬ in ▬▬▬ verstorbenen ▬▬▬ (Erblasser) von sämtlichen den Vorerben betreffenden Beschränkungen und Verpflichtungen, soweit gesetzlich zulässig, § 2136 BGB, befreit ist.

D. Klage des Vorerben auf Zustimmung des Nacherben zu Verwaltungsmaßnahmen

I. Materiell-rechtliche Situation

Um den Nachlass ordnungsgemäß verwalten zu können, kann eine Verfügung des Vorerben notwendig werden, die er nicht mit Wirkung gegen den Nacherben vornehmen kann. Insoweit kann eine Einwilligungspflicht nach § 2120 BGB bestehen. Praktisch bedeutsam sind dabei vor allem Grundstücksveräußerungen. Der Vorerbe kann gegen den Nacherben bei fehlender Zustimmung die Leistungsklage erheben.

II. Prozess

1. Klage

Es handelt sich um eine Leistungsklage,[477] für die die allgemeinen Voraussetzungen gelten. Insbesondere ist beim Klagantrag auf eine genaue Bezeichnung, z.B. des betroffenen Grundstücks, zu achten.

2. Beweislast

Der Vorerbe trägt die Beweislast dafür, dass eine Verpflichtung zur Einwilligung besteht.[478]

3. Muster: Klage des Vorerben auf Zustimmung des Nacherben zu Verwaltungsmaßnahmen

Der Antrag ist wie folgt zu formulieren:[479]

Der Beklagte wird verurteilt, seine Zustimmung zur Übertragung des Eigentums an dem Grundstück ▬▬▬ (genaue grundbuchmäßige Bezeichnung) auf Frau ▬▬▬ zu erteilen und die Umschreibung des Eigentums an dem bezeichneten Grundstück auf Frau ▬▬▬ zu bewilligen.

E. Klage des Nacherben gegen den Vorerben auf Feststellung des Nacherbrechts

I. Materiell-rechtliche Situation

Bis zum Eintritt des Nacherbfalls und nach Eintritt des Vorerbfalls besitzt der Nacherbe ein Nacherbenanwartschaftsrecht.[480] Wird dieses vom Vorerben bestritten, kann der

---

476 Ein vollständiges Klagemuster findet sich bei Krug/Rudolf/Kroiß/Steinbacher § 14 Rn. 45.
477 AnwKom-BGB/Gierl § 2100 Rn. 14.
478 AnwKom-BGB/Gierl § 2100 Rn. 14; Hennicke in: Damrau, Erbrecht Handkommentar § 2100 Rn. 9.
479 Ein vollständiges Klagemuster findet sich bei Krug/Rudolf/Kroiß/Steinbacher § 14 Rn. 78.
480 BGH NJW 1983, 2244, 2245.

Nacherbe auf Feststellung seines Erbrechts aufgrund einer Nacherbeneinsetzung klagen. Das Nacherbenanwartschaftsrecht ist im Zweifel auch vererblich, § 2108 Abs. 2 BGB.

II. Prozess

1. Muster: Klage auf Feststellung der Nacherbschaft

513 Es handelt sich um eine positive Feststellungsklage, bei der der Streitwert gegenüber einer entsprechenden Leistungsklage um ca. 20 % zu reduzieren ist.[481] Der Klagantrag ist wie folgt zu formulieren:

30 Es wird festgestellt, dass der Kläger Nacherbe seines am ■■■ in ■■■ verstorbenen Vaters, ■■■ ist. Es wird weiter festgestellt, dass die Beklagte bezüglich des Nachlasses des ■■■ (Erblasser) die Rechtsstellung einer nicht befreiten Vorerbin hat.

2. Erbscheinsverfahren

514 Der Nacherbe kann parallel zu einem etwaigen Zivilprozess seine Rechte auch im Erbscheinsverfahren geltend machen. Ist Nacherbfolge angeordnet, muss eine entsprechende **Verfügungsbeschränkung** in den Erbschein für den Vorerben aufgenommen werden.

515 Die Nacherbfolge bleibt nur dann unerwähnt, wenn sie zum Zeitpunkt der Erteilung des Erbscheins bereits gegenstandslos geworden ist. Ansonsten ist Folgendes in den Erbschein aufzunehmen:
- die Anordnung der Nacherbfolge,
- die Voraussetzungen der Nacherbfolge,
- der Zeitpunkt des Eintritts der Nacherbfolge,[482]
- die Bezeichnung des Nacherben/Ersatznacherben,
- die Bestellung eines Testamentsvollstreckers für den Nacherben,[483]
- die Befreiung des Vorerben von Beschränkungen der §§ 2113 Abs. 2, 2136.[484]

516 Fehlen Angaben, die nach § 2363 BGB zum notwendigen Inhalt des Erbscheins gehören, oder sind sie zu unbestimmt,[485] so ist der Erbschein unrichtig[486] und von Amts wegen einzuziehen, § 2361 BGB. Der Erbschein muss selbst dann eingezogen werden, wenn die Unrichtigkeit den Beschwerdeführer nicht beschwert.[487] Änderungen oder sachliche Ergänzungen des bereits erteilten Erbscheins sind unzulässig.[488]

517 Der Nacherbe kann zwar vor Eintritt des Nacherbfalls keinen eigenen Erbschein beantragen, er kann sich aber gegen die Erteilung eines Erbscheins an den Vorerben, der die Anordnung der Nacherbfolge nicht enthält, wehren. Da durch die Erteilung des Erbscheins sein Nacherbenanwartschaftsrecht berührt wird, ist er materiell beschwert im

---

481 Zöller § 3 ZPO Rn. 16.
482 BayObLG NJW-RR 1990, 199.
483 BayObLG FamRZ 1991, 1116; OLG Köln NJW-RR 1992, 1417.
484 Auch das Vorausvermächtnis zu Gunsten des Vorerben.
485 BayObLG FamRZ 2001, 873, 876; NJWE-FER 2001, 50 = FamRZ 2001, 873 = ZEV 2001, 190.
486 BayObLG NJWE-FER 1999, 273 = FamRZ 2000, 119 = ZEV 1999, 397.
487 BayObLG NJW-RR 2000, 962.
488 Erman/Schlüter, § 2361 Rn. 4.

Sinne des § 20 Abs. 1 FGG. Ist der Erbschein bereits erteilt, kann der Nacherbe die Einziehung eines Erbscheins, der sein Nacherbenrecht nicht ausweist, anregen, § 2361 BGB. Die unterlassene Einziehung kann mit der Beschwerde angefochten werden.

Bis zum Eintritt des Nacherbfalls kann der Nacherbe im Grundbuch durch Eintragung eines Nacherbenvermerks nach **§ 51 GBO** geschützt werden. Die Eintragung erfolgt von Amts wegen. Auch eine eventuelle Befreiung des Vorerben von den Beschränkungen seines Verfügungsrechts ist einzutragen.

§ 2363 Abs. 2 BGB stellt klar, dass der Nacherbe die Herausgabe eines unrichtigen Erbscheins auch schon vor Eintritt des Nacherbfalls vom Besitzer des unrichtigen Erbscheins, also auch vom Vorerben, nach § 2362 Abs. 1 BGB verlangen kann. Hingegen entsteht der Auskunftsanspruch nach § 2362 Abs. 2 BGB erst mit Eintritt des Nacherbfalls.[489]

F. Klage des Nacherben gegen den Vorerben auf Erstellung eines Nachlassverzeichnisses

I. Materiell-rechtliche Situation

Zu den Verpflichtungen des Vorerben gehört die Erstellung eines Verzeichnisses über die Erbschaftsgegenstände, § 2121 BGB. Der Nacherbe soll damit während der Dauer der Vorerbschaft ein Beweismittel zur Durchsetzung seiner Rechte erhalten.[490] Nach Eintritt des Nacherbfalls greift § 2130 Abs. 2 BGB ein, wonach der Vorerbe Rechenschaft schuldet.

Anspruchsberechtigt ist jeder Nacherbe. Ist Nacherbentestamentsvollstreckung angeordnet, § 2222 BGB, ist nur der Testamentsvollstrecker auskunftsberechtigt.[491] Anspruchsverpflichtet ist der Vorerbe bzw. die Vorerbengemeinschaft.

II. Prozess

1. Muster: Klage auf Vorlage eines Nachlassverzeichnisses

Die sachliche Zuständigkeit bestimmt sich nach §§ 23, 71 GVG, die örtliche nach §§ 12, 13 ZPO. Der Klagantrag lautet:

Der Beklagte wird verurteilt, dem Kläger ein von einem Notar aufgenommenes Verzeichnis sämtlicher zum Nachlass des am ▬▬▬ in ▬▬▬ verstorbenen ▬▬▬ (Erblasser) gehörenden Gegenstände, einschließlich etwaiger Surrogate, vorzulegen.

2. Beweiskraft

Das vorgelegte Verzeichnis entfaltet keine Beweiskraft im Sinne einer Vollständigkeitsvermutung des § 2009 BGB.[492]

---

489 Erman/Schlüter, § 2363 Rn. 9; Palandt/Edenhofer, § 2363 Rn. 9.
490 AnwKom-BGB/Gierl § 2121 Rn. 1; Hennicke in: Damrau, Erbrecht Handkommentar § 2121 Rn. 1.
491 BGHZ 127, 360.
492 AnwKom-BGB/Gierl § 2121 Rn. 8.

3. Kosten

524 Die Kosten der Verzeichniserstellung fallen dem Nachlass zur Last, § 2121 Abs. 4 BGB.

4. Eintritt des Nacherbfalls

525 Mit Eintritt des Nacherbfalls ist der Klagantrag nach § 264 Nr. 3 ZPO umzustellen: es kann nun Rechenschaft nach § 2130 Abs. 2 BGB verlangt werden.

III. Zwangsvollstreckung

526 Die Zwangsvollstreckung dieser nicht vertretbaren Handlung richtet sich nach § 888 ZPO.

G. Klage des Nacherben auf Herausgabe nach Eintritt des Nacherbfalls

I. Materiell-rechtliche Situation

1. Anspruchsgrundlage

527 Nach § 2130 Abs. 1 BGB ist der Vorerbe verpflichtet nach dem Eintritt der Nacherbfolge, dem Nacherben die Erbschaft herauszugeben. Es handelt sich dabei um einen erbrechtlichen Anspruch, der dem des § 2018 BGB ähnelt, diesem aber als lex specialis vorgeht.

2. Anspruchsberechtigung und Anspruchsverpflichtung

528 Anspruchsberechtigt ist der Nacherbe; anspruchsverpflichtet ist der Vorerbe und bei dessen Tod dessen Erben.[493]

II. Prozess

1. Klage

529 Es handelt sich um eine Leistungsklage die zum nach §§ 23, 71 GVG sachlich und nach §§ 12, 13 ZPO örtlich zuständigen Gericht zu erheben ist.

2. Auskunftsanspruch

530 § 2130 Abs. 2 BGB gewährt dem Nacherben einen Anspruch auf Rechenschaftslegung. Gegen den vom Vorerben beschenkten Dritten kommt ein allgemeiner Auskunftsanspruch nach § 242 BGB in Betracht.[494] Schließlich besteht noch die Möglichkeit, die Richtigkeit der Rechenschaftslegung an Eides statt versichern zulassen, §§ 259, 260 BGB.

531 Der Herausgabeanspruch, der Anspruch auf Rechenschaftslegung und der Anspruch auf Abgabe der eidesstattlichen Versicherung können im Wege der Stufenklage geltend gemacht werden, § 254 ZPO.[495]

---

[493] OLG Frankfurt FamRZ 1995, 446.
[494] BGH NJW 1972, 906.
[495] AnwKom-BGB/Gierl § 2130 Rn. 12; Krug/Rudolf/Kroiß/Steinbacher § 14 Rn. 257.

3. Muster: Klage auf Rechenschaftslegung über Nachlassverwaltung

Der Beklagte wird verurteilt, dem Kläger Rechenschaft zu legen über die Verwaltung des Nachlasses des am ▪▪▪ in ▪▪▪ verstorbenen ▪▪▪ Erblasser) durch Vorlage eines Bestandsverzeichnisses, einer geordneten Zusammenstellung der Einnahmen und der Ausgaben sowie der vorhandenen Belege.

Für den Fall, dass dieses Bestandsverzeichnis nicht mit der erforderlichen Sorgfalt aufgestellt worden sein sollte, wird der Beklagte weiter verurteilt, zu Protokoll an Eides statt zu versichern, dass er nach bestem Wissen und Gewissen den Bestand so vollständig angegeben hat, als er dazu im Stande ist.

Der Beklagte wird verurteilt, an den Kläger die nach Erteilung der Rechnungslegung noch zu bezeichnenden Nachlassgegenstände herauszugeben.

4. Einstweiliger Rechtsschutz

a) Sicherheitsleistung

Besteht die Gefahr, dass durch das Verhalten des Vorerben oder durch seine ungünstige Vermögenslage die Rechte des Nacherben verletzt werden, kann der Nacherbe nach § 2128 BGB Sicherheitsleistung verlangen.

Der Nacherbe kann eine Zwangsverwaltung nach §§ 2128 Abs. 2 i.V.m. § 1052 BGB beantragen. Die Vollstreckung der Sicherheitsleistung erfolgt nach § 887 BGB.[496]

b) Arrest und einstweilige Verfügung

Neben dem Verfahren der Sicherheitsleistung hat der Nacherbe auch die Möglichkeit, einen Arrest, §§ 916 ff. ZPO, oder eine einstweilige Verfügung, §§ 935 ff. ZPO, zu beantragen.[497]

---

[496] MüKo/Grunsky § 2128 Rn. 5.
[497] AnwKom-BGB/Gierl § 2128 Rn. 7.

§ 13 Rechtsanwaltsgebühren und Auslagen

A. Das Rechtsanwaltsvergütungsgesetz

I. Die wichtigsten Änderungen

536 Teil des Pakets zum Kostenrechtsmodernisierungsgesetz ist das neue Rechtsanwaltsvergütungsgesetz (RVG). Die wichtigsten formellen Neuerungen:

537 Gegenüber der BRAGO wurde die Zahl der Paragraphen von 130 auf 61 reduziert. Die Gebührentatbestände sind nunmehr in einem Vergütungsverzeichnis enthalten, das als Anlage dem RVG angefügt wurde. Es finden sich nun Dezimal- statt Bruchteilsgebühren:

- Außergerichtliche Vertretung: Geschäftsgebühr (0,5 – 2,5) statt Besprechungs- und Beweisgebühr (§ 118 Abs. 1 Nr. 2, 3 BRAGO)
- Einigungsgebühr (Nr. 1000 VV-RVG) statt Vergleichsgebühr (§ 23 BRAGO)
- Rechtsstreit: Verfahrensgebühr (1,3 gemäß Nr. 3100 VV-RVG) statt Prozessgebühr und Terminsgebühr (1,2 gemäß Nr. 3104 VV-RVG) statt Verhandlungs-, Beweis- und Erörterungsgebühr.

538 **Erfolgshonorar** (Nach § 49b BRAO ist in eingeschränktem Umfang die Vereinbarung eines Erfolgshonorars zulässig, wenn die Erhöhung der gesetzlichen Gebühren vereinbart wird.

539 § 49b BRAO:

(1) Es ist unzulässig, geringere Gebühren und Auslagen zu vereinbaren oder zu fordern, als das Rechtsanwaltsvergütungsgesetz vorsieht, soweit dieses nichts anderes bestimmt.

(2) Vereinbarungen, durch die eine Vergütung oder ihre Höhe vom Ausgang der Sache oder vom Erfolg der anwaltlichen Tätigkeit abhängig gemacht wird (Erfolgshonorar) oder nach denen der Rechtanwalt einen Teil des streitigen Betrages als Honorar erhält (quota litis), sind unzulässig. **Ein Erfolgshonorar im Sinne des Satzes 1 liegt nicht vor, wenn nur die Erhöhung von gesetzlichen Gebühren vereinbart wird.**

540 Beispiel: Im Falle einer Einigung soll die Einigungsgebühr in Höhe des dreifachen Betrages entstehen.

II. Allgemeine Vorschriften

1. Mehrere Auftraggeber

541 Die bislang in § 6 BRAGO enthaltene Regelung findet sich nunmehr in veränderter Form in § 7 RVG. Wichtig ist in diesem Zusammenhang der Gebührentatbestand VV Nr. 1008. Sind in derselben Angelegenheit mehrere Personen Auftraggeber, so erhöht sich die Verfahrens- und die Geschäftsgebühr für jede weitere Person um 0,3 oder 30 % bei Wertgebühren, bei Betragsrahmengebühren erhöhen sich der Mindest- und Höchstbetrag um 30 %. Dies ist anders als nach § 6 Abs. 1 Satz 2 BRAGO, wonach die Geschäftsgebühr und die Prozessgebühr durch jeden weiteren Auftraggeber sich

um ³/₁₀ erhöhen, wobei die ³/₁₀ auf die Höhe der zugrunde liegenden Gebühr bezogen werden. Eine ⁵/₁₀ Gebühr erhöht sich somit nach der BRAGO für einen zweiten Auftraggeber auf $\frac{6{,}5}{10}$.

Das RVG sieht nunmehr in VV Nr. 1008 einen Erhöhungsfaktor von 0,3 vor, der jede Gebühr unabhängig von ihrem Gebührensatz um diesen Faktor erhöht. So erhöht sich eine Gebühr von 1,0 bei einem weiteren Auftraggeber auf 1,3 und eine Gebühr von 0,5 auf 0,8.

542

Nach Abs. 3 der Anmerkung zum Gebührentatbestand VV Nr. 1008 dürfen mehrere Erhöhungen aber höchstens zu einer Erhöhung um 2,0 führen.

543

2. Vergütungsberechnung § 10 RVG

§ 10 RVG über die Form der Rechnung entspricht § 18 BRAGO, nunmehr genügt es jedoch, anstelle der angewandten Kostenvorschriften die entsprechenden Nummern des Vergütungsverzeichnisses anzugeben, da diese den Gebührentatbestand ausreichend bestimmt wiedergeben.

544

3. Vergütungsfestsetzungsverfahren § 11 RVG

Das bislang in § 19 BRAGO geregelte Vergütungsfestsetzungsverfahren findet sich nunmehr in § 11 RVG.

545

Nach § 11 Abs. 1 Satz 1 RVG sind jetzt auch die zu ersetzenden Aufwendungen im Sinne von § 670 BGB, soweit sie zu den Kosten des gerichtlichen Verfahrens gehören, im Vergütungsfestsetzungsverfahren nach § 11 RVG festsetzbar. Vorgelegte Gerichtskosten, Zustellungskosten sowie Kosten für Handelsregisterauskünfte und Grundbuchauszüge sind somit nunmehr im Vergütungsfestsetzungsverfahren nach § 11 RVG festsetzbar. Allerdings müssen sie zu den Kosten des gerichtlichen Verfahrens gehören, da nur insoweit das Gericht für eine Festsetzung die erforderliche Sachkenntnis besitzt.[498]

546

Durch die Einschränkung, dass nur die gesetzliche Vergütung des Rechtsanwalts festgesetzt werden kann, die zu den Kosten des gerichtlichen Verfahrens gehören, wird klargestellt, dass auch weiterhin außerhalb eines gerichtlichen Verfahrens entstandene Vergütungen im Vergütungsfestsetzungsverfahren nach § 11 Abs. 1 Satz 1 RVG nicht festgesetzt werden können, abgesehen davon, dass es überdies für derartige Vergütungstatbestände ohnehin an einem für den Festsetzungsantrag zuständigen Gericht fehlt.

547

Der Vergütungsfestsetzungsantrag ist erst zulässig, wenn die Vergütung fällig ist, § 11 Abs. 1 Satz 1 RVG; vor der Festsetzung müssen die Beteiligten gehört werden, § 11 Abs. 2 Satz 2 RVG. Für das Verfahren gelten nach § 11 Abs. 2 Satz 3 RVG die Vorschriften der jeweiligen Verfahrensordnung über das Kostenfestsetzungsverfahren mit Ausnahme des § 104 Abs. 2 Satz 3 ZPO und die Vorschriften der Zivilprozessordnung über die Zwangsvollstreckung aus Kostenfestsetzungsbeschlüssen entsprechend. Dadurch,

548

---

498 BT-Drs. 15/1971, 232.

§ 13 Rechtsanwaltsgebühren und Auslagen

dass § 104 Abs. 2 Satz 3 ZPO von der Verweisung ausdrücklich ausgenommen wird, wird den unter der Geltung des § 19 Abs. 2 Satz 3 BRAGO entstandenen Missverständnissen vorgebeugt. Der Rechtsanwalt ist wegen der für seine Vergütung als Auslage nach Nr. 7008 VV geltend zu machenden Umsatzsteuer grundsätzlich nicht vorsteuerabzugsberechtigt. Die einschränkungslose Verweisung hinsichtlich des Verfahrens auf die Vorschriften der jeweiligen Verfahrensordnung für Kostenfestsetzungsverfahren in § 19 Abs. 2 Satz 3 BRAGO hatte dazu geführt, dass verschiedentlich Gerichte im Rahmen eines Vergütungsfestsetzungsverfahrens die Vergütung der vom Anwalt zu entrichtenden Umsatzsteuer versagt haben, da keine Versicherung zur Frage der Vorsteuerabzugsberechtigung abgegeben wurde.[499] Im Verhältnis zwischen Rechtsanwalt und Auftraggeber ist jedoch ein steuerlicher Tatbestand gem. § 15 Abs. 1 Nr. 1 UStG nicht gegeben, so dass es nicht darauf ankommt, ob im Übrigen der Rechtsanwalt etwa vorsteuerabzugsberechtigt ist.[500] Im Rahmen eines Vergütungsfestsetzungsverfahrens gemäß § 11 RVG ist somit auch die vom Rechtsanwalt zu entrichtende Umsatzsteuer als Auslage gemäß Nr. 7008 VV gegen den Auftraggeber festsetzbar, ohne dass der Anwalt im Vergütungsfestsetzungsverfahren die Erklärung gemäß § 104 Abs. 2 Satz 3 ZPO abgibt.

549 § 11 Abs. 2 Satz 4 RVG bestimmt nunmehr ausdrücklich, dass nur das Verfahren vor dem ersten Rechtszug gebührenfrei ist und stellt somit klar, dass die erfolglose Beschwerde nicht gerichtsgebührenfrei ist.[501] Dies war unter der Geltung von § 19 Abs. 2 Satz 3 BRAGO noch streitig.[502]

550 Die Regelung des § 11 Abs. 2 Satz 5 RVG wurde neu eingeführt und stellt klar, dass die von dem Rechtsanwalt gezahlten Auslagen für die Zustellung des Vergütungsfestsetzungsbeschlusses in den Beschluss mit aufzunehmen sind. Weiter schließt § 11 Abs. 2 Satz 6 RVG eine Kostenerstattung für das Festsetzungsverfahren und für das Beschwerdeverfahren aus. Während die Festsetzung auf Antrag des Rechtsanwalts in der Regel zur Beschaffung eines Vollstreckungstitels erfolgt, dient die Festsetzung auf Antrag des Auftraggebers in der Regel ausschließlich der Überprüfung der Kostenberechnung. Eine in diesem Fall notwendige Kostenentscheidung oder die Einbeziehung von Zustellungsauslagen könnte zu Schwierigkeiten führen, weil nicht immer feststeht, wer in dem Verfahren unterlegen ist. Die Kostenerstattung im Beschwerdeverfahren wurde vom Gesetzgeber aus Gründen der Gleichbehandlung ausgeschlossen. Während sonst der Rechtsanwalt Beschwerde in der Regel nur mit dem Risiko, Gerichtsgebühren übernehmen zu müssen, einlegen könnte, müsste der Auftraggeber ansonsten zusätzlich das Risiko tragen, auch noch Anwaltsgebühren erstatten zu müssen.[503]

551 Wie § 19 Abs. 3 BRAGO bestimmt nunmehr auch § 11 Abs. 3 BRAGO, dass in Verfahren vor den Gerichten der Verwaltungsgerichtsbarkeit die Vergütung von Urkundsbeamten der Geschäftsstelle festgesetzt wird und die für die jeweilige Gerichtsbarkeit

---

499 BT-Drs. 15/1971, 233.
500 Vgl. LAG Nürnberg JurBüro 1999, 89.
501 BT-Drs. 15/1971, 233.
502 Gerold/Schmidt/v.Eicken/Madert § 19 Rn. 56.
503 BT-Drs. 15/1971, 233; Schneider AGS 2003, 524; a.A. Mock AGS 2003, 478, der davon ausgeht, dass für das erfolglose Beschwerdeverfahren der Anwalt Gebühren berechnen kann.

geltenden Vorschriften über die Erinnerung im Kostenfestsetzungsverfahren entsprechend gelten. Wird im Vergütungsfestsetzungsverfahren der vom Rechtsanwalt angegebene Gegenstandswert von einem Beteiligten bestritten, so sieht § 11 Abs. 4 RVG ebenso wie bislang § 19 Abs. 4 BRAGO vor, dass das Verfahren auszusetzen ist, bis das Gericht gemäß den §§ 32, 33 und 38 RVG entschieden hat.

4. Rahmengebühren § 14 RVG

Die Regelung der Rahmengebühren, die auch im RVG als Satzrahmengebühren, also als Gebühren, die sich zwar nach dem Gegenstandswert richten, für die aber kein fester Gebührensatz vorgeschrieben ist, und als Betragsrahmengebühren, also als Gebühren, die nur dem Mindest- und dem Höchstbetrag nach bestimmt sind, vorkommen, findet sich in § 14 RVG.

552

§ 14 RVG übernimmt die bisherige Regelung des § 12 BRAGO über die Bestimmung der konkreten Gebühr bei Rahmengebühren in modifizierter Form. Wie § 12 Abs. 1 Satz 1 BRAGO sieht auch § 14 Abs. 1 Satz 1 RVG ein Bestimmungsrecht des Rechtsanwalts vor. Bei Rahmengebühren bestimmt der Rechtsanwalt die Gebühr im Einzelfall unter Berücksichtigung aller Umstände nach billigem Ermessen. Die bislang von der BRAGO genannten Bemessungskriterien der Bedeutung der Angelegenheit, des Umfangs und der Schwierigkeit der anwaltlichen Tätigkeit sowie der Vermögens- und Einkommensverhältnisse des Auftraggebers finden sich, wenn auch in leicht veränderter Reihenfolge, auch in § 14 Abs. 1 Satz 1 RVG wieder. Das Kriterium des Umfangs und der Schwierigkeit der anwaltlichen Tätigkeit wird vom RVG nunmehr an erster Stelle genannt, was auch sinnvoll ist, da Umfang und Schwierigkeit der anwaltlichen Tätigkeit auch das entscheidende Kriterium für die Schwellengebühr von 1,3 im Rahmen der Geschäftsgebühr (VV Nr. 2400) darstellt. Die auch nach dem RVG nicht abschließende Aufzählung der Bemessungskriterien Umfang und Schwierigkeit der anwaltlichen Tätigkeit, Bedeutung der Angelegenheit und Einkommens- und Vermögensverhältnisse des Auftraggebers wird nicht mehr wie in § 12 Abs. 1 Satz 1 BRAGO mit „insbesondere" eingeleitet, sondern mit dem Wort „vor allem". Daher sind alle anderen Wertungskriterien, die nicht in § 14 RVG genannt sind, nicht mehr in dem Maße gleichgewichtig für die Gebührenbemessung heranzuziehen, wie dies unter der Geltung des § 12 BRAGO möglich war.[504]

553

Neu ist, dass nach § 14 Abs. 1 Satz 2 RVG bei der Bemessung der konkreten Gebühr ein besonderes **Haftungsrisiko** des Rechtsanwalts berücksichtigt werden kann. Begründet wird dies damit, dass bei der Bewertung anwaltlicher Tätigkeit aus der Sicht eines verständigen Mandanten in besonderen Fällen das Haftungsrisiko, das ein Anwalt auf sich nimmt, eine Rolle spielt. Ein in Einzelfällen gegebenes höheres Risiko soll daher auch zu einer höheren Gebühr führen.[505]

554

---

504 Braun, Gebührenabrechnung nach dem neuen Rechtsanwaltsvergütungsgesetz (RVG), 33.
505 BT-Drs. 15/1971, 234.

2 § 13 Rechtsanwaltsgebühren und Auslagen

555 Wie § 12 Abs. 1 Satz 2 BRAGO bestimmt auch § 14 Abs. 1 Satz 4 RVG, dass für den Fall, dass die Gebühr von einem Dritten zu ersetzen ist, die von dem Rechtsanwalt getroffene Bestimmung nicht verbindlich ist, wenn sie unbillig ist, und legt somit die Darlegungs- und Beweislast für die Unbilligkeit dem Dritten auf. Weitere Regelungen über die Bestimmung einer im Einzelfall billigen Gebühr findet sich um RVG nicht. Es muss daher weiterhin auf die bislang zu dieser Fragestellung ergangene Literatur und Rechtsprechung zurückgegriffen werden. Weiterhin werden auch die in der Rechtsprechung zugelassenen Toleranzgrenzen gelten.[506]

556 § 14 Abs. 2 RVG enthält eine Änderung gegenüber § 12 Abs. 2 BRAGO und beschränkt die Verpflichtung des Gerichts, im Streitfall ein Gutachten der Rechtsanwaltskammer einzuholen auf die Fälle, in denen die Höhe der Gebühr streitig ist. Nach Auffassung des Gesetzgeber ist Sinn dieser Vorschrift, den Sachverstand und die Erfahrung der Rechtsanwaltskammern zur Frage der Angemessenheit der Gebühren einzuholen, ob eine Gebühr überhaupt entstanden sei, sei eine Rechtsfrage, die das Gericht auch ohne Gutachten beantworten könne.[507]

5. Abgeltungsbereich der Gebühr § 15 RVG

557 Ebenso wie unter der Geltung der BRAGO ist auch im Vergütungssystem des RVG der Begriff der gebührenrechtlichen Angelegenheit von zentraler Bedeutung. § 15 Abs. 1-6 RVG entspricht bis auf eine Ergänzung § 13 Abs. 1-6 BRAGO.

558 Neu ist, dass nach § 15 Abs. 5 Satz 2 RVG, wenn der frühere Auftrag seit mehr als 2 Kalenderjahren erledigt ist, nicht nur die weitere Tätigkeit des in derselben Angelegenheit erneut beauftragten Rechtsanwalts als neue Angelegenheit gilt, sondern dass auch die im RVG bestimmten Anrechnungen von Gebühren entfallen. Hintergrund dieser Regelung ist, dass sich der Anwalt nach einem Zeitablauf von mehr als 2 Kalenderjahren erneut wieder neu in die Angelegenheit einarbeiten muss, so dass auch eine im RVG vorgesehene Anrechnung von Gebühren nicht gerechtfertigt wäre.[508]

6. Dieselbe und verschiedene Angelegenheiten §§ 16 u. 17 RVG

559 § 16 RVG ordnet bestimmte Tätigkeiten einer Angelegenheit zu, bei denen es ohne klarstellende Regelung des RVG zweifelhaft wäre, ob sie eine gemeinsame Angelegenheit bilden. § 17 RVG bildet das Gegenstück zu § 16 RVG und führt die Fälle abschließend auf, bei denen es ohne gesetzliche Regelung zumindest zweifelhaft wäre, ob sie verschiedene Angelegenheiten darstellen.

7. Verweisung, Abgabe § 20 RVG

560 § 20 RVG regelt die gebührenrechtlichen Folgen, wenn ein Verfahren von einem Gericht an ein anderes verwiesen oder abgegeben wird, und bestimmt, dass die Verfahren vor dem verweisenden oder abgebenden und vor dem übernehmenden Gericht ein Rechtszug sind, so dass der Rechtsanwalt die Gebühren auch nur einmal beanspruchen kann. Anders ist es jedoch nach § 20 Satz 2 RVG, wenn das Verfahren an ein Gericht

---

506 Mock AGS 2003, 479.
507 BT-Drs. 15/1971, 234.
508 BT-Drs. 15/1971, 234.

eines niedrigeren Rechtszuges verwiesen oder abgegeben wird, dann ist das weitere Verfahren vor dem untergeordneten Gericht ein neuer Rechtszug. § 20 RVG entspricht dem bisherigen § 14 Abs. 1 BRAGO.

8. Zurückverweisung § 21 RVG

§ 21 Abs. 1 RVG enthält den Grundsatz, dass im Falle einer Zurückverweisung das weitere Verfahren vor dem untergeordneten Gericht einen neuen Rechtszug bildet und entspricht somit § 15 Abs. 1 Satz 1 BRAGO. Die bislang in § 15 Abs. 1 Satz 2 BRAGO enthaltene Einschränkung, dass der Rechtsanwalt die Prozessgebühr nur erhält, wenn die Sache an ein Gericht zurückverwiesen wird, das mit dem Verfahren noch nicht befasst war, findet im RVG ihr Äquivalent in der Anrechnungsvorschrift in der Vorbemerkung 3 Abs. 6 und Teil 3 des Vergütungsverzeichnisses.

561

B. Allgemeine Gebühren

I. Einigungsgebühr

Nr. 1000 des Vergütungsverzeichnisses sieht nunmehr anstelle der bisherigen Vergleichsgebühr, § 23 BRAGO, eine so genannte **Einigungsgebühr** vor. Eine wesentliche gesetzgeberische Zielsetzung bei der Entwicklung des RVG war auch die Förderung der außergerichtlichen Erledigung. Umgesetzt wurde dies zuallererst mit der neu geschaffenen Einigungsgebühr, die unter der Nr. 1000 VV im Vergütungsverzeichnis aufgeführt ist. Diese Gebühr wurde ihrer Bedeutung entsprechend als erste Nr. in das Vergütungsverzeichnis eingestellt, sie ersetzt die bislang geltende Vergleichsgebühr nach § 23 BRAGO und erweitert diese gleichzeitig inhaltlich.

562

Nach dem bislang geltenden Recht entstand eine Vergleichsgebühr nach § 23 BRAGO für die Mitwirkung beim Abschluss eines Vergleichs (§ 779 BGB), und zwar in Höhe von 15/10 (§ 23 Abs. 1 Satz 1 BRAGO), soweit über den Gegenstand des Vergleichs ein gerichtliches Verfahren anhängig ist, betrug die Vergleichsgebühr nur eine volle Gebühr, das gleiche galt, wenn ein Verfahren über die Prozesskostenhilfe anhängig war (§ 23 Abs. 1 Satz 3 BRAGO). Bislang bestimmte sich der Vergleichsbegriff nach dem Bürgerlichen Recht. Durch die im Text des § 23 Abs. 1 Satz 1 BRAGO enthaltene ausdrückliche Verweisung auf § 779 BGB hat das Gesetz klargestellt, dass der Vergleichsbegriff, welcher der BRAGO zugrunde liegt, ein materieller und kein prozessualer Begriff ist und dass es keinen besonderen Vergleichsbegriff „im Sinne der BRAGO" gibt.[509]

563

1. Gebührentatbestand

Der Anwendungsbereich der Einigungsgebühr ist aber weiter als die bisherige Regelung. Sie entsteht auch
- bei einem Zwischenvergleich
- bei einer Teilklagerücknahme und
- einem Teilanerkenntnis.

564

---

[509] Riedel/Sußbauer/Fraunholz § 23 BRAGO Rn. 2.

565 Nach Abs. 1 Satz 1 der Anmerkung zu Nr. 1000 VV entsteht die Einigungsgebühr für die Mitwirkung beim Abschluss eines Vertrages, durch den der Streit oder die Ungewissheit der Parteien über ein Rechtsverhältnis beseitigt wird, es sei denn, der Vertrag beschränkt sich ausschließlich auf ein Anerkenntnis oder einen Verzicht. Sowohl durch die Änderung der Bezeichnung – statt „Vergleichsgebühr" nunmehr „Einigungsgebühr" – wie auch durch die neu formulierten Voraussetzungen für das Entstehen der Einigungsgebühr wird klar, dass es nicht mehr auf den Abschluss eines echten Vergleichs im Sinne von § 779 BGB ankommt, somit vielmehr genügt, wenn durch Vertrag der Streit oder die Ungewissheit der Parteien über ein Rechtsverhältnis beseitigt wird. Die Einigungsgebühr setzt somit anders als die Vergleichsgebühr nach § 23 BRAGO nicht mehr voraus, dass der Streit und die Ungewissheit durch ein gegenseitiges Nachgeben beseitigt wird. Das RVG zieht in Abs. 1 Satz 1 der Anmerkung zu Nr. 1000 VV lediglich die Grenze, dass ein **vollständiges Anerkenntnis** oder ein **vollständiger Verzicht** nicht für den Anfall einer Einigungsgebühr ausreicht. Mit dieser Einschränkung wollte der Gesetzgeber sicherstellen, dass nicht schon die Erfüllung des geltend gemachten Anspruchs oder der Verzicht auf Weiterverfolgung eines Anspruchs die Einigungsgebühr auslösen kann.[510]

566 Die weitere Voraussetzung in § 23 BRAGO, dass nämlich ein **gegenseitiger Vertrag** abgeschlossen werden muss, ist auch Voraussetzung für das Entstehen der Einigungsgebühr nach Nr. 1000 VV geblieben. Nach wie vor ist der Begriff des Rechtsverhältnisses weit aufzufassen und umfasst auf jeden Fall alle Rechtsverhältnisse des materiellen Rechts.[511] Bislang war auf dem Boden des § 23 BRAGO streitig, ob auch das Prozessrechtsverhältnis für sich genommen schon als Rechtsverhältnis im Sinne von § 23 BRAGO ausreicht.[512] Abgelehnt wurde dies mit der Begründung, dass nur ein materiell-rechtliches Rechtsverhältnis unter § 779 BGB fallen könne, nicht jedoch das Prozessrechtsverhältnis.[513] Da jedoch in der Neufassung der Einigungsgebühr Abs. 1 Satz 1 der Anmerkung nicht auf § 779 BGB rekurriert wird, ist auch das Prozessrechtsverhältnis als für das Entstehen der Einigungsgebühr geeignetes Rechtsverhältnis anzusehen.

2. Gebührenhöhe

- Im Falle einer **außergerichtlichen Einigung** erhält der Anwalt **1,5** Gebühren.
- Einigen sich die Parteien **im Prozess** beträgt die Einigungsgebühr **1,0**, vgl. Nr. 1003 VV.
- Im **Berufungs-** und **Revisionsverfahren** ergibt sich eine Gebühr von **1,3**, Nr. 1004 VV.
- Bei einer Einigung im **selbstständigen Beweisverfahren** beträgt die Gebühr **1,5**, Nr. 1000 VV.

---

510 BT-Drs. 15/1971, 253.
511 Riedel/Sußbauer/Fraunholz § 23 Rn. 6.
512 Gebauer/Schneider § 23 Rn. 52.
513 Gerold/Schmidt/v.Eicken/Madert § 23 Rn. 8.

II. Aussöhnungsgebühr

In Nr. 1001 VV wird die bisher in § 36 BRAGO geregelte Aussöhnungsgebühr übernommen. Erfolgt eine außergerichtliche Aussöhnung so beträgt die Gebührenhöhe 1,5 statt bislang 1,0.

C. Außergerichtliche Tätigkeit

Die Beratung ist geregelt in Nr. 2100 VV –Nr. 2103 VV. Nach der Anmerkung 1 zum Gebührentatbestand Nr. 2100 VV entsteht die Beratungsgebühr für einen mündlichen oder schriftlichen Rat oder eine Auskunft (Beratung), wenn die Beratung nicht mit einer anderen gebührenpflichtigen Tätigkeit zusammenhängt.

Auch wenn der Gesetzestext (nach wie vor) von einem Rat oder einer Auskunft spricht, betrifft die Gebühr grundsätzlich die gesamte außergerichtliche Tätigkeit des Anwalts, soweit sie nicht in Teil 2 Abschnitt 4 des Vergütungsverzeichnisses – Vertretung – geregelt ist, also soweit sie nicht eine nach außen gerichtete Tätigkeit („Betreiben des Geschäfts") oder die Mitwirkung bei einer Gestaltung eines Vertrages (vgl. Vorbemerkung 2.4 Abs. 3) betrifft.[514]

I. Allgemeine Ratsgebühr

Die Beratungsgebühr ist weiterhin als Rahmengebühr ausgestaltet; sie beträgt grundsätzlich 0,1 – 1,0 gemäß Nr. 2100 VV. Dies entspricht dem § 20 Abs. 1 BRAGO. Der Anwalt erhält die Beratungsgebühr der Nr. 2100 VV immer dann, wenn er einen mündlichen oder schriftlichen Rat oder eine Auskunft erteilt und die Beratung nicht mit einer anderen gebührenpflichtigen Tätigkeit zusammenhängt. Letzteres ergibt sich aus der Anmerkung Abs. 2 zu Nr. 2100 VV.

II. Erstberatung

Ist der Auftraggeber Verbraucher und beschränkt sich die Tätigkeit auf ein erstes Beratungsgespräch, so sieht der Gebührentatbestand Nr. 2102 VV vor, dass u.a. die Gebühr Nr. 2100 VV lediglich 190,00 € beträgt. Dieser Gebührentatbestand ersetzt die frühere Erstberatungsgebühr nach § 20 BRAGO.

Die Struktur der gesetzlichen Regelung ist beibehalten worden, es handelt sich nicht – und zwar im Gegensatz zu der sonst im Vergütungsverzeichnis gewählten durchgängigen Gestaltung – um eine eigenständige Gebühr, sondern um eine „Kappungsgrenze". Es entstehen nach wie vor die Beratungsgebühren nach Nr. 2100 VV, sie werden aber dann, wenn der Gebührentatbestand Nr. 2102 VV eingreift, auf 190,00 € gekappt.[515]

Bei Ansatz der Mittelgebühr mit einem Gebührensatz von 0,55 greift die Kappungsgrenze ein, wenn der Gegenstandswert von 6.000,00 € überschritten wird – die 0,55-fache Gebühr bis 6.000,00 € beträgt 175,90 €, also weniger als 190,00 €, die 0,55-fache Gebühr bis 7.000,00 € beträgt 206,25 €, also mehr als 190,00 €. Legt man die Mindestgebühr nach Nr. 2100 VV mit 0,1 zugrunde, so greift die Kappungsgrenze

---

514 Mayer/Kroiß/Teubel § 4 Rn. 1.
515 Mayer/Kroiß/Teubel § 4 Rn. 4.

immer bei Gegenstandswerten über 200.000,00 €, da dann die 0,1-fache Gebühr mindestens 193,40 € beträgt. Ferner greift die Kappungsgrenze nie bei Gegenstandswerten bis 3.000,00 €, da bis 3.000,00 € die 1,0-fache Gebühr nicht mehr als 189,00 € beträgt.[516]

574 Die Kappungsgrenze Nr. 2102 VV greift nur ein, wenn der Auftraggeber Verbraucher ist. Gesetzlich definiert ist die Verbrauchereigenschaft in § 13 BGB. Danach ist Verbraucher jede natürliche Person, die ein Rechtsgeschäft zu einem Zweck abschließt, der weder ihrer gewerblichen noch ihrer selbstständigen beruflichen Tätigkeit zugerechnet werden kann. Ist Auftraggeber also eine juristische Person oder eine rechtsfähige Personengesellschaft, insbesondere BGB-Gesellschaft[517] (vgl. § 14 Abs. 1 BGB), greift Nr. 2102 VV nicht ein. Abzustellen ist weiterhin auf den Zweck des abzuschließenden Rechtsgeschäftes, das ist hier der Anwaltsvertrag.

III. Gutachtengebühr

575 Entsprechend der Regelung des § 21 BRAGO kann der Rechtsanwalt für die Ausarbeitung eines schriftlichen Gutachtens nach Nr. 2103 VV eine angemessene Gebühr verlangen.

576 In der Praxis wurde bisher von einem 2,0-fachen Gebührensatz in der Regel, jedenfalls bei schwierigeren und umfangreicheren Gutachtentätigkeiten ausgegangen. Dabei wird es wohl bleiben können. Im Einzelfall kann unter Berücksichtigung der Kriterien des § 14 RVG ein niedrigerer oder höherer Gebührensatz bei Abrechnung unter Berücksichtigung des Gegenstandswertes angesetzt werden, auch ist es nicht unzulässig, dass die Bestimmung der angemessenen Gebühr nicht am Gegenstandswert, sondern etwa an den Zeitaufwand angeknüpft wird, wobei allerdings angemessene Stundensätze angesetzt werden können.[518]

IV. Prüfung der Erfolgsaussichten eines Rechtsmittels

577 Die Nummern 2200-2203 VV gelten für sämtliche Verfahren. Auch wird nicht nur – wie bei § 20 Abs. 2 BRAGO – eine Abrategebühr festgelegt; der Anwalt erhält vielmehr für die Prüfung der Erfolgsaussichten eines Rechtsmittels eine Gebühr von 0,5 – 1,0. Ist die Prüfung der Erfolgsaussichten mit der Ausarbeitung eines schriftlichen Gutachtens verbunden, beträgt die Gebühr sogar 1,3 gemäß Nr. 2201 VV, während § 21a BRAGO nur 1,0 vorsah.

V. Außergerichtliche Vertretung

578 Die bisher von § 118 BRAGO erfassten Tätigkeiten werden nunmehr in Abschnitt 4 der 3. Teils des Vergütungsverzeichnisses in den Nummern 2400 ff. geregelt.

---

516 Mayer/Kroiß/Teubel § 4 Rn. 6f.
517 BGH NJW 2001, 1056.
518 Mayer/Kroiß/Teubel § 4 Rn. 17.

1. Geschäftsgebühr

Für das Betreiben eines Geschäfts einschließlich der Information und für die Mitwirkung bei der Gestaltung eines Vertrages entsteht eine Geschäftsgebühr im Rahmen von 0,5–2,5. § 118 BRAGO sah lediglich einen Rahmen von 0,5 – 1,0 vor. Ein hierfür entstandener zusätzlicher Aufwand ist über eine angemessene Erhöhung des Rahmens zu berücksichtigen.

Gemäß Vorbemerkung 2.4.3 entsteht sie für das **Betreiben des Geschäfts** einschließlich der Information und für die Mitwirkung bei der Gestaltung eines Vertrages. Nach Vorstellung des Gesetzgebers soll für alle in einer Angelegenheit anfallenden Tätigkeiten nur eine Gebühr anfallen. Eine Besprechungsgebühr ist ebenso wenig nur vorgesehen wie eine Beweisaufnahmegebühr nach § 118 Abs. 1 Nr. 3 BRAGO.

Die Geschäftsgebühr Nr. 2400 VV umfasst somit die wesentlichen in § 118 Abs. 1 Nr. 1–3 BRAGO genannten Tätigkeiten, also auch das Einreichen, Fertigen und Unterzeichnen von Schriftsätzen oder Schreiben, das Entwerfen von Urkunden, das Mitwirken bei mündlichen Verhandlungen oder Besprechungen über tatsächliche oder rechtliche Fragen und das Mitwirken bei Beweisaufnahmen. Ausdrücklich genannt in der Vorbemerkung zu Punkt 4 Abs. 3 ist die **Information**. Dies ist deswegen bedeutsam, weil mit der Informationserteilung durch den Mandanten schon die Gebühr verdient ist, eine Tätigkeit nach außen muss nur in Auftrag gegeben aber noch nicht tatsächlich ausgeführt worden sein.[519]

Gemäß Abs. 3 der Vorbemerkung 2.4 ist die Gebühr auch verdient für die Mitwirkung bei der **Gestaltung eines Vertrages**. Durch die gesetzliche Formulierung ist klargestellt, dass eine solche Tätigkeit nicht unter die Beratungsgebühr nach Nr. 2100 VV fällt. Bisher war aufgrund der Regelung des § 118 Abs. 1 Nr. 1 BRAGO klar, dass das Entwerfen von Urkunden nicht mehr zur Beratung, sondern zur Vertretung gehört. Nach dem RVG muss der Vertrag nunmehr nicht etwa als Urkunde entworfen werden, es reicht aus, dass der Anwalt an der Gestaltung des Vertrages mitwirkt, das kann selbstverständlich auch mündlich oder fernmündlich erfolgen.[520]

Neu eingeführt wurde eine so genannte **Schwellengebühr** von 1,3. Der Anwalt soll eine höhere Gebühr nur fordern können, wenn die Tätigkeit umfangreich oder schwierig war. Die Regelung zur Schwellengebühr ist grundsätzlich als Kappungsgrenze ausgestaltet.[521] Dies entspricht auch der Entstehungsgeschichte des Zusatzes zu VV Nr. 2400. Nachdem die Geschäftsgebühr auch die bisherige Besprechungsgebühr abdecken sollte, war vorgeschlagen worden, für die neue Geschäftsgebühr einen Gebührenrahmen von 1,0-2,0 anstelle der 2 Gebühren mit einem Gebührenrahmen von $^{5}/_{10}$-$^{10}/_{10}$ einzuführen. Mit Rücksicht auf denkbare geringfügige Tätigkeiten erschien ein unterer Gebührenrahmen von 1,0 als nicht akzeptabel, er wurde auf 0,5 herabgesetzt, andererseits dann der obere Gebührenrahmen auf 2,5 erweitert auch mit

---

519 Mayer/Kroiß/Teubel § 4 Rn. 36.
520 Mayer/Kroiß/Teubel § 4 Rn. 37.
521 Mayer/Kroiß/Teubel § 4 Rn. 102.

Rücksicht darauf, dass dann in durchschnittlichen Fällen die bisherigen beiden Mittelgebühren von zweimal 7,5/10 bei einer neuen Mittelgebühr von 1,5 wieder erreicht wurde.[522]

584 Zur Bestimmung der konkreten Höhe der Gebühr ist wiederum auf die Kriterien des § 14 RVG (diese Vorschrift entspricht dem bisherigen § 12 BRAGO) zurückzugreifen. Haben außergerichtliche **Besprechungen** oder **Verhandlungen** stattgefunden, können diese ebenso wie etwaige Beweisaufnahmen bei der Bestimmung der Höhe der Gebühr mit einfließen.

585 Zwar unterliegen alle streitwertabhängigen Gebühren, also auch die Gebühren für die außergerichtliche Tätigkeit nach Nr. 2400 VV dem Grundsatz, dass es sich letztlich um Pauschalen handelt, der für die Erbringung der anwaltlichen Leistungen erforderliche Aufwand also grundsätzlich nicht streitwertabhängig ist. Der Anwalt muss sich – um die durchschnittliche Gebühr zu verdienen – mit der grundsätzlich selben zeitlichen Intensität um Angelegenheiten mit niedrigem, wie um Angelegenheiten mit hohem Streitwert kümmern. Dies ändert aber nichts daran, dass gleichwohl typischerweise der vom Anwalt verlangte zeitliche Aufwand bei hohen Streitwerten höher ist als bei niedrigem Streitwert. Dies beruht darauf, dass typischerweise sich bei höheren Streitwerten auch mehr tatsächliche und rechtliche Probleme ergeben, deren Bewältigung einen höheren Zeitaufwand erfordert, darüber hinaus die Intensität des Interesses des Mandanten und des Gegners an der Auseinandersetzung bei höheren Streitwerten typischerweise höher ist als bei niedrigeren Streitwerten. Dies führt dazu, dass der durchschnittliche zeitliche Aufwand der anwaltlichen Tätigkeit bei einem Gegenstandswert von 1 Mio Euro deutlich höher als 3,5 Stunden ist, andererseits bei einem Gegenstandswert von 200,00 € typischerweise und durchschnittlich deutlich niedriger als 3,5 Stunden. Weicht der Gegenstandswert also deutlich von dem zugrunde gelegten Mittelwert von 8.000,00 € ab, sollten von dem mittleren Stundenaufwand von 3,5 Stunden Abschläge und Zuschläge gemacht werden, wobei starre Stundenzahlen zumindest derzeit nicht feststehen.[523]

a) Schwierigkeit der anwaltlichen Tätigkeit

586 Hierbei geht es um die Intensität der Arbeit. Maßgeblich ist dabei allein die objektive Schwierigkeit, unerheblich ist, ob der Anwalt – etwa aufgrund geringer Berufserfahrung – besondere Schwierigkeiten mit der Bewältigung der Aufgabe hat oder der Anwalt aufgrund seiner besonderen Spezialisierung (Fachanwalt) das Mandat leichter bewältigen kann.

587 Zu berücksichtigen sind sowohl **tatsächliche** wie **rechtliche Schwierigkeiten**. Zu den tatsächlichen Schwierigkeiten gehören die Probleme der Klärung des Sachverhaltes, aber auch die Schwierigkeiten der Informationsbeschaffung. Typische Schwierigkeiten ergeben sich auch daraus, dass die Verständigung mit dem Mandanten besonders mühsam ist, etwa der Mandant täglich mit neuen Ideen bei dem Anwalt vorspricht.[524]

---

522 Mayer/Kroiß/Teubel § 4 Rn. 102.
523 Mayer/Kroiß/Teubel § 4 Rn. 63 ff.
524 Mayer/Kroiß/Teubel § 4 Rn. 66.

588 Rechtliche Schwierigkeiten können sich daraus ergeben, dass die Rechtslage objektiv ungeklärt ist, weil die Tätigkeit ein Gebiet betrifft, in dem neue Gesetze noch ungeklärte, insbesondere noch nicht abschließend kommentierte und durch die Rechtsprechung geklärte Rechtsfragen aufwerfen. Die Auswertung kontroverser Fragen in Literatur und Rechtsprechung führt regelmäßig zu rechtlichen Schwierigkeiten, auch etwa die Frage, ob eine bestimmte höchstrichterliche Rechtsprechung unter Berücksichtigung des konkreten Einzelfalls zu korrigieren ist.[525]

589 Überdurchschnittlich schwierig sind vor allem anwaltliche Tätigkeiten, bei denen es um komplexe Fragen geht. Typisch für tatsächliche Schwierigkeiten ist die Notwendigkeit außerjuristischen Sachverstandes.[526]

b) Berücksichtigung von Besprechungen

590 Nachdem vor allem bei der Geschäftsgebühr nach VV Nr. 2400 die bisherige Besprechungsgebühr nach § 118 Abs. 1 Nr. 2 BRAGO entfallen ist, andererseits nach der Anmerkung zum Gebührentatbestand VV Nr. 2400 der Umfang und die Schwierigkeit der anwaltlichen Tätigkeit für das Entstehen einer Gebühr von mehr als 1,3 entscheidend ist, stellt sich die Frage, ob und in welchem Umfang in diesem Zusammenhang die Durchführung von Besprechungen von Bedeutung ist.[527]

591 Nach der gemeinsamen Auffassung der Gebührenreferenten der Rechtsanwaltskammern können bei der Bestimmung von Umfang und/oder Schwierigkeit der anwaltlichen Tätigkeit die Durchführung einer Besprechung mit dem Auftraggeber, Gegner oder Dritten prägend sein. Dies ist dahingehend zu verstehen, dass zwar nicht jede Besprechung, etwa ein Telefonanruf, dazu führt, dass die Tätigkeit als umfangreich oder schwierig zu werten ist, die Durchführung von Besprechungen aber eine indizielle Bedeutung dafür hat, dass eine umfangreiche oder schwierige Tätigkeit vorlag. Dabei ist – im Gegensatz zum bisherigen Rechtszustand – nicht mehr ausschließlich auf Besprechungen mit dem Gegner oder Dritten abzustellen, auch aus den Besprechungen mit dem Auftraggeber können sich Anhaltspunkte für eine umfangreiche und/oder schwierige Tätigkeit ergeben.[528]

c) Bedeutung der Angelegenheit und Einkommens- und Vermögensverhältnisse des Auftraggebers

592 Es handelt sich bei diesen im Gesetz ausdrücklich genannten Kriterien um mandantenbezogene Merkmale. Gegenüber den oben genannten Kriterien Umfang und Schwierigkeit der anwaltlichen Tätigkeit sind sie **nachrangig**, sie dienen dazu, die sich aus den beiden ersten Kriterien ergebende Bewertung nach oben oder unten zu korrigieren.

593 Der Umfang dieser Korrektur ist im Gesetz nicht vorgegeben, bei herausragender Bedeutung oder ausgezeichneten wirtschaftlichen Verhältnissen (Multimillionär) kann die Korrektur also bis zur Obergrenze bzw. bei besonders geringer Bedeutung oder

---

525 Mayer/Kroiß/Teubel § 4 Rn. 67.
526 Mayer/Kroiß/Teubel § 4 Rn. 68.
527 Mayer/Kroiß/Teubel § 4 Rn. 71.
528 Mayer/Kroiß/Teubel § 4 Rn. 72.

besonders schlechten wirtschaftlichen Verhältnissen auch bis zur Mindestgebühr erfolgen.[529]

d) Bedeutung der Angelegenheit für den Auftraggeber

594 Maßgeblich ist, welche Bedeutung die Angelegenheit **subjektiv** für den Auftraggeber hat. Bei Wertgebühren bleibt das wirtschaftliche Interesse an der Angelegenheit für die Bemessung grundsätzlich außer Betracht, weil sich die wirtschaftliche Bedeutung bereits im Gegenstandswert niederschlägt, eine erneute Berücksichtigung im Rahmen des Bemessungskriteriums Bedeutung der Angelegenheit würde daher zu einer unzulässigen doppelten Gewichtung führen.[530]

595 Typischerweise ist das subjektive Interesse des Auftraggebers an der Angelegenheit dann höher als der Gegenstandswert, wenn die Erledigung der Angelegenheit für Folgeauseinandersetzungen von Bedeutung ist. Eine Korrektur unter besonderer Berücksichtigung der Bedeutung der Angelegenheit für den Auftraggeber findet ferner immer dann statt, wenn der Gesetzgeber bei der Streitwertbemessung Beschränkungen angeordnet hat, wie z.B. in § 42 Abs. 3 GKG.

596 Typisch für die besondere Bedeutung der Angelegenheit für den Auftraggeber ist das gesteigerte Interesse, mit dem der Auftraggeber, etwa durch mehrfache tägliche Anrufe oder ständige Besuche, die Angelegenheit begleitet. Indiz können auch bei gebührenrechtlichen Auseinandersetzungen umfangreiche schriftsätzliche Stellungnahmen des Auftraggebers sein.[531]

e) Haftungsrisiko

597 Nach § 14 Abs. 1 Satz 2 kann ein besonderes Haftungsrisiko des Rechtsanwalts bei der Gebührenbemessung herangezogen werden. § 14 Abs. 1 Satz 3 RVG bestimmt, dass bei Rahmengebühren, die sich nicht nach dem Gegenstandswert richten, das Haftungsrisiko berücksichtigt werden muss.

f) Sonstige Bewertungskriterien

598 Die Aufzählung der Bemessungskriterien in § 14 RVG ist nicht abschließend, grundsätzlich können alle Umstände, die irgendwie mit der Bewertung der Tätigkeit des Anwalts zusammenhängen, berücksichtigt werden. Das können in der Person des Mandanten besondere Anforderungen sein, die der Mandant an die Tätigkeit des Anwalts gestellt hat, etwa Tätigkeit zur Nachtzeit, an Wochenenden und Feiertagen. Es können aber auch **außerjuristische Fachkenntnisse** des Anwaltes, etwa auf medizinischem oder technischem Gebiet sein. Auch Sprachkenntnisse des Anwalts, die etwa den Einsatz eines Dolmetschers erübrigen, können einen die Gebühr erhöhenden Bewertungsfaktor darstellen.

599 Der Anwalt darf grundsätzlich auch in seiner Person begründete besondere Umstände mitberücksichtigen. Es ist in ausländischen Rechtsordnungen bei der Gebührenbemes-

---

529 Mayer/Kroiß/Teubel § 4 Rn. 73.
530 Mayer/Kroiß/Teubel § 4 Rn. 74.
531 Mayer/Kroiß/Teubel § 4 Rn. 75 ff.

sung anerkannt, dass etwa das Ansehen und die Berufserfahrung des Anwalts gebührenerhöhend zu berücksichtigen sind. Das kann im Rahmen der sonstigen Umstände auch im Rahmen des § 14 RVG berücksichtigt werden, der erfahrene Senior darf einen höheren Gebührensatz verlangen als der Anfänger. Ebenso können besondere rechtliche Kenntnisse, insbesondere der Erwerb der **Fachanwaltsqualifikation** nach Ermessen des Anwalts gebührensteigernd berücksichtigt werden.[532]

Beispiel: Rechtsanwalt R verhandelt außergerichtlich mit der Gegenseite. Es kommt zu einem Vergleich. Der Streitwert beträgt 5.000 EUR. Die Erledigung des Auftrags war mittelmäßig schwierig und umfangreich.

BRAGO-Lösung:

1. Geschäftsgebühr, §§ 11, 118 I Nr. 1 BRAGO	(7,5/10) 225,75 €
2. Besprechungsgebühr, §§ 11, 118 Abs. 1 Nr. 2 BRAGO	(7,5/10) 225,75 €
3. Vergleichsgebühr, §§ 11, 23 Abs. 1 1 BRAGO	(15/10) 451,50 €
4. Post- und Telekommunikationsentgelt	20,00 €
Zwischensumme	923,00 €
16 % Umsatzsteuer	147,68 €
Gesamtbetrag	1.070,68 €

RVG-Lösung:

1. Geschäftsgebühr, Nr. 2400 VV (1,3)	391,30 €
2. Einigungsgebühr, Nr. 1000 VV (1,5)	451,50 €
3. Post- und Telekommunikationsentgelt	20,00 €
Zwischensumme	862,80 €
16 % Umsatzsteuer	138,05 €
Gesamtbetrag	1.000,85 €

2. Einfache Schreiben

Beschränkt sich der Auftrag auf ein Schreiben einfacher Art, so beträgt die Geschäftsgebühr der Nr. 2400 VV lediglich 0,3 gemäß Nr. 2402 VV. Gleichwohl handelt es sich insoweit um eine Verbesserung, da § 120 Abs. 1 BRAGO nur eine 2/10 Gebühr vorsah.

Zur Abgrenzung des Gebührentatbestandes von Nr. 2400 VV kommt es allein auf den **Inhalt des erteilten Auftrags** und nicht auf die tatsächlich ausgeführte Tätigkeit an, so dass der Gebührentatbestand Nr. 2402 VV nicht gilt, wenn auftragsgemäß einem einfachen Schreiben umfangreiche Prüfungen und Überlegungen vorausgegangen sind. Entscheidend ist, dass sich der Auftrag beschränken muss auf das Schreiben, d.h. der Anwalt darf weder beauftragt sein, Forderungen durchzusetzen noch sich in sonstiger Weise – über das Verfassen eines einfachen Schreibens hinaus – mit der Angelegenheit

---

532 Mayer/Kroiß/Teubel § 4 Rn. 85f.

befassen sollen. In der Anmerkung zum Gebührentatbestand ist die Definition des Schreibens einfacher Art enthalten. Ein solches liegt vor, wenn das Schreiben weder schwierige rechtliche Ausführungen noch größere sachliche Auseinandersetzungen enthält.

605 Der Gebührentatbestand Nr. 2402 VV kommt somit nur in Ausnahmefällen zum Tragen, wenn beispielsweise ein Mandant den Anwalt anweist, ein bestimmtes Schreiben zu verfassen, etwa ein Kündigungsschreiben, ohne Auftrag, die Voraussetzungen der Kündigung zu prüfen und die sich aus der Kündigung ergebenden Rechte des Mandanten durchzusetzen, greift der Gebührentatbestand Nr. 2402 VV ein.[533]

3. Beratungshilfe

a) Beratungsgebühr

606 In Fällen der Beratungshilfe entsteht eine Schutzgebühr von 10,- €. Dies entspricht dem bisherigen § 8 BerhG. Angehoben wurde in diesem Zusammenhang die Beratungsgebühr. Statt 23,- €, wie sie in § 132 BRAGO festgeschrieben ist, beträgt sie nunmehr 30,- €, Nr. 2601 VV. Für die Beratungstätigkeit mit dem Ziel einer außergerichtlichen Einigung mit den Gläubigern über die Schuldenbereinigung erhöht sich die Beratungsgebühr auf 60,- €, Nr. 2602 VV. Bisher betrug diese Gebühr 46,- €, § 132 Abs. 4 BRAGO.

b) Geschäftsgebühr

607 Die **Geschäftsgebühr** beträgt nunmehr nach Nr. 2603 VV 70,- €; im Vergleich dazu belief sie sich bisher auf 56,- € nach § 132 Abs. 2 BRAGO. Die Geschäftsgebühr bei einer Tätigkeit mit dem Ziel der außergerichtlichen Einigung mit den Gläubigern über die Schuldenbereinigung beträgt bei bis zu 5 Gläubigern 224,- € und erhöht sich je nach Zahl der Gläubiger entsprechend, Nr. 2604 – 2608 VV.

c) Einigungs- oder Erledigungsgebühr

608 Im Falle einer Einigung oder Erledigung der Angelegenheit entsteht unter den Voraussetzungen der Nr. 1000, 1002 VV eine Einigungs- bzw. Erledigungsgebühr i Höhe von 125,- € nach Nr. 2608 VV. § 132 Abs. 3 BRAGO sah insoweit nur 102,- € für einen Vergleich bzw. 69,- € für die Erledigung vor.

D. Gerichtliche Tätigkeit

609 Der dritte Teil des Vergütungsverzeichnisses, Nr. 3100 ff. VV, enthält die Gebührentatbestände für bürgerliche Rechtsstreitigkeiten, einschließlich der arbeitsgerichtlichen Verfahren, Verfahren der freiwilligen Gerichtsbarkeit, der öffentlich-rechtlichen Gerichtsbarkeit, Verfahren nach dem Strafvollzugsgesetz und ähnliche Verfahren.

I. Neue Gebührentatbestände

610 Neu ist die Reduzierung auf zwei grundsätzliche Gebührentatbestände, die **Verfahrensgebühr** und die **Terminsgebühr**.

---

533 Mayer/Kroiß/Teubel § 4 Rn. 43.

1. Verfahrensgebühr

Die Verfahrensgebühr entsteht für das **Betreiben des Geschäfts** einschließlich der Information.[534] Die Gebühr wird deshalb als Verfahrensgebühr bezeichnet, weil sie künftig nicht nur in Prozessen sondern auch in FGG-Verfahren Anwendung findet.

611

2. Terminsgebühr

Die Terminsgebühr entsteht für die **Vertretung** in einem Verhandlungs-, Erörterungs- oder Beweisaufnahmetermin oder die Wahrnehmung eines von einem gerichtlich bestellten Sachverständigen anberaumten Termins oder die Mitwirkung an auf die Vermeidung oder Erledigung des Verfahrens gerichtete Besprechungen ohne Beteiligung des Gerichts. Ausgenommen sind dabei Besprechungen mit dem Auftraggeber.[535]

612

3. Verhältnis zur Geschäftsgebühr

Ist wegen desselben Gegenstandes bereits eine Geschäftsgebühr entstanden, wird diese Gebühr zur Hälfte, jedoch höchstens mit einem Gebührensatz von 0,75, auf die Verfahrensgebühr des gerichtlichen Verfahrens angerechnet.[536]

613

II. Anwendungsbereich

1. Angelegenheiten der freiwilligen Gerichtsbarkeit

Die Tätigkeit des Anwalts im **FGG-Verfahren** wird gebührenrechtlich derjenigen in bürgerlichen Rechtsstreitigkeiten gleichgestellt. Statt der Gebühren nach § 118 BRAGO können künftig dieselben Gebühren wie im streitigen ZPO-Verfahren liquidiert werden.

614

2. Zeugenbeistand

Tritt der Anwalt als **Beistand** für einen **Zeugen** oder **Sachverständigen** auf, entstehen die gleichen Gebühren wie für einen Verfahrensbevollmächtigten in diesem Verfahren.[537]

615

III. Gebühren im ersten Rechtszug

1. Verfahrensgebühr

a) Die volle Verfahrensgebühr

Die Verfahrensgebühr tritt an die Stelle der bisherigen Prozessgebühr. Sie beträgt im Regelfall 1,3 gemäß Nr. 3100 VV. Die **volle Gebühr** fällt an, wenn der Rechtsanwalt
- die Klage,
- den ein Verfahren einleitenden Antrag oder
- einen Schriftsatz, der Sachanträge, die Zurücknahme der Klage oder die Zurücknahme eines Antrags enthält,

einreicht oder er für seine Partei einen Termin wahrnimmt.

616

617

---

534 Vorbemerkung 3 Abs. 1 zu Teil 3 des VV.
535 Vorbemerkung 3 Abs. 3 zu Teil 3 des VV.
536 Vorbemerkung 3 Abs. 4 zu Teil 3 des VV.
537 Vorbemerkung 3 Abs. 1 zu Teil 3 des VV.

§ 13 Rechtsanwaltsgebühren und Auslagen

b) Die ermäßigte Verfahrensgebühr

618 Bei vorzeitiger Beendigung des Auftrags reduziert sich die Verfahrensgebühr nach Nr. 3101 VV auf 0,8. Dies entspricht der Regelung des § 32 BRAGO, der allerdings nur eine halbe Prozessgebühr vorsieht.

619 Beispiel: Beklagter beauftragt einen Rechtsanwalt. Die Klage wird vor Einreichung des Klageabweisungsantrags zurückgenommen.

620 Die reduzierte Gebühr fällt weiter an, wenn lediglich beantragt ist, eine **Einigung** zwischen den Parteien über in diesem Verfahren nicht rechtshängige Ansprüche oder mit Dritten **vor Gericht zu protokollieren** oder nach § 278 Abs. 6 ZPO festzustellen, Nr. 3101 Ziff. 2, 1. Alt. VV. Entsprechendes gilt für das Führen von Verhandlungen vor Gericht zur Einigung über solche Ansprüche, Nr. 3101 Ziff. 2, 2. Alt. VV. Gegenüber der bisherigen Differenzprozessgebühr nach § 32 Abs. 2 BRAGO hat Nr. 3101 VV einen erweiterten Anwendungsbereich, da auch Vergleiche mit Dritten (z.B. Streithelfer) und Vergleiche nach § 278 Abs. 6 ZPO miteinbezogen werden.[538]

621 Beachte die Begrenzung nach § 15 Abs. 3 RVG!

622 Auch die Stellung eines Antrags im Verfahren der freiwilligen Gerichtsbarkeit, z.B. ein **Erbscheinsantrag** nach § 2353 BGB, löst nur eine Verfahrensgebühr von 0,8 aus, Nr. 3101 Ziff. 3 VV. Jedoch ist diese Vorschrift nicht in **streitigen** Verfahren der freiwilligen Gerichtsbarkeit, insbesondere in Familiensachen, WEG-Verfahren und LwVG-Verfahren anzuwenden; d.h. ein Antrag, z.B. nach § 43 WEG wird gebührenrechtlich wie eine Klage behandelt.

c) Anrechnung

623 *aa) Beratungsgebühr:* Die Beratungsgebühr ist auf die Verfahrensgebühr des nachfolgenden Rechtsstreits anzurechnen, Nr. 2100 Abs. 2 VV.

624 *bb) Geschäftsgebühr:* Während nach § 118 Abs. 2 BRAGO die für eine außergerichtliche Vertretung angefallene Geschäftsgebühr auf die entsprechenden Gebühren für ein anschließendes gerichtliches Verfahren anzurechnen waren, bestimmt Abs. 4 der Vorbemerkung 3 zu Teil 3 VV nunmehr, dass, soweit wegen desselben Gegenstandes eine Geschäftsgebühr nach den Nr. 2400 bis 2403 VV entstanden ist, diese Gebühr **zur Hälfte**, höchstens jedoch mit einem Gebührensatz von 0,75 auf die Verfahrensgebühr anzurechnen ist.[539]

625 *cc) Mahnverfahrens- und Widerspruchsgebühr:* Sowohl die Verfahrensgebühr für die Vertretung des Antragstellers im Mahnverfahren nach Nr. 3305 VV, als auch diejenige für die Vertretung des Antragsgegners nach Nr. 3307 VV werden wie bisher auf die Verfahrensgebühr für einen nachfolgenden Rechtsstreit angerechnet. Keine Anrechnung erfolgt hinsichtlich der Verfahrensgebühr auf Erlass eines Vollstreckungsbescheides nach Nr. 3308 VV.

---

538 Mayer, RVG-Letter 2004, 27.
539 Mayer, RVG-Letter 2004, 26.

2. Terminsgebühr

a) Reichweite

Zum einen werden mit der Terminsgebühr die bisherigen Tatbestände der Verhandlungs-, Erörterungs- und Beweisgebühr, § 31 Abs. 1 Nr. 2-4 BRAGO zusammengefasst. Zum anderen werden von der Terminsgebühr auch außergerichtliche Verhandlungen mit dem Gegner erfasst, wofür es früher keine gesonderte Vergütung gab, § 37 Nr. 2 BRAGO. Die Terminsgebühr entsteht in folgenden Fällen:

- für die Vertretung in einem Verhandlungs-, Erörterungs- oder Beweisaufnahmetermin;[540]
- für die Wahrnehmung eines von einem gerichtlich bestellten Sachverständigen anberaumten Termins;[541]
- für die Mitwirkung an auf die Vermeidung oder Erledigung des Verfahrens gerichteten Besprechungen ohne Beteiligung des Gerichts;[542]
- bei einer Entscheidung ohne mündliche Verhandlung im Einverständnis der Parteien oder gemäß § 307 Abs. 2 ZPO oder 495a ZPO;[543]
- bei Protokollierung eines schriftlichen Vergleichs nach § 278 Abs. 6 Satz 2 ZPO.[544]

aa) Vertretung im Gerichtstermin: Die Terminsgebühr wird bereits durch das **Erscheinen des Anwalts** ausgelöst. Es kommt nicht mehr darauf an, ob die Sache verhandelt oder erörtert wird. Ausreichend ist auch die Wahrnehmung eines Termins, in dem lediglich eine bereits ausgehandelte Einigung über anhängige Gegenstände protokolliert wird. Dies ergibt sich als Umkehrschluss zu Nr. 3104 Abs. 3 VV.

bb) Vom Sachverständigen anberaumte Termine: Beraumt ein Sachverständiger z.B. nach einem Beweisbeschluss gem. § 358a ZPO, einen Ortstermin an, erhält der Rechtsanwalt für die Teilnahme die Terminsgebühr.

cc) Mitwirkung an Besprechungen ohne Beteiligung des Gerichts: Eine Neuerung sieht Nr. 3104 Abs. 1 Ziff.1 VV insoweit vor, als die Terminsgebühr bereits dann entsteht, wenn der Anwalt an Besprechungen teilnimmt, die der Vermeidung oder Erledigung des gerichtlichen Verfahrens dienen. Ausreichend ist dabei, dass es zu Verhandlungen mit der Gegenpartei kommt, wobei ein Termin nicht vorausgesetzt wird. So löst auch schon eine fernmündliche Besprechung die Gebühr aus. Dies gilt aber nicht für bloße Besprechungen mit dem Auftraggeber.[545]

dd) Schriftliche Verfahren: Entsprechend dem bisherigem § 35 BRAGO erhält der Rechtsanwalt die gleichen Gebühren wie in einem Verfahren mit mündlicher Verhandlung, wenn in einem Verfahren für das mündliche Verhandlung vorgeschrieben ist, im Einverständnis mit den Parteien oder gemäß § 128 Abs. 3, § 307 Abs. 2 , § 331 Abs. 3

---

540 Vorbemerkung 3 Abs. 3 1. Alt. zu Teil 3 des VV.
541 Vorbemerkung 3 Abs. 3 2. Alt. zu Teil 3 des VV.
542 Vorbemerkung 3 Abs. 3 3. Alt. zu Teil 3 des VV.
543 Nr. 3104 Abs. 1 Ziff.1 1. Alt. VV.
544 Nr. 3104 Abs. 1 Ziff.1 1. Alt. VV.
545 Vorbemerkung 3 Abs. 3 letzter Hs. zu Teil 3 des VV.

oder § 495a Abs. 1 ZPO ohne mündliche Verhandlung entschieden wird, Nr. 3104 Abs. 1 Ziff. 1 VV.

631 In **Verfahren der freiwilligen Gerichtsbarkeit** gilt diese Regelung nicht, da das FGG keine obligatorische mündliche Verhandlung vorsieht. Eine Ausnahme gilt für die WEG-Verfahren, wo die Rechtsprechung schon bislang § 35 BRAGO für anwendbar erachtete.[546]

632 *ee) Schriftlicher Vergleich:* Den Streit, welche Gebühren für die Mitwirkung an einem schriftlichen Vergleich nach § 278 Abs. 6 Satz 2 ZPO anfallen, hat das RVG in Nr. 3104 Abs. 1 Ziff. 1 3. Alt. VV anwaltsfreundlich gelöst. Auch insoweit fällt die volle Terminsgebühr an.

633 *ff) Verhandlungen über nicht rechtshängige Ansprüche:* Neu ist auch der Gebührentatbestand der Nr. 3104 Abs. 2 VV, wonach die Terminsgebühr auch bei Verhandlungen zur Einigung über nicht rechtshängige Ansprüche entsteht. Jedoch ist diese Gebühr auf eine Terminsgebühr anzurechnen, die in dem anderweitig rechtshängigen Verfahren aus demselben Gegenstand entsteht.

b) Höhe der Gebühr

634 *aa) Streitiges Verfahren:* Die Terminsgebühr beträgt gemäß Nr. 3104 VV im Regelfall **1,2**. Die volle Terminsgebühr fällt auch dann an, wenn im Einverständnis mit den Parteien oder gemäß § 307 Abs. 2 ZPO oder § 495a ZPO ohne mündliche Verhandlung entschieden oder in einem solchen Verfahren ein schriftlicher Vergleich geschlossen wird, Nr. 3104 Abs. 1 Ziff. 1 VV.

635 *bb) Säumnisverfahren:* Erscheint der Gegner nicht und wird ein **Versäumnisurteil** beantragt, beträgt die Gebühr **0,5**, Nr. 3105 VV.[547] Wird in diesem Termin allerdings die Sache erörtert, erhält der Anwalt die volle Terminsgebühr von 1,2. Ergeht eine Entscheidung im schriftlichen Vorverfahren nach § 331 Abs. 3 ZPO, so beträgt die Gebühr 0,5. Die reduzierte Gebühr entsteht auch dann, wenn das Gericht bei Säumnis lediglich Entscheidungen zur Prozess oder Sachleitung von Amts wegen trifft, Nr. 3105 Abs. 1 Ziff.1 VV. Dies ist z.B. dann der Fall, wenn bei Säumnis des Beklagten der Kläger keinen Antrag auf Erlass eines Versäumnisurteils stellt und das Gericht die Sache daraufhin vertagt.

636 *cc) Anrechnung der Geschäftsgebühr:* Während § 118 Abs. 2 BRAGO die Anrechnung einer Geschäftsgebühr, die für eine Tätigkeit außerhalb eines gerichtlichen oder behördlichen Verfahrens entsteht, auf die entsprechenden Gebühren für ein anschließendes gerichtliches oder behördliches Verfahren vorsieht, erfolgt nach dem RVG nur noch eine eingeschränkte Anrechnung. Soweit wegen desselben Gegenstandes eine Geschäftsgebühr nach Nr. 2400 – 2403 VV entstanden ist wird sie nur zur Hälfte, höchstens jedoch mit einem Gebührensatz von 0,75 auf die Verfahrensgebühr des gerichtlichen Verfahrens angerechnet.[548]

---

546 BGH AGS 2003, 450; LG Dortmund NZM 1998, 984; a.A. Hartmann § 35 BRAGO Rn. 11.
547 Mayer, RVG-Letter 2004, 27.
548 Vorbemerkung 3 Abs. 4 zu Teil 3 des VV.

3. Beispiele

a) Beispiel

Der Rechtanwalt R vertritt M im Rechtstreit (Streitwert 5.000 €). Das Verfahren endet nach streitiger Verhandlung und Beweisaufnahme mit einem Urteil.

BRAGO-Lösung

1. Prozessgebühr, §§ 11, 31 Abs. 1 Nr. 1 BRAGO	(10/10)	301,00 €
2. Verhandlungsgebühr, §§ 11, 31 Abs. 1 Nr. 2 BRAGO	(10/10)	301,00 €
3. Beweisgebühr, §§ 11 31 Abs. 1 Nr. 3 BRAGO	(10/10)	301,00 €
3. Post- und Telekommunikationsentgelt		20,00 €
Zwischensumme		923,00 €
16 % Umsatzsteuer		147,68 €
Gesamtbetrag		1.070,68 €

RVG-Lösung

1. Verfahrensgebühr, Nr. 3100 VV	(1,3)	391,30 €
2. Terminsgebühr, Nr. 3104 VV	(1,2)	361,20 €
3. Post- und Telekommunikationsentgelt		20,00 €
Zwischensumme		772,50 €
16 % Umsatzsteuer		123,60 €
Gesamtbetrag		896,10 €

Ergebnis: 16,3 % weniger als bisher

b) Beispiel

R vertritt den Mandanten zunächst außergerichtlich (Streitwert 5.000 €; durchschnittlicher Schwierigkeitsgrad). Der Gegner verweigert die Zahlung. Rechtsanwalt R erhält Prozessauftrag. Nach Klageerhebung wird streitig im Termin verhandelt. Das Verfahren endet durch Urteil.

BRAGO-Lösung

Vergütung für außergerichtliche Tätigkeit

1. Geschäftsgebühr, §§ 11, 118 Abs. 1 Nr. 1 BRAGO	(7,5/10)	225,75 €
2. Post- und Telekommunikationsentgelt		20,00 €
Zwischensumme		245,75 €
16 % Umsatzsteuer		39,32 €
Gesamtbetrag		285,07 €

Vergütung für gerichtliche Tätigkeit

2 § 13 Rechtsanwaltsgebühren und Auslagen

1. Prozessgebühr (Die 7,5/10-Geschäftsgebühr nach § 118 Abs. 1 Nr. 1 wurde gem. § 118 Abs. 2 BRAGO vollständig auf die 10/10 Prozessgebühr angerechnet), §§ 31 Abs. 1 Nr. 1, 118 Abs. 2 BRAGO (10/10) 75,25 €
2. Verhandlungsgebühr, § 31 Abs. 1 Nr. 2 BRAGO (10/10) 301,00 €
3. Post- und Telekommunikationsentgelt 20,00 €

=======

Zwischensumme 396,25 €
16 % Umsatzsteuer 63,40 €

=======

Gesamtbetrag 459,65 €

643 **RVG-Lösung**
Vergütung für außergerichtliche Tätigkeit:
1. Geschäftsgebühr, Nr. 2400 VV (1,3) 391,30 €
2. Post- und Telekommunikationsentgelt 20,00 €

=======

Zwischensumme 411,30 €
16 % Umsatzsteuer 65,81 €

=======

Gesamtbetrag 477,11 €

Vergütung für gerichtliche Tätigkeit
1. Verfahrensgebühr (Nach der Vorbemerkung 3 zu Teil 3 des Vergütungsverzeichnisses ist diese Gebühr zu ½, höchstens jedoch zu 0,75 auf die folgende Verfahrensgebühr anzurechnen), Nr. 3100 VV (1,3) 195,65 €
2. Terminsgebühr, Nr. 3104 VV (1,2) 361,20 €
3. Post- und Telekommunikationsentgelt 20,00 €

======

Zwischensumme 576,85 €
16 % Umsatzsteuer 92,30 €

======

Gesamtbetrag 669,15 €
Ergebnis: 45,8 % Steigerung

IV. Gebühren im Rechtsmittelverfahren

644 Im Abschnitt 2 des dritten Teils des Vergütungsverzeichnisses sind nunmehr die Gebührentatbestände für die Rechtsmittel in den verschiedenen Verfahren zusammengefasst. Sie entsprechen weitgehend den Gebührentatbeständen im erstinstanzlichen Verfahren. Lediglich in der Höhe bestehen Unterschiede.

1. Gebühren im Berufungsverfahren

645 Das Berufungsverfahren stellt eine eigene Angelegenheit dar, § 15 Abs. 2 Satz 2 RVG. Wie im erstinstanzlichen Verfahren kann sich der Anwalt eine **Verfahrens-** und eine **Terminsgebühr** verdienen. Anders als bisher, wo § 11 Abs. 1 Satz 4 BRAGO eine generelle Gebührenerhöhung aussprach, finden sich nunmehr in den Nr. 3200 ff. VV eigene Gebührentatbestände.

a) Verfahrensgebühr

Die Verfahrensgebühr beträgt nach Nr. 3200 VV im Berufungsverfahren grundsätzlich 1,6. Bei mehreren Auftraggebern erhöht sich diese Gebühr um 0,3 je Auftraggeber, Nr. 1008 VV. 646

b) Vorzeitige Beendigung des Auftrags

Eine reduzierte Verfahrensgebühr in Höhe von 1,1 entsteht, wenn der Auftrag endigt, bevor der Anwalt das Rechtsmittel eingelegt oder einen Schriftsatz, der Sachanträge, Sachvortrag, die Zurücknahme der Klage oder die Zurücknahme des Rechtsmittels enthält, eingereicht oder bevor er für seine Partei einen Termin wahrgenommen hat, Nr. 3201 VV. 647

c) Terminsgebühr

Die Terminsgebühr im Berufungsverfahren entspricht der Höhe nach mit **1,2** der Terminsgebühr im erstinstanzlichen Verfahren, Nr. 3202 VV. Gegenüber der bisherigen Verhandlungsgebühr (13/10 gemäß §§ 31 Abs. 1 Nr. 2, 11 Abs. 1 Satz 4 BRAGO) stellt dies eine leichte Reduzierung dar. 648

d) Säumnis im Berufungstermin

aa) Säumnis des Berufungsbeklagten: Erscheint der Berufungsbeklagte im Termin zur Berufungsverhandlung nicht und ergeht ein Versäumnisurteil gegen ihn, so erhält der Vertreter des Berufungsklägers die volle Terminsgebühr. Dies ergibt sich aus Nr. 3203 VV, die nur hinsichtlich der Säumnis des **Berufungsklägers** eine gegenüber Nr. 3203 VV ermäßigte Gebühr vorsieht. 649

bb) Säumnis des Berufungsklägers: Ist in der Berufungsverhandlung der Berufungskläger säumig und wird lediglich ein Antrag auf Versäumnisurteil oder zur Prozess- oder Sachleitung gestellt, so beträgt die Terminsgebühr für den Anwalt des Berufungsbeklagten 0,5 nach Nr. 3203 VV. Dies entspricht der reduzierten Terminsgebühr in der ersten Instanz nach Nr. 3105 VV und der bisherigen Regelung des § 33 BRAGO. 650

e) Einigungsgebühr

Auch im Berufungsverfahren kann noch die **Einigungsgebühr** nach Nr. 1000 VV in Verbindung mit Nr. 1004 VV in Höhe von 1,3 verdient werden. Diese Einigungsgebühr entsteht auch für mitverglichene Ansprüche, die nicht Gegenstand des Berufungsverfahrens sind. Sie beträgt für Ansprüche, die noch gar nicht anhängig sind, 1,5 gemäß Nr. 1000 VV. Sind die Ansprüche erstinstanzlich anhängig, beläuft sich die Einigungsgebühr auf 1,0. 651

Beachte auch hier die Obergrenze des § 15 Abs. 3 RVG: die Summe der Einigungsgebühren darf eine Gebühr aus dem Höchstsatz nach dem Gesamtstreitwert nicht übersteigen. 652

f) Zurückverweisung

653 Verweist das Berufungsgericht die Sache an das Erstgericht zurück, entsteht gebührenrechtlich eine neue Angelegenheit, § 21 RVG.

2. Gebühren im Revisionsverfahren

a) Allgemeines

654 Das Revisionsverfahren stellt eine eigene Angelegenheit dar, § 15 Abs. 2 Satz 2 RVG. Möglich sind dabei eine Verfahrens-, eine Termins und eine Einigungsgebühr. Wird auf die Revision das Verfahren zurückverwiesen, können Gebühren erneut anfallen, § 21 RVG.

b) Verfahrensgebühr

655 Die **Verfahrensgebühr** beträgt nach Nr. 3206 VV für den Anwalt 1,6 und was der Regelfall sein dürfte für den BGH-Anwalt 2,3 nach Nr. 3208 VV.

c) Vorzeitige Beendigung

656 Im Falle einer vorzeitigen Beendigung des Mandats gelten die für die Berufung maßgeblichen Regelungen entsprechend. Nr. 3207 VV verweist insoweit auf Nr. 3201 VV. Der BGH-Anwalt erhält bei vorzeitiger Beendigung der Angelegenheit eine Gebühr in Höhe von 1,8 nach Nr. 3209 VV.

d) Terminsgebühr

657 Die **Terminsgebühr** im Revisionsverfahren beträgt nach Nr. 3210 VV **1,5**. Dieser Wert gilt auch für den BGH-Anwalt, was der bisherigen Regelung des § 11 Abs. 2 Satz 5 BRAGO entspricht. Die Voraussetzungen für die Terminsgebühr entsprechen denen der ersten Instanz. Die reduzierte Terminsgebühr beträgt nach Nr. 3211 VV 0,8. Die Reduzierung entspricht der bisherigen Regelung des § 33 Abs. 1 Satz 2 BRAGO.

e) Einigungsgebühr

658 Auch im Revisionsverfahren ist eine Einigungsgebühr möglich. Sie beträgt 1,3 nach Nr. 1000, 1004 VV. Für mitverglichene Ansprüche kann sich ein Wert auf 1,0 bzw. 1,5 ergeben. Zu beachten ist wieder die Obergrenze nach § 15 Abs. 3 RVG.

f) Nichtzulassungsbeschwerde

659 Die Nichtzulassung der Revision durch das Berufungsgericht unterliegt der Beschwerde (Nichtzulassungsbeschwerde), § 544 ZPO. Das Beschwerdeverfahren stellt eine eigene Angelegenheit dar, da ein neuer Rechtszug eröffnet wird, § 15 Abs. 2 Satz 2 RVG. Im Verhältnis zum anschließenden Rechtsmittelverfahren handelt es sich um eine weitere Angelegenheit, § 17 Nr. 9 RVG, was dazu führt, dass 3 Angelegenheiten vorliegen:
- Berufungsverfahren
- Nichtzulassungsbeschwerde
- Revisionsverfahren.

660 *aa) Verfahrensgebühr:* Die **Verfahrensgebühr** für das Verfahren über die Beschwerde gegen die Nichtzulassung der Revision beträgt gemäß Nr. 3506 VV **1,6**. Soweit ein

BGH-Anwalt tätig wird, erhöht sie sich auf 2,3, Nr. 3508 VV. Im Falle einer vorzeitigen Beendigung erhält der BGH-Anwalt 1,8 nach Nr. 3509 VV. Die Verfahrensgebühr wird auf die Verfahrensgebühr für ein nachfolgendes Revisionsverfahren angerechnet, Anm. zu Nr. 3506 VV.

bb) Terminsgebühr: Die **Terminsgebühr**, die z.B. bei Vergleichsverhandlungen in diesem Verfahrensstadium anfallen kann, beträgt nach Nr. 3516 VV **1,2**. 661

cc) Einigungsgebühr: Nr. 1004 VV ist hier analog anwendbar, d.h. der Anwalt kann sich eine **Einigungsgebühr** in Höhe von 1,3 verdienen. 662

g) Sprungrevision

Unter den Voraussetzungen des § 566 ZPO findet gegen die im ersten Rechtszug erlassenen Endurteile, die ohne Zulassung der Berufung unterliegen, auf Antrag die Sprungrevision statt. Das Verfahren über die Zulassung gehört zum Rechtszug, § 16 Nr. 13 RVG. 663

Folgende Gebühren können anfallen: 664
- Verfahrensgebühr in Höhe von 1,6 gemäß Nr. 3206 VV bzw. 2,3 für den BGH-Anwalt, Nr. 3208 VV
- Terminsgebühr in Höhe von 1,5 gemäß Nr. 3210 VV
- Einigungsgebühr in Höhe von 1,3 gemäß Nr. 1004 VV.

Daneben können die Auslagen für das Zulassungsverfahren und das Revisionsverfahren einmal geltend gemacht werden. 665

3. Gebühren im Beschwerde- und Erinnerungsverfahren

a) Allgemeines

In Abschnitt 5 des Teils 3 des VV werden in den Nr. 3500 ff. die (allgemeine) Beschwerde und die Erinnerung behandelt. Bestimmte Beschwerdeverfahren sind ausweislich der Vorbemerkung 3.5 von diesen Regelungen ausgenommen, so z.B. Beschwerden gegen die den Rechtszug beendenden Entscheidungen in Familiensachen, in Verfahren nach § 43 WEG und in Landwirtschaftssachen. Daneben finden sich auch im 5. Abschnitt besondere Regelungen für bestimmte Beschwerden, z.B. für die Beschwerden gegen die Nichtzulassung der Berufung oder der Revision nach Nr. 3504 bis 3509, 3511 und 3512 VV. Gebührenrechtlich wurde das Erinnerungsverfahren nunmehr dem Beschwerdeverfahren gleichgestellt. 666

b) Gebührentatbestände

aa) Verfahrensgebühr: Die **Verfahrensgebühr** beträgt gemäß Nr. 3500 VV auch bei vorzeitiger Beendigung 0,5. 667

bb) Terminsgebühr: In den Beschwerde- und Erinnerungsverfahren kann daneben eine **Terminsgebühr** in Höhe von 0,5 nach Nr. 3513 VV anfallen. 668

c) Auslagen

Da das Beschwerde- und das Erinnerungsverfahren jeweils eine eigene Angelegenheit darstellen, fällt für sie auch jeweils die Auslagenpauschale gemäß Nr. 7002 VV an. 669

4. Gebühren im Rechtsbeschwerdeverfahren

670 Soweit gegen einen Beschluss die Rechtsbeschwerde nach § 574 ZPO statthaft ist, können folgende Gebühren anfallen:
- **Verfahrensgebühr** in Höhe von **1,0** gemäß Nr. 3502 VV (statt wie bisher 5/10 nach § 61 BRAGO)
- Bei vorzeitiger Beendigung beträgt die Höhe der Gebühr 0,5 nach Nr. 3503 VV.
- Daneben kann die Auslagenpauschale nach Nr. 7002 VV eigens verlangt werden.

5. Gebühren bei der Gehörsrüge

671 Das Verfahren der Gehörsrüge nach § 321a ZPO gehört gebührenrechtlich zum Rechtszug, § 19 Abs. 1 Nr. 5 RVG. Allein die ausschließliche Beauftragung eines Anwalts mit der Gehörsrüge stellt eine gesonderte Angelegenheit dar, was zu einer **Verfahrensgebühr** nach Nr. 3330 VV in Höhe von **0,5** führt. Diese wird auch bei vorzeitiger Erledigung nicht ermäßigt, was ein Umkehrschluss aus Nr. 3336 VV ergibt. Die Terminsgebühr beträgt 0,5 gemäß Nr. 3332 VV. Auch hier fällt eine eigene Auslagenpauschale an.

V. Gebühren in besonderen Verfahren

1. Selbständiges Beweisverfahren

a) Allgemeines

672 Bislang stellte § 48 BRAGO klar, dass der Anwalt im selbstständigen Beweisverfahren nach den §§ 485 ff. ZPO die in § 31 BRAGO bestimmten Gebühren erhält. Eine entsprechende Verweisungsvorschrift fehlt im RVG; der Teil 3 des VV ist nunmehr unmittelbar auf das selbstständige Beweisverfahren, das jetzt eine eigene selbstständige Gebührenangelegenheit darstellt, anwendbar.

b) Die einzelnen Gebühren

- **Verfahrensgebühr** in Höhe von **1,3** gemäß Nr. 3100 VV,
- bei vorzeitiger Erledigung: 0,8 gemäß Nr. 3101 VV. Eine Anrechnung findet auf die Verfahrensgebühr des Rechtszuges statt, Vorb. 3 Abs. 5 VV,
- **Terminsgebühr** in Höhe von **1,2** gemäß Nr. 3104 VV (auch für die Vertretung und Wahrnehmung eines vom Sachverständigen anberaumtem Termin),
- **Einigungsgebühr** in Höhe von **1,5** nach Nr. 1000 VV.

2. Urkunden-, Wechsel- und Scheckprozess

673 Auch hier bestimmt sich die Vergütung nach Nr. 3100 VV. Es handelt sich um eine neue **selbstständige Gebührenangelegenheit**, § 17 Nr. 5 RVG. Die Verfahrensgebühr ist auf die Verfahrensgebühr für das Nachverfahren anzurechnen, Nr. 3100 Abs. 2 VV. Hingegen ist für die Terminsgebühr keine Anrechnung vorgesehen.

3. Arrest und einstweilige Verfügung

a) Allgemeines

674 Auch die Gebühren in den Verfahren des einstweiligen Rechtsschutzes bestimmen sich nach Teil 3 des Vergütungsverzeichnisses. Im Verhältnis zum Hauptsacheverfahren handelt es sich um eine gesonderte Angelegenheit, § 17 Nr. 4a, b RVG. Wird die Abänderung oder Aufhebung eines Arrestes oder einer einstweiligen Verfügung begehrt bilden dieses Verfahren und das Anordnungsverfahren eine Angelegenheit, § 16 Nr. 6 RVG.

b) Gebühren

- Die Verfahrensgebühr beträgt nach Nr. 3100 VV 1,3. Bei vorzeitiger Erledigung ermäßigt sie sich auf 0,8.
- Die Terminsgebühr beläuft sich auf 1,2 nach Nr. 3104 VV.
- Auch im einstweiligen Rechtsschutzverfahren kann eine Einigungsgebühr nach Nr. 1000, 1003 oder 1004 VV entstehen.

c) Schutzschrift

Für die Einreichung einer Schutzschrift erhält der Anwalt, da diese keinen Sachantrag enthält,[549] nur eine **Verfahrensgebühr** in Höhe von 0,8 nach Nr. 3101 VV.

d) Beschwerde gegen die Antragszurückweisung

Sofern sich der Antragsteller gegen die Antragszurückweisung beschwert, stellt dieses Verfahren eine eigene Angelegenheit dar, § 15 Abs. 2 Satz 2 RVG. Im Beschwerdeverfahren fallen eine Verfahrens- und eine Terminsgebühr in Höhe von jeweils 0,5 gemäß Nr. 3500 bzw. 3513 VV an. Entscheidet das Beschwerdegericht durch Urteil beträgt die Terminsgebühr sogar 1,3 nach Nr. 3514 VV.

4. Die Gebühren im Prozesskostenhilfeverfahren

a) Allgemeines

Wie bisher bilden das PKH und das Hauptsacheverfahren einen Gebührenrechtszug, § 16 Nr. 2 RVG. Dies entspricht der Regelung des § 37 Nr. 3 BRAGO.

b) Die einzelnen Gebühren

- Die Verfahrensgebühr im PKH-Verfahren beträgt nunmehr 1,0 gemäß Nr. 3334 VV, während § 51 BRAGO nur 5/10 der in § 31 BRAGO bestimmten Gebühren vorsah. Bei vorzeitiger Beendigung des Auftrags fällt eine Verfahrensgebühr von 0,5 gemäß Nr. 3336 VV an.
- Hier erhält der Anwalt die „volle" Terminsgebühr nach Nr. 3104 VV, also 1,2.
- Einigen sich die Parteien im PKH-Verfahren, beträgt die Einigungsgebühr nach Nr. 1003 VV 1,0.

5. Die Gebühren des Verkehrsanwalts

Die Verkehrsanwaltsgebühr, die bislang in § 52 BRAGO geregelt war, findet sich nunmehr in Nr. 3400 VV. Dem Verkehrsanwalt stehen folgende Gebühren zu:

a) Verfahrensgebühr

Soweit sich der Auftrag auf die Führung des Verkehrs der Partei mit dem Verfahrensbevollmächtigten beschränkt, entsteht eine Verfahrensgebühr in Höhe der dem Verfah-

---

549 BGH AGS 2003, 272.

rensbevollmächtigten zustehenden Verfahrensgebühr, höchstens aber nach Nr. 3400 VV 1,0. Dies gilt auch im Rechtsmittelverfahren. Bei vorzeitiger Erledigung kommt es zu einer Reduzierung auf 0,8 nach Nr. 3101 Ziff. 1 VV. Bei einer vorzeitigen Auftragsbeendigung ermäßigt sich die Verfahrensgebühr auf höchstens 0,5 gemäß Nr. 3404 Ziff.1 VV.

b) Terminsgebühr

680 Hier gelten die allgemeinen Vorschriften, d.h. die Terminsgebühr beträgt grundsätzlich 1,2 gemäß Nr. 3104 VV. Gegenüber der bisherigen Regelung des § 54 BRAGO stellt dies eine Verbesserung dar, da dieser nur $^{5}/_{10}$ vorsah.

c) Einigungsgebühr

681 Auch für die Tätigkeit des Verkehrsanwalts gelten wieder die Nrn. 1000 ff. VV.

6. Gebühren des Terminsvertreters

682 Die bisherigen Vorschriften über den Verhandlungsvertreter, § 53 BRAGO, und den Beweisanwalt, § 54 BRAGO, wurden nunmehr in Nr. 3401 VV zusammengefasst.

a) Verfahrensgebühr

683 Beschränkt sich der Auftrag auf die Vertretung in einem Termin, so beträgt die Verfahrensgebühr **die Hälfte** der dem Verfahrensbevollmächtigten zustehenden Verfahrensgebühr, d.h. in der ersten Instanz 0,65 und im Rechtsmittelverfahren 0,8. Bei vorzeitiger Erledigung des Auftrags können gemäß Nr. 3404 Ziff.2 VV höchstens 0,5 beansprucht werden.

b) Terminsgebühr

684 Insoweit kann die volle **Terminsgebühr** in Höhe von **1,2** gemäß Nr. 3401 i.V.m. 3104 VV verlangt werden. Wird lediglich ein Versäumnisurteil beantragt, beläuft sich die Terminsgebühr nach Nr. 3105 auf 0,8.

c) Einigungsgebühr

685 Auch für die Tätigkeit des Terminvertreters gelten wieder die Nrn. 1000 ff. VV.

7. Sonstige Einzeltätigkeiten

686 Mit der Vergütung sonstiger Einzeltätigkeiten des nicht zum Prozessbevollmächtigten bestellten Rechtsanwalts befasste sich bislang § 56 BRAGO. Nunmehr findet sich die entsprechende Verfahrensgebühr in Nr. 3402 VV. Statt der halben Gebühr beträgt die Verfahrensgebühr für Einzeltätigkeiten nunmehr 0,8.

687 Nr. 3402 VV umfasst dabei insbesondere folgende Einzeltätigkeiten: Einreichung, Anfertigung oder Unterzeichnung eines Schriftsatzes, z.B. Rechtsmittelverzicht, bloßer Entwurf einer Klageschrift, Kostenantrag nach § 269 Abs. 3 ZPO etc., sowie die Wahrnehmung von anderen als zur mündlichen Verhandlung oder zur Beweisaufnahme bestimmten Terminen, wie z.B. ein Sühnetermin oder ein Termin, in dem lediglich ein Rechtsmittelverzicht erklärt werden soll.

Beschränkt sich der Auftrag auf ein Schreiben einfacher Art, beträgt die Gebühr nach Nr. 3403 VV lediglich 0,3. Dies entspricht dem § 56 Abs. 3 i.V.m. § 120 BRAGO, wonach der Anwalt aber nur 2/10 der vollen Gebühr erhielt.

688

Neben der Verfahrensgebühr nach Nr. 3402 VV kann zwar keine Terminsgebühr, wohl aber noch eine Einigungsgebühr nach Nr. 1003, 1000 VV anfallen.

689

8. Zwangsvollstreckung

Vollstreckungsmaßnahmen stellen nach § 18 Nr. 3 RVG **besondere Angelegenheiten** dar. Die Gebühren für die Tätigkeit im Rahmen der Zwangsvollstreckung sind in Abschnitt 3, Unterabschnitt 3 des VV geregelt. Es kann sowohl eine Verfahrens- als auch eine Terminsgebühr in Höhe von jeweils 0,3 gemäß Nr. 3309, 3310 VV entstehen. Die Terminsgebühr entsteht auch bei Teilnahme an einem Termin zur Abgabe der eidesstattlichen Versicherung. Daneben ist noch die Einigungsgebühr, Nr. 1000 ff. VV, und die Geltendmachung von Auslagen möglich. Auch die Vereinbarung von Ratenzahlung kann die Einigungsgebühr auslösen. Diese Gebührenvorschriften gelten nunmehr auch für Verfahren nach § 33 FGG.

690

9. Zwangsversteigerung

Die Zwangsversteigerungsgebühren, die an Stelle der §§ 68 – 71 BRAGO treten, finden sich im Teil 3 Abschnitt 3 Unterabschnitt 4 des VV. Verfahrens- und Terminsgebühr sind nach Nr. 3311, 3312 VV mit jeweils **0,4** gegenüber § 68 Abs. 1 Nr. 1 und 3 BRAGO, die 3/10 vorsahen, angehoben worden.

691

E. Auslagen

Die Regelungen über die Erhebung von Auslagen werden nunmehr im letzten Teil des Vergütungsverzeichnisses zusammengefasst. Die bisherige Regelung des § 25 BRAGO, wonach mit den Gebühren auch die allgemeinen Geschäftskosten entgolten sind, wurde dabei übernommen.[550] Nach dem Anwaltsvertrag kann der Anwalt aber den Ersatz der entstandenen Aufwendungen gemäß §§ 670, 675 BGB verlangen.[551] Das RVG ändert daran nichts.[552]

692

I. Die Dokumentenpauschale

Entsprechend der Regelung des § 27 BRAGO kann der Rechtsanwalt nach Nr. 7000 VV eine Pauschale für die Herstellung und Überlassung von Dokumenten verlangen.

693

1. Ablichtungen aus Behörden- und Gerichtsakten

Wie bisher, § 27 Abs. 1 Nr. 1 BRAGO, kann eine Pauschale für Ablichtungen aus Behörden- und Gerichtsakten verlangt werden, Nr. 7000 Ziff. 1a VV. Diese beträgt für die ersten 50 Seiten 0,50 € je Seite. Für jede weitere Seite kann der Anwalt 0,15 € verlangen.

694

---

550 Vorbemerkung Abs. 1 Satz 1 zu Teil 7 VV-RVG.
551 Gerold/Schmidt-von Eicken § 25 BRAGO Rn. 4.
552 Vorbemerkung Abs. 1 Satz 2 zu Teil 7 VV-RVG.

2. Ablichtungen zur Zustellung oder Mitteilungen an Gegner etc.

695 Eine Änderung hat die Regelung des § 27 Abs. 1 Nr. 2 BRAGO erfahren. Eine Vergütung von Ablichtungen zur Zustellung oder Mitteilungen an Gegner oder Beteiligte oder Verfahrensbevollmächtigte aufgrund einer Rechtsvorschrift oder nach Aufforderung durch das Gericht, die Behörde oder der sonst verfahrensführenden Stelle erfolgt nur noch, wenn hiefür mehr als 100 Ablichtungen zu fertigen waren, Nr. 7000 Ziff. 1b VV.

3. Ablichtungen zur notwendigen Unterrichtung des Auftraggebers

696 Einen neuen Auslagentatbestand enthält die Nr. 7000 Ziff. 1c VV. Soweit der Anwalt zur notwendigen Unterrichtung des Auftraggebers mehr als 100 Kopien fertigen musste, erhält er für die ersten 50 Seiten 0,50 € je Seite. Für jede weitere Seite kann der Anwalt 0,15 € verlangen. Die Anfertigung der ersten 100 Ablichtungen ist bereits mit den Gebühren abgegolten.[553]

4. Zusätzlich gefertigte Ablichtungen

697 Werden im Einverständnis mit dem Auftraggeber zusätzliche Dokumente gefertigt, kann die Dokumentenpauschale wie bisher auch, § 27 Abs. 1 Nr. 3 BRAGO, verlangt werden, Nr. 7000 Ziff. 1d VV.

5. Überlassung von elektronisch gespeicherten Daten

698 Wie bisher kann auch für die Überlassung von elektronisch gespeicherten Daten eine Dokumentenpauschale verlangt werden. Sie beträgt je Datei 2,50 €, Nr. 7000 Ziff. 2 VV. Die Höhe der Dokumentenpauschale nach Nr. 7000 Ziff. 1 VV ist in derselben Angelegenheit und in gerichtlichen Verfahren in demselben Rechtszug einheitlich zu berechnen.

II. Post- und Telekommunikationsdienstleistungen

1. Konkrete Abrechnung

699 Entsprechend der bisherigen Regelung des § 26 Satz 1 BRAGO können Entgelte für Post- und Telekommunikationsdienstleistungen konkret in voller Höhe berechnet werden, Nr. 7001 VV.

2. Pauschale Abrechnung

700 In jeder Angelegenheit kann statt der tatsächlichen Auslagen nach Nr. 7001 VV auch eine Pauschale verlangt werden, Nr. 7002 VV. Diese betrug bislang 15 % der gesetzlichen Gebühren, § 26 Satz 2 BRAGO. Diese Pauschale wurde auf 20 % erhöht. Als neuer Höchstbetrag gelten 20,- € für alle Angelegenheiten. Der reduzierte Höchstbetrag von 15,- €, wie ihn § 26 Satz 2 BRAGO in Strafsachen und Bußgeldverfahren vorsah, ist im Vergütungsverzeichnis des RVG nicht mehr enthalten. D.h. in Straf- und Bußgeldsachen kann der Anwalt nunmehr pauschal 20,- € für Post- und Telekommunikationsdienstleistungen in Rechnung stellen.

---

553 BT-Drucks. 15/1971 S. 232.

3. Mehrere Angelegenheiten

Bei mehren Angelegenheiten kann die Pauschale für Post- und Telekommunikationsdienstleistungen in jeder Angelegenheit anstelle der tatsächlichen Auslagen nach Nr. 7001 VV gefordert werden.[554]

III. Reisekosten

Die Erstattung der Reisekosten des Rechtsanwalts ist nunmehr in den Nummern 7003-7006 VV geregelt. Dies entspricht inhaltlich weitgehend dem § 28 BRAGO. Eine **Geschäftsreise** liegt immer dann vor, wenn das Reiseziel außerhalb der Gemeinde liegt, in der sich die Kanzlei oder der Wohnsitz des Rechtsanwalts befindet.[555] Dies entspricht dem § 28 Abs. 1 Satz2 BRAGO.

1. Fahrtkosten

a) Benutzung des eigenen Kraftfahrzeuges

Benutzt der Anwalt für eine Geschäftsreise seinen eigenen PKW, erhält er gemäß Nr. 7003 VV für jeden gefahrenen Kilometer 0,30 € statt bislang 0,27 €, § 28 Abs. 2 Nr. 1 BRAGO. Damit sind wie bisher die Anschaffungs-, Unterhaltungs- und Betriebskosten sowie die Abnutzung des Fahrzeuges abgegolten.

b) Benutzung anderer Verkehrsmittel

Benutzt der Anwalt andere Verkehrsmittel, kann er kann er die Kosten in voller Höhe abrechnen, soweit sie angemessen sind, Nr. 7004 VV. Dies entspricht dem bisherigen § 28 Abs. 2 Nr. 2 BRAGO.

2. Tage- und Abwesenheitsgelder

Erhöht wurden gemäß Nr. 7005 VV die Tage- und Abwesenheitsgelder für Geschäftsreisen.

a) Geschäftsreisen von nicht mehr als vier Stunden

Die Abwesenheitspauschale beträgt bei Geschäftsreisen von nicht mehr als vier Stunden 20,- € statt bislang 15,- €.

b) Geschäftsreisen von mehr als vier bis acht Stunden

Die Abwesenheitspauschale beträgt bei Geschäftsreisen von mehr als vier bis acht Stunden 35,- € statt bislang 31,- €.

c) Geschäftsreisen von mehr als acht Stunden

Die Abwesenheitspauschale beträgt bei Geschäftsreisen mehr als acht Stunden 60,- € statt bislang 56,- €. Bei Auslandsreisen kann zu diesen Beträgen ein Zuschlag von 50 % berechnet werden.

---

554 Anmerkung zu Nr. 7002 VV.
555 Vorbemerkung 7 Abs. 1 VV.

3. Sonstige Auslagen

709 Sonstige Auslagen anlässlich einer Geschäftsreise können in voller Höhe verlangt werden, soweit sie angemessen sind, Nr. 7006 VV. Dazu gehören auch die notwendigen Übernachtungskosten.[556] Dies entspricht dem bisherigen § 28 Abs. 3 Satz 2 BRAGO.

IV. Haftpflichtversicherungsprämie für Vermögensschäden

710 Nr. 7007 VV schafft einen neuen Auslagentatbestand. Danach soll der Rechtsanwalt die im Einzelfall gezahlte Prämie für eine Vermögenshaftpflichtversicherung fordern können, soweit die Prämie auf Haftungsbeträge von mehr als 30 Millionen Euro entfällt. Dieser Auslagentatbestand ist im Zusammenhang mit der Einführung einer allgemeinen Wertgrenze in derselben Angelegenheit auf höchstens 30 Millionen Euro nach § 22 Abs. 2 RVG zu sehen. Soweit sich aus der Rechnung des Versicherers nichts anderes ergibt, ist von der Gesamtprämie der Betrag zu erstatten, der sich aus dem Verhältnis der 30 Millionen Euro übersteigenden Versicherungssumme zu der Gesamtversicherungssumme ergibt.[557]

V. Umsatzsteuer

711 Entsprechend der bisherigen Regelung des § 25 Abs. 2 BRAGO kann der Rechtsanwalt den Ersatz der auf seine Vergütung entfallenden Umsatzsteuer verlangen, Nr. 7008 VV. Dies gilt nicht, wenn die Umsatzsteuer nach § 19 Abs. 1 UStG unerhoben bleibt.

---

556 BT-Drucks. 15/1971 S. 232.
557 Anmerkung zu Nr. 7007 VV.

Stichwortverzeichnis

Die fetten Ziffern verweisen auf die Teile, die mageren auf die Randnummern

Abgabe einer Willenserklärung durch Miterben, Klageantrag (Muster) **2** 322
Abtretung **1** 343, 395, 442, 534
Abwendungsbefugnis **1** 212
Adoption **2** 16 f.
Aktivlegitimation **1** 47, 48, 77, 221
Anfechtung
– wegen arglistiger Täuschung **1** 578 f., 592
– wegen Irrtums **1** 577, 592
Ankündigung, Schadensersatz bei Nichtherausgabe (Muster) **1** 20
Annahme der Erbschaft **2** 292, 294, 315
– Zwangsvollstreckung **2** 339, 341
Ansprüche
– dingliche **1** 182
– petitorische **1** 5, 6
– possessorische **1** 5
– schuldrechtliche **1** 182
– vertragliche **1** 155
Anspruchshäufung **1** 282
Anwaltsgebühren **1** 39
Anwartschaftsrecht
– Anwartschaftsberechtigte **1** 62, 441
– dingliches **1** 134, 135
– schuldrechtliches **1** 135
Arrest **1** 682
Arrestantrag (Muster) **2** 185
Arresthypothek **1** 681, 683 ff.
Arresthypothek, Antrag auf Einschreibung (Muster) **1** 685
Aufgebotsverfahren **2** 295, 354 ff.
Aufhebung eines Kaufvertrages (Muster) **1** 744
Auflassung **1** 611, 742
– Auflassungsbeurkundung **1** 743
– Auflassungsvollmacht **1** 613
Aufrechnung **1** 171
Auseinandersetzung des Nachlasses **2** 449 ff.
– Auseinandersetzungsanspruch **2** 451
– Auseinandersetzungsplan **2** 450, 462
– Auskunftsanspruch **2** 464 ff.
– Beweislast **2** 463
– Erbteilungsklage **2** 449

– Feststellungsklage **2** 470 ff.
– Streitwert **2** 458
– Teilungsreife **2** 457
– Verjährung **2** 454
– Zwangsvollstreckung **2** 475
Auskunft **1** 307, 324, 506
Auskunft aus dem Gewerberegister, Einholung (Muster) **1** 32
Auskunft aus dem Handelsregister, Einholung (Muster) **1** 29
Auskunftsanspruch **2** 146 ff., 326 ff.
Auslagen **2** 692 ff.
– Dokumentenpauschale **2** 693 ff.
– Haftpflichtversicherungsprämie für Vermögensschäden **2** 710
– Post- und Telekommunikationsdienstleistungen **2** 699 ff.
– Reisekosten **2** 702 ff.
– Umsatzsteuer **2** 711
Ausschlagung **2** 346

Baulasten **1** 607
Bedingung **1** 271
Begehungsgefahr **1** 354
Bereicherungsrecht
– Verstoß gegen die guten Sitten **1** 178
Berichtigung des Grundbuchs durch Eintragung der Miterben, Antrag (Muster) **1** 709
Berliner Testament **2** 480
Beschaffenheit
– Angabe **1** 592, 600
– Vereinbarung **1** 600
Beseitigungsanspruch **1** 232, 338 f., 469 ff., 524
– Abgrenzung zum Schadensersatz **1** 470
– Definition **1** 469
– Fortdauer **1** 473
– Sachsubstanz **1** 469
– unmittelbare Fortwirkung **1** 470
Beseitigungspflicht **1** 477
– Kosten der Beseitigung **1** 481
– Mitverursachung **1** 479
– Unmöglichkeit **1** 480

Stichwortverzeichnis

– Verhältnismäßigkeitsprinzip **1** 477 f.
Besitz
– absolute Rechte **1** 118 ff.
– Abtretung des Herausgabeanspruchs **1** 83
– Anspruch gegen den mittelbaren Besitzer **1** 85 ff.
– Anwartschaftsrecht **1** 133 ff.
– berechtigter **1** 313
– BGB-Gesellschaft **1** 104
– Eigenbesitz **1** 94, 95, 98, 293
– einfacher Mitbesitz **1** 89, 90
– Erbengemeinschaft **1** 107
– Fremdbesitzer **1** 68, 94 ff., 293
– Friedenfunktion **1** 5
– Gesamthandsgemeinschaften **1** 101 ff.
– kein Recht zum Besitz **1** 114 ff.
– Mitbesitz **1** 51, 52, 89, 371
– mittelbarer **1** 82, 131, 307, 321, 371, 378, 422, 424
– mittelbarer Besitz erster und zweiter Stufe **1** 131
– Nutzungsbesitz **1** 391
– qualifizierter Mitbesitz **1** 89, 91, 93
– relative Rechte **1** 122 ff.
– Schutzfunktion **1** 5
– sonstige Besitzrechte **1** 132
– streitiger **1** 268
– unmittelbarer **1** 80, 84, 129, 378, 422
– Wiedereinräumung **1** 307
Besitzaufgabe **1** 322
Besitzdiener **1** 99, 100, 102, 109, 293, 376
Besitzentziehung **1** 292, 302
Besitzerkette **1** 127
Besitzerwerb
– an abhanden gekommenen Sachen **1** 372
– bösgläubiger **1** 372, 383, 385
Besitzschutzanspruch **1** 434
– petitorischer **1** 368
Besitzschutzklage **1** 291, 303
Besitzstörung **1** 302, 336 ff., 355
Besitzstörung, § 862 BGB, Klage (Muster) **1** 366
Bestimmtheitsgrundsatz **1** 206
Beweislast **1** 64 ff. 108 ff., 137 ff., 305 ff., 353 ff., 404 ff., 501 ff.
Beweismittel **1** 229

Bezeichnung einer Sache im Klageantrag (Muster) **1** 199
BGB-Gesellschaft **1** 194
Buchhypothek **1** 694, 700
Buchwert **1** 185
Bundesrechtsanwaltsordnung
– Wertgebührenhinweis **1** 42, 43

Dauerwohn- und Dauernutzungsrecht **1** 120
Dereliktion **1** 466
Differenzmethode **1** 622
Dokumentenpauschale **2** 693 ff.
Dreimonatseinrede **2** 294
– Auskunftsanspruch **2** 328
Drittwiderspruchsklage **1** 398
Duldungspflicht **1** 488
– nachbarschaftliches Gemeinschaftsverhältnis **1** 489
– privatrechtliche Erklärung **1** 488
– Vereinbarung **1** 488
Dürftigkeitseinrede **2** 298

Ehegatten **1** 181, 188
Ehegattenerbrecht **2** 9 ff.
Eigenmacht
– verbotene **1** 5, 37, 240, 291, 293 ff., 302, 361, 368
Eigentum **1** 5, 7
– Abtretung **1** 46
– Alleineigentümer **1** 49, 439
– Ausübungsermächtigung **1** 46
– Erlassvertrag **1** 46
– Feststellung **1** 233, 401
– Gesamthandseigentümer **1** 53
– Herausgabe **1** 45, 46
– Hinterlegung **1** 51
– Miteigentum nach Bruchteilen **1** 50
– Miteigentum zur gesamten Hand **1** 50
– Miteigentümer **1** 50, 51, 440
– Sondereigentum **1** 52
– Verzicht **1** 46
Eigentumsstörungen
– ästhetische Einwirkungen **1** 458
– Benutzung fremden Eigentums **1** 459
– Bestreiten des Eigentums **1** 457
– ideelle **1** 454
– Naturkräfte **1** 456

- negative **1** 453, 460
- positive **1** 452
- rechtliche **1** 455

Eigentumsübertragung Zug um Zug gegen Zahlung, Klageantrag (Muster) **1** 731

Eigentumsverschaffung **1** 613
- Anspruch auf **1** 635, 636
- Vormerkung auf **1** 680, 691, 688, 663

Eigentumsverschaffung, Pfändung des Anspruchs (Muster) **1** 646

Eingriffskondiktion **1** 312

Einheitswert **1** 185

Einrede **1** 308
- nichterfüllter Vertrag **1** 588, 590

Einstellung
- der Zwangsvollstreckung **1** 757, 758, 759

Einstweilige Einstellung der Zwangsvollstreckung, Antrag (Muster) **1** 759

Einstweilige Verfügung **1** 4, 237, 239, 301, 303, 318, 329, 330, 427, 541, 659, 662, 740, 689, 739
- Aufhebung **1** 682
- Besitzstörung **1** 363
- Herausgabe an den Gläubiger **1** 240
- Herausgabe an einen Sequester **1** 237, 244
- Verfügungsanspruch **1** 243
- Verfügungsgrund **1** 243, 291
- Vollziehung **1** 682, 683
- Vorwegnahme der Hauptsache **1** 240

Einstweilige Verfügung an einen Sequester, Herausgabeantrag (Muster) **1** 245

Einstweilige Verfügung auf Herausgabe einer beweglichen Sache, Antrag auf Erlass (Muster) **2** 285

Einstweilige Verfügung zur vorläufigen Sicherung eines Vermächtnisses, Antrag auf Erlass (Muster) **1** 739

Einstweilige Verfügung, Antrag (Muster) **1** 335

Einstweilige Verfügung, Herausgabe an den Antragsteller (Muster) **1** 243

Einstweilige Verfügung/Arrestgesuch, Antrag (Muster) **2** 119

Einstweiliger Rechtsschutz **2** 79 ff., 105 ff., 171 ff., 234, 334, 474, 535
- Klage des Nachlassgläubigers 334
- Vermächtnisnehmer **2** 444

Eintragung einer Verfügungsbeschränkung beim Grundbuchamt, Antrag (Muster) **1** 654

Einwendungen **1** 130, 308

Einwohnermeldeamtsanfrage **1** 33

Einwohnermeldeamtsanfrage (Muster) **1** 34

Erbbaurecht **1** 120, 555

Erbenfeststellungsantrag (Muster) **2** 502

Erbengemeinschaft **2** 307, 312
- Gesamthandsklage **2** 318
- Gesamtschuldklage **2** 317
- Haftungsbeschränkung **2** 307

Erbfallschulden **2** 289

Erblasserschulden **2** 287 f.

Erbschein, Antrag auf Erlass einer einstweiligen Verfügung zur Herausgabe (Muster) **2** 80

Erbscheinsverfahren **2** 517 ff.

Erbteilungsklage **2** 449

Erbunwürdigkeitsgründe **2** 207 ff.
- Herbeiführung der Testierunfähigkeit **2** 210
- Täuschung und Drohung **2** 212
- Tötung des Erblassers **2** 208
- Urkundsdelikte **2** 214
- Verhinderung einer letztwilligen Verfügung **2** 211

Erbunwürdigkeitsklage **2** 206 ff.
- Anerkenntnis **2** 233
- Anspruchsberechtigung **2** 216
- Anspruchsverpflichtung **2** 218
- Ausnahmetatbestände **2** 215
- Beweislast **2** 228
- Muster **2** 225 ff.
- Rechtschutzbedürfnis **2** 223
- Streitwert **2** 224
- Vergleich **2** 233
- Verjährung **2** 219
- Zwangsvollstreckung **2** 235

Erbunwürdigkeitsklage, Klageanträge (Muster) **2** 226, 230

Erbverzicht **2** 62 ff.

Erfolgshonorar **2** 538 ff.

Erlass **1** 173, 395

Erledigung **1** 227

Erschließungsbeiträge **1** 732

Erschöpfungseinrede **2** 297, 355

Stichwortverzeichnis

Ersetzungsbefugnis **1** 176, 182
Erstbegehungsgefahr **1** 341, 485, 486
Ersuchen **1** 636
Eventualklage
– echte **1** 214
– unechte **1** 162, 217
Eventualverhältnis **1** 273

Feststellung der Erbfolge, Klage (Muster) **2** 75
Feststellung des Erbrechts **2** 1 ff.
– Auskunftsanspruch **2** 72 f.
– Beweislast **2** 23
– Streitwert **2** 27
– Stufenklage **2** 77
– Vergleich **2** 81
– Verjährung **2** 25
– Zwangsvollstreckung **2** 86
Feststellungsinteresse **1** 233
Feststellungsklage **1** 303
Formbedürftigkeit **1** 567, 568, 569
Frachtführer **1** 120
Fristsetzung **1** 276
– im Urteil **1** 285

Gefahr
– Erstbegehungsgefahr **1** 473
– Wiederholungsgefahr **1** 473
Gegenstandswert **1** 41, 44
Geld **1** 209
Geldwertvindikation **1** 142, 209
Gemeinschaftliches Testament **2** 44 f., 477 ff.
– Berliner Testament **2** 480
– Einheitslösung **2** 480
– Jastrowsche Klausel **2** 492 ff.
– Pflichtteilsklausel **2** 489 ff.
– Trennungslösung **2** 478
– Widerruf **2** 481
– Wiederverheiratungsklauseln **2** 482 ff.
Gerichtsgebühren **1** 39
Gesamthandsgemeinschaften **1** 50, 101
Gesamthandsklage **2** 318, 321, 333
Gesamtschuldklage **2** 317, 320, 332
Geschäftsgebühr **2** 579 ff.
– Bedeutung der Angelegenheit **2** 592 ff.
– Besprechungen **2** 590 f.
– Haftungsrisiko **2** 597
– Schwellengebühr **2** 583

Geschäftsgrundlage
– Störung **1** 624
– Wegfall **1** 624
Gesetzliche Erbfolge **2** 3 ff.
– Adoption **2** 16 f.
– Nichteheliches Kind **2** 14 f.
Gewährleistung **1** 617, 601, 592
– Gewährleistungsansprüche **1** 617
Gewaltrechte **1** 293
Gewerberegisterauskunft **1** 30
Gewillkürte Prozessstandsvereinbarung (Muster) **1** 8
Gläubigerverzug **1** 168
Grundbuchberichtigung **1** 561, 612, 643 f., 653, 660, 644, 659
– Antrag auf **1** 699
Grundbuchberichtigung, Antrag (Muster) **1** 699
Grundbuchberichtigung mit Hilfe einer einstweiligen Verfügung, Antrag (Muster) **1** 659
Grundschuld **1** 672, 692
– Briefgrundschuld **1** 672
– Buchgrundschuld **1** 694, 700

Haftungsausschluss **1** 595 ff., 605
Haftungsbeschränkung **2** 296 ff.
Haftungsbeschränkungsvorbehalt **2** 364 ff.
Handelsregisterauskunft **1** 27, 28, 29
Handlungen
– unvertretbare **1** 287
– vertretbare **1** 287
Handlungsstörer **1** 344, 444 f.
Heimgesetz **2** 66 ff.
Herausgabe
– des Erlangten **1** 228
– des Ersatzes **1** 163
– individuelle **1** 141
– Inhalt **1** 145
– Kosten **1** 146
– Ort **1** 147 ff.
– Sachgesamtheiten **1** 144
Herausgabeansprüche
– dingliche **1** 153
Herausgabeantrag (Muster) **1** 332
Herausgabeantrag mit Fristsetzung und Schadensersatz (Muster) **1** 333
Herausgabeantrag, hilfsweise Schadensersatz (Muster) **1** 215

Herausgabeklage **2** 87ff.
– Auskunftsanspruch **2** 96
– Beweislast **2** 94f.
– dingliche **1** 45ff.
– Klagantrag **2** 93
– possessorische **1** 291ff.
– Stufenklage **2** 103
– Verjährung **2** 91
– Zwangsvollstreckung **2** 120
Herausgabeklage (Muster) **1** 242
Herausgabeklage (Muster) **1** 290
Herausgabeklage, Klageanträge (Muster) **2** 266, 267, 275
Hilfsantrag
– unechter **1** 284
Hinterlegung **1** 169
– treuhänderische **1** 15, 16
Honorarvereinbarung **1** 44
Hypothek **1** 672, 692
– Arresthypothek **1** 681, 683ff.
– Buchhypothek **1** 694, 700
– Sicherungshypothek **1** 680
– Zwangshypothek **1** 673ff., 682,684

Insolvenz **1** 21, 143, 467
– Aussonderung **1** 21
– des Eigentümers **1** 542
– des Störers **1** 543ff.
– Herausgabeanspruch **1** 397
Insolvenz des Besitzers, Klageantrag (Muster) **1** 22
Insolvenzverwalter **1** 121
Interesse
– berechtigtes **1** 635
Inventarerrichtung **2** 304, 353
Inventarfrist **2** 303
Inventaruntreue **2** 305
Inventarverfehlung **2** 305
Inzidentfeststellungsklage **1** 233
Isolierte Herausgabeklage, Klageantrag (Muster) **2** 101

Jastrowsche Klausel **2** 492ff.

Kaufvertrag **1** 122
– Aufhebung (Muster) **1** 575
– Beteiligte **1** 558, 559
– Erteilung einer vollstreckbaren Ausfertigung **1** 754

– fehlerhafte Bezeichnung **1** 557
– Kaufpreis **1** 614ff., 619
– Lastenfreistellung **1** 614f.
– Missverhältnis von Leistung und Gegenleistung **1** 581, 583, 592
– Überlassungsvertrag mit Wohnungsrecht (Muster) **1** 760
– Unwirksamkeit **1** 581ff.
– Vertragsgegenstand **1** 551
– Zubehör **1** 552
Klage
– gegen unbekannt **1** 195
Klage gegen unbekannt (Muster) **1** 196
Klageänderung **1** 532
Klageantrag
– bestimmter **1** 24, 141, 190, 198, 523
– CD-Rom **1** 203f.
– genaue Parteibezeichnung **1** 26
– Herausgabe der Sache **1** 210
– Sachgesamtheiten **1** 144, 206
– Umstellung **1** 219, 221, 228
– Zeichnung, Bilder **1** 201f.
– Zeitwert **1** 25
Klageantrag unter Beifügung einer CD-Rom (Muster) **1** 204
Klageantrag unter Beifügung einer Zeichnung (Muster) **1** 202
Klagehäufung **1** 311
Klagerubrum gegen eine BGB-Gesellschaft Muster) **1** 106
Klageverfahren
– Klage auf Feststellung **1** 734
– Klage auf künftige Leistung 1, 726, 745f.
– Klage auf Unterlassung
– Leistung Zug um Zug **1** 727, 731, 733
– Leistungsklage **1** 724, 726, 736f.
– Vollstreckungsabwehrklage (Muster) **1** 755, 756
– von Nutzungen **1** 632
Kommissionär **1** 120
Konkurrenzen **1** 152ff., 309ff., 351, 494ff.

Lagerhalter **1** 120
Lastenfreistellung **1** 614
Leasinggeber **1** 57
– Leasing **1** 122
– wirtschaftliches Eigentum **1** 58
Lebenspartner **1** 181
Leihe **1** 122

395

Stichwortverzeichnis

Leistung
- nicht rechtzeitige, § 259 ZPO **1** 288

Leistungsklage **1** 523, 724, 726, 736 f.
Leistungskondiktion **1** 312
Letztwillige Verfügungen **2** 18 ff.
- Anfechtung **2** 60 ff.
- Formerfodernisse **2** 20 f., 39 ff.
- Gemeinschaftliches Testament **2** 44 f.
- Öffentliches Testament **2** 46 ff.
- Widerruf **2** 50 ff.

Maklervertrag **1** 570, 571
Mehrere Auftraggeber **2** 541
Miete **1** 122
Mietverhältnis **1** 606
Missverhältnis
- von Leistung und Gegenleistung **1** 581 ff.

Miteigentum **1** 565
Mitverschulden **1** 177, 352

Nacherbschaft **2** 476 ff.
- Anwartschaftsrecht **2** 514
- Auskunftsanspruch **2** 532
- Eintritt des Nacherbfalls **2** 527
- Erbscheinsverfahren **2** 517 ff.
- Feststellungsklage **2** 514 ff.
- Herausgabeklage **2** 529 ff.
- Nacherbenvermerk **2** 520
- Nachlassverzeichnis **2** 522 ff.
- Sicherheitsleistung **2** 534
- Stufenklage **2** 532

Nacherbschaft, Klage auf Feststellung (Muster) **2** 513
Nachlasserbenschulden **2** 291
Nachlassgläubiger **2** 285 ff.
Nachlassgläubiger gegen den Erben, Klage (Muster) **2** 330
Nachlassinsolvenz **2** 297, 358
- Antrag **2** 359
- Auskunftsanspruch **2** 327
- Insolvenzgründe **2** 361
- Wirkungen **2** 362
- Zuständigkeit **2** 360

Nachlassinsolvenzverfahren, Antrag auf Anordnung (Muster) **2** 363
Nachlasspfleger, Antrag auf Bestellung nach §§ 1961, 1960 BGB (Muster) **2** 343
Nachlasspflegschaft **2** 293, 331
Nachlassverbindlichkeiten **2** 286 ff.

Nachlassverwalter **1** 121
Nachlassverwaltung **2** 296, 347 ff., 445
- Antragsberechtigung **2** 349
- Auskunftsanspruch **2** 326
- Kosten **2** 351
- Nachlassverwalter **2** 350

Nachlassverwaltung, Antrag auf Anordnung (Muster) **2** 352
Nachlassverwaltung, Klage auf Rechenschaftslegung (Muster) **2** 532
Nachlassverzeichnis, Klage auf Vorlage (Muster) **2** 522
Nachlassverwaltungsschulden **2** 290
Nachweisdispens **1** 720 ff.
- beim Bauträgervertrag **1** 720
- Muster **1** 723

Nachweisdispens (Muster) **1** 723
Nichteheliches Kind **2** 14 f.
Nießbrauch **1** 56, 118, 13
Nutzungen **1** 307

Öffentliches Testament **2** 46 ff.

Pacht **1** 122
Parteikraft Amtes **1** 21
Parteibezeichnung **1** 197
Passivlegitimation **1** 47, 79, 104, 111, 321
Personen
- juristische **1** 193
- natürliche **1** 191

Pfandgläubiger **1** 54
Pfandrecht **1** 119, 139, 638 f., 643
Pfändung
- des BGB-Anteils **1** 652 ff.
- des Eigentumsverschaffungsanspruchs **1** 638, 641 ff.
- des Miterbenanteils **1** 707 ff.
- des Notaranderkontos **1** 648 ff.
- des Wohnungsrechts **1** 664 f.
- einer Hypothek/Grundschuld **1** 694

Pfändung und Überweisung an Zahlungs Statt, Antrag auf Eintragung (Muster) **1** 706
Pflichtanspruch, Geltendmachung mittels Stufenklage (Muster) **2** 169
Pflichtteilsergänzung, Klage (Muster) **2** 202
Pflichtteilsergänzungsanspruch **2** 128 ff.
- Auskunftsanspruch **2** 196
- Beweislast **2** 130, 195

- Klage **2** 187 ff.
- Klageantrag **2** 194
- Schenkung **2** 129
- Verjährung **2** 193

Pflichtteilsklausel **2** 489 ff.
Pflichtteilsrecht **2** 121 ff.
- Auskunftsanspruch **2** 146 ff.
- Beweislast **2** 144
- Klage des Pflichtteilsberechtigten **2** 121 ff
- Pflichtteilsergänzungsanspruch **2** 128 ff.
- Stufenklage **2** 152 ff.
- Verjährung **2** 136
- Wertermittlungsanspruch **2** 146
- Zwangsvollstreckung **2** 186

Potestativbedingung **1** 283
Prozess **1** 710 ff.
- Beweisfragen **1** 710, 718 f.
- Kausalität **1** 711

Prozessführungsbefugnis **1** 223, 423
Prozessstandschaft
- Bedingungen **1** 8
- gesetzliche **1** 221
- gewillkürte **1** 7, 46, 78, 222
- Vereinbarung **1** 7

Rahmengebühren **2** 552 ff.
- Haftungsrisiko **2** 554, 597

Rechtsanwaltsgebühren **2** 536 ff.
- Abgeltungsbereich **2** 557 f.
- Allgemeine Ratsgebühr **2** 570
- Angelegenheit **2** 559
- Arrest **2** 674 ff.
- Außergerichtliche Tätigkeit **2** 568 ff.
- Außergerichtliche Vertretung **2** 578 ff.
- Beratungshilfe **2** 606 ff.
- Berufungsverfahren **2** 645 ff.
- Beschwerdeverfahren **2** 666 ff.
- Einfache Schreiben **2** 603
- Einigungsgebühr **2** 562 ff.
- Einstweilige Verfügung **2** 674 ff.
- Erinnerungsverfahren **2** 666 ff.
- Erstberatung **2** 571 ff.
- Gehörsrüge **2** 671
- Gerichtliche Tätigkeit **2** 609 ff.
- Geschäftsgebühr **2** 579 ff.
- Gutachtengebühr **2** 575 f.
- Prozesskostenhilfeverfahren **2** 677
- Rechtsbeschwerdeverfahren **2** 670

- Rechtsmittelverfahren **2** 644 ff.
- Revisionsverfahren **2** 654 ff.
- Säumnisverfahren **2** 635
- Selbständiges Beweisverfahren **2** 672
- Terminsgebühr **2** 612, 626 ff.
- Terminsvertreter **2** 682 ff.
- Verfahrensgebühr **2** 611, 616 ff.
- Verkehrsanwalt **2** 678 ff.
- Verweisung **2** 560
- Zeugenbeistand **2** 615
- Zurückverweisung **2** 561, 653
- Zwangsversteigerung **2** 691
- Zwangsvollstreckung **2** 690

Rechtsanwaltsvergütungsgesetz **2** 536 ff.
Rechtshängigkeit **1** 77, 220, 318 ff., 323, 422 ff., 426
Rechtshängigkeitsvermerk **1** 666 ff.
Rechtshängigkeitsvermerk, Antrag auf Eintragung (Muster) **1** 670
Rechtskraft **1** 400 ff., 540
- Miteigentümer **1** 235
- objektive Rechtskraftwirkung **1** 231
- subjektive Rechtskraftwirkung **1** 234
- Wirkung der ~ **1** 735

Rechtsmängel **1** 594, 598, 601
Rechtsnachfolger **1** 423, 463, 534 f.
Rechtsweg
- Hoheitsträger **1** 186

Relevanztheorie **1** 221
Rentabilitätsvermutung **1** 713
Reisekosten **2** 702 ff.
Rückabwicklung **1** 715

Sachen
- bewegliche **1** 374
- verbundene **1** 207

Schaden
- alt für neu **1** 19
- erheblicher **1** 4
- geringer **1** 9
- Naturalrestitution **1** 19

Schadensersatz **1** 157, 161, 228, 307, 323
- Bestimmtheit des Antrages **1** 283
- Naturalrestitution **1** 433
- Rechtsfolgen **1** 176
- Rechtswidrigkeit **1** 470, 476
- Schutzgesetz **1** 435
- Verschulden **1** 433 f., 476

Stichwortverzeichnis

Schadensersatzanspruch **1** 618f.
- Großer ~ **1** 620

Scheinbestandteile **1** 374
Schiedsgerichtsverfahren, Unterbrechung **1** 23
Schnellrechtsschutz **1** 314, 327
Schuldnerverzug **1** 156
Schuldverhältnisse, gesetzliche **1** 15
Selbsthilfe **1** 37
Sicherungseigentümer **1** 60
- Besitzmittlungsverhältnis **1** 60

Sicherungshypothek **1** 680
Spediteur **1** 120
Störer
- einheitliche **1** 461
- Handlungsstörer **1** 344, 444f.
- mehrere **1** 461
- mittelbarer **1** 461
- unmittelbarer **1** 461
- Zustandsstörer **1** 344, 444, 448, 464

Streitwert **1** 41, 44, 185
Stufenklage **2** 152ff.
- Erledigterklärung **2** 160
- Negatives Auskunftsergebnis **2** 165f.
- Pflichtteilsanspruch **2** 152ff.
- Prozesskostenhilfe **2** 167
- Wirkungen **2** 163f.

Stufenklage auf Feststellung der Erbfolge (Muster) **2** 78
Stufenklage des Testamentsvollstreckers (Muster) **2** 427
Surrogate **1** 307

Teilung **1** 569
Teilungsplan, Verurteilung des Miterben auf Zustimmung (Muster) **2** 469
Teilurteil **1** 327
Terminsgebühr **2** 612, 626ff.
Testamentsvollstrecker **1** 121
Testamentsvollstrecker **2** 368ff.
- Abwicklungsvollstreckung **2** 374
- Auskunftsanspruch **2** 423
- Beendigung des Amtes **2** 403
- Dauervollstreckung **2** 375, 413
- Ernennung **2** 369ff.
- Haftung **2** 407
- Herausgabe von Nachlassgegenständen **2** 419ff.
- Herausgabeklage des Erben **2** 425ff.

- Konstituierungsgebühr **2** 394
- Mehrvertretungszuschlag **2** 402
- Rechte und Pflichten **2** 372ff.
- Stufenklage **2** 424
- Vergütung **2** 389

Testamentsvollstreckerzeugnis **2** 411ff.
Testierfähigkeit **2** 19, 29ff.
- Beweislast **2** 35

Titelumschreibung **1** 223, 225, 234
Treu und Glauben **1** 136, 172, 179
Treuhänder **1** 59
Treuhänderische Hinterlegung eines Geldbetrages (Muster) **1** 16
Treuhandkonto **1** 17

Überbau **1** 121
Überschwerungseinrede **2** 301, 442
- Auskunftsanspruch **2** 329

Überweisung
- an Zahlungsstatt **1** 699, 706

Unmöglichkeit **1** 156
- streitige **1** 280

Umsatzsteuer **2** 711
Umschreibung Vormerkung in Hypothek, Antrag (Muster) **1** 691
Umstellung einer Klage von Herausgabe auf Schadensersatz (Muster) **1** 219
Unterlassung von Nutzungen, Klage (Muster) **1** 632
Unterlassungsanspruch **1** 338, 341, 482ff., 529
- Inhalt **1** 487
- Wiederholungsgefahr **1** 483

Unterlassungserklärung, strafbewehrte **1** 484, 518
Unterlassungsklage, vorbeugende **1** 485
Urheberbenennung **1** 537

Verfahrensgebühr **2** 611, 616ff.
- Anrechnung **2** 623ff.
- Ermäßigte Verfahrensgebühr **2** 618ff.

Verfügungsverbot, gerichtliches **1** 656ff., 660f.
Vergütungsberechnung **2** 544
Vergütungsfestsetzungsverfahren **2** 545
Verhandlungen, Ausschlusskriterien **1** 35
Verjährung **1** 151, 308, 350, 396
- Beseitigungsanspruch **1** 491
- Ersitzung **1** 151

- Unterlassungsanspruch **1** 492
Verkehrssicherungspflicht **1** 449
Verkehrswert **1** 40, 185
Vermächtnis **1** 741, 613, 740; **2** 428 ff.
- Arten **2** 429
- Auskunftsanspruch **2** 440
- Beweislast **2** 439
- Streitwert **2** 437
- Verjährung **2** 435
- Vermächtnisnehmer **1** 742, 741
- Vollzug **2** 430
- Zwangsvollstreckung **2** 447 f.
Vermächtnisanspruch, Klage des Vermächtnisnehmers auf Erfüllung (Muster) **2** 441
Vermächtnisarten **2** 429
Vermächtnisnehmer **2** 428 ff.
Verschweigungseinrede **2** 300, 355
Verwahrung **1** 122
Verwirkung **1** 490
Verzicht **1** 175
Verzugsschaden **1** 270
Vollstreckbare Ausfertigung der Kaufvertragsurkunde, Antrag auf Erteilung (Muster) **1** 754
Vollstreckungsabwehrklage (Muster) **1** 755, 756
Vorbereitungshandlungen **1** 341
Vorerben, Antrag auf Feststellung der Befreiung (Muster) **2** 507
Vorerbschaft **2** 476 ff.
- befreite Vorerbschaft **2** 479, 497
- Feststellungsklage **2** 500 ff.
- Verwaltungsmaßnahmen **2** 509 ff.
Vormerkung für Hypotheken **1** 686

Wahlschuld **1** 211
Wegerecht **1** 625, 629
- Geh- und Fahrtrecht **1** 629 ff.
- Muster **1** 760
- Wohnungsrecht **1** 625, 665
Werkvertrag **1** 122
Wertgebührenhinweis (Muster) **1** 43

Widerklage, petitorische **1** 301, 325, 349
Wiederholungsgefahr **1** 354, 484
Wiederverheiratungsklauseln **2** 482 ff.
Wohnsitz **1** 184
Wohnungsrecht **1** 120
Wohnungsrecht, Antrag auf Pfändung (Muster) **1** 665

Zahlung unter Vorbehalt **1** 18
Zahlung Zug um Zug gegen Abtretung von Rückzahlungsansprüchen, Klageantrag (Muster) **1** 733
Zahlungsklage (Muster) **2** 170
Zubehör **1** 208
Zurückbehaltungsrecht **1** 5, 115, 124
Zusendung unbestellter Leistungen **1** 180
Zuständigkeit des anzurufenden Gerichts
Zustandsstörer **1** 344, 444, 448, 464
- örtlich **1** 184, 315, 358, 420, 521
- sachlich **1** 185, 316, 359, 420, 522
Zwangshypothek **1** 673 ff., 682, 684
Zwangssicherungshypothek, Antrag auf Eintragung (Muster) **1** 680
Zwangsvollstreckung **1** 187, 246, 428, 645, 654; **2** 335 ff.
- Anwartschaftsrecht **1** 647
- Auftrag zur Zwangsvollstreckung **1** 258
- Beseitigungsanspruch **1** 547 f.
- Besitzstörung **1** 364, 365
- Einstellung **1** 757 ff.
- einstweilige Verfügung **1** 259 f.
- freiwillige Herausgabe **1** 246
- Gewahrsam des Schuldners **1** 253
- Gewahrsam eines Dritten **1** 254
- Klage des Nachlassgläubigers 335 ff.
- Nichtvorfinden der Sache **1** 256
- richterlicher Durchsuchungsbeschluss **1** 251
- Schutzvorschriften **1** 250
- Unterlassungsanspruch **1** 548
- Unterwerfung unter die ~ **1** 750
Zwangsvollstreckung, Auftrag (Muster) **1** 258